TEORIA DA NULIDADE NO PROCESSO PENAL

CIP-BRASIL. CATALOGAÇÃO NA PUBLICAÇÃO
SINDICATO NACIONAL DOS EDITORES DE LIVROS, RJ

A355t
3. ed.

Alencar, Rosmar Rodrigues
Teoria da nulidade no processo penal / Rosmar Rodrigues Alencar. - 3. ed. - São Paulo : Noeses, 2025.
740 p. ; 23 cm.

Inclui bibliografia e índice
ISBN 9788583102731

1. Processo penal - Brasil. 2. Nulidade (Direito). I. Título.

25-99654.1

CDU: 343.2(81)

Gabriela Faray Ferreira Lopes - Bibliotecária - CRB-7/6643

04/08/2025 06/08/2025

ROSMAR RODRIGUES ALENCAR

Doutor (PUC/SP) e Mestre (UFBA) em Direito. Professor Adjunto da UFAL e Titular da UNIMA/AL. Juiz Federal (AL).

TEORIA DA NULIDADE NO PROCESSO PENAL

3ª edição revista, atualizada e ampliada.

2025

editora e livraria
NOESES

Copyright © Editora Noeses 2025
Fundador e Editor-chefe: Paulo de Barros Carvalho
Gerente de Produção Editorial: Rosangela Santos
Arte e Diagramação: Renato Castro
Revisão: Georgia Evelyn Franco
Designer de Capa: Aliá3 - Marcos Duarte

2025

editora e livraria
NOESES

Editora Noeses Ltda.
Tel/fax: 55 11 3666 6055
www.editoranoeses.com.br

Para Rosiane, Mari, Duda e Tomás.

AGRADECIMENTOS

Chegou a hora de agradecer a tantos que fizeram florescer ideias a partir da semente plantada com este livro.

Aos meus alunos, de todos os níveis, graduação, mestrado, especialização, aperfeiçoamento e plataformas digitais, fundamentais ao processo de amadurecimento da Teoria da Nulidade no Processo Penal.

Especialmente, aos advogados, defensores públicos, membros do Ministério Público, juízes, delegados de polícia, bem como às distintas escolas e entidades de ensino jurídico, pela expressiva acolhida.

Sempre muito grato aos professores que compuseram a banca de meu doutoramento. Ao Tácio Lacerda Gama, orientador da tese, a quem devo muitas das articulações que passei a saber aplicar ao processo penal; Tácio é, além de um grande Professor, um querido amigo. Aos Professores Robson Maia Lins, Geraldo Prado, André Nicolitt e Fabiana Del Padre Tomé, por tudo que aprendi: antes, durante e após a arguição.

No processo de gestação do livro, agradeço ao fundamental apoio e orientação do Mestre Afrânio Silva Jardim, que se tornou exemplo e fonte de inspiração, seja pela sua longa trajetória de dedicação ao processo penal, seja por ser o expoente maior de ordenação dogmática, crítica e científica de nossa disciplina.

À Editora Noeses, na pessoa do Professor Paulo de Barros de Carvalho, e à competente equipe que conduziu o percurso desta obra, especialmente, à Rosangela Santos.

A todos os que estiveram comigo, na Justiça Federal, UFAL, UNIMA, bem como nas demais universidades e faculdades onde lecionei.

Ao Ministério Público do Rio Grande do Norte, à Defensoria Pública da União, às Escolas de Magistratura, como também aos frequentadores dos meus perfis no YouTube, Instagram, Facebook e demais redes sociais.

Agradeço aos servidores públicos que compõem os quadros de todas as carreiras jurídicas, aos prestadores de concursos públicos e aos queridos leitores, que fazem chegar a mim críticas, sugestões e impressões sobre a obra.

A todos que, direta ou indiretamente, motivaram-me à pesquisa e a trazer, a público, este livro, especialmente, ao Tomás, à Duda e à Mari, que sentem, diretamente, quando preciso estar na tela do computador ou na leitura dos livros, diante da penhora de nosso tempo de convivência; o que nos conforta é ter a certeza de que todo esforço é recompensador.

PREFÁCIO

Este livro é uma excelente novidade para a cultura jurídica brasileira. É proposta exitosa de atualizar a doutrina sobre um tema dotado de complexidade teórica e intensa repercussão prática. E faz isso trazendo para o processo penal o que existe de mais sofisticado em Teoria do Direito, ilustrada por intensa variedade de exemplos, numa junção entre teoria e prática poucas vezes vista na área. É um trabalho rico e, mesmo assim, claro, consistente e de profunda utilidade para quem se interessa pela matéria. Por isso, é instrumento poderoso que serve indistintamente grupos variados como estudantes, profissionais, teóricos e pragmáticos do direito.

O bom êxito desta obra se deve à ótima articulação entre ideias clássicas do processo penal e outras de vanguarda próprias da filosofia e da teoria geral do direito. Com ineditismo, explicou cada aspecto relevante das nulidades sob muitas perspectivas. Fez isso ao assumir metodicamente que não há verdade única e imutável, mas sim versões que podem se justificar em alguns contextos, mas não em outros. Daí a ideia de submeter o mesmo tema a olhares tão diversos como são o da sintática, o da semântica e o da pragmática, elaborando, em cada um deles, observações novas, sequer imaginadas em trabalhos tradicionais sobre o tema. Assim, questões clássicas receberam tratamento contemporâneo, releituras, novas proposições.

Mas o autor, além de inegável talento para especulação teórica, é também julgador que se ocupa, no quotidiano, do processo penal. Não poderia, nem deveria, contentar-se em produzir um texto apenas especulativo. Foi muito além. Conseguiu estabelecer íntima relação entre os fundamentos conceituais e os muitos casos concretos colecionados na sua intensa experiência profissional. Neste ponto, as explicações sobre a dinâmica das nulidades ganham razão de ser. Cada caso concreto é analisado de forma coerente com as premissas do trabalho. O que antes aparentava ser casuístico, isolado, ganha exposição analítica, fundamento jurídico. Demonstra, pelo exemplo, que uma doutrina que não sirva ao propósito de orientar decisão é inútil, assim como é inútil uma decisão que não evidencie os seus fundamentos.

Não tenho dúvidas de que, sob o título "Teoria da Nulidade no Processo Penal", há muito mais que um curso, uma tese ou um manual. Encontramos esses três estilos doutrinários a serviço da compreensão desse instigante tema. Sim, pois neste trabalho, o cuidado com os fundamentos e a coerência, típicos de uma tese, são testados por uma exaustiva gama de situações da vida que só conseguimos ver nos manuais. Mas há, também, uma preocupação didática, muito própria de quem ensina para quem quer aprender, que só observamos nos cursos.

Por tudo que disse, trata-se de uma obra que já nasce com a vocação para ser um clássico.

De minha parte, posso dizer que não estou surpreso. Este trabalho, de excepcional qualidade, está em perfeita sintonia com a já muito bem-sucedida trajetória do

Professor Doutor Rosmar Rodrigues de Alencar. Aluno brilhante, estudante dedicado e escritor profícuo que conheci e acompanhei por dois anos no Programa de Doutorado em Direito da Pontifícia Universidade Católica de São Paulo. Como teórico do direito e estudioso das "nulidades", aprendi muito, como tenho a certeza de que aprenderá todo aquele que se dedicar a conhecer suas ideias.

São Paulo, 15 de agosto de 2016.

Tácio Lacerda Gama

Professor de Direito da PUC-SP

APRESENTAÇÃO

Levando em linha de conta o nível intelectual da banca que examinou e aprovou a tese de doutorado do meu amigo Rosmar Antonni, desnecessário qualquer elogio da minha parte. Magistrado, mestre, agora é doutor pela Faculdade de Direito da PUC/SP, merecidamente. Este livro foi originalmente a referida tese, com pequenas alterações.

Tive a oportunidade de acompanhar a elaboração da obra. Aliás, tal fato me permitiu conhecer Rosmar e sua esposa, ainda grávida. Em um só ano, o amigo Rosmar foi autor de dois relevantíssimos nascimentos, sendo que um deles é este livro. Seu filho ainda é o mais importante. Rosmar esteve aqui em minha casa e pude constatar duas coisas: 1) que se tratava de uma excelente pessoa, amistosa e de fácil relacionamento. Amigão mesmo; 2) de sua invulgar capacidade de trabalho, dedicação e obstinação na elaboração desta obra, que veio a se chamar "Teoria das Nulidades no Processo Penal". A humildade do autor me permitiu dar os "meus palpites" e conselhos, na qualidade de velho professor da matéria.

A obra restou alentada e densa. Não se cuida de um livro comercial, escrito com a finalidade de se tornar sucesso de venda para estudantes que queiram passar em exames próximos. Trata-se de uma tese acadêmica que, em algumas partes, pressupõe, do leitor, conhecimento acima da média. Nestas partes, o texto é erudito e opera com categorias do que se convencionou chamar de filosofia da linguagem. Entretanto, a maior parte do livro proporciona ao leitor um contato mais ameno com as relevantes questões processuais, que trata com maestria. Neste sentido, a obra pode ser bastante útil para aqueles profissionais que estejam à procura de embasamento teórico para as suas questões do dia a dia forense.

Rosmar se utiliza de ampla bibliografia que tem como objeto as nulidades no processo penal, citando os autores mais modernos sobre o tema. Entretanto, a sua obra é muito peculiar e tem estrutura e conteúdo diversos daquilo que estamos acostumados a ler. Como se diz popularmente: "vai dar o que falar"... Texto longo e sofisticado, em alguns capítulos, precisa ser lido e relido, até porque, como disse acima, traz para o processo penal enfoques teóricos de outras áreas de conhecimento.

Evidentemente, em alguns pontos da obra, temos pequenas discordâncias, o que é absolutamente normal em toda produção intelectual, mormente em nossa área jurídica. Muitos destes pontos foram debatidos e Rosmar, de caso pensado, deu a eles o tratamento adequado, não sem antes fazer profunda reflexão.

Quero agora reler a obra acabada. Tenho a certeza de que continuarei aprendendo com a renovação desta leitura. Com Rosmar, tive uma grande lição de humildade e simpatia.

Por fim, posso afirmar que Rosmar, autor de extensa bibliografia jurídica, com vários importantes livros publicados, traz a lume uma nova obra de grande relevância para o nosso cenário jurídico, sendo ousado em se aprofundar no difícil tema que são as nulidades no processo penal, agregando, à sua tese, categorias de outras áreas de conhecimento, na busca de uma racionalidade dificultada pelo legislador pátrio.

Fiquei satisfeito e gratificado por ter travado contato pessoal com o agora amigo Rosmar e me sinto honrado por ter sido por ele convidado para apresentar ao público tão relevante trabalho jurídico. A Rosmar e família, sinceramente, desejo mais sucesso ainda e felicidade pessoal. O importante é ser feliz e ninguém é feliz sozinho.

Rio de Janeiro, setembro de 2016.

Afranio Silva Jardim

Professor associado de Direito Processo Penal da UERJ. Mestre e livre-docente em Direito Processual. Procurador de Justiça (aposentado).

SUMÁRIO

SEGUNDA PARTE

DINÂMICA DAS NULIDADES PROCESSUAIS PENAIS

INTRODUÇÃO

O termo "nulidade" é bastante ambíguo. Nulidade é substantivo, cujo verbo que lhe corresponde é nulificar. Ao lado desse termo, há outro parecido, também substantivo, que é a anulabilidade, que caracteriza feição possibilista de recair, sobre um ato processual, uma declaração de nulidade, decorrente da ação de anular. Considerando as diferenças de significados que essas palavras recebem, inclusive quando da aplicação do direito pelos tribunais, a teoria que se forma ao redor do fenômeno é pantanosa.

Não é exagero afirmar que doutrina e jurisprudência não se entendem quando o assunto em voga é a nulidade. Em termos mais científicos, o diálogo entre doutrinadores e entre órgãos jurisdicionais é prejudicado pela incerteza relativa quanto ao sentido dos vocábulos escolhidos para expressar questão dos vícios dos atos processuais penais. A comunicação normativa é dificultada ou mesmo inexiste em razão da baixa compreensão do fenômeno, que migra do reconhecimento do defeito até desembocar em uma providência mantenedora ou saneadora.

A delimitação do objeto ora estudado é providência inicial para alicerçar sua fundamentação. Para a sustentação da hipótese, a comparação doutrinária é a linha de partida escolhida, em seu cotejo com a aplicação do direito referente à espécie pelo Judiciário. Leva-se em conta, aliás, as divergências quanto aos sentidos e efeitos da declaração de nulidade tanto no direito interno, quanto no direito alienígena.

Existem dificuldades para sistematizar o tema. O uso dos termos para designar o fenômeno não é uniforme. A legislação, por seu turno, é dotada de enunciados de duvidosa compatibilidade com a Constituição Federal de 1988.

O material tomado como ponto de partida pode se qualificar como caótico. O primeiro passo que se seguiu para trafegar nesse terreno acidentado foi o de catalogar a doutrina nacional que constrói o discurso científico sobre o tema. A tentativa de encontrar pontos comuns nas definições e classificações adotadas nos textos jurídicos nacionais retrata a delimitação do campo para uso do método dialético.

Além de ampla pesquisa doutrinária, o estudo segue com pesquisas eletrônicas (*internet*), com o acesso a artigos, livros e jurisprudência. Quanto a esta última, limitou-se ao exame de precedentes e de enunciados emitidos pelo STF e pelo STJ. Como a produção de fontes formais do direito processual penal é de atribuição da União, a pesquisa não faz uso de julgados de outros tribunais para elucidar os limites da produção de nulidades processuais penais.

A busca de subsídios teóricos no direito comparado é metodologia capaz de esclarecer aspectos pouco nítidos em um objeto de estudo. Na doutrina estrangeira, mormente aquela construída na Itália, Espanha e Argentina, observou-se que o tema também não encontra tratamento que não desperte dúvidas. Diante das diferenças de sentido no uso dos vocábulos correspondentes no direito estrangeiro, a referência a esses textos é cercada de cautela para a fundamentação do estudo.

Como se trata de tema complexo, notadamente devido à imprecisão do exato teor dos termos que explicam os fenômenos em torno das atipicidades processuais penais, a metodologia escolhida inclina-se por convencionar, rigorosamente, significados às palavras que designam "inexistência", "nulidade" e "invalidação", assim como àquelas que retratam a composição dos atos processuais penais. Para tanto, o método dialético é utilizado de forma a compatibilizá-lo com o método positivista, reconhecendo que a produção de nulidades deve ocorrer dentro dos limites autorizados pelo ordenamento jurídico.

A perspectiva dogmática da obra é albergada pela relação que se faz entre a estrutura das atipicidades processuais e a produção de normas que colimam, ao cabo, restaurar a eficácia de direitos fundamentais que tenham sido indevidamente limitados pela edição de ato processual defeituoso. Para explicar a estrutura das atipicidades, optou-se por classificá-las, agregando relação de consequencialidade com as possibilidades de invalidação, convalidação ou saneamento, sem prejuízo de outros resultados possíveis.

A norma jurídica foi tomada como categoria central para evidenciar a relação entre atipicidade e sanção, bem como para esclarecer os aspectos controvertidos. Além desse viés, os diversos sentidos assumidos pela norma jurídica consequente são avivados para tentar controlar a previsibilidade de resultados, cuja pragmática é preponderante, com múltiplas possibilidades "em tese", afastando-se de posturas monológicas.

Ademais, o caráter pragmático da norma jurídica de atipicidade e de invalidação é retratado por sua função comunicativa. Decerto, a descrição concreta e individual, que se faz a partir da constatação de uma incidência deficiente de outra norma jurídica, retrata a documentação de relações entre normas, bem como viabiliza a comunicação entre os sujeitos processuais.

A pragmática detém primazia nesse campo. Nulidade é ilícito que pode ou não ensejar invalidade processual. A nulidade decorre de norma jurídica atípica que, por sua vez, implica consequência também normativa. Daí a necessidade de exame estático (sintático-estrutural e semântico-conceitual) e dinâmico (sintático-estrutural e pragmático-funcional) das atipicidades processuais penais, com ênfase na produção de normas jurídicas.

Por ser tema fértil para o debate, máxime em razão das dificuldades de comunicação normativa, o tema "nulidades no processo penal" é próprio a uma série de indagações que, sucessivamente, possibilitará a formulação de hipótese e, ao final, tornará viável a construção de tese. Para tal desiderato, a análise da norma jurídica individual e concreta, testada às variadas atipicidades possíveis no curso da persecução penal, é indispensável, tanto sob o olhar estático, quanto sob o dinâmico.

No que tange à estática da norma jurídica que reconhece a nulidade processual penal, o estudo deve responder aos seguintes questionamentos: (1) o que é nulidade? (2) qual a natureza jurídica da nulidade? (3) o que é atipicidade? (4) qual a diferença entre nulidade e inexistência? (5) qual a distinção entre nulidade absoluta e nulidade relativa? (6) o que é irregularidade? (7) o que é ato processual penal? (8) o que é ato processual imperfeito? (9) quais são os elementos do ato processual para o fim de ser identificada uma atipicidade? (10) qual a distinção entre elementos estruturais, essenciais e acidentais?

As respostas a essas perguntas têm a função de propiciar uma teoria geral das atipicidades processuais conformadora do seu sistema. É preciso, para tal finalidade, a adoção de linguagem formal, convencional, para a sua fundamentação alinhada com a Constituição. Com essa ligação, abre-se espaço para a dinâmica da norma jurídica que reconhece a nulidade, agregada àquela outra que determina a invalidação, convalidação ou saneamento do ato processual penal.

Também para o delineamento desses aspectos normativos, são indispensáveis questionamentos, com ênfase na tramitação do processo penal, sob o enfoque objetivo (concatenação dos atos processuais) e sob o seu ângulo subjetivo (sujeitos da relação jurídica processual): (1) quem produz a norma que declara a nulidade processual penal? (2) quem pratica ato processual penal imperfeito ou omite ato processual penal? (3) como ocorrem e se apresentam as atipicidades processuais penais? (4) como deve ser reconhecida e classificada a atipicidade? (5) como deve ser decretada a invalidação, a convalidação ou o saneamento? (6) onde deve ser reconhecida a atipicidade, em que fase da persecução penal? (7) quando deve ser reconhecida a atipicidade e decretada norma jurídica consequente? (8) sobre qual objeto recai o reconhecimento de atipicidade e sua respectiva norma consequente? (9) quais os efeitos do reconhecimento e classificação da atipicidade? (10) quais os efeitos e a extensão da emissão de norma jurídica de invalidação, de convalidação e de saneamento?

O problema das nulidades processuais penais é, por mais de uma perspectiva, verificado. A exposição teórica da doutrina é, não raras vezes, ambígua, o que enseja indagações de teores variados. Relevante, desse modo, que o defeito processual seja juridicamente disciplinado, especialmente quando se toma por realidade os enunciados de direito processual penal que, diferentemente do direito penal, não têm sua composição organizada em prótase (antecedente que determina o reconhecimento da ilicitude) e apódose (consequente com a imputação da sanção). Em outras palavras, a aferição de atipicidades processuais penais é, por via de regra, difusa e assistemática, sendo maior o esforço para sistematizá-lo em conformidade com as regras do pensamento correto (lógica jurídica).

A hipótese do trabalho visa a construir unidade metódica para a análise do tema, com critérios que expliquem a facticidade jurídica de sua classificação e da norma jurídica consequente, descrevendo seus elementos estruturadores. Propugna-se pelo esclarecimento de elementos dos atos processuais penais para a identificação da espécie de imperfeição, com a sistematização dos vícios.

De tal sorte, a relação entre nulidade e invalidação é formada por normas jurídicas, cujo sentido é descrito pelo juiz, de forma individual e concreta relativamente a outra norma jurídica de incidência deficiente. O elemento empírico é o ato processual penal viciado. Nulidade é espécie de atipicidade que decorre da incidência deficiente de norma jurídica processual penal, configuradora de um ato processual.

O defeito (nulidade-fato) é condição de possibilidade de anulabilidade (conduta). O ato judicial nulificador documentará, consecutivamente, a reação jurídica (nulidade-consequência).

Esse percurso deve envolver a declaração da atipicidade, com a respectiva classificação, pelo sujeito processual central (juiz, intérprete autêntico). A averbação do tipo de vício inaugura relação entre normas por constranger o juiz à produção de uma segunda norma jurídica que poderá ser a de invalidação (cancelamento ou cassação dos efeitos do ato) ou a de convalidação (conservação do ato).

O ponto de partida não dormita apenas nos textos constitucionais e legislativos, mas também nos enunciados emitidos pelo STF e pelo STJ, a exemplo da Súmula Vinculante e dos temas em repercussão geral expedidos por aquela primeira Corte. Sendo cediço que esses diplomas têm, como regra, natureza prescritiva, toma-se como marco teórico a produção científica que se construiu no seu entorno, mormente a exposta em Ada Pellegrini Grinover, Antonio Magalhães Gomes Filho e Antonio Scarance Fernandes[1].

1. GRINOVER, Ada Pellegrini; GOMES FILHO, Antonio Magalhães; FERNANDES, Antonio Scarance. *As nulidades no processo penal.* 12. ed. São Paulo: RT, 2011.

Há a constatação de que as soluções doutrinárias ainda não foram suficientes para dirimir os espaços de dúvida. Necessária, portanto, a conformação do sistema com a delimitação do sentido e significado das atipicidades, a fim de que se confiram coerência e justificação à produção normativa correlata dentro dessa estrutura.

Além dessas bases, a fundamentação linguística rigorosa torna o ambiente propício para um discurso coerente e com redução de contingência[2], embora assegure espaço para a justificação pragmática, o que é encontrado, notadamente, no constructivismo lógico-semântico proposto por Paulo de Barros Carvalho[3]. Tem como início a descrição dos sentidos possíveis para a nulidade (semântica), com a casuística do ato processual como documentação de norma jurídica processual penal, bem como com a casuística conceitual dos seus elementos constitutivos.

De outro prisma, o trabalho segue com sua parte dinâmica, delineando a estruturação do sistema (sintática), assim como descrevendo a produção das normas de reconhecimento de vícios e de decretação de consequências jurídicas (pragmática). A abordagem é arrematada com reflexões acerca do tema, bem como pelo permeio dialético das técnicas de interpretação e de controle de constitucionalidade.

A organização dos capítulos deste livro considera, especialmente, três eixos de análise. O primeiro consiste na disciplina jurídica das denominadas nulidades processuais penais. Na sequência, o segundo eixo é o confronto doutrinário

---

2. Da obra de Osman Loureiro, colhe-se que é antiga a pretensão de minimizar o campo do arbítrio humano, sobretudo no plano legislativo. Na sua dicção, "reduzir quanto possível, ou antes, anular, o poder discricionário do juiz, passou a constituir pensamento obsidente de todos os códigos, que sobrechegaram à reação clássica" (LOUREIRO, Osman. *Modificativos da pena no direito brasileiro*. Rio de Janeiro: Paulo, Pongetti & Cia, 1927. p.265).

3. CARVALHO, Paulo de Barros. *Direito tributário*: linguagem e método. 5. ed. São Paulo: Noeses, 2013.

que o tratamento atual do tema requer. Por último, o terceiro perfil de exame guarda comprometimento com a efetividade dos direitos fundamentais de natureza processual penal.

A estrutura do trabalho considera os aspectos estáticos e dinâmicos do sistema jurídico. Para destacar essa percepção, a referência a Hans Kelsen esclarece, em primeiro lugar, que é estático o sistema que descreve as normas conforme o conteúdo fundamentador de validade[4]. A essência da norma jurídica abstrata de nulidade e de invalidação, com o exame analítico de seu conteúdo, caracteriza a sua estática.

De outro lado, é dinâmico o sistema jurídico que descreve o *modus* da produção de normas, ou seja, o seu objeto se caracteriza por normas que ordenam como devem ser emitidas as normas gerais e individuais. A ênfase é na competência do juiz e no procedimento de controle aplicável.

No tocante à escolha, convencional, dos rótulos para descrição do procedimento deflagrado a partir da incidência deficiente de uma norma jurídica que constitui um ato processual penal defeituoso, compatível, ainda, Kelsen, como marco teórico. São explicitadas as etapas normativas para a sindicabilidade dos vícios processuais: reconhecimento de atipicidade, declaração da espécie nulidade e de invalidação. A dinâmica jurídica aponta para a emissão de normas individuais e concretas.

Kelsen designa validade como a existência específica de normas. Referir sua validade é, antes de tudo, pressupor a existência, com força de obrigatoriedade. A força de obrigatoriedade de um comando não nasce da ordem em si, porém das circunstâncias de sua edição, mormente na competência da autoridade (magistrado). No processo

4. KELSEN, Hans. *Teoria pura do direito*. Tradução: João Baptista Machado. 5. ed. São Paulo: Martins Fontes, 1997. p.218-219; KELSEN, Hans. Teoria geral do direito e do Estado. Tradução: Luís Carlos Borges. 4. ed. São Paulo: Martins Fontes, 2005. p.42-45.

penal, esse modo de entender encontra respaldo no que comumente acontece.

Deveras, sem um dizer do juiz, os atos processuais valem e são acatados por todos, ainda que padeçam defeituosos. Para que cessem a produção dos efeitos de um ato processual viciado, é indispensável outra norma que lhes ponha fim, decretando a invalidação. A adoção da categoria "inexistência jurídica" não infirma a tese, eis que tem a utilidade de delimitar as providências e os efeitos que decorrem do seu reconhecimento, sendo etiqueta que pretende indicar vício com gravidade maior.

Esses os supedâneos para o desenvolvimento de uma teoria da nulidade no processo penal, com pretensão de reunir elementos para uma sistematização unitária. O texto é desenvolvido em onze capítulos, sendo cinco destes constitutivos da primeira parte, intitulada estática jurídica, e que relacionam ao tema tópicos sobre: (1) o conceito e a linguagem, com ênfase na nulidade no direito processual penal; (2) as classificações das nulidades processuais penais; (3) as fontes de produção das normas nulificadoras; (4) o sistema e o ordenamento jurídico como fundamentos para a construção de normas nulificadoras; e (5) o plano semântico das nulidades processuais penais.

Por fim, na parte dinâmica da teoria da nulidade no processo penal, o foco maior é na produção normativa, com esteio no conteúdo estático, inserindo no contexto: (6) o plano sintático das nulidades processuais penais; (7) o plano pragmático das nulidades processuais penais; (8) as espécies de normas relacionadas às nulidades processuais penais; (9) a produção das normas constitutivas de declaração de nulidade e de invalidação; (10) as nulidades processuais penais e adscrição de regras a princípios constitucionais; e (11) a classificação aplicada às nulidades processuais penais.

PRIMEIRA PARTE

ESTÁTICA DAS NULIDADES PROCESSUAIS PENAIS

CAPÍTULO 1

CONCEITO E LINGUAGEM: EM TORNO DA DEFINIÇÃO DE NULIDADE NO DIREITO PROCESSUAL PENAL

A análise de questões conceituais para a fixação do significado das normas é parte da estática jurídica, tal como Hans Kelsen evidenciou em sua Teoria Pura do Direito[5]. A conformação do sistema, realizada abstratamente, é estática jurídica, assim como o é a classificação das nulidades, explicitada com suas definições e justificativas de validade.

Elucidar conceito e definição de nulidades processuais retrata o primeiro aspecto da estática jurídica do tema. Difere, portanto, do enfoque dinâmico que será visto mais adiante, eis que este é levado a efeito no plano concreto e com considerações de natureza pragmática, para regular o caso individual referentemente às atipicidades processuais em espécie.

5. KELSEN, Hans. *Teoria pura do direito*. Tradução: João Baptista Machado. 5. ed. São Paulo: Martins Fontes, 1997. p.217.

1.1 Conceito e definição

Nulidade é vocábulo que enseja vários sentidos. Em face da sua polissemia e de seu uso diversificado, o ponto inicial é examinar os enunciados centrais que conferem direção a esse termo para, em seguida, firmar definição útil à sua função de tutela de garantias fundamentais processuais penais. O primeiro teor a ser fixado é considerar nulidade como uma forma de atipicidade (ato processual atípico, deformado ou defeituoso).

O ponto de partida para estabelecimento de uma noção de nulidade é o de considerá-la distinta de ineficácia. No processo penal, a ineficácia não decorre, como regra, do ato processual atípico. A atipicidade, por outro lado, para ser considerada nulidade, necessita de declaração judicial nessa direção. De outro lado, a supressão dos efeitos vai depender da decretação de invalidação.

Sob essa vertente, a aproximação inicial do tema não é assimilada pela que Francesco Carnelutti faz, ao dizer que "nulidade é uma forma agravada de ineficácia, em confronto com a inadmissibilidade", quando considerado o seu aspecto difuso ou contagioso[6]. De outro turno, a própria expressão nulidade pode significar, com base em senso comum, algo equivalente a nulo, zero ou inexistente.

O termo, aliás, é também, não raras vezes, utilizado como sinônimo de invalidade. Quando inserido no contexto jurídico, não faltam expressões similares e que, nem sempre com rigor científico, buscam explicar o fenômeno, a exemplo de anulabilidade, nulidade absoluta, nulidade relativa, irregularidade, atipicidade, ato nulo, ato nulificado, inexistência, ato viciado, ato defeituoso, dentre outras.

---

6. CARNELUTTI, Francesco. *Lições sobre o processo penal*: volume 3. Tradução: Francisco José Galvão Bruno. Campinas: Bookseller, 2004. p.193-194.

Uma pluralidade de expressões é invocada para combinar vocábulos do uso vulgar. A inclusão de termos com semântica que extrapola o âmbito da nulidade torna menos precisa a comunicação. Por exemplo, o STJ refere à menção tardia da parte a vícios processuais que a favorecem como nulidade de algibeira[7]. Algibeira tem significado de pequeno bolso acoplado a uma roupa, sacola ou, ainda, recurso financeiro.

A nulidade de bolso ou de algibeira finda por ser expressão com um objetivo pragmático de dificultar o exercício de direitos fundamentais, conflitando com o propósito funcional da nulidade enquanto sistema de controle de garantias. Isso porque aquela dicção colima imunizar decisões contra o controle de atipicidades, considerando a suposta existência de um dever da parte de apontá-las, colaborando com o dever próprio do juiz (art. 251, CPP) e do Ministério Público (art. 127, CF), levando a efeito a ideia de que, no processo penal, seria aplicável o dever de mitigar o prejuízo (*the duty to mitigate the loss*)[8].

Calha lembrar o que foi dito por Galdino Siqueira sobre as nulidades – primeiro autor a esboçar uma sistematização da legislação, doutrina e jurisprudência brasileiras. No seu magistério, "indeclinável é a forma, ou para constituir o ato processual em sua espécie (forma intrínseca ou *ut species*), ou para dar-lhe uma configuração peculiar (forma extrínseca ou *ut exemplar*)". Na senda do autor, "da preterição dos requisitos ou cautelas da forma forense, isto é, da preterição das formalidades processuais, pode resultar nulidade ou irregularidade". Na primeira, verifica-se "inobservância de formalidade solene substancial, isto é, de formalidade destinada a exprimir a intenção dos agentes, bem como a

7. STJ – Quinta Turma – AgRg no HC 757.322/ES – Rel. Min. Messod Azulay Neto – DJe de 26 mar. 2025.

8. STJ – RHC 200.527/SP – Decisão Monocrática – Rel. Min. Reynaldo Soares da Fonseca – DJe 11 jul. 2024.

garantir interesses de ordem pública". Na irregularidade de forma, "a formalidade preterida é acidental ou não solene", vale dizer, "quando apenas se destinava a exprimir melhor a intenção dos agentes ou a maior regularidade na confecção do ato"[9].Nesse contexto, é preciso vincar uma definição com contornos mais precisos às atipicidades, assim como à sua função protetiva (pragmática), no sistema acusatório de processo penal. O conceito de nulidade, difuso, carece, por exemplo, de delineamento dos limites de interpretação do artigo 563, do CPP, que reza não ser possível declarar nulo um ato, "se da nulidade não resultar prejuízo para a acusação ou para a defesa". Esse texto, em conjunto com as demais disposições legais, deve ser considerado para a formação de um conceito de nulidade em direito processual penal.

A nulidade, segundo o texto do art. 563, do CPP, é ínsita ao defeito do ato processual. A declaração lhe é posterior. O Código expressa o vício com o nome nulidade. Não distingue o texto legislativo a nulidade relativa da absoluta. Ao enfatizar a necessidade de prejuízo às partes para que o ato possa ser declarado nulo, o CPP sufraga o entendimento de que a supressão de efeitos do ato defeituoso depende de manifestação judicial expressa e fundamentada.

O conceito possibilita o acesso ao conhecimento por intermédio das escolhas do legislador para comunicar o que enuncia. Com efeito, conceito é noção de natureza axiológica, valorativa, seletora de propriedades dos predicados (termos) que a ocorrência deve ter para fazer parte da descrição típica. O conceito legal deve ter seus elementos compatibilizados com os que constituem o núcleo constitucional de processo penal contemplado pela Constituição de 1988.

---

9. SIQUÊIRA, Galdino. *Curso de processo criminal*: com referência especial à legislação brasileira. São Paulo: Centro de Propaganda Católica, 1910. p.276.

Daí que o conceito é mais abrangente que a definição. A definição tende a estabelecer limites, dar-lhe contornos, impor diferenciações e assim agregar mais conotação a um certo conceito, estabelecendo, inclusive, classes, tal como se dá com a distinção doutrinária e jurisprudencial entre nulidade absoluta e nulidade relativa.

Em outras palavras, definir é operação de natureza lógica, delineadora de limites, fronteiras, lindes que isolam o âmbito de irradiação semântica de um conceito, ideia ou noção, dando-lhe identidade, para que o discurso seja construído de forma coerente. Para classificar, é necessário um critério uniforme (unitário), consoante *principium divisionis*[10].

Para estabelecer uma classificação das nulidades, quatro regras devem ser seguidas, conforme explicita Paulo de Barros Carvalho, notadamente: (1) proporcionalidade da divisão, isto é, a extensão do termo divisível deve ser igual ao somatório das extensões dos membros da divisão (em outros termos, a definição não pode suplantar o texto, devendo nele encontrar sua base empírica); (2) coerência de critério, sem mesclar métodos que resultem na criação de um critério novo (o padrão de referência deve ser unitário); (3) os membros da definição e divisão devem ser mutuamente excludentes, ou seja, sem que se sobreponham e comprometam a utilidade da classificação; e (4) a divisão classificatória deve cuidar para não incorrer em saltos, com a criação de abismos e de pontos não abrangidos, vale dizer, deve fluir ininterruptamente[11].

Volvendo para os requisitos de edição de um conceito, é possível elucidar definição de nulidade que seja referência para o seu desenvolvimento. Para tanto, não se prescinde

---

10. COSSIO, Carlos. *La teoría egológica del derecho y el concepto jurídico de libertad*. 2. ed. Buenos Aires: Abeledo-Perrot, 1964. p.658.

11. CARVALHO, Paulo de Barros. *Direito tributário*: linguagem e método. 5. ed. São Paulo: Noeses, 2013. p.120.

do método dialético comparativo, com o cotejo das definições propostas pela doutrina.

1.2 Tentativas definitórias

1.2.1 Divergências em torno da escolha do uso do termo "nulidade"

O termo nulidade não é utilizado pelo legislador de maneira uniforme. O CPP menciona nulidade, em regra, como defeito, vício, ato processual atípico, tal como se vê nos seus arts. 563 e 564. No entanto, os enunciados são ambíguos, induzindo que a nulidade é também sanção, quando fala em "declaração de nulidade", valendo-se do mesmo rótulo "nulidade" para qualificar o ato processual expurgado. Como exemplo, o art. 567, do Código, dispõe que "a incompetência do juízo anula somente os atos decisórios", como se a incompetência tivesse o condão de dirigir a atividade de anular, malgrado explique, em sua segunda parte, que o processo deve, "quando for declarada a nulidade, ser remetido ao juiz competente".

A distorção legislativa, aliada à falta de precisão dos predicados eleitos pelo legislador, repercutem na doutrina processual penalista, que evidencia relevantes divergências, mormente diante da falta de tomada de consciência sobre a natureza de sua definição: se semântica, sintática ou pragmática[12].

---

12. A partir das ideias de Kant, Charles S. Peirce pondera que o pragmatismo observa que há divergências de entendimento acerca do teor dado aos fatos. Os intérpretes "ou atribuem sentidos diferentes às mesmas palavras, ou então um dos dois lados (ou ambos) usa uma palavra sem um sentido definido. O que se procura, portanto, é um método que determine o significado real de qualquer conceito, doutrina, proposição, palavra ou outro signo. O objeto de um signo é uma coisa: seu significado, outra. Seu objeto é a coisa ou a ocasião, ainda indefinida, à qual ele deve aplicar-se. Seu significado é a ideia que ele atribui aquele objeto, quer através de mera suposição, ou como uma ordem, ou como uma asserção". Relacionando a noção de objeto aos aspectos semânticos, sintáticos e pragmáticos, Peirce anota que

Predicado é o termo, ou seja, o nome, no caso, a nulidade. Cuida-se de uma palavra tomada voluntariamente para designar objetos e seus atributos, em certo contexto comunicativo. A comparação das definições de nulidade seguirá a lógica dos termos ou lógica dos predicados, consistente no estudo da composição interna dos enunciados simples e, no seu interior, na análise dos termos – sujeito e predicado – que compõem a oração[13].

1.2.2 Concepções doutrinárias

Neste tópico, serão analisadas formas de uso do termo nulidade. Ao lado do aspecto semântico, serão alinhadas as definições sintáticas e pragmáticas, assim classificadas a partir do cotejo doutrinário. O objetivo é verificar divergências e coincidências, buscando dar utilidade à dificuldade de uniformização do assunto. O ponto de fundamentação constitucional é o pilar de referência para essa atividade.

1.2.2.1 Nulidade como sanção jurídica

Eugênio Pacelli entende que nulidade é sanção jurídica, que retira os efeitos do ato nulo ou que lhe limita a eficácia, não integrando o ato. Explica que a "declaração de nulidade" é "a consequência jurídica da prática irregular de ato processual, seja pela não observância da forma prescrita em lei, seja pelo desvio de finalidade surgido com a sua prática". Nessa linha, "a desconformidade do ato com a forma prevista em lei implica, por primeiro, a sua

---

"toda ideia simples compõe-se de uma dentre três classes; e uma ideia composta é predominantemente, na maioria dos casos, uma das classes". Arremata o autor que "o pragmatismo não se propõe a dizer no que consiste os significados de todos os signos, mas, simplesmente, a estabelecer um método de determinação dos significados dos conceitos intelectuais, isto é, daqueles a partir dos quais podem resultar raciocínios" (PEIRCE, Charles Sanders. *Semiótica*. Tradução: José Teixeira Coelho Neto. 4. ed. São Paulo: Perspectiva, 2008. p.193-194).

13. CARVALHO, Paulo de Barros. *Direito tributário*: linguagem e método. 5. ed. São Paulo: Noeses, 2013. p.117.

irregularidade". A nulidade, sob esse ponto de vista, não é em si mesma, isto é, só por conta do ato irregular[14].

Sob perspectiva semelhante, Paulo Rangel entende por nulidade não o vício que inquina o ato, porém "a sanção que se aplica ao ato viciado, em desconformidade com a lei. A nulidade é a consequência da prática do ato em desconformidade com a lei e não a desconformidade em si". Nessa esteira, chama-se ato nulo aquele que já foi sancionado com o "reconhecimento judicial de invalidade"[15].

Fernando da Costa Tourinho Filho difere dois momentos: a atipicidade enquanto vício do ato processual e a nulidade como sanção. Segundo o jurista, os atos realizados dentro do processo devem ser produzidos conforme a lei, caracterizando a denominada tipicidade do ato processual. De outro lado, a atipicidade do ato processual pode causar-lhe a nulidade (absoluta ou relativa) ou a mera irregularidade. Nessa esteira de raciocínio, "a nulidade é a sanção decretada pelo órgão jurisdicional em relação ao ato praticado com inobservância dos parâmetros normativos. Nulo é o ato imperfeito, defeituoso, atípico, a que se aplicou a sanção de ineficácia"[16].

De outro lado, Renato Brasileiro de Lima compreende nulidade "como espécie de sanção aplicada ao ato processual defeituoso, do que deriva a inaptidão para a produção de seus efeitos regulares". Em outros termos, sustenta que, "como desdobramento natural da fixação de regras para a prática de atos processuais, apenas aqueles realizados em consonância com tal modelo serão considerados válidos perante o ordenamento jurídico e idôneos a produzir

14. PACELLI, Eugênio. *Curso de processo penal*. 18. ed. São Paulo: Atlas, 2014. p. 898.

15. RANGEL, Paulo. *Direito processual penal*. 22. ed. São Paulo: Atlas, 2014. p. 939-941.

16. TOURINHO FILHO, Fernando da Costa. *Manual de processo penal*. 5. ed. São Paulo: Saraiva, 2003. p. 450.

os efeitos almejados"[17]. Cuida-se de concepção sufragada por outros autores[18].

Assim se manifestam Pedro Dermecian e Jorge Maluly, referindo a nulidade como consequência jurídica da atipicidade[19]. Da mesma forma, Jaques Penteado, que aduz que "a nulidade é a sanção jurídica aplicável ao ato que não se construiu segundo o padrão legal estabelecido. A finalidade precípua é a realização da justiça criminal de forma justa, da qual o instrumento é o processo"[20].

No direito processual penal argentino, Gabriel Giulio cataloga nulidade enquanto espécie de sanção processual que recai sobre o ato processual que refoge ao padrão legal. Dentre duas acepções que anui serem possíveis (nulidade como ato sancionável e nulidade como sanção), o processualista conclui ser melhor limitar sua abrangência para o fim de ser entendida apenas como sanção[21].

José Joaquim Calmon de Passos, em trabalho que se insere na teoria geral do processo, com ênfase no processo civil, explicita que, no gênero invalidade, o que se denomina de nulidade pode se traduzir "na retirada da eficácia do ato maculado por sua imperfeição relevante". Como se depreende, o processualista tem concepção que aproxima nulidade de sanção[22].

---

17. LIMA, Renato Brasileiro de. *Curso de processo penal.* Niterói: Impetus, 2013. p. 1578.

18. TÁVORA, Nestor; ALENCAR, Rosmar Rodrigues de. *Curso de direito processual penal.* 11. ed. Salvador: Juspodivm, 2016. p. 1203.

19. DERMECIAN, Pedro Henrique; MALULY, Jorge Assaf. *Curso de processo penal.* 9. ed. Rio de Janeiro: Forense, 2014. p. 721.

20. PENTEADO, Jaques de Camargo. *Manual de processo penal.* São Paulo: RT, 2013. p. 331.

21. GIULIO, Gabriel H. Di. *Nulidades procesales.* Buenos Aires: Hammurabi, 2005. p. 119.

22. PASSOS, José Joaquim Calmon de. *Esboço de uma teoria das nulidades aplicadas às nulidades processuais.* Rio de Janeiro: Forense, 2005. p. 125.

1.2.2.2 Nulidade como defeito do ato processual

Hélio Tornaghi assimila a noção de nulidade àquela do ato nulo de pleno direito. Segundo essa concepção, "ato nulo é aquele que não produz efeitos até que seja convalidado. Se não for convalidável, se o mal for incurável, não produzirá efeitos nunca". Distinguindo inexistência de anulabilidade, o autor entende que "a eficácia do ato nulo é sujeita a condição suspensiva. Essa é por vezes possível (nulidade relativa) e de outras impossível (nulidade absoluta)"[23].

A propósito, sobre a "existência do processo", Afrânio Silva Jardim se filia ao entendimento de que ela tem relação com os pressupostos processuais, por serem, na realidade, a energia constitutiva do processo e, de conseguinte, dos atos processuais que o formam. De tal modo, os pressupostos processuais só são, segundo essa concepção, os de existência. Faltando pressuposto processual, decorre a inexistência do processo e, naturalmente, dos atos que o constituem. Daí que o autor refuta a noção de "pressupostos processuais de validade". Justifica, ademais, que, "em verdade, os atos processuais, mesmo quando praticados contra vedação expressa da lei, enquanto não desconstituídos, produzem efeitos jurídicos no processo, efeitos estes que o manto protetor da coisa julgada (no processo penal, só para a acusação), torna perenes". E mais adiante o processualista classifica como "condição" para o desenvolvimento regular do processo aqueles requisitos que a doutrina geralmente insere no rótulo "pressuposto processual de validade". A conclusão do autor se sustenta logicamente quando esclarece que "mesmo quando se invalida o primeiro ato do processo, terá havido relação processual ao menos para o reconhecimento da nulidade *ab initio*". Nessa senda, a condição necessária para que a relação jurídica processual

---

23. TORNAGHI, Hélio. *Curso de processo penal*: volume 2. 6. ed. São Paulo: Saraiva, 1989. p. 294.

se "desenvolva", ainda que defeituosa, "é a inexistência de decisão judicial invalidando algum ato do processo". De outra parte, é condição, para que tal desenvolvimento se dê de forma "regular", que os atos processuais sejam "válidos", assim considerados quando, estando de acordo com a norma, "não podem ter a sua eficácia retirada pela decisão judicial"[24].

Sob outro prisma, discernindo as noções de atos nulos, anuláveis e irregulares, José Frederico Marques aduz que o "ato nulo é um ato atípico, imperfeito e ineficaz". Com essa ideia, defende que falta a tal ato formalidade essencial, isto é, não há nele a "adequação ao modelo que a lei traçou, porque, ao contrário disso, o que se verifica é que foi ele praticado em dissonância com a norma processual"[25].

Com pensamento equivalente ao que vê nulidade como defeito, Vicente Greco Filho assenta que se trata de "uma qualificação dos defeitos, mais ou menos graves, do ato e que vão influir no regime jurídico da decretação de sua invalidade". Os efeitos que decorrem da nulidade somente se produzem após o seu reconhecimento judicial[26]. Fernando Capez segue a mesma ideia ao dizer que "nulidade é um vício processual decorrente da inobservância de exigências legais capaz de invalidar o processo no todo ou em parte"[27].

Denilson Feitoza, a seu turno, compreende que "a nulidade é defeito do ato processual ou do processo, que pode ter como sanção a ineficácia". Nesses termos, o processualista vê nulidade enquanto "característica, qualidade, do ato

---

24. JARDIM, Afrânio Silva. *Direito processual penal*. 11. ed. Rio de Janeiro: Forense, 2002. p. 56-67.

25. MARQUES, José Frederico. *Elementos de direito processual penal*: volume II. 2. ed. Campinas: Millennium, 2000. p. 496.

26. GRECO FILHO, Vicente. *Manual de processo penal*. 8. ed. São Paulo: Saraiva, 2010. p. 286.

27. CAPEZ, Fernando. *Curso de processo penal*. 6. ed. São Paulo: Saraiva, 2001. p. 603.

processual ou do processo, enquanto a ineficácia é a sanção aplicada pela inobservância da forma prescrita em lei"[28].

Também Ricardo Perlingeiro Silva, sob a ótica processual civil, segue essa senda, destacando que, embora se diga que do nulo nada se extrai, tal conclusão carece de plausibilidade, pois são inúmeros casos que podem ser dados "quanto à eficácia de atos processuais nulos"[29]. Não há discrepância na argumentação de Adrio Giovannoni que, apartando nulidade de inexistência, considera os atos processuais como viciados de nulidade[30]. Identicamente, Augusto Mario Morello, ao defender que toda nulidade, no processo, é sempre relativa[31].

Pontes de Miranda aviva que a nulidade é "a qualidade mais pejorativa que pode ter o ato jurídico, por lhe faltar, no suporte fático, certo elemento de grande relevância, tornando-o deficitário, ou por haver presença de elemento que a tal ponto o corrói", referindo-se ao ferimento de regra jurídica que disponha sobre a forma do ato ou mesmo a ilicitude do seu objeto[32]. Essa concepção se filia à corrente que entende nulidade enquanto espécie de defeito. A sanção é a desconstituição dos efeitos do ato por deliberação judicial.

Guilherme de Souza Nucci também equipara nulidade a defeito processual, averbando que nulidades "são os

---

28. FEITOZA, Denilson. *Direito processual penal*: teoria, crítica e práxis. 6. ed. Niterói: Impetus, 2009. p.1006.

29. SILVA, Ricardo Perlingeiro Mendes da. *Teoria da inexistência no direito processual civil*. Porto Alegre: Sergio Antonio Fabris, 1998. p.29.

30. GIOVANNONI, Adrio. Los vicios formales en la realización del acto procesal. In: *Estudios de nulidades procesales*. Adolfo Alvarado Velloso (org.). Buenos Aires: Hammurabi, 1980. p.76.

31. MORELLO, Augusto Mario. Las nulidades procesales. Hacia una interpretación dinámica funcional. In: *Estudios de nulidades procesales*. Adolfo Alvarado Velloso (org.). Buenos Aires: Hammurabi, 1980. p.157.

32. PONTES DE MIRANDA, Francisco Cavalcanti. *Tratado de direito privado*: parte geral: tomo IV: validade, nulidade, anulabilidade. Campinas: Bookseller, 2000. p.77-78.

vícios que contaminam determinados atos processuais, praticados sem a observância da forma prevista em lei, podendo levar à sua inutilidade e consequente renovação"[33]. Norberto Avena, embora refira às diversas vertentes acerca da definição de nulidade (vício processual, sanção ou vício e sanção), argumenta que nulidade *lato sensu* é vício que pode atingir um ato processual[34].

Já Teresa Wambier cataloga mais aspectos inerentes à vertente da nulidade como defeito, descrevendo que "é um conceito tipicamente abstrato e diz respeito a um *quid* que afeta os atos processuais", comportando, fundamentalmente, três aspectos. O primeiro é "a causa formal da nulidade, seu elemento constitutivo, o vício ou o defeito que a produz", sendo, para a autora, o ponto de maior interesse. O segundo é "o estado de nulidade, ou seja, o que distingue o ato nulo dos demais, atual ou potencialmente", referindo-se "ao modo de ser nulo". O terceiro consiste na "consequência da nulidade", vale dizer, "o desaparecimento dos efeitos produzidos pelo ato, ou seja, a ineficácia"[35].

Destacando as dificuldades acentuadas em se definir nulidade, Heráclito Mossin a enxerga como defeito. Deveras, arremata que "nulidade é a falta de observância das fórmulas legais capaz de tornar sem eficácia um ou mais atos processuais, o processo ou a relação jurídico-processual"[36].

Também assimilando definição próxima do gênero defeito processual (ilícito), Tácio Lacerda Gama aventa que

---

33. NUCCI, Guilherme de Souza. *Manual de processo penal e execução penal*. 6. ed. São Paulo: RT, 2010. p.816.

34. AVENA, Norberto. *Processo penal*: esquematizado. Rio de Janeiro: Forense; São Paulo: Método, 2009. p.836.

35. WAMBIER, Teresa Arruda Alvim. *Nulidades do processo e da sentença*. 6. ed. São Paulo: RT, 2007. p.160.

36. MOSSIN, Heráclito Antônio. *Nulidades no direito processual penal*. 3. ed. Barueri: Manole, 2005. p.61.

nulidade "é expressão geral para nominar ilícitos nomogenéticos no plano dogmático". No entanto, procura estabelecer distinções, classificando o fenômeno representado pelo termo. De tal sorte, averba que nulidade "pode ser entendida em sua acepção lata, compreendendo todas as modalidades de ilícitos nomogenéticos, assim os formais como os materiais". De outro lado, pondera que, em *stricto sensu*, nulidade é "ilícito na prática de atos processuais, de forma ou conteúdo". Destaca, todavia, o aspecto sancionatório do termo, ao afirmar que, "noutra acepção, pode ser tomado como a consequência ou efeito da ilicitude na criação de normas, daí a possibilidade de, por exemplo, ver-se reconhecida de uma norma, mas se discutir se haverá ou não pronúncia de nulidade"[37].

Ada Pellegrini Grinover, Antonio Magalhães Gomes Filho e Antonio Scarance Fernandes elegem o termo nulidade como qualificador negativo do ato processual eivado de atipicidade (ato nulo). Em outras palavras, os autores entendem nulidade como defeito processual. Pode-se afirmar, nessa esteira, que a nulidade adjetiva o ato processual imperfeito que "por falta de adequação ao tipo legal pode levar ao reconhecimento de sua inaptidão para produzir efeitos no mundo jurídico". A invalidade seria o momento seguinte à verificação de nulidade, sempre dependente de reconhecimento judicial expresso[38].

Há possibilidade de incluir os autores dentre aqueles que enxergam nulidade como motivo da imperfeição do ato processual, bem como expressão das respectivas consequências dessa imperfeição, como apontam Aramis Nassif e Samir Hofmeister, considerando que tal corrente apõe à

---

37. GAMA, Tácio Lacerda. *Competência tributária*: fundamentos para uma teoria da nulidade. 2. ed. São Paulo: Noeses, 2011. p.LII.

38. GRINOVER, Ada Pellegrini; GOMES FILHO, Antonio Magalhães; FERNANDES, Antonio Scarance. *As nulidades no processo penal*. 12. ed. São Paulo: RT, 2011. p.20-21.

nulidade dupla natureza[39]. As dificuldades de precisão dos contornos do conceito de nulidade decorrem da ambiguidade da expressão. Como se depreende, a plurivocidade de sentido repercute no uso do termo com funções distintas, inclusive num mesmo contexto.

A seu turno, Paulo Fernandes e Geórgia Bajer discordam da ideia de nulidade como sanção. Conforme defendem, "os processualistas modernos não dão às nulidades as características de sanções. Nulidade, para estes, significaria ineficácia. Entranto, os autores ponderam que se cuida do efeito ou consequência da falta de cumprimento das disposições legais. É inexata, portanto, a expressão "sob pena de nulidade", empregada no jargão forense. Os processualistas filiam-se à posição que vê nulidade como defeito que precisa ser sopesado para dimensionar sua consequência, apta a retirar do ato ou processo o seu valor e, desse modo, acarretar-lhe a invalidade, no todo ou em parte[40].

Em certa medida, essa concepção encontra respaldo nas lições consubstanciadas na "Teoria Tridimensional do Direito", de Miguel Reale, enxergando que os preceitos objetivam a realização do valor-fim do direito, enfatizando o direito como resultado da experiência. O direito processual penal não se afasta dessa concepção, notadamente porque, na persecução penal estatal, o juiz, sendo o órgão a quem compete chancelar a validade ou a invalidade de um ato jurídico, deve observância a um complexo de elementos que informam sua atividade. Como explica o filósofo, a regra jurídica tem o poder de obrigar, "primeiro, em virtude de seu fim ou de sua conformidade com o valor fim do Direito; segundo, por motivo de sua racionalidade ou conformidade racional com as situações objetivas (causas intrínsecas)".

---

39. NASSIF, Aramis; NASSIF, Samir Hofmeister. *Considerações sobre nulidades no processo penal*. 2. ed. Porto Alegre: Livraria do Advogado, 2012. p.20.

40. FERNANDES, Paulo Sérgio Leite; FERNANDES, Geórgia Bajer. *Nulidades no processo penal*. 5. ed. São Paulo: Malheiros, 2002. p.30-31.

Ainda, a regra tem força coercitiva em virtude de "sua proveniência como ordem de uma autoridade legítima". Com essa argumentação, conclui Miguel Reale que não é indo além do sistema jurídico, porém é na mesma ordem jurídico positiva que é possível "encontrar a integração fato-valor-norma à qual corresponde esta outra: eficácia social, validade ética, validade técnico-jurídica". A legislação posta deve apresentar tais requisitos, exprimindo o que o autor denomina de "valor racional de justiça", sendo emanada de uma autoridade competente e com "real aplicação por parte dos sujeitos"[41].

Citando correntes doutrinárias conflitantes e vez por outra realçando a noção de ato jurídico viciado (inexistente, irregular e nulo), enquadrado no gênero atipicidade, Aramis Nassif e Samir Hofmeister reputam que nulidade é sanção pela ineficácia. Explicam que "a função da nulidade-sanção não é a de assegurar o cumprimento das formas por si e em si mesmas, mas de manter sua teleologia, qual seja, alcançar os fins das formalidades previstas em lei"[42].

Por derradeiro, sob perspectiva crítica que acusa a imprestabilidade da categoria "nulidade relativa" para o direito processual penal, em face de chancelar o "punitivismo", Aury Lopes Júnior sublinha que "nulidade mesmo só existirá nos casos de atipicidade insanável e relevante". Daí que o mais importante, segundo sustenta, "é a conjunção dos conceitos de defeito e possibilidade/impossibilidade de saneamento pela repetição". Nessa vertente, o nulo seria o defeito que nega a validade.[43]

---

41. REALE, Miguel. *Fundamentos do direito*: contribuição ao estudo da formação, da natureza e da validade da ordem jurídica positiva. São Paulo: RT, 1940. p.314-315.

42. NASSIF, Aramis; NASSIF, Samir Hofmeister. *Considerações sobre nulidades no processo penal*. 2. ed. Porto Alegre: Livraria do Advogado, 2012. p.20-21.

43. LOPES JR, Aury. *Direito processual penal e sua conformidade constitucional*: volume II. 3. ed. Rio de Janeiro: Lumen Juris, 2010. p.429.

1.2.2.3 Nulidade como ato jurídico inválido

Ricardo Jacobsen Gloeckner realça quatro concepções doutrinárias de nulidade: (1) como vício do negócio jurídico processual penal; (2) como sanção processual; (3) como ato jurídico inválido; e (4) como tipo processual e constitucional. O autor declara preferência pela teoria da nulidade enquanto ato jurídico inválido, ou seja, concepção que lhe atribui a mácula da invalidade. Conforme leciona, tal teoria "está associada aos direitos fundamentais do acusado" e "a ineficácia é a consequência que permite o desfazimento do ato afetado pelo vício de validade". Sua conclusão é de que a nulidade diz respeito "à inadequação do ato ao modelo normativo, correspondendo tal anomalia à invalidade. Esta invalidade precisa ser declarada judicialmente. Como consequência, a retirada dos efeitos do ato inválido constitui-se não no plano normativo, mas empírico"[44].

A distinção de tal concepção (nulidade como ato jurídico inválido) e a outra abordada antes (nulidade como defeito do ato processual) é bastante tênue. A importância da última consiste em determinar proteção maior aos direitos fundamentais em jogo no processo. No entanto, do ponto de vista lógico, não há justificativa para apartar tais teorias, haja vista que ambas pressupõem um vício do ato processual, caracterizado pela nulidade, vale dizer, um defeito, uma mácula.

Por outro lado, equiparar nulidade e invalidade, como se esta fosse o consequente necessário, mas que depende de ato judicial que a declare é incoerente logicamente. Isso porque, se ambas dependem de manifestação judicial, não parece razoável nivelar os momentos.

---

44. GLOECKNER, Ricardo Jacobsen. *Nulidades no processo penal*: introdução principiológica à teoria do ato processual irregular. Salvador: Juspodivm, 2013. p.328-331.

1.2.2.4 Nulidade como sanção e como defeito

Edilson Mougenot Bonfim, seguindo posição eclética, assenta que a nulidade deve ser entendida sob duplo aspecto, vale dizer: (a) "como vício ou defeito de que padece o ato processual atípico, isto é, praticado em desconformidade com as prescrições legais"; e (b) "como sanção imposta judicialmente, invalidando o ato processual e lhe retirando determinados efeitos jurídicos"[45].

De maneira análoga, Julio Fabbrini Mirabete explica que nulidade consiste, "sob um aspecto, vício, sob outro, sanção, podendo ser definida como a inobservância de exigências legais ou uma falta ou falha ou imperfeição jurídica que invalida ou pode invalidar o ato processual ou todo o processo"[46].

Inserindo-se na corrente híbrida, Lúcio Constantino, depois de conceituar como defeito cuja consequência é prejuízo, assevera que "a natureza da nulidade depende do prisma de visão". Enfatiza assim que se a nulidade for examinada "apenas como vício (qualidade), sua natureza jurídica será de imperfeição". Entrementes, se for apreciada "como efetiva decretação de invalidade (consequência), sua natureza jurídica será de sanção"[47].

Sob a lente da lógica e do viés pragmático da nulidade, Torquato Castro Júnior parte da premissa de que, "se nulificar é negar efeitos, a norma que determina a nulidade poder-se-ia expressar como uma forma inversa do *modus ponens*", sem, contudo, permitir uma tautologia, "à diferença do que ocorre com o *modus tollens*". Note-se que *modus ponens* é modo lógico afirmativo de um consequente,

---

45. BONFIM, Edilson Mougenot. *Curso de processo penal.* 4. ed. São Paulo: Saraiva, 2009. p. 589.

46. MIRABETE, Julio Fabbrini. *Processo penal.* 14. ed. São Paulo: Atlas, 2003. p. 591.

47. CONSTANTINO, Lúcio Santoro de. *Nulidades no processo penal.* 3. ed. Porto Alegre: Verbo Jurídico, 2008. p. 29-31.

enquanto o *modus tollens* é uma forma lógica que nega o consequente. A norma que ordena a nulidade, segundo o autor, não é uma lei lógica necessariamente verdadeira. Não chega a ser uma redundância porque a verificação da falsidade do antecedente, na sua relação intermediada pelo condicional, não determina de forma inexorável a falsidade do consequente. Eis, neste ponto, o campo da pragmática da teoria das nulidades. Isso porque o fato que é objeto de incidência da norma não é o que nasce nulo, porém poderá ser o ato que o tem por suporte. Abordando as nulidades na perspectiva civilista, o autor segue doutrina que distingue os dois modelos lógicos possíveis para o fim de representar logicamente o fenômeno: (1) "o primeiro corresponde à hipótese de a nulidade ser irrelevância e *inqualificazione*" (algo similar à nulidade como defeito); e (2) "o segundo funda a nulidade como negação da relevância própria do ato. Em vez de uma não qualificação, ter-se-ia uma desqualificação" (esta última mais adequada à concepção de nulidade como sanção). De acordo com essa posição (aqui enquadrada como mais próxima da eclética), não há que se estranhar a suposição doutrinária de que haveria um aspecto contraditório no segundo modelo. Isso porque o alegado paradoxo "só se configura se se tiver presente a pressuposição de que o mecanismo das nulidades é determinado por uma única norma. Se o mecanismo funciona por meio de muitas normas distintas, não há paradoxo, o que parece ser o caso"[48].

1.2.2.5 Nulidade como providência saneadora do sistema jurídico

Fundamentando a noção de que forma é garantia, bem como salientando a necessidade de uma teoria geral das

48. CASTRO JÚNIOR, Torquato da Silva. *A pragmática das nulidades e a teoria do ato jurídico inexistente*: reflexões sobre metáforas e paradoxos da dogmática privatista. São Paulo: Noeses, 2009. p. 115-119.

invalidades comprometida com a efetividade dos direitos fundamentais postos na Constituição e com a redução da complexidade, Elmir Duclerc defende a desvinculação dos conceitos de defeito e sanção, como atrelados à nulidade. Isso porque a sanção responde de forma precária à função das formas processuais. O foco, nesse diapasão, deve ser voltado para a atividade judicial que é ativada pelo sinal de descumprimento de um princípio, de maneira reparadora. Isso quer dizer que só em último lugar terá cabimento a forma sancionadora. Para o processualista, a nulidade é a providência de saneamento diante do desatendimento de algum requisito para a prática do ato processual que, ao final, tenha ferido princípio constitucional. Em outros termos, de um lado se tem a atividade processual defeituosa e, de outro, sua invalidade por meio de providência do sistema jurídico que restabeleça o princípio *lato sensu* pela atuação do juiz[49].

Galeno Lacerda elucida que o conceito de despacho saneador tem o propósito de sediar a deliberação judicial sobre questões que afetam o desenvolvimento regular do processo. Muito mais que viabilizar o "suprimento oportuno de vícios sanáveis" e coartar, na origem, "processos de constituição maculada por defeto irremediável", o despacho saneador tem função preventiva e reparadora, com ênfase na proteção de direitos e garantias. Embora vocacionado a corrigir vícios – permitindo o acautelamento contra a contaminação de atos consecutivos –, o despacho saneador não deve ter a função de "panaceia preclusiva de todos os males do processo. Seria visão exagerada e irreal de seu alcance"[50]. Para esse fim, o princípio da economia

49. DULCLERC, Elmir. *Direito processual penal*. Rio de Janeiro: Lumen Juris, 2008. p.562-563.

50. LACERDA, Galeno. *Despacho saneador*. Canoa: La Salle; Porto Alegre: Livraria Sulina, 1953. p.6-7.

processual não deve incidir[51]. No saneamento, vigoram, de um lado, a observância do tempo apropriado ao controle e, de outro, a compulsoriedade do ato judicial de inspeção.[52]

1.2.2.6 Nulidade como tipo processual e constitucional

Gustavo Badaró, sublinhando que "a tipicidade das formas é uma garantia para as partes e para a correta prestação jurisdicional", vê a nulidade enquanto espécie de atipicidade do ato processual, isto é, como defeito, vício que, para deixar de produzir efeitos no processo, carece de "pronunciamento constitutivo pelo magistrado"[53]. Embora não seja expresso, a argumentação do autor conduz à ilação de que considera a nulidade como atrelada aos tipos processuais e constitucionais protetivos das garantias individuais, mormente quando dá ênfase à "tipicidade das formas".

1.2.3 Concepções de nulidade fundamentadas nas ciências da linguagem

As controvérsias em volta do termo "nulidade" são de diversas ordens. A importância de esclarecimento do termo e de adequação da forma de seu uso é evidenciada tanto pela comparação das suas definições, quanto pela divergência jurisprudencial que se constata pela pesquisa a repertórios de

---

51. O CPP prevê recolhimento de despesas processuais como condição ao cumprimento de diligências do interesse do imputado (confrontando a definição de ampla defesa), preconizando, como providência saneadora, o que seria melhor designado como convalidação. O art. 806, por exemplo, dispensando, em seu § 1º, o réu pobre de recolhimento de custas, estipula, em seu § 3º que "a falta de qualquer prova ou diligência que deixe de realizar-se em virtude do não pagamento de custas não implicará a nulidade do processo, se a prova de pobreza do acusado só posteriormente foi feita". Quanto à carta rogatória, o art. 785, do mesmo Código, estatui que, antes de sua devolução, o órgão autêntico deverá mandar "completar qualquer diligência ou sanar qualquer nulidade" (função saneadora stricto sensu).

52. LACERDA, Galeno. *Despacho saneador*. Canoa: La Salle; Porto Alegre: Livraria Sulina, 1953. p.6-7.

53. BADARÓ, Gustavo Henrique. *Direito processual penal*: tomo II. 2. ed. Rio de Janeiro: Elsevier, 2009. p.227-229.

julgados. A elucidação para a escolha do uso da expressão passa pelas perspectivas semântica, sintática e pragmática, ou seja, como na linguagem adotada por Tácio Lacerda Gama, o percurso para o esclarecimento da nulidade processual penal envolve, respectivamente, o sentido, a estrutura e a função[54]. Para a construção dessa tríplice perspectiva, adota-se a teoria convencionalista[55], com a proposta de critério uniforme para o uso da palavra nulidade.

1.2.3.1 Concepção semântica

A concepção semântica se refere ao sentido da norma que define a nulidade processual penal. Nessa esteira, nulidade é norma que descreve ato processual eivado de uma qualificação negativa, notadamente porque a sua prática em descompasso com a forma estabelecida em lei é capaz de tornar ineficaz o direito protegido pela norma que representa o ato processual, com seus requisitos essenciais e acidentais. A ótica é o teor pejorativo que recai sobre o ato processual penal, expressando, em seu antecedente normativo (nulidade-fato), uma imperfeição da qual pode decorrer a necessidade de seu refazimento, evidenciando maior ou menor gravidade do defeito. De outro lado, no aspecto consecutivo da norma (nulidade-consequência), a concepção semântica explicita o sentido de efeito jurídico necessário à restauração do equilíbrio processual.

1.2.3.2 Concepção sintática

A concepção sintática é compreendida como a estrutura que sustenta, no direito positivo, a norma que descreve a nulidade processual penal. Entendendo nulidade como ato

54. GAMA, Tácio Lacerda. *Competência tributária*: fundamentos para uma teoria da nulidade. 2. ed. São Paulo: Noeses, 2011. p.XXXVII.

55. ALENCAR, Rosmar Rodrigues. *Efeito vinculante e concretização do direito*. Porto Alegre: Sergio Antonio Fabris, 2009. p.39.

processual eivado de atipicidade reconhecida judicialmente, tem-se que a concepção sintática definitória de nulidade deve considerar o sujeito processual competente para declarar a existência de ato processual defeituoso, praticado em desconformidade com o ordenamento jurídico.

Sob esse ponto de vista, nulidade é a norma processual penal individual e concreta, emitida pelo juiz competente para a condução do procedimento criminal, cuja fundamentação passa da descrição da hipótese abstrata prevista no direito positivo ou em precedentes judiciais, para que, constando a atipicidade do ato processual (norma pressuposta, antecedente, da nulidade processual), por meio de silogismo realizado pela confrontação probatória linguística, declare, concretamente, a existência do vício, reconhecendo-lhe a nulidade. Na sequência complementar relacional da concepção sintática, a imposição de efeitos derivados da atipia irá evidenciar estrutura dúplice, estando, de um lado, a nulidade-fato e, de outro, a essa enlaçada, a nulidade-consequência.

1.2.3.3 Concepção pragmática

A concepção pragmática engloba o aspecto da função da norma que conclui pela nulidade processual penal. O sistema jurídico prevê criação de norma declaratória de nulidade e, a partir daí, outras normas se enlaçam com o objetivo de produzir maiores ou menores efeitos. Gustavo Valverde, aliás, pondera que quando se está formando a teoria da norma como meio de comunicação, o plano pragmático é o de maior importância, eis que a norma é tomada como relação interativa. Aqui a dogmática jurídica intenta constituir modelos empíricos que dão ênfase ao estudo da decisão jurídica, sendo o direito um feixe de procedimentos para a tomada da decisão. De tal sorte, "a pragmática é um plano semiótico cuja análise é decisiva, sobretudo porque é o plano responsável pela institucionalização das normas jurídicas"[56].

Há preponderância do aspecto pragmático-funcional. Conquanto a compreensão da nulidade dependa dos planos semântico-significativo e sintático-estrutural, consoante pontua Gregorio Robles, "el principio de prioridad pragmática" constitui "un principio ontológico del texto" e "la determinación de los significados concretos proviene de la totalidad de significado que el texto establece"[57]. Com a mesma orientação, Robson Maia Lins leciona que "en la comunicación, incluso en la científica, el plano pragmático tiene una gran importancia en la determinación de las significaciones construidas (principio de predominancia del plano pragmático)", sendo, inclusive, "muy decisivo para precisar el plano semántico", malgrado se deva considerar que "los planos del lenguage nunca están aislados, dado que uno interfiere decisivamente en el outro, principalmente el pragmático en el semántico y vice-versa, pero estos dos tienen como condiciones necessárias el plano sintáctico"[58].

Tercio Sampaio Ferraz Júnior, na senda pragmática, explica que normas jurídicas são compreendidas como "discursos, portanto, do ângulo pragmático, interações em que alguém dá a entender a outrem alguma coisa, estabelecendo-se, concomitantemente, que tipo de relação há entre quem fala e quem ouve". Em outras palavras, o discurso normativo é não só formado por uma mensagem, porém "por uma definição das posições de orador e ouvinte"[59].

---

56. VALVERDE, Gustavo Sampaio. *Coisa julgada em matéria tributária*. São Paulo: Quartier Latin, 2004. p.25.

57. ROBLES, Gregorio. *El derecho como texto*: cuatro estudios de teoria comunicacional del derecho. Madrid: Civitas, 1998. p.59.

58. LINS, Robson Maia. *La mora en el derecho tributario*. Tradução: Juan Carlos Panez Solórzano. São Paulo: Noeses; Lima: Grijley, 2018. p.79-80.

59. FERRAZ JÚNIOR, Tercio Sampaio. *Teoria da norma jurídica*: ensaio de pragmática da comunicação normativa. 4. ed. Rio de Janeiro: Forense, 2009. p.53.

Sob uma perspectiva pragmática, a nulidade como norma deve partir do seu aspecto de fato que, reconhecendo a atipicidade do ato processual viciado, servirá de parâmetro à função de produzir consequências jurídicas, com a construção de outras normas que implicam, total ou parcialmente, convalidação ou invalidação de atos processuais. Nesse ponto, tem-se a sede de predileção da pragmática das nulidades, pois nem sempre há um desenvolvimento linear entre a norma que descreve a nulidade, reconhecendo-a, e aquela outra norma que, pressupondo a nulidade, faz incidir a invalidação de ato processual defeituoso.

Tercio Sampaio Ferraz Júnior elucida as relações possíveis na comunicação normativa quando aborda os dois elementos da mensagem normativa: o aspecto-relato e o aspecto-cometimento. Sob o ângulo pragmático, "a descrição da ação e a descrição da condição da ação constituem o aspecto-relato da mensagem normativa". No entanto, aqui não há exaurimento da sua análise, já que "dela fazem parte o editor e o sujeito mais a relação metacomplementar que entre ambos se estabelece". O que denomina de "metacomplementaridade" tem sua determinação ao nível do aspecto-cometimento do discurso, prevista pelos operadores normativos. Decerto, "os operadores normativos têm uma dimensão pragmática além da dimensão sintática, pelas quais, não só é dado um caráter prescritivo ao discurso ao qualificar-se uma ação qualquer, mas também lhe é dado um caráter metacomplementar ao qualificar a relação entre emissor e receptor". Tais argumentos significam dizer que, uma vez construída uma norma (por exemplo, declaratória de nulidade de ato processual), o editor (juiz), ao transmitir uma mensagem descrevendo a norma individual e concreta com referência a ato processual atípico, para assim reconhecer a nulidade, "define posições de tal modo que o endereçado assuma uma relação complementar (metacomplementaridade)"[60].

A norma declaratória de nulidade emite a base para que o intérprete construa outra norma, por exemplo, que declare invalidado o ato processual reconhecido como nulo. A partir dessa segunda mensagem normativa, o juiz pode tanto simplesmente transmitir a mensagem, como, além disso, fazer um comentário sobre ela, determinando o refazimento do ato, ou aplicando o princípio da concatenação, para ordenar o desfazimento dos efeitos dos atos processuais dependentes do ato nulo.

Torquato Castro Júnior verbera que nulidade é, pragmaticamente, a negação do que foi proposto no ato jurídico processual[61]. Tal abordagem considera a existência de regras de calibração do sistema que, ao cabo, mitigam a causalidade necessária entre norma primária e norma secundária, seguindo a função da causalidade enquanto postulado operacional. Em outras palavras, o reconhecimento da nulidade processual, com a descrição da norma declaratória da desconformidade, depende de vários fatores que, como regras de calibração, podem ou não servir de suporte fático para que o juiz construa a norma de invalidação, descrevendo seu espectro de alcance relativamente aos atos processuais.

Esse enfoque pragmático é compatível com a noção de que a relação processual é vínculo que se estabelece entre juiz, autor e réu, sendo apta a criar uma série de relações sucessivas que nascem com a produção normativa de nulidade processual penal. Leva em conta que os

---

60. FERRAZ JÚNIOR, Tercio Sampaio. *Teoria da norma jurídica*: ensaio de pragmática da comunicação normativa. 4. ed. Rio de Janeiro: Forense, 2009. p.55-56.

61. CASTRO JÚNIOR, Torquato da Silva. *A pragmática das nulidades e a teoria do ato jurídico inexistente*: reflexões sobre metáforas e paradoxos da dogmática privatista. São Paulo: Noeses, 2009. p.234.

órgãos protagonistas da relação processual são centros parciais de imputação. No âmbito do seu reconhecimento, a função da norma nulificadora será, na senda de Lourival Vilanova, o estabelecimento de outros deveres positivos ou negativos para os sujeitos processuais envolvidos na relação processual[62].

1.2.4 Distinções do uso do termo nulidade na teoria geral do direito

O presente tópico visa a esclarecer a escolha do uso do termo nulidade como norma jurídica. O teórico do direito poderia questionar: como nulidade, algo que *a priori* 'não é' ou 'não vale', pode ser uma norma jurídica? A perplexidade aumenta se o intérprete pretender inserir o fenômeno da nulidade em um dos planos da teoria do fato jurídico (existência, validade e eficácia). A polissemia do uso do termo agrava a situação.

Por ora, importante apartar bem a noção de nulidade como norma jurídica e nulidade como qualificativo de um ato jurídico processual. Para alcançar tal objetivo, os estudos volvidos para o direito privado serão tomados como parâmetro para, dessa forma, reduzir o espaço de dúvida quanto ao uso do vocábulo.

Note-se que ato jurídico processual nulo é, sob esse enfoque, aquele que foi praticado de forma defeituosa, em razão da aplicação deficiente de um enunciado legal. No entanto, para o processo penal, será ele classificado quando o juiz realizar outra atividade processual, constituindo a norma jurídica primária da estrutura nulificadora.

62. VILANOVA, Lourival. *Causalidade e relação no direito*. 2. ed. São Paulo: Saraiva, 1989. p.191-192.

1.2.4.1 Nulidade e os planos da existência, da validade e da eficácia

Como foi verificado no item anterior, não há uniformidade doutrinária quanto ao uso dos termos que designam as atipicidades processuais penais e seus respectivos efeitos. A título de exemplo, nulidade e invalidade são vocábulos usados como sinônimos ou para designar fenômenos diversos, o primeiro perpassando os planos da existência e da validade, enquanto o segundo repercutindo nos planos da validade e da eficácia.

Examinando requisitos do negócio jurídico na esfera do direito civil, Antônio Junqueira de Azevedo observa a indecisão da doutrina para classificar os elementos daquele fato jurídico de forma a justificar os planos da existência, da validade e da eficácia (elementos essenciais, naturais e acidentais). O autor propõe que o negócio jurídico, apreciado nos três planos sucessivos de projeção, tenha sua composição descrita por: (1) elementos (constitutivos da parte mais complexa do negócio jurídico); (2) requisitos (condições impostas para a satisfação das finalidades); e (3) fatores (tudo o que contribui para o alcance do resultado, sem fazer parte do negócio jurídico). De tal sorte o autor pondera que são necessários elementos para que o negócio jurídico exista, requisitos para que ele seja válido e fatores para que se torne eficaz.[63]

A nulidade deve ter por referência os elementos do ato processual penal. Como a sua documentação é apta a dotá-lo de todas as condições para a produção de efeitos, o cerne dos fenômenos classificatórios da atipicidade gira em torno da constituição do ato processual e da sua aptidão para atingir as finalidades dispostas no ordenamento jurídico.

63. AZEVEDO, Antônio Junqueira de. *Negócio jurídico*: existência, validade e eficácia. 4. ed. São Paulo: Saraiva, 2014. p.29-30.

Dessa maneira, a tripartição sugerida entre elementos, requisitos e fatores não se ajusta perfeitamente ao direito processual penal. Preferível adotar simplesmente elementos, que se limitam a facilitar a classificação do vício para, a partir daí, impingir, ao ato processual, a sanção de invalidade (desfazimento de seus efeitos), caso seja esta a consequência cabível.

A divisão das espécies de elementos do ato processual penal será constituída por: (1) elementos estruturais (sua atipia conduz à inexistência jurídica); (2) elementos essenciais (da falta, decorrerá, em regra, nulidade absoluta); (3) elementos acidentais (o vício correlato indica nulidade relativa ou mera irregularidade).

Como se vê, o direito privado se distancia do direito processual penal, apesar de pontos de contato. A título de exemplo, tem-se a classificação que Marcos Bernardes de Mello faz dos fatos jurídicos, denominando ato jurídico *lato sensu* aquele em que a vontade consciente é o elemento central do seu suporte de fato. Tal ato jurídico em sentido amplo se biparte em: (1) ato jurídico em sentido estrito; e (2) negócio jurídico. Na teoria do autor, tais atos ainda se classificam, consoante a esfera da Ciência Jurídica em que surgem, "em atos e negócios jurídicos de direito privado ou público, de direito processual, constitucional, administrativo, civil, comercial e assim por diante"[64].

1.2.4.2 Relação do termo nulidade com a categoria norma jurídica

Nulidade, como atipicidade, pode se referir ao qualificativo do ato jurídico processual que não se ajustou ao modelo legal ou constitucional. No entanto, sempre envolve uma construção normativa. No direito processual penal,

64. MELLO, Marcos Bernardes de. *Teoria do fato jurídico*: plano da validade. 2. ed. São Paulo: Saraiva, 1997. p.2-3.

é certo que existem hipóteses abstratas de nulidades, tais quais as do art. 564, do Código (norma jurídica abstrata). Tais nulidades, no processo, só existirão, se vertidas em vernáculo, mediante reconhecimento judicial em ato fundamentado (norma jurídica concreta). Considerando essa característica, é que se pondera que nulidade é norma jurídica concreta. Sem a descrição do vício pelo juiz, reconhecendo a prática de um ato jurídico processual atípico, não se deve falar em nulidade no processo penal.

Essa concepção tem como premissa o fato de o direito se inserir no âmbito da cultura, tal como o situa Carlos Cossio nas regiões ônticas do conhecimento humano[65], considerando a finalidade precípua do direito processual penal.

Julio Mayer, de modo semelhante, aduz que "por ser el derecho un fenómeno cultural, la única manera de comprender su objeto, es aclarar su sentido, la función práctica (social) que cumple el fin para el cual existe o es creado"[66]. Com essa ideia, o autor faz menção a método tendente a se afastar do objeto do direito processual penal para, assim se distanciando, compreendê-lo melhor. A norma jurídica processual penal, seja a que reconhece a atipicidade, seja a que determina a invalidação, é fruto de outras normas que ditam deveres ao funcionário estatal (juiz). Há pontos de contato com o constructivismo lógico-semântico[67].

Ao tratar do fenômeno das nulidades, antes se está estudando competência e procedimento para tomada de decisões judiciais. Ainda é Julio Maier que anota que o funcionamento do sistema do julgador se dá de forma análoga

---

65. COSSIO, Carlos. *La teoría egológica del derecho y el concepto jurídico de libertad*. 2. ed. Buenos Aires: Abeledo-Perrot, 1964. p.56-69.

66. MAIER, Julio B. J. *Derecho procesal penal argentino*: 1a fundamentos. Buenos Aires: Hammurabi, 1989. p.37.

67. CARVALHO, Paulo de Barros. *Direito tributário*: linguagem e método. 5. ed. São Paulo: Noeses, 2013.

ao sistema do cidadão, haja vista que aquele também está inserido na esfera deste. Daí arrematar que o juiz, chamado a decidir um caso, além de avaliar o comportamento dos jurisdicionados e das normas aplicáveis para dar solução ao caso, "investiga también si puede decidirlo (competencia), por qué vía lo decidirá (procedimento) y cuál es el acto que tiene valor de decisión, y para ello refiere su comportamento futuro – antecipado mentalmente – al conocimiento de enunciados normativos ya existentes"[68].

1.2.4.2.1 Os conceitos de fato, ato e negócio jurídico e sua relação com o conceito de nulidade

Marcos Bernardes de Mello não restringe a questão da validade ao negócio jurídico. Ao revés, a partir da consideração das vicissitudes que têm lugar no plano da validade dos fatos jurídicos, entende ser imprescindível que os problemas relacionados ao que denomina validade sejam estudados referentemente a todos os atos que possam ser atacados pela sanção da invalidade. Daí arrematar que "nessa situação estão todos os atos e negócios jurídicos, em todas as áreas do direito. Não são apenas os negócios jurídicos que podem ser válidos ou inválidos, mas também os atos jurídicos *stricto sensu* e aqueles outros, especiais, como os atos normativos". Essa concepção de validade e de invalidade é mais adequada ao direito privado, razão pela qual se distancia, em parte, dos propósitos do direito processual penal[69].

Malgrado o jurista pondere que a teoria do fato jurídico proposta pode se amoldar ao direito processual, nota-se que a atribuição da noção de validade é diversa da que se adota ao longo deste livro. Isso pelo fato do distinto autor

68. MAIER, Julio B. J. *Derecho procesal penal argentino*: 1a fundamentos. Buenos Aires: Hammurabi, 1989. p.46.

69. MELLO, Marcos Bernardes de. *Teoria do fato jurídico*: plano da validade. 2. ed. São Paulo: Saraiva, 1997. p.3-4.

entender que validade é uma espécie de sanção ínsita à noção de defeito, imposição que decorre da reação infalível do sistema. No processo penal, diferentemente, a atribuição da eiva da nulidade e respectiva invalidação depende de um ato humano (do juiz).

A nulidade está situada em permeio aos planos da existência e da validade. Há nulidade concreta quando o juiz reconhece que um ato jurídico processual está eivado de vício, em virtude de incidência deficiente de outra norma jurídica que preconiza o seu modelo.

Já a invalidação e a convalidação se encontram entre o plano da validade e o da eficácia. A invalidação e a convalidação são concebidas aqui com ênfase na noção de norma jurídica. Não há, para o direito processual penal, a incidência de fenômenos sem que haja a respectiva documentação. Tal versão em linguagem é o caminho do abstrato ao concreto, vale dizer, o juiz faz incidir dispositivos constitucionais e legais, delineando a hipótese abstrata e a sua concreção.

1.2.4.2.2 Norma jurídica perfeita, norma jurídica imperfeita e a nulidade como norma reconhecedora de deficiência de incidência de outra norma jurídica

A norma jurídica se diz perfeita quando sua incidência se verificou de maneira completa, com o preenchimento de todos os seus elementos (estruturais, essenciais e acidentais). Por outro lado, chama-se imperfeita a norma jurídica cuja incidência ocorreu deficientemente por falta ou vício daqueles elementos. Nesse contexto, nulidade é a categoria de atipicidade que se descreve a partir da verificação de ato processual penal lavrado em desacordo com o ordenamento jurídico.

No direito processual penal clássico italiano, Franco Cordero busca rigor no uso dos termos para designação de fenômenos situados no plano da validade. Entrementes, a terminologia por ele escolhida é diferente da teoria da nulidade no processo penal ora desenvolvida, não sendo aplicada majoritariamente pelos tribunais brasileiros. Não obstante, seu ponto de vista é também normativo, ao apontar que "in un ordinamento chiuso le norme sono il solo criterio per valutare giuridicamente gli atti, i quali si dicono perfetti o imperfetti in quanto corrispondano o meno alla rispettiva fattispecie"[70].

Marcos Bernardes de Mello explica o critério para a aferição da existência e da validade do fato jurídico. Para tanto, fala o autor na noção de "formação do suporte fáctico", bipartindo, inicialmente, na possibilidade: (1) de sua suficiência (quando surge o fato jurídico, ingressando no plano da existência); e (2) de sua insuficiência (quando há óbice ao nascimento do fato jurídico, não chegando o fato a existir juridicamente). Por outro prisma, o suporte fáctico formado de modo suficiente pode, todavia, ser deficiente (situando-se no plano da validade ou da eficácia), em virtude: (1) de carecer de algum elemento complementar; ou (2) de imperfeição de algum elemento nuclear[71].

A norma jurídica aplicada é o ponto de partida para classificar o ato jurídico processual. O grau de vício que recai sobre o ato jurídico processual penal é mensurado de forma comparativa. Vale dizer, é a constatação da suficiência dos elementos que integram o ato processual no confronto com as normas jurídicas abstratas que regulam sua feitura. O nível de gravidade do defeito é o parâmetro para dizer se o vício se classifica como inexistência jurídica, nulidade (absoluta ou relativa) ou irregularidade. Para que seja feito tal reconhecimento, o juiz constrói norma individual

---

70. CORDERO, Franco. *Procedura penale*. 7. ed. Milano: Giuffrè, 1983. p.841.

71. MELLO, Marcos Bernardes. *Teoria do fato jurídico*: plano da existência. 7. ed. São Paulo: Saraiva, 1995. p.69-71.

e concreta que cataloga o vício para preparar a edição da norma seguinte (invalidação ou convalidação).

Veja-se que Franco Cordero classifica os fenômenos em torno da nulidade de forma diversa. Explica que "l'invalidità consiste nella mancata corrispondenza dell'atto ala fattispecie e questo è um fenomeno che non ammette distinzioni qualitative". De tal modo, sua concepção pressupõe várias formas de invalidade: "le forme di invalidità identificabili nel nostro ordenamento processuale sono l'inesistenza, la nullità, l'inammissibilità dela domanda e l'inammissibilità dele prove". Distingue também o que denomina de invalidade originária (intrínseca) e derivada (extrínseca ou por decorrência)[72].

Enquanto a teoria que aqui se propõe faz uso do termo nulidade como vício e invalidação como sanção, realçando a necessidade da atuação judicial, aquele jurista se vale do vocábulo invalidade para se referir a gênero, enquanto inexistência, nulidade, inadmissibilidade da demanda e inadmissibilidade da prova seriam suas espécies. Atrela, aliás, a gravidade da atipicidade à redução da aptidão do ato processual para produzir efeitos (operatividade).

Na perspectiva do direito processual brasileiro, a categorização do ato processual viciado, a partir de uma norma jurídica imperfeita (deficiência de incidência), vai depender de decretação fundamentada do juiz. Ada Pellegrini Grinover, Antonio Magalhães Gomes Filho e Antonio Scarance Fernandes evidenciam essa necessidade mesmo quando abordam o problema da ineficácia dos atos processuais inconstitucionais, tratando-o como consequência. No dizer dos autores, "toda vez que houver infringência a princípio ou norma constitucional-processual que desempenhe função de garantia, a ineficácia do ato praticado em violação

72. CORDERO, Franco. *Procedura penale*. 7. ed. Milano: Giuffrè, 1983. p.849-850.

à Lei Maior será a consequência que surgirá da própria Constituição ou dos princípios gerais do ordenamento"[73].

Em casos como tais, os princípios e as regras de *status* constitucional são cogentes para o juiz, que deve se valer da estrutura antecedente-consequente[74]. Consistem em representações para a emissão de declaração de inexistência jurídica do ato processual penal ou de sua nulidade absoluta. A partir daí, poderá ter lugar a desconstituição dos seus efeitos (imposição de invalidação dos atos viciados). É o que decorre da assertiva dos autores: "mas o que vale salientar é que não pode haver meras irregularidades sem sanção, quando se trate de infringência à norma-garantia"[75].

1.3 A estrutura da norma jurídica declaratória de atipicidade processual penal

1.3.1 Formação do sentido da norma jurídica processual penal e a função do enunciado prescritivo

Para chegar à definição, considerando os pontos comuns expostos pelas diversas vertentes da doutrina, o marco teórico a ser seguido é o que enxerga que as normas jurídicas possuem a organização interna das proposições condicionais, às quais estão atreladas consequências que decorrem da realização de fatos. Norma é entendida como unidade de um sistema, que é o todo unitário. O repertório é a composição do sistema por suas partes e unidades. A estrutura é formada pelas relações entre essas partes. Sobre

73. GRINOVER, Ada Pellegrini; GOMES FILHO, Antonio Magalhães; FERNANDES, Antonio Scarance. *As nulidades no processo penal*. 12. ed. São Paulo: RT, 2011. p.24.

74. KELSEN, Hans. *Teoria pura do direito*. Tradução: João Baptista Machado. 5. ed. São Paulo: Martins Fontes, 1997. p.218-219; KELSEN, Hans. *Teoria geral do direito e do Estado*. Tradução: Luís Carlos Borges. 4. ed. São Paulo: Martins Fontes, 2005. p.42-45.

75. GRINOVER, Ada Pellegrini; GOMES FILHO, Antonio Magalhães; FERNANDES, Antonio Scarance. *As nulidades no processo penal*. 12. ed. São Paulo: RT, 2011. p.25.

construir a norma, Paulo de Barros Carvalho delineia que se trata da operação de "tomar os sentidos de enunciados prescritos no contexto do sistema de que fazem parte. A norma é proposição prescritiva decorrente do todo que é o ordenamento jurídico"[76].

Dentre os possíveis significados para norma, Ricardo Guastini aviva que ela é habitualmente usada para referir-se aos enunciados do discurso prescritivo. No entanto realça que norma é termo cujo conteúdo não é definido uniformente, sendo possível indicar três sentidos: (a) como prescrição geral e abstrata, bem como preceitos singulares e concretos; (b) como prescrições em sentido estrito ou como todo enunciado do discurso legislativo; e (c) como referência a enunciados ou a significados de enunciados[77]. Este último teor da norma, enquanto resultado da interpretação do órgão autêntico kelseniano[78], serve de base para este estudo.

Paulo de Barros Carvalho discerne que "uma coisa são os enunciados prescritivos, isto é, usados na função pragmática de prescrever condutas"; coisa diversa são as normas jurídicas, "como significações construídas a partir dos textos positivados e estruturadas consoante a forma lógica dos juízos condicionais, compostos pela associação de duas ou mais proposições prescritivas"[79]. O autor bem observa que as construções de significados têm de partir de enunciados linguísticos, ainda que exista uma forma direta e imediata de produzir normas jurídicas (de um lado) e uma forma indireta e mediata (de outro).

---

76. CARVALHO, Paulo de Barros. *Direito tributário*: linguagem e método. 5. ed. São Paulo: Noeses, 2013. p.137.

77. GUASTINI, Riccardo. *Distinguiendo*: estúdios de teoría e metateoría del derecho. Barcelona: Gedisa, 1999. p.94.

78. KELSEN, Hans. *Teoria pura do direito*. Tradução: João Baptista Machado. 5. ed. São Paulo: Martins Fontes, 1997. p.394.

79. CARVALHO, Paulo de Barros. *Direito tributário*: linguagem e método. 5. ed. São Paulo: Noeses, 2013. p.129.

1.3.2 Percurso para definição de nulidade e sua função classificatória de atipicidades

Colocada essa noção preliminar, calha revolver à de definição. Definir é estabelecer contornos, limites. A atividade de definir não se esgota na delimitação do sentido e do alcance do conceito genérico. Classificar é, sob essa ótica, também definir, porquanto consiste na atividade de dividir, de traçar os lindes da matéria bruta contida no conceito.

Para definir corretamente, deve-se atentar que, ao escolher um termo, um nome, ou seja, um predicado, melhor valer-se de outro, diverso, para designar fenômeno que não é coincidente com aquele para o qual foi eleita a primeira expressão. De tal maneira, parte-se da premissa de que nulidade é um dos termos utilizado pelo ordenamento jurídico para designar defeitos de atos processuais penais.

Os atos processuais são documentações que resultam de incidência de normas jurídicas. Sob certo prisma, é a descrição da concretização de uma ou mais normas. A atipicidade consiste na imperfeição do ato processual, cuja declaração é indispensável para, se preenchidos os seus pressupostos, ser reconhecida a nulidade em espécie. Para tanto, o juiz aplica outra norma jurídica, prescritora daquele proceder.

1.3.3 O texto legal prescritivo das formas processuais penais e a estrutura da norma jurídica reconhecedora de atipicidade

A atividade judicial consistente em prover a tipicidade dos atos processuais é exercida mediante aplicação de normas jurídicas, cuja natureza é de comunicação aos seus destinatários. Nesse contexto, está inserido o próprio juiz.

Francesco Carnelutti pontifica que “cada norma jurídica representa um comando hipotético: põe uma determinada situação (exatamente um determinado conflito de interesses) e comanda relativamente a ela". A individualização da norma jurídica depende de constatação de situação idêntica àquela colocada, para "comandar no mesmo modo relativamente a ela; assim o comando hipotético se torna comando real". É essa verificação de identidade (ou de diferença), relativamente à situação colocada pela norma, com a outra disposta na causa, que retrata o objetivo do processo e o objeto do juízo[80].

No âmbito do direito penal, a doutrina busca delimitar a norma jurídica proibitiva, que prevê a conduta delituosa (a infração penal). A lei penal descreve as condutas ilícitas, tal qual o faz o art. 564, do CPP. No processo penal, as hipóteses que afastam o reconhecimento dos vícios são mais fragmentadas, com técnica menos apurada. Também as regras que disciplinam a extensão ou a supressão dos efeitos de cada ato viciado declarado inválido muito se afastam da sistemática das normas secundárias que apõem sanções para cada tipo penal.

Examinando a questão penal, Alberto Jorge Correia de Barros Lima anota que a conduta criminosa não viola o enunciado do tipo penal. Diversamente, o comportamento injusto imputado ao agente "configura o preenchimento de seu *tatbestand*. A conduta delituosa viola a norma que cria o ilícito, não a norma penal, que concebe o delito, pois o agente realiza exatamente a ação que esta descreve"[81].

Como a metodologia proposta neste livro é a de distinguir texto (enunciado legislativo) da que lhe corresponde norma jurídica (produto da incidência), cabe realçar que as estruturas das comunicações normativas de nulidade e de

---

80. CARNELUTTI, Francesco. *A prova civil: parte geral*: o conceito jurídico da prova. Tradução: Amilcare Carletti. São Paulo: Universitária de Direito, 2002. p.32.

81. LIMA, Alberto Jorge Correia de Barros. *Direito penal constitucional*: a imposição dos princípios constitucionais penais. São Paulo: Saraiva, 2012. p.55-56.

invalidação não estão ordenadas de forma lógica no direito positivo. Essa particularidade já era anotada pelos processualistas mais clássicos.

Romeu Pires de Campos Barros, em estudo sobre o que denomina "fato típico no direito processual penal", a partir de lições de Francesco Carnellutti, Giovanni Leone e Hélio Tornaghi, procura delimitar a "norma processual penal em seu aspecto descritivo". Para tanto, assenta que "a norma processual penal aparece muito mais desorgânica do que a norma do direito substantivo". A falta de organicidade da norma processual penal decorre de ser esta, muitas vezes, constituída a partir de vários artigos, enquanto a norma penal, no seu duplo núcleo (descrição e sanção), é formada, como regra, por um só dispositivo legal[82].

Na realidade, a declaração de nulidade pode se basear: (1) no elenco de vícios do art. 564, do CPP, cujas molduras para a construção de normas jurídicas reconhecedoras de nulidades necessitam de raciocínios por inferência à norma jurídica que dispõe sobre o ato processual viciado (tipicidade fechada e direta, embora imprecisa); e (2) nos desvios das prescrições normativas que direcionam a feitura de atos processuais e o respeito às garantias processuais constitucionais e infraconstitucionais (tipicidade aberta e indireta).

Deveras, cotejando o texto legal com as possibilidades de normas jurídicas que declaram atipicidade (reconhecimento de inexistência, nulidade ou irregularidade), depreende-se que podem ser adotadas pelo menos duas espécies de procedimento para a aplicação da norma jurídica, a depender da base enunciativa legal de referência. Isso ocorre por mais de uma razão.

---

82. BARROS, Romeu Pires de Campos. Do fato típico no direito processual penal. *Revista Forense comemorativa – 100 anos*, tomo VII [direito processual penal], Afrânio Silva Jardim (org.), Rio de Janeiro: Forense, p.349, 2006.

Primeiramente, o rol das atipicidades do art. 564, do CPP, descreve genericamente a falta de "fórmulas ou termos", averbando que naqueles casos "ocorrerá nulidade". Note-se que se trata de descrição do vício de forma direta, porém genérica, agregando ao enunciado a negação "nulidade".

Em segundo lugar, como aquele rol não é fechado, passa a existir um modo paralelo ao art. 564, do Código, cuja textura é mais aberta, destinado a constituir a descrição do vício (norma declaratória de atipicidade). Para tanto, a atividade do juiz consiste na verificação de subtração de qualquer elemento constitutivo das formas dos atos processuais penais preconizados pela norma jurídica que ditam sua edição.

Eis a fonte de uma boa parte das controvérsias sobre o tema. Como percebeu Leonardo Costa de Paula, "quando se define o direito pela negação, por consequência a nulidade, tende a se analisar teoricamente a prática pelo aspecto negativo da norma; ou seja, por seu caráter coercitivo", razão pela qual a norma estará inclinada a ser, necessariamente, vinculada à sanção. A nulidade estaria, de acordo com a concepção do legislador, exercendo a função de apoio à configuração da norma, eis que esta dependeria da sanção. O autor observa que "essa concepção está muito aquém do que se espera para efetivar em termos de proteção ao indivíduo o processo penal que espelha um tratamento adequado à Constituição"[83].

Ricardo Jacobsen Gloeckner, a sua vez, explica que "o limite, no processo penal, assemelha-se à constituição negativa posta pelo interdito, porquanto proibição. A forma representa mais do que um simples ditame sobre o 'como fazer', os limites do não proceder". É o aspecto fisionômico negativo daquela baliza que torna possível construir

---

83. PAULA, Leonardo Costa. *As nulidades no processo penal*: sua compreensão por meio da afirmação do direito como controle ao poder de punir. Curitiba: Juruá, 2013. p.168.

categorias que decorrem do ato atípico *lato sensu*. Em outros termos, o padrão como linde "indica o inaceitável juridicamente, que não se concretiza numa sequência de atos sugerida ao magistrado". A moldura de um ato classificado como ilícito é compreendida a partir da configuração do estipulado no direito positivo. Daí concluir que a fronteira do contorno do *standard* "é que constituirá o ato irregular lhe dando as facetas próprias para que seja detectada a disrupção da forma"[84].

1.3.4 Relação entre a norma jurídica reconhecedora de atipicidade e a norma jurídica declaratória de invalidação

Teresa Arruda Alvim Wambier, em estudo no campo do direito processual civil, já havia observado a necessidade de delimitar momentos de aplicação do direito no campo das nulidades. Destacou então as duas etapas desse mister: (1) "o primeiro diz respeito à verificação da existência do vício e à sua classificação (nulidade ou anulabilidade)"; (2) "o segundo liga-se à decretação do vício, e é nesta etapa que desempenham papel de importância digna de nota os princípios de direito público, como, por exemplo, aquele segundo o qual 'não há nulidade sem prejuízo'"[85].

Ao lado da diferença de termos escolhidos pela jurista para a classificação dos vícios processuais, bem como da relevância que dá ao princípio do *pas de nullité sans grief*, a sua conclusão tem importância para o processo penal em razão de sublinhar a necessidade de dois momentos distintos.

Objetivando não confundir as normas envolvidas na concreção da nulidade (formulação de norma jurídica que

84. GLOECKNER, Ricardo Jacobsen. *Nulidades no processo penal*: introdução principiológica à teoria do ato processual irregular. Salvador: Juspodivm, 2013. p.128.

85. WAMBIER, Teresa Arruda Alvim. *Nulidades do processo e da sentença*. 6. ed. São Paulo: RT, 2007. p.502.

reconhece a atipicidade do ato processual e que estabelece uma obrigação ao juiz para construir uma segunda norma jurídica) e nas possíveis consequências decorrentes (construção de norma jurídica que invalida o ato processual viciado, declarando até onde se estende a ineficácia), é necessário o uso de vocábulos que se refiram à segunda norma jurídica que é criada depois de ser declarada a nulidade.

É importante valer-se de termos como invalidação e convalidação, para determinar o âmbito de eficácia do ato processual atingido pela norma declaradora de nulidade. Duas normas jurídicas, pelo menos, estarão relacionadas quando o magistrado estiver diante de ato processual realizado em descompasso com a forma prevista no ordenamento jurídico: a primeira certifica a atipicidade processual e averba sua nulidade (de acordo com o respectivo grau); a segunda que, de forma específica, relaciona a perspectiva sancionatória, seja a invalidação, seja a convalidação.

Deitadas tais balizas, pode-se dizer que nulidade não se confunde com o texto, o enunciado legislativo ou constitucional, isto é, não coincide com a matéria bruta descrita no ordenamento jurídico, mas deste deriva. Nulidade *lato sensu*, em seu aspecto antecedente, é atipicidade descrita em forma de norma jurídica. Só há atipicidade classificada como nulidade (ou inexistência), quando reconhecida judicialmente. Ao reconhecer uma nulidade, o juiz aplica uma norma jurídica. É esse preceito o que constitui a regra de competência para declarar atipicidades processuais (inexistência, nulidade ou irregularidade). Daí ser a nulidade (atipicidade), sob o ponto de vista concreto, uma norma jurídica, de competência do julgador, que a descreve para, em seguida, fazer incidir a consequência jurídica.

Note-se que a norma declaratória de nulidade é dotada de antecedente normativo que narra situação de atipicidade do ato processual. Caso tal vício cause lesão a direito fundamental (garantido pela forma do ato processual), a norma descritiva da atipicidade atribui ao defeito processual uma qualificação negativa consistente em também reconhecer que houve ineficácia de direito tutelado pelo núcleo constitucional do processo penal ou por direitos protegidos por disposições infraconstitucionais.

A norma de invalidade é de natureza distinta daquela que reconhece a atipicidade, porém desta decorre. A invalidade é norma jurídica que tem como antecedente normativo a declaração da espécie de atipicidade. O seu consequente normativo é a invalidação que subtrai efeitos do ato processual viciado, causando-lhe a ineficácia. Ambas as normas se relacionam (nulidade e invalidade), podendo ser visualizada relação de norma primária e de norma secundária entre ambas.

Sem embargo, o ponto de vista teórico aqui adotado é a de entendê-las como normas distintas que, todavia, mantêm relação de antecedente a consequente. No ponto, essas bases se afastam do que aviva Franco Cordero. Para este autor, se de uma parte há atos inválidos (viciados, incapazes para operar efeitos), há transgressões da lei processual que não são classificadas na categoria de atos inválidos, sendo cabível a anulabilidade, figura que exorbita a imperfeição e, por conseguinte, a seara da invalidade. Esta última, nas palavras do jurista, "suppone un atto difforme dalla fattispecie, pertanto imperfetto e quindi inefficace, mentre l'atto annullabile, come la parola suggerisce, è efficace". Em síntese, conforme sustenta, o ato anulável é eficaz e, portanto, perfeito, mas os efeitos são elimináveis com um ato sucessivo, isto é, "due atti e due fattispecie, la seconda in funzione d'antagonista della prima"[86].

Note-se que o renomado autor italiano lança mão de mais de um termo, quais sejam, a invalidade (para os atos imperfeitos que não operam efeitos) e a anulabilidade (esta

86. CORDERO, Franco. *Procedura penale*. 7. ed. Milano: Giuffrè, 1983. p.844.

necessária para fazer cessar efeitos dos atos imperfeitos que sejam eficazes). O que o processualista vê como exceção (atos processuais que violam regras processuais e que mesmo assim produzem efeitos) é, na verdade, o que comumente acontece, porquanto, no direito processual penal, a mitigação de efeitos de ato processual defeituoso somente ocorre com manifestação específica do juiz competente.

1.4 Diferença e linguagem

A operação de definir nulidade não se encerra em seu núcleo geral. Definir, além de estabelecer contornos, é dividir e, sobremodo, classificar. A estruturação da nulidade, sob essa perspectiva, tem sustentação filosófica[87]. Elegendo a ideia de defeito para o termo nulidade e o paradigma normativo para expressar a necessidade de norma produzida por um ser humano que declare o vício representado pela atipicidade do ato processual, a abordagem em tela dá ênfase à linguagem que comunica o sentido do enunciado normativo constituído.

Para que haja validade desse discurso jurídico, é indispensável compromisso com a coerência no uso dos termos envolvidos na explicação do fenômeno da nulidade processual penal. Vilém Flusser alinha fundamentos que são úteis para o propósito aqui anunciado. Toma-se a língua como aquele conjunto dos sistemas de símbolos e define-se a realidade como o espaço que é capaz de ser apreendido e compreendido. Como aviva o filósofo, "toda discussão é uma manipulação de termos

87. A relação do direito processual penal com a filosofia é íntima. Na lição de Galdino Siqueira, "são íntimas as relações do processo criminal com os outros ramos de direito e demais ciências", notadamente "com a filosofia do direito, porque levando esta o espírito à indução das leis mais gerais e das causas mais remotas dos institutos jurídicos, bem como à integração de seus últimos resultados, íntima é a sua relação com o processo criminal, parte integrante da ciência geral do direito" (SIQUÊIRA, Galdino. *Curso de processo criminal*: com referência especial à legislação brasileira. São Paulo: Centro de Propaganda Católica, 1910. p.15).

e sua validade é restringida a esses termos, conforme foram definidos explícita ou implicitamente"[88].

De tal modo, a adoção da teoria convencionalista para conferir justificação interna às nulidades processuais é um formalismo necessário para que cumpra seus objetivos. Trata-se de técnica admitida pela elasticidade do signo que designa o seu vetor. Ferdinand de Saussure refere duas características primordiais do signo quando aduz, como primeiro princípio, a sua arbitrariedade (não há um laço natural com a realidade, embora não seja totalmente livre a escolha de seu uso) e, como segundo, o "caráter linear do significante" (por ter natureza auditiva, representa uma extensão que é mensurável em uma só dimensão)[89].

A distinção entre as classes de nulidades é haurida por intermédio da linguagem e da noção de sistema como ambiente próprio para regrar sua elaboração normativa. A produção da norma declaratória de nulidade exige a presença do órgão autêntico (juiz), que integra a relação jurídica processual. Não há incidência da norma jurídica processual penal por força própria.

Como leciona Gabriel Ivo, a incidência se dá "no momento em que o fato jurídico da enunciação é traduzido em linguagem" (normativa)[90]. No ponto, necessário vincar a distinção de incidência que se verifica no cotejo entre concepções ponteanas e kelsenianas.

Adrualdo de Lima Catão aparta a ideia de Pontes de Miranda sobre incidência, daquela que tem Hans Kelsen sobre o mesmo fenômeno. Na "Teoria do Fato Jurídico", encampada pelo primeiro autor, "o fato da incidência se dá

---

88. FLUSSER, Vilém. *Língua e realidade*. São Paulo: Herder, 1963. p.231.

89. SAUSSURE, Ferdinand de. *Curso de linguística geral*. Tradução: Antônio Chelini; José Paulo Paes; Isidoro Blikstein. 27. ed. São Paulo: Cultrix, 2006. p.81-84.

90. IVO, Gabriel. *Norma jurídica*: produção e controle. São Paulo: Noeses, 2006. p.42.

quando o suporte fático é suficiente, ou seja, quando ocorrem aqueles fatos essenciais à incidência e o fato ingressa no plano da existência". Caso ocorram os fatos requeridos pela norma como indispensáveis à sua incidência, o suporte fático será suficiente, ocorrendo a incidência de forma infalível, no mundo do pensamento. Há, portanto, "nítida diferença entre a aplicação do direito, que pode falhar, e a incidência, que é infalível" (daí o seu caráter lógico)[91].

No processo penal, é mais consentânea a concepção kelseniana, que não distingue incidência de aplicação e que não sufraga produção automática de efeitos jurídicos. No entanto, a ideia de incidência automática poderia se justificar porque chega ao mesmo porto ao pressupor sua aferição posterior – sucessiva, consecutiva – com efeito retro-operante, mediante versão em vernáculo. Deveras, na lição de Alfredo Augusto Becker, "diante da hipótese de incidência realizada, o intérprete conclui ter havido incidência da regra jurídica, porque esta é infalível. Depois de se ter certificado que houve, na verdade, a realização da hipótese de incidência, o intérprete investiga e analisa os efeitos jurídicos" – apreciando a relação jurídica (decorrente do que já era conhecido pela dicção do enunciado) e respectivo conteúdo normativo – "resultantes da incidência da regra jurídica"[92].

Sob diverso prisma, a linguagem, como constitutiva da realidade processual, é o instrumento que confere possibilidade de diferenciar. A teoria das nulidades se baseia na diferença relacionada ao sistema. Niklas Luhmann adverte que o conceito de diferença fundamenta a teoria dos sistemas. Isso em razão de seu ponto de partida decorrer da

---

91. CATÃO, Adrualdo de Lima. *Teoria do fato jurídico*: uma abordagem lógica da decisão judicial. Curitiba: Juruá, 2013. p.196.

92. BECKER, Alfredo Augusto. *Teoria geral do direito tributário*. 5. ed. São Paulo: Noeses, 2010. p.121.

disparidade entre o sistema e o meio, para que assim seja conservada a sua razão[93].

Esse entendimento não é incompatível com os ensinamentos de Ferdinand de Saussure, que vê a língua como uma das manifestações da linguagem, uma parte essencial desta. Elucida, assim, que a língua é "um produto social da faculdade de linguagem e um conjunto de convenções necessárias, adotadas pelo corpo social para permitir o exercício dessa faculdade nos indivíduos". Enquanto a linguagem é multiforme e heteróclita, a língua é um todo por si e um princípio de classificação. Nessa toada, se a faculdade de constituir uma linguagem é natural, a linguagem constituída é convencional, haja vista que um sistema de signos distintos corresponde a ideias diferentes[94].

Nesse diapasão, o sistema de comunicação das nulidades processuais penais tem sede no processo através do uso de linguagem normativa, convencionada, emitindo declarações precisas sobre os atos processuais atípicos, quando confrontados com as formas procedimentais estatuídas na Constituição e na legislação de regência. A atividade do jurista não se resume, no entanto, a esse cotejo.

Lourival Vilanova expõe que "a hipótese delineia um possível estado de coisas. Que pode já se ter verificado, por isso, imodificável ficou, como ponto fixo para relacionar consequências, estas sim, normativamente determinadas". Nota o autor que "tampouco a hipótese traça o que com necessidade factual (física, biológica) ocorrerá". Isso em razão de que, para a hipótese, o que aconteceu, acontece ou acontecerá é tomado como possibilidade, vale dizer, como possível ponto de referência (relevante axiologicamente),

---

93. LUHMANN, Niklas. *Introdução à teoria dos sistemas*. Tradução: Ana Cristina Arantes Nasser. 2. ed. Petrópolis/RJ: Vozes, 2010. p.297.

94. SAUSSURE, Ferdinand de. *Curso de linguística geral*. Tradução: Antônio Chelini; José Paulo Paes; Isidoro Blikstein. 27. ed. São Paulo: Cultrix, 2006. p.17-18.

com o fito de condicionar a imbricação de consequências para o comportamento humano. De tal modo, arremata o jurista que "a hipótese fixa o tipo de ocorrência (fato natural ou conduta). O que é normativo é a construção da hipótese: é o sistema jurídico que põe, estatui ou cria normativamente a hipótese"[95].

O "jogo de linguagem" aludido por Ludwig Wittgenstein fornece apoio ao entendimento de que o convencionalismo é uma realidade na esfera jurídica, aplicável às nulidades processuais penais. Para bem sistematizá-las, o convencionalismo se apresenta como condição de possibilidade para que a classificação intentada funcione como proteção das garantias individuais constitucionais[96].

A linguagem, a diferença e a noção de sistema de comunicação, comprometidos com o rigor formal, próprio à proteção de garantias fundamentais, são adequados à produção normativa de nulidades que considera o processo penal como um instrumento cuja finalidade primeira é a de proteção da liberdade.

Com efeito, a forma, delineada a partir da pragmática de uma linguagem precisa, cria condições para a comunicação no interior do sistema das nulidades tendente a cumprir os ditames do núcleo processual penal gizado na Constituição.

Segundo Niklas Luhmann, "a comunicação é uma realidade emergente, um estado de coisas *sui generis*", obtida por meio de uma síntese de três operações distintas: "a) a seleção da informação; b) a seleção do ato de comunicar; e

95. VILANOVA, Lourival. *Estruturas lógicas e o sistema de direito positivo*. São Paulo: Noeses, 2005. p.82-83.

96. WITTGENSTEIN, Ludwig. *Investigações filosóficas*. 5. ed. Tradução: Marcos G. Nontagnoli. Bragança Paulista: Universitária São Francisco; Petrópolis: Vozes, 2008. p.18-19.

c) a seleção realizada no ato de entender (ou não entender) a informação e o ato de comunicar".[97]

A diferença reportada pode ser representada pela classificação das nulidades. A divisão do ciclo definitório decorre de uma redução fenomenológica. O sistema necessita de regras, de uma linguagem, para funcionar de maneira a cumprir seu desiderato.

O alicerce da estática jurídica, com o preenchimento do conteúdo dessas classes, encontra, na dinâmica, o aspecto pragmático do discurso jurídico. Ludwig Wittgenstein, em sua segunda fase (filosofia analítica), dá destaque para esse viés, sublinhando o processo de uso de palavras cujas denominações são relacionadas com o seu uso cotidiano. O filósofo pondera que, na instrução da linguagem, vê-se que "o aprendiz dá nome aos objetos" ou mesmo que "o aluno repete as palavras que o professor pronuncia", sendo ambos "processos linguísticos semelhantes". Nota, desse modo, que são "jogos de linguagem", tanto esses processos, como "a totalidade formada pela linguagem e pelas atividades com as quais ela vem entrelaçada"[98].

Sob outro enfoque, Niklas Luhmann realça a incapacidade de trabalhar com toda complexidade do meio, pelo que são necessárias estruturas de redução de complexidade. Deveras, o sistema não tem condições de oferecer uma variedade suficiente para dar conta, ponto por ponto, das possibilidades de estímulos que advêm do meio. Daí ser relevante "uma disposição especial para a complexidade, no sentido de ignorar, rechaçar, criar indiferenças, enclausurar-se em si mesmo". A expressão "redução de

---

97. LUHMANN, Niklas. *Introdução à teoria dos sistemas*. Tradução: Ana Cristina Arantes Nasser. 2. ed. Petrópolis/RJ: Vozes, 2010. p.81-82.

98. WITTGENSTEIN, Ludwig. *Investigações filosóficas*. 5. ed. Tradução: Marcos G. Nontagnoli. Bragança Paulista: Universitária São Francisco; Petrópolis: Vozes, 2008. p.18-19.

complexidade" surgiu nesse contexto de relação do sistema com o meio[99].

1.5 Nulidade e invalidade processual penal

Atos processuais são documentações de normas jurídicas. O enunciado é o texto bruto. Enunciado de lei, o artigo de lei, por exemplo. A norma jurídica é o significado, incidido pelo intérprete, a partir do enunciado legal. Os atos processuais são a concreção da incidência das normas jurídicas. De normas jurídicas, outras normas jurídicas decorrem e, dessa maneira, mantém relações internormativas, isto é, entre normas. Tais relações podem acontecer desde normas gerais e abstratas até outras individuais e concretas.

Os atos processuais descrevem incidências no curso do processo. Havendo obediência à linguagem que dita sua forma, haverá compreensão do ato processual como produto comunicativo típico, reconhecido pelo sistema. Caso se tenha ato processo defeituoso, viciado, o sistema (processual) tem mecanismos para reagir contra aquela produção com linguagem desvirtuada, vale dizer, atípica, que não atende as formas estabelecidas na respectiva codificação.

A nulidade é, de tal maneira, norma jurídica produzida pelo juiz. Da mesma forma, a invalidade é norma jurídica de competência desse órgão (autêntico). São duas normas jurídicas que podem ou não manter relação de norma primária à secundária. Porém, ambas as normas são detentoras de estrutura normativa equivalente a antecedente e consequente normativo.

Nulidade é vício normativamente reconhecido no âmbito processual penal. Invalidade é sanção aplicada judicialmente ao ato processual declarado atípico. A primeira

---

99. LUHMANN, Niklas. *Introdução à teoria dos sistemas*. Tradução: Ana Cristina Arantes Nasser. 2. ed. Petrópolis/RJ: Vozes, 2010. p.179.

norma, de cunho declaratório, deflagra modal deôntico de permissão ou de obrigação ao juiz para que emita a segunda. Em algumas hipóteses, note-se, não será editada norma de invalidação, porém de convalidação.

A segunda norma, de invalidação, deve delimitar seus efeitos que, a partir daí, serão suportados pelos sujeitos processuais, com possibilidade de determinação de emissão de outras normas jurídicas (cessação de efeitos de atos processuais, refazimento de atos processuais, desentranhamento de documentos, dentre outras possibilidades).

1.5.1 Distinções necessárias: vigência, validade e eficácia

Vigência é o atributo da norma válida que está apta a regular condutas[100]. É aptidão da norma jurídica para propagar efeitos, é ter força para disciplinar situações que estão por vir, operatividade. A vigência é termo que, em regra, se refere às normas gerais e abstratas. No entanto, é possível aludir a vigência de normas individuais e concretas, tal como se dá em um processo penal por intermédio dos seus diversos atos processuais. Por exemplo, uma sentença penal que fixa os termos de produção de determinados efeitos.

No escólio de Robson Maia Lins, vigência normativa "é comumente compreendida como um predicado da norma, ou seja, como sua aptidão para incidir e produzir efeitos na ordem jurídica"[101]. Nessa toada, Paulo de Barros Carvalho sintetiza vigência como o "atributo de norma válida (norma jurídica), consistente na prontidão de produzir os efeitos para os quais está preordenada, tão logo aconteçam os fatos nela descritos, podendo ser plena ou

---

100. GAMA, Tácio Lacerda. *Competência tributária*: fundamentos para uma teoria da nulidade. 2. ed. São Paulo: Noeses, 2011. p.331.

101. LINS, Robson Maia. *Direito tributário brasileiro*. São Paulo: Noeses, 2019. p.97.

parcial (só para fatos passados ou só para fatos futuros, no caso de regra nova)"[102].

Centrando o foco na invalidade (norma jurídica de invalidação), percebe-se que essa noção se reporta a atos processuais (normas jurídicas emitidas em desacordo com o modelo legal) e representa a antítese do fenômeno da validade. Necessário, então, definir validade, para que, com essa operação, haja melhor compreensão do seu oposto, a invalidade que, no processo, carece de manifestação expressa do órgão judicial.

Tercio Sampaio Ferraz Júnior, alertando para as múltiplas facetas da norma enquanto vocábulo, aduz que quando se está interessado no âmbito comunicativo, é relevante debater a validade como uma qualidade linguística do discurso, seja ela sintática, semântica ou pragmática. Essa posição não é mera opção epistemológica, pois a validez das normas jurídicas se relaciona efetivamente com a linguagem convencionada pelo sistema[103].

Validade difere de vigência. Nas palavras de Paulo de Barros Carvalho, vigência é ter força para disciplinar, para reger, cumprindo a norma seus objetivos finais. É propriedade das regras jurídicas que estão prontas para propagar efeitos, tão logo aconteçam, no mundo fáctico, os eventos que elas descrevem. A vigência refere-se ao intervalo de tempo em que a norma atua, vale dizer, consiste na operatividade da norma no espaço entre os termos que demarcam o início e o encerramento da produção de seus efeitos. A vigência pode ser plena (com alcance pretérito e futuro) ou parcial (direcionada somente ao passado ou com incidência apenas futura)[104].

---

102. CARVALHO, Paulo de Barros. *Direito tributário*: linguagem e método. 5. ed. São Paulo: Noeses, 2013. p.459.

103. FERRAZ JÚNIOR, Tercio Sampaio. *Teoria da norma jurídica*: ensaio de pragmática da comunicação normativa. 4. ed. Rio de Janeiro: Forense, 2009. p.1101.

104. CARVALHO, Paulo de Barros. *Direito tributário*: linguagem e método. 5. ed. São Paulo: Noeses, 2013. p.451.

Robson Maia Lins explica que, "considerando dada circunstância de espaço e tempo, a vigência é a força que a norma tem para incidir, não se confundindo, portanto, com um intervalo de tempo"[105]. Decerto, a vigência – conceito jurídico – não coincide, necessariamente, com o tempo real, eis que aquela, enquanto atributo da norma, tem a aptidão transfiguradora do material bruto sobre a qual se aplica. A vigência alude a tempo jurídico, transmudando o tempo comum para fazer incidir a norma. Como ensina Alfredo Augusto Becker, "a recepção dos 'dados' pelo jurista não é passiva, mas ativa". O recorte normativo (plano da validade) sobre a realidade (plano da existência) implica, sob essa ótica, "atividade artística do jurista que a deformará e a transfigurará numa diretriz jurídica"[106].

De outro ponto, validade das normas é termo plurívoco, com várias acepções. Tácio Lacerda Gama expõe que validade pode ser: (1) especial forma de existência de uma norma; (2) atributo da norma compatível com aquela que programou a sua criação; (3) aptidão para a norma vir a ser aplicada por um tribunal; (4) circunstância de, efetivamente, disciplinar comportamentos; e (5) compatibilidade da norma do direito positivo com padrões religiosos, racionais ou humanos, em acepção ampla[107].

Paulo de Barros Carvalho sustenta que a validade não é atributo que qualifica a norma jurídica, porém tem *status* de relação. É vínculo que se estabelece entre a proposição normativa e o sistema do direito posto (relação de pertença). Ser norma válida quer dizer que a norma mantém relação de pertinencialidade com o sistema "S", ou que nele foi

---

105. LINS, Robson Maia. *Direito tributário brasileiro*. São Paulo: Noeses, 2019. p.97.

106. BECKER, Alfredo Augusto. *Teoria geral do direito tributário*. 5. ed. São Paulo: Noeses, 2010. p.240.

107. GAMA, Tácio Lacerda. *Competência tributária*: fundamentos para uma teoria da nulidade. 2. ed. São Paulo: Noeses, 2011. p.315-316.

posta por órgão legitimado a produzi-la, por meio de procedimento estabelecido para essa finalidade[108].

Tácio Lacerda Gama segue a argumentação de que não é a validade atributo da norma jurídica, porém é, a rigor, a relação que a norma jurídica mantém com o sistema jurídico. Nas palavras do autor, "quando essa relação é harmônica, existindo compatibilidade com a respectiva norma de competência, temos validade. Porém, quando a relação ocorre entre norma e aquela que prescreve a sanção pelo exercício indevido da norma de competência, temos a invalidade[109].

No ponto, o autor contribui para elucidar que validade não é atributo, qualidade de uma norma jurídica. Igualmente, no campo do processo penal, é perfeita essa conclusão, com o acréscimo de que o termo nulidade fica reservado para a norma qualificadora de ato processual penal atípico que, a seu turno, pode se referir ao exercício indevido da competência para emiti-lo ou a outras atipicidades possíveis.

Seguindo a linha do Realismo de Alf Ross[110], Tácio Lacerda Gama justifica que "na incerteza dos critérios de for-

---

108. CARVALHO, Paulo de Barros. *Direito tributário*: linguagem e método. 5. ed. São Paulo: Noeses, 2013. p.450-451.

109. GAMA, Tácio Lacerda. *Competência tributária*: fundamentos para uma teoria da nulidade. 2. ed. São Paulo: Noeses, 2011. p.330.

110. A expressão realismo jurídico refere-se às vertentes do direito escandinavo e norte-americano. Alf Ross é um dos maiores representantes do realismo jurídico escandinavo. Benjamin Natan Cardozo e Oliver Wendell Holmes Jr. são representantes do realismo juridico norte-americano. O realismo jurídico escandinavo considera que a essência do direito não é constituída apenas de normas, mas também de fatos, vale dizer, refere-se ao direito em ação, consistente na atividade dos juízes que o interpretam e o aplicam. A realidade jurídica é, nessa senda, mais dotada de essência factual que de índole normativa, isto é, cuida-se do fato da força incidida pela atividade do juiz-funcionário, bem como no lastro psicológico do acatamento pelos destinatários. É essa obediência que, em regra, torna dispensável que se faça uso da força do direito que, ao cabo, é definido como simples ameaça do uso da força. Distancia-se do positivismo porque o realismo é corrente que não considera o

ma e sentido, só o critério funcional pode oferecer resposta satisfatória: é a possibilidade de ser aplicada por ato do Poder Judiciário que qualifica uma norma como jurídica". O atributo consistente em ser objeto de um processo judicial é, sob a perspectiva realista, "o critério por excelência para saber se uma norma está ou não no ordenamento"[111].

Na senda de Alf Ross, a validade tem por função o poder compulsivo do direito. De forma inversa, a força efetivamente exercida tem por função a validade: "posto que a obediência é fortalecida pelo costume, toda ordem mantida de fato, incluso aquela que se apoia principalmente na mera força, tende a se transformar numa ordem ideologicamente aprovada". Frise-se que o jurista se fundamenta em critério pragmático para apartar as normas válidas das não válidas por intermédio do controle do Judiciário[112].

---

direito como fruto da vontade popular. Antes disso, o direito seria um conjunto de regras dirigidas aos seus destinatários que, a todo tempo, determinam-lhes as respectivas ações (CAMBULE, Gil. O realismo jurídico escandinavo: breves notas. Disponível em: <http://direitopensado.blogspot.com.br/2014/05/o-realismo-juridico-escandinavo-breves.html>. Acesso em: 07 maio 2025). Distintamente, o realismo jurídico norte-americano segue a premissa consistente na tomada de decisão como primeira etapa da atividade do magistrado, seguida do dever de fundamentá-la mediante adoção de modelos baseados em dedução lógica. Não se vale de ideias metafísicas, porém do pragmatismo, lastreado em atuação de fato (descrição da realidade a partir do olhar cotidiano). O pragmatismo (com pontos de semelhança com o utilitarismo inglês) é corrente norte-americana que considera a relatividade da verdade que seria obtida a partir do que as pessoas consideram ser bom. De tal forma, o realismo jurídico autoriza o entendimento de que os conceitos jurídicos permitem a escolha do resultado para o caso concreto, dentre as diversas possibilidades que autoriza. O direito vigente é, de acordo com a concepção realista norte-americana, muito mais constituído pelas declarações dos juízes (por meio de julgamentos marcados por diversas influências), do que propriamente formado pela simples aplicação de regras (GODOY, Arnaldo Sampaio de Moraes. *Introdução ao realismo jurídico norte-americano*. Brasília: Edição do Autor, 2013. p.5-14).

111. GAMA, Tácio Lacerda. *Competência tributária*: fundamentos para uma teoria da nulidade. 2. ed. São Paulo: Noeses, 2011. p.354.

112. ROSS, Alf. *Direito e justiça*. Tradução: Edson Bini. Bauru: Edipro, 2003. p.83

Riccardo Guastini enxerga validade como uma propriedade das normas em dois sentidos[113].

(1) O primeiro é o de validade em sentido forte ou pleno. Consiste na pertinencialidade, em face de aludir tanto às normas gerais e abstratas (produzidas consoante o devido processo legislativo), quanto às normas individuais e concretas, emitidas pelos juízes em sentenças judiciais (casos concretos). Deveras, aviva o autor que "'validade' significa 'pertinência' a um sistema jurídico (*membership*)", vale dizer, "uma norma válida, dentro de um dado sistema jurídico, é uma norma que responde a critérios de identificação próprios desse sistema". Tais critérios, para detecção das normas, em todo o sistema jurídico (inclusive no processo penal), "jazem nas metanormas em fontes de produção, em critérios de solução das antinomias, etc".

(2) O outro sentido apontado por Guastini é o de validade em sentido fraco. A validade da norma se refere às normas gerais e abstratas (normas postas abstratamente). Nessa perspectiva, validade significa existência, na trilha kelseniana. No entanto, como o conceito de existência não é suficientemente claro, o autor realça que, "neste contexto uma norma existente é, muito simplesmente, uma norma que foi efetivamente criada, 'posta', isto é, formulada e publicada (ou promulgada) por uma autoridade normativa *prima facie* competente".

No que toca à eficácia, deve ser compreendida relativamente à produção de efeitos no mundo naturalístico. Eficácia é qualidade de fatos jurídicos. Os fatos jurídicos,

113. GUASTINI, Riccardo. *Das fontes às normas*. Tradução: Edson Bini. São Paulo: Quartier Latin, 2005. p.271-272.

relatados em linguagem competente, podem ser tanto gerais e abstratos, quanto individuais e concretos. Os fatos gerais e abstratos poderão autorizar tanto a edição de normas gerais e abstratas, quanto a de normas individuais e concretas.

Os fatos jurídicos individuais e concretos dão ensejo à produção de normas individuais e concretas, malgrado a produção de enunciado da Súmula Vinculante (enunciado geral e abstrato) decorra de fatos jurídicos individuais e concretos reiterados. É de ver que a vigência não se confunde com a eficácia. Uma norma pode estar em vigor e não apresentar eficácia técnica (sintática ou semântica) e, igualmente, não ostentar eficácia social. Pode, de outra vertente, não estar em vigor, apresentando, porém, eficácia técnica e eficácia social. Não há de se falar em norma válida e vigente como dotada, ou não, de eficácia jurídica, eis que esta é atinente a fatos jurídicos (não a normas jurídicas). De compasso com o escólio de Paulo de Barros de Carvalho[114], essa fundamentação justifica os diversos ângulos de eficácia. Cabe distinguir.

(1) Eficácia jurídica: é tomada como o próprio mecanismo da incidência, isto é, o processo pelo qual, efetivando-se o fato disposto no antecedente, projetam-se os efeitos prescritos no consequente normativo. É denominada causalidade jurídica.

(2) Eficácia social: é a propriedade que reveste o fato jurídico para irradiar os efeitos que lhe são peculiares, isto é, a relação de causalidade jurídica.

(3) Eficácia técnica: cuida-se da condição que a regra de direito ostenta, para descrever ocorrência que, uma vez havida no plano do real-social, torne possível a produção efeitos jurídicos.

---

114. CARVALHO, Paulo de Barros. *Direito tributário*: linguagem e método. 5. ed. São Paulo: Noeses, 2013. p.460.

1.5.2 Pontos de vista possíveis: observadores *versus* participantes

Como abordado no tópico anterior, validade pode ser entendida sob mais de uma perspectiva. Dois pontos de vista possíveis merecem destaque: o do participante do sistema (tal como o juiz) e o do seu observador (o cientista do Direito). Tanto o participante pode emitir normas gerais e abstratas (legislação, ótica do legislador), quanto individuais e concretas (sentença judicial, vertente do juiz), como o observador pode se referir, descrevendo, uma ou outra, nos moldes da Ciência do Direito.

Sob a perspectiva do participante do sistema, validade é a especial forma de existir da norma jurídica, de maneira que aquele não se ocupa da existência das normas jurídica, porquanto sobre o que não existe juridicamente, não há relevância linguística, só cabendo tecer juízos de validade ou de invalidade. Na seara processual penal, a norma jurídica constitutiva da invalidade não prescinde de manifestação judicial superveniente à norma declaratória da nulidade.

Já no que concerne à ótica do observador, pode-se anuir com a concepção de que a validade da norma consiste na aferição de ter sido ela produzida de acordo com as normas que regulam sua formação, notadamente as que disciplinam a competência do órgão e os seus requisitos essenciais. No âmbito do processo penal, a ausência de um dizer do juiz sobre a nulidade e invalidade de um ato processual, confere argumentos para que o observador conclua, descritivamente, pela sua validade. De outro lado, caso ocorra invalidação, a supressão de efeitos do ato processual é o estado jurídico do ato eivado de nulidade com a aplicação da sanção de invalidade, de acordo com o olhar do observador.

1.6 Linguagem formal

A linguagem deve ser o ponto de partida para a instituição de forma competente para comunicação das decisões jurídicas em torno do reconhecimento de nulidades e de suas reações normativas (invalidação, convalidação e demais efeitos).

A doutrina procura sistematizar uma classificação das nulidades processuais penais. A classificação retrata uma forma. O CPP, a respeito, fala em fórmulas, em seu art. 564, *caput*, para delinear um rol de atipicidades processuais penais. Não classifica, porém, o que chama de nulidade. Em outros termos, não fala em nulidade absoluta ou em relativa. Não se propõe, o CPP vigente, a definir, apenas enunciando os elementos formadores dos conceitos, cujo conteúdo é difuso, necessitando de interpretação.

A referência legislativa à forma ou às fórmulas são garantias tornadas efetivas pelo acatamento do seu conceito legal. A definição de uma classificação útil dos vícios, de acordo com a gravidade, visa a possibilitar uma comunicação eficiente, tornando viável a concreção do modelo de processo penal estabelecido na Constituição. A abstração classificatória é útil para melhor comunicar os conteúdos das decisões judiciais e viabilizar previsibilidade, uma aspiração do sistema. A linguagem é assim um instrumento de relevo para o estudo que, por seu turno, terá dois pontos de referência. Primeiro, a importância da diferenciação interna dos elementos que compõem o sistema[115]. Segundo, a noção de jogo da linguagem[116], para que não se perca de vista a pragmática, própria da atividade jurisprudencial.

---

115. LUHMANN, Niklas. *Legitimação pelo procedimento*. Tradução: Maria da Conceição Côrte-Real. Brasília: Universidade de Brasília, 1980. p.101.

116. WITTGENSTEIN, Ludwig. *Investigações filosóficas*. 5. ed. Tradução: Marcos G. Nontagnoli. Bragança Paulista: Universitária São Francisco; Petrópolis: Vozes, 2008. p.18-19.

1.7 Formalidade e garantia

As formas no processo penal são caras às garantias individuais fundamentais. O direito processual penal é, sob tal prisma, direito individual de primeira geração, oponível que é pelo acusado contra o arbítrio do Estado, conferindo ao processo penal o cunho protetor da liberdade, como sua finalidade primeira.

A linguagem formal no campo das nulidades processuais penais tem o condão de conferir previsibilidade, segurança jurídica, com adoção de um modelo e guia para a condução do processo, limitando as contingências. No entanto, não significa que o respeito às formas, como tutela das garantias, concorde com a adoção de formalismo exacerbado, que deságue no aplauso à forma pela forma.

Sergio Demoro Hamilton, em estudo comparativo entre a forma e o formalismo abstruso, teceu importantes considerações sobre a importância da forma para a garantia dos atos processuais, pelo que o direito processual era designado como sendo direito formal por excelência, com realce para o aspecto exterior que deveria revestir os atos do processo.

Na linha esposada pelo processualista, "os atos mais relevantes do processo devem obedecer às exigências de forma mais rigorosas que não podem ser postas de lado, conforme o caso, pelo juiz ou pelas partes neles envolvidos"[117]. O que o autor ressalva é o formalismo despido de utilidade e de conotação técnica que, ao cabo, não tem a vocação que deve ter o enunciado que traça a forma de ato processual penal, qual seja, a de conferir eficácia a direito fundamental que compõe o núcleo constitucional do processo penal.

No entanto, a formalidade para a feitura de atos processuais penais não é conceito prestigiado como deveria,

117. HAMILTON, Sergio Demoro. *Estudos de processo penal*: 3ª série. Rio de Janeiro: Lumen Juris, 2007. p.45-46.

notadamente em face de situações excessivas ou abusivas que lhe causaram descrédito. Paulo Fernandes e Geórgia Bajer observam que as obras doutrinárias, em regra, dedicam parco percentual de estudos ao tema das nulidades. Nesse compasso, pontificam que "a forma dos atos processuais é garantia do cidadão contra o arbítrio judicial", salientando que "não se pode permitir que a legalidade das formas seja desprezada, ainda que se tenha em linha de conta ter o ato atingido a finalidade colimada"[118].

Gabriel Giulio também adverte sobre tal situação, ao mesmo tempo em que considera a forma, em acepção ampla, como modo de proceder e como a providência de sacralização da atividade humana. A forma é, ademais, um dos conceitos jurídicos fundamentais do direito processual, sendo, no entanto, meios e não fins em si mesmos. Sublinha o autor que "el desinterés por delimitar la forma, analizando su sentido e función, resulta sumamente peligroso. Ello porque la ausencia de modos de proceder o de mecanismos que permitan determinarlos implica per se la perda de certeza del débil frente al podreso". As formas são meios e têm sua própria razão de ser. Sob o enfoque cultural, operam como regras técnicas de debate: "el par antinómico está configurado por la regla de plena libertad y la de formas preestablecidas (legal, judicial o convencionalmente)[119].

A razão de ser da forma referida pelo autor argentino tem relação com o que apontam Ada Pellegrini Grinover, Antonio Scarance Fernandes e Antonio Magalhães Gomes Filho quanto à dimensão garantidora das normas constitucionais processuais. Segundo tal concepção, "não sobra espaço para mera irregularidade sem sanção ou nulidade relativa. A atipicidade constitucional, no quadro das

118. FERNANDES, Paulo Sérgio Leite; FERNANDES, Geórgia Bajer. *Nulidades no processo penal*. 5. ed. São Paulo: Malheiros, 2002. p.24-25.

119. GIULIO, Gabriel H. Di. *Nulidades procesales*. Buenos Aires: Hammurabi, 2005. p.100-102.

garantias, importa sempre uma violação a preceitos maiores, relativos à observância dos direitos fundamentais e a normas de ordem pública"[120].

1.8 Aplicação a caso concreto

O uso indiscriminado das palavras em torno do fenômeno da nulidade é fonte de dúvidas para solução de problemas práticos encontrados na jurisprudência, como evidenciado no histórico de decisões no âmbito dos tribunais superiores. A propósito, a violação à ordem legal de inquirição das testemunhas, prevista no art. 212, do CPP, já foi objeto de oscilação jurisprudencial, inclusive com a restrição da admissibilidade do denominado *habeas corpus* substitutivo de recursos[121].

A estrutura acusatória do processo, além de gizada no CPP (art. 3º-A[122]), é reconhecida pela Suprema Corte, a partir dos conceito de privatividade da promoção da ação penal pública pelo Ministério Público (art. 129, I, CF), seguindo-se das prescrições que asseguram o contraditório, ampla defesa, a imparcialidade do juiz natural, o devido processo legal e a essencialidade do advogado à Justiça (arts. 5º, LIII, LV, LXI, 93, 133, CF).

Nessa toada, a Segunda Turma do Supremo Tribunal Federal explicitou, ao apreciar ação de *habeas corpus*, que "o ônus da prova recai exclusivamente sobre o órgão acusador,

---

120. GRINOVER, Ada Pellegrini; GOMES FILHO, Antonio Magalhães; FERNANDES, Antonio Scarance. *As nulidades no processo penal*. 12. ed. São Paulo: RT, 2011. p.24.

121. Com a redação em vigor do parágrafo único, do art. 647-A, do CPP, prescrevendo que o órgão autêntico poderá expedir *habeas corpus ex officio*, em ação originária ou em grau de recurso, ainda que não conhecido o mérito correspondente, deve-se entender não ter lugar, por mais essa razão, a limitação ao modo substitutivo do *writ*, mormente quando visar maximizar efeitos jurídicos que a ação ou o recurso não proporciona de forma célere.

122. STF – Pleno – STF – ADI 6298/DF – Rel. Min. Luiz Fux – 24 ago. 2023.

e a dúvida resultante de lacunas probatórias e da condução processual inadequada resolve-se em favor do réu, em observância ao princípio do *in dubio pro reo*". Separam-se as atividades de acusar e julgar, sendo vedada a substituição pelo Judiciário ao órgão de acusação (art. 3º-A, CPP).

No julgado, foi colocada em mesa a questão concernente à nulidade por ofensa ao procedimento de oitiva das testemunhas, com a atuação ativa do órgão judicial, o que resvalaria na quebra da imparcialidade. Essa atipicidade foi reconhecida de ofício, com espeque no desatendimento ao disposto no art. 212 do CPP, eis que o órgão autêntico teria exercido "protagonismo indevido", conduzindo ativamente a inquirição dos depoentes, "restando demonstrado prejuízo ao acusado e ofensa ao princípio acusatório e a imparcialidade do julgamento"[123].

Nota-se que a Segunda Turma examinou efetivamente a ocorrência de nulidade, sem a classificar, pelo fato do magistrado ter iniciado perguntas às testemunhas, seguindo o sistema presidencialista de inquirição. Não distinguiu, contudo, a espécie de nulidade, nem se valeu de termo técnico para qualificar o vício ou a sanção de supressão de efeitos dos atos processuais afetados (art. 573, CPP).

Embora tenha sido deferido o *writ*, cabe sublinhar que o julgado – pelo exame de seu inteiro teor – não foi preciso no uso dos vocábulos e trouxe o ingrediente do prejuízo (art. 563, CPP), que finda por limitar a garantia a um juiz imparcial que o próprio acórdão afirmou como fundamental.

O aresto sugere a existência de vícios toleráveis e imunes a controle jurisdicional. O problema é agravado pela falta de critérios firmes para o controle dos atos viciados e pela exigência de que tal somente se dê diante da "demonstração do efetivo prejuízo", de forma "sempre prospectiva

123. STF – Segunda Turma – HC 246965/SP – Rel. Min. Edson Fachin – DJe 12 fev. 2025.

e nunca presumida". A exigência de prejuízo para hipóteses de nulidade sobre a forma da produção da prova testemunhal destoa da garantia constitucional ao contraditório e à ampla defesa. O exame desses argumentos constata a possibilidade de ampla contingência na tomada de decisão, o que pode ser atribuído ao fato da ausência de convenções para o uso de termos e aplicação de efeitos, com baixa aplicação das garantias constitucionais e desacatamento dos enunciados legais expressos que visam a concretizá-las.

1.9 Conclusão e próximo capítulo

A fixação da noção de nulidade enquanto vício processual situa-se na estática jurídica, objeto da primeira parte deste livro. Esse proceder, baseado nas ideias de Kelsen, tem o fito de fundamentar sua estrutura normativa, hierarquicamente. Considera-se, para tanto, a natureza do fundamento de validade dos enunciados postos.

Deveras, a produção de normas de nulificação toma por base as duas espécies diversas de normas: "um tipo estático e um tipo dinâmico". Aquilo que resulta da norma, visualizada enquanto algo devido por conta do seu conteúdo inferido em tese, é de ordem estática[124].

Diante das múltiplas significações dadas ao termo nulidade, optou-se por adotar uma linguagem formal, convencional, cujo uso deve ser comprometido com a proteção das garantias individuais fundamentais, não raras vezes prejudicada pela ausência de uniformidade e de rigor verificada na doutrina e na jurisprudência.

Por outra vertente, a construção da classificação, uniformemente definida, não deve olvidar a necessidade de contemplar a pragmática do discurso jurídico, de acordo com o

124. KELSEN, Hans. *Teoria pura do direito*. Tradução: João Baptista Machado. 5. ed. São Paulo: Martins Fontes, 1997. p.217.

encontro de pontos comuns no uso dos termos. A divergência quanto à praxe da nulidade foi contrastada com autores clássicos e com a doutrina processual penal, demonstrando a dificuldade retratada pelo estado atual do assunto.

A ambivalência é verificada, por exemplo, quando Francesco Carnelutti pressupõe nulidade enquanto "ineficácia que se comunica aos atos sucessivos dependentes do ato imperfeito", embora reconheça a necessidade de elucidação deste ponto". De um lado, nulidade é reputada como qualificativo de certa espécie de ato processual atípico, convergindo parcialmente com o aqui definido. De outro, é considerada essencial à nulidade a sua capacidade difusiva, isto é, a sua ineficácia[125], diferindo do descrito neste livro, que reputa que a ineficácia não integra o conceito de nulidade.

Depois de perpassar pelos diversos pontos de vista acerca da nulidade, convencionou-se que nulidade (*lato sensu*) é norma jurídica produzida por órgão do Poder Judiciário. A classificação faz parte da estrutura normativa nulificadora, integrando a norma jurídica primária. A invalidação é, de igual modo, norma jurídica de competência do Judiciário, compondo, na estrutura, a função de norma implicada, secundária. De todo modo, nulidade é termo cujo uso designa vício, de maior ou de menor gravidade.

No próximo capítulo, a definição de nulidade receberá contornos mais precisos, paulatinamente à construção das conexões sintáticas e da semântica dos signos da estrutura normativa. A sintática, atrelada à semântica, visará a fixar um cálculo normativo padrão cujo uso se dirija à efetividade de garantias fundamentais, situadas no núcleo processual penal constitucional.

---

125. CARNELUTTI, Francesco. *Lições sobre o processo penal*: volume 3. Tradução: Francisco José Galvão Bruno. Campinas: Bookseller, 2004. p.196-197.

CAPÍTULO 2
CLASSIFICAÇÕES DAS NULIDADES PROCESSUAIS PENAIS

2.1 Classificação e noção

Noção é o sentido que se dá ao conceito para se chegar à definição. O conceito tem textura difusa. Em outras palavras, noção é o conhecimento elementar sobre um objeto de estudo. Serve de passagem à atividade que parte do conceito à definição.

Por seu turno, a classificação é a divisão necessária para se avivar os contornos do conceito, tornando possível sua definição. A nulidade em sentido amplo, como vício, é o conceito que carece da noção funcional consistente em estabelecer balizas para otimizar a proteção de direitos fundamentais. Daí se inicia a atividade de classificar, de acordo com os graus de vícios relacionados à estrutura do ato processual penal. O fito é possibilitar contornos mais precisos à nulidade *lato sensu*, definindo-a a partir de critérios normativos.

2.1.1 O percurso classificatório das nulidades processuais enquanto entidade normativa e a distinção entre conceito, noção e definição

Para construir uma classificação sobre as nulidades processuais, é necessário eleger as noções necessárias à delimitação do conceito e, desse modo, encontrar sua definição.

O conceito de nulidade envolve tudo que se possa afirmar em relação a esse fenômeno. Suas notas conceituais são múltiplas, de diversas ordens. As tentativas definitórias que foram alinhadas no primeiro capítulo demonstram os diversos pontos de vista que podem lhe servir.

Cingindo-se ao debate entre nulidade como defeito e nulidade enquanto sanção, constatou-se a insuficiência de um só termo para descrever o procedimento que se inicia com a incidência deficiente de norma jurídica. Com a documentação do ato processual viciado, segue-se ao reconhecimento do defeito pelo juiz e, verificados outros pressupostos, finda-se com a incidência de outra norma que determina o desfazimento dos efeitos derivados da atipia.

Diante das dificuldades que envolvem o tema, necessário particularizar o conceito de nulidade pela noção de parte do seu conteúdo (vício). Nulidade é o termo que se usa para rotular a incidência defeituosa de norma jurídica que constitui um ato processual penal. Tendo como premissa essa noção – que particulariza o conceito –, é possível seguir com a atividade de definir, agora para apresentar uma classificação.

O terreno poroso das classificações das nulidades processuais é fértil para evidenciar as virtudes de um sistema jurídico organizado. Isso porque demonstra que é preciso um sistema com alta diferenciação, com eleição de seus códigos para a sua produção normativa, com respaldo nas expectativas jurídicas dos envolvidos. Busca-se, por meio de escolha metódica, a redução de complexidade do ambiente processual mediante a limitação das contingências. Nessa ótica, a complexidade do sistema tende a simplificar problemas práticos.

Niklas Luhmann realça que o procedimento há de ser diferenciado (suficientemente complexo) por intermédio de normas jurídicas específicas da organização, bem como através de uma separação de papéis socialmente institucionalizada[126]. Tal ideia encontra compatibilidade com os fundamentos do princípio acusatório do sistema de processo penal, na medida em que este trabalha com a ideia central de bem dividir as funções dos sujeitos processuais envolvidos, delimitando a imparcialidade do juiz para que a produção de normas se dê sem o comprometimento da juridicidade do procedimento.

A providência tendente a assegurar o distanciamento do juiz do Ministério Público é uma das características do princípio acusatório. A título de exemplo de violação a essa regra, tem-se o chamado "compromisso do juiz" com o "combate à criminalidade" ou ao "crime organizado", o que constitui um contrassenso jurídico-constitucional democrático, como apontou Juliana Damasceno[127]. De fato, causa espécie a nomenclatura escolhida por alguns órgãos do Judiciário, frente ao sistema de processo penal acusatório e à necessária imparcialidade do juiz, a exemplo da expressão "vara de combate à criminalidade organizada"[128].

---

126. LUHMANN, Niklas. *Legitimação pelo procedimento*. Tradução: Maria da Conceição Côrte-Real. Brasília: Universidade de Brasília, 1980. p.101.

127. SANTOS, Juliana Pinheiro Damasceno e. *Limites constitucionais à iniciativa do juiz no processo penal democrático*. Rio de Janeiro: Câmara Brasileira de Jovens Escritores, 2011. p.134.

128. Sob lente crítica, observada por Gamil Föppel, "o combate à 'criminalidade organizada', a rigor, deixa transparecer que sempre esteve representado pelo combate a uma determinada classe (ou a determinadas classes), pelos mais diversos motivos. Ou seja: busca-se, através de um instrumento 'presumivelmente' legítimo – o Direito Penal – não só controlar a ocorrência de crimes, mas determinar a cristalização das classes sociais, evitando que uma delas ascenda, impedindo que parte das pessoas almejem o poder" (EL HIRECHE, Gamil Föppel. *Análise criminológica das organizações criminosas*. Rio de Janeiro: Lumen Juris, 2005. p.3).

O juiz, ao contrário, deve se cercar de limites para impor a pena e não partir para a atividade investigativa, muitas das vezes marcada pela unilateralidade violadora do contraditório. Sua atuação de ofício somente se admite para conferir eficácia às garantias individuais cuja franquia foi reservada ao Judiciário, ressalvada a possibilidade de iniciativa probatória supletiva ao *Parquet*, restrita ao escopo de dirimir dúvida relevante sobre o mérito, consoante definiu o Supremo Tribunal Federal em sede de controle de constitucionalidade[129]. Nesse sentido, João Mendes de Almeida Júnior, já lecionava que "o poder judiciario é constituido para determinar e assegurar a aplicação das leis que garantem a inviolabilidade dos direitos individuaes"[130].

Ao cabo, visa-se a evitar que o juiz comprometa a sua equidistância. Difícil é compatibilizar o autorizativo de iniciativa de produção da prova pelo juiz com aquela postura. Afrânio Silva Jardim, comentando sobre o ponto, destacou que "ainda não se encontrou uma posição de equilíbrio entre o princípio dispositivo e o poder instrutório do juiz em prol da verdade real". Como aduz, o princípio do dispositivo, caracterizador da iniciativa das partes na defesa de seus direitos, não pode fundamentar decisões injustas, o que justificaria poderes probatórios subsidiários[131].

A classificação que intende completar a definição de nulidade segue um modelo acusatório de processo, escorando-se no garantismo penal construído por Luigi Ferrajoli: dos "elementos constitutivos do modelo teórico acusatório, o mais importante, por ser estrutural e logicamente pressuposto de todos os outros, indubitavelmente é

---

129. STF – Pleno – STF – ADI 6298/DF – Rel. Min. Luiz Fux – 24 ago. 2023.

130. ALMEIDA JUNIOR, João Mendes de. *O processo criminal brasileiro*: volume I. 2. ed. Rio de Janeiro/Belo Horizonte/Lisboa: Francisco Alves & Cia; Paris/São Paulo: Aillaud, Alves & Cia, 1911. p.6-7.

131. JARDIM, Afrânio Silva. *Da publicização do processo civil*. Rio de Janeiro: Liber Juris, 1982. p.112-113.

a separação entre juiz e acusação". Conforme a teoria do autor, essa separação é imposta pelo axioma *nullum iudicium sine accusatione* e consiste na primeira das garantias orgânicas descritas em seu modelo teórico de garantias. Tal distinção comporta, ademais, a ideia de que o papel de parte do órgão do Ministério Público, de forma paritária, confere-lhe encargo probatório[132].

No âmbito do processo penal, a diferenciação dos papéis e o distanciamento da função judicial são balizas para que o sistema cumpra sua função de outorgar previsibilidade para a emissão de normas que reconheçam nulidade processual penal, descrevendo a respectiva espécie com seus elementos internos, bem como aquelas que, ligando-se à norma antecedente, têm o fito de servir de apódose normativa (norma consequente), para concretizar a invalidação do ato processual defeituoso qualificado como nulo pela prótase (norma antecedente)[133].

O discurso próprio para fechar o sistema de nulidades deve ser racional. Com termos convencionados para enfrentar a complexidade do processo penal, torna-se possível minimizar frustração de expectativas processuais. A estrutura da declaração de nulidade deve ser formalizada em grau de abstração que, conquanto reconheça complexidade acentuada e contingência, possibilite coerência argumentativa e situação comunicativa eficaz, alicerçando o sistema com controle prospectivo (previsibilidade).

O sistema de nulidades processuais, com definição precisa de sua estrutura classificatória de produção normativa e com alicerce na teoria do direito de cariz tradicional, pode

132. FERRAJOLI, Luigi. *Direito e razão*: teoria do garantismo penal. Tradução: Ana Paula Zomer Sica; Fauzi Hassan Choukr; Juarez Tavares; Luiz Flávio Gomes. São Paulo: RT, 2006. p.522.

133. VILANOVA, Lourival. *Estruturas lógicas e o sistema de direito positivo*. São Paulo: Noeses, 2005. p.293.

encontrar – apesar do seu distanciamento – certa compatibilidade com os fundamentos da criminologia crítica.

Nesse passo, o processo penal não deve se apresentar como um instrumento de combate ao crime. O delito se situa, depois de ocorrido, no passado. O procedimento é uma reação estatal que, com a teoria da nulidade, deve seguir metodologia de controle de produção de normas individuais e concretas, com balizas mais nítidas.

Embasando essa perspectiva, Jorge de Figueiredo Dias e Manuel da Costa Andrade observam que a criminologia crítica "representou, tanto na teoria como na prática, uma verdadeira revolução – a começar pela natureza radicalmente nova das questões formuladas". Isso em face das questões nucleares da criminologia se afastarem do objeto de estudo do delinquente ou mesmo do crime, "para se dirigirem, sobretudo, ao próprio sistema de controlo, como conjunto articulado de instâncias de produção normativa e de audiências de reação". O olhar se dirige, de tal maneira, para a fonte de legitimidade da persecução penal estatal e para os critérios de controle das instâncias criminais[134].

Tercio Sampaio Ferraz Júnior entende que o sistema é "um conjunto de objetos e seus atributos (repertório do sistema), mais as relações entre eles, conforme certas regras (estrutura do sistema). Os objetos são os componentes dos sistemas, especificados pelos seus atributos, e as relações dão sentido de coesão ao sistema". A escolha dos termos viabiliza o discurso normativo processual por meio de comunicação normativa eficaz. De tal modo, como explica o autor, "o objeto dos sistemas normativos (repertório do sistema) são normas (especificadas por seus atributos:

---

134. DIAS, Jorge de Figueiredo; ANDRADE, Manuel da Costa. *Criminologia*: o homem delinquente e a sociedade criminógena. Coimbra: Coimbra, 1984. p.42-43.

validade e efetividade). O que dá a coesão do sistema, como um todo, são as relações entre elas"[135].

Colocadas essas bases, com o propósito de definir a nulidade, será antes necessário delinear o conjunto de objetos que constituem as diversas espécies de atipicidades processuais, bem como delimitar os seus atributos que devem conferir unidade processual e previsibilidade quanto às respostas (reações) estatais.

2.1.2 Da nulidade à invalidação: a elucidação das relações entre normas

A produção normativa das nulidades requer avivamento de sua estrutura interna. Como tudo no processo é norma jurídica documentada com vistas à comunicação eficaz, a escolha convencional dos termos que aumentam a diferenciação entre as classes de nulidades é tomada como ponto de partida.

Seguindo-se o que apontado por João Maurício Adeodato, o conceito de norma jurídica não será aquele que o confunde com o de lei (Escola da Exegese), nem propriamente uma prescrição escrita (Estado legislativo e executivo). Tampouco norma jurídica será algo que se afaste do monopólio estatal do direito (tal qual o movimento do direito alternativo), como se dá com o sentido de ser ela forma genérica de expressão do direito (Escola Histórica e Escola do Direito Livre). Ao contrário, a norma jurídica (dotada de estrutura e função) deve ser haurida de base empírica estatal que consista em "uma imagem, uma ideia, um significado que se transmite por meio de significantes linguísticos, como textos, gestos (figuras, imagens) ou palavras oralmente pronunciadas". Na perspectiva do autor, considerando a pragmática da norma jurídica, "significado" é

---

135. FERRAZ JÚNIOR, Tercio Sampaio. *Teoria da norma jurídica*: ensaio de pragmática da comunicação normativa. 4. ed. Rio de Janeiro: Forense, 2009. p.140-141.

palavra que alude a promessas ideais dirigidas ao futuro, enquanto o termo "significante" refere-se à tentativa de acordo assentado no passado que, no caso concreto (atual, presente), é invocado[136].

Nas palavras de Alaôr Caffé Alves, a norma jurídica deve ser "resultante do processo hermenêutico que incide sobre o texto literal". Decerto, não se migra da norma, mas do texto enunciativo para, ao final, formatar o pensamento constitutivo da norma jurídica. A interpretação autêntica dá origem à norma, cristalizada em uma decisão que deve retratar a escolha pela autoridade competente (órgão jurídico)[137].

Com essas observações, pode-se desenvolver a estrutura das relações entre normas jurídicas declaratórias de nulidades. Isso porque, ao menos quatro normas jurídicas estão envolvidas no procedimento que pode ser deflagrado quando se incorre em atipicidade processual.

(1) A primeira é a norma jurídica deficiente (a exemplo das possibilidades previstas no art. 564 do CPP), isto é, a documentação de ato processual viciado, por não ter sido observada a forma prescrita em lei.

(2) A segunda norma jurídica, que decorre da aplicação deficiente de norma jurídica antecedente (ato processual atípico), consiste no reconhecimento do vício processual que inquina de nulidade aquele ato.

(3) A terceira norma jurídica, que se relaciona com a segunda, é a declaração de nulidade processual em sentido amplo (atipicidade processual),

136. ADEODATO, João Maurício. *Uma teoria retórica da norma jurídica e do direito subjetivo*. São Paulo: Noeses, 2011. p.156-164.

137. ALVES, Alaôr Caffé. Fundamentos dos atos de vontade e práxis linguístico-social no direito. Kelsen e Wittgenstein II. In: *Vilém Flusser e juristas*: comemoração dos 25 anos do grupo de estudos de Paulo de Barros Carvalho. Florence Haret; Jerson Carneiro (orgs.). São Paulo: Noeses, 2009. p.87.

com a classificação de sua subespécie (inexistência jurídica, nulidade absoluta, nulidade relativa ou irregularidade).

(4) A quarta norma jurídica, que tem como antecedente a descrição da terceira, é a invalidação, ou seja, o órgão do Judiciário, reconhecendo a nulidade (absoluta, por exemplo), declara inválido o ato processual viciado, explicitando a abrangência de seus efeitos e ordenando as providências necessárias. Ao invés de aplicar a invalidação (com a declaração de desfazimento dos efeitos do ato viciado e determinação de seu refazimento conforme a legislação), o julgador pode considerar convalidado o ato (tal como quando declara não ter ocorrido prejuízo para a eficácia de direito fundamental protegido pela forma enunciada violada).

Essas quatro normas se inter-relacionam. A estrutura de cada uma é retratada com a prótase (antecedente) e apódose (consequente)[138]. A relação entre elas fica nítida quando se vê que a construção do consequente da primeira norma jurídica será o antecedente necessário da segunda. E assim por diante. Em outros termos, o consequente de uma norma jurídica servirá de suporte fático para a estruturação do antecedente da norma jurídica seguinte que, por seu turno, também será dotada de uma proposição secundária em seu consequente normativo.

Para fundamentar a relação entre as normas que descrevem o fenômeno da nulificação de ato processual penal, o estudo se vale da teoria das relações e da teoria das normas. Ambas as teorias se imbricam, notadamente pela coincidência sintática que as normas ostentam diante do fato relacional em geral. Acompanhando o magistério de

138. VILANOVA, Lourival. *Estruturas lógicas e o sistema de direito positivo*. São Paulo: Noeses, 2005. p.293.

Paulo de Barros Carvalho, nota-se, na estrutura da norma que reconhece a nulidade processual penal, que o operador "dever-ser" ou intraproposicional (deôntico) se apresenta na modalidade "permitido" (é autorizado ao juiz emitir norma para invalidar ou convalidar o ato processual viciado, diante de nulidade relativa) ou "obrigatório" (dever do órgão julgador de emitir norma de invalidação em face de nulidade classificada como absoluta). É cediço que tais modais se apresentam na tríplice forma deôntica (obrigatório, proibido ou permitido), bem como que, além daquele "dever-ser", há também um dever-ser neutro ou interproposicional, que atua entre o antecedente e o consequente de cada norma jurídica em si (seja ela de nulidade, seja de invalidação), tanto da norma geral, quanto da individual. Os modais deônticos são irredutíveis, porém interdefiníveis, já que significa que podem ser deduzidos em função do outro, mediante o uso de um conectivo monádico (negador)[139].

Há, especialmente no consequente da norma individual e concreta, o surgimento do operador "dever-ser", num dos seus modais (obrigatório, permitido, proibido), interligando dois ou mais sujeitos de direito, em torno do objeto (a prestação jurídica). É a teoria das relações explicando a teoria das normas, justificando o sistema com o empréstimo de fundamentos expostos por Niklas Luhmann, na sua obra "Legitimação pelo procedimento".[140]

Sem embargo, reserva-se o termo "critérios" para se referir à norma geral e abstrata (a descrição, por exemplo, dos enunciados que prescrevem nulidades processuais no art. 564, do CPP) e o termo "elementos" para indicar dados, tanto do antecedente, quanto do consequente de norma individual e concreta. O fato relacional, para se instaurar, depende

139. CARVALHO, Paulo de Barros. *Direito tributário*: fundamentos jurídicos da incidência. 9. ed. São Paulo: Saraiva, 2012. p.206-207.

140. LUHMANN, Niklas. *Legitimação pelo procedimento*. Tradução: Maria da Conceição Côrte-Real. Brasília: Universidade de Brasília, 1980, p.56.

de dois elementos, quais sejam: o subjetivo e o prestacional. Sem eles, não se configura o enunciado que faz irromper a relação jurídica, como pontifica Paulo de Barros Carvalho[141].

Considerando essa perspectiva, relação jurídico-normativa pode ser definida como enunciado linguístico submetido a regras da "lógica dos predicados poliádicos" (predicativos que se referem a mais de um sujeito afetado pela prescrição normativa), tais como fatos de conduta e fatos naturais descritos em forma de linguagem jurídica. Antes de ver vertida em linguagem, a relação permanece no plano dos eventos, da ocorrência, sem se tornar um acontecimento.

Lourival Vilanova explica que as relações (de fato, ditas puras, isto é, não jurídicas) existem entre os fatos naturais (biológicos, físicos). Já as relações sociais jurídicas ou não jurídicas são constitutivamente relações normadas. O autor destaca a necessidade da nota da "liberdade" para caracterizar o jurídico. Isso porque o exercício da liberdade abre espaço para relações jurídicas em sentido largo, porquanto "a ninguém é lícito obrigar, ou proibir, esse exercício, justamente porque é um direito de fazer ou de omitir, ou seja, uma permissão bilateral. Mas nem tudo que é objeto do exercício da liberdade é jurídico: não constitui, nem modifica, nem extingue relações jurídicas"[142].

A "teoria dos predicados poliádicos" tem grande importância para a ciência do direito. O termo "predicado" é utilizado para indicar o símbolo de propriedades ou de relação atribuíveis a um indivíduo. Não há norma jurídica sem a participação de um indivíduo. Nesse sentido, as atipicidades processuais penais são passíveis de anulabilidade. Por outro lado, os predicados são: (a) monádicos:

141. CARVALHO, Paulo de Barros. *Direito tributário*: fundamentos jurídicos da incidência. 9. ed. São Paulo: Saraiva, 2012. p.209-210.

142. VILANOVA, Lourival. *Causalidade e relação no direito*. 2. ed. São Paulo: Saraiva, 1989. p.68.

quando aludem isoladamente a um indivíduo; e (b) poliádicos: quando ligam dois ou mais indivíduos. Esclarece Paulo de Barros Carvalho que as duas formas do predicado aparecem como: "(i) característica ou propriedade conferida a um indivíduo; ou (ii) à maneira de uma relação que vincula dois ou mais indivíduos"[143].

Os elementos das normas individuais e concretas que completam a estrutura do sistema de nulidades exercem função de coesão da comunicação normativa através do intérprete responsável por aplicar o direito. A incidência, com a descrição que constitui a interpretação e a norma declaratória de nulidade documentada em linguagem jurídica, ocorre por intermédio de relações jurídicas entre normas.

Em sede da decisão que reconhece a atipicidade processual (nulidade), por aplicação deficiente das normas que regram o procedimento processual penal, deve-se descrever a relação entre as normas envolvidas (da produção de ato processual defeituoso à sua reedição). Por meio da linguagem que documenta incidências normativas na decisão, visa-se a elucidar a natureza do vício processual e o controle dessa situação comunicativa.

Toma-se como premissa que a legislação é o filtro das influências não jurídicas que podem recair na linha de evolução da decisão judicial. A ideia de acatamento ao direito positivo e, a partir dele, de uma classificação rigorosa das nulidades processuais, tem o fito de dar ao juiz condições de operar com um afastamento maior (como um estranho relativamente às partes), dada a inconveniência para o sistema de dotá-lo com o poder de intuir os princípios morais que sejam susceptíveis de consenso para prolatar decisão sobre nulidade e invalidação, fixando-lhe os limites a partir dos diversificados valores que podem estar em jogo.

---

143. CARVALHO, Paulo de Barros. *Direito tributário*: linguagem e método. 5. ed. São Paulo: Noeses, 2013. p.98-99.

2.2 Classificação das nulidades processuais penais e sua utilidade

O percurso da definição das nulidades tem o objetivo de ramificar sua classificação. Esse proceder equivale à diferenciação interna do sistema. A atividade de classificar, de dividir, de definir, tem como limite o direito positivo, como regras estruturais que devem encontrar base empírica. A diferenciação do sistema, correspondente à classificação como produto e instrumento de trabalho, é condição prévia para a tomada de decisões, consoante fundamentação documentadora da concretização das normas nulificadoras.

Niklas Luhmann pondera que "a diferenciação é uma condição prévia indispensável para se chegar a uma elaboração própria de informações, de autonomia restrita, dentro do procedimento, embora ela não possa, por si só, garantir essa autonomia"[144]. A classificação tanto propicia diferenciação, como é apta a dar mais nitidez aos limites da autonomia do procedimento judicial criminal. Efeitos do ambiente sobre o meio são mais contingenciados e a atividade do juiz mais previsível.

O desenvolvimento de uma classificação das nulidades processuais penais se torna mais útil quando a linguagem verbalizada alcançar menos ambiguidade, para assim servir de trilhos para decisões previsíveis e mais efetivas relativamente aos direitos fundamentais protegidos pelas normas de conteúdo processual penal. As nulidades, compreendidas sob o ponto de vista estático, são as estruturas dispostas no ambiente do sistema para que orientem o magistrado na tomada da decisão que decorre da catalogação da espécie de atipicidade.

---

144. LUHMANN, Niklas. *Legitimação pelo procedimento*. Tradução: Maria da Conceição Côrte-Real. Brasília: Universidade de Brasília, 1980, p.61.

As estruturas são as bases empíricas que correspondem a enunciados a partir dos quais serão constituídas as normas jurídicas reconhecedoras de nulidade. As fontes que servem de lastro interpretativo de sua produção são contornos do sistema. Nesse sentido, o sistema há de ser autopoiético, com ejeção de normas jurídicas circunscrita à sua própria estrutura (enunciados postos, legislativos ou jurisprudenciais).

Em outras palavras, o sistema, com o repertório suficiente a autorizar a classificação das nulidades, limita a produção e a reprodução de normas jurídicas. A sua enunciação deve propiciar complexidade suficiente à proteção dos direitos da liberdade, em conformidade com o postulado da coerência. O sistema deve ter a capacidade de se autorregular. O positivismo jurídico justifica a produção das normas de nulidade e de invalidade, bem como não é, sob esse viés, incompatível com o realismo jurídico.

Dentre as fontes do direito, para a produção normativa de nulidades processuais, a enunciação legislativa e jurisprudencial são as fontes de cognição que dão ao juiz condições para exercer seu papel de intérprete autêntico. Os elementos do sistema são colmatados pela classificação competente das nulidades construídas a partir das fontes de conhecimento. A sofisticação estrutural do sistema deve ter o condão de reduzir a complexidade processual, com o reconhecimento estatal, sob lente positivista.

Sobre a doutrina juspositivista das fontes, Norberto Bobbio destaca que ela se baseia no princípio da preponderância de uma dada fonte do direito (a lei) sobre todas as outras. Duas condições são necessárias ao funcionamento desse sistema: (1) a existência de várias fontes, isto é, o ordenamento jurídico deve ser um ordenamento complexo; e (2) que essas fontes não estejam num mesmo plano, impende afirmar, que o ordenamento seja estruturado de forma hierárquica, com suas fontes colocadas em patamares diferentes, com valores organizados de forma não tão rudimentar, quando verificadas regras que ditam uma ordem de subordinação hierárquica entre as fontes.[145]

Considerando a estrutura hierarquizada de valores dentro do sistema estatal, a classificação das nulidades processuais penais deve, em primeiro lugar, levar em conta as fontes de produção ou materiais, notadamente o Poder Legislativo e o Poder Judiciário, que são responsáveis pela enunciação de textos que servem de esteio à interpretação e à construção normativa. Em segundo lugar, a classificação das nulidades processuais penais toma por base as fontes de conhecimento ou de cognição do direito processual penal, vale dizer, a enunciação-enunciada, o enunciado legislativo, o precedente judicial, o enunciado de Súmula Vinculante do STF.

A hierarquia das fontes para a formação do repertório das atipicidades deve ser explicitada com a definição dos contornos internos dos elementos que distinguem as espécies de nulidades processuais penais. A complexidade necessária inerente a esse sistema, sem resvalar em excesso, confere possibilidade de funcionamento ideal ao processo que minimize a subjetividade do juiz diante da vastidão de casos concretos.

O suplemento dos princípios gerais de direito, na forma do art. 3º, do CPP, é reconhecido como fonte indireta de cognição do direito processual penal. Aquele enunciado estatal eleva norma-princípio como base para construção de outras normas. De tal modo, como os princípios são sempre dependentes de um sujeito para escrevê-los previamente, correto dizer, tomando-se a dicção de Gabriel Ivo, que o leque de princípios é tanto maior quanto a capacidade do intérprete de o sacar[146].

---

145. BOBBIO, Norberto. *O positivismo jurídico*: lições de filosofia do direito. Tradução: Márcio Pugliesi; Edson Bini; Carlos E. Rodrigues. São Paulo: Ícone, 2006. p.162-163.

146. IVO, Gabriel. *Constituição estadual*: competência para a elaboração da Constituição do estado-membro. São Paulo: Max Limonad, 1997. p.96.

Tomando como premissa a distinção de que enunciado é base empírica para a incidência de norma jurídica, bem como que norma jurídica se bifurca em princípios e regras, a conclusão é que o CPP permite interpretação a partir de textos enquanto frutos de interpretação do conjunto enunciativo (princípios). No entanto, a adoção de tais princípios (mediatos) só deve ter cabimento quando as fontes de cognição de *status* imediato não cumprirem a função de tornar completo o sistema de nulidades processuais, a partir dos enunciados produzidos diretamente, primeiramente pelo Poder Legislativo e, secundariamente, pelo Poder Judiciário.

Antes de se formular uma classificação das nulidades processuais, que leve em conta o que há de comum no sistema, importante catalogar distinções classificatórias na doutrina, considerando que os termos que aquela se vale são encontrados não no CPP, nem na Constituição de 1988 – eis que tais não dividem as nulidades em absolutas e relativas –, mas na jurisprudência dos tribunais.

2.3 Classificações doutrinárias das nulidades processuais penais

Classificar as nulidades processuais penais exige um caminho. O percurso se inicia no conceito, passa pela noção e chega à definição. Deve ser considerada a divergência de entendimentos em torno das várias categorias de nulidades processuais. O compromisso, sem olvidar as diferenças, é com a precisa fixação dos rótulos manejados no interior desse sistema. Para tanto, a comparação classificatória é fundamental. Certo que a interpretação doutrinária não é autêntica, no sentido kelseniano, mas é por demais útil para esclarecer pontos pouco nítidos.

2.3.1 Classificações dos vícios processuais penais na doutrina nacional

A classificação das nulidades processuais penais, apresentada por Ada Pellegrini Grinover, Antonio Magalhães Gomes Filho e Antonio Scarance Fernandes, pode ser descrita com base na noção de "atos processuais imperfeitos".

a) Inexistência (atos inexistentes): é a qualificação dada a um ato processual que padece de maior desconformidade relativamente ao modelo legal. Os atos processuais inexistentes são "aqueles aos quais faltam de forma absoluta, algum dos elementos exigidos pela lei". O vício é tão grave que os autores o chamam de "não ato", não se admitindo invalidação, eis que precede qualquer consideração acerca de sua validade, pois, a rigor, não são atos processuais.

b) Nulidade (atos nulos): refere-se à falta de adequação ao tipo legal capaz de conduzir ao reconhecimento de sua inaptidão para emanar efeitos no mundo jurídico. Os autores esclarecem que tais casos podem levar à declaração da ineficácia do ato. A nulidade dos atos processuais penais não ocorre de forma automática. O seu reconhecimento depende de pronunciamento judicial. Requer não só a constatação da atipicidade do ato processual, mas também exige que sejam analisados os demais pressupostos legais para a declaração de invalidade. Na categoria geral da nulidade, distinguem-se a nulidade absoluta e a nulidade relativa.

   b.1) Nulidade absoluta (atos nulos absolutamente): é expressão que alude a ato processual gravemente viciado, com manifesto prejuízo que, em regra, sua permanência causa para a efetividade da bilateralidade da audiência (princípio do contraditório) ou mesmo para a justiça da decisão. Ademais, o defeito, nesse caso, afeta o interesse público de aplicação do direito escorreita, admitindo que o juiz, independentemente de provocação (de ofício), decrete a invalidade. Incluem-se, nos casos de nulidade absoluta, as ofensas às garantias constitucionais, eis que as regras em torno do devido processo são requisitos essenciais à correta tutela jurisdicional.

b.2) Nulidade relativa (atos nulos relativamente): é a qualidade que é aposta para os casos que o legislador outorga à parte prejudicada a faculdade de pleitear ou não a decretação de invalidação do ato irregularmente praticado, sob a condição de ser demonstrado o prejuízo para que o vício seja reconhecido.

c) Irregularidade (atos irregulares): é a categoria que adjetiva o ato cujo desatendimento de prescrições legais não compromete os fins pelos quais a forma foi instituída, nem afeta sua eficácia. Como o desacordo com o modelo legal é ínfimo, ou seja, por representar um formalismo considerado inútil, não chega a descaracterizar o ato processual, que não tem sua validade mitigada[147].

Heráclito Mossin classifica os atos processuais como nulos, irregulares ou inexistentes, consoante o modo de elaboração. A sua distinção classificatória pode ser definida conforme as classes que seguem.

a) Inexistência (ato processual inexistente): a realização do ato é feita de maneira tão desnaturada, extrínseca ou intrinsecamente, que equivale a sua própria inexistência. Na hipótese, há intensa

147. GRINOVER, Ada Pellegrini; GOMES FILHO, Antonio Magalhães; FERNANDES, Antonio Scarance. *As nulidades no processo penal*. 12. ed. São Paulo: RT, 2011. p.20-21.

desconformidade entre o ato e o seu modelo legal, vale dizer, a atipicidade que recai sobre o ato processual é tão abrangente e contundente que é ele reputado um não ato.

b) Nulidade (ato processual nulo): cuida-se de categoria destinada aos casos de defeitos formais cuja tolerância soa incompatível com a necessidade de efetiva proteção aos direitos. Haverá nulidade do ato processual toda vez que for ele realizado com falta à tipicidade demarcada pelo direito processual penal. No entanto, para que o ato processual impuro seja nulo será preciso a aposição de ineficácia (sanção), mediante declaração de sua imprestabilidade por ato jurisdicional.

c) Irregularidade (ato processual irregular): é adjetivação para o ato processual que, embora não obedeça à tipicidade ou ao requisito previamente fixado em lei, com conotação de ato processual atípico, não chega a ser ineficaz ou inválido. O autor anota que a mera irregularidade não causa prejuízo às partes, não dificulta a descoberta da verdade real, não interfere no julgamento da demanda penal e não vicia a relação jurídico-processual. Daí que não está sujeito à sanção de ineficácia[148].

Ainda Heráclito Mossin, em outra passagem de sua obra, intenta distinguir as categorias nulidade absoluta, nulidade relativa, e anulabilidade, agregando mais divisão a sua classificação.

d) Nulidade absoluta: aduz que esta é insanável, não se curando. Verificada tal espécie, a consequência inexorável é a imprestabilidade do ato processual

---

148. MOSSIN, Heráclito Antônio. *Nulidades no direito processual penal.* 3. ed. Barueri: Manole, 2005. p.47-54.

penal, do processo penal ou, ainda, da relação jurídico-processual. Sua característica mais nítida é a possibilidade de ser alegada e averbada em qualquer fase processual, ainda que a sentença penal condenatória tenha passado em julgado sem interposição de recursos. O autor sustenta que o reconhecimento da nulidade absoluta pode se dar em sede de ação autônoma de *habeas corpus* que, em tal hipótese, terá natureza constitutiva. Cabível, de mais a mais, a declaração de ofício pelo juiz, em face de se tratar de matéria de ordem pública (art. 109, CPP), sendo admissível a arguição por quem não possua interesse na invalidação do ato ou do processo ou, ainda, por quem tenha dado causa à nulidade, não havendo poder de disposição, diante da inutilidade do ato viciado.

e) Nulidade relativa: é expressão que tem sentido oposto à nulidade absoluta, eis que se destina àquela que pode ser curada (sanada), não ocasionando obrigatoriamente a inutilidade do ato processual, do processo penal ou da relação jurídico-processual. Deve ser alegada dentro do prazo legal e é regida em conformidade com o interesse exclusivo da parte (o juiz não pode suscitá-la). Por outro lado, a nulidade relativa não pode ser verberada pela parte que para ela concorreu.

f) Anulabilidade: retrata o fenômeno da ineficácia do ato processual que não atendeu às prescrições legais para operar seus efeitos. Mossin explica que o ato, nesse caso, é defeituoso, viciado, podendo, evidentemente, ser expurgado. No entanto, a anulabilidade só será constatada enquanto perdurar o vício. Para o processualista, enquanto a anulabilidade admite que o defeito seja alijado, tornando o ato eficaz, a nulidade não permite a remoção do

> vício, pelo que o ato permanece inútil ou sem efeito jurídico[149].

Paulo Sérgio Fernandes e Geórgia Bajer Fernandes, advertindo sobre a existência de confusões na doutrina, expõe classificação que reconhece as quatro espécies de atipicidades processuais.

a) Ato inexistente (não ato): não é contemplado pelo CPP. Explicam os autores que "não se pode dizer que os efeitos de um (o ato inexistente) e outro (o ato nulo) sejam praticamente os mesmos" e exemplificam para dizer que há grande distância entre a sentença proferida por juiz incompetente daquela outra prolatada por magistrado em disponibilidade.

b) Ato absolutamente nulo (nulidade absoluta): é aquela expressamente indicada pela lei e que não pode em tempo ser sanada em tempo qualquer. O juiz pode decretá-la de ofício, independentemente da vontade das partes. De outro lado, a nulidade absoluta é objetável em qualquer fase processual, podendo haver arguição dela por parte de quem não tenha interesse legítimo na anulação ou mesmo por quem lhe tenha causado.

c) Ato relativamente nulo (nulidade relativa): é o vício que não deve ser reconhecido de ofício, nem pode ser objetado por quem o provocar. De tal modo, só a parte que tiver interesse na observância do modelo legal para a confecção do ato é que pode fustigá-la, devendo ser arguida no prazo previsto em lei. A nulidade relativa é sanável, mormente

149. MOSSIN, Heráclito Antônio. *Nulidades no direito processual penal*. 3. ed. Barueri: Manole, 2005. p.65-74.

quando não alegada oportunamente ou mesmo em face da aceitação dos efeitos do ato irregular.

d) Ato anulável (anulabilidade): Fernandes e Bajer definem anulabilidade apartando-a da nulidade relativa. Aduzem que, na nulidade relativa, o ato nasce ineficaz, enquanto na anulabilidade ocorre nascimento válido do ato processual, porém pode ser maculado por vício subsequente, pelo que se sujeita à perda da eficácia. Nessa senda, "o ato relativamente nulo tem sua validez subordinada a uma condição suspensiva; o ato anulável a tem subordinada a uma condição resolutiva"[150].

Destacando que a tipicidade das formas consiste em "uma garantia para as partes e para a correta prestação jurisdicional", Gustavo Badaró alinha três tipos de vícios processuais.

a) Atos inexistentes: definidos como aqueles em que há ausência de algum requisito considerado essencial pela lei. A noção de ato inexistente não significa a inexistência material do ato, aludindo, na realidade, a um ato que, malgrado exista corporalmente, é inteiramente desvestido de significado jurídico, tal como se dá com a sentença proferida por quem não está investido no cargo de juiz. O jurista observa que se costuma dizer que a inexistência se caracteriza pela desnecessidade de sua declaração formal, sendo suficiente que o juiz tão somente a desconsidere. Entrementes, pondera que, não raras vezes, embora não haja produção de efeitos jurídicos, o ato inexistente, revestido de aparência jurídica, é capaz de gerar efeitos práticos, razão pela qual poderá ser

150. FERNANDES, Paulo Sérgio Leite; FERNANDES, Geórgia Bajer. *Nulidades no processo penal*. 5. ed. São Paulo: Malheiros, 2002. p.32-41.

útil decisão para ver cessar tais efeitos, reconhecendo expressamente a ausência absoluta de base jurídica para dada situação fática. Tratando-se de sentença considerada inexistente, sublinha o autor que ela não se sujeita à coisa julgada.

b) Nulidades absolutas: são as que decorrem de ferimento de uma dada forma do ato processual, cujo fito era o de proteger interesse processual de ordem pública. De tal modo, no processo penal, ocorreria nulidade absoluta sempre que fosse desatendida regra constitucional sobre processo, que deveria ser vista como garantidora do devido processo legal (contraditório, presunção de inocência, juiz natural e ampla defesa). Assevera o autor que, no CPP, as nulidades absolutas são todas aquelas arroladas em seu art. 564 que não admitem que sejam sanadas nos termos dos seus arts. 571 e 572, inciso I. Ressalva o processualista que são aplicáveis, às nulidades absolutas, os princípios do prejuízo ou instrumentalidade das formas e o da causalidade, enquanto, de outra parte, não se aplica o princípio do interesse, eis que o seu reconhecimento é sempre de interesse público, pelo que mesmo o que tenha dado causa à nulidade pode argui-la, assim como pode suscitá-la quem dela não se beneficie.

c) Nulidades relativas: consistem naquelas provocadas pela violação de certa forma do ato processual cujo objetivo é a proteção de um interesse privado, vale dizer, de uma ou de ambas as partes. Opostamente às nulidades absolutas, as relativas se submetem ao sistema preclusivo, sendo reputadas sanadas quando não averbadas em tempo oportuno gizado em lei. Em acréscimo, o juiz não pode decretar de ofício esse tipo de nulidade. A ela se

> aplicam os princípios da instrumentalidade das formas, da causalidade e do interesse[151].

Como se infere, Gustavo Badaró traz à baila a noção de instrumentalidade das formas para sustentar a convalidação de nulidades absolutas. Nessa linha, o processualista parece entender possível a superação do ato processual gravemente viciado. Contudo, deve-se sublinhar que a instrumentalidade do processo não deve ser entendida para autorizar a conservação de nulidades absolutas contra o acusado. Ao contrário, a ideia deve ser interpretada para maximizar as garantias fundamentais processuais penais.

Eugênio Pacelli, considerando que nulidade tem natureza de sanção jurídica, expõe três espécies de consequências do vício, que se amoldam ao rótulo genérico de irregularidade (ato irregular, que não é nulo em si mesmo). Ao classificar as nulidades, faz importante observação sobre as ilicitudes durante a investigação, esclarecendo que as nulidades dispostas no CPP são de natureza diversa daquelas que aqui são consideradas como possíveis no curso do inquérito policial (investigação preliminar).

Tal distinção, verificada no plano legislativo, ocorre em razão dos vícios do inquérito não apresentarem a mesma configuração daqueles do processo, haja vista que os procedimentos investigativos são de cunho administrativo. Daí que os desatendimentos a direitos subjetivos individuais no correr de investigação administrativa se situam, segundo a posição majoritária, no campo da ilicitude e não das nulidades. Tomando essas considerações, Eugênio Pacelli aparta as categorias de sanção jurídica processual em atos inexistentes, nulidades absolutas e nulidades relativas.

---

151. BADARÓ, Gustavo Henrique. *Direito processual penal*: tomo II. 2. ed. Rio de Janeiro: Elsevier, 2009. p.227-231.]

a) Atos inexistentes (inexistência): alertando sobre a dificuldade de dizer algo acerca do que não é, o processualista situa esse ato sob o ponto de vista de sua aptidão para a produção de efeitos no processo. O ato existiria, enquanto emitido por alguém, malgrado, em face do processo, seria considerado inexistente, diante de sua incapacidade de produzir efeitos. Distingue que o tema da inexistência se relaciona com os pressupostos de existência do processo, ao passo que as nulidades se ligam aos requisitos de sua validade. Verbera ainda uma diferença conhecida entre atos nulos (na verdade, anuláveis, segundo a concepção do autor) e atos inexistentes. Os primeiros produzem efeitos até serem anulados, com consequências jurídicas verificadas mesmo após a anulação, enquanto os últimos não geram efeito algum, nem podem ser convalidados.

b) Nulidades absolutas: o jurista pondera que os atos irregulares, cometidos com violação à forma legal, poderão ser submetidos à "anulação". No entanto, o CPP nem sempre comina nulidade. A aplicação da "sanção" ao ato irregular, anulando-o, dependerá de previsão legal. Por outro lado, a relevância do não acatamento ao modelo legal está proporcionalmente condicionada ao grau de impedimento de realização do justo processo. Com essas considerações comuns às nulidades, segundo o autor, as de natureza absolutas se apartam das relativas a partir do interesse envolvido, pois as nulidades absolutas aludem ao aspecto funcional do processo penal (reflexos irreparáveis na qualidade da função jurisdicional), atingindo não apenas o interesse da parte, porém de todo e qualquer acusado (passado, atual ou potencial/futuro). Segundo leciona, o termo absoluto indica diferença de grau de preocupação quanto a certa natureza de violação à lei, tal como o defeito processual apto a afetar questões de fundo, essencial aos contornos do devido processo legal, com vistas à necessidade de proteção às garantias constitucionais individuais que conformam o atual modelo constitucional. Exemplifica nulidades absolutas com os casos de ferimentos aos princípios fundamentais do processo penal, tais como os do juiz natural, do contraditório e da ampla defesa, só sendo possível convalidar o vício quando outro princípio relevante de maior peso estiver em jogo, como se dá com o da vedação de revisão *pro societate*. Haverá nulidade absoluta tanto quando feridos princípios expressamente gizados na Constituição, como quando violados outros depreendidos do sistema constitucional de garantias. Poderão ser averbadas e resolvidas em sede de ação de *habeas corpus* (quando for demonstrável de logo). Aliás, de acordo com essa concepção, as nulidades absolutas são passíveis de declaração de ofício independentemente do tempo, inclusive após o trânsito em julgado da sentença[152].

152. A competência para produção de normas nulificadoras cessa com o trânsito em julgado da sentença final, eis que restará exaurida a possibilidade de revolvimento sobre a matéria já decidida. A possibilidade de revisão criminal ou de impetração de habeas corpus contra a coisa julgada desfavorável ao réu não se submete ao regime das nulidades, mas ao do art. 621, do CPP. Diz-se rescindível ou revisível criminalmente (e não eivado de nulidade) o julgado condenatório ou que impuser medida de segurança que: (1) for contrário ao texto expresso da lei penal ou à evidência dos autos; (2) fundar-se em depoimentos, exames ou documentos comprovadamente falsos; e (3) quando, após a sentença, se descobrirem novas provas de inocência do condenado ou de circunstância que determine ou autorize diminuição especial da pena. A conclusão da doutrina de que a nulidade pode ser aventada em favor do réu mesmo após o trânsito em julgado padece de falta de técnica, haja vista que, no processo (que há de ter um termo final), a jurisdição se exaure depois de perfazida a coisa julgada. A rescindibilidade é fenômeno jurídico procedimentalmente diverso da nulidade e da consequência invalidadora, conquanto existam pontos semânticos de semelhança. A impropriedade doutrinária se assemelha com a perspectiva especial do direito civil, como se vê em Lapo Puccini: "nella nullità assoluta, pur nel concorso della dúplice lesione di interessi appartenenti a due diversi ordinamenti, la netta preminenza della posizione statuale nei confronti del diritto obbiettivo particolare, viene expressa non

No entanto, o autor assevera não ser exato que o prejuízo seja presumido nas nulidades absolutas, entendendo que o que há é "verdadeira afirmação ou pressuposição de prejuízo. Não se cuida de inversão do ônus da prova, passível de alteração no plano concreto, mas de previsão abstrata da lei, a salvo de qualquer indagação probatória". Objeto de prova pode ser a suposta existência de violação à legislação (demonstra-se a irregularidade). No entanto, evidenciada a irregularidade, o prejuízo que dela decorre é a inevitável consequência.

c) Nulidades relativas: o predicado "relativa" de tais nulidades indica que a sanção terá "relação" com o interesse da parte, em dado processo específico. É que, conquanto se deva sempre observar as formas previstas em lei porque de relevância à própria função jurisdicional, existem determinados atos processuais que são praticados, preponderantemente, no interesse das partes. Vale dizer, a avaliação da utilidade do exercício do ato é relegada à manifestação dos interessados, não sendo dado ao Estado, em linha de princípio, compelir as partes ao refazimento do ato quando o vício não tenha interferido em seus interesses. Realça, dessa maneira, que as nulidades relativas dependem de valoração das partes, tanto quanto à existência, como quanto à

---

solo dai noti effetti della imprescrittibilità (art. 1422 C.C.), della insanabilità (art. 1423 C.C.), della c.d. rilevabilità d'utticio, ma altresi da una maggiore latitudine della cerchia che comprende i soggetti legittimati all'azione di nullità". Por outro lado, em compasso com o mesmo autor italiano, "nella nullità relativa, per esempio, la maggiore espansione dell'ordinamento particolare (es. quello della famiglia) restringe proporzionalmente la latitudine del settore dell'ordinamento statuale, e questa intereferenza restritiva della sfera dell'ordinamento maggfiore a vantaggio dell'ordinamento minore, viene expressa dalla limitazione della cerchia dei soggetti interessati all'azione ed a questa legittimati. Ma non è questo il solo mezzo técnico apprestato dall'ordinamento positivo. Ne abbiamo già e torneremo a parlarne (PUCCINI, Lapo. *Studi sulla nullità relativa*. Milano: Giuffrè, 1967.p.157-158).

> consequência do prejuízo eventualmente ocorrido. Sujeitam-se a lapsos de tempo preclusivos, caso não sejam alegadas de acordo com o instrumento e o tempo oportuno. Sem embargo, anota o processualista que, apesar de reservada às partes a avaliação acerca do vício do ato, em certas hipóteses o juiz poderá reconhecer nulidades relativas independentemente de provocação (*ex officio*) e exemplifica com a possibilidade do juiz reconhecer de ofício a incompetência relativa do órgão jurisdicional (art. 109, CPP) e com a possibilidade de substituir defensor constituído pelo acusado por um *ad hoc*, quando verificar defesa deficiente.[153]

Aramis Nassif e Samir Hofmeister distinguem, de uma parte, atipicidade (deformidade do ato processual) e nulidade (sanção graduada conforme a gravidade do defeito). De outro lado, referindo-se à qualidade do ato processual, enumeram o ato jurídico inexistente (caracterizado pela falta de elemento imposto pela lei, desfigurando completamente o ato), o ato nulo (sintetizado pela ausência de adequação ao tipo legal, o que pode levar à sua inaptidão para produção de efeitos, discernindo que o ato absolutamente nulo não permite "sanação", enquanto o relativamente nulo a admite) e o ato irregular (de atipicidade irrelevante). A partir dessas premissas, apresentam "classificação das nulidades conforme o vício do ato", na ordem seguinte.

a) Irregularidade: não é considerada nulidade porque é atipicidade muito simples. O que há é a não observância de "exigências formais irrelevantes de caráter infraconstitucional sem a geração de prejuízo". Tal desatendimento ao modelo legal não é capaz de retirar do ato os seus efeitos e a sua

153. PACELLI, Eugênio. *Curso de processo penal*. 18. ed. São Paulo: Atlas, 2014. p.897-908.

finalidade, tal qual o caso de denúncia ofertada depois de expirado o lapso legal.

b) Nulidade relativa: caracteriza-se por ser, conforme os autores, sanável (retificação do ato, eliminando o vício ou renovando o ato) ou convalidável (validação do ato anulável, admitindo o ato viciado tal qual produzido). Trata-se de nulidade que deve ser declarada em regra no interesse das partes, com o fito de impedir prejuízo ao interessado. Daí que se condiciona à verificação de prejuízo e à alegação oportuna. Em face da responsabilidade que tem o juiz para com o processo penal, poderá ser decretada de ofício, para conferir à ação penal regular e hígido trâmite.

c) Nulidade absoluta: consiste na que deve ser averbada de ofício pelo juiz em qualquer grau de jurisdição e a qualquer tempo. A nulidade absoluta "existe de direito", sendo o caso de violação à formalidade essencial ao ato processual. É prevista no ordenamento jurídico em virtude de interesse público, falando-se que o prejuízo é presumido e que não carece de provocação ou vontade das partes. Ademais, podem ser alegadas mesmo depois de formada a coisa julgada, em sede de revisão criminal. Não permitem convalidação ou sanação, como também as partes não possuem disponibilidade sobre elas.

d) Inexistência do ato: cuida-se de criação doutrinária e jurisprudencial para solucionar questões que não são abarcadas pelo sistema de nulidades. Os autores entendem temerária a afirmação de dizer que a inexistência do ato não depende de declaração judicial para que sejam removidas as suas consequências, pois não há como ignorar um ato processual catalogado como inexistente. Pode ser averbada a qualquer tempo e em qualquer instância, não se sujeitando à preclusão, sendo impossível convalidação ou sanação[154].

Com perspectiva mais sintética, Pedro Demercian e Jorge Maluly, referindo-se a outras classificações doutrinárias, enxergam as atipicidades processuais penais, consoante quatro graus.

a) Ato processual inexistente: ocorre quando a atipicidade do ato processual penal for de ordem absoluta, faltando-lhe "todos os componentes definidos pela lei para a sua invalidade", redundando em sua inexistência jurídica. No entanto, apontam que a inexistência sempre pressupõe sua nulidade.

b) Nulidade absoluta (ato nulo absolutamente): refere-se ao ato que, em razão do nível de desacordo com o modelo da lei, não pode ser convalidado. Tal nulidade deve ser reconhecida pelo juiz independentemente de provocação das partes e a qualquer tempo do processo.

c) Nulidade relativa (ato nulo relativamente): segundo os autores, essa espécie se caracteriza porque, diante da ausência de manifestação da parte interessada no momento adequado, será ela considerada sanada, dando-se a preclusão da faculdade de alegar o desatendimento da fórmula gizada na lei.

d) Ato meramente irregular: tal se dá quando o desacordo entre o ato processual e a forma preconizada por lei for mínimo, sem o descaracterizar, razão pela qual não há mitigação da sua eficácia[155].

---

154. NASSIF, Aramis; NASSIF, Samir Hofmeister. *Considerações sobre nulidades no processo penal*. 2. ed. Porto Alegre: Livraria do Advogado, 2012. p.22-33.

155. DERMECIAN, Pedro Henrique; MALULY, Jorge Assaf. *Curso de processo penal*. 9. ed. Rio de Janeiro: Forense, 2014. p.721-722.

Hélio Tornaghi sumariza as categorias, discernindo os atos classificados como:

a) inexistentes: no caso que lhe falta elemento considerado essencial para o direito, podendo existir de fato, mas não *de iure*;

b) nulos: os que não produzem efeitos até futura convalidação que, por seu turno, pode não ter lugar;

c) anuláveis: aqueles que nascem produzindo efeitos até ulterior invalidação. No ponto, o processual penalista pondera que "a nulidade relativa não é a mesma coisa que a anulabilidade. O ato relativamente nulo não produz efeitos a não ser depois de sanada a nulidade. O ato anulável, ao contrário, produz efeitos, até que seja invalidado". Analogicamente, sugere que a nulidade é enfermidade que paralisa o ato, enquanto que a anulabilidade é patologia que pode, mais adiante, imobilizá-lo[156].

2.3.2 Classificações dos vícios processuais penais na doutrina italiana

No direito italiano, Remo Pannain entende invalidade como termo genérico, mediante o qual se designa toda causa de incapacidade de produção de efeitos jurídicos. Esclarece que tal vocábulo – referente aos efeitos – não é um conceito ontológico único, assumindo fisionomia e denominações diversas, consoante a particular natureza da causa, pelo que se pode bipartir em uma invalidade absoluta e uma invalidade relativa[157]. De tal sorte, no entendimento

156. TORNAGHI, Hélio. *Instituições de processo penal*: volume IV. Rio de Janeiro: Forense, 1959. p.64.

157. A escolha da categoria "invalidade", adotada pelo autor italiano, para designar o vício processual relativo ou absoluto, afasta-se da concepção kelseniana de considerar a validez como designativa de pertença ao sistema jurídico. Para fins

do jurista, a invalidade é gênero, sendo, mais precisamente, tripartida em:

a) vícios de valores, "i quali non danno luogo a inesistenza; errore, vis compusiva ecc. (invalidità relativa)";

b) nulidade, dividindo-se em "assoluta" e "relativa"; e

c) inexistência, "la quale può aver luogo anche per un vizio del valore (invalidità assoluta)[158].

Pelo que se infere da argumentação do processualista italiano, sua fundamentação é mais próxima do direito privado. Entrementes, contribui o autor para destacar a ausência de elementos relevantes do ato reputado inexistente, o que tem utilidade para a classificação aplicada ao direito processual penal.

Outras categorias podem ser alinhadas no direito italiano como imbricadas com os problemas em torno dos vícios processuais (*nullità*) e das provas ilícitas. Dois termos merecem destaque, quais sejam: *l'inutilizzabilità* e

---

processuais penais, a precedência da nulidade em sentido amplo à constituição de sua invalidade, declaração de convalidação ou de constituição de saneamento tende a se adequar melhor às regras lógicas. No processo penal, os efeitos do ato jurídico, geralmente, são produzidos mesmo pelos atos processuais cuja norma jurídica tenha incidido deficientemente. O ato viciado, em outras palavras, pertence ao sistema processual penal até que advenha uma emissão de uma outra norma jurídica individual e concreta. É o juiz que, de tal maneira, limita os efeitos do ato processual defeituoso. Mesmo na concepção ponteana, a noção de validade mais se ajusta à decorrência do vício (nulidade) do que o reverso: "para que o ato jurídico possa valer, é preciso que o mundo jurídico, em que se lhe deu entrada, o tenha por apto a nele atuar e permanecer. É aqui que se lhe vai exigir a eficiência, quer dizer – o não ser deficiente; porque aqui é que os seus efeitos se terão de irradiar (eficácia). A sua eficiência é a afirmação de que o seu suporte fático não foi deficiente [...]" (PONTES DE MIRANDA, Francisco Cavalcanti. *Tratado de direito privado*: parte geral: tomo IV: validade, nulidade, anulabilidade. Campinas: Bookseller, 2000. p.36).

158. PANNAIN, Remo. 'Nullità e inesistenza in generale'. In: *Instituições de processo penal*: volume IV. Hélio Tornaghi (org.). Rio de Janeiro: Forense, 1959. p. 100-101.

l'inammissibilità. A primeira expressão (*l'inutilizzabilità*) retrata instituto aplicável à prova penal, semelhantemente ao efeito de desentranhar prova ilegítima, em face de ferimento à norma processual penal[159].

Ainda de acordo com Remo Panain, "l'inesistenza giuridica è quella situazione, che si verifica allorquando la mancanza o il vizio di uno degli elementi constitutivi essenziali, sostanziali o formali, de lo atto giuridico che si voleva o doveva formare", ao passo que "la nullità si verifica, invece, quando l'atto giuridico possiede tutti gli elementi utili e necessari a conferirgli la sua particolare fisionomia o suitas, ma è effetto da un difetto o da un vizio, nella struttura executiva, che lo rende incapace, assolutamente o relativamente di produrre effeti giuridici"[160].

Por sua vez, Nicola Russo, abordando a questão a partir do comparativo entre o rol das nulidades do CPP italiano e os

---

159. Nicola Russo traz o exemplo da perícia realizada sem a presença do defensor. Na hipótese, além da nulidade, mais adequada se revela a inutilizabilidade da prova. Explica o jurista que, "nel caso in cui il periziando sia persona diversa dall'indagato, la presenza del suo difensore non può avere altra funzione che quella di tutela tecnica avverso il pericolo di lesione dei diritti personali extraprocessuali considerati dalla norma". De tal sorte, "salvo a volerlo considerare un errore del legislatore, la sanzione della nullità assoluta resulta già utilizzata nel sistema processuale per la difesa di diritti costituzionali". Entrementes, "riprendendo l'esame del catalogo delle patologie richiamate dalle due disposizioni in commento, va osservato che la nullità concernente il contenuto dell'ordinanza è a regime intermedio. Detto vizio è previsto anche per l'analoga carenza concernente l'ordinanza od il decreto di cui all'art. 359 bis c.p.p". Daí que, ao lado do vício da nulidade, põe-se o problema do efeito sancionatório da inutilizabilidade. Tal acontece em todos os casos em que a perícia e seus procedimentos legais são levados a efeito de forma contrária às hipóteses consentidas pela legislação ou sem o acatamento das condições de validade. Aliás, "lo stesso dicasi per i casi in cui le modalità esecutive siano state lesive della dignità od abbiano procurato una sofferenza di non lieve entità. Il mancato rispetto delle disposizioni in tema di accompagnamento coattivo previsto dall'art. 359 bis rende inutilizzabili le informazioni acquisite" (RUSSO, Nicola. L'inutilizzabilità. Il perimetro della partita processuale: orizzonti o limiti? Riflessioni a bordo campo. *Diritto e Giustizia Minorile* [rivista giuridica trimestrale], São Paulo, anno 3, n.1, p.88, gennaio-marzo 2015).

160. PANNAIN, Remo. 'Nullità e inesistenza in generale'. In: *Instituições de processo penal*: volume IV. Hélio Tornaghi (org.). Rio de Janeiro: Forense, 1959. p.96.

motivos da *l'inutilizzabilità* probatória, pondera que "la stessa prospettiva della tassatività nella previsione codicistica delle nullità è opposta a quella che la dottrina invoca per l'inutilizzabilità". Aduz que é "causa di nullità solo il vizio che viene considerato idoneo a tale fine dalla legge", sustentando que "la prova acquisita in violazione di un divieto stabilito dalla legge non è meno insidiosa per la decisione dell'atto nullo". Daí que *l'inutilizzabilità* é dotada da função produtora de "l'effetto sostanziale della violazione delle norme sulla legalità del rito penale. Come spesso si usa dire è, al tempo stesso, sanzione ed effetto. L'atto inutilizzabile è quello cui non può riconoscersi alcuna valenza dimostrativa. Esso dice ma non prova"[161]. Sanciona-se, com *l'inutilizzabilità*, o ato e a documentação resultante da produção probatória sem respeito às regras formais necessárias ao reconhecimento de sua validez.

No que tange à segunda expressão (*l'inammissibilità*), cuida-se de termo que é mais utilizado para designar vícios relacionados a petições em geral que lhe impedem o processamento regular, a exemplo de pressupostos processuais e de condições da ação[162]. Na doutrina italiana, a *l'inam-*

---

161. RUSSO, Nicola. L'inutilizzabilità. Il perimetro della partita processuale: orizzonti o limiti? Riflessioni a bordo campo. *Diritto e Giustizia Minorile* [rivista giuridica trimestrale], São Paulo, anno 3, n.1, p.84, gennaio-marzo 2015.

162. A questão dos pressupostos processuais remonta à clássica obra de Oscar Von Bülow. Como obtempera o autor, "os pressupostos processuais constituem a matéria do procedimento prévio e, consequentemente, entram em íntima relação com o ato final deste". A individualização dos fatos que deveriam extinguir um processo que se desenvolveu irregularmente tem função de relevo para a imposição da consequência jurídica: "tão logo a falta de um pressuposto processual seja denunciada e confirmada no início do procedimento, este se malogra totalmente. Porém, o que ocorre se esta falta não é notada e o processo chega ao fim? Deve ser declarado sempre inválido, mesmo posteriormente? Em outras palavras: pode-se ir tão longe como considerar causa de nulidade a falta de um pressuposto processual? Ou na falta de qual deles corresponde este efeito? Quais impedimentos processuais são – para usar uma comparação aproximada – imppedimenta dirimentia; quais são somente impedimentia? Onde se encontra o critério para uma distinção semelhante? Somente com a resposta a estas perguntas conseguirá a teoria das nulidades um fundamento seguro" (BÜLOW, Oscar Von. *Teoria das exceções e dos pressupostos processuais*. Tradução: Ricardo Rodrigues Gama. 2. ed. Campinas: LZN, 2005. p.11-12).

missibilità se refere ao óbice legal para o enfrentamento de mérito de um pleito criminal. É sanção que se reveste funcionalmente como método de julgamento, delimitando o conteúdo apto à cognição judicial.

Nessa linha de raciocínio, Franco Cordero pontifica que "l'inammissibilità é una specie di invalidità prevista tassativamente in ordine a certi atti privi di determinati requisiti". A inadmissibilidade é instituto que representa sanção contra a ausência de requisitos legais para o desenvolvimento válido e regular da demanda penal. O jurista aduz que ela não é sanável pela simples razão que a lei (italiana) não prevê causa alguma de sanatória, dada sua natureza normativa. De outro ponto, pondera ainda que a inadmissibilidade da impugnação gera a invalidade do procedimento, não se excluindo, contudo, a possibilidade de reiteração do pedido[163].

Por seu turno, Giovanni Conso, com ênfase na noção de perfeição e imperfeição do ato jurídico processual penal, observa, relativamente ao CPP italiano anterior que, "dal momento che gli ordinamenti moderni non trattano in modo unitario le imperfezioni degli atti giuridici, ocorre accertare quale sia il grado d'imperfezione, o, secondo, quel che si suol dire, la forma d'invalidità che colpisce l'atto o gli atti subordinati al pressuposto". O processualista reputa mais delicada "l'indagine nei confronti dei presupposti stabiliti a pena d'inammissibilità: l'incerta costruzione di questa figura conduce la dottrina a ritenere gli atti compiuti in difetto del pressuposto ora inammissibili ora nulli". Menciona, em acréscimo, a categoria denominada inexistência (que não deve ter cabimento para as hipóteses de nulidades preconizadas por lei), decorrente da falta de pressupostos que implicam gravíssima imperfeição processual e explica que a inadmissibilidade guarda pertinência

163. CORDERO, Franco. *Procedura penale*. 7. ed. Milano: Giuffrè, 1983. p.895-897.

com os atos relativos aos requisitos de apreciação da questão de mérito (pressupostos de existência e pressupostos de validade). Nessa toada, refere-se à nulidade sucessiva (consequencial ao ato viciado), às nulidades cominadas (de forma taxativa pela legislação italiana então vigente) e às nulidades absolutas e relativas.[164].

A nulidade absoluta, aliás, é compreendida como inversa à validade, para parte da doutrina processual penal italiana. Os critérios classificatórios tomados pelo processualista são a ausência de pressupostos essenciais do ato jurídico e a previsão de "pena di nullità" (cominação). Nota-se que o autor, à semelhança de outros também italianos, usa o termo invalidade como gênero que alude aos graus de vício, apartando-se da concepção que enxerga validade com sentido de pertença e que, no processo, depende de aplicação normativa expressa.

Como se depreende, a dificuldade de sistematização dos vícios processuais e da implicação de consequências jurídicas não é exclusividade brasileira. O tema é fértil em ambiguidades. Para ilustrar melhor a problemática, interessa, outrossim, apontar ainda outras tentativas de classificação.

2.3.3 Classificações dos vícios processuais penais na doutrina argentina

Sob a ótica do direito argentino, Gabriel Giulio se filia à corrente que inclui nulidade processual penal como espécie de sanção. Tomando em conta que o padrão legal é essencial para compreender o regime das nulidades, o autor verbera que "todo acto del procedimento, producido de manera perfecta es: admisible, válido, eficaz y eficiente. El patrón legal determina todas estas aristas". Com essa premissa, apresenta as espécies de sanções a seguir.

---

164. CONSO, Giovanni. *I fatti giuridici processual penali*: perfezione ed eficácia. Milano: Giuffrè, 1955. p.175-177.

a) *Nulidad*: quando se limita a confrontação do ato "X" com seu padrão legal desde o fenômeno da validez, o regime aplicável será o das nulidades. Daí que "en una primera aproximación, es anulable todo acto procedimental que no se ajusta al patrón legal en lo que hace a su validez". Na esteira exposta pelo autor, nulidade é "la sanción por la cual se priva de efectos a un acto o conjunto de actos procedimentales incorporados, por carecer de regularidad en alguno de sus elementos estructurales en orden al patrón legal".

b) *Inadmisibilidad*: quando a perspectiva é a admissão do ato em compasso com a moldura legal, a sanção que pode ter lugar é a inadmissibilidade. Sob tal prisma, o padrão legal pode prever tempo, modo, sujeito e forma. A inadmissibilidade é definida por pressupor um juízo de admissibilidade para o ato se incorporar ao procedimento com produção de efeitos válidos, sendo assim "la sanción por la cual se impede que un acto procedimental se incorpore al procedimento con los efectos que le son propios por no adecuarse al patrón legal".

c) *Irregularidad*: categoria que decorre do princípio de que "não há nulidade sem prejuízo", quando se verifica afastamento mínimo do modelo legal para a edição do ato, que não repercute em sua validez.

d) *Inexistencia*: trata-se da negação da existência, sendo ideia que viola o princípio da não contradição. Nasceu na França, em razão da rígida aplicação do princípio de que não há nulidade sem texto (legalidade estrita), representado pela parêmia *pas de nulilitas sans texte*. Em uma primeira aproximação, pode-se dizer que um ato nunca pode ser inexistente. De outro lado, "la inexistencia fulmina la idea del ser". Trata-se de categoria que é

> acompanhada por uma série de questões, contemplada no sistema jurídico, e que não deve ser assimilada à nulidade para que não seja definida pelos seus efeitos[165].

De outro lado, infere-se das lições de Júlio Maier sobre os requisitos da acusação do Ministério Público, o uso das expressões *nulidad*, *ineficacia absoluta*, *validad* e *inadmissiblidad* como formas de graduar/declarar o vício e de impor efeitos jurídicos. Com esses termos, aviva que, além da identificação do acusado, a imputação deve conter uma relação clara, precisa, circunstanciada e específica do fato. Daí que o defeito da acusação conduz, para ele, como ineficácia do ato, haja vista que lesiona o direito do imputado a uma defesa eficiente.

Em face dos atos processuais serem integrados no procedimento por nexos de "validez", segue-se que a sentença carecerá de pressuposto de validade quando decorrer de acusação ineficaz. Cabe dizer, a sentença será válida, segundo o autor argentino, quando arrimada em acusação correta, eis que esta é pressuposto à validez do debate. Já a ineficácia será de ordem absoluta "porque no puede ser subsanada por hechos posteriores", sendo declarável de ofício pelo tribunal que conduz o procedimento, "ya declarando inadmisible el acto, cuando pretende ingressar al procedimiento, ya privándolo de su eficácia (a el y, eventualmente, a sus consecuentes), cuando ingresó a él (nulidad)". O autor reconhece haver discrepância teórica em torno da concepção de nulidade e seus meios de declaração. No entanto, sustenta que os textos legais são claros quando estatuem a ineficácia absoluta de acusações defeituosas ao avivar que "en el mismo precepto que contiene las exigências de la acusación, prevén la ineficácia (nulidad) de las

165. GIULIO, Gabriel H. Di. *Nulidades procesales*. Buenos Aires: Hammurabi, 2005. p.119-123.

defectuosas" ("ineficácia" e "nulidade" são usadas como expressões equivalentes, com sentido de sanção, sendo a última também indicativa de vício processual). Acresce que "la ineficacia es absoluta, declarable de oficio por el tribunal en cualquier estado y grado de procedimento (no sanable), porque implica 'violación de normas constitucionales'"[166].

Nelson Pessoa, buscando conferir rigor a estudo específico sobre o tema, anota que "'sanción' procesal" consiste em consequência imposta pela ordem jurídica a um ato irregular que implica na privação de sua eficácia legal. Consoante explica, "tampoco existe acuerdo en doctrina en torno a cuales son las sanciones procesales. Se mencionan la inadmisibilidad, la nulidade, la inexistência, la preclusión, la caducidade, etcétera". Define, a partir daí, que:

a) A inadmissibilidade é uma sanção consistente "en que el acto irregular, si bien se produce en términos materiales, se lo tiene como no ingressado jurídicamente al proceso. Así se evita que el acto irregular cause efectos jurídicos".

b) A nulidade, por seu turno, consiste em "privar al acto irregular ya producido en el proceso de los efectos jurídicos que le son propios".

c) Nulidade específica é a que está consagrada por lei ao regular um determinado ato processual, enquanto a nulidade dita genérica é uma consequência normativa "ante la inobservância de ciertos requisitos ordenados de manera general", em face de um conjunto possível de atos processuais.

d) Nulidade expressa é a que, além da forma legalmente prevista para o ato processual, também há disposição que prevê de modo expresso "la nulidad

166. MAIER, Julio B. J. *Derecho procesal penal argentino*: 1b fundamentos. Buenos Aires: Hammurabi, 1989. p.322-323.

en caso de incumplimiento de la forma procesal", ao passo que a nulidade é virtual (ou implícita) quando, ao revés, não há cominação expressa.

e) Por último, distingue o autor que "existe una nulidad absoluta cuando el acto há incumplido una forma procesal realizadora en una regla constitucional y existe nulidad relativa cuando el acto ha incumplido una forma procesal simplemente ordenadora del proceso penal"[167].

Nessa altura, vê-se que as classificações doutrinárias das nulidades não são uniformes, independentemente do sistema processual examinado. Justifica-se, portanto, a procura por um critério unitário que limite a contingência, conferindo previsibilidade aos resultados. Para melhor fundamentar o esboço de uma classificação com pontos comuns, calha volver para aquelas extraídas do direito positivo brasileiro, considerando a indicação de sentido do texto enunciativo. Importante gizar que, no plano constitucional e legal, o significado não está delimitado em razão da pendência de atividade interpretativa que é necessária para definir a norma jurídica.

2.4 Classificação legislativa das nulidades no direito processual penal

A tentativa de esboçar uma classificação legislativa das nulidades é de natureza rudimentar. Os enunciados dispostos no ordenamento jurídico carecem de significado, sendo, todavia, significantes. Daí que os seus conteúdos possuem sentido, a direção, o conceito. Essa advertência inicial é importante para evidenciar uma maior limitação da classificação legislativa. Trata-se do material bruto de

167. PESSOA, Nelson R. *La nulidad en el proceso penal*: estudio de los "silencios normativos aparentes". 3. ed. Santa Fe: Rubinzal-Culzoni, 2013. p.31-38.

trabalho do intérprete. Não são, a rigor, normas jurídicas, mas são a base empírica a partir da qual serão constituídas as normas jurídicas.

Essa distinção não é incompatível com a definição que confere Kelsen ao conceito de norma. A norma é termo que designa um pensamento sobre uma conduta humana (Carlos Cossio[168]), podendo, outrossim, estabelecer poderes, permissões e derrogações. A expressão linguística do vocábulo norma se reporta a um conhecimento cultural ou a uma proposição que expressa um dever-ser, categoria esta que é enquadrada como original e que, sob esse ângulo, não seria definível, por sua natureza fundante.

A tese kelseniana reforça a distinção entre enunciado e norma, colocando ênfase na participação do intérprete para dar contornos à moldura: "o ato de vontade, cujo sentido é a norma, constitui o ato do qual se diz figurativamente: que a norma por meio dele se torna 'fabricada'; quer dizer, o ato com que a norma é posta, o ato de fixação da norma"[169].

2.4.1 Nulidades na Constituição de 1988

A Constituição de 1988 não refere um rol de nulidades cominadas, expressas em seu texto. A única hipótese de nulidade explícita é a primeira parte do inciso IX, do seu art. 93, que reza que serão públicos todos os julgamentos dos órgãos do Judiciário, bem como fundamentadas todas as suas decisões. A publicidade pode, no entanto, ser restringida nos casos em que o direito à intimidade do interessado no sigilo não interferir no direito à informação.

Não há menção a espécies de atipicidades na Constituição, falando simplesmente em "nulidade". No entanto,

---

168. COSSIO, Carlos. *La teoría egológica del derecho y el concepto jurídico de libertad*. 2. ed. Buenos Aires: Abeledo-Perrot, 1964. p. 64-65.

169. KELSEN, Hans. *Teoria geral das normas*. Tradução: José Florentino Duarte. Porto Alegre: Sergio Antonio Fabris, 1986. p.3.

pode-se sustentar a impropriedade da dicção do legislador constituinte na expressão "sob pena de nulidade". Primeiramente porque a nulidade não se caracteriza como pena, que pressupõe duração, delonga, termos inicial e final de tempo.

Por outro lado, o citado enunciado, malgrado refira à nulidade de forma expressa, indicando se amoldar melhor à categoria nulidade absoluta, mescla duas técnicas que não facilitam a construção da norma jurídica de nulidade e de invalidação. Vale dizer, adota, de um lado, a tipificação indireta das nulidades (porque não descreve o vício, mas como os atos processuais devem ser praticados).

De outra ótica, a redação sufraga uma forma de tipificação direta de natureza demasiadamente aberta (porque comina expressamente a nulidade, para destacar a possibilidade, implícita no texto constitucional, de defeito do ato processual, agregando a sanção de nulidade). Ademais, sugerindo que nulidade é sanção, o enunciado não elucida a classe do vício (defeito), nem deixa expresso qual efeito deve dele decorrer (extensão da invalidação).

2.4.2 Nulidades no Código de Processo Penal

O CPP não apresenta classificação das nulidades. O termo, de que se vale o legislador de 1941, é, simplesmente, "nulidade". Ao lado deste, faz uso do adjetivo "nulo" e do verbo "anular". O sentido desses vocábulos nem sempre é uniforme, variando conforme o contexto do enunciado.

No seu art. 101, primeira parte, o Código dispõe que depois de "julgada procedente a suspeição, ficarão nulos os atos do processo principal". Trata-se de efeito retroativo da decisão que resolve a exceção de suspeição oposta contra o magistrado.

Os atos praticados pelo juiz suspeito são eivados de vício que lhe afeta a imparcialidade (nulidade absoluta). O significado de "nulos", contido no enunciado legal, refere-se à prescrição de invalidação, sanção a ser imposta pelo órgão julgador da exceção.

Nulo, na hipótese do art. 101, do CPP, tem relação com ato invalidado: declarado e constituído pelo preceito secundário da norma jurídica consequente, individual e concreta. Teor semelhante é inferido da mesma palavra (nulo) presente no enunciado do seu art. 563, ao enfatizar que "nenhum ato será declarado nulo, se da nulidade não resultar prejuízo para a acusação ou para a defesa".

Esse dispositivo indica que "nulidade" é substantivo que significa vício, defeito, deformidade, atipicidade. De outro lado, "nulo" é usado como adjetivo que se reporta ao ato a respeito do qual foi locucionada sua declaração. A averbação do ato como nulo ("declarado nulo") quer dizer invalidar, declarar a desconstituição dos efeitos do ato viciado (também denominado, em outra passagem do texto legal, de anular).

No art. 564, o CPP arrola os casos de nulidade em espécie. A expressão é usada como sinônima de vício (atipicidade). Não distingue o legislador as categorias de nulidades (absoluta ou relativa), nem tampouco faz menção à inexistência jurídica ou à irregularidade. Também como vício é o sentido da impeditiva de arguição de nulidade, prevista no art. 565, do CPP, ao gizar que "nenhuma das partes poderá arguir nulidade a que haja dado causa, ou para que tenha concorrido, ou referente a formalidade cuja observância só à parte contrária interesse".

O teor do art. 566, do Código, aduz que "não será declarada a nulidade de ato processual que não houver influído na apuração da verdade substancial ou na decisão da causa". Esse texto é emblemático por permitir deduzir que, de fato, nulidade é vício, defeito. Tanto é exato que menciona que a nulidade (vício) não será declarada (reconhecida) nos casos que aponta. Naturalmente que, sendo possível a declaração de nulidade, deverá seguir o juiz com a aplicação da correspondente consequência jurídica.

Diverso é o sentido do art. 567, da legislação processual penal. Diz esse enunciado que "a incompetência do juízo anula somente os atos decisórios, devendo o processo, quando for declarada a nulidade, ser remetido ao juiz competente". Note-se que não é a incompetência que "anula" (sentido de invalidar). O sujeito apto a preencher a semântica da primeira parte desse artigo é o juiz competente (aquele para o qual são remetidos os autos e que está obrigado a tanto).

O vício de incompetência (nulidade), todavia, deve ser declarado pelo juiz incompetente ou pelo órgão jurisdicional que reconhecer a incompetência (prováveis destinatários do aspecto-relato[170] inferido da segunda parte do dispositivo legal)[171]. Veja-se que o Código não discerne as espécies de incompetência (absoluta ou relativa).

Ao asseverar que "a nulidade por ilegitimidade do representante da parte poderá ser a todo tempo sanada, mediante ratificação dos atos processuais" (art. 568), o CPP também induz tratar-se de sinônimo de vício, de defeito de ato processual penal. Também com sentido análogo, o termo nulidade é aludido nos artigos 570, 571, 572 e 573, *caput*, desse diploma legal.

No entanto, nos parágrafos do art. 573, do CPP, nulidade conota um sentido híbrido, sendo primeiramente

170. FERRAZ JÚNIOR, Tercio Sampaio. *Teoria da norma jurídica*: ensaio de pragmática da comunicação normativa. 4. ed. Rio de Janeiro: Forense, 2009. p.106 *et seq.*

171. A propósito da identificação do destinatário da regra de competência, ilustrativa a lição de Geraldo Prado, ao advertir que a legalidade processual penal ativa uma espécie de nexo funcional, na seara processual, a exemplo do que se vê no campo do direito material. Se as proibições penais têm como destinatária a sociedade, "a tipicidade processual penal dirige-se, na enorme maioria dos casos, aos agentes públicos responsáveis pela persecução penal" (PRADO, Geraldo. *Prova penal e sistema de controles epistêmicos*: a quebra da cadeia de custódia das provas obtidas por métodos ocultos. São Paulo: Marcial Pons, 2014. p.63).

vício e, seguidamente, relato-dever ao julgador de ato de constituição da invalidação dos efeitos de outro ato (efeito desconstitutivo ou constitutivo negativo), bem como dos dependentes deste. Deveras, no § 1º, o enunciado estampa que "a nulidade de um ato, uma vez declarada, causará a dos atos que dele diretamente dependam ou sejam consequência". Já no § 2º, dispõe que "o juiz que pronunciar a nulidade declarará os atos a que ela se estende".

2.4.3 Nulidades no Projeto de Código de Processo Penal 156/2009

No capítulo IV, do Título VII, do Projeto nº 156/2009[172], usa-se o termo nulidade como indicativo de vício, defeito. Vale-se, outrossim, da expressão "provocará a invalidade do ato do processo ou da investigação criminal" (art. 156, Projeto-CPP), que espelha os fundamentos albergados na redação projetada. Inaugura o tratamento da matéria ao assentar que "o descumprimento de disposição legal ou constitucional provocará a invalidade do ato do processo ou da investigação criminal, nos limites e na extensão previstos neste Código".

Primeiramente, percebe-se que o Projeto reconhece a relação de implicação entre a declaração de nulidade (norma jurídica primária) e a invalidação do ato (norma jurídica secundária). Em segundo lugar, compreende a possibilidade de nulidade (vício) e de invalidação (sanção) em sede de inquérito policial, sendo, no ponto, um avanço significativo. Por último, adota parâmetro mais global para a configuração do tipo processual penal, ao referir ao "descumprimento de disposição legal ou constitucional".

172. BRASIL. Projeto de lei do Senado n. 156, de 2009 [PL 8045/2010 – Casa Revisora]. Disponível em: <https://www.congressonacional.leg.br/materias/materias-bicamerais/-/ver/pls-156-2009>. Acesso em: 09 maio 2025.

A melhor técnica redacional relativamente ao material bruto do Código de 1941 se faz ver também pela dicção do art. 157, do Projeto-CPP. Esse dispositivo prevê divisão de etapas normativas, mormente ao assentar que "a decretação de nulidade e a invalidação de ato irregular dependerão de manifestação específica e oportuna do interessado, sempre que houver necessidade de demonstração de prejuízo ao pleno exercício de direito ou de garantia processual da parte". De um lado, o texto arrola o conceito de "ato irregular" (viciado, defeituoso) ao lado da "decretação de nulidade" (declaração do vício). De outro, prevê os elementos necessários para a aposição de "invalidação" (desconstituição dos efeitos do ato viciado).

O Projeto nº 156/2009 autoriza inferir a existência legal das categorias de nulidades relativas e absolutas.

As relativas são deduzidas do seu art. 157, que prevê regras para sua declaração/invalidação, quais sejam: (1) "nenhum ato será declarado nulo se da irregularidade não resultar prejuízo para a acusação ou para a defesa" (no ponto, a expressão "declarado nulo" quer significar reconhecimento de nulidade/irregularidade); e (2) "não se invalidará o ato quando, realizado de outro modo, alcance a mesma finalidade da lei, preservada a amplitude da defesa".

Outrossim, as nulidades absolutas decorrem da previsão do art. 158, do Projeto-CPP, que verbera que "serão absolutamente nulos e insanáveis os atos de cuja irregularidade resulte violação dos direitos e garantias fundamentais do processo penal". A noção de ato absolutamente nulo tem sentido de ato com defeito irremediável (ato gravemente viciado). As garantias individuais fundamentais processuais penais, apontadas por esse artigo, referem-se aos prazos, ao contraditório e à ampla defesa, às regras de impedimento, à obrigatoriedade de motivação das decisões judiciais, como também às disposições constitucionais relativas à competência.

O Projeto-CPP realça a distinção de classes de nulidades (vícios), e autoriza discernir as categorias de incompetência (absoluta e relativa). Isso porque, de uma vertente, assevera que "são absolutamente nulas as medidas cautelares ordenadas por juiz ou tribunal constitucionalmente incompetente" (§ 1º, art. 157). De outra, preconiza que, "em se tratando de incompetência territorial, as medidas cautelares poderão ser ratificadas ou, se for o caso, renovadas pela autoridade competente" (§ 2º, art. 157). Por fim, traz uma hipótese impeditiva de reconhecimento de vício processual, quando destaca que "o juiz não declarará a nulidade quando puder julgar o mérito em favor da defesa".

A melhor inovação que contém o texto é o fato de pontuar a diferença entre reconhecer a nulidade do ato (nulidade como vício) e aplicar-lhe a consequência jurídica (invalidação é efeito situado na segunda proposição da norma jurídica secundária). Os artigos que tratam o tema não destoam desse ponto de partida, malgrado reprise algumas imprecisões sufragadas no CPP de 1941.

O vocábulo nulidade, enquanto vício, é ainda visualizado no Projeto-CPP, no seu artigo 159, quando estatui que "a parte não poderá arguir nulidade a que haja dado causa ou para a qual tenha concorrido, ou referente a formalidade cuja observância só interesse à parte contrária, ressalvada a função *custos legis* do Ministério Público". De igual maneira, o art. 161, do texto do Projeto, toma nulidade como vício (deformidade, atipicidade, que também decorre da falta do próprio ato processual), estabelecendo que "a falta ou a nulidade da citação, da intimação ou da notificação estará sanada, desde que o interessado compareça antes de o ato consumar-se, embora declare que o faz para o único fim de argui-la".

A expressão "serão anulados", do art. 160, do Projeto-CPP, vai ao encontro da ação de invalidar (anular é conduta tendente a constituir negativamente nos autos), eis que prevê que quando for "reconhecida a incompetência territorial, serão anulados os atos de conteúdo decisório, podendo o juiz competente ratificar os demais". Também com essa conotação é a expressão "serão anulados", do seu parágrafo único, ao verberar que "reconhecida a incompetência absoluta, serão anulados todos os atos do processo, inclusive a denúncia".

Permite significação mais ambígua do termo nulidade, que transita da noção de defeito (vício) àquela de desfazimento do ato (invalidação), os artigos 162 a 164, do Projeto-CPP.

O apontado art. 162 dita o momento limite para a objeção de nulidades relativas, assentando que "as nulidades que dependam de provocação dos interessados deverão ser arguidas até as alegações finais. As posteriores deverão ser alegadas na primeira oportunidade". Note-se que o vício é imanente ao ato. A nulidade não depende de fustigação da parte, mas sim do seu reconhecimento e aposição de invalidação.

Por sua vez, o art. 163, do Projeto-CPP, afirma que "a nulidade de um ato do processo, uma vez declarada, causará a dos atos que dele diretamente dependam ou sejam consequência, ressalvadas as hipóteses previstas neste Código". Veja-se que a nulidade (vício), em si, não causa a outra nulidade simplesmente porque aquela foi declarada. O termo nulidade (*lato sensu*) é utilizado com duplo sentido, tanto de vício, como de invalidação (consequência jurídica).

Por último, o art. 164, do Projeto-CPP[173], também padece de ambivalência idêntica, haja vista que determina que "o juiz que pronunciar a nulidade declarará os atos a que ela se estende, ordenando as providências necessárias para a sua retificação ou renovação". A aludida "pronúncia de nulidade" quer fazer crer que há o defeito e, ao mesmo

---

173. BRASIL. Projeto de lei do Senado n. 156, de 2009 [PL 8045/2010 – Casa Revisora]. Disponível em: <https://www.congressonacional.leg.br/materias/materias-bicamerais/-/ver/pls-156-2009>. Acesso em: 09 maio 2025.

tempo, que estão sendo extirpados seus efeitos, inclusive relativamente a outros atos, em face de vício sobre as conexões normativas.

2.5 Classificação das atipicidades processuais penais identificadas na jurisprudência do Supremo Tribunal Federal e do Superior Tribunal de Justiça

A delimitação do exame jurisprudencial leva em consideração a possibilidade de transcendência objetiva de enunciados individuais e concretos, emitidos pelo STJ e pelo STF. Ao lado dos verbetes da Súmula Vinculante, que têm natureza abstrata e geral, são reconhecidas abstração e generalidade dos verbetes das demais súmulas daqueles órgãos do Poder Judiciário, bem como função análoga ao denominado precedente ou jurisprudência dominante.

Como exemplo, a admissibilidade e até mesmo o julgamento monocrático de impugnações no âmbito dos tribunais, tomam em consideração as noções de jurisprudência dominante, precedente e enunciado de súmula. Aliás, trata-se de previsão legal, aplicável ao processo penal, a teor do § 2º, do art. 315, do CPP, bem como por força do art. 926, do CPC, c/c o art. 3º, CPP. Na praxe do STJ, tornou-se comum o uso da expressão "norma cristalizada", para indicar a sedimentação jurisprudencial em determinado sentido, depois de ultrapassada a fase de controvérsia sobre um dado assunto[174].

---

174. A menção à cristalização como metáfora para referir à estabilização da demanda na instância a quo é, por exemplo, citada pelo Superior Tribunal de Justiça, quando não conheceu de recurso contra acórdão do tribunal de origem que negou provimento à apelação que pretendia desclassificação de crime, assentando que o pedido formulado em sede de recurso especial envolveria "a revisitação das premissas fático-processuais cristalizadas pelas instâncias ordinárias, o que impede o conhecimento do recurso especial nesta instância, nos termos da Súmula n. 7 do STJ" (STJ – Sexta Turma – AgRg no AREsp n. 2.658.665/ES – Rel. Min. Og Fernandes – DJe 28 mar. 2025).

De tal modo, torna-se importante examinar como os tribunais classificam as atipicidades processuais, bem como qual sentido que conferem ao texto do CPP em confronto com o constitucional que deve conferir àquele o fundamento de validade. Para tanto, parte-se do método de selecionar julgados, do STF e do STJ. O objetivo é verificar se há elemento pragmático comum na omissão ou no uso de termos como "nulidade" (absoluta e relativa), "ilicitude", "ato nulo", "invalidação" e "anulação".

O STF reafirmou a admissibilidade do uso de gravação ambiental como meio de prova, realizada por um dos sujeitos da comunicação sem a ciência dos demais. Sublinhou ser "lícita a prova consistente em gravação ambiental realizada por um dos interlocutores sem conhecimento do outro". Acrescentou, ainda, que "a dinâmica probatória no processo penal confere competência ao Juiz para controlar a produção das provas mediante critérios de liberdade regrada, a quem atribuída a sindicância sobre requerimentos impertinentes, irrelevantes ou protelatórios (art. 400, § 1º, do CPP)". A órbita desse entendimento gira em torno da (im) possibilidade de ser anulado (ou convalidado) o processo desde o instante do (in) deferimento de prova declarada, posteriormente admissível, em razão da alegação de cerceio de defesa. No pedido recursal apreciado pela Suprema Corte, consta requerimento da parte para "anular o decreto condenatório".[175]

O verbo "anular", na hipótese, foi formulado pelo recorrente com o sentido de pedido para "invalidar" o ato processual que eventualmente tenha inadmitido a prova (gravação ambiental). Se acolhido o argumento defensivo pela Suprema Corte, seria cabível estender os efeitos da invalidação, de forma consequencial, aos demais atos processuais que,

175. STF – Primeira Turma – RHC 242551 AgR – Rel. Min. Flávio Dino – DJe 16 set. 2024.

direta ou indiretamente, restaram afetados negativamente, diante do indevido indeferimento da prova.

Igualmente no âmbito do STF, outra decisão dá a dimensão da dificuldade do tema no plano jurisprudencial. Apreciando os motivos da decretação de cautelar e alegação de excesso de prazo no procedimento criminal com réu preso preventivamente, foi dito, em termos mais sucintos, em acórdão que apreciou *habeas corpus*, que o comportamento do paciente "tornou dificultosa a citação", pelo que estaria "ausente manifesta ilegalidade"[176]. De outra vertente, no inteiro teor, constam transcrições de julgados anteriores, em rol mais extenso, com menção ao termo "nulidade" ou à expressão "nulidade absoluta", conquanto para rejeitar seu reconhecimento.

Na fundamentação individualizada do voto condutor, depreende-se a parca referência às disposições legais que disciplinam a nulidade no processo penal, malgrado consigne, *ab initio*, que "não ficou caracterizado o desacerto do ato impugnado", sem aludir se a oração teria se reportado a *error in procedendo* ou *error in judicando*, relativamente ao agravo regimental no *habeas corpus*. Avivou-se que a impetração confrontara o teor do verbete nº 691, da Súmula da Suprema Corte[177], mas que a asserção do *writ* indicara possibilidade – ao final, não constatada – de exame de ofício.

Sem embargo, entende-se que, ao invés de se tangenciar o sistema de nulidades, melhor seria a dissipação de ambiguidades – sempre de forma explícita – para, ao cabo, aplicar a estrutura normativa apta a incidir. Não é demais avivar que a nulidade é instituto de controle de natureza cogente. Cabe sublinhar, havendo dúvida sobre o (des)

176. STF – Segunda Turma – HC 239117 AgR – Rel. Min. Gilmar Mendes – DJe 20 jun. 2024.

177. "Não compete ao Supremo Tribunal Federal conhecer de habeas corpus impetrado contra decisão do relator que, em habeas corpus requerido a tribunal superior, indefere a liminar" (Súmula-STF nº 691).

acerto da aplicação da lei em decisão vergastada com aquele fundamento, não há razão para não se analisar a incidência dos enunciados a respeito da nulidade no processo penal (art. 564, III, "e", segunda parte, IV, CPP).

No supradito acórdão, a cognição recursal incluiu "a suscitada ilegalidade do decreto constritivo", concluindo que "a prisão foi decretada em razão das circunstâncias concretas do delito, que evidenciaram a periculosidade do paciente e a necessidade de resguardar a ordem pública". Adicionou-se, a esses motivos, que a prisão cautelar teria sido "decretada para evitar a reiteração delitiva, tendo em vista que o paciente responde a ação penal em andamento, conforme esclareceu a Corte local".

O julgado fundamentou-se, *per relationen*, na narrativa que descreve delito de maior gravidade. Invocou, no entanto, razões que se respaldam em modelo de maior abertura ao deferimento de prisões provisórias, sem lastro concreto imediato, ao aludir à "periculosidade do paciente", bem como à necessidade de "resguardar a ordem pública" e "evitar a reiteração delitiva"[178].

Esses argumentos – tomados como razões de decidir para manter a prisão preventiva – constituem repertório de uma estrutura de controle de riscos futuros, encartado entre as metas de uma política criminal atuarial. Em outras palavras, a imperiosidade da cautelar gizada no acórdão em análise, arrimada na importância de se "evitar a reiteração delitiva", tem fundamentação fática prospectiva, com o olhar para o futuro que, a sua vez, é permeado pela incerteza, característico de um prognóstico próprio da esfera dos raciocínios preditivos[179].

---

178. STF – Segunda Turma – HC 239117 AgR – Rel. Min. Gilmar Mendes – DJe 20 jun. 2024.

179. No magistério de Caio Badaró Massena, "toda predição, por definição, afirma algo sobre o futuro, que está sempre aberto (sempre há alternativas). A predição que interessa na caracterização do *periculum libertatis* lida com o indeterminismo

Calha recordar os ensinamentos de Geraldo Prado, pontuando que "o processo penal do inimigo tem por estratégia empregar medidas cautelares e providências securitárias de caráter preventivo, gerindo o medo social por intermédio delas". Retomando o exame do acórdão do STF, nota-se que, se o debate se ocupa dos limites autorizadores de custódia cautelar, incidíveis seriam normas de patamar constitucional (relaxamento e fundamentação – arts. 5º, LXV, 93, IX, CF) e legal com cominação de nulidade (art. 564, IV, V, CPP). Decerto, na dicção do ilustre jurista, "a violação das regras legais é tema primário do ordenamento jurídico" e "a violação das regras do processo penal no caso concreto pode levar a que seja declarada a nulidade do ato processual penal, por exemplo, no caso da emissão de uma sentença penal sem fundamentação"[180].

No *decisum* sob exame, outrossim, a ementa remete à seara comum que estipula a exigência de demonstração do reconhecimento do prejuízo para que o ato seja declarado nulo (art. 563, CPP), com menção de vigência, no processo penal, de certos princípios sufragados, exclusivamente, na legislação de processo civil, mormente os "da lealdade, da boa-fé objetiva e da cooperação entre os sujeitos processuais". Sob esse prisma, rechaçou-se o argumento recursal "de morosidade do Estado ou de embaraços causados pela acusação", eis que o acusado, embora ciente do "mandado de citação expedido, não se apresentou em Juízo". Salientou-se a vigência, inclusive no direito processual penal, da "máxima da vedação ao comportamento contraditório ou do princípio geral de que ninguém pode valer-se da própria

---

do comportamento humano e, portanto, com fatores que estão fora de controle de quem faz a predição" (MASSENA, Caio Badaró. *Prisão preventiva e direitos fundamentais: a justificação fático-probatória do periculum libertatis no processo penal brasileiro*. São Paulo: Marcial Pons, 2025. p.246-247).

180. PRADO, Geraldo. *Curso de processo penal*: tomo I: fundamentos e sistema. São Paulo: Marcial Pons, 2024. p.246-247.

torpeza" (*nemo auditur propriam turpitudinem allegans* – art. 565, primeira parte, CPP)[181].

A redação do inteiro teor não confere valor à precisão dos termos utilizados para designar a nulidade. Aliás, não o menciona, nem se reporta a qualquer enunciado do título sobre o assunto, ressalvado em um dos precedentes transcritos no voto condutor. Nota-se, nada obstante, a subsistência da generalização de imposição à parte acusada de apontar algum prejuízo, para ter lugar o controle da nulidade. Esse proceder tem sido uma das razões da desconstrução da diferença entre nulidade absoluta e relativa, com a perda da utilidade desse descrímen. Paradoxalmente, o próprio Supremo se vale, não raramente, dessa distinção. É cediço, inclusive, que é difícil fazer prova do prejuízo, o que finda por ampliar a discricionariedade, incrementando o espaço de contingência.

Sob outra ótica, o fenômeno da preclusão, enquanto perda de faculdade de alegar nulidade oportunamente, condiz com as denominadas nulidades relativas, mas não com as absolutas. A preclusão se situa no âmbito da facticidade jurídica. A consequência jurídica de convalidação só se dá normativamente. Caso não seja revestida de linguagem apropriada (ainda que antecedida de provocação), não haverá convalidação, e a eventual omissão de impugnação não passará de mero evento, sem relevância para produção de efeitos jurídicos.

Também o STJ apresenta panorama jurisprudencial das nulidades de difícil sistematização. A Corte Superior tende a acompanhar o STF. Tal constatação é visualizada nos reiterados julgados que avivam ser a demonstração do prejuízo indispensável a qualquer vício. Deveras, comumente consignam que "a nulidade processual, relativa ou absoluta, requer demonstração de prejuízo efetivo, conforme o princípio pas de *nullité sans grief*, o que não foi

181. STF – Segunda Turma – HC 239117 AgR – Rel. Min. Gilmar Mendes – DJe 20 jun. 2024.

demonstrado no caso"[182]. Ademais, o confronto entre decisões revela que a relação entre as expressões nulificadoras exaradas no Superior Tribunal de Justiça e a ideia de prejuízo por ele acolhida é assimétrica – podendo decorrer do uso de simples raciocínio lógico do órgão autêntico –, a exemplo da tese que vincou que "a nulidade por inobservância da competência por prevenção é relativa, conforme Súmula 706 do STF, e exige comprovação de prejuízo"[183]. Ora, se o prejuízo seria comum a toda e qualquer nulidade, o acréscimo dessa exigência soa, senão contraditório, ao menos redundante.

Nota-se, portanto, que, tanto o STF quanto o STJ fazem uso das expressões classificatórias das nulidades. Ao lado das categorias nulidade absoluta e nulidade relativa, ora tomadas como vício, ora como sanção, os tribunais agregam outras expressões, nem sempre manejadas como sinônimas, como ato nulo, anulação e invalidação. Esse contexto obscurece a fundamentação das decisões nulificadoras e diminui a necessária previsibilidade de aplicação do direito. Daí a importância de se analisar o cabimento de uma linguagem formal, convencionada a partir da construção de um *principium divisionis* com lastro nos elementos comuns encontrados[184].

2.6 Utilidade de linguagem convencionada no campo das nulidades no processo penal

O panorama doutrinário, legal e jurisprudencial apresentado retrata a grave divergência de tratamento para o

182. STJ – Sexta Turma – HC. 948.111/BA – Rel. Min. Sebastião Reis Júnior – DJe 15 abr. 2025.

183. STJ – Quinta Turma - AgRg no HC n. 987.779/MS - Rel. Min. Messod Azulay Neto - DJe 28 abr. 2025.

184. COSSIO, Carlos. *La teoría egológica del derecho y el concepto jurídico de libertad*. 2. ed. Buenos Aires: Abeledo-Perrot, 1964. p.658.

problema das nulidades. Além de ser termo com rica ambiguidade, os sinônimos utilizados e os diversos significados dados a vocábulos idênticos, tornam árdua a sistematização. A carência de estrutura conformativa das normas em torno do tema é fator de exasperação das dúvidas no campo.

Mesmo em outros sistemas jurídicos, o tema é permeado de dificuldades. Biagio de Giovanni anota que "il problema dela nullità non può essere isolato in se stesso". Em outros termos, explica o autor que a análise da nulidade deve apontar uma conexão sistemática, "per cui l'angolo dela nullità (comunque fondato o spiegato) risolva il quesito dela possibilità di un concetto como concetto próprio dell'esperienza giuridica"[185]. O jurista italiano busca fundamentar a nulidade em termos lógicos, mediante análise técnica, sem descurar da verificação de efeitos empíricos.

É importante perfilhar o estudo das nulidades a partir de fundamentos positivistas, tomando-se como marco teórico o constructivismo lógico-semântico. O rigor na atividade de delimitação das fontes do direito processual penal deve ser acompanhado de convencionalismo dos termos utilizados, para possibilitar fundamentação consistente e uniforme, que otimize a previsibilidade das consequências jurídicas em função do grau do vício verificado. É, em poucas palavras, a adoção de um formalismo-valorativo, adequado à Constituição[186].

---

185. GIOVANNI, Biagio de. *La nullità nella logica del diritto*. Napoli: Morano, 1964. p.7.

186. Ao sustentar a necessidade de uma linguagem formal, fundada em paradigma positivista, distancia-se, parcialmente, do que Geraldo Prado pondera, ao aduzir que "o controle de legalidade, via decisão judicial, deve evitar um dos traços metodológicos atribuídos ao formalismo jurídico consistente na 'abstenção ético-normativa do teórico', que o demitiria da tarefa de elaborar e emitir juízos relativos à justiça da lei" (PRADO, Geraldo. Prova penal e sistema de controles epistêmicos: a quebra da cadeia de custódia das provas obtidas por métodos ocultos. São Paulo: Marcial Pons, 2014. p.64). Entretanto, é justamente o ingrediente metodológico e formal, fundado no constructivismo lógico-semântico, o instrumento que se propõe como capaz ao controle do arbítrio judicial na temática das formas processuais penais, sem perder de vista os valores inferidos a partir do núcleo constitucional de

Necessária, destarte, um acordo linguístico[187], com definição dos termos que compõem a estrutura do sistema de nulidades processuais penais, considerado este como a estrutura e a produção de normas individuais e concretas no curso da persecução penal estatal. Deve-se partir da base de que a nulidade *lato sensu* expressa vício ou falta, construindo-se, daí, a categorização das espécies de defeitos processuais. As classes de nulidades devem expressar subtração de elemento estrutural, essencial ou acidental, conforme a composição da forma jurídica disposta no enunciado correspondente ao ato defeituoso.

Como enfatiza Biagio de Giovanni, "quando il fatto nasce alla sua verità, che è la sua rilevanza, la nullità appare in tutto il suo carattere di mero negativo". A anulação (cujo significado é de invalidação e que recai sobre o ato eivado de nulidade) não deve autorizar "l'illusione logica che vede nella nullità un concetto tutto posto fuori del diritto, fuori della sua effettuale esperienza"[188]. O sistema jurídico deve reconhecer os meios para combater as atipicidades processuais penais, mediante edição de normas jurídicas, estruturadas logicamente. Com definição dos elementos constitutivos do sistema, considerados os seus aspectos semânticos (sentido), sintáticos (estrutura) e pragmáticos (função), tende-se à obtenção de melhores resultados, tanto para tornar previsível a decisão, como para conferir efetividade aos direitos fundamentais.

A linguagem formal, fruto de convenção com esteio em critério unitário (constatação de pontos comuns nas classificações com base em um princípio-divisão), é

---

direito processual penal. No ponto, o fito apresentado pelo processualista, embora com diversa fundamentação, é coincidente com o que aqui se persegue.

187. ADEODATO, João Maurício. *Uma teoria retórica da norma jurídica e do direito subjetivo*. São Paulo: Noeses, 2011. p.33 *et seq.*

188. GIOVANNI, Biagio de. *La nullità nella logica del diritto*. Napoli: Morano, 1964. p.90.

sugerida como meio para minimizar a contingência e reduzir o arbítrio.

Geraldo Prado, sensível a essa perspectiva, evidencia preocupação com a "estrutura processual autoritária, conhecida a partir da matriz inquisitória do CPP brasileiro de 1941", que "opera na frequência peculiar ao decisionismo". Anota o processualista que essa postura centrada na simples possibilidade arbitrária de decidir é adversária do Estado de Direito e decorre de um "conjunto de dispositivos que encerram desde a permissão da analogia (art. 3º) até a flexível tipicidade processual", considerando a permissão de "convalidação dos atos processuais atípicos (art. 567)"[189].

Deveras, a forma convencionada é garantia de limites ao poder punitivo estatal, a fim de que este não se dê desenfreada e subjetivamente. Colima-se a diminuição do espaço de contingência e de abusos, a fim de que não ocorra discricionariedade sem controle. Converge-se, em boa medida, para o objetivo também sustentado por Alberto Binder, conquanto não comungue da necessidade convencional de categorias para tal mister. De todo modo, as regras da Constituição tornam-se normas que não podem ser objeto de violação[190].

---

189. PRADO, Geraldo. *Prova penal e sistema de controles epistêmicos*: a quebra da cadeia de custódia das provas obtidas por métodos ocultos. São Paulo: Marcial Pons, 2014. p.63.

190. De acordo com Alberto Binder, "en un Estado de derecho el juzgamiento de una persona, a resultas del cual puede perder su libertad, a veces por el resto de su vida, está regulada por un conjunto de principios conformados historicamente y que tienen la finalidad de proteger a los ciudadanos de las arbitrariedades cometidas a lo largo de la historia por ese poder de encarcelar a los conciudadanos que se le reconoce al Estado, por lo menos por ahora". O autor não concorda com a possibilidade um critério unitário, como se infere da passagem em que afirma que "el hecho de que se puedan utilizar algunas categorias comunes es irrelevante, en mi opinión, por lo menos para construir una teoría común sobre la base de ese uso compartido. Tampoco pretendo desconocer que con sólo construir una clase superior dentro de las clasificaciones ya es posible elaborar una teoría unitaria, pero ello carecería de utilidady se convertiría en puro artificio. Artificios riesgosos porque el pensamiento jurídico incurre con demasiada facilidad en la falacia idealista, que confunde las propias clasificaciones con hechos de la realidade o con el propio fenómeno normativo. Es preferible no abusar de esas tipologías que llenan los libros, todos usan por costumbre, se

Nelson Pessoa destaca que a ordem jurídica impõe certas exigências ou requisitos à atividade processual penal como condição de validez dos atos processuais, sendo de fundamental importância construir uma teoria das nulidades. Daí "la necesidad en un Estado de Derecho de poner limites al poder punitivo estatal, esto es: evitar que el mismo se lleve a cabo de manera discrecional, sin limites normativos". As formas devem funcionar como geradoras de "seguridad jurídica, y al mismo tempo, tales limites son derechos constitucionales de la persona sometida a proceso penal"[191].

2.7 Expressões classificatórias das atipicidades e a necessidade de definição uniforme

O encontro de um critério uniforme à divisão das nulidades depende da seleção de suas categorias (tipologia), sob as diretrizes de sua consagração prática (jurisprudencial) e fecundidade teórica (doutrinária). O quadro normativo das atipicidades em seu aspecto antecedente (nulidade-fato) terá a aptidão de introjetar os correlatos efeitos jurídicos (nulidade-consequência).

2.7.1 Inexistência no direito processual penal e o seu confronto com a facticidade jurídica

A inexistência pode ser classificada como "inexistência fática" e "inexistência jurídica". O CPP não contemplou a categoria "inexistência jurídica", muito menos a fática. A inexistência jurídica se põe em permeio entre o plano dos fatos (existência) e o plano jurídico (validade). No entanto, a

---

consolidan como tradición y finalmente nadie sabe con claridad para qué sirven y a quiénes ayudan" (BINDER, Alberto M. *El incumplimiento de las formas procesales:* elementos para uma crítica a la teoría unitaria de las nulidades en el processo penal. Buenos Aires: Ad-Hoc, 2000. p.54-55).

191. PESSOA, Nelson R. *La nulidad en el proceso penal*: estudio de los "silencios normativos aparentes". 3. ed. Santa Fe: Rubinzal-Culzoni, 2013. p.21.

inserção no plano jurídico é por demais prejudicada em virtude da ausência de elemento estruturador do ato viciado.

A categoria "inexistência jurídica" pode ser compreendida como a falta (total ou parcial[192]) ou o defeito que repercute em elemento estrutural de ato jurídico processual penal, impedindo-o de ser reconhecido pelo sistema como tal. A espécie de vício é estrutural porque a omissão ou o vício do elemento é de tal gravidade que torna impossível compreender o ato como inserto na forma estatuída pelo modelo jurídico.

Na lição de Paulo de Barros Carvalho, no plano da regra geral e abstrata (enunciados em tese), não se têm ainda os fatos devidamente configurados, porém apenas previstos como classes conceituais (ou conjuntos). Os enunciados factuais ingressam no domínio jurídico com a emissão de normas individuais e concretas, compondo o território da mencionada "facticidade jurídica", a exemplo de inexistência qualificada como normativa[193].

Esse vício, gravíssimo, está no âmbito da facticidade jurídica. Não é mera inexistência de fato. Caso contrário, o direito não cuidaria dela. A inexistência jurídica resulta da prática de um ato processual penal que não atendeu a requisito concernente a elemento estrutural.

---

192. A nulidade parcial de um ato processual envolve a sua cisão (a nulidade de uma parte do ato em sentido amplo não afetará outra se forem independentes). É o caso da conjugação de dois ou mais atos processuais penais em um único ato, como não raramente se dá nas sentenças. Conforme Cândido Rangel Dinamarco, "os tribunais brasileiros relutam enormemente em pronunciar a nulidade apenas parcial de uma sentença (ou seja, de algum ou de alguns de seus capítulos), deixando íntegro o mais, ainda quando a causa de invalidade atinja somente um ou alguns de seus capítulos. Esse posicionamento bem poderia ser evitado se houvesse maior consciência da teoria dos capítulos da sentença, a qual concorre para a perfeita distinção entre o viciado e o não viciado, em aplicação da máxima utile per inutile non vitiatur" (DINAMARCO, Cândido Rangel. *Capítulos de sentença*. 4. ed. Malheiros: São Paulo, 2009. p.84).

193. CARVALHO, Paulo de Barros. *Direito tributário*: fundamentos jurídicos da incidência. 9. ed. São Paulo: Saraiva, 2012. p.204.

2.7.1.1 Plano fático do ato e a carência de elemento para ser compreendido pelo sistema jurídico

Do que não existe no plano dos fatos, não se ocupa o direito. O mero evento, sem relevância para ingressar no mundo normativo – ou a omissão sem aptidão de produzir efeitos – não é sindicável juridicamente. Aliás, a ausência de evento, que torna logicamente impossível ser vertido em fato (descrito linguisticamente), retira a relevância jurídica, porquanto necessário o suporte de fato para que haja aplicação do preceito. A inexistência fática é, como regra, irrelevante para o processo penal, haja vista que não há possibilidade lógica em fazer incidir normas sem o pressuposto no nível dos acontecimentos. Por outro lado, a omissão com repercussão na morfologia processual é tratada juridicamente como conduta suscetível a controle.

A composição interna do ato processual penal pode ser descrita por meio de elementos estruturais, essenciais e acidentais. Esses conceitos são importantes para definir a implicação da consequência jurídica cabível a partir da verificação da espécie do vício que compõe o quadro da "nulidade em sentido amplo". O elemento estrutural é definido como o alicerce para o ato receber configuração mínima e ser entendido pelo sistema.

Na doutrina, costuma-se apontar o exemplo de sentença penal condenatória, cuja parte dispositiva é omitida, impedindo-a de produzir os efeitos desejados quando da emissão do ato volitivo. Também a sentença penal condenatória sem a assinatura ou a validação eletrônica do magistrado não ultrapassa o plano dos fatos, permanecendo como simples minuta, incapaz de ser reconhecida pelo sistema jurídico como sentença[194].

194. A carência de limites conceituais tem o potencial de afetar a classificação no plano jurisprudencial, seja em seu aspecto antecedente (com o baralhamento das classes inexistência jurídica e nulidade absoluta), seja no consequente jurídica

André Nicollit exemplifica a inexistência, enquanto não ato, com a "sentença penal proferida por um juiz arbitral, ou um juiz leigo que atua nos juizados especiais cíveis". Como não são membros do Judiciário, tal sentença é inapta à produção de efeitos jurídicos[195]. Note-se que este vício de competência é, na realidade, ausência de elemento estrutural. Essa deficiência não deve ser classificada como falta de pressuposto de validade, mas como autêntica ausência de pressuposto de existência da jurisdição.

Como se disse, a legislação processual penal não cataloga o vício denominado inexistência jurídica. Quando o direito positivo preconiza efeitos derivados de omissão, é porque a reputou relevante, enquanto conduta, à produção de efeitos processuais. Aliás, sequer o ordenamento jurídico capitula a distinção entre nulidade absoluta e nulidade relativa. Não obstante o silêncio legislativo, no âmbito do sistema pode-se afirmar que se trata de "silêncio normativo aparente".

Em certa medida, a categoria "inexistência jurídica" remonta ao Código Francês de Napoleão, cuja pretensão era assegurar a estrita legalidade. O juiz só poderia averbar nulidade quando houvesse previsão específica. Ausente a prescrição do vício, estaria vedada tal possibilidade. A teor do que informa Marcelo López Mesa, a inexistência surgiu como "doctrina útil pero polémica", no bojo da controvérsia em torno possibilidade de anulação (invalidação) ou da mera inexistência do casamento. À época, Bonaparte assentou que, não havendo consentimento, o casamento não existiria nem em aparência, distinguindo das hipóteses "en que existiera algún

---

(tornando duvidoso o efeito jurídico cabível – se de convalidação ou de invalidação). Na jurisprudência, a menção a "ato inexistente", nem sempre distingue, de forma clara, os lindes entre a inexistência fática e a jurídica. No âmbito do STJ, por exemplo, tem sido reafirmado – sem maior precisão conceitual entre nulidade e inexistência jurídica – que "o erro na intimação da defesa torna o ato inexistente, constituindo nulidade absoluta, na qual o prejuízo é presumido" (STJ – HC 937007 – Decisão Monocrática – Rel. Min. Sebatião Reis Júnior – 19 ago. 2024).

195. NICOLITT, André. *Manual de processo penal*. 5. ed. São Paulo: RT, 2014. p.863.

vicio que ocasionare la nulidad del acto, el que sustiria hasta la declaración judicial que lo prive de efectos"[196].

Como se depreende, o silêncio legislativo não dispensa a necessidade de eventual enfrentamento jurídico de questões relativas aos vícios, mormente os processuais penais. Nelson Pessoa reporta-se à constatação de omissão de sanção ou de respeito à forma dos atos processuais penais. O autor pontifica que "junto a las formas procesales expresas, también formas procesales tácitas implícitas, y de igual manera, de consagrar junto a las nulidades expressamente estabelecidas, nulidades implícitas o tácitas, lo denominamos 'silencios normativos aparentes'"[197].

2.7.1.2 Plano jurídico do ato e a noção de suporte de fato suficiente

A inexistência jurídica se situa no limite da facticidade jurídica (plano jurídico, malgrado a partir de incidência deficiente). O suporte de fato para a incidência da norma jurídica individual e concreta há de existir, para que não se limite à noção de inexistência fática. No entanto, a suficiência para inserção na seara da facticidade jurídica se dá de maneira deficiente, com gravidade que impede o reconhecimento do ato jurídico nos termos como foi posto. A inexistência jurídica encontra-se assim na zona de permeio entre a inexistência fática e a nulidade absoluta.

O ato processual penal defeituoso é retratado por documentação da incidência imperfeita de norma jurídica individual e concreta. A variação da gravidade é o parâmetro para a classificação do vício, cuja documentação se faz necessária por meio de construção de norma jurídica

196. MESA, Marcelo López. *Ineficacia y nulidade de los actos jurídicos*: procesales y administrativos. 2. ed. Buenos Aires: BF, 2015. p.48.

197. PESSOA, Nelson R. *La nulidad en el proceso penal*: estudio de los "silencios normativos aparentes". 3. ed. Santa Fe: Rubinzal-Culzoni, 2013. p.44.

que o declare, apontando a falta ou o defeito de elemento conformador da estrutura do ato processual afetado. A incapacidade de o ato deformado operar efeitos jurídicos, dada a inexistência jurídica, pode induzir a ilação de que se dispensa a manifestação judicial expressa, bem como o manejo de instrumento adequado.

Tal, de fato, pode acontecer.

Não obstante, nos autos, a produção e a supressão dos atos e dos seus efeitos devem ser explícitas. É o teor do art. 251, do CPP, que dispõe incumbir ao juiz "prover à regularidade do processo e manter a ordem no curso dos respectivos atos". Se o ato juridicamente inexistente é, via de regra, inábil a ser lido pelo sistema, o seu controle deve ser realizado pelo juiz, por atividade normativa que expurgue dúvidas no curso da persecução penal.

Para assim o classificar, o ato processual penal inexistente não pode estar previsto no ordenamento jurídico (legislação), eis que é categoria implícita no sistema[198], decorrente da necessidade de controle judicial[199]. A noção

---

198. A nulidade em sentido amplo pode ser de natureza implícita. É a que decorre de tipificação indireta. A doutrina tende a admiti-la, rechaçando a taxatividade das nulidades. Luis María Desimoni e Ricardo Santiago Tarantini anotam que "dentro de la clasificación de las nulidades, la doctrina establece las denominadas nulidades implícitas o virtuales. Dentro de esta clasificación, parte de la doctrina entende que se agrupan certa espécie de actos que no se encuentran taxativamente prescritos por la ley, ni tampoco ubicados dentro de las nulidades de orden general" (DESIMONI, Luis María; TARANTINI, Ricardo Santiago. *La nulidad en el proceso criminal*: doctrina y jurisprudência. Problemática del mercosur. Internacionalización del delito. Buenos Aires: Depalma, 1998. p.32).

199. Note-se que a ideia de "nulidade implícita" (em sentido amplo) equivale a de nulidade por tipificação indireta do vício. Tal classe não é aqui usada para impedir o controle do ato viciado. Não é necessária cominação direta de nulidade pelas leis de processo para que surja para o juiz o dever normativo de sanear o vício. Não haveria colisão, no ponto, com a postura de Alberto Binder, contrária à categoria de nulidades implícitas, ao enfatizar, em pé de página, que "no es correcto a mi juicio considerar que son nulidades virtuales o implícitas (además de no considerar necesaria esa categoría), cuando se contraviene la C.N, u otra legislación básica. Al contrario, en el caso constitucional, se trata de la invalidez más directa posible" (BINDER, Alberto M. *El incumplimiento de las formas procesales*: elementos para uma

de elemento estrutural, a seu turno, é o distintivo dessa categoria, cuja aferição é realizada através do cotejo com a impossibilidade de ser compreendido como ato jurídico processual penal que se desejava editar[200]. A par dessa condição obrigatória, dois indícios podem (não obrigatoriamente) acompanhar a configuração do elemento do ato viciado, para a confirmação de sua estruturalidade, quais sejam: a não aptidão do ato à produção de efeitos jurídicos e/ou a desnecessidade de manifestação judicial específica.

Dessa maneira, a inexistência, situada no plano da facticidade jurídica, seria tendente a limitar a contingência. O estabelecimento de contornos definitórios dos elementos do ato jurídico processual penal, em compasso com os fundamentos subsidiados pelo constructivismo lógico-semântico, viabiliza fundamentação consistente acerca da higidez do desenvolvimento da persecução penal. Desprezam-se, destarte, as particularidades para se adotar uma classificação que ofereça maiores vantagens em virtude da limitação da discricionariedade, o que é compatível com um modelo de processo penal acusatório, fiel às garantias fundamentais.

Deveras, o reconhecimento da categoria em tela está em consonância com a instrumentalidade constitucional referida por Ricardo Jacobsen Gloeckner. Na senda do autor, "il rispetto delle regole del gioco, come specie di tentativo di minimizzazione dell'eccesso punitivo – riduzione di danni – è il postulato basico di un processo penale democratico". Não se deve olvidar, por outro lado, "che la forma processuale è assolutamente

---

crítica a la teoría unitaria de las nulidades en el processo penal. Buenos Aires: Ad-Hoc, 2000. p.57).

200. Francesco Carnelutti, em perspectiva pouco diversa, pondera que "a nulidade absoluta se distingue da inexistência, visto que esta última exclui qualquer requisito do ato, ao passo que também a nulidade absoluta é uma espécie de imperfeição" (CARNELUTTI, Francesco. *Lições sobre o processo penal*: volume 3. Tradução: Francisco José Galvão Bruno. Campinas: Bookseller, 2004. p.194).

indispensabile come materializzazione di quelle garanzie e diritti fondamentali prima osservati". São as formas processuais que correspondem à garantia de que o processo penal "seguirà un percorso stabilito normativamente".[201]

Conclusão análoga é a de Jorge Coutinho Paschoal, sustentando não se acomodar com o princípio da motivação das decisões judiciais o entendimento de que a inexistência jurídica não precisa ser objeto de decisão específica. O autor se opõe a simples desconsideração do ato inexistente, sem observância do cânone inferido do inciso IX, do art. 93, da Constituição de 1988. Nas suas palavras, "é necessária sempre uma decisão judicial, não só reconhecendo a inexistência jurídica do(s) ato(s) praticado(s), mas também desconstituindo os efeitos eventualmente produzidos"[202].

A fundamentação explícita de decisão acerca da inexistência jurídica torna possível implementar limitação de excessos. Isso porque, com o estabelecimento de balizas expressas, permite-se o lineamento de parâmetros para imposição de consequências jurídicas aos atos viciados. Tal necessidade converge para a ponderação de Ricardo Jacobsen Gloeckner, na esteira de ser preciso realizar "la composizione del processo secondo la strutturazione di elementi prefissati, di scudi protettori contro l'arbitrarietà dipende dell'istituzione normativa di requisiti essenziale alla pratica degli atti giudiziali"[203]. Ao cabo, o fito maior

201. GLOECKNER, Ricardo Jacobsen. Una nuova teoria della nullità: costruzione di un nuovo sistema di principi alla luce della strumentalità costituzionale della procedura penale. *Diritto e Giustizia Minorile* [rivista giuridica trimestrale], São Paulo, anno 3, n.1, p.62, gennaio-marzo 2015.

202. PASCHOAL, Jorge Coutinho. *O prejuízo e as nulidades processuais penais*: um estudo à luz da jurisprudência do Supremo Tribunal Federal e do Superior Tribunal de Justiça. Rio de Janeiro: Lumen Juris, 2014. p.294.

203. GLOECKNER, Ricardo Jacobsen. Una nuova teoria della nullità: costruzione di un nuovo sistema di principi alla luce della strumentalità costituzionale della procedura penale. *Diritto e Giustizia Minorile* [rivista giuridica trimestrale], São Paulo, anno 3, n.1, p.62, gennaio-marzo 2015.

é assegurar a concretização do núcleo constitucional de processo penal.

2.7.2 Imperfeição caracterizadora de nulidade do ato processual penal

A nulidade em sentido amplo é retratada pela verificação de um vício sobre a prática de ato jurídico ou a respeito de omissão processual penal. O vício deve ser relacionado a um ou mais elementos do ato afetado. Se, para caracterizar a inexistência, o parâmetro utilizado é a definição de elemento estrutural, para classificar o defeito processual penal como nulidade, dois conceitos precisam ser delimitados. O primeiro, o de elemento essencial. O segundo, o de elemento acidental.

Fernando da Costa Tourinho Filho se distancia dessa perspectiva quando define nulidade pelos seus efeitos, o que pode causar perplexidade para o órgão destinatário do enunciado abstrato e geral (juiz), no momento da aplicação, em virtude da ambiguidade do termo na legislação. O processualista considera que "a nulidade é consequência da sanção de ineficácia imposta em relação ao ato praticado com inobservância dos parâmetros normativos. É a decretação de ineficácia do ato atípico, imperfeito, defeituoso". Reconhece, todavia, que o CPP "emprega a palavra nulidade não só para indicar o motivo que torna o ato imperfeito como, também, para traduzir a consequência da sua atipicidade".[204]

A variação de ordem pragmática que decorre da textura aberta dos enunciados legislativos autoriza um espectro possibilista para o enquadramento da espécie de vício no quadro da nulidade *lato sensu*. A classificação da nulidade em sentido largo não está definida na legislação. Ao lado da

204. TOURINHO FILHO, Fernando da Costa. *Processo penal*: volume 3. 33. ed. São Paulo: Saraiva, 2011. p.136.

inexistência, pode-se dizer que, em regra, a nulidade absoluta é classe que se refere a vício sobre elemento essencial. De outro prisma, a nulidade relativa é categoria que geralmente alude a defeito sobre elemento acidental.

A imprecisão de uma classe de nulidade deve ser a mínima possível. O âmbito de maior escolha do juiz se atribui, notadamente, à ausência de cominação de nulidade para alguns vícios que não decorrem de ferimento à norma Constitucional, bem como do disposto no art. 564, inciso IV, do CPP. Essa disposição é aberta, prescrição específica para nulificação de um ato defeituoso, eis que é aplicável a todos os casos de nulidade por omissão de elemento que seja sua formalidade essencial. Ademais, admite convalidação, nos termos do art. 572, do Código.

2.7.2.1 Nulidade absoluta e a noção de essencialidade do elemento protetivo de direito fundamental para a produção normativa

A deformidade sobre elemento essencial do ato processual penal cria implicação de nulidade absoluta. É a regra. Será assim categorizada quando, além de essencial o elemento afetado por defeito ou por omissão, houver cominação de nulidade. São as hipóteses legais em que o enunciado de lei contém, expressamente, fórmulas como "ocorrerá nulidade", "é nulo o ato", "sob pena de nulidade" e "será inválido o ato".

A exigência de cominação para atrelar o vício sobre elemento essencial do ato processual penal à classe "nulidade absoluta" é somente aplicável aos enunciados infraconstitucionais (legislação processual penal e súmulas vinculantes). Em outras palavras, toda vez que o descumprimento de disposição do modelo jurídico se referir a enunciados da Constituição Federal, não haverá necessidade de cominação para reputar absoluta a nulidade. A justificativa para tal conclusão é basilar. Note-se que a violação de enunciado constitucional descalça a norma individual e concreta de qualquer relação com as regras de produção normativa do sistema. Havendo mitigação dos valores constitucionais, seja de forma direta, seja por intermédio de aplicação de norma jurídica decorrente de lei inconstitucional ou de interpretação incompatível com a Constituição, o enquadramento do vício como nulidade absoluta se impõe.

Veja-se que, ao cabo, a noção de elemento essencial protege direito processual fundamental, assim definido porque fundado no núcleo processual penal disposto na Constituição de 1988. Para os casos que a legislação disponha sobre matéria processual penal liberada pela Constituição (espaço para a legislação de quadro, onde o constituinte nem ordenou, nem proibiu[205]), a nulidade absoluta e a essencialidade do elemento é de ser verificada pelo critério da cominação, isto é, dela dicção enunciativa que averba que haverá nulidade em um caso específico por ela expressamente apontado. São as hipóteses infraconstitucionais de tipificação direta do vício, que é o reverso da tipicidade do ato processual penal preconizado pela norma.

A nulidade absoluta é a categoria indicativa de violação a direito fundamental processual. O cariz essencial do elemento afetado, com a cominação expressa de nulidade para os casos de ferimento a regras infraconstitucionais, é o parâmetro para atestar a desnecessidade de comprovação de prejuízo para a espécie. Não se admite ferimento a essas normas, cujos destinatários (órgãos da persecução penal estatal) não podem se escusar por culpa e, muito menos, por dolo. A aplicação do efeito jurídico de invalidação se impõe nessas hipóteses.

205. ALEXY, Robert. Direito constitucional e direito ordinário. Jurisdição constitucional e jurisdição especializada. *Revista dos tribunais*, São Paulo, a.91, n.799, p.33-35, maio 2002.

Como se depreende, essas diretrizes objetivam delimitar a atividade de controle da juridicidade dos atos processuais penais, com ênfase em sua perspectiva normativa. Trata-se de refração às tentativas de flexibilização das nulidades absolutas, por considerar, aquele proceder, incompatível com o processo penal fundado na Constituição, porquanto, ao cabo, relativizar as nulidades peremptórias equivale a mitigar as próprias garantias e direitos fundamentais por via diversa da lei formal.

Jorge Coutinho Paschoal sublinha que causa perplexidade a assertiva de que a certeza a jurídica é relativa, cujo cenário concernente à falta de previsibilidade de decisões é preocupante. O tratamento das nulidades processuais tem se tornado "assistemático e casuístico, o que é inadmissível em se tratando de tema sensível à proteção de direitos e garantias fundamentais". O autor adverte que se chega atualmente "ao ponto de se cogitar que a própria dignidade humana poderia ser relativizada, dependendo das circunstâncias"[206].

Deveras, a importância do princípio da dignidade do ser humano, positivado na Constituição, não admite tal menoscabo, máxime quando se compreende, na lição de Guilherme de Souza Nucci, que é dotado de "valor pré-constituinte e de hierarquia supraconstitucional".[207]

---

206. PASCHOAL, Jorge Coutinho. *O prejuízo e as nulidades processuais penais*: um estudo à luz da jurisprudência do Supremo Tribunal Federal e do Superior Tribunal de Justiça. Rio de Janeiro: Lumen Juris, 2014. p.80.

207. Como acentua o autor, "para que o ser humano tenha a sua dignidade preservada torna-se essencial o fiel respeito aos direitos e garantias individuais. Por isso, esse princípio é a base e a meta do Estado Democrático de Direito, não podendo ser contrariado, nem alijado de qualquer cenário, em particular, do contexto penal e processual penal" (NUCCI, Guilherme de Souza. *Princípios constitucionais penais e processuais penais*. 2. ed. São Paulo: RT, 2012. p.46).

2.7.2.2 Nulidade relativa e os critérios para sua identificação

A pesquisa sobre o uso da expressão "nulidade relativa" expõe melhor a noção de defeito do ato processual, bem como o seu grau. Difícil justificar "sanção de nulidade relativa". A atipicidade (nulidade em sentido amplo) é que pode ser classificada como "nulidade relativa", estruturando a primeira norma jurídica que se dirige ao juiz para que reconheça a nulidade e, de conseguinte, decrete sua classificação. A sanção de invalidação, de saneamento ou a convalidação é a consequência da segunda norma jurídica, que confere ao juiz o dever de relacionar o tipo de vício ao efeito que o sistema prescreve.

A nulidade relativa é identificada, primordialmente, pelo defeito ou falta de elemento acidental que, por sua vez, mantém relação de dependência com os demais elementos (estruturais e essenciais) do ato processual. O elemento acidental é aquele que não decorre de dicção constitucional direta (norma construída a partir de enunciado ou de fragmento de enunciado da Constituição de 1988) ou mesmo de ditame constitucional indireto (norma infraconstitucional que tem o fito de concretizar norma constitucional), a exemplo das regras periféricas sobre citação (art. 351, CPP), que fixam o teor da garantia ao contraditório e à ampla defesa (art. 5º, LV, CF/1988). Também não é elemento acidental aquele disposto legislativamente que, todavia, a lei comina, declarando expressamente, a nulidade por atipicidade.

Daí que elemento acidental do ato processual penal é aquele de natureza não nuclear que, por sua vez, não decorre de previsão constitucional ou de concretização de texto da Constituição, bem como é acidental aquele cujo liame implicacional de nulidade a legislação não explicite. Trata-se de uma convenção útil, para delimitar consequências jurídicas, alinhadas com dispositivos de convalidação aplicáveis às nulidades de ordem relativa, a exemplo do que aduz que não há nulidade sem prejuízo (art. 563, CPP)[208].

Malgrado se afirme que a nulidade relativa difere da absoluta porque esta pode ser alegada a todo tempo, enquanto aquela se sujeita à preclusão, tal definição não é esclarecedora porque se baseia nas consequências jurídicas de se classificar uma nulidade como relativa, ao invés de, antes, lastrear a categoria consoante o elemento afetado pelo defeito ou falta. A relatividade da nulidade é revestida pela dependência que guarda com os elementos do ato afetado e também por se relacionar com outras normas, mormente de convalidação.

Decerto, no dizer de Miguel Reale, o conhecimento é compreendido como relativo quando "opera no plano das relações", cujos juízos "possuem validez nos limites do estrato de realidade explicado, e em função dos princípios aos quais dito sistema se refere". Difere do absoluto – da expressão latina *ab solutus* (do verbo *solvere*, com o sentido de separado, desatado) –, que significa "o que vale por si, não pela conexão que tenha com outros conhecimentos", por estar "livre de laços que o prendam a outros elementos"[209]. Considerando que nulidade é norma jurídica que expressa categoria de conhecimento sobre atos e fatos processuais, correto anuir com a definição do jusfilósofo.

Em outras palavras, não é a possibilidade de arguição a todo tempo que caracteriza a nulidade absoluta, mas é o fato de não se subordinar a relações condicionantes, fazendo derivar, de sua classificação, o efeito invalidador. Por outro lado, a nulidade relativa, com arrimo no exame dos

---

208. Francesco Carnelutti pontifica que "a nulidade relativa, em confronto com a nulidade absoluta, responde aos princípios da economia" eis que, admitindo "o equivalente do requisito defeituoso, permite evitar a perda que ocorreria devido à nulidade do ato" (CARNELUTTI, Francesco. *Lições sobre o processo penal*: volume 3. Tradução: Francisco José Galvão Bruno. Campinas: Bookseller, 2004. p.194).

209. REALE, Miguel. *Filosofia do direito*. São Paulo: Saraiva, 1990. p.78-79.

elementos do ato processual sindicado, tem como uma das consequências jurídicas a convalidação, mercê da incidência de princípios preclusivos a essa espécie. A norma de incidência imperfeita – e que deu lugar ao ato defeituoso – estabelece relação de dependência complementar.

Importante, ainda, diferenciar a natureza da nulidade com a possibilidade de aplicação de cânones que desviam a consequência jurídica que, normalmente, seria imponível. São as chamadas "regras de calibração", descritas no prescritor normativo, para o fim de controlar a reação normativa[210]. Veja-se o exemplo da Súmula nº 160, do STF, que verbera ser "nula a decisão do tribunal que acolhe, contra o réu, nulidade não arguida no recurso da acusação, ressalvados os casos de recurso de ofício". Tal texto se reporta à hipótese de nulidade absoluta, porém lhe quebra a consequencialidade que seria de esperar, com lastro no instituto da coisa julgada para o órgão ministerial, para o qual incide maior preclusividade.

É por essa razão que se defende que as hipóteses de convalidação do art. 572, do CPP, não desnaturam a

---

210. A expressão "regra de calibração" é tomada de Tercio Sampaio Ferraz Júnior que, após diferenciar o aspectos normativos relato (dialógico, resultante da relação entre o enunciado e o intérprete) e cometimento (monológico, expressão do sentido dado pelo órgão aplicador), explica que a imperatividade da norma é definida como "relação de calibração (do aspecto-cometimento de uma norma pelo cometimento de outra norma)", sendo tal uma "qualidade pragmática do discurso normativo, através da qual a norma se adapta a mudança e desvios em razão de uma estabilidade conhecida". Segundo o autor, enfrentando a relação entre norma e sanção, o discurso normativo é "um discurso decisório, estruturalmente ambíguo, em que o editor controla as reações possíveis aos endereçados ao garantir expectativas sobre as expectativas de reação, determinando as relações entre os comunicadores na forma de uma metacomplementaridade caracterizada como imposição de complementaridade e imposição de simetria". Por outro lado, explica o jurista que "o importante para o cometimento normativo não é o cumprimento efetivo do relato (uma norma pode ser desobedecida e, apesar disso, a relação de autoridade permanece), mas a garantia de que reações que desqualificam a autoridade, como tal, estão excluídas da situação comunicativa". (FERRAZ JÚNIOR, Tercio Sampaio. *Teoria da norma jurídica*: ensaio de pragmática da comunicação normativa. 4. ed. Rio de Janeiro: Forense, 2009. p.66-67;131).

natureza absoluta das nulidades cominadas pelo seu art. 564. São regras de calibração que afetam a consequencialidade normativa de invalidação e que devem se submeter ao filtro constitucional (controle de constitucionalidade), para que possam incidir.

Apenas a nulidade cominada no inciso IV, do art. 564, do Código, estampa caso de nulidade relativa, haja vista que, por ser demasiadamente ampla (nulidade por falta ou vício de elemento essencial do ato), é hipótese aberta autorizativa da sua classificação como nulidade não peremptória. É o ponto do maior aspecto pragmático-possibilista da categoria das nulidades relativas. Ainda assim, a aplicação dos princípios relativizadores não pode descurar das disposições complementares ao texto constitucional, também se sujeitando a controle de constitucionalidade.

2.7.2.2.1 Estrutura e delimitação da natureza acidental do elemento afetado

O recorte do elemento acidental para a classificação do vício deve partir do exame da estrutura do ato. O ato jurídico processual penal pode ser, ele todo, meramente acidental, quando relacionado aos demais praticados na sequência do procedimento. Os atos – investigativos ou processuais – oferecem essa dimensão. Fernando da Costa Tourinho Filho, por exemplo, refere-se à categoria por ele denominada de “atos irrelevantes”, reportando-se ao art. 566, do CPP, que reza que “não será declarada a nulidade de ato processual que não houver influído na apuração da verdade substancial ou na decisão da causa”[211].

Esse critério não é suficiente para definir o efeito jurídico do vício de menor relevo. Dizer que o ato é irrelevante somente com base na sua incapacidade de influir na

211. TOURINHO FILHO, Fernando da Costa. *Processo penal*: volume 3. 33. ed. São Paulo: Saraiva, 2011. p.137.

apuração da verdade dos fatos não ajuda a traçar rédeas tendentes à redução do arbítrio. Não é esse um parâmetro objetivo, resvalando na indesejada discricionariedade próxima do sistema inquisitivo. Ademais, a noção de "verdade substancial" é inapta para esclarecer a postura que deve nortear os órgãos da persecução penal no contexto do Estado Democrático de Direito.

A primeira premissa que é possível alinhar para contornar essas questões é aceitar a noção de ato acidental. Para defini-lo, o método utilizado é relacional, ou seja, os atos se complementam, para, sucessivamente, compor a situação processual. Comparativamente, os atos processuais evidenciam a aptidão maior ou menor de proporcionar a efetividade de direito fundamental processual penal, a exemplo da ampla defesa e do contraditório.

De tal modo, exemplos de termos ou atos processuais acidentais são: (1) a tomada formal de compromisso da testemunha nos termos do art. 203, do CPP, eis que o dever de falar a verdade decorre do art. 342, do Código Penal; (2) a promessa verbal declinada pelos jurados de apreciar a causa com imparcialidade, prevista no art. 472, do CPP, porquanto a omissão desse ato seria incapaz de afetar o julgamento; (3) os prazos impróprios que não repercutem na esfera de direitos do réu[212].

A segunda premissa é a de que os elementos do ato acidental devem ser classificados, por decorrência lógica, como também acidentais, em perspectiva convencional e para proporcionar previsibilidade das consequências jurídicas. Sendo acidental o ato ou os seus elementos, o efeito jurídico possível variará de nulidade relativa à simples

212. "Os prazos para aditamento da denúncia são impróprios, podendo o órgão acusatório realizar o aditamento até a prolação da sentença. Não há nulidade na juntada de laudo por aditamento se houver oportunização de contraditório à defesa" (STJ – Quinta Turma – EDcl no HC 938.275/SP – Rel. Min. Daniela Teixeira – DJe 6 nov. 2024).

irregularidade. Cuida-se de noção que envolve grau e relação entre os atos ou entre os seus elementos.

Se os atos acidentais só são compostos de elementos tidos por acidentais, o mesmo não se pode dizer dos demais atos, essenciais ou estruturais à persecução penal estatal. Com efeito, os atos processuais, como regra, devem ser formados por elementos estruturais, essenciais e acidentais. Cabe precisar os elementos empíricos ancorados no ordenamento jurídico que possibilitam a categorização do elemento do ato processual penal como acidental. Essa operação lógica deve ocorrer por exclusão, vale dizer, o que não se inserir nas classes de elementos estruturais e essenciais, será elemento acidental.

A terceira premissa para identificação do elemento como acidental é a análise do dispositivo legal que descreve a forma do ato que, por sua vez, não deve se destinar, direta ou indiretamente, à proteção de direito fundamental ou processual das partes. O indício objetivo para essa constatação é a ausência de cominação expressa de nulidade no texto legal. Além desse ponto, deve-se verificar se a disposição que estabelece a prática do ato não tem o condão de completar a estrutura do processo penal disposta nos princípios constitucionais nucleares gizados na Constituição de 1988.

Podem ser enumerados como exemplos de elementos acidentais de ato essencial: (1) a rubrica – física ou eletrônica – em todas as folhas da denúncia ou a falta de algum elemento da qualificação do acusado na petição inicial (art. 41, CPP), especialmente quando não se tem dúvida sobre sua identidade, bem como quando está patente a autenticidade da peça, por haver o membro do Ministério Público subscrevido a última página ou por ter lançado cota nos autos declarando apresentar peça acusatória naquela data; (2) a pergunta do juiz ao acusado, em seu interrogatório, acerca de sua vida pregressa (art. 187, § 1º, CPP), por ser irrelevante para macular os objetivos do ato, bem como por ser possível ter acesso à folha de antecedentes do acusado por outros meios. Contudo, se o juiz exceder aos limites da imparcialidade, nas perguntas acerca do pregressamento, haverá vício grave capaz de contaminar a essencialidade do interrogatório.

Outros exemplos de elementos acidentais viciados ou de atos acidentais viciados ou ausentes, ainda podem ser elencados, tais como: (1) a sucinta resposta a recurso (contrarrazões), pois se cuida de estratégia possível da defesa técnica ou do Ministério Público que tenha sido intimado a tanto, bem como porque a deficiência de defesa tem sido reputada como classe de nulidade relativa (Súmula nº 523, STF), malgrado a duvidosa constitucionalidade desse entendimento; (2) a ausência do acusado à audiência de oitiva de testemunha, embora intimado para tal, eis que o que é imprescindível ao contraditório e à ampla defesa é a existência de defesa técnica eficiente, podendo o acusado optar por não comparecer ou, em caso de risco de intimidação, ser cogentemente dela retirado.[213] Observe-se que os exemplos não mitigam o princípio constitucional da ampla defesa. Caso contrário, os vícios deverão ser capitulados como nulidade absoluta. Essas formalidades são periféricas, pois incapazes de prejudicar a incidência nuclear dos atos processuais afetados quando recaem exclusivamente sobre elementos acidentais. São sem relevo para diminuir qualquer eficácia dos direitos das partes no processo penal. A ilação de ausência de prejuízo não é feita retoricamente, mas a partir de parâmetros objetivos, a par da legislação não cominar a nulidade (em sentido amplo) para esses casos. Classificá-la como irregularidade, ao invés de nulidade

213. "A jurisprudência desta Corte admite a retirada do réu da audiência nos casos em que as testemunhas ou mesmo a ofendida indicam temor ou constrangimento em depor na presença do acusado, inclusive nos casos em que o ato processual ocorre por videoconferência, sendo certo que a presença de defensor técnico no ato exclui per se eventual alegação de prejuízo, condição necessária para declaração da nulidade pretendida" (STJ – Sexta Turma – AgRg no AgRg no REsp 2.193.851/SP – Rel. Min. Sebastião Reis Júnior – DJe 15 abr. 2025).

relativa, é compreender que a possibilidade de prejuízo é inexistente, ou seja, sequer em tese, nesses casos, é possível gravame à parte que decorra desses defeitos. Pudessem assim ser chamados, seriam vícios sobre elementos "acidentalíssimos".

Sem embargo, há ato acidental ou elemento acidental de ato processual penal essencial que, se viciado ou ausente, pode trazer prejuízo a direito da parte. Na senda de argumentação por exclusão, comparativamente às definições apresentadas de elementos estruturais e essenciais, será elemento acidental aquele que não compõe a forma estrutural ou essencial do ato processual, seja ele de ordem subjetiva (competência ou atribuição, capacidade volitiva) ou objetiva (motivação e finalidade). Além desse aspecto fundamentador do ato em si, é necessário que o elemento ou o ato não tenha por fito concretizar direito fundamental constitucional, bem como que a legislação não tenha relatado ao juiz reconhecer nulidade (cominação expressa).

Estabelecidos os critérios para a identificação do ato ou do elemento acidental, cabe dizer que a classificação da nulidade em sentido amplo, situada no aspecto antecedente da estutura nulificadora, será irregularidade para os casos menos graves, que são inaptos para, em tese, afetar qualquer direito das partes; e será nulidade relativa para as hipóteses em que há espaço para aferição do prejuízo, em concreto, em face de ausência de violação ao texto constitucional e, nos casos de afetação de direito processual infraconstitucional das partes, em virtude de falta de cominação expressa de nulidade.

Nas hipóteses de nulidade relativa, haverá lugar para aplicação das regras de convalidação (prejuízo a direito, oportunidade para arguição, conservação, instrumentalidade e finalidade do ato). Nos casos de simples irregularidade, sequer é necessário cogitar da aplicação desses cânones. De um modo ou de outro, constatando-se dúvida sobre vício nos autos, será necessário pronunciamento judicial explícito, com estrutura normativa analítica descritora da incidência das normas envolvidas.

2.7.2.2.2 Base principiológica aplicável e os limites da constitucionalidade dos enunciados do ordenamento jurídico

A nulidade *lato sensu* (atipicidade processual penal) é categoria jurídica que está na base das garantias do direito processual penal. O resguardo às formas tem, em primeiro lugar, compromisso com o princípio constitucional da dignidade humana[214]. A aplicação do *jus punidendi* é de ser precedida de funcionamento regrado da estrutura estatal e deve obedecer à tessitura jurídica, apta a constranger, dogmaticamente, o próprio Estado.

Para o adequado cumprimento das formas, sob bases constitucionais, indispensável que o sistema seja compreendido criticamente, colorindo as balizas classificatórias dos vícios, a fim de que os direitos fundamentais dispostos na Constituição de 1988 não sejam relativizados indevidamente. Os limites a direitos e garantias individuais de *status* constitucional não devem dispensar produção de fonte de cognição a partir de fonte de produção reconhecida pelo sistema[215].

---

214. Tangenciando o postulado maior da essência do ser humano, enquanto vetor de controle de ato processual fulcrado no art. 400-A, do CPP, o STJ decidiu que, na audiência de instrução e julgamento, a leitura das declarações prestadas pelo ofendido na investigação "não configura nulidade processual, salvo se ficar demonstrado efetivo prejuízo ao réu". Diante da oportunidade da defesa de formular questionamentos, "a intervenção do magistrado para proteger a dignidade da vítima, em atenção às disposições da Lei n. 14.245/2021, não acarreta cerceamento de defesa" (STJ – Quinta Turma – Processo sob sigilo – Rel. Min. Joel Ilan Paciornik – DJe 25 abr. 2025).

215. A título de exemplo, vale referir ao embate promovido pelo Instituto Brasileiro de Ciências Criminais (IBCCrim), com críticas do jurista Lenio Luiz Streck sobre delações premiadas homologadas judicialmente. Em artigo sobre a discussão travada no evento, Felipe Luchete noticiou que, em defesa do modo como conduzidas as cooperações entre os supostos agentes e os órgãos de persecução penal, foi dito que "os ataques à delação" seriam "contaminados por 'certos preconceitos' e 'dados

Os princípios aplicáveis às nulidades processuais penais devem se reportar à classe nulidade relativa. A nulidade relativa é a que admite relação com norma jurídica principiológica apta a mitigar a consequência jurídica de invalidação. Em outras palavras, a norma jurídica de incidência deficiente, retratada em ato processual atípico, é classificada, por outra norma jurídica imposta pelo juiz, como nulidade relativa.

A consequência jurídica decorrente da classificação do vício como nulidade relativa, também será documentada por meio de construção de outra norma jurídica, podendo ser de invalidação, de saneamento ou de convalidação. Haverá convalidação quando houver cabimento para a incidência de uma terceira norma jurídica, caracterizada como princípio ou regra de calibração, de forma a desviar o efeito desconstitutivo da norma jurídica consequente.

Para evitar excessos discricionários que acabam criando o vezo jurisprudencial tendente a obstar pronúncia de nulidade ou de invalidação dos atos processuais penais defeituosos, é importante precisar a forma de descrição de princípios admissíveis pelo sistema. O pressuposto básico é o de que princípio é categoria de norma jurídica. O fundamental pressuposto, que antecede aquele, é o de que não há norma que não resulte de base empírica, seja ela direta (princípio deduzido de um enunciado constitucional ou legal, sem necessidade de

---

imprecisos'", bem como que o insituto da colaboração premiada seria polêmico, com interferência de certos estereótipos. De outro lado, Lenio Luiz Streck aduziu que "o problema está em usar a colaboração premiada como mecanismo de pressão para quem está atrás das grades. Ele reclamou ainda de que não existem regras claras sobre o prêmio oferecido ao delator nem critérios e limites para o juiz aceitar o acordo firmado pelo Ministério Público Federal, destacando que 'o problema é que no Brasil nos acostumamos com o lema de que o Direito é o que os tribunais dizem que é. Nosso Direito processual está jurisprudencializado; menos regras e mais jurisprudência'". (LUCHETE, Felipe. Visões do direito: embate entre Lenio Streck e Moro aborda resistência sobre delações. *Consultor jurídico*, 28 ago. 2015. Disponível em: <http://www.conjur.com.br/2015-ago-28/embate-entre-lenio-streck--moro-aborda-resistencia-delacoes>. Acesso em: 13 maio 2025).

maior formulação interpretativa) ou indireta (princípio decorrente da ideia depreendida de enunciados ou fragmentos de enunciados do ordenamento jurídico).

Note-se que esses princípios só devem ter incidência, a partir de critérios bem definidos, quando reconhecido vício processual classificado como nulidade relativa. A irregularidade, por ser deformidade menor, pode permitir a incidência principiológica para afastar o efeito desconstitutivo. Por outro lado, tratando-se de nulidade absoluta, não há lugar para a aplicação de princípios que autorizem a convalidação de vícios, toda vez que implicar menoscabo a direitos fundamentais[216]. Em outros termos, princípios convalidadores não respaldam a perpetuação de nulidades absolutas, ressalvadas as regras de calibração em favor do acusado, que desviam a consequência normativa.

Com esses cuidados, serve-se da utilidade classificatória dos vícios, reconhecendo de fato existir níveis de gravidade que recomendam diversas categorias, para melhor precisar suas distintas consequências jurídicas. A mistura indevida de fundamentos processuais civis ao penal tem ensejado crítica de parte da doutrina processual penal, que propugna pela superação da classe "nulidade relativa".

---

216. Vale registrar artigo de Rômulo Andrade Moreira que retrata dificuldades para se fazer cumprir a Constituição. Na oportunidade, o processualista aduziu ser equivocada a ideia de "ser buscar ganho fácil advogar apontando nulidades" e de que "parte dos advogados especializou-se em apontar nulidades 'porque não possuem condições de enfrentamento do mérito'". O jurista destacou que afirmação como essa "parece esquecer" (assim como tantos outros) "que a formalidade inserta em uma norma processual penal não pode ser desconsiderada em nenhuma hipótese. Não se trata de mero formalismo, mas de uma exigência legal e constitucional de cumprimento obrigatório, até como uma garantia para o acusado". Aliás, "o Processo Penal funciona em um Estado Democrático de Direito como um meio necessário e inafastável de garantia dos direitos do acusado. Não é um mero instrumento de efetivação do Direito Penal, mas, verdadeiramente, um instrumento de satisfação de direitos humanos fundamentais e, sobretudo, uma garantia contra o arbítrio do Estado" (MOREIRA, Rômulo Andrade. Apontar nulidades é buscar ganho fácil, disse o juiz. *Empório do direito*, 31 maio 2015. Disponível em: <https://emporiododireito.com.br/leitura/apontar-nulidades-e-buscar-ganho-facil-disse-o-juiz>. Acesso em: 13 maio 2025).

Como se vem delineando, a simplificação não contribui no enfrentamento e aplicação dos efeitos jurídicos às múltiplas possibilidades de defeitos passíveis de ocorrer em um processo penal.

A construção de categorias com lastro em fundamentos lógicos e semânticos adequa-se à imposição de limites e contenção da contingência. O escopo é o de não transigir com a efetividade dos direitos fundamentais, conferindo maior eficácia às formas processuais estabelecidas com esse fim.

Como exemplo, Paulo Silas Taporosky Filho e Edson Luiz Facchi Junior afirmam que "forma é contenção do exacerbo. É a definição de um limite de poder. É o procedimento previamente previsto, a fim de evitar surpresa aos jogadores. Forma é garantia". Para os autores, "todo e qualquer ato que viole e desrespeite as regras do jogo gera prejuízo e deve ser declarado nulo, sendo desnecessária a sua efetiva demonstração", sendo imprestável o conceito de nulidade relativa, em face de ser "conceito do processo civil". Nessa toada, justificam que "a consequência do uso da nulidade relativa é grave, levando a condenações injustas, com argumentos pífios e utilitaristas", bem como que "não há como distinguir nulidade absoluta e relativa num viés conceitual de público/privado. Mesmo porque a proteção do réu é pública, pois públicos são os direitos fundamentais que o tutelam". Em suma, nessa perspectiva, "quando há afronta de direitos do acusado no processo penal", deverá ser considerado ferimento "a direitos que tutelam o interesse público, de modo que a nulidade, inexoravelmente, e sempre, é absoluta"[217].

Sobre o postulado de que "forma é garantia", Alberto Binder, sob enfoque crítico do direito argentino, observa

---

217. TAPOROSKY, Paulo Silas; Edson Luiz, FACCHI JUNIOR. Superando a nulidade relativa no processo penal. *Empório do direito*, 12 jul. 2015. Disponível em: <https://emporiododireito.com.br/leitura/superando-a-nulidade-relativa-no-processo-penal>. Acesso em: 13 maio 2025.

que aquela fórmula retrata técnica normativa específica. Isto é, para garantir o cumprimento de princípios constitucionais processuais, são estabelecidos requisitos para os atos processuais ou regulada a sequência entre atos. Tais requisitos legais ou sequências – necessárias e previstas em lei – são formas processuais: "cuando no se cumple *una forma* (se incumple un requisito legal o se rompe una secuencia necesaria) la actividad procesal se vuelve inválida o defectuosa". A objeção do autor se põe relativamente à jurisprudência sobre nulidades, sendo esta uma espécie de termômetro de verificação do grau de efetividade dos princípios constitucionais, que não devem estar apenas reconhecidos, mas também garantidos[218].

Cabe enfatizar que o mal uso da classe de defeitos processuais penais, rotulada de "nulidade relativa", não deve significar a imprestabilidade das distinções. Os autores citados, assim como outros com visão simplificadora, reduzem todos os vícios possíveis à aplicação, direta ou indireta, do texto constitucional quando, na realidade, muitos enunciados podem ensejar construção de normas que regram atos com elementos não afetos a direitos fundamentais do acusado ou a outros direitos processuais dos sujeitos envolvidos. Nem por isso, poderá significar que tais atos devem ficar imunes a controle, pois as formas são resultado de relatos normativos, sejam eles constitucionais ou infraconstitucionais, devendo cumprir a finalidade de previsibilidade do sistema, com seus atributos de imperatividade, efetividade e validade.

---

218. Nas palavras de Alberto Binder, "el nivel de adecuación de un sistema procesal a los principios del Estado de derecho no se mide solamente por la incorporación de esos princípios al orden normativo, sino por el grado en que ellos estén garantizados. Salvo aquellos princípios que se cumplen de un modo cabal (lo que no es corriente ni común en nuestro país) el nivel y la fuerza de esa garantía se descubre através de la jurisprudencia sobre nulidades. Esa jurisprudencia es la contracara del sistema de garantías y señala el nível de cumplimiento de los principios propios de um proceso penal adecuado al régimen constitucional (BINDER, Alberto M. *El incumplimiento de las formas procesales: elementos para uma crítica a la teoría unitaria de las nulidades en el processo penal*. Buenos Aires: Ad-Hoc, 2000. p.56-57).

Os princípios tendentes à convalidação de vícios só devem ter lugar para os casos de prejuízos não presumidos, isto é, para hipóteses de nulidades relativas, cuja classificação deve ser normativamente rigorosa. A objeção a essa categoria decorre do fenômeno, indesejável, apontado por Ricardo Jacobsen Gloeckner. Assevera o autor que "il sistema di nullità brasiliano si caratterizza per la relativizzazione di questi limiti al potere statale"[219]. De fato, o poder estatal não pode ser exacerbado por disposições relativizadoras, eis que tal significa ampliar demasiadamente os contornos fixados para o exercício da competência de um órgão jurisdicional, resvalando em inconstitucionalidade.

O processualista pondera que "la maniera più aggressiva presente in tema di nullità corrisponde al principio della strumentalità delle forme, consolidata in Italia, inclusiva di una sorta di sanatoria generale". De outro lado, anota que o desenvolvimento de conceitos como "'mera irregolarità' e 'nullità relativa' contribuiscono sensibilmente per un sistema sempre più capace di contribuire per un regime di nullità assoluta più limitato". Para completar a crítica do autor, correta sob o ponto de vista pragmático – que detém prioridade no discurso jurídico[220] –, faltou anotar que o desenvolvimento daqueles conceitos (mera irregularidade e nulidade relativa) inexiste na jurisprudência, sendo também muito precário doutrinariamente, diante da infinidade de dissonâncias que impossibilitam uniformidade.

Com efeito, a preocupação de Ricardo Jacobsen Gloeckner é coincidente com a que ora se expõe. A divergência, no

---

219. GLOECKNER, Ricardo Jacobsen. Una nuova teoria della nullità: costruzione di un nuovo sistema di principi alla luce della strumentalità costituzionale della procedura penale. *Diritto e Giustizia Minorile* [rivista giuridica trimestrale], São Paulo, anno 3, n.1, p.66, gennaio-marzo 2015.

220. Nesse sentido: LINS, Robson Maia. La mora en el derecho tributario. Tradução: Juan Carlos Panez Solórzano. São Paulo: Noeses; Lima: Grijley, 2018. p.79-80; ROBLES, Gregorio. *El derecho como texto*: cuatro estudios de teoria comunicacional del derecho. Madrid: Civitas, 1998. p.59.

ponto, é quanto à inconveniência de se abandonar a distinção de classes, haja vista a utilidade para diminuir contingências quando da aplicação das consequências jurídicas decorrentes. Tratar toda espécie de vício, desde a mais ínfima (a exemplo da falta de advertência à testemunha sobre o dever de falar a verdade) até a mais grave (tal como a condenação penal imotivada) é descurar de que, na realidade, nem todo ato processual viciado necessariamente repercute em direito da parte ou afeta obrigatoriamente enunciado constitucional.

Tirante esse distanciamento da doutrina de Ricardo Jacobsen Gloeckner, exata é sua conclusão de que "un sistema di nullità destinato a preservare i diritti fondamentali non ammette trivializzazione, né può essere considerato (come fa buona parte della dottrina disattenta alle garanzie costituzionale) mero ritualismo"[221].

2.7.2.2.2.1 Princípios constituídos a partir de base empírica direta

Neste tópico, já deve ter ficado bem assentado o ponto de partida para a delimitação do âmbito de incidência dos princípios. Vale afirmar, os princípios são normas jurídicas que incidem quando da aplicação do preceito secundário da norma jurídica consequente que decorre de outra, primeira, que reconhece o vício (nulidade em sentido amplo) e o classifica como nulidade relativa. Os princípios visam, como regra, à evitação de consequência jurídica invalidadora, que poderia ser aplicada como efeito de vício não ofensivo a direito constitucional da parte.

221. GLOECKNER, Ricardo Jacobsen. Una nuova teoria della nullità: costruzione di un nuovo sistema di principi alla luce della strumentalità costituzionale della procedura penale. *Diritto e Giustizia Minorile* [rivista giuridica trimestrale], São Paulo, anno 3, n.1, p.66, gennaio-marzo 2015.

Daí a conclusão de que, se não for com o objetivo de maximizar o direito do imputado, os princípios que informam as nulidades não se aplicam aos casos de inexistência jurídica ou de nulidade absoluta. Toda vez que o legislador tiver a pretensão de mitigar direitos constitucionais fundamentais por meio de imposição principiológica àquelas categorias de nulidade (em sentido amplo), deve o juiz se valer das técnicas de controle de constitucionalidade.

Dos princípios que decorrem de base empírica enunciativa direta, o que inaugura as disposições sobre o tema é a assertiva de que não há nulidade sem prejuízo, vazada no art. 563, sem distinguir a espécie de vício, ao declarar que "nenhum ato será declarado nulo, se da nulidade não resultar prejuízo para a acusação ou para a defesa".

Calha enfatizar as dificuldades refratárias à limitação do subjetivismo judicial, centradas no poder conferido ao juiz para dizer os casos de nulidade, e no seu contraponto, para afastar a invalidação com arrimo na noção de demonstração de prejuízo ao direito da parte. O sistema processual brasileiro previsto no CPP adota técnica não uniforme de, primeiramente, asseverar esse princípio e, em seguida, arrolar casos de nulidades no art. 564, com o indicativo de pretensa taxatividade. Todavia, essa taxatividade, ao final, é flexibilizada, quando o seu inciso IV declara ocorrer nulidade também diante de atipicidade concernente à omissão de elemento essencial de ato processual. Tal cláusula de abertura finda por tornar o rol do art. 564, do Código, exemplificativo. Para complementar a pouca sistematicidade da lei processual penal, foi acrescentado o inciso V, àquele dispositivo, para arrolar como nulidade em espécie a que decorre "de decisão carente de fundamentação". Esse enunciado seria desnecessário se considerados os termos do art. 93, inciso IX, da Constituição.

Como o Código não distingue nulidade absoluta e nulidade relativa, falando apenas em nulidade, nem especifica que a noção de prejuízo não pode incidir para mitigar direitos fundamentais, a consequência é a de que a possibilidade de discricionariedade judicial se amplia, dando configuração inquisitória ao texto legal.

Seria de bom alvitre o acolhimento, pelo legislador, de regras estruturais à noção de prejuízo (art. 563, CPP). A primeira para definir que o descumprimento da forma finda por macular a própria essência do direito material ao devido processo legal. Sob essa ótica, o *due process of law* é substância e não mero ritualismo. A segunda regra, sintática, acoplada à definição do prejuízo consiste na percepção de que o desacatamento à forma se inclina a obstar o exercício de direitos, a exemplo daquele que decorre da garantia à produção probatória, que deve ser seguida pelo efetivo debate sobre seu resultado.

Sem esse dúplice conteúdo estrutural, o *pas de nullité sans grief* ensejará o risco de ser manejado como artifício retórico tendente a dificultar a defesa do imputado.

A relação entre a espécie de sistema processual (acusatório ou inquisitório) e o regime de reconhecimento de nulidades e de invalidação do ato processual penal é bem próxima, notadamente em razão da incidência de princípios que colimam evitar o desfazimento dos efeitos de atos viciados.

Na doutrina italiana, Adonella Presutti explica problema semelhante, considerando inclusive o vetusto CPP italiano de 1930 (*Codigo Rocco*, que serviu de inspiração para o CPP brasileiro de 1941). Da exposição do autor, vê-se que o rol fechado de hipóteses de nulidades circunscreve a possibilidade de reconhecimento pelo juiz, coibindo abusos capazes ao retardamento da marcha processual. No entanto, a possibilidade de abertura para a verificação de outros casos de nulidade pode ensejar o extremo oposto, tornando quase que absoluto o poder do julgador, estando presente, "come pregio eventuale, la possibilità di una completa utilizzazione degli atti che abbiano raggiunto il loro scopo senza pregiudizio dei diritti delle parti". O processualista italiano destaca, ainda, a dificuldade de adotar um critério de plena atuação do princípio da economia processual e "la non remota eventualità che dalla discrezionalità se sconfini nell'arbitraria somministrazione di soluzione diseguali inducono a diffidare della affidabilità del método che soppri-ma il valore della legalità"[222].

O princípio do interesse para a averbação da nulidade também deve ser restrito às nulidades relativas, delimitando a incidência da norma depreendida do enunciado do art. 565, do CPP. Decerto, para os casos de nulidade absoluta, deve ser entendido como irrelevante o comportamento da parte. O fato de a defesa do acusado ter concorrido, de qualquer modo, para o vício do ato processual penal, não alija a responsabilidade dos órgãos da persecução penal de velar para que o procedimento se desenvolva regularmente, máxime respeitando o núcleo duro principiológico constitucional do processo acusatório.

A instrumentalidade das formas decorre de mais de uma base empírica direta enunciativa. A primeira é a do art. 566, do Código, que disciplina que "não será declarada a nulidade de ato processual que não houver influído na apuração da verdade substancial ou na decisão da causa". A segunda é assentada no art. 572, inciso I, II e III, que, respectivamente, também autorizam a construção: (1) do princípio da oportunidade ou da preclusão temporal (ao dizer que serão convalidadas as nulidades que não forem arguidas, em tempo oportuno, nas hipóteses indicadas em lei); (2) do princípio da finalidade (serão convalidadas as nulidades ali apontadas que, praticadas de outra forma, não impeçam o alcance da finalidade do ato processual defeituoso); e (3) do princípio da anuência (serão convalidadas

---

222. PRESUTTI, Adonella. *La declaratória delle nullità nel regime delle impugnazioni penali*. Milano: Giufrè, 1982. p.12.

as nulidades referidas naquele dispositivo, quando a parte afetada tiver aceito seus efeitos). A terceira está averbada no art. 568, do mesmo diploma legal, ao ditar que "a nulidade por ilegitimidade do representante da parte poderá ser a todo tempo sanada, mediante ratificação dos atos processuais" (princípio da convalidação).

Na lição de Cândido Rangel Dinamarco, a instrumentalidade do processo deve estar comprometida com a Constituição. Daí que se há um "repúdio ao seu exame exclusivamente pelo ângulo interno" (instrumentalidade em sentido negativo, a fim de que não se torne somente um meio de culto inútil à forma), não menos exato é que a instrumentalidade autoriza "abertura do sistema para a infiltração dos valores tutelados na ordem político-constitucional e jurídico-material" (instrumentalidade em sentido positivo)[223]. Em poucas palavras, o filtro das regras processuais penais deve ser realizado a partir daquele núcleo garantidor disposto na Constituição. As formas podem ser mitigadas para tornar mais eficaz o direito fundamental processual penal nascido dos direitos de primeira geração.

Por outro lado, não há de se admitir interpretação da instrumentalidade das formas (naquele sentido negativo descrito por Cândido Rangel Dinamarco) com o objetivo de autorizar o alcance da verdade substancial a todo custo, eis que não é de valia para o Estado punir de qualquer maneira, sendo indispensável o respeito às regras do jogo. Não é sem razão, a propósito, que se admite o julgamento antecipado da lide penal mesmo antes dos momentos próprios de absolvição sumária (art. 397, CPP), mas o mesmo não é verdade no caso de condenação, para o qual é exigível o perpassar pelas fases e formas gizadas nas leis de processo. De tal modo, a instrumentalidade afirmada doutrinariamente deve receber

223. DINAMARCO, Cândido Rangel. *A instrumentalidade do processo*. 4. ed. São Paulo: Malheiros, 1994. p.311.

interpretação conforme a Constituição, com o reconhecimento de incompatibilidade vertical de toda prescrição permissiva de menosprezo da forma concretizadora dos direitos fundamentais em prejuízo do *jus libertatis* do imputado.

Outro princípio decorrente de base empírica direta é o do confinamento da nulidade processual ou da conservação dos atos processuais penais, tal como se depreende do artigo 567, do Código, que dispõe que "a incompetência do juízo anula somente os atos decisórios, devendo o processo, quando for declarada a nulidade, ser remetido ao juiz competente". A exemplo dos demais princípios, ele deve ter seu âmbito de incidência restrito às nulidades relativas (ou irregularidades), não devendo ser admitida sua aplicação contra direito fundamental constitucional do acusado, eis que para tal restrição se exige norma abstrata e geral reconhecida como fonte de cognição do direito processual penal (como regra, lei formal, produzida pela União).

Aliás, os defeitos decorrentes de ferimento de regra de competência, seja ela absoluta, seja ela relativa, são objeto de crítica doutrinária que defende o não aproveitamento de qualquer ato processual produzido, mercê da previsão constitucional de que ninguém será processado nem sentenciado senão pela autoridade competente. Isso porque o legislador constituinte não discerniu a tipologia da incompetência. Também o Código não o fez, mandando aplicar indistintamente o princípio do confinamento dos atos processuais, o que pode induzir a conclusão de que o enunciado do seu art. 567 não foi recepcionado pela Lei Maior.

Em arremate, o CPP traz expresso dois princípios em seu art. 573, especialmente nos seus parágrafos 1º e 2º. No primeiro, o texto consigna o princípio da causalidade ou do efeito expansivo da nulidade, ao afirmar que "a nulidade de um ato, uma vez declarada, causará a dos atos que dele diretamente dependam ou sejam consequência". Tal princípio também é denominado extensivo e considerado, por parte da doutrina, como característica da nulidade[224]. No § 2º daquele enunciado, o Código estampa que "o juiz que pronunciar a nulidade declarará os atos a que ela se estende", sedimentando o "princípio da restrição processual à decretação da ineficácia".

Veja-se que tanto o princípio da causalidade, quanto o da restrição processual aos limites da decretação da ineficácia (modulação de efeitos verberada pelo órgão autêntico) são, em tese, de abrangência geral relativamente à nulidade em sentido amplo, sem limitação à classe de nulidade relativa. Isso porque sua incidência, em termos abstratos, não significa mitigação a direito fundamental individual inserto no núcleo constitucional de processo penal.

2.7.2.2.2.2 Princípios constituídos a partir de base empírica indireta

Entende-se por base empírica indireta a construção de princípios a partir de fragmentos e noções tomadas de vários enunciados, sejam estes aproveitados por inteiro ou parcialmente, porém sempre em conjunto. É preciso cautela para a construção de princípios que limitem a consequência de desfazimento dos efeitos dos atos processuais defeituosos. A incidência deve passar pelo filtro constitucional e não deve ser incoerente com o texto legislado.

Esse proceder pode ajudar a identificar princípios sacados pelo intérprete sem a necessária base empírica, ainda que indireta.

---

224. É a noção de consequencialidade que também se vê na doutrina processual civil chilena, conforme destaque de Julio E. Salas Vivaldi, que assevera ser "característica de la nulidad procesal la naturaleza extensiva de sus efectos. La ineficacia del acto declarado nulo no sólo afecta a él, sino que, además, a todas las actuaciones relacionadas con dicho acto y que con posterioridade le siguen" (VIVALDI, Julio E. Salas. *Los incidentes y en especial el de nulidad procesal*. 2. ed. Santiago: EJC, 1981. p.100).

Um exemplo de afirmação que não decorre de texto legal processual penal é o *the duty to mitigate the loss* em sede de nulidades absolutas. Igualmente fora dos limites do direito positivo está a chamada nulidade de algibeira ou nulidade de bolso, alegada em momento posterior ao que seria possível ao interessado (art. 571, CPP).[225] Reputa-se incorreto aplicar, nessa seara, princípios contratuais ou vocábulos novos para se afastar o dever de invalidar processo penal que violou os direitos constitucionais à ampla defesa e ao contraditório, a exemplo de julgados do STJ que declararam a incidência da boa-fé-objetiva (princípio da lealdade) e do dever de mitigar o prejuízo no direito processual penal[226]. Não há texto legal ou fragmentos de textos legais que sejam fontes processuais penais para permitir essa ilação.

No direito italiano, aliás, antiga lição de Antonino Galati adverte que a noção de relevância do comportamento da parte, para o fim de ser afastada a possibilidade de reconhecimento de nulidade, é restrita aos casos de nulidade relativa. Segundo o processualista, "anche in tema di nullità assolute, l'ordinamento in alcune ipotesi accorda rilevanza al comportamento delle parti". O autor faz menção a caso de nulidade absoluta "sanável" em face da existência

225. No âmbito do Supremo Tribunal Federal, colhe-se que "esta Corte rechaça a validade da chamada 'nulidade de algibeira' ou 'nulidade de bolso', que ocorre quando a parte queda-se inerte, no momento processual oportuno para se manifestar, deixando para suscitar a nulidade em ocasião posterior, buscando obter situação processual favorável" (STF – Segunda Turma – HC 246142 AgR-segundo – Rel. Min. André Mendonça – DJe 15 abr. 2025).

226. Sem mencionar a expressão (the duty to mitigate the loss), o STJ, reduzindo o espectro do debate que caracteriza a defesa ampla, superou, exempli gratia, a alegação posterior de nulidade decorrente de inconsistência dos registros de ato processual oral – o que, em tese, poderia ter o efeito de dificultar o controle da prova –, aduzindo que "a gravação da audiência de instrução e julgamento revela que, mesmo diante de uma falha técnica ocorrida na conexão de internet do presídio onde a ré encontrava-se acautelada, a defesa técnica anuiu expressamente com a realização do referido ato processual, de modo que a posterior invocação de nulidade caracteriza comportamento contraditório que atenta contra a boa-fé objetiva e o princípio da lealdade processual" (STJ – Sexta Turma – AgRg nos EDcl no REsp n. 2.090.576/MG – Rel. Min. Antonio Saldanha Palheiro – DJe 15 abr. 2025).

de dispositivo específico nessa direção (algo semelhante ao conceito de "regra de calibração" que afasta o normal efeito jurídico de invalidação). No entanto, "nel silenzio della legge, pertanto, non è detto che debba attribuirsi rilevanza al comportamento di colui che causa una nullità assoluta"[227].

O princípio da eficácia do ato processual penal viciado decorre de fragmentos de vários enunciados, bem como do viés pragmático do processo. Com efeito, a regra é a de que os atos processuais, mesmo os gravemente viciados, sejam aptos à produção de efeitos até que advenha atividade normativa específica de controle da ilicitude ocorrida. Ao lado desse princípio, os diversos artigos que regulamentam técnicas preclusivas, bem como a convalidação, a substituição e a conservação de atos processuais penais defeituosos militam na faixa da necessidade de um dizer expresso do juiz para que, a partir daí, sejam impostas as consequências jurídicas de invalidação, saneamento ou convalidação, com ou sem modulação.

Outros princípios de formatação indireta podem ser construídos, mas sempre com o cuidado de evitar afastar a finalidade de garantia das formas. É o caso do princípio da economia processual, que pode ser fruto da injunção de vários dispositivos do Código em conjunto com o da celeridade, disposto expressamente na Constituição de 1988 (duração razoável do processo, que não é princípio específico das nulidades processuais penais).

Cabe deixar bem vincado, ademais, que a economia processual, aplicada às nulidades processuais, é de ser considerada como decorrente de fragmentos de enunciados (base enunciativa indireta). Tal cânone representa a relação entre ótimos resultados e mínimo dispêndio. Daí que

227. GALATI, Antonino. *Il comportamento delle parti nel regime delle nullità processuali penali*. Milano: Giufrè, 1970. p.166-167.

deve ser almejado sem que com isso ocorra relativização das garantias constitucionais.

2.7.3 A ambiguidade do termo anulabilidade em sede processual penal

A anulabilidade pode expressar mais de um significado. O primeiro, tomado a partir do verbo "anular", é o da possibilidade de constituir a nulidade, ou seja, declarar a nulidade enquanto vício, constituindo-a, formalmente, no processo, para que assim seja apta a produzir efeitos. O segundo é o de ter a anulabilidade como possibilidade de invalidação, vale dizer, o verbo "anular" utilizado como sinônimo de invalidar, de constituir a invalidez do ato processual viciado, cuja nulidade (atipicidade) foi previamente assentada pelo juiz.

Diante da ambivalência da expressão, convencionou-se em não fazer uso dele para o fim de se formular uma teoria da nulidade no processo penal. Não se quer dizer que há equívoco pelo fato de ser bastante utilizado por juristas, em sede doutrinária e jurisprudencial. Todavia, opta-se pelas expressões nulidade (vício) e invalidação (sanção) para o fim de tornar coerente o discurso jurídico. Igualmente, evita-se o termo "cassação" (*rectius*: invalidação). A necessidade de se escorar em conceitos e classes bem definidas para reduzir a discricionariedade nesse campo é hipótese que pretende restar demonstrada ao final.

2.7.4 Irrelevância da atipicidade e a definição de irregularidade na persecução penal estatal

A nulidade em sentido amplo pode se classificar, em seu aspecto antecedente, como irregularidade. O hábito comum é tratar as atipicidades irrelevantes como "meras irregularidades". O elemento do ato processual viciado é acidental. Pode-se dizer "muito acidental". Um dos exemplos seriam as inexatidões materiais, sem repercussão relativamente a quaisquer das partes, cuja correção de ofício, pelo juiz, é autorizada pelo sistema, sequer requerendo oposição de embargos de declaração (art. 382, CPP). É o caso de erro quanto a parte do nome do acusado na denúncia ou na sentença que não coloca em dúvida sua identificação.

Mesmo sendo irregularidade, a percepção de sua ocorrência é suficiente para deflagrar a atividade de controle do juiz, a fim de assegurar a licitude procedimental. O decurso do tempo e o comportamento dos interessados, todavia, podem ensejar a desnecessidade de correção, quando, simplesmente, haverá convalidação.[228] No entanto, para se falar em convalidação *stricto sensu*, indispensável que seja vertida em linguagem, nos autos processuais. Tal como nos demais casos de nulidade em sentido amplo, a declaração de convalidação (norma secundária) só tem lugar depois de o juiz produzir norma jurídica individual e concreta verificadora da irregularidade (norma primária).

2.7.5 A teoria do ato processual e sua compatibilidade com o constructivismo lógico-semântico

A perspectiva normativa da nulidade é compatível com a teoria do ato processual penal. A relação do ato processual penal com a nulidade-norma é de preenchimento de espaço. Com a descrição da norma nulificadora fica estabelecida a documentação da incidência retratada em um ato processual penal. Por sua vez, o ato processual penal objeto de controle de higidez representa documentação

228. Sob à égide do antigo CPP italiano, Gaetano Contursi Lisi explicava a "sanatoria generali", instituto aplicável aos atos processuais penais em geral: "a) in conseguenza di un provvedimento del giudice; b) in considerazione del comportamento processuale delle parti del loro interesse alla denuncia e della effettività del pregiudizio" (LISI, Gaetano Contursi. *Le nullità nel codice di procedura penale*. Milano: SEL, 1937. p.71).

da incidência de uma ou mais normas jurídicas[229]. Rigorosamente, a norma tem incidência no âmbito do pensamento do sujeito responsável por sua aplicação[230]. O concatenamento de atos processuais que formam o evolver procedimental representa a relação de normas jurídicas com outras normas jurídicas, dentro da dualidade antecedente-consequente. No dizer de Antonio Saccone, "il concetto di atto processuale riesce intimamente collegato da un fato alla nozione di processo, dall'altro lato alla nozione di norma processuale".[231]

A adequação com o constructivismo lógico-semântico é demonstrada pela justificação fundamentada pela incidência de normas individuais e concretas[232]. Tudo é feito

---

229. A percepção da relação entre ato jurídico e norma é de longa data. Antonio Saccone, jurista italiano, deixou assentado que os atos processuais são essencialmente atos jurídicos: "sono tali, infine perchè, in virtù delle esigenze stesse che determinano la formazione dell'ordine giuridico, l'acecertamento o l'esecuzione delle norme è a sua volta funzione disciplinata da altra norma il cui complesso costituisce precisamente il diritto processuale civile e penale. Ora qualsiasi atto o fatto che è previsto da una norma giuridica nel senso che questa vi assegna determinate conseguenze, è un atto rispettivamente o un fato giuridico. Precisamente ogni norma di diritto processuale penale, la quale attibuisca a una determinata attività un determinato effetto processuale, fa di codesta attività um atto processuale" (SACCONE, Antonio. *Nulittà e decadenze nella procedura penale e con particolare riguardo al ricorso per cassazione.* [Collezione di opere giuriche ed economiche]. Roma: Athenaeum, 1918. p.7).

230. COSSIO, Carlos. *La teoría egológica del derecho y el concepto jurídico de libertad.* 2. ed. Buenos Aires: Abeledo-Perrot, 1964. p.34 *et seq.*

231. SACCONE, Antonio. *Nulittà e decadenze nella procedura penale e con particolare riguardo al ricorso per cassazione.* [Collezione di opere giuriche ed economiche]. Roma: Athenaeum, 1918. p.7.

232. Os fundamentos constructivistas partem de Paulo de Barros Carvalho. O jurista explica o campo da facticidade jurídica como o de predileção da linguagem jurídica. Decerto, sobre a linguagem social "incide a linguagem prescritiva do direito positivo, juridicizando fatos e condutas, valoradas com o sinal positivo da licitude e negativo da ilicitude. A partir daí, aparece o direito como sobrelinguagem, ou linguagem de sobrenível, cortando a realidade social com a incisão profunda da juridicidade. Ora, como toda a linguagem é redutora do mundo sobre o qual incide, a sobrelinguagem do direito positivo vem separar, no domínio do real-social, o setor juridicizado do setor não juridicizado, vem desenhar, enfim, o território da facticidade jurídica" (CARVALHO, Paulo de Barros. *Direito tributário*, linguagem e método. 5. ed. São Paulo: Noeses, 2013. p.173).

no interior de um sistema que contém regras estabelecidas de produção de normas jurídicas (esquema). A linguagem formal é o instrumento convencionado que delimita da maneira mais precisa possível o funcionamento do sistema. À definição de conceitos e à percepção, é essencial a versão linguística que será capaz de, no plano processual, transmudar os eventos em fatos. A incidência, que pressupõe a atuação de um órgão autêntico, deve expressar analiticamente a estrutura das normas envolvidas.[233]

A persecução penal se dá por um encadeamento de atos processuais ou procedimentais. Esses são atos jurídicos em sentido amplo e, por serem jurídicos, exigem base fática e incidência normativa (facticidade jurídica). Antonio Saccone, enfrentando tal ângulo, anota que o escopo de acertamento (processo de conhecimento) e de execução (processo de execução penal) da norma jurídica somente deve ser realizado mediante progressiva atividade de determinados órgãos que atuam no processo, a fim de que este alcance seus objetivos. Realça que "il processo quindi è una serie o un sistema di atti", explicitando que "gli atti che constituiscono il processo nel senso, che fu ora detto, sono essenzialmente atti giuridici". A juridicidade do ato decorre do fato da geração de efeitos jurídicos no processo, "cioè la costituzione, la modificazione, o l'estinzione di

233. Na lição de Aurora Tomazini de Carvalho, "o estudo de seu plano sintático, que tem a Lógica como forte instrumento, permite conhecer as relações estruturais do sistema e de sua unidade, a norma jurídica. O ingresso no seu plano semântico possibilita a análise dos conteúdos significativos atribuídos aos símbolos positivados. É nele que lidamos com os problemas de vaguidade, ambiguidade, e carga valorativa das palavras e que estabelecemos a ponte que liga a linguagem normativa à conduta intersubjetiva que ela regula. E, as investidas de ordem pragmática permitem observar o modo como os sujeitos utilizam-se da linguagem jurídica para implantar certos valores almejados socialmente. É nele que se investiga o manuseio dos textos pelos tribunais, bem como questões de criação e aplicação de normas jurídicas" (CARVALHO, Aurora Tomazini de. *Curso de teoria geral do direito*: o construtivismo lógico-semântico. 2. ed. São Paulo: Noeses, 2010. p.135).

un rapporto giuridico, cioè di un potere o di un obbligo ed eventualmente di un diritto"[234].

2.7.5.1 *O ato processual imperfeito e o momento do seu reconhecimento: investigação preliminar versus processo penal*

O vício processual é sinônimo de defeito processual. É termo que refere a ato processual (praticado no curso do processo) ou a ato procedimental (praticado durante investigação preliminar). Caracteriza-se pela incidência deficiente da norma jurídica que não se acomodou ao modelo regrado pelo ordenamento jurídico. O vício é o suporte fático para a norma jurídica que o classifica, no curso de processo penal, como irregularidade, nulidade relativa, nulidade absoluta ou inexistência.

Na tradição doutrinária e jurisprudencial brasileira, colhe-se que quando se está diante de inquérito policial ou de outra investigação preliminar, o termo "nulidade" para rotular o vício procedimental não é geralmente aceito. No inquérito policial, há atipicidade (nulidade em sentido amplo) que, a seu turno, poderá ser ilicitude em sentido estrito (desatendimento de norma de direito material) ou ilegitimidade (ofensa a norma de direito processual).

As consequências, contudo, serão fixadas na norma jurídica que decorre daquela que categorizou o defeito, considerando o limbo pragmático que pode variar desde a invalidade de ato procedimental (ofensa a enunciado de direito procedimental) até o desentranhamento de uma prova ilícita (ferimento à disposição de direito material) superveniente à invalidação do ato processual que a admitiu.

A questão terminológica específica para o inquérito não deixa de encobrir a dificuldade prática de se controlar

---

234. SACCONE, Antonio. *Nulittà e decadenze nella procedura penale e con particolare riguardo al ricorso per cassazione*. [Collezione di opere giuriche ed economiche]. Roma: Athenaeum, 1918. p.6-7.

a atividade policial ou investigativa. É necessária melhor regulamentação das investigações preliminares, evitando que peças de informação constituídas sem atendimento de regras mínimas sirvam ao embasamento do inquérito e de ulteriores processo e condenação penal. Salah Khaled, levando em conta tal problema, adverte que "o inquérito policial muitas vezes integra – ainda que de forma velada – a formação da dimensão do saber", como um autêntico "monumento", visto sob o viés institucional.

O autor enxerga no inquérito policial uma forma institucional de seleção documental apto a dar um recorte deformado da realidade, sendo assim "uma verdadeira homenagem ao exercício arbitrário do poder punitivo", porquanto é "monumento travestido de documento", cuja formação acontece "sem o devido contraditório, exigência de uma peça investigatória característica de um regime democrático". Daí se posicionar o jurista, coerentemente, no caminho de que o inquérito policial "não tem a virtude de constituir o rastro em prova, visto que não há atividade de correção alguma das meras evidências por ele coletadas, em função da ausência do contraditório"[235].

O termo "nulidade em sentido amplo" é útil por abranger tanto os vícios de atos processuais, como as atipicidades de atos procedimentais realizados no curso de investigação preliminar. A vantagem é tornar efetivo o controle de juridicidade das investigações, a fim de que este não fique somente no plano retórico (manipulativo). O controle externo da atividade policial, aliás, é função institucional do Ministério Público, a teor do art. 129, inciso I, da Constituição de 1988.

A problemática da falta de controle da atividade investigativa também desperta a atenção para o problema

235. KHALED JR, Salah H. *Ambição de verdade no processo penal*: desconstrução hermenêutica do mito da verdade real. Salvador: Juspodivm, 2009. p.246-247.

enfrentado por Geraldo Prado sobre "a quebra da cadeia de custódia das provas obtidas por métodos ocultos"[236], eis que pode prejudicar o conhecimento do fato, pela destruição imediata de suportes técnicos e relatórios resultantes de operação sigilosa, a exemplo do deferimento de interceptações telefônicas, toda vez que aquelas forem estranhas ao objeto da investigação, com ou sem sua inutilização subsequente (art. 9º, parágrafo único, Lei nº 9.296/1996).

Esse cuidado aludido pelo jurista tem o fito de também enfatizar, sob outro prisma, a necessidade de exposição analítica da construção probatória. Esse proceder converge à explicitação da incidência da norma jurídica na formação da prova, cumprindo o requisito fundamentador das decisões jurídicas. A argumentação, alusiva às provas processuais, pode ser estendida aos elementos informativos do inquérito, com as cautelas necessárias à preservação do contraditório e à oposição de limites à indesejada extensão dos efeitos condenatórios do inquérito policial.

Para coibir atipicidade que afeta gravemente garantias fundamentais constitucionais, o momento de seu reconhecimento não deve se restringir à fase processual penal. A nulidade *lato sensu* (vício) terá ocorrido, sendo suficiente à construção de sua estrutura normativa classificatória. Uma vez constatada a nulidade absoluta, estará constituída a condição normativa prévia à aplicação do consequente normativo, com a invalidação do ato incorporador da prova ilícita e com a declaração de seu expurgo da persecução penal, inclusive no curso do inquérito policial, quando o juiz deve atuar como garantidor da juridicidade das formas da investigação (arts. 3º-A; 3º-B[237], CPP).

---

236. PRADO, Geraldo. *Prova penal e sistema de controles epistêmicos*: a quebra da cadeia de custódia das provas obtidas por métodos ocultos. São Paulo: Marcial Pons, 2014. p.51.

237. Conquanto seja vedado ao órgão autêntico substituir o Ministério Público em sua atuação probatória, a estrutura acusatória do processo penal brasileiro

2.7.5.2 *A incidência de normas jurídicas e a distinção entre ato processual típico e ato processual atípico*

O fenômeno da nulidade se dá no espaço de um sistema formado por elementos que disciplinam a produção de normas individuais e concretas[238]. O ponto de partida para a produção normativa de nulidade processual penal é uma norma com incidência deficiente documentada em um ato processual atípico. O ato processual atípico é aquele que se afastou do modelo jurídico preconizado pelo sistema jurídico. É o ato atípico o objeto causador da atividade judicial constitutiva da nulidade.

A atipicidade é o pressuposto de fato para que incida a norma jurídica que a declara. Seguidamente a essa proposição antecedente, o juiz deve especificar, por declaração, a tipologia da nulidade. Estrutura-se, por completo, a atipicidade, com a edição da norma jurídica que tem, como antecedente, a constituição declarativa do defeito e, como consequente, a classificação correspondente.

Cuida-se de emissão de norma individual e concreta que não apaga o vício documentado no ato processual objeto da produção nulificadora. Aquele ato, a sua vez, também retrata uma norma individual e concreta, cuja incidência se deu de forma imperfeita. A edição da norma que torna

---

compreende o poder instrutório do magistrado para, ao cabo da instrução, dirimir dúvida relevante sobre o mérito (STF – Pleno – STF – ADI 6298/DF – Rel. Min. Luiz Fux – 24 ago. 2023).

238. Antonio Saccone, elucidando tal peculiaridade normativa no direito italiano, observa "é connaturale all'idea di requisiti ai quali l'atto deve rispondere affinchè l'effetto previsto dalla norma, che lo disciplina, si produca. Invero l'atto intanto è giuridico in quanto è posto come fattispecie di una norma giuridica; in altri termin, in tanto um'atto può produrre effeti giuridici in quanto corrisponda al tipo di atto al qual ela norma assegna quegli effetti: ora in atto concreto corrisponde a un tipo astratto quando possiede i requisiti che di quel tipo constituiscono i limiti" (SACCONE, Antonio. *Nulittà e decadenze nella procedura penale e con particolare riguardo al ricorso per cassazione*. [Collezione di opere giuriche ed economiche]. Roma: Athenaeum, 1918. p.8).

certa a atipicidade tem o condão de constranger dogmaticamente o juiz a constituir uma segunda norma jurídica, destinada a aplicar o efeito jurídico devido. Cuida-se de implicação que se liga à espécie da nulidade enquadrada[239].

Enquanto o ato processual típico se adequa ao modelo jurídico, o ato processual atípico dele se afasta. Entrementes, para que se afirme atípico um ato da persecução penal, não basta a suposta existência de vício. O simples defeito não ultrapassa o plano dos fatos relativamente à etapa de controle da licitude dos atos processuais. Indispensável que haja cognição judicial sobre a questão, para que seja assentada a declaração de atipicidade, constitutiva, dessa maneira, da nulidade.

2.7.6 A dualidade normativa que decorre de defeitos constatados na persecução penal estatal e a coerência do conteúdo dos vocábulos

A estrutura das normas em torno do fenômeno da nulidade em sentido amplo é dotada de composição dúplice. A primeira é reconhecedora do vício e definidora de sua espécie. A segunda declara a constituição ou a desconstituição dos efeitos jurídicos aplicáveis ao tipo da deformidade.

Diante da possibilidade do ato declarado viciado permanecer nos autos, seja pela convalidação, seja pela constituição de sua invalidação, é possível dizer que a desconstituição dos efeitos do ato é retratada por outro ato que, a seu turno, constitui uma declaração.

---

239. Julio Maier tem posicionamento semelhante sobre a aparição de um dever jurídico ao juiz que inicia a produção de uma norma individual e concreta, conquanto não se valha dos mesmos termos. Aviva, a propósito, que "la expresión norma há traducido históricamente siempre una exigência de comportamento humano – el Sollen siempre ha indicado un deber de actuar u omitir a la manera de la primera cópula de las normas de deber – y, por ello, no se acomoda muy bien a la descripción de potestades o facultades, al concepto de normas potestativas" (MAIER, Julio B. J. *Función normativa de la nulidad*. Buenos Aires: Depalma, 1980. p.123-124).

Deveras, o controle judicial do ato processual penal ilícito é realizado pela construção de outras normas jurídicas que, ao cabo, têm o condão de declarar uma constituição de efeitos jurídicos (convalidação) ou uma desconstituição de efeitos jurídicos (invalidação). Esse controle é efetivado por meio de edição de normas individuais e concretas que recaem sobre outra, anterior e com incidência deficiente, no bojo do sistema de nulidades.

2.7.6.1 A relação normativa entre atipicidade processual penal (classificação) e providência consequente

Entre uma norma jurídica antecedente e uma norma jurídica consequente há uma relação de implicação de natureza modalizada (dever-ser deôntico, que não se dirige somente à desconstituição de um ato, podendo, ao revés, conservá-lo). Com efeito, a depender da classe de nulidade, a providência consequente variará, apresentando-se como invalidação, convalidação ou saneamento. É possível agregar outros efeitos, a exemplo do desentranhamento da prova ilícita, com a sua inutilização, e a modulação dos efeitos da invalidação para abranger somente alguns atos processuais.

Por outro lado, no âmbito intranormativo de cada norma jurídica em torno do fenômeno existem dois preceitos, o primário e o secundário. Entre um e outro o dever-ser é neutro, sem aquela variação dos modais permitido (refazer o ato viciado), obrigatório (manter o ato atípico) e proibido (modificar o ato defeituoso), decorrente da classificação da deformidade consignada no preceito secundário da primeira norma jurídica. No interior da norma, portanto, tem lugar um juízo implicativo não modalizado, ou seja, com único teor que decorre necessariamente da descrição do seu preceito primário.

2.7.6.2 Invalidação, convalidação e sanação (sanatória) como rótulos da pragmática da norma jurídica consequente

A imposição da norma-sanção deve sempre ser declarada no processo para se constituir. A invalidação é a declaração da desconstituição dos efeitos jurídicos do ato processual penal viciado. A convalidação é a declaração de conservação dos efeitos jurídicos do ato levemente defeituoso. O saneamento (sanação ou sanatória) é o desfazimento daqueles efeitos, porém seguido da edição de um novo ato, com nova incidência da norma jurídica que o determina, porém de forma perfeita.

Para a escolha dessas consequências, a limitação da contingência deve ser realizada pela classificação do vício. Esse o papel que deve ser concretizado quando da expedição da norma jurídica antecedente, que reconhece a nulidade em seu preceito primário e declara a sua espécie em seu preceito secundário. O uso de base enunciativa empírica supedaneada constitucionalmente é importante para o melhor controle da licitude da persecução penal estatal.

Os rótulos que retratam o preceito secundário da norma jurídica consequente (invalidação, convalidação e sanação), demonstram o cariz possibilista da atividade de resolução dos vícios processuais (pragmática). Os espaços cinzentos, gríseos, de penumbra, entre a aplicação de uma categoria e outra, dão relevo a essa característica pragmática, a ser contornada através da retórica (fundamentação consistente a partir de conceituação dos elementos do sistema), para limitar o subjetivismo (decisionismo judicial). A precisão no uso dos termos e a definição uniforme dos significados de cada um deles são indispensáveis, dentro de um prisma convencionalista.

Malgrado a doutrina perceba a dificuldade que envolve a escolha dos termos, nem sempre adota opção que facilite a praxe e se adeque aos julgados dos tribunais superiores. Jorge Coutinho Paschoal, por exemplo, pondera que tratar invalidade e nulidade como termos sinônimos deságua em imprecisão. Adverte, desse modo, que há, de fato, "certa confusão no que concerne à demonstração entre o âmbito das nulidades e o das invalidades. Com efeito, é costume descrever o ato nulo como sendo inválido, o que – não obstante as opiniões contrárias – não está errado, já que a nulidade constitui uma espécie de invalidade"[240].

O autor não põe ênfase na perspectiva normativa, necessária à atuação judicial. A aposição de qualificativo ao ato viciado envolve, ao menos, três normas jurídicas. A primeira com a edição do ato processual penal defeituoso. A segunda com o dever do juiz de categorizar a atipicidade. A terceira norma que se dirige ao juiz para lhe comunicar o dever de expurgar do processo os efeitos do ato viciado, conforme a classe de nulidade por ele decretada[241].

Afastando-se do centro normativo para explicar o fenômeno nulificador, Jorge Coutinho Paschoal segue concepção de nulidade enquanto sanção. Aviva que "apesar de a equiparação entre nulidade e invalidade não estar equivocada, deve ficar claro que nem toda invalidade constitui nulidade, pois nem sempre aquela implicará, se for possível, a (re)novação compulsória do ato[242].

240. PASCHOAL, Jorge Coutinho. *O prejuízo e as nulidades processuais penais*: um estudo à luz da jurisprudência do Supremo Tribunal Federal e do Superior Tribunal de Justiça. Rio de Janeiro: Lumen Juris, 2014. p.235.

241. Constatação semelhante pode ser inferida da conclusão de Julio Maier: "Es preciso comprender también que la nulidade es un concepto o categoría jurídico, representativo de la declaración de invalidez de un acto para producir ciertos efectos jurídicos, y, por ende, no predica ni significa la inexistencia del acto (categoria perteneciente a outro mundo), como si él no se hubiera realizado. Curiosamente, en la práctica jurídica se ha aceptado erroneamente que el acto desaparece cuando, en realidad, lo que se quiere significar es que carece de ciertos efectos que tuvo en miras o que pretende quien lo realizó, incluso, ordinariamente, no de todos los efectos (o consecuencias jurídicas) porque el acto sigue existiendo pese a la declaración de nulidad" (MAIER, Julio B. J. *Función normativa de la nulidad*. Buenos Aires: Depalma, 1980. p.141).

242. PASCHOAL, Jorge Coutinho. *O prejuízo e as nulidades processuais penais*: um estudo à luz da jurisprudência do Supremo Tribunal Federal e do Superior Tribunal de Justiça. Rio de Janeiro: Lumen Juris, 2014. p.235.

Como se depreende, invalidade e nulidade não são termos utilizados uniformemente no direito processual penal.

2.7.6.3 A expressão 'regra de calibração' como instrumento justificador do viés possibilista das atipicidades processuais penais

O aspecto possibilista das nulidades autoriza o desvio da consequência jurídica esperada de um antecedente normativo. A 'regra de calibração' é exceção normativa que designa permissivo de construção de norma jurídica secundária ou preceito-tese diverso daquele que decorreria normalmente.

Considere-se, por exemplo: se a classe da atipicidade se enquadrar na categoria nulidade absoluta, por ferir elemento essencial de ato processual penal, a consequência de invalidação deverá ser constituída no preceito secundário da segunda norma. No entanto, a regra de calibração, sufragada pelo sistema, pode desviar a consequência que seria admissível (invalidação), prevendo caso de convalidação. Em outras palavras, hipóteses de nulidade absoluta cominada por lei, cujo prejuízo a direito processual da parte é presumido, pode, por instrumento enunciador contemplado pelo sistema, consentir, excepcionalmente, a convalidação do ato.

Essa técnica torna plausível classificar os vícios de acordo com a gravidade intrínseca do defeito relativamente ao ato violado (ou não realizado) ou ao seu elemento afetado (ou omitido). Circunstâncias externas ao ato ou à incidência da norma jurídica que é documentada por ele são estranhas à classificação da nulidade enquanto defeito processual. O que alterar a lógica deôntica da estrutura da norma jurídica não afeta a classe da nulidade. Essa amplitude de possibilidades é assegurada por regras de calibração, para conferir justeza ao resultado normativo, no bojo do caráter pragmático do cálculo normativo.

Sem embargo, a aplicação da regra de calibração só deve acontecer se houver compatibilidade com a Constituição. Pode-se afirmar que não será admitido seu uso quando a evitação da consequência jurídica invalidadora implicar mitigação do núcleo de direitos processuais penais dispostos no rol das garantias fundamentais, com afronta aos pilares do sistema acusatório. Então, exigência prévia para a incidência da regra de calibração é a de que sua aplicação não deságue em inconstitucionalidade.

É de Tercio Sampaio Ferraz Júnior a fonte da definição do conceito de regra de calibração. O autor aponta que a norma jurídica é caracterizada pela sua imperatividade, retratada pela "relação de calibração" entre o aspecto-cometimento de uma norma jurídica e o aspecto-cometimento de outra. Note-se que o aspecto-relato representa o caráter dialógico de comunicação que se dá entre o intérprete e o caminho disposto nos enunciados abstratos. É o espaço onde se centra a pragmática do discurso normativo, ou seja, é o modo pelo qual a norma jurídica se adequa à modificação estatuída por enunciado que sufraga, em uma etapa posterior, o desvio do consequente que seria geralmente previsível. A justificativa, retórica, é de estabilidade do sistema, assegurando a coerência e a autoridade do direito vigente[243].

A distância dessa concepção, apta a centralizar a interpretação dos enunciados processuais penais na finalidade de proteção à liberdade, relativamente à que defende Afrânio Silva Jardim, é de grau ou, em certos pontos, de índole quase aparente. De um lado, os limites estreitos da incidência de regra de calibração devem se conformar à delimitação da possibilidade de interferência na liberdade humana. De outro, a incidência do *jus puniendi* deve respeitar os parâmetros constitucionais.

243. FERRAZ JÚNIOR, Tercio Sampaio. *Teoria da norma jurídica*: ensaio de pragmática da comunicação normativa. 4. ed. Rio de Janeiro: Forense, 2009. p.131.

Afrânio Silva Jardim pondera que há radicalismo liberal quando se valoriza exageradamente o sistema acusatório puro (adversarial norte-americano), apostando na ineficiência do processo penal. Nessa ótica, o jurista aduz que sempre entendeu "o processo penal como sendo um instrumento democrático de que se vale o Estado para aplicar a lei penal ao caso concreto, respeitando os valores cunhados pelo processo civilizatório, muitos deles retratados, na Constituição", tais como os direitos fundamentais. Nessa senda, assegura que "punir quem merece ser punido é um valor a ser buscado no processo penal. Entretanto, não é valioso punir a qualquer preço"[244].

Veja-se que, embora com outra argumentação, Afrânio Silva Jardim situa o respeito aos direitos fundamentais, como condição intransponível para o cumprimento da finalidade punitiva do direito criminal. Essa ideia vem ao encontro da necessidade de controle de constitucionalidade de regras infraconstitucionais, especialmente daquelas regras de calibração instituídas para desviar a consequência normativa que seria esperada a partir da constatação de uma nulidade, no aspecto antecedente da norma jurídica.

Seguindo explicação de Tercio Sampaio Ferraz Júnior sobre as regras de calibração, vê-se que a sua imperatividade está precisamente localizada na estabilização da definição dos aspectos-cometimento de normas diversas. Calibração é regulagem de enunciados que informam as possibilidades implicadas no espaço da relação normativa, consideradas as variações possíveis.[245] O fito precípuo é dar racionalidade às decisões jurídicas de invalidação ou de convalidação de atos processuais atípicos naquelas hipóteses que se distanciam do modelo rígido antecedente-consequente. Tal

244. JARDIM, Afrânio Silva. Prefácio. In: MASSON, Cleber; MARÇAL, Vinicius. *Crime organizado*. Rio de Janeiro: Forense, 2015. p.8.

245. FERRAZ JÚNIOR, Tercio Sampaio. *Teoria da norma jurídica*: ensaio de pragmática da comunicação normativa. 4. ed. Rio de Janeiro: Forense, 2009. p.133.

desvio é explicado, por parte da doutrina, como fenômeno da relativização das nulidades processuais.

Entrementes, é de ver que a quebra da consequencialidade normativa nulificadora encontra seu teto no texto da Constituição que delineia o modelo de processo penal limitador do direito punitivo estatal. A análise aqui desenvolvida refuta a possiblidade de relativização de nulidades absolutas, mormente quando se vê que essa flexibilização, desprovida de critérios objetivos, amplia demasiadamente a contingência (aumento do poder discricionário judicial) e desconsidera a necessidade de maior rigor na adoção de uma linguagem formal, conceitual, dos elementos identificadores das nulidades processuais penais.

O limite à *autopoiesis* normativa do sistema das nulidades processuais penais é, portanto, não só o texto legislativo processual penal. Mais importante que a enunciação legislativa é a delimitação do centro de proteção dos direitos individuais. A justificativa desse proceder é inferida pelo fato de que o aumento da aleatoriedade na tomada das decisões, em razão da relativização das nulidades, acaba por flexibilizar, indevidamente, as garantias fundamentais.

O limite constitucional para a justificação retórica do desvio da consequência jurídica normal é indispensável à relação de pertença da norma individual e concreta produzida no interior do sistema jurídico-processual. Coloca-se o direito processual penal de acordo com o escopo maior de imposição de contornos punitivos ao Estado, a fim de que sejam respeitadas as regras do jogo.

Essas disposições têm natureza direta ou indireta de normas de primeira geração, levando em consideração o ponto de vista que de que aquelas servem de escudos que traçam os trilhos para a aplicação do direito penal. A efetividade do direito criminal é alcançada pela obediência às formas. Sem respeito às molduras construídas por bases empíricas definidas como direito vigente, cede-se lugar ao subjetivismo.

O ponto de aproximação entre o defendido por Afrânio Silva Jardim e a estruturação normativa, com supedâneo no constructivismo lógico-semântico, é encontrado na afirmação do jurista: não é constitucional "punir a qualquer preço"[246].

O acatamento simples às regras jurídicas, ainda que no plano mais próximo do teor literal, já seria um grande avanço para o respeito aos direitos dispostos na Constituição. Todavia, não raras vezes é constatado decisionismo, com produção de normas individuais e concretas sem que sequer sejam encontradas justificativas em fragmento de enunciado legislativo ou constitucional. Cabível então a advertência: a vontade do aplicador não deve suplantar os lindes do sistema.

Sem embargo, note-se que é condição (prévia) à imposição das disposições sancionadoras de um delito (o crime é negação do direito, sob dado prisma), que também os órgãos da persecução penal não neguem vigência ao direito que estabelece aquelas condições.

O respeito à forma, como se compreende, não deve ser desprezado, não sendo admissível a construção de regras de calibração com o condão de legitimar a violação a direitos fundamentais. Isso significa dizer que, caso não seja observado estritamente o modelo jurídico, deve o sistema entrar em funcionamento para impor medidas de controle aos atos da persecução penal que incorram em nulidade.

O valor da legalidade, alçado ao patamar de axioma por Luigi Ferrajoli,[247] deve ser estritamente atendido para que o procedimento alcance resultados aceitáveis. A reação ao

246. JARDIM, Afrânio Silva. Prefácio. In: MASSON, Cleber; MARÇAL, Vinicius. *Crime organizado*. Rio de Janeiro: Forense, 2015. p.8-9.

247. FERRAJOLI, Luigi. *Direito e razão*: teoria do garantismo penal. Tradução: Ana Paula Zomer Sica; Fauzi Hassan Choukr; Juarez Tavares; Luiz Flávio Gomes. São Paulo: RT, 2006. p.521-525.

delito é de ser, portanto, implementada por meio de controle rígido, em face do direito de liberdade que torna peculiar a interpretação do direito processual penal.

Essa ponderação encontra alguma relação com o que Afrânio Silva Jardim averba ao pontificar que o processo penal não pode ser "um obstáculo injustificado à aplicação da lei penal", devendo, todavia, ser condicionada "à proteção dos direitos individuais que, embora históricos, são quase que universais". Para o jurista, "a própria democracia precisa, para a sua manutenção, de que as instituições funcionem de forma eficaz"[248].

2.7.6.4 Sentido da noção de regra de calibração legal e as técnicas de controle difuso de constitucionalidade

Regra de calibração não pode ofender a Constituição. Caso incida em construção de norma incompatível com a Lei Maior, haverá contradição intrassistemática. Isso porque aquela disposição de regulagem é norma destinada a manter a estabilidade do sistema, garantindo a estruturação das fontes do direito e a produção normativa em conformidade com os elementos estruturais do sistema jurídico.

Regra de calibração legal é expressão referente aos enunciados do direito positivo que visa a estipular exceção para casos de nulidade cominada (nulidade absoluta), cuja tipificação é depreendida diretamente do texto (hipóteses do art. 564, incisos I, II e III, do CPP). O art. 572, do Código, é exemplo de base empírica que serve à edição daquela espécie de norma, máxime porque intenta excepcionar a consequência de invalidação que deveria decorrer da dicção nulificadora.

---

248. JARDIM, Afrânio Silva. Prefácio. In: MASSON, Cleber; MARÇAL, Vinicius. *Crime organizado*. Rio de Janeiro: Forense, 2015. p.9.

Esse enunciado legal propõe a convalidação dos defeitos previstos nas letras "d", "e" (segunda parte), "g" e "h", do inciso III, do art. 564, do CPP. A classe desses vícios é de nulidade absoluta: não porque diga o texto legal, eis que de fato não distingue as classes de atipicidades, mas porque há, na própria lei, o relato de que ocorrerá nulidade. A cominação de nulidade é um dos critérios para certificar a essencialidade do ato ou de seu elemento atingido pelo defeito.

Voltando ao art. 572, do CPP, vê-se que ele dita a sanação (*rectius*: convalidação) da nulidade para os casos descritos nas alíneas que menciona (art. 564, III, 'd' e 'e', segunda parte, 'g' e 'h'): (1) falta de intervenção do Ministério Público em todos os termos da ação por ele intentada e nos da intentada pela parte ofendida, na ação privada subsidiária da pública; (2) falta de concessão de prazos à acusação e à defesa; (3) omissão de intimação do réu para a sessão de julgamento, pelo Tribunal do Júri, quando a lei não permitir o julgamento à revelia; e (4) omissão de intimação das testemunhas arroladas no libelo e na contrariedade, nos termos legais.

As hipóteses que autorizam a convalidação são sintetizadas nos princípios da preclusão temporal (quando não arguidas, em tempo oportuno), da finalidade (quando, praticado por outra forma, o ato tiver atingido o seu fim) e da anuência (se a parte, ainda que tacitamente, tiver aceitado os seus efeitos). Para as nulidades que não comportarem a convalidação, o Código preconiza a supressão de efeitos do vício e o refazimento do ato processual penal (saneamento), seja total (renovação), seja parcial (retificação), a teor do seu art. 573.

Ingressa, nesse ponto, o manejo das técnicas de controle de constitucionalidade. Veja-se que o art. 572, do CPP, não é desprovido de utilidade. Muito pelo contrário, o seu enunciado não padece, em si, de inconstitucionalidade, podendo-se considerar, ao menos em parte, recepcionado pela Constituição de 1988. Isso porque é possível vislumbrar alguma aplicação constitucional das normas construídas a partir do seu texto bruto. Aliás, na parte que aponta o inciso IV, do art. 564, do Código, que se reporta a qualquer outro vício que importe ofensa a elemento essencial de ato processual, o enunciado não ofende, a princípio, direitos individuais.

Como o inciso ora apontado não consiste em nulidade cominada, a disposição mais se ajusta à hipótese de nulidades relativas, cujo elemento essencial defeituoso do ato não está, direta ou indiretamente, contrário a conteúdo constitucional. A regra de calibração pode incidir de acordo com o permissivo legal, sem ofensa à estrutura estática do sistema.

Por outro lado, toda vez que a aplicação das disposições importar construção de norma que mitigue, sem permissão jurídica vigente, os direitos processuais penais constitucionais, deve o intérprete realizar controle de constitucionalidade, com o objetivo de declarar a inconstitucionalidade de certo significado normativo defluente de regra de calibração ou de declarar a constitucionalidade de outro (interpretação conforme a Constituição ou nulidade parcial sem redução de texto – técnicas que, no magistério de Robson Maia Lins, não implicam alterações quaisquer no texto de lei ou na lei, eis que incidem sobre normas jurídicas[249]).

Em suma, o desvio da consequência jurídica cabível, em face da incidência de regra excepcional (de calibragem), só pode acontecer se aquele não importar menor eficácia a direito fundamental protegido pela regra infraconstitucional, a exemplo do exercício amplo da garantia de defesa. Em outros termos, regra de calibração não deve relativizar nulidades essencialmente absolutas. Admitir o contrário é incorrer em interpretação incompatível com a Constituição. Veja-se que o objeto de controle é um ato processual

249. LINS, Robson Maia. *Controle de constitucionalidade da norma tributária*: decadência e prescrição. São Paulo: Quartier Latin, 2005. p.50-51.

penal atípico, que representa a incidência imperfeita de uma norma individual e concreta.

A convalidação de um ato defeituoso dessa espécie, por meio de incidência de regra de calibração pode acontecer se: (1) a essencialidade afetada não for acompanhada de relato de nulificação pelo próprio texto legal; (2) conferir maior efetividade a direito de natureza constitucional; e (3) não diminuir a eficácia de direito fundamental constitutivo do núcleo processual penal.

2.7.6.4.1 Admissibilidade de regras de calibração de natureza jurisprudencial

Problema mais delicado é saber se são admissíveis regras de calibração instituídas pelo Poder Judiciário. Vale dizer, nesses casos, o órgão autêntico, apreciando caso concreto, dá contornos transcendentes ao julgado, a fim de que sirva de parâmetro para o futuro. Trata-se de algo semelhante a um precedente, porém com modo de formulação mais singelo. É, neste ponto, que reside maior complicação.

Essa atividade de edição de precedentes, de súmulas, de súmulas vinculantes e de temas com fixação de teses finda por tornar o sistema híbrido, similar a um realismo jurídico, porém muito peculiar. O inconveniente é a dificuldade de se precisar o enunciado vigente e aplicável à hipótese, o que se agrava pela falta de uniformidade de conceitos e de critérios para a edição dos textos. Daí a importância de bem definir as fontes do direito processual penal.

A jurisprudência vem sendo cada vez mais incluída entre as fontes. Todavia, dos enunciados possíveis, o maior destaque é para os verbetes da Súmula Vinculante. Os seus critérios de construção devem ser observados. Caso contrário, a instituição de regras de calibração por este instrumento deverá estar sujeita a controle de constitucionalidade, do mesmo modo daquelas postas em textos legais.

2.7.7 A distinção das categorias de nulidades fundada na iniciativa judicial e a penetração de critério sintático na semântica das nulidades processuais penais

Doutrina e jurisprudência têm, como sede comum, a distinção das nulidades conforme a possibilidade de reconhecimento de ofício, isto é, considerando a admissibilidade ou não de declaração do vício pelo juiz, independentemente de provocação. A forma de precisar a espécie de nulidade com base nessa verificação de admissibilidade é de ordem sintática: supõe-se que a permissão conferida ao órgão autêntico para reconhecer a atipicidade interfere na classificação da nulidade, em sua semântica.

Nesse contexto, a nulidade absoluta seria aquela que o juiz poderia reconhecer o defeito, independentemente de sua arguição pela parte interessada, enquanto a nulidade seria relativa quando ao juiz não fosse dada essa permissão. É o aspecto sintático da regra de competência interferindo no aspecto essencial do vício, em sua semântica. Essa penetração, contudo, não é apropriada à limitação do subjetivismo. Antes, fomenta o decisionismo e se afina com o direito privado, cuja disponibilidade do bem jurídico se distancia dos objetivos do direito processual penal.

Ademais, definir a nulidade absoluta ou relativa a partir da desnecessidade de arguição pela parte interessada aproxima a noção de nulidade daquela de sanção (invalidação).

Em suma, o critério não é bem adequado para reconhecer o vício e classificá-lo, deixando na penumbra o dever que o juiz criminal tem de prover a regularidade dos atos processuais em geral.[250] Os ditames do ordenamento

250. A relação estreita com o direito privado – diferenciando nulidade relativa e nulidade absoluta – é colhida da doutrina civilística italiana: "La nullità dell'actum prevista in antecipo e in abstrato dal legislatore, è, dunque, una sanzione dell'ordinamento statuale di fronte all'eventuale lesione del proprio interesse che si

jurídico não devem ser reduzidos a meras recomendações. A distinção entre interesses particulares e públicos para definir a categoria de nulidade é descabida também em razão da natureza eminentemente pública do exercício do *jus puniendi* frente ao *jus libertatis*.

2.7.7.1 Nulidades que dependem de provocação do interessado

A noção sintática de que existem nulidades que só podem ser reconhecidas mediante provocação do interessado não é critério certeiro para definição da espécie de vício. Geralmente, afirma-se que as nulidades relativas são aquelas que dependem de manifestação da parte interessada, mediante alegação oportuna, induzindo a crer que o juiz não poderia averbar nulidade relativa *ex officio*.

Por outro lado, existem casos de nulidade absoluta que também podem depender de provocação do interessado para que seja imposta sanção de invalidação, mormente quando presente regra que desvie a consequência jurídica que normalmente decorreria daquela classificação. É o exemplo inferido da Súmula nº 160, do STF, determinando ser "nula a decisão do tribunal que acolhe, contra o réu, nulidade não arguida no recurso da acusação, ressalvados os casos de recurso de ofício".

Na hipótese sumular, reconhecida nulidade absoluta no órgão julgador de instância *ad quem*, não deve ser aplicada a invalidação ao ato viciado, mormente se este favoreceu o acusado, e sem que o órgão acusador tenha suscitado a atipicidade expressamente. Incide regra preclusiva de calibração, tendente a quebrar a consequência normativa

---

verifichi per inosservanza, da parte del sogetto privato, delle norme confomatrici. Tale invalidità di carattere assoluto, purtuttavia, non esclude affatto la coesistenza di uma dúplice lesione di sfere diverse: quella dell'ordinamento statuale con quella di un ordenamento particolare" (PUCCINI, Lapo. *Studi sulla nullità relativa*. Milano: Giuffrè, 1967. p.157).

que decorreria normalmente do reconhecimento e da classificação da nulidade.

É, portanto, plausível concluir que a necessidade de provocação do interessado não pode constituir critério adequado à classificação do defeito processual, em virtude de ser possível, ao juiz competente, respeitados os limites materiais de tempo e de espaço, providenciar o refazimento de atos viciados, independentemente da classe em que se enquadrem. O fundamento para esse proceder é o ditado no art. 251, do CPP. Não é, pois, obrigatória a provocação do interessado para que o juiz criminal exerça o controle dos atos processuais penais atípicos.

Naturalmente, nulidades relativas e irregularidades se submetem mais facilmente a princípios preclusivos que fazem exaurir aquele poder judicial. Sem embargo, no processo penal, a regra de que a nulidade relativa não pode ser reconhecida de ofício não deve ter aplicação plena, porém dependente de vários fatores, reveladores do seu aspecto pragmático e possibilista.

2.7.7.2 Nulidades reconhecíveis ex officio pelo juiz

Geralmente, doutrina e jurisprudência associam a possibilidade de reconhecimento do vício *ex officio* pelo magistrado à categoria das nulidades absolutas. Por outro lado, as nulidades relativas são assim classificadas tendo como um dos critérios a necessidade de provocação do interessado para que o juiz as declare[251]. Tal distintivo entre

251. Esse ensinamento não é exclusividade brasileira. Na doutrina argentina, Luis María Desimoni e Ricardo Santiago Tarantini pontificam que "la nulidade absoluta aparece en las distintas legislaciones utilizando una fórmula común a casi todas ellas, la cual las tipifica: es la nulidade declarable de oficio en cualquier estado y grado de la causa, constituyendose em aquellas en que la sanción actua con mayor intensidad o severidad. El principio es que será nulo todo acto procesal cuyo efecto esté específicamente prescrito por la ley" (DESIMONI, Luis María; TARANTINI, Ricardo Santiago. *La nulidad en el proceso criminal*: doctrina y jurisprudência. Problemática del mercosur. Internacionalización del delito. Buenos Aires: Depalma, 1998. p.29).

essas classes de defeitos de atos processuais penais guarda inspiração no direito civil e processual civil.

Pelo que se argumentou no item anterior, a questão de ser a nulidade averbada ou não de ofício não é parâmetro suficiente para categorizar sua gravidade. O disposto no art. 251, do CPP, exara o relato ao juiz para que confira ao procedimento tramitação regular, sem distinguir a espécie de vício. De outro lado, a possibilidade de alegação de ofício é elemento externo ao ato processual penal defeituoso. Por último, as regras do direito privado não são assimiláveis ao direito criminal, haja vista que neste a matéria é atinente ao direito de liberdade.

Não fora de propósito, Claus Roxin, Gunther Arzt e Klaus Tiedemann alertam que, na seara dos atos processuais, "não vigoram – ou, em todo caso, não de forma direta – as regras jurídico-civis relativas à impugnação e à nulidade das declarações de vontade, à retroatividade, à representação e outras mais"[252]. Afinal, o ato processual penal deve ser sempre representado documentalmente, seja por escrito físico, por meio virtual ou por recurso audiovisual.

A incidência de normas que constituem o sistema processual penal não dispensa a intervenção do órgão autêntico, ainda que o ato processual seja iniciado pela parte. Por exemplo, a denúncia, enquanto manifestação volitiva do Ministério Público, só é reconhecida como ato processual depois de dirigida ao juiz (órgão autêntico) que, verificando a presença de seus requisitos legais, autoriza seu processamento.

Apontadas essas nuances, pode-se dizer que as nulidades absolutas são dotadas de força cogente maior, que se protraem no tempo do processo, permitindo mais facilmente seu reconhecimento pelo órgão judicial,

---

252. ROXIN, Claus; ARZT, Gunther; TIEDEMANN, Klaus. *Introdução ao direito penal e ao direito processual penal. Tradução*: Gercélia Batista de Oliveira Mendes. Belo Horizonte: Del Rey, 2007. p.226.

independentemente de provocação. No entanto, malgrado o vício classificado como nulidade absoluta não se submeta, como regra, às técnicas preclusivas, alguns óbices constitucionais se põem para que ela não seja reconhecida contra o acusado quando o Ministério Público deixar escoar o prazo recursal sem fustigar o vício de forma específica. É o teor do já aludido enunciado nº 160, do STF, que veda ao órgão com competência para apreciar o recurso da acusação, acolher, contra o réu, nulidade absoluta. Incidem, em conjunto, os princípios da coisa julgada, da preclusão progressiva em desfavor da acusação, do *favor rei* e do *ne bis in idem*.

Os casos de inexistência jurídica são, tais quais as hipóteses de nulidade absoluta, declaráveis de ofício durante o processo penal. No entanto, há um leque pragmático no âmbito dessa nulidade que consiste na possibilidade de reconhecimento de inexistência jurídica mesmo depois do suposto trânsito em julgado da sentença penal condenatória. Note-se que, para que tal seja possível, é necessário que estejam ausentes as condições estruturais para se afirmar juridicamente a coisa julgada.

Não sendo hipótese de inexistência jurídica, ocorrerá trânsito em julgado da decisão condenatória. Após esse evento, o caminho a seguir, diante de nulidade *lato sensu*, encampada pela deliberação definitiva com coisa julgada, é arguir a possibilidade de rescisão da sentença, por revisão criminal, cuja sistemática é diversa do regime das nulidades. Veja-se que o caso, diversamente, será resolvido por simples petição ou por interposição de *habeas corpus* quando o vício implicar inexistência jurídica, restabelecendo o processo encerrado sem a adequação de elemento estrutural[253].

253. A dificuldade de diferenciação entre o regime do ato nulo (antes do trânsito em julgado) e o do ato rescindível (após a formação de coisa julgada material) foi percebida por Claus Roxin, Gunther Arzt e Klaus Tiedemann, conquanto façam uso de termos com funções distintas das aqui convencionadas: "os critérios da eficácia ou ineficácia são fornecidos, em sua maioria, pelo Código de Processo Penal (p. ex., exigências formais, poder de representação), porém uma parte deles pode ser deduzida dos

De todo modo, deve ficar bem vincado que a inexistência jurídica é aferível, de ofício, pelo juiz. Para tanto, não é exigível contraditório prévio, notadamente diante de ilicitudes com o potencial de afetar o direito de liberdade do imputado (art. 5º, LXV, CF). Afinal, a nulidade processual é uma das formas de permanente constrangimento indevido causado à parte.

Como a inexistência jurídica pode constituir óbice à formação de coisa julgada, o seu efeito dilatório-procedimental pode autorizar a sua declaração mesmo após a certidão de trânsito em julgado que, porque baseada em pressuposto de fato inexistente juridicamente, carece de elemento estrutural.

A sua vez, a nulidade absoluta, albergada pela sentença condenatória ou de absolvição imprópria, com trânsito em julgado, só pode ser objeto de revisão criminal. A coisa julgada é ato processual rescindível. Na lição de Aroldo Plínio Gonçalves, "pontos diferenciais marcantes entre nulidade e rescisão sobressaem quando se examina não qualquer ato da cadeia do procedimento e, sim, a sentença especificamente considerada, como ato final do processo, em relação aos vícios que a tornam passível da declaração de nulidade, em confronto com os motivos de rescindibilidade da sentença". Em suma, os motivos que ensejam nulidade nem sempre coincidem com as razões de sua revisibilidade criminal[254].

---

princípios gerais do Direito. Este último terreno é problemático, complicado e controverso em suas particularidades, por exemplo, no que diz respeito à questão da possibilidade de serem as sentenças, enquanto atos de soberania estatal, ineficazes ou nulas; em caso afirmativo, se a ausência de uma denúncia ou a infração do princípio ne bis in idem torna a sentença nula, entre outras". Os autores exemplificam com o caso de vício de desistência de recurso interposto pelo acusado, que assim tenha procedido porque coagido pelo juiz: "se o prazo tiver expirado nesse ínterim, o trânsito em julgado da sentença pode ser afastado pelo restabelecimento do status [processual] anterior, nos termos do § 44 do Código de Processo Penal alemão" (ROXIN, Claus; ARZT, Gunther; TIEDEMANN, Klaus. *Introdução ao direito penal e ao direito processual penal*. Tradução: Gercélia Batista de Oliveira Mendes. Belo Horizonte: Del Rey, 2007. p.229).

254. GONÇALVES, Aroldo Plínio. *Nulidades no processo*. 2. ed. Belo Horizonte: Del Rey, 2014. p.67.

A nulidade relativa, também reconhecível de ofício, está sujeita a princípios preclusivos, em virtude de que em regra o defeito é de ordem acidental, que não interfere em direito constitucional.

Por fim, não é vedado ao juiz sindicar, de ofício, irregularidade, porquanto, a par do dever disposto no art. 251, do CPP, tem o poder e o interesse de manter a higidez dos atos processuais penais sob sua responsabilidade. O distintivo não se dirige propriamente ao poder do juiz de reconhecer e corrigir o vício singelo (irregularidade), mas qual o momento que, para ele, ocorre preclusão (*pro judicato*).

Em outros termos, no processo penal, é dever do juiz controlar a licitude de todos os atos processuais penais, independentemente da natureza da atipicidade, inclusive sem ser provocado, desde que tal poder não incorra em ativismo judicial violador do princípio acusatório inerente à estrutura acusatória do sistema (art. 3º-A, CPP). Isso porque deve ser proibida a atuação de ofício do juiz contra os direitos fundamentais do imputado, malgrado se tenha admitido essa possibilidade, antes ou depois de instaurado o processo penal condenatório (art. 3º-B[255], CPP), nos termos do art. 156, do CPP. O que há de discrímen, relativamente às classes, é uma maior limitação temporal para o juiz proceder a expurgação de efeitos dos defeitos acidentais, de ofício, na medida em que se verifique que a sua gravidade é mais reduzida.

2.7.8 Critério da cominação da nulidade para identificação de sua espécie e produção normativa

Cominação tem o significado de prescrição sancionatória, com previsão de ordem expressa em enunciado do direito positivo. É o relato de nulidade, dirigido ao juiz, conforme previsto na redação do artigo de lei ou mesmo

255. STF – Pleno – STF – ADI 6298/DF – Rel. Min. Luiz Fux – 24 ago. 2023.

no enunciado da Súmula Vinculante. Reconhece-se que o legislador não apõe palavras inúteis. Daí que quando um artigo da lei processual penal diz que "é nulo o ato", "ocorrerá nulidade" ou "serão anulados os atos", o defeito é de ser amoldável à categoria "nulidade absoluta". A consequência, consecutivamente, é a de produzir norma de invalidação do ato viciado (desfazimento dos seus efeitos) ou de saneamento (supressão da operatividade e edição de um novo ato, em substituição ao primeiro).

Essa conclusão evidencia que o artigo de lei não pode ser simplesmente afastado, sem justificativa plausível. Somente se autoriza excepcionar sua incidência por via de regra de calibração prevista no sistema, por intermédio de texto reconhecido como direito, valendo sublinhar que tal proceder não pode resvalar em inconstitucionalidade. Por outro lado, apenas se deve cogitar de nulidade cominada relativa se, de um lado, for verificada revogação tácita do enunciado que a prevê; ou se, de outro, houver inconstitucionalidade do dispositivo de referência. Sem essa possibilidade, a cominação de nulidade é de ser caracterizada como critério identificador da classe das nulidades absolutas.

2.7.9 A suposta exaustividade do catálogo de nulidades processuais penais

Duas vertentes se dividem sobre se as espécies de nulidades capituladas no art. 564, do CPP, seriam rol taxativo ou exemplificativo. Analisando os tipos de atipicidades descritas, nota-se que a maioria dos defeitos previstos no inciso III, daquele dispositivo legal, é referente ao procedimento do júri. Torna-se intuitivo, diante da diversidade de procedimentos processuais penais, que as deformidades estampadas na legislação são *numerus apertus*, sem possibilidade de constituir enumeração taxativa (*numerus clausus*).

As dificuldades nessa seara são conhecidas da doutrina. Vicente de Azevedo noticia que "costumam as legislações obedecer a dois critérios: ou declaram as nulidades em bloco, ou as declaram especificadamente. No primeiro caso estabelecem as regras, as normas que regem toda a matéria". Vale dizer, para se certificar acerca da validade de dado ato nesse sistema, basta cotejá-lo com os princípios aplicáveis. No que toca ao segundo caso, "o sistema é, por assim dizer, casuístico; enumera as formas e termos que se devem considerar essenciais".[256]

Ada Pellegrini, Antonio Magalhães Gomes Filho e Antonio Scarance Fernandes lecionam que são três os sistemas possíveis. O primeiro deles é o de que "todo e qualquer vício do ato leva à sua nulidade", com a adoção de maior abertura, e inferência indireta das atipicidades. O seguinte é o que considera nulo o ato processual "se a lei assim expressamente o declarar", relacionando diretamente os vícios possíveis. Já o terceiro é "o sistema da instrumentalidade das formas, distinguindo-se as irregularidades conforme sua gravidade e segundo o qual não se declara a nulidade se a finalidade do ato foi atingida e se não houve prejuízo para a parte. Os dois primeiros sistemas estão desautorizados pela moderna ciência processual".[257]

Anota Vicente de Azevedo que ambos os sistemas, o exemplificativo e o taxativo, apresentam desvantagens. O primeiro esbarra na dificuldade de apresentar "definição de formalidades de ordem pública com tal precisão que não ofereça margem para dúvidas, nem para ampliações exageradas". Já o segundo tem "o inconveniente comum de prever todas as hipóteses". Com essas observações,

---

256. AZEVEDO, Vicente de Paulo Vicente de. Nulidades no processo penal. *Revista Forense comemorativa – 100 anos*, tomo VII [direito processual penal], Afrânio Silva Jardim (org.), Rio de Janeiro: Forense, p.116, 2006.

257. GRINOVER, Ada Pellegrini; GOMES FILHO, Antonio Magalhães; FERNANDES, Antonio Scarance. *As nulidades no processo penal*. 12. ed. São Paulo: RT, 2011. p.26.

alvitra o autor que "o ideal será combinação de ambos: os primeiros artigos conterão as regras diretoras de toda a matéria; e a enumeração completará taxativamente o pensamento do legislador".[258]

2.8 Classificação construída pelo reconhecimento de pontos comuns do sistema

A descrição dos elementos normativos da estrutura nulificadora, procedida ao longo deste capítulo, permite propor a adoção de um critério unitário para a efetividade do controle dos atos processuais penais defeituosos. A atividade, realizada por intérprete autêntico, deve ser desenvolvida de acordo com as regras do sistema[259]. A teoria da nulidade no processo penal se constrói em compasso com os elementos que estruturam o sistema e de acordo com as fontes de produção e de cognição do direito processual penal[260].

Nesse âmbito, o instrumento de trabalho são as normas individuais e concretas, sejam elas as que são objeto de controle (com incidência deficiente), sejam elas as que realizam o controle dos vícios (incidência corretiva e eficiente). A teoria da nulidade no processo penal há de ser, portanto, uma teoria das normas individuais e concretas, cujo órgão competente para a sua produção pertence ao Poder Judiciário, no exercício de função atípica, considerada sob a ótica integradora do sistema pela introdução de normas jurídicas.

---

258. AZEVEDO, Vicente de Paulo Vicente de. Nulidades no processo penal. *Revista Forense comemorativa – 100 anos*, tomo VII [direito processual penal], Afrânio Silva Jardim (org.), Rio de Janeiro: Forense, p.116-117, 2006.

259. A concepção de sistema, de ordenamento jurídico e sua relação com a nulidade processual penal são desenvolvidas no capítulo 4.

260. No capítulo 3, são definidas as fontes do direito processual penal e sua importância à delimitação da produção das normas nulificadoras.

Importa, portanto, a elaboração de um cálculo normativo, isto é, a descrição de uma representação abstrata, que caracterize o que há de constante nas nulidades. Tal representação deve ser elaborada por meios de símbolos que constituam instrumento de trabalho, otimizador de resultados. Vale dizer, o cálculo normativo deve servir de padrão ao juiz competente para controlar a higidez dos atos processuais penais. O fim é oferecer melhores balizas à redução do espaço de dúvida, sempre sustentando o sistema nas bases enunciativas do ordenamento jurídico.

De tal modo, são pelo menos duas as normas jurídicas envolvidas no fenômeno nulificador. A primeira reconhece e classifica a nulidade, aferida em seu sentido largo. A segunda toma como pressuposto a classificação especificada na norma primária, para impor a consequência, o efeito jurídico. Note-se que são incidências posteriores, consecutivas, desencadeadas em razão da incidência anterior imperfeita de outra norma jurídica. Todas as normas incididas são representadas em atos processuais. São os atos processuais que documentam a incidência das normas individuais e concretas no curso da persecução penal.

2.8.1 Norma jurídica primária e a especificação das categorias de nulidade (em sentido amplo)

A convenção de que nulidade é o rótulo designativo de defeito, falha ou omissão de ato processual penal, requer que se especifique a gradação da falta, para melhor trabalhar com a questão do controle da licitude ou juridicidade da persecução penal. A abstração de particularidades é necessária ao estabelecimento de padrões. Opta-se por quatro categorias de vícios: a inexistência jurídica, a nulidade absoluta, a nulidade relativa e a irregularidade. Tais espécies devem se subsumir no gênero da nulidade *lato sensu*, situando-se na norma jurídica antecedente da estrutura nulificadora dúplice.

2.8.1.1 Inexistência jurídica

A inexistência jurídica se distingue da inexistência de fato, eis que aquela ingressa no campo da facticidade jurídica. Não é regulada expressamente pelos enunciados constitucionais ou legais, eis que estes se destinam ao que é reconhecível como jurídico. No entanto, esse tipo de vício, gravíssimo, não dispensa a atividade de controle do ato correspondente.

Esse ponto de vista, convencional, está situado sob ótica diversa da esposada por Aroldo Plínio Gonçalves, notadamente quando aduz que "quando se trata de nulidades, deve-se, necessariamente, conceber o ato com existência jurídica, pois, do contrário, seria impossível que elas pudessem incidir sobre ele".[261]

Note-se que a distinção entre inexistência jurídica e existência jurídica se situa na zona de transição da facticidade jurídica pela qual deve passar a existência de fato, pendente de incidência normativa[262]. Sob essa perspectiva, a inexistência jurídica é, por convenção, espécie de nulidade-fato.

De outro giro, o termo "falta" (*lato sensu*), descrito no art. 564, inciso III, do CPP, pode significar defeito (falha) ou omissão (ausência) que acomete elemento estrutural do ato processual penal. O vício constitui óbice à configuração mínima do ato para, conforme a finalidade para o qual foi editado, ser assim entendido pelo sistema. Não é diretriz segura, à sua verificação, a dispensa de instrumento (recurso específico) e de momento (prazo preclusivo) para assim ser permitido seu reconhecimento. Haverá nulidade

---

261. GONÇALVES, Aroldo Plínio. *Nulidades no processo*. 2. ed. Belo Horizonte: Del Rey, 2014. p.50.

262. CARVALHO, Paulo de Barros. *Direito tributário*, linguagem e método. 5. ed. São Paulo: Noeses, 2013. p.173.

de natureza implícita quando a omissão de ato estrutural causar a inexistência jurídica do processo.

Para certificação da inexistência de ato processual, os elementos atingidos, subjetivos (intrínsecos ou volitivos) ou objetivos (extrínsecos ou formais), devem ser estruturais à formação (criação) do próprio ato. Não deve ser critério aspecto externo à edição do ato, circunstanciais ou efeituais, como o fato de poder ser alegada a todo tempo ou mesmo poder ser levantada oralmente, por meio dos denominados "embargos auriculares", equivalente a uma simples advertência verbal ao juiz de que há um vício gravíssimo nos autos.

Daí que a prolação de decisão de prisão preventiva por um não juiz (funcionário ou conciliador) é inexistente juridicamente por lhe faltar elemento subjetivo estrutural necessário à constituição do ato. Também, a sentença condenatória assinada por juiz sob coação física é inexistente juridicamente porque aquela violência (*vis corporalis* ou absoluta) tem o condão de equiparar a ação perpetrada à ausência de conduta (falta de elemento subjetivo). O ato processual praticado por juiz impedido (proibido de exercer jurisdição) também é dito inexistente, pela carência de elemento subjetivo, inato à norma e ao ato judicial correlato. Por outro lado, a decisão condenatória sem parte dispositiva é carente de elemento objetivo que constitui óbice ao seu reconhecimento jurídico como sentença.

2.8.1.2 Nulidade absoluta

A nulidade absoluta é espécie de nulidade em sentido amplo que representa o vício ou a omissão do ato processual penal que afeta elemento essencial. Esse elemento é identificado como essencial por estar na Constituição ou por ser acompanhado de cominação de nulidade pela legislação, a exemplo do rol do art. 564, incisos I, II, III e V, do CPP.

A distinção tem o relevo de enfatizar que o elemento essencial afetado que não encontre ligação direta ou indireta com o texto constitucional, nem tampouco venha acompanhado de relato legal expresso de nulidade, tem seu âmbito de incidência restrito ao inciso IV, do art. 564, do CPP, aplicável aos casos de nulidade relativa.

A identificação da nulidade absoluta deve ser realizada pelo exame do ato ou da omissão processual, ou seja, relativamente aos vícios que afetam os elementos objetivos e subjetivos do ato processual penal. Vale lembrar que a preclusão temporal à imposição da consequência não é orientação apropriada à sua caracterização. Há nulidades absolutas que precluem, mormente quando seus efeitos favorecerem o imputado. A imponibilidade é aspecto que deve se cingir à incidência da norma jurídica consequente ou secundária.

2.8.1.3 Nulidade relativa

De maneira análoga à nulidade absoluta, também a nulidade relativa não deve ser definida pela possibilidade de imposição de efeitos pelo juiz, nem pelo fato de poder o julgador realizar o controle independentemente de provocação. Em regra, o tempo preclusivo para que o magistrado adote as providências concernentes ao saneamento é menor para os casos de nulidade relativa. Porém, esse ponto de vista é de ser aferido quando da construção da norma jurídica secundária, para fins de convalidação, saneamento ou invalidação do ato processual penal viciado.

A nulidade relativa é o vício que atinge elemento objetivo ou subjetivo do ato processual penal de natureza acidental ou essencial peculiar. Quando afetar elemento essencial, este não deve se referir à forma de concretização de direito sediado na Constituição de 1988.

Além dessa característica, a nulidade não deve ser relatada pelo texto legal (caso em que o prejuízo seria legalmente estabelecido, sem cogitação de incidência de regra presuntiva), porquanto as nulidades cominadas são enunciações dirigidas ao juiz, razão pela qual não devem ser ignoradas, a fim de que não se suprima a utilidade do texto. Para que o juiz se afaste de um dispositivo legal deve, necessariamente, manejar técnica de controle de constitucionalidade. Sem essa cautela, haverá subjetivismo estranho aos limites do sistema.

Note-se que a expressão nulidade relativa tem conteúdo semântico de relação. Porém, esse viés é situado no consequente normativo (norma jurídica secundária). A aplicação de princípios "relativizadores", próprios das nulidades relativas, tem lugar para desviar a consequência de invalidação ou de saneamento (regra de calibração). A incidência de regra de calibração, tendente a arredar a invalidação (nulidade-consequência), não deve ser tomada como critério para a definição do tipo de vício, localizado no antecedente normativo (nulidade-fato).

2.8.1.4 Irregularidade

A irregularidade também é espécie do gênero nulidade em sentido amplo. Contudo, o elemento afetado (objetivo ou subjetivo) é acidental ou, sendo possível dizer, acidentalíssimo. O vício dessa espécie há de ser, em tese, irrelevante, sem o risco de causar prejuízo a qualquer direito processual. Naturalmente, não deve se referir a direito constante no núcleo constitucional do processo penal (art. 5º, CF). Caso a omissão ou o defeito, ao menos em abstrato, tenha o potencial de provocar algum gravame à parte, a nulidade será relativa.

Como exemplo de irregularidade, tem-se a omissão de data da sentença, previsão do artigo 381, inciso VI, do CPP. Antes da modificação do Código Penal pela Lei nº 11.596/2007, a ausência do elemento objetivo "data da sentença" – porque afetava diretamente o *jus puniendi* (causa interruptiva da prescrição), de *status* constitucional – dava ensejo à nulidade absoluta parcial do julgado (a sentença sem data não era apta a interromper a prescrição, recaindo nulidade absoluta no ponto).

Com essa redação, o que importa é a data da "publicação da sentença ou acórdão condenatórios recorríveis", o que acontece com a inclusão da sentença no sistema ou a sua entrega, certificada, ao diretor de secretaria ou escrivão. A ausência da data consignada na sentença é irregularidade. Verificada pelo próprio juiz, ele deve corrigir (simples erro material). Porém é nulidade em sentido amplo que não se sujeita à invalidação. O decurso do tempo, ao contrário, relata ao juiz o dever de pronunciar convalidação.

2.8.2 Norma jurídica secundária e a vinculação do efeito jurídico

A norma jurídica secundária segue necessariamente à primeira, toda vez que houver pronúncia de nulidade em sentido amplo, no seu aspecto antecedente, acompanhada de sua categorização. A relação é de implicação modalizada, cuidando-se de dever-ser cujo destinatário é o órgão do Poder Judiciário. A natureza normativa é retratada por esta vinculação (prescritiva). Tudo se dá no sistema jurídico processual penal estruturado para produção de normas individuais e concretas.

Essa perspectiva, analítica, tem a vantagem de tornar possível compreender que o magistrado não deve ordenar ou suprimir efeitos jurídicos sem fundamentação consistente, nem muito menos sem material empírico, enunciativo, reconhecido como direito pelo sistema, de acordo com as fontes jurígenas. Tudo deve ser procedido justificadamente, reduzindo o espaço de discricionariedade.

Em compasso com essas premissas, toda a atividade de controle de juridicidade dos atos processuais penais, sejam procedimentais ou mesmo probatórios, passam pela aplicação de algum efeito geral (invalidação, convalidação ou saneamento). Tal efeito pode ser seguido de outros, de acordo com a hipótese, toda vez que se abrir a vinculação para construção de outras normas jurídicas, sempre lastreadas em enunciados ou fragmentos de enunciados pertencentes ao direito positivo.

2.8.2.1 Efeitos gerais

Os efeitos gerais são o objeto da segunda norma jurídica, consequente à primeira e que segue a sequência de procedimentos deflagrados pela incidência imperfeita de norma individual e concreta documentada em um ato processual penal defeituoso. Os efeitos gerais se situam no preceito secundário da segunda norma jurídica. O preceito primário dessa norma é a descrição da situação de fato consistente no preceito secundário da primeira norma jurídica, que cria a relação de implicação.

Em regra, o ato viciado permanece nos autos. A subtração de seus efeitos, por exemplo, é realizada seguidamente à incidência de uma norma jurídica que representa a sua negação (declaração de nulidade). Para que haja a retirada do próprio ato, é preciso o detalhamento de efeitos específicos.

2.8.2.1.1 Invalidação

Validade é relação de pertença ao sistema. O sistema de nulidades é um ambiente de produção de normas individuais e concretas. O parâmetro, então, para se dizer se um ato pertence à persecução penal, é o fato de ter sido exarado pelo órgão competente ou com atribuição legal. No processo penal, é o juiz que centraliza a validade dos atos processuais. Se documentados nos autos, são válidos, até manifestação em contrário.

Daí que o conceito de invalidação é o de sanção que não expurga o ato em si (materialmente), porém significa a produção de outro ato que constitui a declaração de invalidade, suprimindo os efeitos jurídicos do primeiro, defeituoso. A invalidação é a certificação que desconstitui os efeitos jurídicos do ato viciado.

A invalidação, geralmente, segue atrelada aos casos de inexistência jurídica ou de nulidade absoluta. Não é impossível, todavia, invalidar atos que estejam inquinados de nulidade relativa. Mesmo nos casos de irregularidade, é possível que o próprio órgão julgador aplique invalidação, porque tem ele o dever de prover a regularidade dos atos processuais (art. 251, CPP). O que difere, para este último caso, é que o momento oportuno é mais breve, mormente logo em seguida à ocorrência do defeito, após o que se dá preclusão *pro judicato*.

2.8.2.1.2 Convalidação

Durante a persecução penal estatal, os atos jurídicos, que ingressam no sistema por meio de normas individuais e concretas, existem e valem até o advento de declaração que infirme essa premissa. A relação de pertença ao sistema processual assim se dá porque resulta estabelecida pela inserção do ato processual por meio de linguagem. Ainda que viciado pela incidência imperfeita de uma norma individual e concreta, a inclusão de um ato carece de pronunciamento para fazer cessar um estado de dúvida.

Uma vez ocorrendo tal incerteza a respeito da perfeição da incidência de uma norma jurídica individual e concreta, surge para o órgão do Poder Judiciário o dever de pronunciar ou rechaçar a alegação de nulidade. O silêncio das partes sobre um vício será irrelevante se não for objetada qualquer dúvida acerca da correção de um ato ou uma omissão processual.

Note-se que, no processo, a convalidação, ao contrário do que comumente afirmada, não acontece tacitamente. É uma confirmação de produção de efeitos do ato levemente defeituoso. Mesmo a convalidação só existe, no processo, de forma expressa. É, sob esse prisma, uma norma-sanção, a depender da parte prejudicada ou beneficiada com a superação da possibilidade de desfazimento do ato defeituoso. O que é tácito é o pressuposto de fato para a incidência da norma convalidadora, nas hipóteses de nulidades que admitem tal efeito jurídico, quais sejam, nulidade relativa e irregularidade.

Os casos de convalidação aplicados, excepcionalmente, às nulidades absolutas, só têm cabimento por meio de incidência de regras de calibração que venham conferir maior eficácia aos direitos fundamentais centrados no núcleo constitucional de processo penal, a exemplo de abreviação do rito ou quebra do contraditório que implique decisão absolutória. Por outro lado, quando a cominação de nulidade absoluta não implicar complementação a direito constitucional, também há possibilidade de aplicação de disposições convalidadoras (art. 572, CPP). Todavia, caso as regras de calibragem causem menor eficácia a direito fundamental (fenômeno conhecido como relativização de nulidades absolutas), deve ser realizado controle de constitucionalidade para que seja afastada a sua incidência. As técnicas de interpretação conforme a Constituição e nulidade parcial sem redução de texto podem servir para, mantendo o texto para os casos que não constituam vitupério à Constituição de 1988, evitar aplicações não autorizadas pelo sistema.

2.8.2.1.3 Saneamento

Saneamento é expressão indicativa de sanção dúplice, isto é, de desfazimento dos efeitos jurídicos do ato jurídico defeituoso, acompanhada de aplicação perfeita da norma jurídica documentada em novo ato processual penal. O saneamento é feito pelo mesmo órgão que controla a juridicidade dos atos viciados.

2.8.2.2 Efeitos específicos

A tessitura de princípios aplicáveis às nulidades, representada por uma multiplicidade de normas envolvidas, dá ensejo à imposição de outros efeitos, aqui denominados específicos, que estatuem particularidades. Na prática, é a percepção de que, ao juiz, são dirigidos outros relatos enunciativos para complementar a atividade de controle dos atos processuais penais.

2.8.2.2.1 Modulação de efeitos

O primeiro dos efeitos específicos é sintetizado na expressão "modulação de efeitos", exemplificado no princípio da conservação ou do isolamento dos atos processuais. Veja-se a sentença penal condenatória que, isoladamente, é perfeita em seus aspectos objetivos e subjetivos, contudo fora proferida sem que se assegurasse ao réu a possibilidade de oferta de resposta preliminar à acusação (supressão do contraditório).

Em tal hipótese, a declaração de nulidade absoluta recairá, em primeiro lugar, sobre a sentença, eis que se trata de nulidade por decorrência ou extrínseca, sob a perspectiva objetiva (elemento essencial do contraditório prévio). No entanto, o órgão julgador, após nulificar a sentença, deve apontar os atos atingidos, especialmente a omissão para apresentar a peça defensiva.

De tal sorte, os atos processuais que, subsequentemente àqueles, guardarem relação de causalidade que findem contaminados pela eiva, também deverão ser objeto de invalidação (supressão de efeitos específicos). Por outro lado, aqueles cujo isolamento seja possível, em virtude de relação independente do viciado, a exemplo da juntada posterior de laudo de constatação definitivo de droga, serão mantidos, desde que não tenha sido reduzida a possibilidade de debate amplo em torno dessa prova. Cuida-se do vetor de controle da prova técnica pelo princípio acusatório que, nas palavras de Rogério Lauria Tucci, é dominado pela oralidade, publicidade e "contraditoriedade da instrução criminal" (contraditório).[263]

2.8.2.2.2 *Inadmissibilidade*

A inadmissibilidade é termo utilizado para fins de exclusão de provas ilícitas (*exclusionary rules*), já documentadas, ou para o fim de se obstar a inclusão de provas ou de peças processuais (impedimento a atos aquisitivos ou de obtenção[264]). A inadmissibilidade não dispensa que o juiz,

---

263. TUCCI, Rogério Lauria. *Do corpo de delito no direito processual penal brasileiro*. São Paulo: Saraiva, 1978. p.111.

264. Claus Roxin, Gunther Artz e Klaus Tiedemann contextualizam a teoria dos atos processuais com referência à solução dos casos processuais, mencionando critérios para a aplicação da inadmissibilidade fundada na falta de elementos constitutivos de pressupostos processuais/recursais. Segundo distinguem, "os atos processuais, por meio de sua realização, podem provocar um efeito processual imediato, denominados atos de causação, ou, então, visar à realização de um ato processual por uma outra parte do processo, denominados atos de obtenção". Exemplificando, o jurista explica que, em sede de recursos no processo penal, "a desistência do recurso acarreta imediatamente a impossibilidade de impugnação (coisa jurídica formal) da sentença, tratando-se, portanto, de um ato de causação. Em contrapartida, a interposição de um recurso objetiva a atuação do tribunal superior, cuja sentença é visada pelo recorrente, tratando-se, por conseguinte, de um ato de obtenção". Nessa senda, a diferença possibilita definir as categorias jurídicas da apreciação jurídica: "quanto aos atos de obtenção, pergunta-se se o ato processual é aceitável e se está fundamentado (estrutura bipartida). Ao admitir um recurso (v.g., revisão), o juiz verifica, primeiramente, se o ato processual é admissível, ou seja, se pode ser admitido, em geral, contra uma decisão do tipo da que se está impugnando, se os elementos formais foram observados (prazos, forma escrita, obrigação de fundamentação, etc., caso esta seja legalmente prevista) e se o recorrente está legitimado para realização desse ato, quer dizer, se foi prejudicado pela decisão por ele atacada (não há que se falar em agravo em caso de absolvição). Ademais, no âmbito da admissibilidade e, principalmente, para o prosseguimento do processo, deve-se verificar – de ofício, ou seja, mesmo sem protesto de uma das partes – se as

previamente, reconheça a nulidade em sentido amplo (vício processual) e a classifique.

Com essa providência, delimitam-se as consequências jurídicas que decorrem de um certo defeito processual. Em seguida, sendo vinculativo o saneamento ou a invalidação, o juiz poderá pronunciar a inadmissibilidade, declarando o efeito específico de desentranhamento ou a ordem que obsta a documentação de um ato defeituoso. A prova, termo com diversos significados, é completada não somente com sua admissão e produção, mas também com sua valoração, na sentença. A inadmissibilidade deve decorrer de ato subsequente à invalidação do ato que a admitiu. Caso se dê antes, o juiz deve justificar a colocação do óbice classificando a nulidade-fato.

2.8.2.2.3 Desentranhamento

O desentranhamento é efeito específico que decorre da inadmissibilidade. O uso dos dois termos tem a utilidade de discernir o momento em que reconhecida a nulidade-fato (defeito). Caso tenha ocorrido antes da inserção do documento nos autos, a declaração e a classificação da eiva, acompanhadas da ordem de inadmissibilidade, têm a aptidão de produzir efeitos jurídicos.

Ao revés, se a pronúncia de inadmissibilidade for, por exemplo, posterior à documentação do ato e da prova, serão necessárias a constituição da invalidade do ato aquisitivo (supressão de efeitos jurídicos mediante constituição da declaração de invalidade), a decretação de inadmissibilidade da prova obtida por meios ilícitos e a conseguinte

---

condições processuais estão presentes ou se existem impedimentos processuais (p. ex., ausência da representação em caso de crimes de ação penal privada condicionada, prescrição da persecução penal) (ROXIN, Claus; ARZT, Gunther; TIEDEMANN, Klaus. *Introdução ao direito penal e ao direito processual penal.* Tradução: Gercélia Batista de Oliveira Mendes. Belo Horizonte: Del Rey, 2007. p.227-228).

ordem de expurgo da documentação probatória afetada (desentranhamento).

2.8.2.2.4 Inutilização

A inutilização é providência que pode ocorrer posteriormente ao desentranhamento. Depende da preclusão da decisão de desentranhamento e deve restar suficientemente motivada por base empírica. Trabalha-se com a noção de desnecessidade da prova para que seja admitida a sua inutilização. É preciso cautela para que a inutilização não finde por legitimar procedimentos de perfil inquisitivo.

Com efeito, dispositivos legais que autorizem destruição de elementos de informação, sem que haja ciência dos envolvidos na produção correspondente, devem ser alijados, por inconstitucionais. Inutilização sem contraditório pode significar prejuízo ao contraditório e à ampla defesa, notadamente quando houver quebra da cadeia de custódia da prova escolhida para acompanhar a acusação, dificultando seu controle cognitivo (arts. 158-A; 158-B, CPP).

Como exemplo de necessidade de contraditório prévio à inutilização dos elementos de informação, cabe citar o teor do *caput* do artigo 9º, da Lei nº 9.296/1996, que assevera que "a gravação que não interessar à prova será inutilizada por decisão judicial, durante o inquérito, a instrução processual ou após esta, em virtude de requerimento do Ministério Público ou da parte interessada".

Para que haja compatibilidade desse enunciado legal com a Constituição, torna-se indispensável conjugar com aquele *caput*, o seu parágrafo único, que estatui que "o incidente de inutilização será assistido pelo Ministério Público, sendo facultada a presença do acusado ou de seu representante legal". Além desse proceder, deve incidir interpretação conforme a Constituição, exigindo-se que seja assegurado, de qualquer modo, acompanhamento da inutilização por defensor, seja ele constituído, público ou dativo.

Trata-se de cautela indisponível e imprescindível ao conhecimento válido da prova pelo juiz. Geraldo Prado é enfático ao alertar sobre os riscos da quebra da cadeia de custódia por métodos ocultos. Com efeito, a admissibilidade de uma imputação deve estar limitada, estrutural e funcionalmente, para obstar "distorções inquisitórias", sendo essencial que o magistrado "assuma a função de fiscal da legalidade das práticas investigatórias, dos elementos informativos e da própria fiabilidade da acusação, que não pode ser leviana ou temerária"[265].

2.8.3 Representação da estrutura da nulidade no processo penal

A nulidade-fato (vício procedimental ou processual) pode ocorrer durante a investigação preliminar, o processo penal de conhecimento (condenatório ou não condenatório) e o processo penal de execução. Para melhor otimizar resultados, conferindo maior previsibilidade de acordo com a gravidade do defeito, revela-se útil abstrair o conteúdo meritório de cada uma das espécies de nulidade (atipicidade).

Esse procedimento tem o fito de apresentar estrutura formal que será comum quando do controle de vícios processuais. Ao seu termo, será possível melhor tutela de direitos fundamentais pelo órgão do Poder Judiciário que tomar conhecimento da nulidade. A estrutura da norma a ser descrita pelo juiz se apresenta dúplice e deve se formar a partir de base enunciativa geral e abstrata (enunciados sufragados no ordenamento jurídico).

265. PRADO, Geraldo. *Prova penal e sistema de controles epistêmicos*: a quebra da cadeia de custódia das provas obtidas por métodos ocultos. São Paulo: Marcial Pons, 2014. p.51.

Tal lastro linguístico pode se apresentar como proposição afirmativa ou como assertiva negativa.

A proposição afirmativa determina a produção de ato procedimental perfeito, vale dizer, preconiza a ação e o modo como o ato processual deve ser editado, isto é o seu modelo formal. A norma jurídica individual e concreta que declara a atipicidade a partir de assertiva afirmativa, considera um relato enunciativo geral e abstrato implícito: "os atos jurídicos da investigação preliminar ou do processo penal em geral, dissonantes da forma jurídica preconizada pelo sistema, devem ser declarados atípicos pelo juiz competente" (nulidade-fato).

Então, em vez de considerar o defeito cominado pela legislação ou por outra fonte formal do direito processual penal, o juiz deve acautelar-se com vistas ao acatamento da forma em geral, reconhecendo sua função de tutelar a eficácia de direito da parte.

O raciocínio difere quando se está diante de proposição negativa, pois essa declara expressamente a espécie de defeito de ato procedimental que deve ser reconhecido pelo juiz, ou seja, é o caso de nulidade (atipicidade) cominada pelo ordenamento jurídico, representando relato certo ao magistrado que tem o dever de prover a regularidade do procedimento e velar pelo respeito aos direitos fundamentais.

Conquanto a lei se valha de fórmulas como "é nulo o ato" ou "ocorrerá nulidade", a previsão legislativa do CPP é um tanto genérica, razão pela qual não dispensa o juiz de cotejar o tipo nulificador (a exemplo do que reza o art. 564, do CPP, aplicável à fase processual) com o ato procedimental atípico, tal qual ocorre com a assertiva afirmativa da forma do ato eivado de vício.

Veja-se que, para se saber se houve um ato jurídico imperfeito, é preciso primeiro aferir se a incidência para sua edição ocorreu de maneira deficiente. A função maior da cominação formal de atipicidade específica é lhe reconhecer o caráter cogente ao juiz, caracterizando-a como absoluta.

Descritivamente, o defeito (norma jurídica declaratória de atipicidade e de sua classificação) e os seus efeitos (norma jurídica que agrega a constituição de invalidação, saneamento ou convalidação) serão assim representados:

1) por norma jurídica declaratória de nulidade-fato, especificando a fase da persecução penal estatal (investigação preliminar ou processo penal), composta:

   a) por antecedente normativo que declara que houve desacordo com o modelo jurídico do ato processual inquinado de imperfeição (incidência deficiente do enunciado que preconiza a forma do ato procedimental viciado e incidência eficiente do dever de o reconhecer, seja a partir de base enunciativa explícita ou implícita);

   b) por consequente normativo que decreta a classificação da nulidade em sentido amplo, especificando sua inserção em uma das categorias admissíveis (inexistência, nulidade absoluta, nulidade relativa ou irregularidade), considerando a necessidade de conferir eficácia a direito fundamental eventualmente envolvido.

2) por norma jurídica constitutiva e delimitadora dos efeitos da declaração da nulidade (nulidade-consequência), constituída:

   a) por antecedente normativo que deve relatar o consequente normativo da norma declaratória da categoria de nulidade reconhecida, realçando o seu juízo de implicação entre aquela norma e esta, mormente em face da gravidade do vício;

b) por consequente normativo apto a declarar a constituição de invalidação, de saneamento (desfazimento e refazimento) ou de convalidação do ato jurídico imperfeito. A pragmática possibilista de ampliação ou de redução de efeitos, em grau maior ou menor, depende da incidência de outras regras (de calibragem), sem perder de vista as técnicas de controle de constitucionalidade.

Apesar de se dizer que os efeitos da invalidação na fase do inquérito policial não se espraiam para outros atos da investigação preliminar ou do processo penal, essa ilação deve ser colhida com reservas. Isso porque as formas da persecução penal estatal, ainda que na fase pré-processual, devem cumprir sua função no sistema de proteção das garantias. Não deve ser tolerado o desatendimento do modelo jurídico (lei e Constituição) durante o inquérito policial. Também a extensão jurisdicional de ato procedimental defeituoso, emitido nos autos da investigação preliminar, não deve ser admitida.

Para aplicar o direito aos casos de nulidade (em sentido amplo), a abstração do direito processual e ou material envolvido, autoriza cálculo normativo, descrito na seguinte representação lógica:

$$\mathbf{N}_{nj} \left\{ \begin{array}{l} \mathbf{N}_f : \Leftrightarrow \mathbf{A}_{sa} \cdot \mathbf{E}_{esp} \rightarrow \mathbf{N}_{esp} \cdot \mathbf{D}_{imp} \\ \downarrow \\ \mathbf{N}_c : \Leftrightarrow \mathbf{R}_{des} \cdot \mathbf{P}_{var} \rightarrow \mathbf{I}_{\vee} \mathbf{S}_{\vee} \mathbf{C} \cdot \mathbf{M} \end{array} \right.$$

Onde:

$\mathbf{N}_{nj}$: estrutura dúplice nulificadora ou nulidade *lato sensu*;

$\mathbf{N}_f$: nulidade-fato ou primeira norma jurídica da estrutura;

$\mathbf{N}_c$: nulidade-consequência ou segunda norma jurídica da estrutura;

$\mathbf{A}_{sa}$: atipicidade em sentido amplo;

$\mathbf{E}_{esp}$: especificação do ato viciado e do elemento afetado;

$\mathbf{N}_{esp}$: espécie da nulidade (inexistência, nulidade absoluta, nulidade relativa ou irregularidade);

$\mathbf{D}_{imp}$: descrição do dever imponível (programa) de produzir a norma seguinte $\mathbf{N}_c$;

$\mathbf{R}_{des}$: descrição da nulidade reconhecida na norma anterior $\mathbf{N}_f$;

$\mathbf{P}_{var}$: aspecto pragmático-possibilista (pode ser princípio ou regra de calibração);

I: invalidação;

S: saneamento;

C: convalidação;

M: modulação;

:⇔ : significa, é verdade ou se somente se;

· : conjunção lógica aditiva "e" (conjuntor);

v : disjunção lógica "ou" (disjuntor);

→: dever-ser neutro, intranormativo ou interproposicional;

↓: dever-ser modalizado (obrigatório) ou internormativo.

É possível formalizar ainda mais essa estrutura constante, preservando seu enlace nulificador, com o uso de simbologia lógica universal. O objetivo é que funcione como moldura destinada ao controle da correção de todos os atos processuais penais, submetendo-os a um esquema padrão:

$$\mathbf{S}\begin{cases}\mathbf{p :\Leftrightarrow r \cdot e \rightarrow o \cdot f}\\ \downarrow \\ \mathbf{q :\Leftrightarrow t \cdot a \rightarrow i \vee n \vee b \cdot m}\end{cases}$$

Onde:

s: estrutura dúplice nulificadora ou nulidade *lato sensu*;

p: nulidade-fato ou primeira norma jurídica da estrutura;

q: nulidade-consequência ou segunda norma jurídica da estrutura;

r: atipicidade em sentido amplo;

e: especificação do ato viciado e do elemento afetado;

o: espécie da nulidade (inexistência, nulidade absoluta, nulidade relativa ou irregularidade);

f: descrição do dever imponível (programa) de produzir a norma seguinte **q**;

t: descrição da nulidade reconhecida na norma anterior **p**;

a: aspecto pragmático-possibilista (pode ser princípio ou regra de calibração);

i: invalidação;

n: saneamento;

b: convalidação;

m: modulação;

:⇔ : significa, é verdade ou se somente se;

· : conjunção lógica aditiva "e" (conjuntor);

v : disjunção lógica "ou" (disjuntor);

→: dever-ser neutro, intranormativo ou interproposicional;

↓: dever-ser modalizado (obrigatório) ou internormativo.

2.9 Aplicação a caso concreto

O Supremo Tribunal Federal apreciou questão aduzida em sede de agravo regimental em *habeas corpus*, em que se defendia haver nulidade absoluta no reconhecimento fotográfico e ausência de fundamentação da decisão de pronúncia quanto ao crime conexo de participação em organização criminosa. A Corte delimitou o ponto controvertido, consistente em saber se haveria "flagrante ilegalidade na decisão de pronúncia capaz de justificar a concessão da ordem de *habeas corpus*, especialmente em razão de supostas nulidades"[266].

Veja-se que, sem precisar os contornos de nulidade absoluta e nulidade relativa, foi acrescentada a categoria "ilegalidade", reportando-a à pronúncia. Como razões de decidir, o julgado ponderou que "a ausência de impugnação pela defesa no momento processual adequado torna precluso o direito de arguir nulidades processuais, salvo demonstração de prejuízo concreto". Não se fez menção ao dispositivo do art. 572, inciso I, do CPP, que delimita a aplicação da regra da oportunidade, sem autorizar incidência a toda e qualquer nulidade, mas apenas às descritas no *caput* daquele enunciado.

O voto condutor se lastreou na afirmação de que não haveria como reconhecer "nulidade processual arguida tardiamente", ao reprisar que "eventuais irregularidades que atinjam a fase investigativa ou a instrução processual

---

266. STF – Segunda Turma – HC 248648 AgR – Rel. Min. Edson Fachin – DJe 13 mar. 2025.

devem ser articuladas a tempo e modo, descabendo, em regra, a arguição tardia, forte na sujeição da matéria à preclusão temporal". Malgrado essa assertiva, não foram descritos os momentos entabulados no art. 571, do CPP, para justificar a impossibilidade de controle requestada no *writ*.

Se é certo que o procedimento escalonado do júri torna preclusa matéria anterior estabilizada pelo exercício da cognição judicial gradual (isto é, por etapas) e pela antonomásia ocorrida com a transição das sucessivas fases – investigativa (inquérito policial, no qual tem espeque a petição acusatória) e processual de admissibilidade (*judicium accusationis*, que tem seu ápice com a pronúncia) –, não menos exato é que as controvérsias que envolvam direitos individuais fundamentais têm menor incidência preclusiva. Se fosse estabelecida, no acórdão, a diferença rigorosa entre as categorias de atipicidade, seria possível tornar eficaz o dever de controle dos atos processuais (art. 251, CPP), afastando a aplicação do art. 563, do CPP, aos casos de nulidade absoluta.

Lado outro, foram inseridos dois pilares de sustentação ao julgado. O primeiro averbando que "a nulidade do reconhecimento fotográfico não contamina a ação penal quando há outras provas independentes e suficientes para embasara pronúncia ou condenação".

Essa proposição apresenta inconsistências.

Equivoca-se o órgão julgador quando relaciona o instituto da nulidade ao ato probatório em estado bruto (prova-fato), ao assentar a "nulidade do reconhecimento fotográfico". Não há sentido deôntico na prescrição normativa de nulidade de um fato (o que não é o mesmo que nulidade-fato). A classificação da nulidade (absoluta ou relativa) e o consecutivo sancionamento (invalidação ou convalidação) incidem sobre o ato processual aquisitivo da prova-fato aos autos, tornando-a procedimento. Se a aquisição for fracionada por atos enlaçados – a exemplo do que se depreende do art. 226, do CPP –, a eventual invalidação recairá sobre cada ato judicial que tenha ordenado a inclusão da prova, transfigurando-a em ato processual. Se invalidada a aquisição, a consequência prática será o expurgo da prova, por força da incidência da regra de exclusão.

A segunda incongruência formal da decisão sob análise é referir "contaminação da ação penal". Não é demais dizer que a ação é ou não exercida, pois consiste na dinamicidade do agir em juízo. Não há sentido lógico na ilação de que "a nulidade do reconhecimento fotográfico não contamina a ação penal" diante da presença de "outras provas independentes e suficientes". A nulidade, se couber incidir, tem por objeto ato processual (denúncia, por exemplo) ou o seu conjunto (procedimento ou processo) – não a ação processual (independentemente de ser tomada como agir em juízo ou como direito subjetivo público).

Por derradeiro, foi dito que "a concessão de *habeas corpus* de ofício exige flagrante ilegalidade ou abuso de poder, o que não se verifica quando a decisão impugnada está fundamentada e alinhada à jurisprudência da Corte"[267]. A assertiva tem a função de refutar, de antemão, a possibilidade de controle, sem perpassar, explicitamente, pelas categorias nulificadoras construídas a partir do direito positivo.

Note-se que o julgado conferiu alcance limitado ao *habeas corpus*. Em confronto com o entendimento descrito, é possível sustentar que a localização tópica do *writ* no rol dos direitos individuais de primeira geração recomendaria exegese ampliativa.

Na dicção do que decidido, não estariam presentes "flagrante ilegalidade ou abuso de poder" na não observância da disposição cogente à realização do reconhecimento

267. STF – Segunda Turma – HC 248648 AgR – Rel. Min. Edson Fachin – DJe 13 mar. 2025.

(fotográfico) do art. 226, do CPP. Equiparou-se a prescrição à mera recomendação[268].

Considerou, outrossim, "a ausência de impugnação pela defesa, no momento processual adequado" – que teria ocorrido "após o trânsito em julgado da sentença de pronúncia" (*rectius*: a pronúncia não se sujeita à coisa julgada, mas a disposições preclusivas), o que teria ensejado "a preclusão do direito de arguir as nulidades relativas ao reconhecimento fotográfico e à insuficiência probatória quanto ao crime conexo"[269].

No julgado sob exame, foi usado o vetusto argumento *pas de nullité sans grief* que, ao cabo, outorga maior vantagem processual ao órgão da acusação. O controle de nulidade não foi exercido suficientemente, bem como a fundamentação poderia ter sido mais delimitada.

O emprego indistinto das classes "nulidade absoluta" e "nulidade relativa" arrefece a possibilidade de sindicabilidade da atipia que decorreria do desequilíbrio da relação processual. Deveras, o devido processo legal foi dissuadido, com consequências negativas à defesa do imputado. O tratamento dado à matéria pela Corte Maior tende a fechar as possibilidades de controle do arbítrio de poder estatal.

Não é a primeira vez que a noção de prejuízo é elevada ao patamar de princípio. Cabe ponderar, no entanto, que se entende ser esse proceder indevido, máxime porque sua incidência geral reduz o espectro do controle das garantias, afetando, negativamente, direitos do réu.

268. Em outro caso com atipicidade mais severa, foi dito pelo STJ que "é nulo o reconhecimento fotográfico realizado através da apresentação informal de foto via aplicativo de mensagens" (STJ – Sexta Turma – HC 817.270/RJ – Rel. Min. Antonio Saldanha Palheiro – DJe 06 ago. 2024).

269. STF – Segunda Turma – HC 248648 AgR – Rel. Min. Edson Fachin – DJe 13 mar. 2025.

Decerto, constata-se que o acórdão utilizou termos situados na representação da estrutura normativa do fenômeno nulificador, sem, contudo, observar seus lindes conceituais. Distanciou-se dos limites semânticos e pragmáticos, resultando em decisão que poderia ter conferido maior eficácia às garantias constitucionais em jogo.

2.10 Conclusão e próximo capítulo

Este capítulo teve o objetivo de estabelecer os significados dos diversos elementos que estruturam o sistema de nulidades. Ao lado dessa construção semântica, buscou-se definir a organização normativa sintática daqueles elementos, a fim de ser construído um padrão representativo do fenômeno nulificador. A reunião da sintática com a semântica, a ser verificada na aplicação a hipóteses concretas, colima ter a utilidade de delimitar a pragmática das nulidades, descrevendo o alcance da função normativa.

A análise de classificações discrepantes, na doutrina, no ordenamento jurídico e na jurisprudência, explicita a importância do parâmetro convencional, tanto para assentar um cálculo normativo (sintática), quanto para uniformizar o significado dos vocábulos (semântica) e a função de cada um (pragmática). Além desse aspecto, evidencia-se a realidade caótica do estado atual da arte.

Nessa altura, fica clara a opção da nulidade-fato como gênero de vício, que varia de grau e que, de acordo com sua gravidade, difere em efeitos. Para a aplicação dessa escolha teórica, necessária a sistematização unitária apresentada dentro de um prisma que vê o ato processual como documentação de um tipo normativo, seguido de consequência, igualmente jurídica. A teoria da nulidade no processo penal será, a partir desse ponto, submetida a testes para que se certifique a otimização de resultados e se reconheça a sua consistência.

O próximo capítulo tem o propósito de delimitar as fontes processuais penais que são aptas à emissão de disposições nulificadoras. A produção de normas de nulidade, de invalidação, de convalidação e de saneamento requer base empírica enunciativa do direito vigente. É o que será justificado a seguir.

CAPÍTULO 3

FONTES DE PRODUÇÃO DAS NORMAS NULIFICADORAS

3.1 Distinção das fontes em confronto com os sujeitos envolvidos

A fonte de norma jurídica é identificada de acordo com a regra atribuidora de competência, considerando a distinção entre enunciado (texto) e a norma jurídica (produzida pela atividade de um sujeito cognoscente: o juiz). O enunciado tem como fonte os órgãos com competência/atribuição para expedi-lo. O enunciado é a fonte de conhecimento da norma jurídica. A norma jurídica tem como fonte o órgão responsável pela sua aplicação, isto é, que realiza a sua incidência[270] ou que a reconhece, com efeito certificador retro-operante[271].

---

270. Alf Ross, criticando o dualismo de fontes do direito entre primárias e supletivas, pontua que "la definición real del concepto de fuente del derecho depende de la teoría sobre la 'naturaleza' del derecho de la que se parta. [...] Sea la que fuere lo que se considere fuente del derecho, hay um requisito necesario: que las distintas fuentes confluyan en mismo criterio para la determinación del concepto de derecho" (ROSS, Alf. *Teoría de las fuentes del Derecho*: una contribución a la teoria del derecho positivo sobre la base de investigaciones histórico-dogmáticas. Tradução: José Luis Muñoz de Baena Simón; Aurelio de Prada García; Pablo López Pietsch. Madrid: CEPC, 2007. p.357-358).

271. BECKER, Alfredo Augusto. *Teoria geral do direito tributário*. 5. ed. São Paulo: Noeses, 2010. p.121.

Como se depreende, a noção de fonte jurídica envolve graus, ou seja, depende da ótica da qual se parta para defini-la. Julio Maier esclarece que "por 'fuente del Derecho' se entende, genericamente, la identificación de la forma institucional de donde 'mana' el Derecho vigente". É expressão metafórica fundamental para "indicarnos dónde acudir en busca de las normas jurídicas, de las expresiones lingüísticas y conceptuales que las conforman". O jurista pontifica que é pernicioso estender desmesuradamente a abrangência da expressão "fonte de direito" para considerar também todo elemento que entra em jogo num caso jurídico, inclusive não normativo, tais como exposição de motivos de uma lei e métodos de reconstrução histórica. Isso porque tais técnicas dão ao texto excessiva plasticidade capaz de tornar imprecisos os limites do texto[272].

A identificação das fontes que constroem a sua juridicidade deve considerar duas ordens diferentes. A primeira delas é relativa ao órgão que produz a base ou as bases empíricas que fundamentam a etapa subsequente de construção da norma declaratória de atipicidade (fontes materiais). A segunda das fontes é referente tanto à atividade de emissão da norma declaratória de atipicidade, quanto àquela de edição da norma jurídica de invalidação, convalidação ou saneamento (fontes formais)[273].

A distinção é fundamental para identificar a competência ou a atribuição dos órgãos e, desse modo, delimitar

---

272. MAIER, Julio B. J. *Derecho procesal penal argentino*: 1a fundamentos. Buenos Aires: Hammurabi, 1989. p.152-153.

273. Tácio Lacerda Gama define como sanção nomogenética "a reação do sistema de direito positivo contra produção ilícita de normas jurídicas. Normas criadas sem fundamento de validade ajustam-se às normas sancionatórias de competência que prescrevem a inconstitucionalidade, ilegalidade, nulidade, erro de fato, erro de direito como vícios que impedem a aplicação da norma, limitando a sua eficácia ou vigência de forma singular – *erga singulum* – ou plural – *erga omnes*" (GAMA, Tácio Lacerda. Competência tributária: fundamentos para uma teoria da nulidade. 2. ed. São Paulo: Noeses, 2011. p.LV).

o espaço de conformação do ato jurídico processual com o modelo previsto pelo ordenamento jurídico. Vale dizer, o que escapa à órbita da competência recai no quadro da nulidade, mercê de estar fora da moldura do devido processo legal. A primeira das fontes, responsável pela competência/atribuição de enunciar textos em tese, é denominada material ou de produção. A segunda, que possibilita ao aplicador construir norma jurídica a partir de seu teor, é a chamada fonte formal ou de cognição.

Antonio de Araújo Cintra, Ada Pellegrini Grinover e Cândido Rangel Dinamarco explicam que são chamadas de fontes formais "os meios de produção ou expressão da norma jurídica". Incluem-se em tais meios "a lei (em sentido amplo, abrangendo a Constituição), os usos-e-costumes e o negócio jurídico". Como salientam os autores, "é controvertida a inclusão da jurisprudência entre as fontes de direito"[274].

A fonte de produção é a que se reporta à competência para expedir os enunciados abstratos processuais penais, sejam aqueles que diretamente informam o que deve ser considerado nulo (ato processual penal defeituoso), sejam aqueles que tornam possível concluir, indiretamente, que um ato processual penal deve ser reputado viciado (todos os enunciados gerais e abstratos que traçam forma e conteúdo de atos processuais penais).

A ênfase na regra de competência tem razão de ser porque, no que toca à norma jurídica declaratória de atipicidade ou de invalidade emitida no processo, a fonte de produção é o juiz, e este está jungido, dogmaticamente, ao ordenamento jurídico. Note-se que, do percurso que se inicia da abstração do enunciado que contém a prescrição do modelo do ato processual penal, até o reconhecimento e a

---

274. CINTRA, Antonio Carlos de Araújo; GRINOVER, Ada Pellegrini; DINAMARCO, Cândido Rangel. *Teoria geral do processo*. 19. ed. São Paulo: Malheiros, 2003. p.92.

classificação do vício, o pressuposto que antecede a atividade saneadora é a competência judicial.

Tácio Lacerda Gama elucida o ponto, embora em outro contexto, ao sustentar como atributo comum do gênero "nulidade" a "sanção pelo descumprimento da norma de competência". Nas palavras do jurista, o ato de criação de norma pode ser reputado como uma conduta regulada juridicamente, pelo que também é possível que tal conduta seja entendida por "lícita ou ilícita, conforme tenha sido praticada segundo a norma que prescreve a licitude – norma de competência – ou segundo aquela que estabelece os efeitos da ilicitude – norma sancionatória da competência"[275].

Valendo-se de expressões diversas, Antonio de Araújo Cintra, Ada Pellegrini Grinover e Cândido Rangel Dinamarco apontam como fonte abstrata da norma processual as disposições de ordem constitucional, cujos preceitos criam e organizam tribunais, fixam competência ou ditam diretrizes de organização judiciária. Sob outro prisma, "as fontes concretas da norma processual são aquelas através das quais as fontes legislativas já examinadas em abstrato efetivamente atuam no Brasil"[276].

Assentadas essas premissas, pode-se apartar, de uma vertente, as fontes de produção (materiais), que se referem aos órgãos do Poder Legislativo e do Judiciário, ambos encartados na competência material da União para legislar sobre processo (art. 22, I, da Constituição de 1988). O ordenamento jurídico deve ser claro na indicação das fontes materiais, de produção, isto é, dos órgãos emissores dos documentos normativos que devem ser considerados direito vigente.

---

275. GAMA, Tácio Lacerda. *Competência tributária*: fundamentos para uma teoria da nulidade. 2. ed. São Paulo: Noeses, 2011. p.357.

276. CINTRA, Antonio Carlos de Araújo; GRINOVER, Ada Pellegrini; DINAMARCO, Cândido Rangel. *Teoria geral do processo*. 19. ed. São Paulo: Malheiros, 2003. p.93-94.

No que concerne às fontes formais (de cognição), são elas diretas (imediatas) ou indiretas (mediatas). Fontes formais diretas são a legislação constitucional e infraconstitucional, bem como a jurisprudência (notadamente, enunciados da Súmula Vinculante do STF). Fontes formais indiretas (mediatas, subsidiárias ou suplementares), nos termos do art. 3º, do CPP, são os costumes (desde que aplicados *favor rei*[277]) e os princípios gerais de direito.[278]

As fontes formais, como se infere, servem à cognição para, no caso concreto, construir/fazer incidir a norma jurídica aplicável. É fonte de conhecimento do direito cujo destinatário é o juiz. Verificando atipicidade, o órgão judicial produz norma jurídica, reconhecendo e ditando a classificação correspondente. Na sequência, o órgão autêntico, considerando a categoria declarada à atipicidade, produz norma jurídica consequente, cujo teor visa a invalidar o ato processual atípico, declarar sua convalidação ou decretar seu saneamento (desfazimento e refazimento dos efeitos do ato processual afetado).

---

277. Guilherme Madeira Dezem segue essa mesma orientação ao dizer que "o costume pode ser considerado como fonte do processo penal, desde que seja para garantir direitos ao acusado. Isto porque, tendo em vista a vertente garantista, que deve ser sobreposta neste aspecto à visão da eficácia, é possível o reconhecimento do costume como fonte do direito para beneficiar o acusado" (DEZEM, Guilherme Madeira. *Curso de processo penal*. São Paulo: RT, 2015. p.57).

278. Alf Ross, a propósito da incoerência na identificação de fontes e na necessidade de que tenha um conceito unitário, conclui que "si se parte de la concepción dominante, que considera la ley como fuente de derecho porque la entiende como expresión de una voluntad especialmente cualificada, resulta contradictorio presentar a la naturaliza de la cosa, la equidade, el derecho libremente conocido, y cosas similares como fuentes subsidiarias. Pues a lo que en realidade se hace referencia es, o bien a los factores sociológicos que determinan la creación judicial de derecho, o bien a los ideales ético-políticos a los que debería estar orientada". O autor propõe evitar a contradição indicada, de um lado, conciliando as fontes com o "conceito de direito" e, de outro, harmonizar as fontes com o uso da teoria da autorização, com delegações legislativas, tal qual o art. 3º, do CPP brasileiro, que prevê o costume como fonte subsidiária de direito processual penal (ROSS, Alf. *Teoría de las fuentes del Derecho*: una contribución a la teoria del derecho positivo sobre la base de investigaciones histórico-dogmáticas. Tradução: José Luis Muñoz de Baena Simón; Aurelio de Prada García; Pablo López Pietsch. Madrid: CEPC, 2007. p.359).

3.2 Produção de normas nulificadoras e sua fundamentação

Partindo-se da análise das fontes materiais formais, cabe realçar que há necessidade de se colmatar os espaços que podem se abrir entre as etapas de: (1) emissão do ato jurídico processual; (2) verificação e reconhecimento de seu defeito; (3) declaração da classificação da atipicidade; e (4) decretação da consequência jurídica (invalidação, convalidação ou saneamento).

A produção de norma nulificadora é um exercício de controle em sentido amplo. Esse controle é perceptível com a constatação inicial da validade do enunciado de referência à aplicação do direito pelo juiz, eis que aquele é emitido por fonte de produção que deve respeitar os ditames constitucionais (controle de constitucionalidade).

Outro aspecto do controle é alusivo à tipicidade do ato processual penal (controle de juridicidade), eis que se cuida de expressão documentada da incidência (perfeita ou imperfeita) de norma jurídica processual penal, também formada a partir de enunciados reconhecidos como parte do ordenamento jurídico (textos constitucionais, legislativos ou de jurisprudência).

Os enunciados que versam sobre matéria processual penal ensejam a construção de normas que são dirigidas, com predileção, ao destinatário judicial. Na senda de Kelsen, pode-se entender que a fundamentação da produção de normas nulificadoras (que reconhecem a atipicidade, de um lado, e que decretam a invalidação, do outro) carece de compreensão do seu enunciado pelo seu destinatário.

Em compasso com Kelsen, quando "uma norma é 'dirigida' a uma pessoa, de modo algum significa outra coisa senão que a conduta de um indivíduo, uma conduta humana, é devida. Não é o ser humano como tal, na totalidade de sua existência, e sim uma certa conduta humana, à qual a norma se refere"[279].

No processo penal, o juiz é destinatário de múltiplas normas. Existem dispositivos que expressam a base para normas de nulificação direta (a exemplo do art. 564, do CPP), bem como todo o processo penal contém enunciados que, se desatendidos, servem à construção de normas de nulificação de modo indireto.

Há, portanto, necessidade de que o juiz construa, conceitualmente, as normas jurídicas, sempre tendo como ponto de partida um artigo, múltiplos enunciados, ou, ainda, fragmentos de dispositivos diversos. Só não pode sacar a norma jurídica de forma metafísica, sem base empírica. Esse procedimento, que se impõe como limite à validez dos autos processuais penais, será descrito nos tópicos seguintes, destacando a importância do silogismo à atividade de verificação de conformação jurídica dos atos processuais penais.

3.2.1 Descrição normativa abstrata como conceito necessário à subsunção (premissa maior)

À atividade do juiz, pode ser útil a subsunção. O questionamento da subsunção e do silogismo para tomada de decisões é só parcialmente procedente. Na verdade, a valia da subsunção é a de ser base da fundamentação. Serve de sustentação à própria norma jurídica concretizada. Em outros termos, a conclusão judicial de que um ato jurídico processual penal está viciado pode ser tomada sem o perpassar das premissas silogísticas, porém, a motivação que ensejou a conclusão deve ser explicitada de forma lógica, expressando os seus conceitos estruturais.

---

279. KELSEN, Hans. *Teoria geral das normas*. Tradução: José Florentino Duarte. Porto Alegre: Sergio Antonio Fabris, 1986. p.12.

Aurora Tomazini de Carvalho expõe que, para fazer incidir uma norma, o jurista, em primeiro lugar, "verifica a ocorrência de um acontecimento, interpretando os suportes factuais a que tem acesso". Em seguida, deve-se indagar que "tipo jurídico" aquele vício se amolda. Havendo o enquadramento do conceito do fato ao conceito do tipo adequado, o intérprete estará "realizando, assim, a subsunção do conceito de fato ao conceito da hipótese normativa". Esse fenômeno, cuja dimensão espacial é eminentemente processual (autos do processo penal), é retratado por uma realidade peculiar que "nada mais é do que um sistema articulado de símbolos num contexto existencial"[280].

Nas nulidades processuais penais, a ocorrência factual é a existência de um ato processual penal atípico (defeituoso/viciado), produzido a partir de incidência deficiente da norma jurídica que regula sua forma. A inferência conducente à nulidade processual decorre ou diretamente (a partir, por exemplo, do que dita o art. 564, do CPP) ou indiretamente (a partir do exame e da constatação de falta ou de vício de elemento do ato processual sindicado). O primeiro é um tipo fechado, enquanto o segundo é um tipo que se pode qualificar aberto.

Deitadas essas balizas, a premissa maior do silogismo que integrará a documentação da norma jurídica declaratória de atipicidade consiste na descrição que considera ser defeituosa a incidência daquela que constituiu a referência do ato processual sindicado. Note-se que a premissa maior relata o vício processual, o elemento de fato que, por sua vez, faz parte da premissa menor estudada adiante.

Não é demais avivar que a norma jurídica descritiva da atipicidade em abstrato pode ser formulada direta (em face de cominação legal/constitucional/jurisprudencial) ou indiretamente (por inferência a partir da deficiência de

---

280. CARVALHO, Aurora Tomazini de. *Curso de teoria geral do direito*: o construtivismo lógico-semântico. 3. ed. São Paulo: Noeses, 2013. p.482.]

incidência da norma jurídica de regência do ato processual viciado). Também calha sublinhar que a norma jurídica não necessariamente coincide com o artigo de lei. Aliás, a regra, em direito processual penal, é a de que isso não ocorra, embora deva dormitar, em sua essência, o artigo, artigos ou seus fragmamentos nos quais se lastreia a norma.

Dentre os teóricos que assim enxergam o fenômeno jurídico-processual, malgrado com divergências terminológicas, Gustavo Badaró aduz que o tipo legal do ato processual "não se confunde, necessariamente, com um artigo do CPP". É ele "mais do que a hipótese de fato prevista na norma. Assim, o art. 352 estabelece os requisitos do mandado de citação. Todavia, outro dispositivo legal, o art. 357, prevê a forma de cumprimento de tal mandado". Note-se que "a citação somente será válida se cumprir o tipo legal, que engloba ambos os artigos"[281].

3.2.2 Verificação da atipicidade e a construção de conceito constitutivo de premissa menor

Tendo por base a explicação de Aurora Tomazini de Carvalho, tem lugar referir à hipótese concreta configuradora do vício do ato processual. Em um primeiro momento, o sujeito cognoscente, antes mesmo de formular a norma jurídica declaratória e classificatória da atipicidade, deve constatar "a ocorrência de um acontecimento, interpretando os suportes factuais a que tem acesso"[282].

Em um segundo instante, após confrontar o vício com o tipo jurídico reitor do ato processual defeituoso, ele retorna ao conceito factual que se classifica como atipicidade processual penal (inexistência, nulidade absoluta, nulidade relativa ou irregularidade), para se certificar, com esteio em

281. BADARÓ, Gustavo Henrique. *Processo penal*. 3. ed. São Paulo: RT, 2015. p.783

282. CARVALHO, Aurora Tomazini de. *Curso de teoria geral do direito*: o construtivismo lógico-semântico. 3. ed. São Paulo: Noeses, 2013. p.482.

dados empíricos, se de fato ocorreu a situação configuradora da deformidade. Neste ponto, reside a premissa menor, bem como é aqui que há espaço para formulação de juízo verificacionista (de veracidade, com arrimo em provas/documentação), retratado no conceito obtido a partir do ato processual viciado, devidamente vertido em linguagem.

O silogismo retratado pelas premissas tem função fundamentadora. Ao se declarar atipicidade e apontar sua classificação, o magistrado exerce função justificadora, operando a subsunção não de forma automática, porém mediante adequação conceitual do tipo jurídico (premissa maior) e do ato jurídico processual viciado (premissa menor). Ali reside a norma jurídica abstrata, enquanto, no último, está o campo da facticidade jurídica.

A fundamentação que dá supedâneo à incidência/concretização da norma abstrata nulificadora é, sob esse enfoque, enunciado probatório, tendente a aferir juridicamente a verdade do fato alegado/constatado (atipicidade). Cuida-se de condição para o sucesso da constituição do fato jurídico saneador, bem como para a imposição das consequências jurídicas correlatas. Estrutura-se, desse modo, por meio de descritor (antecedente), situado propriamente no âmbito da premissa menor do silogismo que viabiliza a subsunção (facticidade jurídica)[283].

3.3 Postulado da coerência como critério para identificação de fontes de cognição das nulidades processuais penais

As fontes de conhecimento do direito que permitem identificar as bases enunciativas de deformidades de atos

283. CARVALHO, Paulo de Barros. Direito tributário: fundamentos jurídicos da incidência. 9.ed. São Paulo: Saraiva, 2012. p.150; CARVALHO, Aurora Tomazini de. *Curso de teoria geral do direito*: o constructivismo lógico-semântico. 3. ed. São Paulo: Noeses, 2013. p.537-538.

processuais penais, não se resumem no CPP. Além da legislação infraconstitucional, a Constituição de 1988 contém prescrições que constituem fontes específicas. Também instrumentos convencionais internacionais ratificados pelo Brasil são fontes de cognição do direito processual penal. Além desses diplomas de natureza legislativa, a jurisprudência é reputada como fonte de conhecimento, máxime no tocante às Súmulas Vinculantes expedidas pelo STF, bem como no que se refere às teses fixadas em temas da repercussão geral da instância extraordinária e do rito de recursos repetitivos.

Diante de ordenamento jurídico tão eclético, necessário se valer do postulado da coerência para a interpretação dos enunciados, de modo a construir um sistema coerente, cujo desiderato é de ser alcançado pelo axioma da hierarquia e pelas demais regras que colimam evitar conflitos normativos. Note-se que o confronto entre Constituição e legislação sede lugar à prevalência da primeira. No entanto, problemas existem que envolvem diplomas normativos internacionais, cujo conteúdo é afeto a direitos humanos. Quando não há aprovação do tratado pelo *quorum* qualificado para a edição de emendas constitucionais, a Corte Suprema brasileira o considera como de *status* superior à legislação interna, porém inferior à Constituição (denomina tal *status* de supralegal)[284].

Também a incidência da jurisprudência não é isenta de dificuldades, mormente quando se trata do confronto entre súmulas comuns (que servem, por exemplo, de parâmetro autorizativo de rejeição monocrática de recursos) e Súmula Vinculante (que, não raras vezes, inova o ordenamento jurídico, tal como se deu com o seu verbete de nº 35, que declarou que a sentença de transação penal é meramente homologatória, bem como que o seu descumprimento

284. STF –Pleno – ADI 1625 – Rel. Min. Maurício Corrêa – Red. p/ acórdão Min. Dias Toffoli – DJe 24 out. 2024.

autoriza a propositura de denúncia pelo órgão ministerial)[285]. Identificar tais fontes de cognição do direito processual penal e sistematizá-las de forma coerente são providências necessárias à funcionalidade do sistema.

De tal modo, não se justifica aplicar enunciado da Súmula Vinculante em detrimento do texto constitucional, eis que tem lugar o princípio da hierarquia. Também não deve ser aplicado verbete de súmula que tenha contrariado os limites constitucionais de sua produção, sob pena de se sujeitar a controle de constitucionalidade (art. 103-A, § 2º, CF). Por outro viés, os diversos dispositivos do CPP devem passar pelo filtro constitucional, aplicando-se a teoria da recepção para os enunciados anteriores à Constituição e o controle de constitucionalidade para aqueles que lhe são posteriores.

Seguindo lição de Paulo de Barros Carvalho, tem-se que a hierarquia é pressuposto para que haja sistema de direito, necessário para apontar o fundamento de validade das unidades componentes. O princípio da hierarquia é um axioma, um "princípio ontológico do direito". De tal sorte, no que concerne aos instrumentos introdutores de normas, "a lei e os estatutos normativos que têm força de lei são os únicos veículos credenciados a promover o ingresso de regras inaugurais no universo jurídico brasileiro, sendo por isso designados 'instrumentos primários'". As demais regulações de condutas devem ter "juridicidade condicionada às disposições legais, quer emanem de preceitos gerais e abstratos, quer individuais e concretos". Em face dessa limitação, esses últimos regramentos "recebem o nome de 'instrumentos secundários'. Não possuem, por si só, a

---

285. Dispõe o enunciado nº 35, da Súmula Vinculante, do STF: "A homologação da transação penal prevista no artigo 76 da Lei 9.099/1995 não faz coisa julgada material e, descumpridas suas cláusulas, retoma-se a situação anterior, possibilitando-se ao Ministério Público a continuidade da persecução penal mediante oferecimento de denúncia ou requisição de inquérito policial".

força vinculante capaz de alterar as estruturas do mundo jurídico-positivo"[286].

A hierarquia é princípio que estrutura o postulado da coerência, ao lado de outros critérios de solução de conflitos normativos (antinomias). Norberto Bobbio pontifica que o princípio da coerência do ordenamento jurídico, sustentado que é pelo positivismo jurídico, "consiste em negar que nele possa haver antinomias, isto é, normas incompatíveis entre si". É pressuposição do sistema a impossibilidade de produção de normas inconciliáveis entre si. Nas palavras do jusfilósofo, o princípio da coerência "é garantido por uma norma, implícita em todo ordenamento, segundo a qual duas normas incompatíveis (ou antinômicas) não podem ser ambas válidas, mas somente uma delas pode (mas não necessariamente deve) fazer parte do referido ordenamento". Em outros termos, "a compatibilidade de uma norma com seu ordenamento (isto é, com todas as outras normas) é condição necessária para a sua validade"[287].

A propósito, Hans Kelsen pondera que "existe um conflito entre duas normas, se o que uma fixa como devido é incompatível com aquilo que a outra estabelece como devido e, portanto, o cumprimento ou aplicação de uma norma envolve, necessariamente ou possivelmente, a violação da outra". Dessa ilação, o autor discerne a possibilidade de conflito bilateral ou unilateral: (1) "bilateral se o cumprimento ou aplicação de cada uma das duas normas envolve, necessariamente ou possivelmente, uma violação da outra"; e (2) " unilateral, se apenas o cumprimento ou aplicação de uma das duas envolve uma violação da outra". Ademais, o conflito pode ser total ou parcial: (1) chama-se de total quando uma norma impõe uma conduta determinada

286. CARVALHO, Paulo de Barros. *Direito tributário*: linguagem e método. 5. ed. São Paulo: Noeses, 2013. p.223-224.

287. BOBBIO, Norberto. *O positivismo jurídico*: lições de filosofia do direito. Tradução: Márcio Pugliesi; Edson Bini; Carlos E. Rodrigues. São Paulo: Ícone, 2006. p.203.

e a outra veda essa mesma conduta; (2) denomina-se parcial quando o conteúdo de uma norma só diverge em parte do conteúdo na outra disposição[288].

3.3.1 Regras enunciativas e as fontes de produção (materiais) admissíveis em matéria de atipicidade processual penal

Para que haja validade do discurso em torno do fenômeno da atipicidade processual, é necessário identificar as fontes de produção dos enunciados basilares à construção de normas jurídicas. Os dispositivos são fontes de conhecimento (formais). Para que sejam aplicados, a fonte de produção deve ser reconhecida pela regra atribuidora de competência do seu órgão emissor (Poder Legislativo da União – legislação; STF – Súmula Vinculante).

Identificar as bases é crucial para a validade do discurso jurídico exarado no processo penal. A crítica e reflexão sobre o material de trabalho é, desse modo, indispensável para se evitar produção de normas que não se respaldem nas disposições estruturantes do sistema que conferem legitimidade ao procedimento.

O enunciado constitucional, legislativo ou jurisprudencial é o ponto de partida para a formulação da norma jurídica que deve retratar a figura reitora da classificação da atipicidade. Tratando-se de enunciado infraconstitucional, o afastamento total ou parcial de sua aplicação deve se fundar em técnicas reconhecidas pelo sistema, notadamente o controle de constitucionalidade.

O exame é, pois, dúplice. O primeiro consiste na verificação do atendimento das regras que relacionam os enunciados emitidos com os órgãos com competência para

---

288. KELSEN, Hans. *Teoria geral das normas*. Tradução: José Florentino Duarte. Porto Alegre: Sergio Antonio Fabris, 1986. p.157.

produção de enunciados abstratos (fontes materiais). O segundo é o concernente ao preenchimento das condições que fundam a validade dos enunciados para a cognição do direito processual penal (fontes formais).

3.3.2 Necessidade de linguagem adequada à identificação da função da norma jurídica consequente

A identificação das fontes depende de linguagem que cumpra sua função comunicativa de normas jurídicas aos seus destinatários. Quando o intérprete não conta com material enunciativo uniforme, com terminologia diversificada e ambígua, a convenção de termos para o uso no nível do discurso jurídico é indispensável para se delimitar os efeitos normativos. A fixação desses pontos de partida se insere no aspecto estático do sistema jurídico, cuja ênfase é no fundamento de validade das normas abstratas e gerais (modelo classificatório) que serão instrumentos para a elaboração de normas que estipulem consequências jurídicas (invalidação, convalidação ou saneamento).

A classificação das atipicidades deve ser construída por meio de linguagem formal que viabilize melhor comunicação de decisões jurídicas. A classificação deve representar formas, que minimizam o espaço da contingência, da discricionariedade judicial. Vale lembrar que o CPP, em seu art. 564, *caput*, fala em "termos" ou "fórmulas" para delinear um rol de atipicidades processuais penais.

Essa linguagem deve ser de ordem eminentemente convencional, reconhecendo-se, explicitamente, que há, no plano do ser dos enunciados abstratos, da jurisprudência e da doutrina, séria controvérsia acerca do significado dos termos escolhidos para designar as atipicidades processuais penais.

A necessidade de uma linguagem séria e competente para classificar as atipicidades deve estar de acordo com as distinções de elementos dos atos processuais penais. Esse cuidado parte da ideia de que a forma ou fórmulas compõem um sistema de proteção das garantias. Uma vez bem definidas as formas, por intermédio de uma classificação precisa, será possível comunicação eficiente. Ao cabo, esse proceder será apto a conferir concreção ao modelo de processo penal estabelecido na Constituição.

Note-se que a abstração classificatória deve ser útil a melhor comunicar os possíveis conteúdos das decisões judiciais a respeito das atipicidades. A norma jurídica consequente estará estreitamente ligada àquela que lhe é antecedente. O fito é o de viabilizar previsibilidade, considerando que essa é uma aspiração do sistema.

O fundamento para o uso de uma linguagem como instrumento envolve dois pontos de partida. O primeiro retrata a importância da diferenciação dos conceitos, enquanto o segundo espelha a noção de jogo da linguagem. A "diferença" é conceito fértil que se relaciona com a noção de sistema, de forma, de linguagem e de comunicação. Ao inserir aspectos de fato selecionados pelo antecedente normativo (nulidade-fato), o sistema jurídico tem a aptidão de transfigurar o mundo da realidade, introduzindo-o no plano jurídico (juridicizando-o), devolvendo equilíbrio ao sistema.

Para Niklas Luhmann, a teoria dos sistemas está baseada em um preceito sobre a diferença. Ele parte, desse modo, da disparidade entre sistema e meio, para conservá-la: "quando se escolhe outra diferença inicial, obtém-se então como resultado outro corpo teórico". Daí que, ao invés de começar sua fundamentação com uma unidade, a teoria dos sistemas inicia sua fundamentação com "a diferença". A classificação das atipicidades processuais pode, nessa direção, ser entendida como teoria que retrata o ponto de partida inicial do trabalho formulador da estrutura das normas envolvidas, começando pela diferenciação, pelo apartamento de distinções[289].

289. LUHMANN, Niklas. *Introdução à teoria dos sistemas*. Tradução: Ana Cristina Arantes Nasser. 2. ed. Petrópolis/RJ: Vozes, 2010. p.297.

Nesse contexto, a noção de "jogo de linguagem" é o segundo argumento para se defender que o convencionalismo linguístico é uma realidade na esfera jurídica. Nessa seara, aliás, o convencionalismo deve ser entendido como condição de possibilidade de respeito às formas. Tal acatamento deve ter por finalidade a proteção das garantias individuais constitucionais. Ludwig Wittgenstein, em sua segunda fase (filosofia analítica), confere maior relevo para esse aspecto pragmático do discurso jurídico. Pragmático porque o jogo de linguagem permite um raciocínio possibilista, com alternativas mais ou menos abertas que poderão concretizar a consequência jurídica que se segue à classificação da atipicidade processual penal reconhecida judicialmente.

Com o propósito de esclarecer "jogo de linguagem", Ludwig Wittgenstein destaca o processo de contextualização das palavras cujas denominações são relacionadas com o seu uso cotidiano. Essa postura, relacional, aplicada às atipicidades processuais penais pode ser encontrado a partir de pontos comuns, obtidos pelo estudo comparativo da legislação, da doutrina e da jurisprudência, mediante esforço alicerçado no postulado da coerência. Assevera Wittgenstein que existem processos linguísticos, tais como os fatos de que: (1) na prática do uso da linguagem, "uma parte grita as palavras, a outra age de acordo com elas"; e (2) na instrução da linguagem, "o aprendiz dá nome aos objetos. Isto é, ele diz a palavra quando o professor aponta para a pedra". Até o aprendizado da linguagem materna, pode ser enquadrado na noção de jogo de linguagem, porquanto deve ser compreendida como "a totalidade formada pela linguagem e pelas atividades com as quais ela vem entrelaçada"[290].

A linguagem adequada possibilita formalidades para assegurar melhores condições para a comunicação

290. WITTGENSTEIN, Ludwig. *Investigações filosóficas*. 5. ed. Tradução: Marcos G. Nontagnoli. Bragança Paulista: Universitária São Francisco; Petrópolis: Vozes, 2008. p.18-19.

normativa, com o uso do sistema das nulidades processuais penais. A linguagem do direito positivo, a seu turno, assume função (instrumental) de possibilitar adaptação social (Marcos Bernardes de Mello[291]), de opor constrangimentos dogmáticos (João Maurício Adeodato[292]) ou, em outros termos, de ser estimulante de condutas conforme as expectativas jurídicas (Alfredo Augusto Becker[293]). Niklas Luhmann elucida que a comunicação (jurídica e social) pode ser obtida por intermédio de "uma síntese de três diferentes seleções: a) a seleção da informação; b) a seleção do ato de comunicar; e c) a seleção realizada no ato de entender (ou não entender) a informação e o ato de comunicar.[294]

Nesse campo, releva que a pragmática das atipicidades processuais penais obedeça às regras estruturais internas de autoprodução normativa, que encontra, na fundamentação das decisões jurídicas, a sua fundamentação e coroamento, com assento em justificação positivista. Na linha de Norberto Bobbio, a doutrina juspositivista das fontes é lastreada "no princípio da prevalência de uma determinada fonte do direito (a lei) sobre todas as outras", com distribuição de valor maior ou menor, de compasso com a subordinação das fontes umas às outras[295].

Niklas Luhmann pondera que "a escrita modifica radicalmente o conceito de comunicação, ao desacoplar o

---

291. MELLO, Marcos Bernardes de. *Teoria do fato jurídico*: plano da validade. 2. ed. São Paulo: Saraiva, 1997. p.21 *et seq.*

292. ADEODATO, João Maurício. *Uma teoria retórica da norma jurídica e do direito subjetivo*. São Paulo: Noeses, 2011. p.116-117.

293. BECKER, Alfredo Augusto. *Teoria geral do direito tributário*. 5. ed. São Paulo: Noeses, 2010. p.67.

294. LUHMANN, Niklas. *Introdução à teoria dos sistemas*. Tradução: Ana Cristina Arantes Nasser. 2. ed. Petrópolis/RJ: Vozes, 2010. p.81-82.

295. BOBBIO, Norberto. *O positivismo jurídico*: lições de filosofia do direito. Tradução: Márcio Pugliesi; Edson Bini; Carlos E. Rodrigues. São Paulo: Ícone, 2006. p.162-163.

próprio acontecimento comunicacional". A estruturação da norma por meio de decisão judicial tem poder criativo, malgrado trabalhar com o fito de redução de abismos entre a abstração e a concreção. Evidenciando a preocupação que deve haver no ponto, ainda Niklas Luhmann anota que "o ato de comunicar e o ato de entender ficam separados no plano espacial e no temporal"[296].

Como se pode concluir, é importante que sejam definidos os contornos do sistema de nulidades do processo penal, relativamente às fontes de sua autoprodução normativa, para se precisar melhor as consequências jurídicas admissíveis. Observe-se que o sistema é, nesse trilho, autopoiético, porquanto traça as estruturas de suas fontes (constitucional, legislativa e jurisprudencial), bem como os modos aceitáveis de reprodução.

Em suma, a redução da complexidade do sistema pode ser alcançada por abstração classificatória que se ajuste ao postulado da coerência. O positivismo jurídico é regido por esse postulado e por outros que diminuem os problemas de conflitos normativos, tal como a prevalência de uma fonte do direito (constitucional, legislativa) sobre as demais.

Essa situação só é possível quando presentes duas condições. A primeira consiste na existência de várias fontes no direito positivo (o que ocorre nos ordenamentos complexos, como no Brasil). A segunda é a de que tais fontes não estejam no mesmo plano, isto é, que o ordenamento deve ser também hierarquicamente estruturado (não paritário), com fontes situadas em planos diferentes, cada uma com valor hierárquico diferente.

A classificação das atipicidades processuais penais (inexistência, nulidade absoluta, nulidade relativa, irregularidade) representa, sob tal perspectiva, uma redução

296. LUHMANN, Niklas. *Introdução à teoria dos sistemas*. Tradução: Ana Cristina Arantes Nasser. 2. ed. Petrópolis/RJ: Vozes, 2010. p.314.

fenomenológica. Ademais, vê-se que o sistema carece de regras, de uma linguagem, para ter funcionamento de modo a cumprir seu papel maior, que é o de proteger a liberdade por meio do processo penal. Considerando a incapacidade de trabalhar com toda dimensão do ambiente, o sistema precisa definir estruturas de redução de sua complexidade. Os variados estímulos provenientes do meio processual penal são filtrados pelas formas, pela classificação, para viabilizar trabalho que atribua ao direito a qualidade que justifica sua existência, que é a previsibilidade limitadora da aleatoriedade fática.

Nesse passo, a contingência é entendida como atributo da realidade de fato. Na dicção de Pablo Falcão, a opção pela lógica – aqui usada para viabilizar o controle de nulidade e demonstrar a importância convencional de uma classificação – tem, como propósito, de um lado, conscientizar que seu manejo ocorre em um âmbito contingente, argumentativo; e, de outro, identificar as limitações do direito diante das vicissitudes da linguagem natural[297].

3.4 Fontes abstratas de cognição de nulidades processuais penais

Sob o rótulo "fontes formais" se inserem todas as fontes "em tese" que se prestam como matéria bruta para a construção das normas jurídicas que configuram o tipo processual da atipicidade. São as fontes abstratas de cognição de nulidades processuais. Antes de se delimitar o contorno da norma jurídica que reconhece e classifica o vício, relevante aferir se o enunciado abstrato é reconhecido pelo sistema.

---

297. FALCÃO, Pablo R. de L. *Do direito que é, aquele que vem a ser*: implicações epistêmicas da relação entre decidibilidade jurídica e raciocínio lógico-dedutivo. In: XVI Congresso Nacional do Conpedi/PUC Minas, Belo Horizonte, 15, 16 e 17 de novembro de 2007. Anais. Florianópolis: Fundação Boiteux, 2008. p.3757.

Esse procedimento retrata que o direito se manifesta através da forma estipulada pelo ordenamento jurídico. Como advertem Ada Pellegrini Grinover, Antonio Magalhães Gomes Filho e Antonio Scarance Fernandes, "a tarefa de aplicar o direito às situações concretas não é realizada aleatoriamente pelos órgãos estatais; ao contrário, a atividade processual também é regulamentada pelo ordenamento jurídico, através de formas que devem ser obedecidas pelos que nela intervêm". As linhas básicas para o desenvolvimento do processo são definidas pelos órgãos estatais de produção de enunciados[298].

Ao contrário do que se pode afirmar, não é só o Poder Legislativo da União que detém competência constitucional para legislar sobre processo penal, a teor do que reza o art. 22, I, da Constituição de 1988. Também a jurisprudência com caráter vinculativo possui fito similar à legislação, pelo que se enxerga aqui, no Poder Judiciário, a função de servir de fonte de produção de enunciados gerais e abstratos, ainda que emanados a partir de casos concretos.

Quanto aos diplomas normativos que se revestem da condição de fonte de cognição do direito processual penal, além da legislação ordinária, existem disposições constitucionais, enunciados dispostos em tratados internacionais, súmulas (notadamente as de natureza vinculante) e jurisprudência que são utilizadas pelos tribunais como fonte de cognição do direito processual penal. A referência a esses enunciados pode ser encontrada em diversos julgados que rechaçam ou acolhem alegações de nulidades.

Importa, desse modo, esclarecer a diversidade de conteúdo dessas fontes, quando comparadas com aquelas de *status* constitucional. Por outro lado, como a inclusão da jurisprudência como fonte de conhecimento do direito

298. GRINOVER, Ada Pellegrini; GOMES FILHO, Antônio Magalhães; FERNANDES, Antônio Scarance. *As nulidades no processo penal*. 12. ed. São Paulo: RT, 2011. p.19.

processual penal seria, sob certo prisma, discutível, a enumeração das espécies de enunciados judiciais aptos a emanar essa função é indispensável.

3.4.1 Fontes constitucionais e sua natureza preponderantemente principiológica

A Constituição de 1988 contém conjunto de enunciados com conteúdo criminal que pode ser classificado como central ao direito processual penal. Referentemente às atipicidades processuais penais, o único dispositivo que comina nulidade, é o inciso IX, do seu art. 93, que averba nulidade por ofensa à publicidade processual e à fundamentação das decisões. É caso de tipificação direta de nulidade, a exemplo do que se dá com a técnica do art. 564, do CPP.

Sem embargo, todas as outras disposições constitucionais, de forma mais precisa (regras) ou de maneira mais vaga (princípios), possibilitam cognição de nulidades por via indireta. Isso porque, malgrado o texto não diga, imediatamente, o que é um ato processual atípico, dele se depreende como deve ser o ato processual penal (típico), o que possibilita concluir, mediatamente (por inferência), pela atipicidade de atos que venham a destoar do modelo constitucional preconizado.

A propósito, vale destacar que há instrumentos internacionais incorporados no sistema pátrio. A primeira parte do item 5, do artigo 7º, do Pacto de São José da Costa Rica, assegura, por exemplo, a realização de audiência de custódia do preso, garantindo que ele seja imediatamente apresentado ao juiz, verberando que "toda pessoa detida ou retida deve ser conduzida, sem demora, à presença de um juiz ou outra autoridade autorizada por lei a exercer funções judiciais".

A audiência de custódia é regrada pelo aludido tratado, como forma complementar às disposições constitucionais sobre a prisão[299], com procedimento positivado nos arts. 287 e 310, do CPP. O tratado, de natureza supralegal (posto em permeio à Constituição e à legislação interna), está, nesse contexto, adscrito aos princípios do art. 5º, da Lei Maior. Melhor seria que o STF adotasse a tese de que os tratados com conteúdo protetivo aos direitos humanos já tivessem, de per si, *status* equivalente à Constituição.

Quando o texto constitucional abstrato tem cariz mais vago (norma-princípio), os dispositivos infraconstitucionais devem complementar seu significado. É por esse motivo que se fala de adscrição de regras a princípios constitucionais. As regras são normas que se formam ao redor do princípio, como ramificações que colmatam aquele enunciado aberto, principiológico.

Flávio Meirelles Medeiros pontifica, de forma análoga, que "na interpretação, é indispensável o conhecimento dos princípios norteadores da norma. Eles estão 'na escrita como o álcool no vinho'". Consoante explica o autor, na interpretação não acontece exatamente "a aplicação do princípio sobre a lei para dela retirar a norma", porém a produção da norma se dá "juntamente com o princípio que a integra", ingressando em tal análise os elementos sistemático e valorativo[300].

---

299. A audiência de custódia ou "interrogatório-de-garantia" pode se revestir como "uma espécie de autodefesa do acusado que sofreu a medida cautelar, a fim de que o magistrado possa, após sua oitiva, decidir pela mantença (devidamente motivada) e/ou pela revogação do ato cautelar" (ROBERTO, Welton. *Paridade de armas no processo penal*. Belo Horizonte: Fórum, 2011. p.123).

300. Flávio Meirelles Medeiros, em estudo que aborda a noção de "princípios gerais do direito" enquanto fonte subsidiária do direito processual penal, pondera que sua extensão é dotada de variabilidade: "alguns são 'mais gerais que outros'. Alguns são de amplitude reduzida ao direito processual penal; outros pertencem ao direito processual em geral, repercutindo tanto no instrumental civil como no penal; há também, aqueles que se estendem sobre todo o direito público; e, finalmente, os que valem para todo o direito positivo" (MEDEIROS, Flávio Meirelles. Princípios de direito processual penal. *Revista Forense comemorativa – 100 anos*, tomo VII [direito processual penal], Afrânio Silva Jardim (org.), Rio de Janeiro: Forense, p.501-503, 2006).

A tipicidade das prisões provisórias é delimitada por dois incisos do art. 5º, da Constituição de 1988, que informam a principiologia correlata e retratam o fenômeno da adscrição de regras a princípios. O primeiro é o seu inciso LXII, que estatui que "a prisão de qualquer pessoa e o local onde se encontre serão comunicados imediatamente ao juiz competente e à família do preso ou à pessoa por ele indicada". O segundo está no seu inciso LXV, que dispõe que "a prisão ilegal será imediatamente relaxada pela autoridade judiciária".

Conquanto ambos os enunciados ensejem normas com âmbitos de incidência mais abertos (natureza preponderantemente principiológica), é possível saber que a prisão não pode ser mantida pela polícia de forma sigilosa, como também que não pode ser aplicada sem justificativa amparada legalmente.

Fundando-se nessas disposições, há uma série de artigos que estabelecem melhores contornos para que o juiz efetivamente tome ciência da prisão e não permita que nenhuma prisão ilegal seja mantida. Artigos do CPP, da legislação extravagante e de tratados internacionais prescrevem comunicação imediata ao juiz competente, com previsão, inclusive, de que haja sua apresentação *incontinenti*.

3.4.2 O confronto das técnicas de tipificação direta e indireta das atipicidades processuais penais sufragadas pela legislação

Ainda uma palavra é necessária sobre a questão do tipo processual que retrata a incidência da norma jurídica que reconhece e classifica o ato processual penal atípico. O ponto de partida é a distinção entre enunciado (fonte de conhecimento) e norma jurídica (produto da incidência vertido em linguagem). O tipo processual não se confunde com o texto. Pode haver coincidência de muitos elementos, mas não necessariamente. Ele é construído a partir de fragmentos, de um ou de vários enunciados. Sob esse enfoque, é figura reitora representativa da aplicação eficiente da norma jurídica. Caso haja déficit de incidência, haverá ato processual atípico.

Existem, todavia, dispositivos que visam a classificar os vícios. A previsão de defeitos de atos processuais, realizada pelo art. 564, do CPP, consiste na qualificação de atos processuais com deformidades. Há previsão típica de incidências deficientes, por falta de termos ou de fórmulas como ali elenca o legislador de 1941. Não é a melhor técnica, pois a tipificação direta não dispensa que o intérprete examine se, de fato, a incidência da norma documentada no ato processual vergastado foi deficiente.

Na técnica de tipificação direta, há duplicação de atividades por parte do magistrado. Primeiro, confere a atipicidade do ato e, em seguida, checa se o vício de fato se enquadra na *fattispecie* descritora da atipicidade prevista em lei. A tendência, ao revés, é a de estipular, de forma mais aberta, o dever jurídico do juiz de sindicar atos processuais defeituosos em geral, conforme critérios previamente estipulados, linha que aqui se denomina de tipificação indireta das atipicidades. Basta, pois, que se verifique a deformidade do ato prescrito pelo sistema para que se conclua pela atipicidade, de maneira mediata.

3.4.3 O reconhecimento de base empírica jurisprudencial como fonte de normas nulificadoras

A base empírica constitutiva do ordenamento jurídico deve passar pelo crivo de sua validade. Na senda de Riccardo Guastini, os atos normativos (enunciados) são atos de linguagem. Eles são atos disciplinados por normas jurídicas, notadamente por normas de segundo grau, ou metanormas, em torno da produção do direito. Tais atos são regrados por, pelo menos, dois tipos de metanormas: (1) por um lado, metanormas de competência, isto é, normas que conferem a um certo sujeito a função, a competência, a autoridade, ou o poder de produzir normas jurídicas nos lindes de certa matéria; (2) de outra banda, metanormas de direito processual, isto é, normas de conduta que estatuem os processos por meio dos quais a competência normativa em tela deve ser exercida[301].

Nessa toada, um ato normativo é revestido de validade quando realizado de acordo com as metanormas que o ditam e em conformidade com o seu procedimento, no ambiente do sistema jurídico. Daí que um ato normativo será válido se – e apenas se – for editado em compasso com a regra de competência, bem como se foi observado o rito estatuído pelas meta-normas do direito processual. Esse raciocínio tem cabimento não só para identificar a legislação válida, enquanto fonte de cognição do direito processual penal, como também para delimitar os enunciados emitidos pelo Poder Judiciário que venham constituir parâmetro para a formulação da norma jurídica reconhecedora de atipicidade do ato processual penal.

3.4.3.1 A necessidade de superação de abismos para a formação do precedente

Questão que requer cautela para a identificação da jurisprudência como fonte do direito processual penal é a possibilidade de abismos entre o concreto casuístico e a abstração do enunciado jurisprudencial. A formação do precedente é levada a efeito com a abstração das idiossincrasias dos casos concretos[302]. Eis o abismo que, se não cercado de cuidados

301. GUASTINI, Riccardo. *Das fontes às normas*. Tradução: Edson Bini. São Paulo: Quartier Latin, 2005. p.277-278.

302. ALENCAR, Rosmar Rodrigues. *Efeito vinculante e concretização do direito*. Porto Alegre: Sergio Antonio Fabris, 2009. p.87-88.

procedimentais, pode repercutir na validade do enunciado jurisprudencial. A previsibilidade de resultados – pretendida por texto sumular ou por tese fixada em grau de recurso – não pode ir ao extremo de permitir a edição de redação para preenchimento de âmbito não consentido pela Constituição.

A autorização para a edição de precedente, de tema ou de súmula com efeito vinculante necessita de limite, para conter eventual excesso discricionário. Cuida-se de espaço estrutural do ordenamento jurídico reservado ao preenchimento por legislação de quadro (liberado pela Constituição).

Esse preenchimento de espaço envolve todos os enunciados criados para regrar assuntos que a Constituição não estabeleceu limites ao órgão emissor, seja no caminho de ordenar, seja no de proibir, observado o postulado da ponderação. Tal distinção tem o condão de possibilitar a constatação de maior ou de menor liberdade para o órgão competente emitir enunciados.

O que exceder aqueles limites estará suscetível de controle abstrato de constitucionalidade; o que estiver dentro do permitido não admitirá controle, porque inexistirá ofensa à Lei Maior. É o que enfatiza Robert Alexy: "como o controle judicial-constitucional é exclusivamente critério da constituição, segue forçosamente que lá, onde inicia o espaço estrutural, cada controle judicial-constitucional termina"[303].

Para a construção de súmulas vinculantes e de outros precedentes que se sagram fontes de conhecimento do direito processual penal, o Judiciário atua não só como órgão capaz de resolver conflitos. A atuação estrutural é tendente a ordenar a respeitabilidade de direitos humanos

303. ALEXY, Robert. Direito constitucional e direito ordinário. Jurisdição constitucional e jurisdição especializada. *Revista dos tribunais*, São Paulo, a.91, n.799, p.40, maio 2002.

fundamentais, funcionando como Estado-legislador quando necessário[304].

A construção do enunciado jurisprudencial com transcendência subjetiva (abstratividade a partir de situação concreta) deve considerar a advertência de João Maurício Adeodato de que a abstração dos particularismos é inerente ao ser humano, mormente diante do aumento de complexidade do sistema. Há um risco de rompimento do fio condutor que se levou ao enunciado do precedente. Adeodato destaca que, no ponto, reside a função da norma, qual seja, a de "reduzir a complexidade para garantir expectativas de condutas futuras, controlar no momento presente o futuro, já que este é incontrolável"[305].

Com essa premissa, cabe apontar situação concreta alusiva à edição de enunciado sumular sobre o uso de algemas. A Súmula Vinculante nº 11, do STF, comina "nulidade da prisão ou do ato processual" para hipóteses de uso de algemas de maneira abusiva. Nos termos do seu texto, deve o juiz reconhecer o defeito (nulidade) em virtude do seu emprego indevido e, a partir daí, delimitar as consequências (invalidação de atos processuais viciados e contaminados por força do princípio da concatenação, *ex vi* do § 1º, do art. 573, do CPP)[306].

---

304. TAVARES, André Ramos. *Manual do Poder Judiciário brasileiro*. São Paulo: Saraiva, 2012. p.38.

305. ADEODATO, João Maurício. *Ética e retórica*: para uma teoria da dogmática jurídica. 3. ed. São Paulo: Saraiva, 2007. p.271-272.

306. A Lei nº 13.060/2014 disciplina o uso de meios não letais (instrumentos de menor potencial ofensivo), em cujo conceito se inserem as algemas, ditando a necessidade de proporcionalidade. O CPPM, em seu art. 234, caput, já exigia a indispensabilidade para que o emprego de força e de algemas fosse autorizado. A súmula vinculante mencionada é mais específica, ditando os elementos conceituais para conhecimento (fonte formal do direito processual penal) e construção de normas jurídicas de nulidade, de convalidação e de invalidação. O Decreto nº 8.858/2016, mais especificamente, estatui as diretrizes a serem observadas pelos agentes públicos, quando do emprego de algemas.

Na sua dicção, "só é lícito o uso de algemas em casos de resistência e de fundado receio de fuga ou de perigo à integridade física própria ou alheia, por parte do preso ou de terceiros, justificada a excepcionalidade por escrito, sob pena de responsabilidade disciplinar, civil e penal do agente ou da autoridade e de nulidade da prisão ou do ato processual a que se refere, sem prejuízo da responsabilidade civil do Estado". É de ver que esse enunciado incorre em sobreposição material (já havia disciplina normativa proibindo excessos quanto ao emprego de força) e em inconstitucionalidade de ordem formal.

Deveras, a edição do verbente nº 11, da Súmula Vinculante do STF, desrespeitou o procedimento disposto no art. 103-A, e parágrafos, da Constituição Federal, nos termos do acrescido pela Emenda Constitucional nº 45/2004 (não houve sucessão de casos reiterados sobre o assunto, nem controvérsia jurisprudencial foi constada). Criou-se, portanto, abismo entre a realidade empírica e a expressão dessa fonte de conhecimento do direito processual penal. Sobre essa questão, análise mais pormenorizada será apresentada adiante, quando do estudo das atipicidades em espécie, máxime daquelas do curso da investigação preliminar, fundamentando a inconstitucionalidade formal do supradito enunciado.

3.4.3.2 Fontes jurisprudenciais reconhecidas pelo sistema jurídico brasileiro

As súmulas não vinculantes, do STF e do STJ, estipulam inovações no ordenamento jurídico consistentes em requisitos para o conhecimento de recursos. A legislação, por outro lado, estatui disposições que referem à jurisprudência dominante ou às súmulas em geral como parâmetro para o juízo de admissibilidade e de mérito de recursos. Essas constatações autorizam deduzir que existem fontes jurisprudenciais reconhecidas pelo sistema jurídico nacional.

Decerto, a jurisprudência, em situações particulares, pode constituir fonte de conhecimento do direito processual penal. Não porque o CPP contenha enunciado assim dispondo, mas por seu art. 3º admitir interpretação analógica e a lei processual civil possuir vários artigos mencionando a relevância da súmula como parâmetro de julgamento de recursos. A título de exemplo, o *§ 1º*, do art. 926, do CPC, estatui pressupostos à edição de súmulas extraídas da jurisprudência dos tribunais. E o seu § 2º estabelece o dever de observância das circunstâncias fáticas dos precedentes que motivaram sua criação.

Com tendência similar, o inciso VI, do § 2º, do art. 315, do CPP, explicita que não se considera fundamentada a decisão, a sentença ou o acórdão que "deixar de seguir enunciado de súmula, jurisprudência ou precedente invocado pela parte" (*ratio decidendi*), "sem demonstrar a existência de distinção no caso em julgamento" (*distinguishing*) ou a "superação do entendimento" (*overruling*)[307].

3.5 Fonte concreta de reconhecimento de atipicidade processual penal

No presente tópico, o realce é para o órgão emissor de normas individuais e concretas: o juiz competente (órgão autêntico). Ele é a fonte de produção de normas declaratórias de atipicidades no plano concreto. A cognição dessas atipicidades se dá por meio da fundamentação que ele, julgador, emite nos autos. Os destinatários do conhecimento da nulidade declarada e do ato processual penal invalidado são os sujeitos processuais envolvidos.

307. O CPC tem dispositivo de idêntico teor (art. 489, § 1º, VI).

3.5.1 Norma constitutiva de competência do juiz e a necessidade de ato volitivo

O reconhecimento concreto de atipicidades processuais penais só se dá pela norma que atribui competência ao juiz. É necessário um dizer do sujeito cognoscente, de acordo com a norma geral que lhe confere competência para que se possa falar em nulidade declarada e classificada. Antes disso, não há, para o direito, atipicidade processual penal.

Mesmo os atos deformados, precisam de ato volitivo específico para que assim sejam reputados. Esse ato volitivo deve ser exarado por aquela autoridade, com competência para processar e julgar a causa. Na esteira do que leciona Gabriel Ivo, "a norma jurídica não é algo pronto, dado pelo ordenamento jurídico, e sim o resultado de um labor ingente de criação promovido pelo intérprete"[308].

A norma constitutiva de competência é fonte cognitiva abstrata. Dela deve derivar a produção judicial de norma jurídica individual e concreta que identifica o vício e o classifica como inexistência, nulidade (absoluta ou relativa) ou irregularidade. Sua documentação (entificação) deve ser descrita nos autos, por linguagem competente. Analogamente, a estruturação da norma nulificadora segue a linha kelseniana de que cada norma tem como pressuposto o envolvimento de duas pessoas, a primeira, responsável por sua fixação e, a segunda, seu destinatário.

No processo concreto, os dois sujeitos (emissor e destinatário) podem coincidir no mesmo juiz, notadamente quando enunciar o desfazimento dos efeitos de um ato e, de forma igual, ser ele também o sujeito obrigado a emitir um outro ato necessário ao seu desfazimento/refazimento. Essa constatação não infirma o postulado de Kelsen, antes o confirmando, haja vista que também o juiz, no Estado Democrático de Direito,

308. IVO, Gabriel. *Norma jurídica*: produção e controle. São Paulo: Noeses, 2006. p.XL.

está submetido às regras que ele mesmo faz incidir nos autos. Há coerência, de tal forma, com a ideia de que "nenhuma norma sem uma autoridade que a estabeleça, nenhuma norma sem um destinatário (ou destinatários da norma)"[309].

3.5.2 Produção de norma individual e concreta nulificadora de ato processual penal

Nessa altura, infere-se que há uma sucessão de procedimentos de ejeção de enunciados e normas até que se chegue ao resultado linguístico da produção de norma individual e concreta nulificadora de ato processual penal viciado (emitido com incidência deficiente de outra norma jurídica). Essa percepção é de grande relevo para que a atividade de controle dos atos processuais penais, realizada nos autos, seja conduzida com o propósito de tutelar garantias individuais fundamentais.

Existem, por assim dizer, instâncias de produção normativa, até se chegar à conclusão de que um ato se afastou do modelo preconizado pelo ordenamento jurídico, seja sob o aspecto material, seja sob o ângulo formal. A análise focada por esse estudo considera, em especial, a dimensão garantidora das normas constitucionais-processuais. O atuar concreto do juiz, para sanear o processo de vícios, cumpre essa função no contexto dos limites da validade do discurso jurídico (pragmática).

Ada Pellegrini Grinover, Antonio Magalhães Gomes Filho e Antonio Scarance Fernandes sustentam que "a atipicidade constitucional, no quadro das garantias, importa sempre uma violação a preceitos maiores, relativos à observância dos direitos fundamentais e das normas de ordem pública"[310].

---

309. KELSEN, Hans. *Teoria geral das normas*. Tradução: José Florentino Duarte. Porto Alegre: Sergio Antonio Fabris, 1986. p.38.

310. GRINOVER, Ada Pellegrini; GOMES FILHO, Antônio Magalhães; FERNANDES, Antônio Scarance. *As nulidades no processo penal*. 12. ed. São Paulo: RT, 2011.p.24.

O procedimento estruturado para a emissão de normas de declaração e de classificação de atipicidades, bem como de norma jurídica consequente (de invalidação, de convalidação ou de saneamento), tem o cunho de, concretamente, tornar eficaz o relato abstrato emanado do direito positivo.

3.6 Fonte digital de atipicidades processuais

Tomando como premissa que o dígito – enquanto imagem produzida no ambiente computacional – é elemento posto em permeio aos aspectos empíricos e intelectivos, estando igualmente submetido às formas de produção do direito e à cognição humana, parece ser adequado entender que o ordenamento jurídico sufraga fontes jurígenas digitais.

Na lição de Tercio Sampaio Ferraz Júnior, o *bit* (dígito) não seria nem tangível nem intangível.[311] Sem embargo, toda vez que a emanação das prescrições de conduta ou o conhecimento normativo naquele ambiente virtual destoar dos trilhos nomogenéticos, hauridos da escalação hierárquica do direito positivo, haverá atipicidade passível de controle (art. 564, IV, CPP).

Decerto, elementos de tempo e de espaço se dispersam no sistema computacional e interferem na produção de normas jurídicas de processo penal, com aptidão de, por exemplo, incutir dúvida na autenticidade, na verdade da prova e na sua normatividade (validade), bem como no contorno da subjetividade jurídica – tal como adverte Thomas Vesting[312] –, notadamente pela insegurança que deriva da menor nitidez das fontes geradoras de informações e de imagens virtuais.

311. FERRAZ JÚNIOR, Tercio Sampaio. *O direito, entre o futuro e o passado*. São Paulo: Noeses: 2014. p.39.

312. VESTING, Thomas. *Gentleman, gestor, homo digitalis*: a transformação da subjetividade jurídica da modernidade. Tradução: Ricardo Campos; Gercélia Mendes. São Paulo: Contracorrente, 2022. p.340-341.

A requisição de dados digitais, por exemplo, deve observar os ditames do direito positivo. Ao formular a ordem, a autoridade especificará os contornos individuais do caso concreto para não incorrer em emanações genéricas, das quais derivam nulidade (absoluta) do ato aquisitivo dos elementos virtuais obtidos e encartados nos autos. A esse respeito, o Superior Tribunal de Justiça veda pleitos abertos, sem descrição de dados que permitam demarcar a diligência a fim de evitar ingresso desproporcional ou indevido, inclusive na intimidade de pessoas sem relação com o fato, a teor do § 3º, do art. 11, do Decreto nº 8.771/2016, que prescreve disposições regulamentadoras da Lei nº 12.965/2014 (Marco Civil da *Internet*).[313]

3.7 Aplicação a caso concreto

A identificação das fontes de conhecimento do direito processual penal é um dos elementos da teoria da nulidade. Do que foi exposto, verificou-se que a jurisprudência, especialmente a Súmula Vinculante, deve ser considerada fonte de cognição desse ramo jurídico, sendo apta à produção de normas nulificadoras.

No STJ, a jurisprudência é, não raramente – conquanto nem sempre de forma explícita e delimitada –, reportada como fonte jurídica de resolução de conflitos de direito processual penal, assim incluídas as teses fixadas em temas de recursos repetitivos, as súmulas e os julgados anteriores.

Em agravo em recurso especial interposto pela defesa do imputado, pleiteando a desconstituição de condenação

313. Para ilustrar, pela Corte Superior foi dito que "se o software policial teve acesso aos registros de pesquisa, e a autoridade policial, se fundamentando em tais registros telemáticos para pleitear a medida cautelar, extrapolou a possibilidade que a Lei lhe confere, ignorando o princípio da jurisdicionalidade, assim como contrariando os comandos da Constituição Federal e da Lei do Marco Civil da Internet, para decretar verdadeira medida cautelar sobre o Direito Fundamental à Privacidade do indiciado" (STJ – HC 939.715/DF – Decisão Monocrática – Rel. Min. Antonio Saldanha Palheiro – DJe 02 jul. 2025).

sob a alegação de "violação ao art. 226 do Código de Processo Penal, tendo em vista a nulidade das provas obtidas por meio de reconhecimento fotográfico ilegal", o STJ citou, como razões de decidir, ter sido firmada a posição de que "o regramento previsto no art. 226 do Código de Processo Penal é de observância obrigatória, e ainda assim não prescinde de corroboração de outros elementos indiciários submetidos ao crivo do contraditório na fase judicial"[314].

Decerto, ficou dito que o tribunal *a quo* considerou, como provas suficientes para dar supedâneo à condenação, "tão somente o reconhecimento pessoal promovido pela vítima em sede policial e a existência de ações penais em curso e de boletins de ocorrência em desfavor do agravado". A nulidade foi aludida sucessivas vezes no inteiro teor do acórdão correlato, com a transcrição de julgados anteriores, com menção à "nulidade das provas" e à "nulidade por violação ao art. 226 do CPP".

Melhor seria que a Corte Superior tivesse estabelecido o contorno semântico da atipia, para assentar a nulidade absoluta do ato aquitivo (inclusão da prova), a necessidade de sua invalidação (supressão de efeitos de seu deferimento) e o seu correspondente expurgo (*exclusionary rules*), com o desentranhamento e a consecutiva inutilização da documentação probatória do reconhecimento (art. 226, CPP).

No julgado sob análise, ponderou-se sobre a necessidade de confronto entre a memória humana e a sua credibilidade (confiabilidade)[315]. Apesar da condenação, não se afe-

314. STJ – Sexta Turma – AgRg no REsp n. 2.137.422/RS – Rel. Min. Antonio Saldanha Palheiro – DJe 10 out. 2024.

315. Com efeito, de um lado, as formas sugestivas de reconhecimento de pessoas devem ser evitadas; e, de outro, o limbo entre os rótulos de falso-positivo e de falso-negativo na constatação sob o rito do art. 226, do CPP, maximiza chances de erro judiciário (MATIDA, Janaína; CECCONELLO, William Weber. Reconhecimento fotográfico e presunção de inocência. *Revista brasileira de direito Processual Penal*, Porto Alegre, v. 7, n. 1, p. 418, jan.-abr. 2021).

riu "nenhum outro elemento apto a atestar a autoria delitiva como, e.g., prisão em flagrante, histórico de localização de GPS, imagens de circuitos de segurança, posse dos objetos subtraídos, movimentações financeiras, dentre outros".

Nessa esteira, a interpretação – *in casu*, constitutiva de fonte jurígena jurisprudencial –, visa mitigar "erros judiciários gravíssimos que, provavelmente, resultaram em diversas condenações lastreadas em acervo probatório frágil, como o mero reconhecimento fotográfico de pessoas em procedimentos crivados de vícios legais e até psicológicos". Em acréscimo, o STJ assentou a probabilidade de "enviesamento cognitivo causado pela apresentação irregular de fotografias escolhidas pelas forças policiais", contaminando a memória das vítimas, "circunstância que reverbera até a fase judicial e torna inviável posterior convalidação em razão do viés de confirmação"[316].

A Corte Superior reportou-se à convalidação (categoria de efeito jurídico, porquanto espécie de consequente normativo) sem, contudo, vincar seus aspectos (estrutura, sentido e função). A relação posterior averbada – da confirmação (convalidação) ou da infirmação da validade (invalidação) do ato aquisitivo probatório do reconhecimento em testilha (para o efeito de chancelar a inclusão ou de impor a exclusão da prova) – poderia ter sido mais precisa, a fim de escoimar dúvidas e, ao cabo, viabilizar transparência na fundamentação e controle eficaz.

3.8 Conclusão e próximo capítulo

A identificação das fontes e dos seus níveis tem a importância de preparar o traçado dos limites do sistema processual penal. A produção de normas obedece a um conjunto

316. STJ – Sexta Turma – AgRg no REsp n. 2.137.422/RS – Rel. Min. Antonio Saldanha Palheiro – DJe 10 out. 2024.

de disposições que, gradual e hierarquicamente, identifica órgãos com competência para emiti-las. Os enunciados dispostos são fontes de produção de normas. Diante da diversidade de fontes de conhecimento do direito processual penal e, em especial, da nulidade, relevante estabelecer a hierarquia, bem como os elementos de conexão entre elas aptos a fundamentar a produção de normas jurídicas, de forma coerente e consistente.

No sistema de processo penal, a produção de normas nulificadoras é de atribuição de órgão do Poder Judiciário que, por sua vez, deve delimitar e reconhecer as fontes de produção e as fontes de cognição admitidas. A atividade de controle dos atos processuais penais é justificada por meio da construção de normas constitutivas do sistema, depreendidas das fontes de cognição formadoras do ordenamento jurídico.

Para colmatar a produção de normas a partir de enunciados, deve ficar bem vincada a distinção entre sistema e ordenamento jurídico. A diversidade de concepções acerca dessas noções deve ser dirimida, para os fins deste trabalho, pelo uso de critério convencional.

No próximo capítulo, será abordada essa diferença, para bem precisar o que deve se entender por sistema, objetivando a produção de normas individuais e concretas que é deflagrada a partir da constatação de nulidade-fato no plano da persecução penal estatal. O ponto de partida é o ordenamento, reunião de enunciados do direito estatal, enquanto o ponto de chegada é o sistema processual penal das atipicidades processuais penais.

CAPÍTULO 4

SISTEMA E ORDENAMENTO COMO FUNDAMENTOS PARA A CONSTRUÇÃO DE NORMAS NULIFICADORAS

4.1 Ordenamento e nulidades processuais penais

A diferença entre ordenamento e sistema é um dos pilares da construção das normas nulificadoras. Parte-se da premissa de que o ordenamento está no nível dos enunciados. É ordenamento jurídico todo o corpo textual posto pelos órgãos estatais e que não estejam revogados expressamente. Cuida-se da matéria bruta que necessita de interpretação.[317]

---

317. Importante considerar que Paulo de Barros de Carvalho fundamenta a noção sistemática do ordenamento jurídico, ao asseverar que, "a despeito de tomar as variações terminológicas como precioso recurso para a construção da descritividade própria do discurso científico, não vejo como se pode negar a condição de sistema a um estrato de linguagem tal como se apresenta o direito positivo. Qualquer que seja o tecido de linguagem de que tratamos, terá ele, necessariamente, aquele mínimo de racionalidade inerente às entidades lógicas, de que o ser sistema é uma das formas. Pouco importa, aqui, se o teor da mensagem é prescritivo, interrogativo, exclamativo ou meramente descritivo. A verdade é que o material bruto dos comandos legislados, mesmo antes de receber o tratamento hermenêutico do cientista dogmático, já se afirma como expressão linguística de um ato de fala, inserido no contexto comunicacional que se instaura entre enunciador e enunciatário (CARVALHO, Paulo de Barros. *Direito tributário*: linguagem e método. 5. ed. São Paulo: Noeses, 2013. p.217).

Para que o ordenamento possa se amoldar ao pensamento sistemático, é necessário que seja formado um conceito de sistema capaz de, nas palavras de Claus-Wilhelm Canaris, cumprir "uma função significativa na ciência jurídica"[318]. No entanto, o sistema que se pretende propor é distinto do formulado por Canaris, porque se reputa aqui a necessidade de fechamento e de certa rigidez da produção normativa no seu interior, a fim de que a abertura não seja demasiada ao ponto de autorizar manutenção de atos processuais penais viciados, sob argumentos como o de celeridade.

A ideia axiológica do sistema apontada por Canaris é correta para o processo penal se, e somente se, for apto a conferir maior eficácia às garantias dispostas na Constituição de 1988. Ao contrário, sendo utilizado o argumento de abertura valorativa do sistema para possibilitar limitações à defesa do imputado, com redução de possibilidade de um processo justo, haverá incompatibilidade de conteúdo das normas jurídicas constituídas com os direitos fundamentais constitucionais.

Para o processo penal, cuja finalidade principal é aqui entendida como de proteção à liberdade do imputado, o respeito às formas é bastante caro. Daí a preferência por um sistema mais seletivo e rigoroso, diferentemente de um sistema aberto[319]. Isso não conduz necessariamente a retroceder a uma jurisprudência de conceitos, porém a propor

---

318. CANARIS, Claus-Wilhelm. *Pensamento sistemático e conceito de sistema na ciência do direito*. Tradução: Antonio Menezes Cordeiro. 3. ed. Lisboa: Fundação Calouste Gulbenkian, 2002. p.280.

319. O ponto de vista aqui adotado é contraposto – ao menos parcialmente – aos fundamentos de Karl Larenz, para quem o sistema interno não é "um sistema fechado em si, mas um sistema 'aberto', no sentido de que são possíveis tanto mutações na espécie de jogo concertado dos princípios, do seu alcance e limitação recíproca, como também a descoberta de novos princípios; seja em virtude de alterações da legislação, seja em virtude de novos conhecimentos da ciência do Direito ou modificações na jurisprudência dos tribunais" (LARENZ, Karl. *Metodologia da ciência do direito*. Tradução: José Lamego. 5. ed. Lisboa: Fundação Calouste Gulbenkian, 2009. p.693).

um procedimento formal para classificar as atipicidades e para extirpá-las do processo penal por meio da incidência eficiente de normas jurídicas.

Almeja-se conferir ao sistema mecanismo eficaz para cumprir sua função de previsibilidade. Daí que, para o direito processual penal comprometido com valores constitucionais, as conclusões de Juarez Freitas podem ser acatadas, embora com algumas reservas. Concordando com Canaris, o autor pondera que "a decisão jurídica transcende à esfera da lógica formal e subsuntiva em termos dedutivos", apontando não abarcar o formalismo "o fenômeno jurídico, ao menos em toda a sua complexidade e extensão". Sob o ponto de vista do autor, porque "a dialeticidade é sinal inerente ao sistema jurídico", que influencia a elaboração de silogismos, "a eleição ou hierarquização das premissas é que ocupa o lugar de destaque, diferentemente do que sucede na atuação do raciocínio sob prisma lógico-formal". É, em suma, a escolha que determina a construção lógica[320].

Conquanto se possa anuir que, como regra, a decisão jurídica (tomada na intelecção, ainda sem expressão em forma de linguagem) preceda a fundamentação, cabe objetar que o procedimento decisório, mormente em matéria criminal, não pode correr o risco de resvalar em arbítrio. A atribuição de valores às premissas, sem critério previamente estabelecido pode, por exemplo, justificar a manutenção de ato processual atípico. Daí que a discordância, para sugerir um sistema operativamente fechado, malgrado com possibilidade de influência regrada do meio, é lastreada na necessidade de se conferir limites ao poder punitivo estatal.

A interpretação das normas se conclui sob a forma de incidência documentada, tanto sob o prisma de dependência da atuação prospectiva do órgão autêntico, quanto

320. FREITAS, Juarez. *A interpretação sistemática do direito*. São Paulo: Malheiros, 1995. p.36-37.

daquele avivado por Alfredo Augusto Becker, nominado de inciência infalível que, por ato sucessivo e certificador, tem seus efeitos operados *ex tunc*[321]. Com procedimento protocolar, passa-se do estado enunciativo do ordenamento para um outro estado, o sistemático-normativo, cujas coerência e unidade são indispensáveis[322].

Do lado do ordenamento jurídico se situam todos os enunciados (constitucionais, legislativos, jurisprudenciais). Do lado do sistema, estão as normas jurídicas que são formuladas considerando uma ideia de "tipo jurídico total", com atendimento aos ditames da Constituição Federal. Essa possibilidade decorre da conversibilidade entre ordem e relação, conforme advertência de Ruy Cirne Lima, compreendida aquela tanto como um sistema de normas, como um sistema de relações, sendo fundamental a este o aspecto pertinente à ordem[323].

Se os enunciados podem se apresentar eventualmente contraditórios, porque o ordenamento jurídico nem sempre atende a critérios mais rigorosos, o sistema necessita de justificativa retórica, fundamentadora, evitando antinomias e buscando respeitar princípios garantidores. Em outra ótica, o ordenamento seria coerente, sem contradições e completo, sob a perspectiva de conter as disposições que o tornam harmônico. Enquanto, no sistema – especialmente o individual

---

321. BECKER, Alfredo Augusto. *Teoria geral do direito tributário*. 5. ed. São Paulo: Noeses, 2010. p.121.

322. Como aduz Canaris, "as características do conceito geral do sistema são a ordem e a unidade". Para o autor, "a função do sistema na Ciência do Direito reside, por consequência, em traduzir e desenvolver a adequação valorativa e a unidade interior da ordem jurídica. A partir daí, o pensamento sistemático ganha também a sua justificação que, com isso, se deixa derivar mediatamente dos 'valores jurídicos mais elevados' (CANARIS, Claus-Wilhelm. *Pensamento sistemático e conceito de sistema na ciência do direito*. Tradução: Antonio Menezes Cordeiro. 3. ed. Lisboa: Fundação Calouste Gulbenkian, 2002. p.280-281).

323. LIMA, Ruy Cirne. *Preparação à dogmática jurídica*. 2. ed. Porto Alegre: Sulina, 1958. p.99.

e concreto – ocorrerão decisões contraditórias e interpretações distintas, permitindo afirmar a convivência do sistema com antinomias, contradições e incoerências. Tanto sob a primeira, quanto sobre a segunda perspectiva, a separação entre ordenamento e sistema é visualizada com nitidez.

Os artigos de lei sobre nulidades não se valem de critérios terminológicos uniformes. Muito menos quando são cotejados com os dispostos pela jurisprudência dos tribunais superiores. Por outro lado, na tentativa de se padronizar o tema a partir de uma descrição do sistema, a ciência jurídico-processual penal envida esforços para construir classificações, de forma a melhor definir as linhas conceituais gizadas nos enunciados abstratos e gerais.

A conexão entre enunciados e normas jurídicas deve ser considerada para viabilizar a conformação jurídica do sistema. Karl Larenz explica que as normas jurídicas "não estão desligadas umas das outras, mas estão numa conexão multímoda umas com as outras". A interpretação de toda norma jurídica deve levar em conta "a cadeia de significado, o contexto e a sede sistemática da norma, a sua função no contexto da regulamentação em causa". Aponta o autor, aliás, que "o ordenamento jurídico no seu conjunto, ou pelo menos grande parte dele, está subordinado a determinadas ideias jurídicas directivas, princípios ou pautas gerais de valoração, a alguns dos quais cabe hoje o escalão de Direito Constitucional". A função desse sistema (descrito por Larenz como sistema conceitual-abstrato ou externo, retratando um sistema de conceitos gerais e abstratos, alicerçado em regras da lógica formal) é justificar, com subordinação à noção de direito, "as decisões de valor que subjazem às normas, unificá-las, e, deste modo, excluir na medida do possível as contradições de valoração"[324].

---

324. Acrescenta Karl Larenz que tal sistema, denominado por ele de "'externo', baseia-se em que se hão-de separar e generalizar, a partir dos fatos-tipo que são objeto de uma regulação jurídica, determinados elementos. A partir deles formar-se-ão

A ideia de sistema aberto (externo ou interno), sustentada por Karl Larenz, não cumpre a função de limitar problemas que surgem pela falta de balizas para a produção de normas fundamentadoras de atos processuais penais e de outras que determinem o reconhecimento e a classificação de atipicidades. Larenz e Canaris se aproximam da tópica jurídica, cujas bases são bem apropriadas para conferir efetividade às normas constitucionais, especialmente aquelas destinadas a maximizar a efetividade de direitos sociais.

No que toca à área criminal, calha ponderar que a ampliação demasiada de indução de princípios, notadamente quando desapegada das diretrizes da legalidade, pode conduzir à interpretação limitativa dos direitos fundamentais do imputado.

Daí a preferência por um sistema operativamente fechado, semelhante ao que alvitra Luhmann, que inseriu, com base nas ideias biologistas de Maturana, a noção de *autopoiesis*. A alimentação de informações pelo sistema jurídico, provenientes do meio e de outros sistemas, deve ocorrer de maneira controlada, por acoplamento estrutural e de acordo com os procedimentos reconhecidos estatalmente.[325] Objetiva-se conferir proeminência ao texto legal, de direito positivo, limitando interpretações que

---

conceitos de gênero, que são ordenados de modo a que, acrescentando ou subtraindo notas específicas particulares, se possam alcançar diversos graus de abstracção. Os conceitos 'inferiores' respectivos, que são os de menor grau de abstracção, ao serem subsumidos aos conceitos 'superiores' correspondentes, permitem, finalmente, reconduzir a massa do material jurídico a alguns poucos conceitos 'supremos'. Um tal sistema garante em ampla medida não só a clareza, mas também a segurança jurídica; porque, nos quadros de um tal sistema, se ele fosse 'completo', poder-se-ia dar a toda a questão jurídica uma resposta, por via de uma operação lógica de pensamento. Garante a ausência de contradição lógica de todas as consequências dele derivadas e com isso, segundo parece, a 'cientificidade' da Jurisprudência, no sentido do conceito cientificista de ciência" (LARENZ, Karl. *Metodologia da ciência do direito*. Tradução: José Lamego. 5. ed. Lisboa: Fundação Calouste Gulbenkian, 2009. p.621-622).

325. LUHMANN, Niklas. *Introdução à teoria dos sistemas*. Tradução: Ana Cristina Arantes Nasser. 2. ed. Petrópolis/RJ: Vozes, 2010. p.111.

confiram conteúdo moral que suplante o teor do ordenamento jurídico[326].

4.1.1 Noção de ordenamento e diacronismo: o específico caso das nulidades positivadas no Código de Processo Penal

Não é pacífica a distinção entre os termos ordenamento e sistema. Uma primeira posição, seguida por este estudo, sustenta a diferença. De uma parte, o ordenamento jurídico é o conjunto de enunciados postos, em sua forma bruta, ponto de partida para a construção de normas. O ordenamento é formado pelas fontes de sua produção (Poder Legislativo que enuncia leis, Poder Judiciário que emite verbetes de Súmula Vinculante) e pelo resultado dessa produção (enunciados de natureza legislativa, geralmente de caráter geral e abstrato, com linguagem predominantemente prescritiva ou, quando dependente de complementação, que requer construção prescritiva, por estabelecer finalidades deônticas, inferidas dos modais proibido, obrigatório e permitido).

De outra vertente, o sistema jurídico é a descrição escalonada do ordenamento jurídico em sua forma normativa, o que significa dizer que é o resultado da interpretação dos enunciados que compõem o direito positivo, organizadamente, com pretensão de completude e coerência, inclusive com definição precisa de seu modo de produção. O sistema é constituído pelo resultado das interpretações, tarefa comumente desempenhada pela Ciência do Direito, com linguagem predominantemente descritiva, própria

326. Na esteira de Alfredo Augusto Becker, o uso de critério moral para interferir na incidência de dispositivos legais configura espécie peculiar de ilegalidade (rectius: nulidade). Não se confunde com a categoria de "abuso do direito", que deve estar contida no direito positivo, eis que quando o abuso atua contra a regra jurídica ou contra a eficácia normativa, haverá, stricto sensu, ilegalidade (nulidade) e não direito. (BECKER, Alfredo Augusto. *Teoria geral do direito tributário*. 5. ed. São Paulo: Noeses, 2010. p.149).

das normas. A sua produção deve ser coerente, com o estabelecimento dos limites de sua autoprodução.

Uma segunda corrente não vê, em essência, distinção entre sistema e ordenamento[327], eis que seria possível entender o ordenamento como padrão de enunciação posta de textos legislativos, com configuração sistemática, dentro de seus lindes[328].

Sem embargo, há utilidade na distinção. Pode-se, inclusive, ajuntar as noções de sincronia e de diacronia para se perceber que o sistema tem índole preponderantemente sincrônica, enquanto o ordenamento jurídico segue o perfil diacrônico, por englobar uma série de textos, nem sempre coerentes entre si e muitas das vezes emitidos em épocas históricas bem diferentes.

Ferdinand de Saussure explica o cariz histórico da linguística diacrônica, o que pode ser assimilado à característica preponderante do ordenamento jurídico. Cuida-se de um método que distingue duas perspectivas, uma prospectiva e outra retrospectiva. A primeira deve acompanhar o curso do tempo, enquanto a segunda deve fazer o mesmo

---

327. Paulo de Barros Carvalho define sistema como o discurso da Ciência do Direito, mas também como domínio finito, mas indeterminável, do direito positivo. Emprega o termo "ordenamento" como sinônimo de "ordem positiva", "direito posto", e "direito positivo". Pondera, entrementes, que há doutrina que busca diferenciar as noções de ordenamento e de sistema, a partir da ilação de que "o ordenamento seria o texto bruto, tal como meditado pelos órgãos competentes e tomado na multiplicidade das decisões concretas em que se manifesta a autoridade de quem legisla. Melhor: seria o conjunto ou a totalidade das mensagens legisladas, que integrariam um domínio heterogêneo, uma vez que produzidas em tempos diversos e em diferentes condições de aparecimento" (CARVALHO, Paulo de Barros. *Direito tributário: linguagem e método*. 5. ed. São Paulo: Noeses, 2013. p.217-218).

328. Para Gregório Robles, o ordenamento jurídico (considerado sistema segundo essa ótica) não pode ser visto como algo destinado primordialmente à resolução dos conflitos, correspondente às decisões dirimentes, embora também complete ou transforme o sistema. A análise do ordenamento jurídico deve ser feita a partir da ideia de ser ele uma totalidade dotada de determinada estrutura (ROBLES, Gregorio. *As regras do direito e as regras dos jogos*: ensaio sobre a teoria analítica do direito. Tradução: Pollyana Mayer. São Paulo: Noeses, 2011. p.34).

em direção inversa. A diacronia pressupõe sucessão e substituição de elementos no curso do tempo.

De maneira diversa, a característica sincrônica do sistema alude à simultaneidade restrita ao conjunto de seus elementos, à estruturação de princípios que mantêm nexos entre si, em um estado atual. A sincronia requer maior abstração que a diacronia, pelo que é atividade mais difícil que esta última, com perfil histórico. Na dicção de Saussure, "a Linguística sincrônica se ocupara das relações lógicas e psicológicas que unem os termos coexistentes e que formam sistemas, tais como são percebidos pela consciência coletiva"[329].

O ordenamento jurídico pode ser definido como conjunto de enunciados produzidos pela atividade legislativa estatal. Nesse aspecto, a sincronia considera que o ordenamento é um conjunto harmônico de enunciados. Há descrição de sua estática quando se refere ao resultado da produção. No entanto, para sua formação, o ordenamento decorre de procedimento formal estabelecido em lei. Esse procedimento revela sua característica dinâmica, cuja formação deve obedecer aos limites de produção fixados ao longo da sua evolução. A alusão à evolução é reveladora da natureza diacrônica do ordenamento jurídico[330].

---

329. SAUSSURE, Ferdinand de. *Curso de linguística geral*. Tradução: Antônio Chelini; José Paulo Paes; Isidoro Blikstein. 27. ed. São Paulo: Cultrix, 2006. p.106-116.

330. Sob a perspectiva dogmática, estatizada (isto é, não dinâmica), a análise do direito é diacrônica. Diacronia é a descrição evolutiva da língua, com considerações históricas. Sob tal ângulo, Gregorio Robles leciona que se deve entender que "qualquer tratado de Dogmática jurídica opera de igual modo, ainda que sua análise seja uma investigação de significados, posto que o tratadista expõe a matéria tratada à luz do material expresso em regras e que estima vigentes em um determinado momento. Neste sentido, como consequência do corte metódico produzido, a dinamicidade desaparece, sendo apenas possível contemplá-la em sua forma estatizada, isto é, como uma diacronia que pertence ao passado e que, em seu conjunto, nos proporciona um esquema sincrônico sobre o qual trabalhar" (ROBLES, Gregorio. *As regras do direito e as regras dos jogos*: ensaio sobre a teoria analítica do direito. Tradução: Pollyana Mayer. São Paulo: Noeses, 2011. p.34)

Para melhor compreensão da distinção, calha volver para o especial tratamento dado às nulidades pelo CPP. No Título I, do seu Livro III, são encontradas disposições com diversas influências, inclusíveis assimiláveis ao direito privado, a teor do artigo inaugural que sufraga o princípio *pas de nullité sans grief*, de inspiração francesa. Nos termos do mencionado texto, "nenhum ato será declarado nulo, se da nulidade não resultar prejuízo para a acusação ou para a defesa" (art. 563).

A transcrição *ipsis litteris* desse artigo evidencia que se trata de enunciado, de matéria bruta. Dentro dessa concepção, o artigo não é norma jurídica *stricto sensu*. Para tanto, é necessária a atividade interpretativa e conformadora do juiz, diante de caso concreto. O significado e a extensão da norma devem ser inferidos em consonância com os elementos fulcrais do processo penal, sendo indispensável adequar a norma à matéria penal, limitando os resquícios típicos de direitos disponíveis, de índole civil.

O texto do CPP é, nesse diapasão, a base empírica que serve como ponto de partida, desde que sua leitura seja feita à luz da Constituição.

Emblemático, para se constatar a natureza do material legislativo, é o conteúdo do art. 564, incisos I a V, do CPP. Ele traz um elenco de atipicidades, com pretensão de taxatividade, na via iluminista-francesa que pretendia limitar a criação de nulidades pelo juiz. Na prática, representa um esboço de ordenamento elaborado a partir da ideia de desconfiança no magistrado de primeira instância, máxime porque delimita as hipóteses de defeitos de atos processuais penais.

Nota-se que o CPP, fruto de um momento histórico, foi mais destinado ao juiz de primeiro grau. É escassa a alusão a nulidades de atos de processos de competência dos tribunais, ressalvada a previsão de *quorum* mínimo de julgamento. As modificações legislativas, a sucessão de constituições brasileiras e a evolução jurisprudencial desde seu advento explicitam o cariz diacrônico do ordenamento jurídico.

As hipóteses de nulidades gizadas no Código são, preponderantemente, dos processos do júri, quando se vê, nos termos do art. 564, inciso III, alíneas "f" a "l", que haverá nulidade por falta das fórmulas ou dos termos concernentes: (1) a sentença de pronúncia, o libelo e a entrega da respectiva cópia[331], com o rol de testemunhas, nos processos perante o Tribunal do Júri; (2) a intimação do réu para a sessão de julgamento, pelo Tribunal do Júri, quando a lei não permitir o julgamento à revelia; (3) a intimação das testemunhas arroladas no libelo e na contrariedade[332], nos termos estabelecidos pela lei; (4) a presença pelo menos de 15 jurados para a constituição do júri; (5) o sorteio dos jurados do conselho de sentença em número legal e sua incomunicabilidade; (6) os quesitos e as respectivas respostas (inclusive por deficiência dos quesitos ou das suas respostas, e contradição entre estas, de acordo com o parágrafo único, do mesmo dispositivo); e (7) a acusação e a defesa, na sessão de julgamento.

Como se depreende, o art. 564, do CPP, contempla sete hipóteses específicas de júri, uma de julgamento nos tribunais e doze aplicáveis tanto ao júri quanto aos demais processos criminais. Embora dê a entender que se intenta um rol taxativo para limitar a sindicabilidade das nulidades pelo magistrado, o aludido enunciado, em seu inciso IV, traz uma cláusula de abertura, ao dizer que também ocorrerá nulidade "por omissão de formalidade que constitua elemento essencial do ato".

---

331. O libelo e sua contrariedade foram revogados expressamente pela Lei nº 11.869/2008, restando, no texto legislativo, a previsão contida no art. 564, inciso III, alínea "f", do CPP.

332. Apesar da revogação explícita – do libelo e de sua contrariedade – efetivada pela legislação reformadora do CPP, permanecem, no direito positivo, remissões àquelas peças processuais, sem eficácia.

A tentativa de coerência dessas disposições pode ter lugar não no âmbito do ordenamento jurídico, mas com a construção do sistema. O ecletismo da redação do CPP evidencia, destarte, a necessidade de se apartar o ordenamento (matéria-prima de trabalho do juiz) e o sistema (resultado do labor interpretativo, comprometido com os postulados positivistas).

4.1.2 Noção de sistema e sincretismo para a compreensão das normas jurídicas envolvidas no fenômeno da atipicidade do ato processual

Da sua natureza preponderantemente sincrônica, decorre que o sistema deve constituir uma teia harmônica.[333] O escalonamento das normas em princípios e regras representa o aspecto estático do sistema, enquanto previsão de sua produção com respeito às suas próprias diretrizes (forma autopoiética[334]). Caso se tome o ponto de vista de sua formação paulatina, a partir da experiência jurídica, fundada na observação, será possível identificar caráter diacrônico, malgrado em menor escala.

Do diacronismo ao sincretismo do sistema, ingressa a classificação das atipicidades como o procedimento útil à

333. Gregorio Robles explica que a análise do ordenamento jurídico, vista como uma totalidade dotada de determinada estrutura (similar à noção de sistema), opera com dois modelos acabados. Sendo a sincronia o estudo dos termos coexistentes em um estado da língua, averba o autor que "metodicamente se exclui a diacronia no interior do sistema. Isso não significa negar a dinamicidade, que é evidente. O modelo operativo deve ser necessariamente sincrônico, de tal maneira que atue o método hic et nunc." (ROBLES, Gregorio. *As regras do direito e as regras dos jogos*: ensaio sobre a teoria analítica do direito. Tradução: Pollyana Mayer. São Paulo: Noeses, 2011. p.34).

334. Na explicação de Niklas Luhmann, autopoiesis significa "determinação do estado posterior do sistema, a partir da limitação anterior à qual a operação chegou". Vale dizer, "somente por meio de uma estruturação limitante, um sistema adquire a suficiente direção interna que torna possível a autorreprodução. Assim, uma estrutura constitui a limitação das relações possíveis no sistema, mas não é o fator produtor, a origem da autopoiesis" (LUHMANN, Niklas. *Introdução à teoria dos sistemas*. Tradução: Ana Cristina Arantes Nasser. 2. ed. Petrópolis/RJ: Vozes, 2010. p.111-113).

concreção da atividade judicial à luz da abstração levada a cabo pela ciência jurídica. Na prática, têm-se o sistema abstrato – fruto da interpretação em um dado instante – e a aplicação concreta das formas dispostas em tese naquele sistema, através do controle da higidez dos atos processuais.

O sistema, valendo-se das classificações e estruturas conceituais que informam seu funcionamento, aponta como devem ser emitidos os atos processuais penais, para que se atenda a tipicidade global. São considerados os enunciados pela atividade normativa do intérprete. O sistema confere contorno às formas, possibilitando uma sincronia das fontes do direito, organizando a apresentação difusa dos enunciados do ordenamento jurídico.

A definição de sistema não é uniforme, havendo Tercio Sampaio Ferraz Júnior apontado várias de suas concepções e alertado que não iria dar uma palavra final sobre o assunto, porém uma abertura de linhas a respeito.[335] A noção de sistema deve se circunscrever à postura normativa e aos fins protetivos do processo penal. Esse conceito de sistema tem perfil positivista.

Carlos Alberto Alvaro de Oliveira obtempera que "a forma em sentido estrito é o invólucro do ato processual, a maneira como deve este se exteriorizar". O revestimento do ato – cabe acrescentar – nem sempre coincide com um único artigo. Daí completar o autor que a forma *stricto sensu* consiste no "conjunto de signos pelos quais a vontade se manifesta", bem como "nos requisitos a serem observados na sua celebração". Sob outro prisma, a forma em sentido amplo inclui "também as condições de lugar e tempo em que se leva a efeito o ato processual". Como tais condições não são intrínsecas ao ato processual, são melhor definidas como circunstâncias que, "por delimitarem os poderes dos sujeitos

335. FERRAZ JÚNIOR, Tercio Sampaio. *Conceito de sistema no direito*: uma investigação histórica a partir da obra jusfilosófica de Emil Lask. São Paulo: RT, 1976. p.4.

processuais e organizarem o processo, integram o formalismo processual, mas não a forma em sentido estrito"[336].

Malgrado não se desconheça a existência de críticas ao conceito positivista de sistema, fundadas notadamente na "unilateralidade de sua concepção", em razão de entendê-lo como "um conjunto de proposições e conceitos formalmente encadeados segundo os graus de generalidade e especificidade"[337], pondera-se que esse conceito é mais apropriado aos fins norteadores da aplicação de normas de conteúdo criminal.

O conceito de sistema é apto a justificar a necessidade de controle de atos processuais penais atípicos, máxime quando cotejado com a noção de forma que deve os contornar. O desatendimento do modelo preconizado pelo sistema é o fato gerador e autorizativo das providências de controle.

É um procedimento que, metaforicamente, produz normas que objetivam higienizar o procedimento eivado de vício. O plano dessa atividade do juiz é sincrético, construindo uma ponte que parte do sistema abstrato ao plano concreto de sua operatividade.

4.2 Microssistema das nulidades processuais penais

Há um microssistema das nulidades processuais penais. No ordenamento jurídico, existem dispositivos de ordens variadas que informam como devem ser emitidas normas jurídicas para edição de atos processuais penais típicos, bem como, *a contrario sensu*, como devem ser produzidas normas nulificadoras, diante da constatação da atipicidade e, na sequência, da figura reitora de sua classificação.

---

336. OLIVEIRA, Carlos Alberto Alvaro de. *Do formalismo no processo civil*. 2. ed. São Paulo: Saraiva, 2003. p.5.

337. FERRAZ JÚNIOR, Tercio Sampaio. *Conceito de sistema no direito*: uma investigação histórica a partir da obra jusfilosófica de Emil Lask. São Paulo: RT, 1976. p.36.

Esse microssistema é formado por alicerces empíricos, ou seja, por textos abstratos emanados dos órgãos estatais. A noção de "processualidade" aventada por Rui Cunha Martins pode contribuir para a percepção de um sistema jurídico e, dentro dele, de um microssistema de atipicidades. Na dicção do jurista, "processualidade significa movimento e conexão – de elementos e de tempos"[338].

Esse eixo de "movimento e conexão" fundamenta a superação de abismo entre o plano abstrato enunciativo, o plano abstrato sistemático e o plano concreto processual. A produção das normas processuais é justificada mediante a observância das regras estipuladas no sistema e, no caso de reconhecimento de atipicidade, também com acatamento da classe de vício que o juiz enquadrou em sua norma individual e concreta reconhecedora e classificadora da atipicidade.

4.2.1 De ordenamento irregular à necessidade de consistência estrutural

A doutrina reconhece que nulidade é um tema difícil. Em estudo publicado pela primeira vez em 1944, nos "Anais da Primeira Conferência de Desembargadores", José Luis Sales deixou assentado que a teoria das nulidades é das mais complexas e importantes do processo penal, bem como que o seu tratamento lógico e científico é por demais áspero, sem falar que lida com conflito entre interesses gerais e particulares e com a tensão entre celeridade e garantia[339].

O esforço para se construir um sistema (microssistema) das atipicidades espelha a necessidade de conferir consistência estrutural aos seus focos de produção normativa.

---

338. MARTINS, Rui Cunha. *O ponto cego do direito*: "the brazilian lessons". 3. ed. São Paulo: Atlas, 2013. p.66.

339. SALES, José Luis. O problema das nulidades no processo penal. *Revista Forense comemorativa – 100 anos*, tomo VII [direito processual penal], Afrânio Silva Jardim (org.), Rio de Janeiro: Forense, p.189-190, 2006.

Não é sem razão que inúmeros esboços foram elaborados, tendo, como referência teórica, a noção de sistema. Lourival Vilanova explica que o sistema é composto por normas diretivas da conduta humana, cuja não observância é sancionada. Nesse enfoque, as normas que o constituem são dotadas de uma organização no emprego da coação. Esclarece o autor que "o outro ângulo, complementar ao primeiro, reside em considerar o direito o sistema da conduta humana que efetiva as prescrições primárias (deveres e sanções, espontaneamente cumpridos). E, mais, as secundárias, que compulsoriamente, através da prestação jurisdicional, efetivam as primárias"[340].

A valia do tratamento sistemático tem a finalidade de justificar a estrutura da produção das nulidades. Mas não só. Trata-se de necessidade de trabalho, diante do cenário pantanoso dos enunciados sobre o tema, espraiados pelo ordenamento jurídico. José Luis Sales constatou a existência de um número bastante amplo de sistemas, que disputam a preferência dos juristas quando a temática é a nulidade, tais como: (1) o sistema que fulmina com nulidade a menor inobservância do preceito legal (*quidquid fit contra legem nullum est*) ou sistema do absolutismo da lei; (2) o sistema profundamente arbitrário, que deixa ao juiz o poder de manter ou anular o ato viciado (sistema da equidade); (3) o sistema haurido no brocardo do prejuízo (*pas de nullité sans grief* ou sistema da finalidade da lei ou do prejuízo); (4) o sistema da proclamação das infrações formalmente declaradas em lei (sistema da distinção das formas); (5) o sistema da má-fé; e (6) o sistema eclético[341].

---

340. VILANOVA, Lourival. *Causalidade e relação no direito*. 2. ed. São Paulo: Saraiva, 1989. p.65

341. SALES, José Luis. O problema das nulidades no processo penal. *Revista Forense comemorativa – 100 anos*, tomo VII [direito processual penal], Afrânio Silva Jardim (org.), Rio de Janeiro: Forense, p.190-194, 2006.

Sob certa ótica, a noção de sistema anda junto com a formulação de uma classificação de nulidades. Enquanto mais precisas forem a conceituação dos elementos dos atos processuais e a sua relação com a espécie de atipicidade, com seus contornos bem estabelecidos, maior consistência estrutural terá o seu microssistema. A produção normativa da nulidade e da invalidação será mais previsível, com a desejada redução da contingência.

4.2.2 A produção de nulidades pela jurisprudência: o sentido e o alcance do texto legislado

As nulidades produzidas pela atividade do Poder Judiciário podem assumir duas funções. A primeira, concreta, define o teor e o alcance do texto legislado, produzindo norma jurídica individual e concreta (declara/classifica a atipicidade e invalida/convalida/saneia o ato processual defeituoso). A produção dessa norma estipula o sentido e a extensão dos enunciados postos. A segunda função é apta a conferir foros abstratos às normas jurídicas individuais e concretas para o fim de serem resolvidos casos vindouros. É o que se dá com o procedimento disciplinado no art. 103-A, da Constituição de 1988, quando prevê a forma de aprovação de súmulas vinculantes.

O problema da abstrativização da jurisprudência não se resume aos enunciados da Súmula Vinculante do STF. Na praxe forense, as decisões judiciais têm assumido papel importante na construção de noções basilares para o reconhecimento e saneamento de atipicidades. A produção normativa das nulidades processuais se dá em um espaço jurídico ambíguo. O primeiro, idealista, haja vista que, primordialmente, é a lei que introduz os enunciados que autorizam a aplicação das normas nulificadoras e de invalidação dos atos processuais. O segundo, realista, pois sufraga a construção de normas atributivas de significado ou que dão coerência ao texto, ao lado de outras que colmatam lacunas aparentes.

Esse campo de aplicação e de interpretação das enunciações linguísticas de nulidades se arrima na linguagem enquanto instrumento de comunicação e de funcionamento regular do sistema. Há um mínimo comum que pode auxiliar na construção pragmática de uma classificação das nulidades.

Porém, os rótulos classificatórios, com os respectivos conteúdos linguísticos, não são suficientes para explicar como os tribunais vêm enfrentando as nulidades caso a caso. A título de exemplo, veja-se a denominada "relativização das nulidades processuais", que considera a necessidade de efetivo prejuízo, inclusive para as nulidades absolutas. Nesse diapasão, o STF tem exigido, via de regra, "a demonstração concreta de prejuízo tanto para as nulidades absolutas quanto para as nulidades relativas, marcadas que são pelo princípio do *pas de nullité san grief* previsto no artigo 563 do CPP "[342].

Aparentemente, em leitura não afastada dos postulados tutores das garantias, essa interpretação encontraria algum respaldo na redação do CPP, cujo art. 563 é demasiadamente amplo ao verberar que "nenhum ato será declarado nulo, se da nulidade não resultar prejuízo para a acusação ou para a defesa". Há, no ponto, a indesejável diminuição da previsibilidade do sistema.

4.3 Limites à *autopoiesis* das nulidades processuais penais

No contexto de uma crescente atividade de produção de enunciados pelo Poder Judiciário, com pretensão de completar ou mesmo de suplantar o direito legislado, calha

342. STF – Primeira Turma – HC 253671 AgR – Rel. Min. Flávio Dino –DJe 23 abr. 2025.

opor limites à *autopoiesis* das normas que regulam as nulidades processuais penais. A afirmação seria redundante se não fosse a verificação de intensa formulação de disposições, sumulares ou contidas em precedentes judiciais, que representam inovações no ordenamento jurídico.

O direito positivo, por dicção constitucional, admite a Súmula Vinculante. A legislação processual civil, a seu turno, confere *status* de parâmetro de julgamento aos precedentes judiciais (jurisprudência), notadamente aos temas que fixam teses em reperpecussão geral e em rito de recursos repetitivos. A Lei nº 13.105/2015 segue essa tendência, atribuindo às súmulas não vinculantes e aos precedentes em geral qualidades que, a princípio, seriam próprias da legislação (arts. 311, II; 489, § 1º, V, VI; 496, § 4º, IV; 926, § 2º; 927, II, § 5º; 988, III, CPC). Em percusso similar, igualmente, o CPP (art. 315, § 2º).

Diante do risco de exacerbação da emissão de enunciados pelo Poder Judiciário, releva anotar ser necessária a imposição de limites à produção de enunciados e de normas jurídicas processuais penais. Em outros termos, é indispensável que os textos ejetados pelos órgãos estatais observem rigorosamente os ditames das regras que lhes conferem competência ou atribuição para tal proceder.

Não se pode olvidar que a fonte preponderante de produção das normas que identificam as nulidades processuais penais e que determinam (conforme requisitos previamente estabelecidos) a sua invalidação é a legislativa. A fonte jurisprudencial deve ser complementar e excepcional, com o fito de conferir completude e coerência ao sistema. De toda sorte, deve-se ter em vista, seguindo escólio de Tercio Sampaio Ferraz Júnior, que a vinculação de uma norma deve ser entendida "no sentido de que estão reguladas as variações de sua possibilidade de imposição dentro de um âmbito determinado[343].

343. FERRAZ JÚNIOR, Tercio Sampaio. *Teoria da norma jurídica*: ensaio de pragmática da comunicação normativa. 4. ed. Rio de Janeiro: Forense, 2009. p.133.

Em outros termos, a quebra de consequencialidade normativa nulificadora deve encontrar sua régua no texto da Constituição, que delineia o modelo de processo penal limitador do direito punitivo estatal, diante da ampliação demasiada da contingência[344] (aumento do poder discricionário judicial ao desconsiderar a linguagem formal, conceitual, dos elementos identificadores das nulidades processuais).

O limite à *autopoiesis* normativa do sistema das nulidades processuais penais é, portanto, não só o texto legislativo processual penal, mas o fulcro de proteção dos direitos individuais processuais penais. O aumento da contingência (aleatoriedade), por força da relativização das nulidades, acaba por flexibilizar as garantias fundamentais, discrepando, ao final, do objetivo das nulidades de conferir eficácia aos direitos individuais, cuja concretização se dá pela previsão de formas construídas pela linguagem própria do sistema.

4.3.1 Hierarquia dos enunciados normativos e a justificação do reconhecimento de nulidade

O processo envolve um trajeto previsível, porém com situações inesperadas refratárias à preservação de uma estrutura estática. Com efeito, a produção de normas individuais e concretas, na sequência da persecução penal estatal, retrata sucessão de modificações operadas no sistema jurídico pelo juiz, com interferência dos demais atores processuais[345].

---

344. FALCÃO, Pablo R. de L. Do direito que é, aquele que vem a ser: implicações epistêmicas da relação entre decidibilidade jurídica e raciocínio lógico-dedutivo. In: *XVI Congresso Nacional do Conpedi/PUC Minas*, Belo Horizonte, 15, 16 e 17 de novembro de 2007. Anais. Florianópolis: Fundação Boiteux, 2008. p.3757.

345. Alexandre Morais da Rosa traz rico repertório que detalha o leque de possibilidades em um processo penal concreto. No dizer do jurista, "a pluralidade de sentidos correntes em face do mesmo texto normativo implica reconhecer que não temos condições de afirmar, seguramente, quais serão os atributos e sentidos que comparecerão no auge da interação processual. A complexidade das variáveis que podem modificar os destinos dos jogos processuais carece, em geral, de uma grelha teórica capaz de sustentar a leitura dos sentidos possíveis e atribuíveis em cada contexto processual, A Teoria dos Jogos surge como uma tentativa de integrar um

No entanto, a emissão de normas deve respeitar o caráter estático, estrutural, do sistema, enquanto forma de criação e critério fundamentador da validade dos enunciados.

Hans Kelsen justifica princípio hierárquico, esposando que a análise do fenômeno jurídico, que explicita o caráter dinâmico do sistema e a função da norma fundamental, expõe uma particularidade do direito, qual seja: "o Direito regula a sua própria criação, na medida em que uma norma jurídica determina o modo em que outra norma é criada e também, até certo ponto, o conteúdo dessa norma". Aliás, "como uma norma jurídica é válida por ser criada de um modo determinado por outra norma jurídica, esta é o fundamento de validade daquela"[346].

Na senda da conectividade alvitrada por Rui Cunha Martins, o processo deve ser dotado de "densidade processual que, sendo incrementada pelos desafios colocados por cada conjuntura histórica concreta, é também, em paralelo, o produto autopoiético forjado no quadro da própria dinâmica intrínseca à condição processual"[347]. A produção de normas jurídicas parte de uma base empírica enunciativa. Tal pode ser a redação total ou parcial de um ou mais artigos de lei ou da Constituição.

Também pode haver produção com esteio em um ou mais enunciados de súmulas. Fragmentos de atos normativos podem, do mesmo modo, servir de lastro para a edição de normas jurídicas. A observância do critério hierárquico

---

conjunto de ferramentas conceituais que autorize a leitura dos jogos reais não só pelo caráter normativo, mas sobretudo considerando aspectos vinculados à performance criativa dos jogadores, influenciada por recompensas individuais (democráticas ou não)". (ROSA, Alexandre Morais da. *Guia do processo penal conforme a teoria dos jogos*. 6. ed. Florianópolis: EMais, 2020. p.86).

346. KELSEN, Hans. *Teoria geral do direito e do Estado*. Tradução: Luís Carlos Borges. 4. ed. São Paulo: Martins Fontes, 2005. p.181.

347. MARTINS, Rui Cunha. *O ponto cego do direito*: "the brazilian lessons". 3. ed. São Paulo: Atlas, 2013. p.66.

possibilita redução de riscos de equívocos na escolha do enunciado a ser aplicado, bem como permite ampliar a percepção do conceito de direito no caso específico. O autor chama de validade a noção de pertença de uma norma a um sistema, cuja unidade é estruturada a partir de seu fundamento, denominada norma fundamental. A hierarquização dos enunciados (intitulados de normas por Kelsen) é realizada, por derivação, a partir do supedâneo que lhe confere fundamento de validade. Identificar a validade da norma, na terminologia kelseniana, é o primeiro passo para se formular norma jurídica processual penal com incidência perfeita.

Como o direito estatal só o pode ser de acordo com a *autopoiesis* regrada pela estrutura do próprio sistema, a delimitação do que é considerado enunciado pertencente ao ordenamento jurídico, bem como a sua estruturação hierárquica, é condução para a emissão de normas jurídicas.

Hans Kelsen elucida, a propósito, que "a relação entre a norma que regula a criação de outra norma e essa outra norma pode ser apresentada como uma relação de supra e infraordenação, que é uma figura espacial da linguagem". Dessa maneira, é apropriada a assertiva de que a norma que ordena a criação de outra é a norma situada no plano superior, enquanto que a norma constituída segundo essa disciplina é caracterizada como norma inferior[348].

Se é certo, como dizem Ada Pellegrini Grinover, Antonio Magalhães Gomes Filho e Antonio Scarance Fernandes, que "da fixação das regras legais para a realização dos atos processuais resulta, em princípio, que somente aqueles atos praticados em conformidade com o modelo legal são considerados válidos perante o ordenamento e apto a produzirem efeitos desejados"[349], não menos exato é que a

348. KELSEN, Hans. *Teoria geral do direito e do Estado*. Tradução: Luís Carlos Borges. 4. ed. São Paulo: Martins Fontes, 2005. p.181.

349. GRINOVER, Ada Pellegrini; GOMES FILHO, Antonio Magalhães; FERNANDES, Antonio Scarance. *As nulidades no processo penal*. 12. ed. São Paulo: RT, 2011. p.19.

identificação de efetiva pertença dessas regras ao sistema jurídico vigente constitui procedimento prévio indispensável à correta produção de normas jurídicas.

Eis a expressão do critério hierárquico, na senda kelseniana: "a ordem jurídica, especialmente a ordem jurídica cuja personificação é o Estado, é, portanto, não um sistema de normas coordenadas entre si, que se acham, por assim dizer, lado a lado, no mesmo nível, mas uma hierarquia de diferentes níveis de normas"[350]. Como o ordenamento jurídico é matéria bruta nem sempre organizada (como se dá com a temática das atipicidades), necessária a estruturação dos enunciados e a verificação do respeito às formas procedimentais de sua gênese (nomogenética).

Daí que o reconhecimento de deformidade processual e a sua classificação como inexistência, nulidade (absoluta ou relativa) ou irregularidade depende, em primeiro lugar, da verificação da incidência deficiente da norma jurídica que ensejou a produção do ato viciado. Em segundo lugar, a justificação da declaração de atipicidade, levada a cabo pelo magistrado, deverá atentar para a correta identificação da base empírica enunciativa que autoriza a efetivação de controle judicial do ato viciado. Por derradeiro, a classificação da atipicidade fará surgir para o mesmo juiz, o dever de formulação de norma jurídica consecutiva, com decretação de invalidação, convalidação ou saneamento do ato objurgado.

4.3.2 Estrutura e acoplamento do sistema jurisprudencial ao legislado

A cada momento de nova produção de normas jurídicas, o sistema se forma com nova estrutura, que se realimenta com novo sentido por ele mesmo ordenado. A estrutura

350. KELSEN, Hans. *Teoria geral do direito e do Estado*. Tradução: Luís Carlos Borges. 4. ed. São Paulo: Martins Fontes, 2005. p.181.

do sistema é constituída pelos elementos necessários à sua autoprodução[351].

A criação de entidades normativas no âmbito do sistema só ocorre validamente quando observadas as suas disposições estáticas e dinâmicas[352], vigentes na atualidade. Nesse diapasão, entende-se que o sistema se comunica de acordo com seus próprios códigos linguísticos, sendo, nessa trilha, operativamente fechado.

No entanto, o sistema jurídico é dotado de espaços para uma abertura diferenciada, viabilizando incorporar, por acoplamento estrutural, elementos externos a ele. Ainda assim, essa interferência do meio deve ser regrada e controlada por encerramento operativo do sistema[353], de forma a atender aos ditames para a produção válida de novas normas jurídicas, preenchendo espaços estruturais deixados ao legislador ordinário pelo legislador constituinte.

---

351. Na esteira de Luhmann, "as estruturas são somente relevantes no presente, e só podem ser usadas pelo sistema colocado em operação" (LUHMANN, Niklas. *Introdução à teoria dos sistemas*. Tradução: Ana Cristina Arantes Nasser. 2. ed. Petrópolis/RJ: Vozes, 2010. p.113).

352. Conforme pontifica Hans Kelsen, o tipo estático refere-se ao conteúdo das normas, para verificação de sua vinculatividade: "um sistema de normas cujo fundamento de validade e conteúdo de validade são deduzidos de uma norma pressuposta como norma fundamental é um sistema estático de normas". Por outro ângulo, "o tipo dinâmico é caracterizado pelo fato de a norma fundamental pressuposta não ter por conteúdo senão a instituição de um fato produtor de normas, a atribuição de poder a uma autoridade legisladora ou – o que significa o mesmo – uma regra que determina como devem ser criadas as normas gerais e individuais do ordenamento fundado sobre esta norma fundamental" (KELSEN, Hans. *Teoria pura do direito*. Tradução: João Baptista Machado. 5. ed. São Paulo: Martins Fontes, 1997. p.218-219)

353. Luhmann sustenta que o sistema não é propriamente uma unidade, mas uma diferença (princípio da diferenciação entre o sistema e o meio, capaz de fazer com que o sistema tenha sua própria unidade). O sistema, para ser organizado e reconhecido como tal, deve ser dotado de "encerramento operativo". Nas palavras do sociólogo, "o encerramento operativo traz como consequência que o sistema dependa de sua própria organização. As estruturas específicas podem ser construídas e transformadas, unicamente mediante operações que surgem nele mesmo" (LUHMANN, Niklas. *Introdução à teoria dos sistemas*. Tradução: Ana Cristina Arantes Nasser. 2. ed. Petrópolis/RJ: Vozes, 2010. p.111).

Note-se que o acoplamento estrutural, tornado possível pela linguagem, é noção tomada de Niklas Luhmann para explicar a operatividade do sistema fundado na *autopoiesis* e a relação desse sistema com o meio, verificada, por exemplo, na influência jurisprudencial para a construção de enunciados abstratos que servem à produção de normas nulificadoras em um momento seguinte. Todavia, o acoplamento estrutural que influencia o sistema jurídico posto deve ter limites. A necessidade de lindes deve, inclusive, ser oposta à jurisprudência, para que esta não construa enunciação (não) nulificadora que contenha generalidade redutora da eficácia de direitos fundamentais.

Traçadas essas bases, questão é que se vê um acoplamento do sistema jurisprudencial ao sistema legislado, notadamente quando o tema é nulidades processuais penais. A preocupação é a de saber até onde pode ir a produção de enunciados jurisprudenciais que, ao largo da Constituição e da Legislação, formam o que se denomina de repertório de precedentes judiciais, teses e súmulas, com aplicação efetiva a casos futuros pelas cortes superiores e pelos demais órgãos do Poder Judiciário.

O acoplamento da jurisprudência à legislação acontece normalmente pela construção de enunciados, por intermédio de novas leis que observam o comportamento dos tribunais em face de espaços ainda não regulamentados no direito positivo. A produção de enunciados por via legislativa, desse modo, parte de atitude empírica do legislador relativamente às decisões judiciais sobre matérias até então não legisladas.

No entanto, há um acoplamento peculiar da jurisprudência ao sistema que, a par da Constituição e da legislação vigente, emana súmulas vinculantes (com pressupostos específicos à sua edição gizados no art. 103-A, da Constituição de 1988), súmulas não vinculantes (com acatamento natural por parte dos juízes e mesmo por força de lei que ordena sua observância), precedentes (referidos e observados pelos órgãos que os editam e pelos que estão em instância inferior), teses de temas (do rito de recursos repetivos e da repercussão geral) e mesmo outros julgados. A crise de identificação das fontes vigentes é constatável, inclusive, na jurisprudência do STF.

Exemplo é o julgado que sedimentou enunciado abstrato, reiteradamente repetido, cujo teor desconsidera a classificação entre nulidades absolutas e relativas, para dar um viés transcendente ao princípio *pas de nullité sans grief*. De forma mais extremada, há decisões que, conquanto enfretem questões como a de cerceamento de defesa do imputado – não aludem sequer ao vocáculo nulidade, valendo-se de termos mais abertos (tal como ilegalidade ou ilicitude), esquivando-se dos dispositivos que permitem controle por intermédio da estrutura normativa nulificadora[354].

Interpretação isolada do art. 563, do CPP, poderia até autorizar concluir que está correta a orientação emanada do STF. No entanto, como justificar a ilação diante do que dispõe a Constituição Federal a respeito da garantia ao contraditório e à ampla defesa com os meios e recursos a ela inerentes? Como o acusado demonstrará "prejuízo concreto" relativamente ao vício de um ato processual?

Ao que parece, uma simples condenação já seria dos piores prejuízos que o réu poderia suportar em um processo sem respeito às diretrizes legais. Daí que o art. 563, do Código, só deve ser aplicado se receber leitura compatível com a Constituição de 1988, para exigir que o prejuízo a ser explicitado fique a cargo do Judiciário, mediante decisão fundamentada que indique que a prática do ato, violador da forma, não afetou, nem em tese, o direito individual por ela tutelado.

---

354. STF – Segunda Turma – HC 252754 AgR – Rel. Min. Nunes Marques – DJe 13 maio 2025.

É de ver que o texto do aludido enunciado não difere nulidade absoluta e relativa, falando simplesmente em nulidade, o que poderia reforçar a conclusão do STF. Todavia, a Corte Suprema se afasta do teor do art. 563, do CPP, ao considerar a possibilidade de decretação de nulidade absoluta ou relativa.

A exigência de um "prejuízo concreto" é dicção que está no campo da interpretação (não está expressa no texto legal referido), bem como é limitativa de direito fundamental. Em virtude dessas peculiaridades, forçosa a conclusão de que a jurisprudência inova o ordenamento jurídico, em detrimento dos direitos fundamentais do imputado. A prova concreta do prejuízo poderia até ser reputada prova diabólica ou de dificílima produção. Seria necessário contornar sua estrutura para fixar o seu sentido, com a delimitação da significação do *grief*. Nessa linha, pode-se sustentar que a forma de acoplamento jurisprudencial que se vê no âmbito da Suprema Corte é irregular e incompatível com o núcleo constitucional de direito processual penal brasileiro[355].

A finalidade do processo penal, de servir de escudo contra investidas irregulares à liberdade do imputado, sofre mitigação com a introdução de enunciados jurisprudenciais dessa espécie, por meio de procedimentos não reconhecidos pelo sistema jurídico, para o fim de se criar direito vigente. Ainda que a doutrina aponte a necessidade de pensar democraticamente o processo penal, de modo a conciliar a mínima intervenção e a máxima precisão e eficácia, é preciso não transigir com os direitos e garantias individuais.

---

355. Como adverte Luhmann, "nunca se deve perder de vista que o acoplamento estrutural é compatível com a autopoiesis, e que, por conseguinte, há possibilidades de influir no sistema, desde que não se atente contra a autopoiesis". O autor explicita, desse modo, a necessidade de balizas para transformações regradas, em face das irritações provenientes do meio que se constituem causalidades no interior do sistema (LUHMANN, Niklas. *Introdução à teoria dos sistemas*. Tradução: Ana Cristina Arantes Nasser. 2. ed. Petrópolis/RJ: Vozes, 2010. p.132).

Alberto Binder, nesse diapasão, aduz que "pensar en la eficacia del processo penal significa, por una parte, pensar en la persecución penal, como actividad organizada del Estado para acabar con la impunidad, es decir, para volver real el programa punitivo". Por outra banda, prossegue Binder, quer dizer "poner a disposición de las victimas los instrumentos necesarios para que ellas sean gestoras eficientes de sus propios intereses. Nada de eso significa – ni debe significar – un debilitamiento del sistema de garantias". O autor procura compatibilizar a eficácia do sistema punitivo, com a imperiosidade de oposição de limites ao direito criminal como condição de legitimidade do poder[356].

É cediço que ninguém pode ser processado duas vezes pelo mesmo fato (*ne bis in idem*), na esteira de compromissos internacionais assumidos[357], diante do dogma-garantia da coisa julgada, especialmente em processo criminal[358]. No âmbito dos tribunais, contudo, ainda se controverte sobre a possibilidade de uma segunda persecução penal, depois do trânsito em julgado do primeiro julgamento absolutório, quando, por exemplo, modificado o título da concorrência para a prática da infração penal (como autor ou como partícipe), ou com a inversões de papéis na prática da conduta delitiva (mandante e executor, e vice-versa). Sem embargo, a força preclusiva da coisa julgada material foi objeto de reconhecimento pelo Supremo Tribunal Federal, atrelada à vedação de um segundo julgamento sobre recorte fático coincidente com o do primeiro. Na oportunidade, avivou-se que "a vedação ao *bis in idem* é garantia que proíbe,

---

356. BINDER, Alberto M. Tensiones político-criminales en el proceso penal. In: *Comentários pontuais às reformas processuais civil e penal*. Afrânio Silva Jardim; Pierre Souto Maior Coutinho de Amorim (orgs.). Rio de Janeiro: Lumen Juris, 2011. p.17.

357. Preconiza o item 4, do art. 8º, do Pacto de São José da Costa Rica (promuldado pelo Decreto nº 678/1992), que "o acusado absolvido por sentença transitada em julgado não poderá ser submetido a novo processo pelos mesmos fatos".

358. SABOYA, Keity. *Ne bis in idem*: história, teoria e perspectivas. Rio de Janeiro: Lumen Juris, 2014. p.184.

de maneira absoluta, dupla persecução penal, em ações penais distintas, pelo mesmo fato", impondo a extinção do processo penal que versara sobre elemento de fato nuclear idêntico ao do processo criminal anterior[359].

Evidenciando acoplamento jurisprudencial indevido, Keity Saboia traz à baila a noção de "núcleo central do acontecimento concretamente imputado" ou "identidade nuclear do fato", que, ao final, consiste na narrativa da conduta relevante na petição acusatória (objeto da prova). A autora pondera que "não se pode aceitar, por exemplo, que em face de um único fato, compreendido como situação histórica concreta, haja imputação de homicídio doloso, e posteriormente, após a absolvição com sentença transitada em julgado, seja ajuizada ação por homicídio culposo". Explica que "tanto na forma de homicídio doloso como na de culposo, o núcleo central do acontecimento concretamente imputado ao acusado permanece inalterado, qual seja, o de provocar a morte de uma pessoa"[360].

4.3.3 Os limites impostos pelo princípio acusatório sufragado pela Constituição de 1988

Embora o direito positivo vigente não seja expresso quanto à função da nulidade em prol da tutela dos direitos fundamentais, tal dedução decorre do princípio acusatório (art. 3º-A) e das garantias contempladas na Constituição de 1988. O reconhecimento de atipicidade e a imposição de suas consequências jurídicas devem estar afinadas com a norma ápice.

Na lição de Ada Pelegrini Grinover, Antonio Magalhães Gomes Filho e Antonio Scarance Fernandes, "toda vez

---

359. STF – Segunda Turma – HC 182864 AgR – Rel. Min. Nunes Marques – DJe 13 jun. 2024.

360. SABOYA, Keity. *Ne bis in idem*: história, teoria e perspectivas. Rio de Janeiro: Lumen Juris, 2014. p.184.

que houver infringência a princípio ou norma constitucional-processual que desempenhe função de garantia, a ineficácia do ato praticado em violação à Lei Maior será a consequência que surgirá da própria Constituição os dos princípios gerais do ordenamento"[361].

Conferir colorido aos limites da *autopoiesis* do sistema de nulidades processuais penais é um escopo central que, por sua vez, está diretamente ligado à blindagem das garantias. Objetiva-se que a autoprodução das normas não amplie a possibilidade de convalidação de nulidades absolutas, apesar da constatação do fenômeno da relativização das nulidades processuais, que se entende equivocado. Nesse ponto, a oposição entre ordenamento e sistema segue com o propósito de elucidar a correção da autoprodução normativa.

Em esforço de síntese, a relação propicia um enfoque de tornar possível a manifestação do garantismo, nas pegadas de Luigi Ferrajoli, como "modelo de 'estrita legalidade', próprio do Estado de direito". Visto a partir de três planos, nota-se, em primeiro lugar, sob o plano epistemológico, que esse modelo "se caracteriza como um sistema cognitivo ou de poder mínimo". Em segundo lugar, "sob o plano político se caracteriza como uma técnica de tutela idônea a minimizar a violência e a maximizar a liberdade". Por derradeiro, sob o plano jurídico, é depreendido "como um sistema de vínculos impostos à função punitiva do Estado em garantia dos direitos dos cidadãos"[362].

A perspectiva propugnada pela teoria da nulidade no processo penal está de acordo com a noção de "controle da autolimitação estatal". Karl Heinz Gössel pontifica a

---

361. GRINOVER, Ada Pellegrini; GOMES FILHO, Antonio Magalhães; FERNANDES, Antonio Scarance. *As nulidades no processo penal*. 12. ed. São Paulo: RT, 2011. p24.

362. FERRAJOLI, Luigi. *Direito e razão*: teoria do garantismo penal. Tradução: Ana Paula Zomer Sica; Fauzi Hassan Choukr; Juarez Tavares; Luiz Flávio Gomes. São Paulo: RT, 2006. p.786.

necessidade de sujeição do Estado a suas próprias regras. Decerto, "los recursos contra los excesos de poder parten de la autosujeción del Estado a través de su sumisión al Derecho y a la Justicia, en especial mediante el reconocimiento de derechos fundamentales que son intangibles por parte del Estado". Em outras palavras, a estrutura que conforma o princípio acusatório deve se alicerçar no reconhecimento de que é fácil, e até mesmo comum, que o poder estatal de persecução penal incorra em excessos que findam por afetar sua convicção sobre a realidade objetiva. Daí a necessidade de limites (jurídicos) e de respeito a essas balizas[363].

Nessa toada, Amilton Bueno de Carvalho realça a divisão de funções entre o órgão autêntico e o autor da ação penal, basilar ao princípio acusatório, com a evitação da figura do juiz inquisidor. Nas suas palavras, "ao órgão acusador compete provar a hipótese da denúncia e espancar as dúvidas que a possam abalar", enquanto ao juiz criminal cabe observar o papel de equidistância, sem proximidade com o Ministério Público ou querelante[364].

4.4 Aplicação a caso concreto

A diferença entre ordenamento jurídico e sistema é, por vezes, encampada pela jurisprudência, o que revela sua utilidade para justificar racionalmente as decisões. Em sede de recurso especial, o STJ pontuou que "se extrai do ordenamento, a regra geral segundo a qual, as nulidades devem ser apontadas tão logo se tome conhecimento delas,

363. GÖSSEL, Karl Heinz. *El derecho procesal penal en el estado de derecho*: obras completas [tomo I]. [dirigido por Edgardo Alberto Donna]. Santa Fe: Rubinzal-Culsoni, 2007. p.26.

364. CARVALHO, Amilton Bueno. *Garantismo penal aplicado*. Rio de Janeiro: Lumen Juris, 2003. p.155.

ou no momento legalmente previsto, sob pena de preclusão" (art. 572, CPP)[365].

O julgado nominou o texto legal de ordenamento jurídico, referindo-se, inclusive, ao cânone *pas de nullité sans grief*. Malgrado o acerto das premissas, a conclusão deliberativa do julgado – na fixação de tese jurídica – incorreu em desvio de perspectiva, por não se apegar ao teor do direito positivo, malgrado o tenha mencionado. Decerto, na mesma decisão, a Corte Superior disse caber "à defesa a demonstração do prejuízo concreto sofrido pelo réu", agregando que "as nulidades devem ser apontadas tão logo se tome conhecimento delas".

Note-se que o dispositivo do art. 572, do CPP, tem aplicação restrita às nulidades absolutas dos incisos III, alíneas "d", "e" (segunda parte), "g", "h", e às nulidades relativas do inciso IV, todos do art. 564, do CPP. O enunciado necessita de interpretação conforme para não autorizar, com a modificação do procedimento, menoscabo ao direito à ampla defesa e ao contraditório.

A nulidade enfrentada no julgamento é depreendida do art. 400, do CPP, vale dizer, decorre da inversão da ordem de realização do interrogatório, enquanto derradeiro ato da audiência de instrução e julgamento. A não observância do rito reduz o espectro do leque de direitos individuais outorgados ao imputado, afetando o devido processo legal.

No referido julgado, porém, o Superior Tribunal de Justiça ponderou ser incumbência do réu "arguir a nulidade na própria audiência ou no primeiro momento oportuno", ressalvando situações excepcionais permissivas da objeção "no primeiro momento em que tiver conhecimento da inversão da ordem em questão".

---

365. STJ – Terceira Seção – REsp n. 1.933.759/PR – Rel. Min. Messod Azulay Neto – DJe 25 set. 2023 (Tema 1114).

Nesse ambiente recursal do STJ, foi fixada tese jurídica (Tema 114), estampada na ementa do acórdão, destacando, de um lado, que "o interrogatório do réu é o último ato da instrução criminal"; e, de outro, que "a inversão da ordem prevista no art. 400 do CPP tangencia somente à oitiva das testemunhas e não ao interrogatório". Arrematou a questão frisando que "o eventual reconhecimento da nulidade se sujeita à preclusão, na forma do art. 571, I e II, do CPP, e à demonstração do prejuízo para o réu".

Sem embargo dessas conclusões – que reduziriam o sentido e o alcance dos princípios defensivos em jogo –, a Corte Superior reconheceu a "nulidade do interrogatório" (*rectius*: nulidade do ato aquisitivo do interrogatório). Para tanto, avivou que embora a defesa tenha apontado nulidade pela violação do art. 400, do CPP, já em razões de apelação, "não é difícil notar a insuficiência da defesa exercida por advogado dativo". O STJ acrescentou que "as nomeações de advogados dativos para o ato de interrogatório, bem como para a apresentação de defesa prévia e alegações finais" não teriam "suprido minimamente o direito à defesa enunciado pela Constituição da República".

Ficou assentada, ademais, a possibilidade de reconhecimento da nulidade, eis que arguida "no primeiro momento em que o réu estava sendo representado por um advogado", em processo penal com prova "exclusivamente oral"[366]. Observa-se que o uso da expressão "ordenamento jurídico", reportando-se ao plano dos enunciados linguísticos (arts. 571, 572, CPP), foi levado a efeito adequadamente, demonstrando a fecundidade prática da teoria. A partir da prescrição do direito positivo, integral ou fragmentada, abre-se a possibilidade de construção normativa sistemática.

---

366. STJ – Terceira Seção – REsp n. 1.933.759/PR – Rel. Min. Messod Azulay Neto – DJe 25 set. 2023 (Tema 1114).

4.5 Conclusão e próximo capítulo

A diferença entre ordenamento e sistema tem a função de possibilitar a fundamentação da produção de normas a partir de enunciados postos. O sistema que permite a aplicação da teoria da nulidade no processo penal é aquele espaço de produção de normas individuais e concretas pelo órgão autêntico kelseniano (juiz). O ordenamento, ainda que possa ser visualizado como sistema, é algo bem diverso do sistema jurídico processual penal *stricto sensu*.

O ordenamento jurídico é repleto de enunciados sobrepostos que precisam de maior atividade interpretativa. O resultado desse proceder é a incidência de normas jurídicas consecutivas, constitutivas do sistema que, por sua vez, possui mecanismo de reação contra atos que venham a ofender a forma de produção normativa estatuída em suas estruturas.

Além da elucidação das conexões sintáticas para disciplinar a construção dessas normas, arrimando-se, notadamente, no critério hierárquico típico do positivismo, releva vincar o conteúdo semântico fundamental. A semântica e a pragmática das nulidades são aptas a esclarecer que o controle dos atos processuais penais tem o objetivo maior de conferir proteção a garantias centrais ordenadas na Constituição. É o conteúdo que será examinado no próximo capítulo.

CAPÍTULO 5
PLANO SEMÂNTICO DAS NULIDADES PROCESSUAIS PENAIS

5.1 O sentido das nulidades e o valor protegido pela norma

As bases para a formulação do sistema de controle da higidez dos atos processuais penais foram lançadas nos capítulos anteriores, notadamente: (1) atipicidade é gênero que designa defeito do ato processual; (2) nulidade em sentido amplo equivale, em seu aspecto antecedente, à atipicidade, sendo termo que expressa a noção de vício processual e, em seu aspecto consequente, sanção; (3) as atipicidades se classificam em inexistência, nulidade absoluta, nulidade relativa e irregularidade; (4) a consequência jurídica do reconhecimento e classificação da atipicidade pode constituir invalidação, convalidação ou saneamento; (5) o controle de vícios envolve incidência de normas jurídicas que visam a dar solução ao problema da incidência deficiente de outra norma jurídica; (6) não deve haver norma jurídica (regra ou princípio) sem base enunciativa (ainda que fragmentária) reconhecida pelo poder estatal; (7) a incidência de normas jurídicas que reconhecem, classificam e aplicam a consequência jurídica consecutiva à atipicidade depende de procedimento estruturado levado a cabo pelo juiz.

Ao lado da definição de nulidade, é de ver que há nesse termo a expressão de um valor negativo, que emana o sentido de um desvalor. Nulidade é a designação de defeito que representa a negação de um direito processual e/ou material. Em regra, dentro da estrutura escalonada dos enunciados do ordenamento jurídico, o vício repercute em direito fundamental representativo do núcleo constitucional do processo penal, máxime naqueles dispostos no art. 5º, da Constituição de 1988. Em outras palavras, nulidade é subtração de valor protetivo de direito fundamental.

Não há direito, assim como não há valor, sem referência a um sujeito, a um titular. Em consonância com a argumentação de Fabiana Del Padre Tomé, "o direito, como objeto cultural que é, exige inevitável tomada de posição daquele que o interpreta, não havendo como dele se aproximar na condição de sujeito puro, despojado de atitudes axiológicas". O valor, conforme elucida a autora, consiste na "não indiferença de um sujeito em relação a determinado objeto. É ele, portanto, bipolar, de modo que a um valor se contrapõe um desvalor, e o sentido de um exige o outro, num vínculo de implicação recíproca"[367]. Daí a necessidade de se estabelecer uma tomada de posição, considerando-se a contingência dos pontos de partida da interpretação jurídica, na área das nulidades processuais penais.

Os direitos fundamentais referem-se às partes no processo, notadamente aos imputados em geral, em toda a persecução penal (inclusive no curso de investigação preliminar). Essa assertiva se afina com o que enfatiza Johannes Hessen, ao dizer que "valor é sempre valor para alguém. Valor – pode dizer-se – é qualidade de uma coisa, que só pode

---

367. TOMÉ, Fabiana Del Padre. *A prova no direito tributário*. 3. ed. São Paulo: Noeses, 2011. p.294.

pertencer-lhe em função de um sujeito dotado com uma certa consciência capaz de a registrar". Para o autor, não há propriamente valores em si, pois seu sentido depende de referência antropológica: "não é possível eliminar para fora do conceito de valor, ou destruir, o conceito de uma relação para com um certo sujeito". De outra vertente, não se corre o risco de se cair no subjetivismo axiológico, porquanto "a referência a um sujeito não significa o mesmo que subjetivismo"[368].

O desvalor representado pela nulidade do ato processual exige correção. A função do processo é, nesse sentido, de limite ao poder punitivo, expressando o valor da liberdade do imputado. A correção dos seus atos é a forma de tutelar esse valor, só o alcançando se houver respeito ao devido processo legal. Para tanto, o art. 251, do CPP, primeira parte, dispõe que "ao juiz incumbirá prover à regularidade do processo e manter a ordem no curso dos respectivos atos". Conhecendo-se a necessidade de se proteger o valor liberdade, através de modelos legais que devem ser respeitados, deve-se assegurar reação do sistema de nulidades contra os atos que não se coadunem com a efetividade daquele direito fundamental.

Karen Jureidini Dias explica, em perspectiva semelhante, que "o direito é feito pelo homem e para o homem, por isso a sua finalidade é buscar a concretude máxima, com o processo de positivação até a eficácia total, atingindo o seu objeto". Nesse procedimento de positivação, a inserção de novas normas jurídicas "é carregada de cunho axiológico, de valor", podendo-se afirmar que "fato, norma e valor influenciam-se e intercambiam-se na produção de novas normas"[369].

---

368. HESSEN, Johannes. *Filosofia dos valores*. 3. ed. Tradução: L. Cabral de Moncada. Coimbra: Armênio Amado, 1967. p.47-48.

369. DIAS, Karem Jureidini. *Fato tributário*: revisão e efeitos jurídicos. São Paulo: Noeses, 2013. p.18.

Pode-se dizer que, em uma visão mais geral e abstrata, as normas processuais penais protegem o valor liberdade (dos imputados), na medida em que significam a necessidade de se seguir um rito para que o Estado possa pôr as mãos na liberdade da pessoa apontada como autora de uma infração penal. A deficiência de incidência da norma processual penal afeta, negativamente, esse valor (*jus libertatis*), propiciando aumento do espectro punitivo sem o necessário respeito às diretrizes do justo processo.

5.1.1 O sentido relacionado ao enunciado que serve de base para a construção do significado na norma jurídica reconhecedora de atipicidade

O valor tutelado pela norma processual penal tem sua semente lançada com a emissão do enunciado ou dos enunciados que lhe servem de base. Em outros termos, o texto, matéria bruta, disposto no ordenamento jurídico, é representativo de um sentido, ainda que difusamente e pendente de melhor definição. Tácio Lacerda Gama pontifica a importância da distinção entre o significante e o significado. O significante é mais próximo da noção de texto, o significado, da ideia de norma jurídica.[370]

O significante, de certo modo, exerce função valorativa para a constituição do significado. Ferdinand de Saussure formulou distinção do significante, consoante a função por ele desempenhada, em índice (indicativo, indício), ícone (imagem representativa) e símbolo (convenção cultural). Segundo anota o autor, "o laço que une o significante ao significado é arbitrário ou então, visto que entendemos por signo o total resultante da associação de um significante com um significado, podemos dizer mais simplesmente:

370. GAMA, Tácio Lacerda. Sentido, consistência e legitimação. In: *Vilém Flusser e juristas*: comemoração dos 25 anos do grupo de estudo de Paulo de Barros Carvalho. Florence Haret; Jerson Carneiro (orgs.). Noeses: São Paulo, 2009. p.233.

o signo é arbitrário". No entanto, pondera, no tocante ao símbolo, que este "tem como característica não ser jamais completamente arbitrário; ele não está vazio, existe um rudimento de vínculo natural entre o significante e o significado. O símbolo da justiça, a balança, não poderia ser substituído por um objeto qualquer, um carro, por exemplo[371]. De certo modo, a advertência de Saussure conduz à oposição entre às teses convencionalistas e essencialistas (naturalistas) da linguagem, expostas inicialmente por Platão[372].

Discorrendo sobre essa diferenciação, Tácio Lacerda Gama observa que "os significantes ou suportes físicos podem ser classificados segundo o vínculo que mantêm com os seus significados". Destarte, o suporte físico será "índice" quando sugere uma conexão física mais tênue, tal como a relação entre a fumaça e o fogo. Chama-se "ícone" quando "o significante reproduz aspectos essenciais do significado", tal qual uma fotografia ou um desenho que imite o objeto. Por seu turno, o nome símbolo é o vínculo "estabelecido sem que seja possível justificar a relação entre sentido e referência", mormente porque essa relação se dá por razões culturais[373].

Em compasso com o fito dos enunciados processuais penais, especialmente porque decorrem geneticamente dos direitos fundamentais de primeira geração, pode-se deduzir que eles se amoldam a símbolos, evidenciando o

---

371. SAUSSURE, Ferdinand de. *Curso de linguística geral*. Tradução: Antônio Chelini; José Paulo Paes; Isidoro Blikstein. 27. ed. São Paulo: Cultrix, 2006. p.80-82.

372. No diálogo platônico entre Crátilo e Sócrates, enquanto o primeiro refuta a tese convencionalista, o último pondera que "os nomes são convenções e que exibem as coisas para aqueles que os estabeleceram convencionalmente, conhecendo antecipadamente essas coisas, e que a correcção do nome é esta mesma convenção, e que é totalmente indiferente que tenha sido convencionado como é actualmente atribuído, ou que, pelo contrário, se chame grande àquilo a que agora chamamos pequeno, e pequeno àquilo a que chamamos grande" (PLATÃO. *Crátilo*. Tradução: Maria José Figueiredo. Lisboa: Instituto Piaget, 2001. p.115).

373. GAMA, Tácio Lacerda. Sentido, consistência e legitimação. In: *Vilém Flusser e juristas*: comemoração dos 25 anos do grupo de estudo de Paulo de Barros Carvalho. Florence Haret; Jerson Carneiro (orgs.). Noeses: São Paulo, 2009. p.232-233.

caráter cultural do direito. Os enunciados são convencionais e são ditados pelos órgãos legislativos em virtude de justificativa preponderantemente histórica.

Os direitos processuais penais, expressão dos direitos humanos e do princípio da dignidade humana, são tutelados pelo microssistema das nulidades processuais penais. Como pontua José Joaquim Gomes Canotilho, a ideia de dignidade humana considera o princípio material que a ele sujaz, que é o princípio antrópico, o qual "acolhe a ideia pré-moderna e moderna da *dignitas-hominis* (Pico dela Mirandola) ou seja, do indivíduo conformador de si próprio e da sua vida segundo o seu próprio projecto espiritual (*plastes et fictor*)"[374]. Para se chegar a esse estágio, a experiência histórica contribuiu com a constatação de condenações injustas, torturas, prisões injustificadas ou em condições insalubres, processos sem outorga de direito de defesa, dentre outros.

Fábio Konder Comparato bem expõe a razão de ser dos direitos dessa natureza, a começar pelo fundamento kantiano de considerar todo homem um fim em si mesmo, com a correlata vedação de servir de instrumento para qualquer fim[375]. Não há espaço para discurso jurídico contra a impunidade para justificar ferimento às formas processuais. O Estado, por seus agentes estatais, deve cumprir os regramentos que ele mesmo estipulou para afetação da liberdade de seus jurisdicionados[376].

Vale conferir o que Fábio Konder Comparato aponta como "chave de compreensão histórica dos direitos

---

374. CANOTILHO, J. J. Gomes. *Direito constitucional e teoria da constituição*. 3. ed. Coimbra: Almedina, 1998. p.227.

375. COMPARATO, Fábio Konder. *A afirmação histórica dos direitos humanos*. 4. ed. São Paulo: Saraiva, 2006. p.31-33.

376. KELSEN, Hans. *Teoria pura do direito*. Tradução: João Baptista Machado. 5. ed. São Paulo: Martins Fontes, 1997. p.218-219; KELSEN, Hans. Teoria geral do direito e do Estado. Tradução: Luís Carlos Borges. 4. ed. São Paulo: Martins Fontes, 2005. p.42-45.

humanos". Relaciona o autor que "a cada grande surto de violência, os homens recuam horrorizados, à vista da ignomínia que afinal se abre claramente diante de seus olhos". Acrescenta ademais que "o remorso pelas torturas, pelas mutilações em massa, pelos massacres coletivos e pelas explorações aviltantes faz nascer nas consciências, agora purificadas, a exigência de novas regras de uma vida mais digna para todos"[377].

Infere-se, portanto, que os enunciados processuais penais espelham disciplina que muitas das vezes decorrem de tratados internacionais de proteção a direitos humanos, sufragados na Constituição de 1988. Servem de fundamento de validade dos enunciados da legislação infraconstitucional. A interpretação desses enunciados não é de ser restritiva, sob pena de subtrair utilidade às disposições. O ato processual penal que viole o sentido do enunciado, porque documentado a partir da incidência deficiente da norma jurídica que o fundamenta, deve ser alijado, com a aplicação da reação estatal prevista no próprio sistema.

5.1.2 A classificação da atipicidade como conteúdo de proteção de direitos fundamentais

Os enunciados legislativos e jurisprudenciais não apresentam uma classificação refinada das atipicidades. Aliás, a característica do plano enunciativo é a de ser matéria pendente de interpretação, haja vista que se encontra em estado bruto, nem sempre sistematizado.

Os enunciados são significantes. São diretrizes para a construção do sentido normativo. A norma jurídica, produzida de acordo com as regras do sistema, encontra na base empírica textual (o significante) o seu limite de sentido (significado). A indispensável organização sistemática deve

377. COMPARATO, Fábio Konder. *A afirmação histórica dos direitos humanos*. 4. ed. São Paulo: Saraiva, 2006. p.37.

ser alcançada por meio da classificação dos vícios, com vistas a conferir previsibilidade às consequências jurídicas possíveis. A documentação deve se constituir por linguagem, com os motivos da decisão. João Maurício Adeodato elucida que os significantes (na hipótese, os enunciados) "constituem o elo de ligação entre a esfera ideal da mente humana e a esfera real dos eventos. Eles são gerais como o significado ideal que transmitem", porém ingressam "no mundo real como ato de comunicação". No caso normativo, através de textos[378].

Desse modo, ao classificar as atipicidades, a abstração será o elo entre a representação das espécies de vícios, a partir da experiência processual vivenciada no fórum. Esse proceder acaba por atribuir mais conteúdo valorativo aos enunciados que, por seu turno, também são dotados de valor, próprio de sua natureza significante. Mas assim o é porque o enunciado é posto no ordenamento jurídico em função dos seus destinatários.

Na linha de Johannes Hessen, "valor é sempre valor para alguém. A referência a um sujeito é da essência do valor" (referibilidade). Deveras, "há ideias abstratas de valores, essências de valor, essências valiosas". O filósofo refuta a noção de entes meramente em si, argumentando que "o caráter valioso só surge nele quando ele entra em relação com uma consciência valoradora"[379].

Tal ilação tem a utilidade de evidenciar múltiplos aspectos do texto enunciativo (gramatical, histórico, lógico, teleológico, sistemático), caracterizado como significante, que se destinam ao conhecimento do destinatário para a formação de seu significado. Em sede de nulidades

---

378. ADEODATO, João Maurício. *Uma teoria retórica da norma jurídica e do direito subjetivo*. São Paulo: Noeses, 2011. p.38.

379. HESSEN, Johannes. *Filosofia dos valores*. 3. ed. Tradução: L. Cabral de Moncada. Coimbra: Armênio Amado, 1967. p.54-55.

processuais penais, a construção desse significado deve ser compatível com a proteção dos direitos fundamentais e com a finalidade própria de direito de primeira geração, protetor da liberdade do indivíduo contra o arbítrio estatal.

Em outros termos, a classificação que se apõe à atipicidade tem o efeito de preencher, com mais conteúdo, o significante, sendo uma ponte para a descrição do significado. O resultado desse percurso é a norma jurídica que declara a atipicidade e a classifica, proporcionando condições, a partir daí, para que o juiz produza outra norma jurídica, consequência jurídica da primeira, tendente a invalidar, convalidar ou sanear o defeito.

O conteúdo preenchido pela classificação relacionada a um ato processual penal específico decorre da sua estrutura abstrata. Os elementos que lhe informam consideram requisitos/elementos do ato processual penal organizados pela teoria que o justifica. São propriedades seletoras de aspectos de fato. A produção da norma jurídica deve se orientar pelo critério hierárquico, diferenciando o sistema relativamente ao ordenamento jurídico.

Vale lembrar a existência de objeções a uma divisão dos vícios com base em critério unitário. Nessa toada, Aury Lopes Jr expõe pensamento no sentido de que "a distinção entre nulidade absoluta/relativa é equivocada e que o sistema de invalidades processuais deve partir sempre da matriz constitucional, estruturando-se a partir do conceito de ato processual defeituoso, que poderá ser sanável ou insanável, sempre mirando a estrutura de garantias da Constituição".[380]

Sob perspectiva analítica, seria necessário discernir o ponto de vista dos observadores (teóricos), daquele outro dos participantes (juízes, órgão autêntico kelseniano). Enquanto o observador pode apontar lacunas e a

380. LOPES JR, Aury. *Direito processual penal*. 16. ed. São Paulo: Saraiva, 2019. p.947.

imprestabilidade do texto, o juiz há de resolver o caso concreto com o material enunciativo que estrutura o ordenamento jurídico[381]. Aury Lopes Júnior está correto ao apontar as deficiências do CPP de 1941 acerca da temática das nulidades processuais penais. No entanto, ao refutar a adoção de critério classificatório para minimizar as dificuldades de aplicação daquele texto, o autor abraça a posição de observador e deixa de contribuir para que o participante, juiz, possa adotar critério procedimental para minimizar a contingência na atividade de reconhecimento de nulidade e declaração de invalidade[382].

Sem embargo, a advertência de Aury Lopes Jr converge, finalisticamente, à teoria da nulidade sob base unitária. Primeiramente, sustenta que "o fenômeno da relativização das nulidades (absolutas) do processo civil está sendo utilizado (e manipulado) para, no processo penal, negar-se eficácia ao sistema constitucional de garantias". Em segundo lugar, denuncia que "muitos são os julgados em que se invoca o pomposo (mas inadequado ao processo penal) *pas de*

381. Michael S. Moore nota que depois de Hebert Hart, passou a ser "comum distinguir duas perspectivas sobre o Direito: uma é a perspectiva interna do Direito de um determinado sistema jurídico, adotada pelos que participam (efetiva ou indiretamente) como atores jurídicos do sistema; a outra é a perspectiva externa do Direito em geral, adotada pelos que não participam como atores jurídicos nesse Direito. Os teóricos podem trabalhar a partir de cada uma dessas perspectivas" (MOORE, Michael S. Interpretando a interpretação. In: *Direito e interpretação*. Andrei Marmor (org.). Tradução: Luís Carlos Borges. São Paulo: Martins Fontes, 2004. p.41).

382. Hebert Hart distingue a postura do observador (externa ao sistema) daquela do funcionário ou tribunal (participante, interna ao sistema), asseverando que "quando passamos da afirmação de uma lei concreta é válida, porque satisfaz a regra de que aquilo que a Rainha no Parlamento aprova é direito, para a afirmação de que na Inglaterra esta última regra é usada pelos tribunais, funcionários e particulares como a regra última de reconhecimento, passamos de uma afirmação interna de direito, enunciando a validade de uma regra de um sistema, para uma afirmação de facto externa que um observador do sistema poderia fazer, mesmo que não a aceitasse. Identicamente, quando passamos da afirmação de que uma lei concreta é válida à afirmação de que a regra de reconhecimento do sistema é excelente e o sistema nela baseado merece ser apoiado, passamos de uma afirmação de validade jurídica para uma afirmação de valor" (HART, Herbert L. A. *O conceito de direito*. Tradução: A. Ribeiro Mendes. 5. ed. Lisboa: Fundação Calouste Gulbenkian, 2007. p.119).

nullité sans grief, desprezando-se que a violação da forma processual implica grave lesão ao princípio constitucional que ela tutela". Para o autor, "o que importa é que a nulidade deve ser reconhecida, e determinada a eficácia do ato", defendendo que o fito do ato processual, com forma prevista no ordenamento jurídico, "é dar eficácia ao princípio constitucional que ali se efetiva. Logo, a forma é uma garantia de que haverá condições para efetivação do princípio constitucional (nela contido)"[383].

5.2 Interpretação e linguagem formal das nulidades processuais em confronto com a finalidade protetiva

A interpretação dos enunciados nulificadores não é incompatível com a necessidade de uma linguagem formal. Os atos processuais penais são emitidos com base em normas jurídicas, resultantes da incidência. Interpretação é incidência que, realizada pelo juiz, deflagra o dever deste de descrever, em pormenor, o sentido e o alcance dos enunciados aplicáveis.

Os métodos de interpretação podem ser úteis ao processo de decisão declaratória de atipicidade. Seguindo essa perspectiva, arrimada em Karl Larenz, a interpretação é compreendida como atividade que "não deve ser deixada ao arbítrio do intérprete, mas decorrer de modo seguro e comprovável", pelo que "é preciso ter determinados critérios de interpretação com os quais o intérprete se possa guiar. Tais critérios foram desenvolvidos pela metodologia jurídica"[384]. Entende-se, nessa linha de raciocínio, que não prescindir dos limites metodológicos é premissa de relevo para se trabalhar com as nulidades.

---

383. LOPES JR, Aury. *Direito processual penal e sua conformidade constitucional*: volume II. 3. ed. Rio de Janeiro: Lumen Juris, 2010. p.423-424.

384. LARENZ, Karl. *Metodologia da ciência do direito*. 5. ed. Tradução: José Lamego. Lisboa: Fundação Calouste Gulbenkian, 2009. p.449-450.

Entrementes, é de ver que a ideia de texto como limite e de métodos para se chegar ao significado aceitável de um enunciado pode ser compatibilizado com a abertura proporcionada pela hermenêutica filosófica, desde que contido eventual risco de decisionismo. Como aduz Richard Palmer, "um objeto não tem sentido fora de uma relação com alguém" e "a relação determina o significado. Falar de um objeto independentemente de um sujeito que o perceba é um erro conceptual causado por um conceito realisticamente inadequado, quer da percepção quer do mundo"[385]. A ilação do autor está em sintonia com o que foi dito acerca dos valores, eis que estes somente são irradiados do enunciado em virtude de sua referibilidade a um sujeito que com ele mantém relação.

Diante da contingência existente na relação entre enunciado e intérprete, a postura formal, aplicada às nulidades processuais penais, é inferida como a que melhor confere eficácia à Constituição de 1988. O conhecimento das formas comunicado pelo ordenamento jurídico vigente é factível, vale dizer, não pode ser ignorado pelos seus destinatários, em detrimento dos direitos fundamentais. Por outro lado, a textura das formas autoriza algum espaço de abertura, próprio da linguagem. A limitação dessa plasticidade é viável por intermédio do texto e das relações entre as bases empíricas reconhecidas como direito vigente.

Como pondera Gregorio Robles, o escrito jurídico é um texto aberto, não sendo, a rigor, uma obra acabada. Nas palavras do autor "la apertura del texto consiste en que no se da de una vez por todas (como sucede con la novela), sino que se va generando y regenerando progresivamente como mecanismo autopoiético que es. El ser textual del derecho es un ser *in fieri*, nunca acabado, sino permanentemente

---

385. PALMER, Richard E. *Hermenêutica*. Tradução: Maria Luísa Ribeiro Ferreira. 13. ed. Lisboa: Edições 70, 2006. p.34.

en transformación". Em outros termos, Robles explica que o texto jurídico (enunciados legislativos, por exemplo) é objeto de reprodução contínua, com nova geração de sentido por meio de decisões diárias que, ao cabo, tomam corpo em novas leis, novas normas ou novas sentenças judiciais[386].

5.2.1 O limite progressivo do modelo legal de acordo com a finalidade da garantia processual

O direito positivo é composto por enunciados abstratos dotados de certa moldabilidade. Porém é intuitivo que a maleabilidade encontre limite no próprio texto. A mutação de sentido não deve se ampliar ao ponto de igualar as garantias processuais penais àquelas típicas de direitos disponíveis. As fontes formais, de cognição do direito processual penal, têm função de garantia, de teto-limite. Há uma espécie de limite progressivo do modelo legal (*rectius*: plasticidade). No entanto, o risco de exageração interpretativa pode ameaçar a utilidade do texto. Por outro prisma, a progressividade, muitas das vezes necessária à sobrevivência do próprio ordenamento jurídico e inerente à elasticidade da linguagem, é de ser balizada pelo núcleo de garantias fundamentais.

O limite à plasticidade é garantia processual subjacente ao enunciado, cuja validade deve se fundamentar no núcleo de garantias processuais penais. As mutações de sentido do texto legal, por exemplo, não devem chegar ao ponto de autorizar o tratamento relativizado de todos os vícios processuais penais, porquanto esse proceder tende a mitigar, por via não reconhecida estatalmente, os limites contemplados na Carta Maior. Em outros termos, autorizar a relativização das nulidades processuais penais, para o fim de convalidar atos processuais viciados em seus elementos estruturais ou essenciais, é inaceitável forma de flexibilizar garantias

386. ROBLES, Gregorio. *El derecho como texto*: cuatro estudios de teoría comunicacional del derecho. Madrid: Civitas, 1998. p.55.

constitucionais. A utilidade classificatória das atipicidades é aferida pela necessidade de se regrar as consequências jurídicas a cargo do juiz, reduzindo o espaço de discricionariedade, muitas das vezes exacerbada nessa seara.

Daí que se se pode falar em limite progressivo de um texto legal, diante da evolução interpretativa, de igual modo deve se sustentar que o progresso encontra seu teto no teor enunciativo constitucional que o fundamenta. O manejo das fontes de cognição do direito processual penal, hauridas do direito positivo, deve, antes, passar pelo exame da higidez da fonte que legitima sua produção, sob tríplice ótica: das instituições, das normas e das decisões jurídicas.

Gregorio Robles, com essa perspectiva, considera a necessidade de critérios e limites à interpretação. Daí ponderar, de uma vertente, que "el derecho puede ser contemplado, en efecto, como un sistema o conjunto de normas, o bien como un sistema o conjunto de instituciones, o bien como un sistema o conjunto de decisiones" e, de outra, que "en cualquiera de los tres casos, el soporte básico inalterable que da sentido ya a las normas, ya a las instituciones, ya a las decisiones, seguirá siendo el ordenamiento". Normas jurídicas são assim consideradas porque "pertenecen a un ordenamiento jurídico determinado; y exactamente igual sucede con las instituciones jurídicas y con las decisiones que dan lugar a determinados actos jurídicos o que crean nuevas normas". Com efeito, "no es posible entender nada en el derecho si se prescinde de la realidad del ordenamiento jurídico"[387].

5.2.2 A linguagem formal como lastro para uma hermenêutica das nulidades processuais penais

Há espaço para se falar em uma hermenêutica das nulidades processuais penais. Para tanto, não se quer sugerir

387. ROBLES, Gregorio. *El derecho como texto*: cuatro estudios de teoría comunicacional del derecho. Madrid: Civitas, 1998. p.138-139.

uma disciplina diversa, pois a hermenêutica é uma só, comportando subdivisões como hermenêutica clássica, hermenêutica constitucional e hermenêutica filosófica. Ao referir a uma hermenêutica das nulidades, objetiva-se evidenciar a possibilidade do uso de métodos tomados não exclusivamente a uma hermenêutica específica, mas também à necessidade do respeito às formas e à postura que atribua valor ao texto enquanto limite[388].

A dogmática, para tal intento, é indispensável. Os limites enunciativos são os pontos de partida e de chegada para a estruturação da classificação das atipicidades. A produção das normas jurídicas que reconhecem a nulidade, classificando-a, e das que apõem a sanção correlata é delimitada com base nos elementos que constituem o sistema. À estrutura cabe explicitar aqueles elementos, cujas definições devem ser conhecidas, enquanto condições de validade do procedimento de formulação das normas jurídicas correspondentes.

João Maurício Adeodato, ao se referir aos denominados "constrangimentos dogmáticos", demonstra a preocupação com um procedimento que confira previsibilidade à produção de normas, o que é sobremodo importante para a atividade judicial de controle de deformidades processuais. Em suas palavras, o sistema dogmático precisa estabelecer normas, positivando-as: "é preciso antes de tudo fixar as

---

388. A linguagem formal para a construção classificatória não é isenta de valor, com sentido coincidente, relativamente aos sujeitos que com o texto interagem. Não há incompatibilidade com o raciocínio lógico, muito pelo contrário. Conferindo plausibilidade a essa afirmação, Wittgenstein, em suas "Investigações filosóficas", parágrafo 242, pontua que "à comunicação por meio da linguagem pertence não só uma concordância quanto às definições, mas também (por estranho que isto possa soar) uma concordância quanto aos juízos. Isto parece abolir a Lógica, mas de facto não o faz. Uma coisa é descrever métodos de medida, uma outra é obter e comunicar resultados de medidas efectuadas. Mas aquilo a que chamamos 'medir' é também determinado por uma certa constância dos resultados obtidos". (WITTGENSTEIN, Ludwig. *Tratado lógico-filosófico. Investigações filosóficas*. 4. ed. Lisboa: Fundação Calouste Gulbenkian, 2008. p.335).

regras de base, aquelas que definem quem vai e como vai fixar outras regras para decidir casos individuais. Não pode haver dogmática sem um sistema de regras (supostamente) explícitas". São, destarte, necessárias "as regras máximas, iniciais, do direito positivo"[389].

A linguagem formal da classificação das atipicidades é indispensável[390], com identificação do sentido e alcance das categorias[391]. O valor subjacente a essa divisão, formalizada abstratamente, tem natureza de garantia, notadamente, da liberdade do imputado. O processo penal infraconstitucional haure seu fundamento de validade no seu núcleo de sobreposição, cuja sede de predileção é o art. 5º, da Constituição de 1988. O valor da liberdade é objetado à opressão estatal, conhecida histórica que justificou a construção dos direitos humanos.

Na lição de Miguel Reale, "é um fato de verificação imediata que nós não somos capazes de viver sem atribuir valor às coisas e aos atos e sem neles reconhecer valores positivos ou negativos. Pela nossa própria natureza racional, a nossa vida se desenrola em uma sucessão de valores"[392]. A classificação deve tanto retratar a estrutura formal para

---

389. ADEODATO, João Maurício. *Uma teoria retórica da norma jurídica e do direito subjetivo*. São Paulo: Noeses, 2011. p.116-117.

390. O conhecimento da definição dos elementos que estruturam o ato processual penal deve ser comum aos sujeitos processuais, similar ao observado por Wittgenstein, no parágrafo 264, das suas "Investigações filosóficas": "Uma vez que sabes o que a palavra designa, compreendes a palavra, conheces toda a sua aplicação" (WITTGENSTEIN, Ludwig. *Tratado lógico-filosófico. Investigações filosóficas*. 4. ed. Lisboa: Fundação Calouste Gulbenkian, 2008. p.344).

391. Ada Pellegrini Grinover, Antonio Magalhães Gomes Filho e Antonio Scarance Fernandes comprovam tal ilação ao definir e distinguir os rótulos "atos inexistentes, irregulares e nulos: nulidade absoluta e relativa". O contorno da espécie de atipicidade é condição para definir e comunicar a consequência jurídica a ser aplicada pelo julgador (GRINOVER, Ada Pellegrini; GOMES FILHO, Antonio Magalhães; FERNANDES, Antonio Scarance. *As nulidades no processo penal*. 12. ed. São Paulo: RT, 2011. p.20).

392. REALE, Miguel. *Fundamentos do direito*: contribuição ao estudo da formação, da natureza e da validade da ordem jurídica positiva. São Paulo: RT, 1940. p.304.

produção de normas nulificadoras, quanto deve expressar a ideia de proteção de um valor. Se ela não é isenta de pressuposições ideológicas, certo é que seu ponto de partida e de chegada deve ser o texto constitucional.

5.3 Aplicação a caso concreto

Não poucas vezes são encontradas referências ao princípio da instrumentalidade das formas como aplicável às nulidades processuais penais. Decorre da letra do Código (arts. 566; 572, II, CPP). Porém, essa afirmação, quando generalizada, retira a força cogente (imperatividade) dos enunciados, dirigidos ao Estado. A construção de uma teoria da nulidade comprometida com a precaução contra juízos discricionários é refratária à incidência da instrumentalidade das formas, eis que se trata de argumento tendente a relativizar garantias, merecendo controle de constitucionalidade.

Calha examinar julgado do STF, que invocou a instrumentalidade das formas, agregando, a esse cânone, também a funcionalidade das formas processuais. A questão enfrentada alude à inversão da ordem de apresentação de alegações finais em processos em que há colaborador (delator) e delatado[393]. Como se infere, o vício é grave, porque limita a ampla defesa e, diante das atribuições do Poder Judiciário, a este órgão autêntico compete constatar o vício e, de ofício, corrigi-lo.

Conquanto o art. 270, do CPP, disponha que o corréu, no mesmo processo, "não poderá intervir como assistente do Ministério Público", os efeitos jurídicos da participação do delator são similares ao da assistência à acusação. Essa percepção autorizou a Suprema Corte a firmar regra, de natureza abstrata e geral, construída a partir do caso concreto, em forma de tese. Nessa toada, ficou assentado que "o interesse

393. STF – Pleno – HC 166.373-PR – Rel. Min. Edson Fachin – Red. p/ acórdão Min. Alexandre de Moraes – DJe 18 maio 2023.

processual do colaborador está direta e intimamente ligado à obtenção da condenação do delatado pelo Ministério Público". A relação de contraposição entre colaborador e delatado põe em evidência que este tem o direito de falar por último.

Na descrição do acórdão, "havendo pedido expresso da defesa no momento processual adequado (art. 403 do CPP e art. 11 da Lei 8.038/90), os réus têm o direito de apresentar suas alegações finais após a manifestação das defesas dos colaboradores, sob pena de nulidade". Melhor seria que o julgado tivesse categorizado o grau do vício referente à ampla defesa e ao contraditório, com seu enquadramento na moldura das nulidades absolutas. Seria dispensada a imposição de instrumento e de momento adequado, possibilitando controle eficaz para os casos vindouros.

Decerto, a Suprema Corte, apesar de reconhecer a nulidade e desconstituir seus efeitos na hipótese concreta, fincou por destacar – como norma geral e abstrata –, a necessidade da defesa protestar por meio de pedido expresso (instrumento adequado), formulado em tempo oportuno (preclusão temporal). Nublou, dessa forma, o dever dos sujeitos estatais (Ministério Público e Juiz) de cuidar da regularidade do processo em primeiro lugar (art. 127, CF; art. 251, CPP).

Reconheceu-se, no entanto, que "o acordo de colaboração premiada é um meio de obtenção de prova (art. 3º da Lei 12.850/2013)". Com essa premissa, enfatizou-se que, identicamente a outros meios de prova, "o contraditório é diferido e deverá ser realizado durante a ação penal, com amplas possibilidades de demonstrar eventual falsidade, erros ou exageros das declarações prestadas pelo colaborador", possibilitanto impugnação de suas afirmações[394].

Cabível sublinhar parâmetros, considerando a perspectiva de casos futuros com pontos comuns ao ora sob

---

394. STF – Pleno – HC 166.373-PR – Rel. Min. Edson Fachin – Red. p/ acórdão Min. Alexandre de Moraes – DJe 18 maio 2023.

análise (de inversão da apresentação das alegações finais, seja pelo Ministério Público, seja pelo delator), diante da diretriz de que o imputado (ou corréu) deve se manifestar por derradeiro: (1) o rol de nulidades não é um elenco taxativo, mercê do teor do inciso IV, do art. 564, do CPP, que descreve abertura seletora de outros vícios possíveis, à luz da Lei Maior; (2) a colocação das alegações finais em momento anterior às do Ministério Público (ou do réu colaborador) é ato que constitui vilipêndio à ampla defesa; (3) o dever do julgador, indeclinável, é o de prover a regularidade dos atos processuais (art. 251, CPP) que, por sua vez, não pode ser ônus transferido à parte, que corre o risco de suportar sanção penal; (4) impor ao corréu o dever de apontar o vício oportunamente, para casos de nulidade absoluta, implica alteração dos papeis dos demais sujeitos processuais.

Malgrado o resultado favorável à defesa, impende realçar que o acórdão afastou conceitos centrais do sistema de controle de nulidades. Esse fenômeno, outrossim, não é incomum quando em jogo caso de repercursão midiática, consoante fundamentado por Simone Schreiber[395]. Decerto, em nome da instrumentalidade (e da funcionalidade) das formas, não foi decotado adequadamente o percurso para o controle nulidades absolutas, diante de reversão do procedimento, prejudicial à garantia da ampla defesa. A decisão comunica aos demais órgãos do Judiciário o baixo controle de defeitos processuais, afetando a possibilidade de obediência, a possibilidade de exigência e, por conseguinte, a imperatividade enquanto atributo do sistema, na dicção de Tercio Sampaio Ferraz Júnior[396].

---

395. SCHREIBER, Simone. *A publicidade opressiva de julgamentos criminais*: uma investigação sobre as consequências e formas de superação da colisão entre a liberdade de expressão e informação e o direito ao julgamento criminal justo, sob a perspectiva da Constituição brasileira de 1988. Rio de Janeiro: Renovar, 2008. p.408.

396. FERRAZ JÚNIOR, Tercio Sampaio. *Teoria da norma jurídica*: ensaio de pragmática da comunicação normativa. 4. ed. Rio de Janeiro: Forense, 2009. p.133.

5.4 Conclusão e próximo capítulo

Os enunciados que constituem o ordenamento jurídico destinam-se a uma aplicação. Tratando-se de textos sobre formas processuais, o valor que deles emana é, notadamente, de proteção das garantias. A semântica das nulidades deve se referir, especialmente, ao imputado. O valor liberdade opõe resistência ao *jus puniendi* e permeia a intepretação das normas jurídicas processuais penais. Esse modo de compreender a semântica das nulidades encerra o seu plano estático necessário à definição de um padrão para a produção de normas individuais e concretas.

A ideia é próxima da exposta por Alberto Binder. O autor, em trabalho já clássico, ligou as formas processuais aos princípios de proteção do imputado. Tais princípios, conforme aviva, "conforman una estructura (macro) que luego se concreta en cada caso (micro). Las formas hacen ese 'traslado' y por eso 'garantizan' el cumplimiento de esos princípios". Quando uma forma é violada, "se produce, como hemos dicho, un *aviso*, uma advertencia sobre el peligro o la afectación de um principio (la teoría de la nulidad no le ha prestado atención a la diferencia entre el riesgo y la afectación)". Distingue, destarte, que a forma é garantia não porque ela assegura o cumprimento do princípio, mas porque facilita sua vigência e gera "las condiciones de advertencia que facilitan su reparación cuando ha sido violado"[397].

Em outras palavras, a proteção dos valores estampados no centro de pedra das garantias processuais penais, em forma principiológica, não é realizada só pela existência de enunciados infraconstitucionais permissivos de construção de regras. Vale dizer, o juiz, ao verificar a nulidade, irá

---

397. BINDER, Alberto M. *El incumplimiento de las formas procesales*: elementos para uma crítica a la teoría unitaria de las nulidades en el processo penal. Buenos Aires: Ad-Hoc, 2000. p.95.

desempenhar uma atividade produtiva de normas de controle da higidez do ato processual penal, fazendo funcionar, dinamicamente, a estrutura do sistema processual penal.

No próximo capítulo, será analisada a fundamentação sintática que define as vias para a produção de normas individuais e concretas durante a persecução penal. É o primeiro passo para o estudo da parte dinâmica da produção normativa das nulidades. Os elementos que compõem o sistema definem o procedimento para a documentação de atos processuais, sempre tendo a norma jurídica como conceito indispensável à justificação racional da atividade de controle dos atos levada a efeito pelo magistrado. A definição da regra de competência passa a ter caráter central para a consistência da teoria.

SEGUNDA PARTE

DINÂMICA DAS NULIDADES PROCESSUAIS PENAIS

CAPÍTULO 6

PLANO SINTÁTICO DAS NULIDADES PROCESSUAIS PENAIS

6.1 Fundamentação estrutural das nulidades processuais penais e competência normativa

O plano sintático das atipicidades é composto pela estruturação das normas delimitadoras de competência. O caminho percorrido pelo juiz, desde o plano enunciativo até a concretização da norma jurídica descrita nos autos constitui a produção normativa forjada na estrutura sintática da nulidade. Além do âmbito válido de competência, fazem parte da sintática: a relação de produção entre os documentos normativos de hierarquia diversa, bem como os elementos que ordenam a relação entre as normas com vínculo causal.

Nessa direção, Paulo de Barros Carvalho explica que, no sistema jurídico, "o aspecto sintático se apresenta nas articulações das normas entre si". De tal modo, é de ordem estrutural a relação entre a norma da Constituição e aquela da lei ordinária. Também é puramente sintático "o vínculo entre a regra que estipula o dever e a outra que veicula a sanção", bem como "a estrutura intranormativa e, dentro dela, o laço condicional que une antecedente (hipótese) ao consequente"[398].

Essa percepção permite apresentar uma estrutura lógica abstrata das normas jurídicas que formam o fenômeno nulificador[399]. Há elo entre a norma jurídica que reconhece a atipicidade e a classifica, com aquela outra que constitui a declaração de invalidação do ato processual penal com incidência deficiente. Esse elo é designado aqui como um "dever-ser modalizado", expressão construída a partir de Lourival Vilanova[400].

---

398. CARVALHO, Paulo de Barros. *Direito tributário*: linguagem e método. 5. ed. São Paulo: Noeses, 2013. p.216.

399. Para justificar a abstração classificatória, os fundamentos expendidos por Edmund Husserl são relevantes. Consoante aviva, "toda essência, seja ela uma essência de cunho material ou uma essência vazia (portanto, puramente lógica), insere-se numa escala eidética, numa escala de generalidade e de especialidade. Dela fazem necessariamente parte dois limites jamais coincidentes. Em escala descendente, chegamos às diferenças específicas mais baixas ou, como também dizemos, às singularidades eidéticas; em escala ascendente, passando pelas essências de espécie e de gênero, chegamos a um gênero supremo". Ainda na linha de raciocínio do filósofo, "é preciso distinguir nitidamente as relações de generalização e especialização de um tipo essencialmente de outro de relações, a passagem do material à generalidade no formal lógico puro ou, inversamente, a materialização de um formal lógico. Noutras palavras: generalização é algo totalmente distinto de formalização, que desempenha um papel tão importante, por exemplo, na análise matemática; e especialização, algo totalmente distinto de desformalização, como "enchimento" de uma forma lógico-matemática vazia, por exemplo, de uma verdade formal". Vale dizer, "o enchimento das formas lógicas vazias (e não há outra coisa que formas vazias na mathesis universalis) é, portanto, uma 'operação' totalmente diferente da especialização autêntica até a diferenciação última" (HUSSERL, Edmund. *Ideias para uma fenomenologia pura e para uma filosofia fenomenológica*: introdução geral à fenomenologia. Tradução: Márcio Suzuki. 2. ed. Aparecida: Ideias Letras, 2006. p.50-51). Quando da caracterização das nulidades processuais penais, com aplicação da classificação que estrutura a produção normativa, o que ocorre é o enchimento de conteúdo da forma lógica constante estipulada para cada classe de vícios.

400. Seguindo os passos de Lourival Vilanova, o "dever-ser" consiste no "operador diferencial da linguagem das proposições normativas". Como elucida Vilanova, "poder-se-ia tentar o experimento linguístico de formular a proposição normativa com algum dos modos da lógica clássica. Os modos lógicos clássicos são o necessário, o contingente e o possível. Quando a norma de direito impõe obrigação de fazer ou omitir, poderíamos formular a proposição no modal da necessidade. Assim: 'é necessário que A cumpra ou omita a conduta C'. Nas normas permissivas ou facultativas, usaríamos o modal da

Tal significa dizer que a consequência jurídica pode se apresentar de forma diversa, oscilando entre os modais permitido e obrigatório, a depender da classificação que for dada ao vício processual (inexistência, nulidade absoluta, nulidade relativa ou irregularidade). A classificação não deve ser arbitrária, mas baseada em elementos que estruturam o ato processual marcado pela eiva. O "dever-ser modalizado" retrata a possibilidade de edição de norma jurídica de invalidação, convalidação ou saneamento do ato processual penal defeituoso. Essa norma consequente é o resultado representativo daqueles modos de conduta (obrigatório ou autorizado).[401]

6.2 Estrutura da regra definidora de nulidade processual penal no contexto sintático

A regra definidora da nulidade processual é constituída pelo reconhecimento de atipicidade de ato processual penal e pela classificação dada à atipia. Ao juiz competente para processar e julgar a causa, caberá emitir aquela norma de controle, cujo efeito é individual e concreto. Individual porque se reporta, como regra, às partes (sujeitos do processo) e a um ato defeituoso (objeto de controle). Concreto porque é dotada de operatividade, vista pela criação de dever jurídico ao órgão julgador, que deve produzir outra regra, de invalidação, convalidação ou saneamento.

A concretização da sintática se constitui pela fundamentação. João Maurício Adeodato enfatiza esse aspecto, inerente à decisão judicial, bem como presente ao longo de

possibilidade: 'é possível que A faça ou omita C'" (VILANOVA, Lourival. *Estruturas lógicas e o sistema de direito positivo*. São Paulo: Noeses, 2005. p.69).

401. Nas pegadas de Tácio Lacerda Gama, há de se distinguir o modal deôntico do modal alético. O modal deôntico é "conectivo que vincula duas proposições prescritivas, formando um juízo condicional normativo. A vinculação proporcionada pelo modal deôntico é fruto de um ato de vontade" (GAMA, Tácio Lacerda. *Competência tributária: fundamentos para uma teoria da nulidade*. 2. ed. São Paulo: Noeses, 2011. p.L-LI).

todo o processo, que é um "elemento da série de procedimentos que aqui se tem chamado de concretização dogmática: o constrangimento à fundamentação (*Bergründungszwang*) e o problema da legitimidade do direito"[402].

A estruturação das atipicidades em classes, de forma compatível com os enunciados linguísticos que formam o ordenamento jurídico, tem a função de definir os limites dos termos que conformam a estrutura interna da norma jurídica. Com a descrição de seus elementos lógico-abstratos, em compasso com as lições de Lourival Vilanova, tem-se a vantagem de otimizar a percepção da exclusão ou da inclusão de situações fáticas no respetivo campo de incidência[403].

6.2.1 Identificação do critério pessoal a partir da regra de competência

A regra que aponta a competência do juiz é pressuposta ao exame da licitude de todos os outros elementos que compõem a formação de um ato processual penal. Se ele não for competente para o processamento da causa, os atos viciados por outro motivo serão antes fulminados em razão de um defeito de maior gravidade, qual seja, a incompetência absoluta. Sob outro ângulo, o magistrado somente possui competência para emitir atos em compasso com o devido processo legal. Não a tem para a prática de ilicitudes.

A violação da regra de competência constitui óbice a que o juiz incompetente proceda à emissão válida de normas jurídicas tendentes a sanear aquele vício. A solução para o impasse é a remessa dos autos ao juiz competente que, por sua vez, deverá adotar as medidas necessárias

402. ADEODATO, João Maurício. *Uma teoria retórica da norma jurídica e do direito subjetivo*. São Paulo: Noeses, 2011. p.325.

403. VILANOVA, Lourival. *Causalidade e relação no direito*. 2. ed. São Paulo: Saraiva, 1989. p.87.

para o desfazimento dos efeitos do ato expedido pela autoridade judiciária incompetente absolutamente.

Dois artigos do CPP são ilustrativos dessa regra.

O primeiro é o art. 251, primeira parte, que diz que "ao juiz incumbirá prover à regularidade do processo e manter a ordem no curso dos respectivos atos". É dever do juiz velar pela higidez dos atos processuais penais. Para tanto, deve ser, antes, competente, em atendimento à disposição constitucional que assegura que ninguém será processado nem sentenciado senão pela autoridade competente (art. 5º, LIII, CF/1988).

O segundo dispositivo é o art. 419, parágrafo único. O seu *caput* estatui que ao desclassificar a infração penal no rito do júri, se o juiz não for competente para o julgamento, remeterá os autos a quem o seja. No parágrafo único, o legislador arremata que uma vez "remetidos os autos do processo a outro juiz, à disposição deste ficará o acusado preso". Veja-se que o juiz que se declara incompetente não tem mais o poder jurídico de corrigir atos processuais, a exemplo da prisão preventiva decretada. Cabe ao órgão autêntico do juízo de destino deliberar acerca das nulidades.

O critério pessoal das normas jurídicas emitidas em torno da atipicidade aponta o juiz competente como o órgão responsável pela sua produção. Tácio Lacerda Gama elucida os limites da ação criativa de normas (nomogenética). Aviva o autor que um órgão jurisdicional (participante do sistema jurídico-processual) é quem "decide sobre a licitude ou ilicitude da ação nomogenética"[404].

Aplicando a assertiva às nulidades, verifica-se que é o juiz que, no controle dos atos processuais penais, decide sobre a licitude ou ilicitude da ação nomogenética, ou seja,

---

404. GAMA, Tácio Lacerda. *Competência tributária*: fundamentos para uma teoria da nulidade. 2. ed. São Paulo: Noeses, 2011. p.329.

resolve se a incidência do ato processual sindicado foi perfeita ou imperfeita. A incidência não ocorre ao acaso, mas por implicação normativa pendente de um atuar do sujeito competente apontado pelo ordenamento jurídico[405].

O juiz descreverá tal conclusão aferindo a exatidão de elementos de conexão entre a norma antecedente e a outra que decorre dela, retratando uma apreciação causalista da produção de normas. Tácio Lacerda Gama pondera que "se uma norma existe no sistema jurídico é porque está em relação com outra norma". Vale dizer, "se o participante – órgão jurisdicional – decidir que a norma foi criada de forma lícita, a ela, portanto, está em relação com a que prescreveu a sua competência". Por outra vertente, quando o julgador decide que a criação da norma ocorreu de forma ilícita, tal significa afirmar que "a norma irregular não está em relação com a norma de competência, mas sim com a que sanciona o exercício inadequado da atividade nomogenética"[406].

6.2.2 Limite da jurisdição e amplitude dos efeitos da decisão como base do critério espacial da norma nulificadora

A jurisdição, conceito fundante e designativo da função judicante típica, tem seu exercício decotado pela competência do órgão jurisdicional. É também a regra de competência que limita a jurisdição. Por ser função, a jurisdição é, ontologicamente, incindível. Seus contornos de prestação

---

405. Explica Lourival Vilanova que "na proposição normativa ou deôntica, o dever-ser (que se triparte nas modalidades O, P, V, obrigatório, permitido e proibido) é constitutivo da estrutura formal, é o operador específico que conduz à proposição deôntica. Faltando, desfaz-se a estrutura, como se desfaz aquela outra estrutura se suprimirmos o concectivo apofântico é. Por outro lado, é sintaticamente correto sobrepor um modal alético a uma estrutura modalmente deôntica. Assim: 'é necessário, é contingente, é possível que dado A, deve-ser B'" (VILANOVA, Lourival. *Estruturas lógicas e o sistema de direito positivo*. São Paulo: Noeses, 2005. p.70).

406. GAMA, Tácio Lacerda. *Competência tributária*: fundamentos para uma teoria da nulidade. 2. ed. São Paulo: Noeses, 2011. p.329.

são realizados pelos enunciados que lastreiam a edição da regra de competência.

De outra vertente, o critério espacial de uma norma é limitado pelos efeitos que a decisão judicial produz. Vale dizer, normalmente, os efeitos da nulificação e da consequência jurídica são endoprocessuais (no interior do processo).

Todavia, é possível conferir tratamento jurídico similar às ilicitudes que se constatam na investigação preliminar. A extensão dos efeitos das invalidades de atos de inquérito policial, como regra, não se espraia para o processo penal (são internas à investigação). Quando o vício afeta a ação ou o processo penal, é possível justificar que o motivo da invalidade do ato processual penal consiste no defeito aferido por decorrência daquele da fase investigativa, em virtude de contaminação do suporte que dá supedâneo à petição inicial acusatória.

Situação diversa é o critério espacial de um processo penal referentemente a outro. Por exemplo, a revisão criminal (que é processo penal autônomo) arrimada em atipicidade do processo penal condenatório (*rectius*: rescindibilidade), tal como a nulidade absoluta da sentença penal correspondente, que se imuniza após passada em julgado. A rigor, nos autos da revisão criminal, não há que se falar propriamente em nulidade[407]. A nulidade absoluta, para existir em um processo penal, há de ser reconhecida antes de sua preclusão máxima, que é a formação de coisa julgada material. Depois de perfazida a jurisdição, não há como se revolver para declarar nulidade da sentença ou do processo com deformidade.

---

407. A distinção não tem sido delimitada na jurisprudência, a exemplo de caso concreto em que o STJ vincou que "a falsidade da identificação civil do réu não é apta a invalidar o processo, nem permite o manejo de revisão criminal por terceiro que teve o nome indevidamente utilizado" (STJ – Quinta Turma – AgRg no REsp 2.119.595/MT – Rel. Min. Reynaldo Soares da Fonseca – Dje 24 abr. 2024).

A sentença penal condenatória transitada em julgado, porém eivada de alguma atipicidade, é melhor classificada como "rescindível", o que evidencia o seu critério espacial normativo. A classe "nulidade absoluta" não tem lugar porque, a uma, foge à sistemática do CPP, referente a processo condenatório em tramitação. A duas, porque as categorias de defeitos não têm a utilidade que se vê no processo penal ainda pendente de definitividade.

Com essa percepção, Aroldo Plínio Gonçalves pontifica que "na sentença rescindível, os princípios que condicionam a declaração de nulidade dos atos processuais não têm aplicação". Embora possa não ter incidido, no trâmite do processo de conhecimento, "qualquer prejuízo para a parte interessada na rescisão – e prejuízo, como se viu é o dano aos objetivos do contraditório –, e a sua regular participação no processo, como todos os direitos e garantias assegurados", não existirá óbice à propositura da revisão criminal, se presentes um dos motivos que a autorizem (art. 621, CPP)[408].

Em outras palavras, na revisão criminal, a atipia grave, estipulada por lei, é sempre justificativa para a desconstituição dos efeitos do julgado, não lhe sendo aplicáveis os princípios que informam a temática das nulidades. Não há saneamento de processo penal condenatório já findo. O que ocorre é a subtração de seus efeitos, ou seja, o cancelamento de sua operatividade, enquanto característica da rescindibilidade. O *habeas corpus* pode, excepcionalmente, ter a aptidão de rescindir um julgado, como espécie de sucedâneo da revisão criminal.

Nesse sentido, o STF admite, excepcionalmente, *habeas corpus* substitutivo (*rectius*: sucedâneo da ação de revisão), quando em jogo a liberdade de ir e vir, diante de flagrante ilegalidade nos autos, ainda que o ato impugnado

408. GONÇALVES, Aroldo Plínio. *Nulidades no processo*. 2. ed. Belo Horizonte: Del Rey, 2014. p.67.

desafie revisão criminal[409]. Persiste, entrementes, a orientação de ser inviável o uso do *habeas corpus* no lugar da revisão criminal, ressalvadas as hipóteses de demonstração de fatos incontroversos de teratologia, permissiva, inclusive, de concessão da ordem de ofício[410].

6.2.3 Intervalo identificador do critério temporal no curso da persecução penal estatal

A decretação de nulidade deve respeitar um intervalo de tempo. Malgrado as divergências, entende-se que o termo inicial que se deve considerar para a aplicação da disciplina normativa das nulidades processuais penais, no processo penal condenatório, é o ajuizamento da ação penal, cabe dizer, o oferecimento de denúncia ou de queixa.

O termo final de identificação do critério temporal, no curso de processo penal condenatório, é o dia em que transita em julgado a sentença penal de forma completa, passando pelas etapas sucessivas da coisa julgada (coisa julgada progressiva, que pode ocorrer primeiro para a defesa de um réu, relativamente a outros acusados e ao Ministério Público ou querelante).

A investigação preliminar, igualmente, pode ser objeto de controle de correção dos seus atos. No entanto, os efeitos da nulidade ocorrida no procedimento investigativo, como regra, só ultrapassam os seus limites para atingir o processo penal quando houver produção de norma jurídica que tenha por antecedente ou por pressuposto lógico o vício perpetrado durante a fase pré-processual.

Por sua vez, também é possível a produção de normas declaratórias de atipicidade e da consequência jurídica que

---

409. STF – RE 1.472.091/SP – Decisão Monocrática – Rel. Min. Gilmar Mendes – DJe 21 mar. 2024.

410. STF – Primeira Turma – HC 250404 AgR – Rel. Min. Cármen Lúcia – DJe 28 fev. 2025.

lhe corresponde durante o processo de execução penal. O seu termo inicial é a emissão da guia de recolhimento e seu termo final a declaração de extinção de punibilidade, por sentença, a exemplo daquela que reconhece cumprida a pena em sua integralidade.

6.2.4 A inferência do critério material com base na natureza direta ou indireta da identificação de imperfeição do ato

O critério material é designação que expressa os elementos fáticos que são aptos à composição da facticidade jurídica. Fazem parte do critério material da norma jurídica de nulificação os aspectos que representam os elementos faltantes ou viciados do ato processual penal praticado com déficit de incidência. Em esforço de síntese, o critério material genérico representativo da estrutura da atipicidade processual penal pode ser assim formulado: "desatender o modelo jurídico de ato processual penal".

O critério material pode ser formulado a partir de inferência direta ou indireta, tomando como ponto de partida a verificação de se tratar de nulidade cominada ou não cominada. Note-se que a incidência da norma representada pelo critério material genérico "desatender o modelo jurídico de ato processual penal", pressupõe, antes, a aferição de imperfeição da incidência da norma que dispunha sobre o padrão estipulado para a prática do ato que, ao cabo, restou defeituoso.

Como o CPP indica expressar – de modo impreciso – a *voluntas legislatoris* de exaurir hipóteses de nulidades, com rol cominatório no seu art. 564, cabe ponderar, nesse permeio, que aquele critério material genérico pode ser encontrado tanto de forma direta (para as nulidades explícitas, quando a conclusão do vício se dá por técnica subsuntiva aos tipos elencados no aludido artigo), quanto de maneira indireta, quando a aplicação do critério material genérico dependerá da aferição da atipicidade processual, mediante exame da incidência da norma jurídica reguladora do ato.

Pode-se dizer que o critério material da norma jurídica de nulificação é composto pelo núcleo da hipótese normativa, do seu antecedente jurídico. Sua formulação básica se dá pela união do verbo "desatender" e do seu complemento "modelo jurídico de ato processual penal". De acordo com Lourival Vilanova, "a hipótese delineia um possível estado de coisas. Que pode já se ter verificado, por isso, imodificável ficou, como ponto fixo para relacionar consequências, estas, sim, normativamente determinadas"[411].

Trazendo essa assertiva para o domínio das nulidades, tem-se que o antecedente normativo da norma nulificadora é constituído pela previsão da ocorrência de um fato (atipicidade processual). Por seu turno, necessário se certificar que a atipia tenha decorrido de incidência deficiente da norma jurídica que disciplina a edição de um ato. Àquela atipicidade, será relacionado um dever-ser com vetor neutro (que enlaça antecedente e consequente em nexo decorrente de imputação lógica) para que o juiz efetivamente reconheça e classifique a atipicidade (consequente normativo da norma jurídica primária).

Da conclusão dessa primeira norma jurídica surge um dever-ser modalizado no vetor obrigatório: nasce para o juiz o dever de produzir outra norma, cujo antecedente é a descrição da classificação na primeira norma jurídica. A esse antecedente normativo, liga-se, por dever-ser (com vetor axiologicamente neutro), a constituição de declaração de invalidação, convalidação ou de saneamento do ato processual penal vergastado.

---

411. VILANOVA, Lourival. *Estruturas lógicas e o sistema de direito positivo.* São Paulo: Noeses, 2005. p.82.

6.2.5 A providência possibilista a qual está obrigado o juiz, relacionada por operador deôntico neutro, e caracterizadora da pragmática das nulidades processuais penais

O discurso normativo, de natureza deôntica, refere possibilidades representadas por prescrições. Sua incidência é independente do plano aludido, ou seja, aplica-se tanto ao âmbito da descrição abstrata enunciativa, quanto à esfera da concreção que se dá com a criação de norma individual. Difere do discurso natural, apofântico, descritivo da realidade.

A indicação de providência normativa possibilista é retratada pelo functor deôntico neutro, interproposicional, que impõe a formulação de consequente normativo. A norma que reconhece a nulidade (em sentido amplo) é composta por proposição antecedente, delineando o vício caracterizador da dissonância com o modelo legal. Liga-se a ela a consequência jurídica classificatória, de acordo com a relevância do elemento afetado pela deformidade, de acordo com a sua gravidade.

O leque de possibilidades apresentado ao juiz evidencia as classes de atipias, quais sejam, inexistência, nulidade absoluta, nulidade relativa e irregularidade. Alguns tipos de defeitos, que recaem sobre elementos essenciais do ato processual, podem se situar em zona de penumbra que transita, por exemplo, da categoria de nulidade absoluta à de nulidade relativa. Essa situação de alternatividade deriva da dificuldade para se apresentar uma definição mais precisa de elemento essencial do ato processual.

Ademais, é o inciso IV, do art. 564, combinado com o teor do art. 572, ambos do CPP, que abrem espaço para um discurso mais pragmático, cuja contingência pode ser limitada com a inserção de mais conotação a cada classe de atipicidades[412]. Entre o reconhecimento da atipicidade e a definição

412. Dentro da linha convencional, agregar mais conotação é apor mais distinções, para assim melhor selecionar os atos às respectivas categorias de atipicidades. Na

da classe a que ela pertence, há um dever-ser (neutro valorativamente), que se dirige à autoridade judiciária competente. A fundamentação da atipicidade reconhecida delimita, consecutivamente, a providência posterior à primeira norma jurídica da estrutura do fenômeno nulificador.

Tercio Sampaio Ferraz Júnior descreve o que chama de técnicas de validação que, de certa forma, encontra similaridade com a estrutura relacional entre as proposições que constituem o controle concreto da nulidade. A justificativa do escrutínio epistemológico sobre um defeito processual tende a imunizar a validade da relação entre as normas envolvidas e documentadas sob a forma de atos processuais penais. O autor aviva que "uma norma imuniza a outra: a) disciplinando-lhe a edição; b) delimitando-lhe o relato. Trata-se de duas técnicas, permanecendo a noção de validade a mesma nos dois casos (norma válida é norma imunizada)"[413].

A explicação dessas duas técnicas (regras de edição da norma e contornos do aspecto-relato) encontra pontos comuns com a estrutura lógica da norma jurídica de Lourival Vilanova, eis que o descritor antecedente tem a função de fixar possibilidades da proposição consequente[414].

---

esteira de Tácio Lacerda Gama, conotação "é o conjunto de atributos de um conceito ou, também, de características que permitem separar um conceito de outro. A conotação de um conceito é também entendida como sua intenção". Diversamente, denotação é "o conjunto de objetos que se ajustam ao sentido de um termo, também conhecido como extensão de um conceito" (GAMA, Tácio Lacerda. *Competência tributária*: fundamentos para uma teoria da nulidade. 2. ed. São Paulo: Noeses, 2011. p.XLVI-XLVII).

413. FERRAZ JÚNIOR, Tercio Sampaio. *Teoria da norma jurídica*: ensaio de pragmática da comunicação normativa. 4. ed. Rio de Janeiro: Forense, 2009. p.109.

414. A descrição deve evidenciar uma possibilidade. Lourival Vilanova averba, a propósito, que a hipótese não tem o condão de traçar "o que com necessidade factual (física, biológica) ocorrerá. Para a hipótese, o que ocorreu, ocorre ou ocorrerá é tomado a título de possibilidade, como possível ponto de referência (axiologicamente relevante) para condicionar a vinculação de consequências para a conduta humana. A hipótese fixa o tipo de ocorrência (fato natural ou conduta). O que é normativo é a construção da hipótese: é o sistema jurídico que põe, estatui ou cria normativamente a hipótese". Em outras palavras, "a hipótese da norma jurídica

Tercio Sampaio Ferraz Júnior recorre à distinção entre programação condicional e programação finalística, tomada da cibernética. Na dicção do jurista, é possível "programar uma decisão na medida em que estabelecemos as condições em que ela deve ocorrer, de modo que, dadas as condições, segue a decisão" (programação condicional, de ordem mais estática quanto aos efeitos procurados). Ademais, é possível também programar uma decisão "estabelecendo os fins que devem ser atingidos, liberando-se a escolha dos meios, de tal modo que, seja qual for o meio escolhido, o fim deve ser atingido" (programação finalística, de natureza mais estática, relativamente aos meios empregados)[415].

A pragmática das nulidades processuais penais é evidenciada pelo aspecto relacional dos vetores deônticos presente em cada uma das normas (entre as proposições antecedente-consequente da norma jurídica), bem como no elo entre a norma primária e a norma secundária (a exemplo do que se dá quando do reconhecimento de nulidade absoluta e da conseguinte invalidação).

A contingência verificada na jurisprudência e na doutrina decorreria, nesse contexto, da imprecisão dos parâmetros para a estruturação das normas em torno da nulificação. Essa constatação comprovaria a fertilidade da pragmática nessa temática.

A caracterização do pragmatismo se ajusta ao que Richard Rorty pontifica como sendo "a escolha entre aceitar o carácter contingente dos pontos de partida, e tentar evitar essa contingência". Na perspectiva do filósofo, "aceitar a contingência dos pontos de partida é aceitar a nossa

---

funciona como descritor. E o descritor assenta no modo ontológico da possiblidade" (VILANOVA, Lourival. *Estruturas lógicas e o sistema de direito positivo*. São Paulo: Noeses, 2005. p.83).

415. FERRAZ JÚNIOR, Tercio Sampaio. *Teoria da norma jurídica*: ensaio de pragmática da comunicação normativa. 4. ed. Rio de Janeiro: Forense, 2009. p.109.

herança de, e a nossa conversação com, os nossos companheiros como nossa única fonte de orientação. Tentar evitar essa contingência é esperar tornarmo-nos uma máquina adequadamente programada"[416].

Entende-se, como aqui pontuado, que o encontro de pontos comuns para classificar as atipicidades processuais penais e a estruturação normativa plasmada no constructivismo lógico-semântico são instrumentos aptos a delinear balizas diante da contingência (aspecto acidental). É, sob certo ponto de vista, um programa que busca estabelecer critérios para limitar o cunho possibilista que se abre ao juiz para construir o consequente normativo, ante o dever-ser jurídico neutro que implica essa providência que se segue à classificação da atipicidade do ato processual penal.

No tocante à relação entre a primeira norma jurídica (classificatória) e a segunda norma jurídica (sancionatória), malgrado a coincidência do sujeito (juiz) que emite a norma primária e que também se vê compelido a acatar seu relato (o magistrado se submete à delimitação por ele mesmo fixada quando da edição da primeira norma), essa peculiaridade processual não retira a utilidade de se enxergar um "dever-ser modalizado" (vetor obrigatório) entre a primeira norma editada pelo juiz e a segunda, também por ele emitida em função daquela anterior.

Veja-se que é possível discernir, em uma norma jurídica, duas espécies de functores deônticos. O primeiro modal, interproposicional, é o vínculo entre a proposição antecedente de uma norma e a proposição consequente. O segundo vetor, intraproposicional, é responsável por conectar sujeitos ativo e passivo de uma relação jurídica). Tal conexão, como leciona Tácio Lacerda Gama, "pode variar entre permitida, proibida e obrigatória. Daí falar-se em

416. RORTY, Richard. *Consequências do pragmatismo*: ensaios: 1972-1980. Tradução: João Duarte. Lisboa: Instituto Piaget, 1982. p.237.

variável relacional, porquanto se trata de um modo de vincular dois sujeitos de direito". Por outro prisma, o modal alético é o "conectivo que vincula duas proposições descritivas, expondo, por exemplo, uma lei da natureza"[417].

A limitação da contingência seria viável com linguagem convencional. Considera-se que uma maior extensão de possibilidades que o juiz pode adotar diante de uma atipicidade, interfere na previsibilidade normativa das nulidades. Eis o aspecto onde tem lugar a característica pragmática das atipicidades processuais penais.

Decerto, a linguagem com finalidade definidora deve expressar a descrição das normas jurídicas envolvidas nesse fenômeno. Tal função é aludida por Enrique R. Aftalión e José Vilanova, ao ponderarem que "en los linguajes artificiales (o jergas) que usan los cientícos suelen introducirse definiciones con el propósito de eliminar la vaguedad y la polissemia que afectan a los leguajes naturales. Conviene aquí recordar que las definiciones se refieren a las palavras y no a los significados de las mismas"[418].

6.2.6 Fundamentação da decisão concretizadora das normas jurídicas subsequentes ao reconhecimento da imperfeição da persecução penal estatal

A fundamentação da produção normativa é indispensável à produção dos efeitos desejados pelo órgão judiciário competente. Para além de imposição prevista no art. 93, IX, da Constituição de 1988, e especificada no art. 564, inciso V, do CPP, o dever de verter em linguagem a decisão tomada é condição para a inserção da norma individual e concreta

417. GAMA, Tácio Lacerda. *Competência tributária*: fundamentos para uma teoria da nulidade. 2. ed. São Paulo: Noeses, 2011. p.L-LI.

418. AFTALIÓN, Enrique R.; VILANOVA, José. *Introducción al derecho*: conocimiento y conocimiento cientificio; historia de las ideas jurídicas; teoria general del derecho; teoria general aplicada. 2. ed. Buenos Aires: Abeledo-Perrot, 1988. p.104.

no mundo jurídico. Nesse diapasão, a estruturação das normas que giram ao redor das atipicidades processuais penais depende de explicitação de seus motivos.

Com orientação análoga, Ana Carolina Dias anota que a interpretação é um processo gerador de sentido, apto a construir a língua do direito e realizado no espaço de conversação entre os intérpretes autênticos. Mais estreitamente, a interpretação jurídica "é processo de criação de realidade que ocorre no intelecto do intérprete: o texto legal é (i) apreendido, (ii) compreendido, e (iii) expelido pelo intérprete. A interpretação é, em última análise, o ato de atribuição de valores aos símbolos (atribuir significações às palavras)"[419].

A necessidade de motivação suficiente, como *conditio sine qua non* para o ingresso da norma individual e concreta no sistema, é apresentada por Fabiana Del Padre Tomé. Deveras, esclarece a jurista que "só haverá motivo se houver motivação, posto ser a linguagem normativa que constitui o fato jurídico desencadeador do liame obrigacional". Essa colocação é central na distinção entre evento e fato, para delimitar o que ganha contorno jurídico: "um evento qualquer, se não relatado na forma prevista pelo ordenamento, é juridicamente irrelevante, não se podendo falar em ato, nem em motivo deste[420].

Aplicando-se tal assertiva às atipicidades processuais penais, será possível ter respaldo jurídico maior para a deflagração de uma norma de invalidação de ato processual (norma jurídica secundária), cujos limites devem ser antes fixados pela fundamentação da primeira norma jurídica

419. DIAS, Ana Carolina Carvalho. Os limites à interpretação das normas tributárias: transformação do texto em norma. In: *Vilém Flusser e juristas*: comemoração dos 25 anos do grupo de estudos de Paulo de Barros Carvalho. Florence Haret; Jerson Carneiro (orgs.). São Paulo: Noeses, 2009. p.730.

420. TOMÉ, Fabiana Del Padre. *A prova no direito tributário*. 3. ed. São Paulo: Noeses, 2011. p.327.

que deve reconhecer a atipicidade (antecedente normativo) e classificá-la (consequente normativo).

A produção das normas jurídicas, nulificadora e de invalidação, é retratada em uma decisão jurídica cujos elementos essenciais devem ser documentados. Valendo-se dos ensinamentos de Edvaldo Brito, a hipótese normativa que se liga ao fato objeto de controle (nulidade-fato) "está tão imbricada com os elementos do tipo que cumpre descrevê-los para serem identificados", toda vez que se tiver de prover a regularidade dos atos processuais, notadamente a partir do "conjunto de caracteres debuxados na *facti specie* normativa, a fim de assegurar a perfeita incidência da respectiva norma"[421].

Aurora Tomazini de Carvalho, a propósito, anota que a decisão jurídica é composta de elementos essenciais, quais sejam: (1) *noesis*, que toma como foco o valor em sua subjetividade, sendo o elemento decisório, puramente volitivo; e (2) *noema*, que se centra no valor positivado, cuidando-se do conteúdo do que foi decidido (no ponto, o valor de proteção da liberdade do imputado deve funcionar como vetor hermenêutico). É de ver que o ato de aplicação do direito se submete a regras para explicitar a tomada de posição acerca de um ato valorativo. Para tanto, a decisão que concretiza as normas jurídicas envolvidas, deve conter: (1) a fundamentação do fato, consistente na indicação de enunciados seletores e que influenciaram a convicção do aplicador para conformar o fato jurídico; (2) a justificação do fato jurídico, referente a razões para utilização daqueles enunciados factuais e não outros; (3) a fundamentação jurídica, onde se indica a legislação tomada como lastro para a formação da norma aplicada; e (4) a justificação jurídica, atinente a razões para a utilização de determinado enunciado

421. BRITO, Edvaldo. *Direito tributário e constituição*: estudos e pareceres. São Paulo: Atlas, 2016. p.22.

(legislativo, constitucional ou jurisprudencial) e não de outro. Tais elementos possibilitam a reconstrução da valoração da decisão, bem como seu respectivo controle[422].

6.2.6.1 Declaração da atipicidade como norma jurídica primária que se segue à verificação de vício processual penal

A atipia dá lugar a duas normas jurídicas inter-relacionadas.[423]

A primeira é a norma jurídica primária (declaratória e classificatória). A segunda é desconstitutiva dos efeitos do ato processual defeituoso. No que concerne à primeira norma, seu antecedente (proposição pressuposta ou prótase) é composto de declaração de atipicidade. Vale dizer, verificado o vício, o juiz emite a declaração de nulidade.

O dever-ser neutro, que liga a primeira proposição à segunda da norma jurídica primária, tem índole intranormativa. Ele compele dogmaticamente o magistrado a também declarar a classificação consecutiva, descrição esta que compõe a apódose normativa (proposição consequente da primeira norma jurídica).

6.2.6.2 A invalidação do ato processual penal e sua natureza desconstitutiva que depende da produção de norma jurídica

A norma jurídica secundária é ligada à primária por dever-ser modalizado. Significa avivar que a consequência jurídica que nasce seguidamente à classificação do vício não é neutra[424]. Depende da gravidade do defeito, da qual

422. CARVALHO, Aurora Tomazini de. *Curso de teoria geral do direito*: o construtivismo lógico-semântico. 3. ed. São Paulo: Noeses, 2013. p.525.

423. VILANOVA, Lourival. *Estruturas lógicas e o sistema de direito positivo*. São Paulo: Noeses, 2005. p.293.

424. CARVALHO, Paulo de Barros. *Direito tributário*: fundamentos jurídicos da incidência. 9. ed. São Paulo: Saraiva, 2012. p.206-207.

pode decorrer a supressão de efeitos do ato viciado, a manutenção do ato irregular ou a subtração de operatividade e refazimento do ato de acordo com o modelo legal.

A natureza constitutiva ou desconstitutiva da norma jurídica secundária é centrada na sua proposição consequente (apódose[425]). No antecedente dessa norma jurídica, deve ser descrita a classificação da nulidade-fato, declarada na primeira norma jurídica àquela relacionada. Liga-se à primeira proposição da segunda norma jurídica, por dever ser neutro, a imposição de invalidação (constituição de invalidade do ato viciado) contida na segunda assertiva do consequente normativo da estrutura nulificadora. A desconstitutividade ou constitutividade negativa recai sobre os efeitos do ato processual viciado. Opera-se substutividade de um ato processual defeituoso, por outro ato formalmente perfeito, mediante documentação da norma jurídica de invalidação.

Sob esse enfoque, a invalidação, conquanto contenha declaração prescritiva, tem natureza preponderantemente constitutiva (negativa), por implicar declaração que suprime a relação de pertença de um ato processual penal viciado com o sistema jurídico processual penal.

Trata-se de emissão de norma individual e concreta que tem por objeto a subtração de efeitos jurídicos. Essa operação lógica é desencadeada em virtude do reconhecimento da nulidade e em compasso com a classificação realizada de acordo com o grau da deficiência de sua incidência.

6.2.6.3 A índole declaratória da norma jurídica de convalidação

A consequência jurídica firmada na proposição secundária da segunda norma jurídica pode ter cariz meramente

---

425. VILANOVA, Lourival. *Estruturas lógicas e o sistema de direito positivo*. São Paulo: Noeses, 2005. p.293.

declaratório. A convalidação é providência possível diante de irregularidade, com defeito sobre elemento acidental do ato processual, incapaz de ferir direitos fundamentais. Na hipótese, o fito do controle da higidez dos atos processuais afetados é o de dirimir dúvidas, certificando a regularidade do desenvolvimento processual.

Note-se que o ato processual penal, uma vez exarado, tem operatividade e, de pleno direito, mantém relação de pertença com o sistema jurídico processual penal. Como, de per si, o ato viciado se insere no processo, a convalidação tem natureza declaratória, não lhe modificando o estado de validez.

6.2.6.4 O saneamento como ato composto que pressupõe mais de uma norma jurídica: desfazimento e refazimento do ato processual penal

A expressão saneamento é uma daquelas que suscitam dúvidas quanto ao seu significado e efeitos. Examinando o Título I, do Livro III, do CPP, pode-se concluir que o legislador não foi uniforme quanto ao teor e à função que pretendeu atribuir ao verbo "sanar". A dificuldade é acrescida quando se vê que não foi usado o vocábulo "convalidar" para diferenciar situações concretas. Também a ambiguidade do próprio termo nulidade é um fator de imprecisão.

O art. 568, do CPP, dita que "a nulidade por ilegitimidade do representante da parte poderá ser a todo tempo sanada, mediante ratificação dos atos processuais". O termo "sanada" é utilizado para enfatizar que a paralisação dos efeitos do ato deformado deve não só ser declarada, mas também para declinar o dever judicial de emitir um novo ato processual. O saneamento se dá com a incidência de, pelo menos, duas normas jurídicas: a que invalida o ato processual viciado e a que ordena ou realiza um novo ato, por meio da nova incidência daquela norma que, antes, fora aplicada de forma deficiente.

Não se trata de substituição do ato viciado por outro, como é o caso do comparecimento espontâneo do acusado na hipótese de vício ou omissão de citação pessoal. Implica desfazimento de efeitos derivados do defeito. De tal modo, pode-se dizer que o termo "sanada", do art. 570, primeira parte, do Código, foi empregado de forma imprópria (no lugar de "substituída"), ao asseverar que "a falta ou a nulidade da citação, da intimação ou notificação estará sanada, desde que o interessado compareça, antes de o ato consumar-se, embora declare que o faz para o único fim de argui-la".

O rigor formal que deve revestir o ato processual de chamada do denunciado em juízo para se defender é incompatível com formas híbridas ou alternativas de citação, que não decorram de fonte legal estrita. Sob essa lente, é equivocada a admissão de citação do imputado por intermédio de aplicativos digitais, tais como *WhatsApp* e *Telegram*. O autorizativo, consignado na jurisprudência do STJ, contraria os limites formais da legislação[426].

Os termos "convalidação" e "saneamento" são muitas vezes usados como sinônimos. Porém, é útil distingui-los, para precisar as consequências jurídicas dos vícios. Na doutrina, Gustavo Badaró faz uso dos termos "convalidação" e "sanatória" (particípio "sanada") com o mesmo significado. No entanto, o processualista exemplifica, como caso de "sanatória", a "ratificação" prevista no art. 568, do CPP[427].

A "ratificação" de atos praticados por representante ilegítimo da parte é novo ato processual, com efeito retro-operante relativamente a atos processuais anteriores viciados. Perceba-se que o defeito existirá e será classificado como nulidade absoluta (a deformidade atinge elemento

426. STJ – Sexta Turma – RHC 182.374/DF – Rel. Min. Sebastião Reis Júnior – DJe 31 mar. 2025.

427. BADARÓ, Gustavo Henrique. *Processo penal*. 3. ed. São Paulo: RT, 2015. p.805.

essencial, que consiste na legitimidade que integra a substância do ato processual).

As consequências jurídicas podem ser afastadas por regra de calibração apta a quebrar a consequencialidade que determinaria a invalidação integral dos atos processuais afetados. Daí o lugar para o saneamento: o juiz declara e classifica o vício. Em seguida constitui o saneamento considerando a ratificação pelo legítimo representante (novo ato processual que confere supedâneo subjetivo diverso aos atos anteriores).

Significado de convalidação tem o termo "sanadas" do art. 572, do Código. Veja-se que o seu texto refere casos de superação de vícios classificados como irregularidade, nulidade relativa ou absoluta, com incidência de regra de calibração que desvia a consequência jurídica esperada de um defeito mais grave.

Dispõe, de tal sorte, que as nulidades previstas no art. 564, inciso III, alíneas "d" e "e", segunda parte, "g" e "h", e inciso IV, considerar-se-ão sanadas: (1) se não forem arguidas, em tempo oportuno, de acordo com o disposto no artigo anterior; (2) se, praticado por outra forma, o ato tiver atingido o seu fim; e (3) se a parte, ainda que tacitamente, tiver aceito os seus efeitos.

Note-se que a relatividade da nulidade expressa a necessidade de se relacionar com outros textos e circunstâncias, a fim de se definir a consequência jurídica cabível. Diversamente, a nulidade absoluta não deve exigir o exame de sua relação com óbices à invalidação do ato, em virtude da natureza do direito fundamental afetado pela deformidade.

Também significando "convalidação" é a dicção do art. 573, ao gizar que "os atos, cuja nulidade não tiver sido sanada, na forma dos artigos anteriores, serão renovados ou retificados". Tal texto quer apontar que, não havendo convalidação, a solução é o desfazimento dos efeitos do ato viciado, seguindo-se a edição de outro ato processual penal, mediante nova aplicação de norma jurídica.

6.2.6.5 A modulação de efeitos que pode decorrer do reconhecimento de atipicidade processual penal e a natureza secundária da norma jurídica que assim a preconiza

A extensão dos efeitos da nulidade *lato sensu* varia conforme fatores diversos. A gravidade, o motivo e o tempo do vício são aspectos que conferem balizas à delimitação da invalidação. O âmbito desse contorno é centrado no consequente normativo da norma jurídica secundária. O ponto de partida para a sua construção são os enunciados dos parágrafos 1º e 2º, do art. 573, do CPP. O § 1º reza que "a nulidade de um ato, uma vez declarada, causará a dos atos que dele diretamente dependam ou sejam consequência". Por seu turno, o § 2º preconiza que "o juiz que pronunciar a nulidade declarará os atos a que ela se estende".

Outros dispositivos do Código podem servir de base empírica para a definição da "modulação de efeitos", consistente no exame isolado e consequencial dos atos processuais eventualmente viciados ou afetados pelo vício fustigado. É o caso do artigo 567, do Código, que estatui que "a incompetência do juízo anula somente os atos decisórios, devendo o processo, quando for declarada a nulidade, ser remetido ao juiz competente".

O termo "anula" descrito naquele artigo pretende significar "causar invalidação" (pendente de um dizer constitutivo do juiz) que, por sua vez, depende de prévia declaração/classificação de nulidade (absoluta). Confirmando sua competência, o juiz que recebe os autos declara o vício de incompetência do juízo de origem e delimita os lindes consequenciais da norma jurídica secundária, em seu segundo preceito, suprimindo os efeitos dos atos decisórios afetados pela violação da regra de competência.

6.3 Aplicação a caso concreto

Na jurisprudência do STJ, é depreendida aplicação de normas que se ajustam, ao menos parcialmente, à teoria da nulidade no processo penal. Fica bem vincada no julgado a seguir, embora de forma não explícita, a utilidade da descrição estrutural da relação entre normas. Em outras palavras, embora se entenda que o acórdão incida em excessos, o exemplo se adequa ao composto lógico-estrutural formado pela norma de declaração e classificação da nulidade e pela norma implicada de constituição da declaração da invalidação ou de convalidação, consoante a hipótese.

Em julgamento de agravo regimental interposto em processo de *habeas corpus*, foram deduzidas duas questões: (1) cerceio de defesa em virtude do indeferimento de produção de prova pericial; e (2) a não utilização dos meios de gravação audiovisual da prova oral, apesar de disponível tecnologia para tanto[428]. Embora improvido o recurso, o STJ alinhou estrutura que evidencia a articulação normativa da teoria da nulidade, relacionando, de um lado, o vício (nulidade-fato) e, de outro, a reação jurídica cabível (nulidade-consequência).

A estrutura dúplice é visualizada quando o julgado pontua que "eventual desrespeito às formalidades prescritas em lei apenas deverá acarretar a invalidação do ato processual quando a finalidade para a qual foi instituída a forma for comprometida pelo vício". Note-se que foi traçada a dobradiça implicacional de consequências jurídicas. Na hipótese, pleiteava-se "a invalidação do ato processual" (consequente normativo), a partir da percepção do desacato "às formalidades prescritas em lei" (antecedente normativo).

428. STJ – Sexta Turma – AgRg no RHC 169.218/RJ – Rel. Min. Antonio Saldanha Palheiro – DJe 12 set. 2024.

Ficou nublada, no entanto, a classificação da nulidade que decorreria da atipicidade processual. Essa providência seria capaz de delimitar o espaço de contingência (órbita apropriada à contenção do arbítrio). O acórdão, ademais, condicionou a incidência do efeito jurídico invalidador à instrumentalidade das formas (arts. 566; 572, II, CPP), de forma genérica. Seria mais adequado, contudo, especificar a espécie de nulidade para aquilatar se seria cabível a convalidação ou, inversamente, a invalidação – "quando a finalidade para a qual foi instituída a forma for comprometida pelo vício".

Na fundamentação individualizada, registrou-se que "as oitivas das testemunhas e do acusado (interrogatório) foram reduzidas a termo, bem como todos os réus e seus advogados estiveram presentes em audiência", o que afastaria a suposta "violação aos princípios do contraditório e da ampla defesa".

Outrossim, "a caracterização de cerceamento do direito de defesa pelo indeferimento de alguma prova requerida pela parte possui como condicionante possível arbitrariedade praticada pelo órgão julgador". Não bastaria, nessa perspectiva, "simplesmente a consideração ou entendimento da parte pela indispensabilidade de sua realização". O que nortearia a conclusão pela produção da prova, "em estrita observância à legislação de regência e com fito de formar sua convicção", seria o órgão autêncico "entender necessária ou não a produção de determinada prova", desde que fundamentasse "o seu entendimento de forma adequada e oportuna", como teria ocorrido na hipótese.

Por essas razões – que mais se aproximam de um permissivo à prática de atos discricionários –, o STJ reputou que "tal indeferimento não foi eivado de nenhuma mácula ou teratologia que culminasse em cerceamento ao direto de defesa do recorrente", notadamente porque teria sido "realizada a perícia técnica e oportunizada às partes, em momento adequado, a quesitação, bem como que a Defesa nada apresentou a justificar o pleito defensivo de nova perícia". Quanto à disponibilidade dos meios tecnológicos, que não foram utilizados pelo juízo singular, consignou-se que, "nos moldes do art. 563 do Código de Processo Penal, nenhum ato será declarado nulo se da nulidade não resultar danos às partes" e que, "nessa toada, é evidente que a tipicidade dos atos processuais funciona somente como instrumento para a correta aplicação do direito"[429].

Cabe frisar: melhor seria se fossem descritas, analiticamente, as normas jurídicas envolvidas. Se construída fosse norma jurídica (primária), tomando em consideração os elementos essenciais envolvidos (de natureza constitucional), ficaria visível, se comprovada a atipicidade processual, a implicação normativa necessária.

Decerto, a precaução contra juízos discricionários é mais eficazmente viabilizada pela descrição da estrutura e do correlato conteúdo semântico do núcleo de direitos fundamentais do processuo penal. A falta de precisão na fundamentação e no uso dos vocábulos em torno do controle de nulidades torna deficiente o julgamento analisado (art. 564, V, CPP).

6.4 Conclusão e próximo capítulo

Este capítulo, inaugurador da dinâmica da produção de normas individuais e concretas no sistema de nulidades processuais penais, destaca o aspecto sintático como essencial à incidência perfeita de normas jurídicas no curso da persecução penal. A regra de competência é pressuposto lógico antecedente à atuação do órgão jurisdicional.

---

429. STJ – Sexta Turma – AgRg no RHC 169.218/RJ – Rel. Min. Antonio Saldanha Palheiro – DJe 12 set. 2024.

A segurança jurídica e a redução de contingência na produção de normas, alcançadas pela documentação analítica das normas jurídicas envolvidas, são, ademais, metas que se direcionam à otimização da efetividade dos direitos fundamentais constitucionais que alicerçam a persecução penal.

Nesses termos, a dinâmica se atrela à estática dos tipos normativos individuais e concretos no processo penal. O aspecto pragmático-possibilista, presente na aposição de nulidade e na imponibilidade dos efeitos previstos no sistema, deve encontrar apoio na Constituição e na finalidade de escudo que permeia os direitos de primeira geração, tal qual a liberdade do imputado.

O próximo capítulo terá o objetivo de elucidar essa relação entre a semântica e a sintática, no bojo do funcionamento do sistema. Ao final, pretende-se demonstrar a importância das formas processuais penais para a proteção das garantias constitucionais. Além desse fito, outro não menos importante é o de esclarecer os lindes do aspecto pragmático das nulidades, na tentativa de definir os limites das possibilidades de desvio da consequência jurídica esperada a partir da gravidade do vício.

CAPÍTULO 7
PLANO PRAGMÁTICO DAS NULIDADES PROCESSUAIS PENAIS

7.1 Efeitos do reconhecimento da nulidade no processo penal

A fundamentação da teoria da nulidade no processo penal deve ter como alicerce a produção de normas justificada por elementos que lhe conformem a estrutura. O discurso, objeto de análise, é o prescritivo, de competência do juiz, lastreado em fundamentação ordenadora do espaço entre os enunciados abstratos e gerais e o plano concreto da persecução penal estatal.

Como se trata de produção de normas individuais e concretas, o aspecto pragmático tem amplo espectro. Na jurisprudência, verifica-se diversidade de soluções para casos análogos. Na doutrina, há dificuldade de encontrar critério unitário para o enfrentamento da questão.

Nesse âmbito da pragmática, a classificação uniforme tem o objetivo de reduzir o espaço subjetivo e contingente que tem especial lugar nas nulidades. A incidência deficiente de norma jurídica que lastreia a prática de ato processual penal é o ponto inaugural para sucessivos atos processuais que colimam conferir regularidade ao processo e efetivar a proteção dos direitos tutelados pela forma.

A pragmática das nulidades deve encontrar limite no direito positivo, notadamente na declaração do núcleo dos direitos fundamentais. Exacerbar a aplicação de princípios próprios das nulidades relativas ou de inspiração processual civil tem o efeito de mitigar a efetividade das garantias. Ao cabo, há aumento de discricionariedade do julgador (decisionismo), com perfil inquisitório.

A título de exemplo, calha citar decisão do STJ[430], que chancelou protagonismo do juiz na condução de perguntas a testemunha. Na jurisprudência daquela Corte de Justiça, "a ausência de demonstração de prejuízo concreto pela defesa inviabiliza a alegação de nulidade processual, conforme o princípio *pas de nulité sans grief* e o art. 563 do Código de Processo Penal"[431]. É de ver que a exigência de evidenciar o prejuízo, atribuído pelos tribunais, como regra, ao réu, é ônus difícil de se desincumbir. Ademais, a noção de prejuízo tem conteúdo de parca estrutura, praticamente oco de substância, similar a um jargão que deseja se imunizar à crítica.

Na oportunidade do citado julgamento, o STJ concluiu que não se verifica nulidade diante da "ausência da oitiva de testemunha, uma vez que não tendo o juízo *a quo* entendido por tal necessidade, proferiu sua sentença com o arcabouço probatório existente", por entendê-lo suficiente para fundamentar seu *decisum*.

---

430. STJ – Primeira Turma – HC 254298 AgR Rel. Min. Alexandre de Moraes – DJe 12 maio 2025).

431. No acórdão, a Corte Superior fixou tese de julgamento com o seguinte teor: "1. A inversão da ordem de inquirição de testemunhas pelo juiz constitui nulidade relativa, exigindo a demonstração de efetivo prejuízo para ser declarada. 2. A ausência de demonstração de prejuízo concreto inviabiliza a aleg ação de nulidade processual. 3. A decisão de não realizar o depoimento especial da vítima, fundamentada na proteção contra a revitimização e no decurso de tempo, não configura nulidade processual" (STJ – Quinta Turma – AgRg no AREsp 2.658.690/SP – Rel. Min. Messod Azulay Neto – DJe 30 abr. 2025).

Os argumentos consignados no apontado acórdão indicam refração ao controle epistêmico da produção da prova. Considerou que a conclusão do tribunal a *quo* no sentido de que, em compasso com os elementos probatórios dos autos, "a pretendida oitiva da testemunha se mostrava desnecessária, além de não ter sido arrolada pela defesa na resposta da acusação, bem como asseverou que a oitiva de testemunhas referidas é mera faculdade do juiz, conforme artigo 209, § 1°, do Código de Processo Penal".

Ao gizar que a oitiva de prova testemunhal referida seria "mera faculdade do juiz", o julgado do STJ enfatiza, de um lado, a possibilidade de juízos discricionários e, de outro, sufraga a produção de prova, *ex officio*, pelo órgão autêntico. Trata-se de postura arrimada em dois pilares do sistema inquisitório. Melhor seria que tivesse sido exercido controle de constitucionalidade do citado dispositivo.

Em reforço às conclusões do julgado, o STJ assentou que "o rol de testemunhas deve ser apresentado pela defesa na resposta à acusação, sob pena de preclusão, nos termos do art. 396-A do CPP". Todavia, assegurou o poder do juiz de "ouvir outras testemunhas além daquelas indicadas pelas partes, desde que julgue necessário, conforme previsão estabelecida no art. 209 do CPP"[432].

O STF, por sua vez, conferiu ao art. 3º-A, do CPP, o sentido de que o órgão autêntico tem o poder de determinar, supletivamente, produção de prova, inclusive oral (*exempli gratia*, testemunha referida), para dirimir, ao cabo do procedimento, dúvidas sobre ponto relevante acerca do mérito, sem que tal signifique menoscabo ao princípio acusatório[433].

---

432. STJ – Primeira Turma – HC 254298 AgR – Rel. Min. Alexandre de Moraes – DJe 12 maio 2025.

433. STF – Pleno – STF – ADI 6298/DF – Rel. Min. Luiz Fux – 24 ago. 2023.

Sob certa perspectiva, pode-se realçar indicativo de baixa aplicação do princípio do devido processo legal (devido processo penal ou justo processo criminal), bem como de contorno mais decotado da estrutura acusatória[434]. Afrânio Silva Jardim traz argumentos úteis à limitação do poder punitivo estatal, malgrado discorde do que aponta como refinamento da dogmática jurídica, estéril e ultrapassada pela realidade social. O autor propõe revisão de métodos para instrumentalizar melhor prestação jurisdicional, porém destaca a necessidade de uma estrutura processual penal adequada aos dias atuais a partir de análise crítica da Constituição de 1988[435].

Em estudo reflexivo sobre o sistema de justiça criminal brasileiro, de raízes autoritárias, e seu confronto com a mais recente comunidade jurídica de tradição democrática, Geraldo Prado alinha bases da postura inquisitorial que centraliza, no Judiciário, o controle praticamente exclusivo das consequências jurídicas inferidas da ilicitude procedimental. Anota o autor, com ênfase em perspectiva histórica que "giuristi formati nelle distinte scuole condivisero le proprie ricerche dall'inizio degli anni 2000, a principio per iniziativa dell'Istituto Brasiliano di Scienze Criminali (IBCCrim), all'epoca sotto la presidenza dall'avvocato Maurício Zanoide de Moraes". O resultado precioso das pesquisas desses juristas pode ser avaliado "per la diffusione delle pratiche che conciliano rigore metodológico e prospettiva critica"[436].

---

434. Os paradigmas acusatório e inquisitório são especulares entre si, destacando-se, quanto ao primeiro, aspectos como o da não interferência do juiz no exercício da acusação, o da exclusão deste órgão autêntico da atividade de produção de provas e o da paridade de armas concernente às posições das partes (UBERTIS, Giulio. *Elementos de epistemologia del processo judicial*. Tradução: Perfecto Andrés Ibãnez. Milano: Trotta, 2017. p.38-39).

435. JARDIM, Afrânio Silva; AMORIM, Pierre Souto Maior Coutinho de. *Direito processual penal*: Estudos e pareceres. 13. ed. Rio de Janeiro: Lumen Juris, 2014. p.361.

436. PRADO, Geraldo. Il sistema di giustizia criminale brasiliano e le comunità di tradizione giuridica democratica. *Diritto e Giustizia Minorile* [rivista giuridica trimestrale], São Paulo, anno 3, n.1, p.26, gennaio-marzo 2015.

O rigor metodológico referido é próprio de um devido processo legal que relaciona o seu contorno formal ao conteúdo material que preenche o mérito da persecução penal. O processo penal deve ser apto a cumprir sua função de garantia substancial, sem restrição ao plano meramente retórico. A teoria da nulidade no processo penal tem, nessa seara, o fito de sistematizar o controle dos atos viciados, com precisão metódica. Não fica limitada ao âmbito do formalismo inócuo, porém se vale do formalismo para conferir maior eficácia aos direitos protegidos pela forma.

Afrânio Silva Jardim pontifica que a cláusula do devido processo legal tem significado maior nos dias atuais. O réu não deve ser mais mero objeto das investigações, porém "verdadeiro sujeito de direito". O princípio do justo processo não se resume "à consagração do princípio do 'Juiz Natural', à vedação de provas ilícitas, ou mesmo à impropriamente chamada presunção de inocência". O que se pretende é assegurar mais do que todas essas conquistas, nos termos defendidos pelo processualista. Como aduz, o "'devido processo legal' está vinculado diretamente à depuração do sistema acusatório, mormente quando conjugado com a regra do art. 129, inc. I, do novo texto constitucional"[437].

A adoção de um critério unitário para o tratamento das nulidades processuais penais se respalda no *due process of law*, quando constatada sua vocação para dar efetividade a direitos fundamentais. A convenção linguística proposta pela teoria da nulidade não opõe objeção à crítica acerca das deficiências do sistema penal.

Geraldo Prado agrega bases a essa finalidade protetiva dos direitos fundamentais, ao asseverar que "la nuova, sebbene non dominante, postura epistemologica non è più soddisfatta dalla semplice enunciazione dei diritti e delle

---

437. JARDIM, Afrânio Silva; AMORIM, Pierre Souto Maior Coutinho de. *Direito processual penal*: Estudos e pareceres. 13. ed. Rio de Janeiro: Lumen Juris, 2014. p.362.

garanzie del processo penale inaccessibili ad una parte significativa della nostra popolazione"[438].

A teoria da nulidade no processo penal, ademais, põe luz na postura de evitar o reconhecimento de vícios processuais. A índole inquisitorial é constatada com certa frequência, na jurisprudência, mediante procedimentos que objetivam "salvar" o procedimento conduzido com desrespeito às leis do processo.

Por exemplo, em caso apreciado pelo STJ, validou-se a denominada sessão virtual que, por ficção jurídica, pressupõe a equiparação da anuência assícrona e tácita dos membros do órgão colegiado quanto ao voto do relator, à possibilidade de simultâneo debate sobre a causa das sessões presenciais ou por videoconferência. Na ocasião, reafirmou-se que "a decretação da nulidade processual, mesmo que absoluta, depende da demonstração do efetivo prejuízo e da alegação em momento oportuno", nublando a distinção que autorizaria a incidência de regras de convalidação. A Corte Superior arrematou a questão gizando que, "no caso, as informações extraídas dos autos revelam que a parte não alegou a tese de cerceamento de defesa por falta de sustentação oral em nenhuma das manifestações que sucederam o julgamento do recurso de apelação em plenário virtual". Ausente o binômio oportunidade-prejuízo, cuja demonstração tem recaído, desproporcionalmente, sobre os ombros da defesa, o órgão autêntico considerou preclusa a matéria[439]. Em situação análoga, o STJ destacou que "a realização do julgamento de forma virtual, mesmo

---

438. PRADO, Geraldo. Il sistema di giustizia criminale brasiliano e le comunità di tradizione giuridica democratica. *Diritto e Giustizia Minorile* [rivista giuridica trimestrale], São Paulo, anno 3, n.1, p.26, gennaio-marzo 2015.

439. STJ – Sexta Turma – AgRg no HC 816.255/SP – Rel. Min. Rogerio Schietti Cruz – DJe 12 maio 2025.

com a oposição expressa da parte, não é, por si só, causa de nulidade ou cerceamento de defesa"[440].

De outro eixo, nota-se inclinação para o controle da nulidade, como deve acontecer, mercê da expectativa prospectiva que o direito autoriza. Assim, em outro julgamento no qual a mídia da audiência não fora encontrada, foi assentado que "a inexistência do registro do ato de interrogatório do acusado, impossibilitando o acesso ao seu inteiro teor, impede a análise devida da fundamentação da sentença condenatória". Dessa contatação, considerou haver nulidade (*rectius*: nulidade absoluta) por "nítida violação dos princípios do contraditório, ampla defesa, devido processo legal e até mesmo o duplo grau de jurisdição", tornando cogente a invalidação dos atos posteriores, com repetição do ato viciado. O acórdão, corretamente, conferiu colorido à essencialidade da documentação do interrogatório (por meio escrito ou audiovisual), indispensável ao controle de nulidade[441].

Geraldo Prado, na senda doutrinária crítica, adverte que "il punto di contatto fra le differenti visioni del fenomeno processuale penale, pertanto, può essere percepito nel riconoscimento del carattere autoritario delle tradizioni giuridiche nell'ambito della nostra giustizia criminale". Explica, a propósito, que aquele traço não democrático do sistema penal é fruto de herança de um liberalismo elitista, sufocado, em um primeiro momento, pela centralização judicial e, seguidamente, por reforço policialesco[442].

---

440. STJ – Sexta Turma – AgRg no RtPaut no REsp 2.125.449/SP – Rel. Min. Antonio Saldanha Palheiro – DJe 29 ago. 2024.

441. STJ – Sexta Turma – AgRg no AREsp 2.340.087/RN, Rel. Min. Sebastião Reis Júnior – DJe 25 mar. 2025.

442. PRADO, Geraldo. Il sistema di giustizia criminale brasiliano e le comunità di tradizione giuridica democratica. *Diritto e Giustizia Minorile* [rivista giuridica trimestrale], São Paulo, anno 3, n.1, p.26, gennaio-marzo 2015.

O *due process of law* deve ser entendido como algo mais abrangente que o cumprimento das formas. Aliás, o modelo legal-constitucional é revestido de cogência sistemática.

A nulidade, enquanto vício da persecução penal estatal, prejudica a efetividade do devido processo legal, pelo que é indispensável um procedimento previsível de controle dos atos processuais penais. A atividade restauradora do juiz, inerente à função nulificadora que exerce normativa e concretamente, tem fito corretivo e pedagógico-comunicativo.

7.1.1 Função da norma nulificadora

Nulificar é termo que pode ser usado com significados diferentes. A declaração de nulidade, de um lado, tem sentido de atipicidade (inexistência, nulidade absoluta, nulidade relativa ou irregularidade) e, de outro, tem conotação sancionatória (invalidação, convalidação ou saneamento, com ou sem modulação).

A função dessa norma jurídica, composta de preceitos primário e secundário, é delimitar as condições que impelem o juiz à edição de uma segunda norma jurídica, aplicadora de consequências jurídicas no processo. Trata-se de relação sintática implicacional internormativa (relação entre normas). O efeito jurídico deduzido do vício decorre de dever-ser modalizado. Sua descrição deve estar contida na segunda norma jurídica, notadamente no seu preceito secundário.

Nesse aspecto reside maior pragmática do fenômeno nulificador. É que a apódose da norma jurídica secundária, ligada às condições estabelecidas no preceito secundário da primeira norma jurídica, pode impor efeitos diversos conforme a categoria de nulidade e outros enunciados que compõem o ordenamento jurídico.

A conexão antecedente-consequente não é biunívoca, ou seja, não há garantia de correspondência única entre um elemento-antecedente e outro-consequente, no contexto pragmático de possibilidades nulificadoras (contingência). Vale dizer, de uma dada situação (nulidade-fato) pode ser sacada mais de uma alternativa (nulidade-consequência). O sentido de cada uma das etiquetas, outrossim, não é unívoco (nulidade é termo vago, poroso e ambíguo)[443].

Deveras, o efeito jurídico decorrente da atipicidade pode se apresentar como invalidação, convalidação ou saneamento. A consequência, escolhida pelo juiz, será mais ou menos vinculada às condições estipuladas na norma jurídica primária (programa). Nesse contexto, a função da norma nulificadora, desde que realçados os seus contornos, tem o propósito de reduzir aquele espaço de contingência, campo fértil ao arbítrio judicial.

7.1.1.1 Invalidação: aspecto restaurativo

O teor de negação do vocábulo nulidade indica não somente o seu teor de refutação de um defeito. A nulidade propugna pela recomposição da higidez processual. Nulidade é um elo que enlaça o elemento fundante (garantia individual) ao elemento fundado (direito positivo). É esquema que recompõe as articulações que se arrimam, no ápice,

---

443. A implicação determinada pela primeira norma jurídica relativamente à segunda expressa aspecto sintático. Lourival Vilanova elucida que "porque é algo dentro das possibilidades lógicas combinatórias, que um mesmo antecedente (logicamente a prótase tem o papel sintático de antecedente de uma relação implicacional) tenha vários consequentes. Em outros termos, que o mesmo pressuposto fáctico A seja deonticamente unido a várias consequências normativas C', C", C'". Consequências estas distribuídas alternativamente entre várias proposições normativas. Como, inversamente, uma mesma consequência C tenha como pressupostos normativos vários pressupostos fácticos, A', A", A'", distribuídos não cumulativamente entre várias proposições normativas". O autor descreve a relação normativa entre hipótese e consequência que evidencia o aspecto pragmático relacionado aos efeitos implicados. Explica o jusfilósofo que "a dificuldade de selecionar (o critério de seleção, como critério extralógico) faz-se sentir, considerando não só que a Lógica não é suficientemente potente para abranger o conteúdo referencial significativo das proposições jurídicas, mas que nem sempre a conexão entre pressuposto (hipótese ou prótase) e consequência (tese ou apódose) nem é unívoca, nem muito menos biunívoca" (VILANOVA, Lourival. *Estruturas lógicas e o sistema de direito positivo.* São Paulo: Noeses, 2005. p.293).

na dignidade humana violada pelo sistema de persecução penal. A norma de invalidação atrelada à norma que declara e classifica a nulidade (atipicidade) tem, nesses termos, papel restaurativo, em virtude de expurgar os efeitos jurídicos do ato processual viciado.

De tal modo, restaura-se a regularidade do processo, mediante a edição de novo ato, baseado em norma individual e concreta, emitido pelo juiz. Esse proceder deve ser ligado ao reconhecimento da anterior incidência deficiente de norma individual e concreta documentada no ato processual penal defeituoso. De tal modo, é ordenada a expulsão de suas consequências processuais.

A invalidação implica, portanto, o desfazimento dos efeitos do ato viciado. Se o ato apenas sobrepõe o rito, é o caso de, simplesmente, invalidá-lo, a exemplo do ato que admite como assistente do Ministério Público pessoa que não tem legitimidade para tanto, sem relação com o ofendido. Basta a invalidação do ato que o admitiu, sem a necessidade de outro subsequente.

Contudo, a invalidação pode exigir, além da supressão do ato ou de seus efeitos, a renovação da conduta normativa, com a emissão de novo ato processual penal, mediante incidência completa da norma jurídica correlata. O nome jurídico para designar o desfazimento de efeitos e o refazimento do ato processual penal, com correção do defeito, é aqui convencionado como saneamento. Em regra, a invalidação é seguida de novo ato exarado pelo juiz. Pode se dar na mesma decisão que nulifica o ato processual penal ou, diferentemente, pode significar reabertura de prazos ou retorno do processo à fase anterior.

Na doutrina e na jurisprudência, há dificuldade de uniformizar o tratamento da matéria.

Como exemplo, Guilherme Madeira Dezem apresenta diferenciação de termos que classifica como formas de saneamento das nulidades, apartando os que considera não amoldáveis à convalidação, que utiliza como sinônimo da conduta normativa de sanear. Para o jurista, a absolvição transitada em julgado é causa de convalidação geral das nulidades, enquanto a renovação e a substituição não são formas de saneamento das nulidades, mas autêntico refazimento, com renovação. Exemplifica essa possibilidade com o interrogatório do réu. Por último, o processualista distingue os termos suprimento, ratificação, retificação e preclusão. O suprimento como a "complementação do ato nulo, suprindo sua deficiência", a exemplo da correção de omissões da denúncia até a sentença (art. 569). A ratificação como a medida cabível diante do vício de ilegitimidade do representante da parte (falta de pressuposto processual) que pode ser sanada a todo tempo (art. 568). A retificação como providência aplicada ao ato processual parcialmente nulo (art. 573). E, por fim, a preclusão como o efeito que decorre da ausência de alegação oportuna, cabível para nulidades relativas[444].

É possível propor definições distintas a partir daqueles conceitos alinhados por Guilherme Madeira Dezem, tomando-se, como base, a noção de norma jurídica.

Primeiramente, entende-se que o saneamento tem dúplice função, quais sejam, de desfazimento de consequências jurídicas defeituosas e de refazimento do ato processual, a partir de incidência normativa escorreita. Por seu turno, a convalidação não tem lugar de forma tácita e deve ser declarada (constituída) enquanto pendente o processo penal. Para que ocorra convalidação, deve ser reconhecida nulidade (em sentido amplo), seguida de justificativa para conservação do ato (norma jurídica secundária).

---

444. DEZEM, Guilherme Madeira. *Curso de processo penal.* São Paulo: RT, 2015. p.822-823.

Observe-se que a formação de coisa julgada absolutória não se amolda à definição de convalidação, porém consiste em instituto impeditivo de rediscussão da matéria criminal. A nulidade no processo condenatório só tem possibilidade de ser reconhecida no curso de seu aspecto temporal, cujo limite é o trânsito em julgado. Após esse termo, o que pode haver é revisibilidade (rescindibilidade) da sentença penal condenatória, no bojo de outro processo. A revisão criminal, contudo, não é admissível para a coisa julgada material soberana inerente à sentença de absolvição.

Outrossim, a renovação do interrogatório pressupõe expressa declaração do vício que macula sua realização anterior. Não deve ser reproduzido o ato sem justificativa, para operar simples substituição. Havendo atipicidade, desfazem-se os efeitos jurídicos do interrogatório viciado (invalidação), por um dizer judicial, e renova-se o ato, compondo, destarte, o que é aqui denominado de saneamento. Não há substituição tal como ocorre com o comparecimento do acusado que não foi citado (art. 570, CPP). A omissão da citação é substituída pela presença espontânea do réu. No interrogatório defeituoso, ao revés, são desfeitos os seus efeitos, seguindo-se com a sua reprodução.

A distinção entre os termos no processo penal não dispensa a produção de normas jurídica, com o resultado de emissão de novo ato processual. Seja ele, total ou parcialmente, eivado de atipicidade, em face de omissão ou de produção de elemento viciado, sempre será necessário o reconhecimento expresso do defeito, engatando-lhe providência sancionadora. Para admitir o suprimento de omissão por ato da parte, o juiz reconhece o vício omissivo, classificando-o, bem como declara constituída a subtração dos efeitos decorrentes do decurso do tempo diante da falta de conduta processual da parte (há incidência das normas envolvidas no fenômeno nulificador, bem como se considera o permissivo deferido à parte para praticar novo ato jurídico).

O mesmo raciocínio é aplicável aos casos de ratificação e de retificação, malgrado haja diferença quanto ao elemento afetado em cada ato. A ratificação é ato processual sucessivo, que visa a conformá-lo ao aspecto subjetivo gizado no modelo legal (art. 568, CPP). O que de fato há é ato processual anterior que, de per si, é deformado pela ausência de pertinência subjetiva, como pode ocorrer com a hipótese de denúncia proposta por membro do Ministério Público carente de atribuição para tal mister. A ratificação da denúncia é equivalente a um novo ato. Tanto isso é exato que se considera efetivamente proposta depois de ratificada, exigindo-se novo recebimento, por exemplo, perante o juízo efetivamente competente, sendo este último o marco interruptivo da prescrição (art. 117, I, do Código Penal).

Note-se que, na ratificação, aproveita-se a forma objetiva da denúncia (elementos objetivos do ato), em face da adequação aos demais modelos legais que lhe informam a produção. Porém, ausente o seu elemento subjetivo, estará desatendido o padrão para ser reconhecida pelo sistema. Sem a subscrição válida pelo autor da demanda (membro do *Parquet* com atribuição legal), o ato consubstanciado na peça pórtico restará viciado. Daí que a ratificação encampa os demais elementos e faz externar efeitos válidos à acusação.

Quanto à retificação, também há reconhecimento de vício, porém que afeta os elementos objetivos do ato processual vergastado. Este se compõe de parte objetiva e de parte subjetiva. Ambos justificam sua conformação jurídica e validade (pertinência ao sistema), notadamente quando aperfeiçoada a incidência da norma aplicável. A estrutura das normas envoltas à nulificação deve ser descrita da mesma maneira, reconhecendo o defeito e constituindo a declaração do saneamento.

Por último, o termo preclusão, reportado por Guilherme Madeira Dezem para sustentar a superação da nulidade[445], diz mais respeito à técnica de prosseguimento do processo, sem retrocessos e dilações indevidas, que propriamente à restauração da legalidade dos atos processuais. A preclusão se refere à cessação do direito da parte de impugnar decisões que lhe sejam desfavoráveis, não sendo adequada como declaração conservativa de vícios. As normas aplicáveis a esses não necessitam desse termo, bastando-lhe a convalidação, apta a integrar a norma jurídica consequente, em seu preceito secundário.

7.1.1.2 Convalidação: aspecto conservativo

A convalidação é uma das possíveis consequências jurídicas que se coloca no preceito secundário da segunda norma jurídica da estrutura normativa da nulidade. É ela resultado de relação implicacional, eis que conectada, por dever-ser modalizado, ao preceito secundário da primeira norma jurídica.

A produção de efeitos jurídicos carece de descrição em forma de linguagem normativa. Mesmo a convalidação depende de declaração nessa direção. Se o juiz encerra o processo por sentença e esta transita em julgado, não há que se falar, tecnicamente, de convalidação. Se algum vício processual tiver ocorrido, a nulidade não passará de evento irrelevante para o processo já findo, face à falta de sua arguição ou de seu reconhecimento.

Para que haja incidência de consequência jurídica, indispensável a transformação do evento em fato, por intermédio de pronunciamento do órgão autêntico. A manifestação judicial terá o condão de conferir ao ato viciado a garantia de se conservar, sendo técnica de imunização contra incertezas postas em jogo no processo. O dizer do juiz funciona como apto a reconhecer, por meio de norma

445. DEZEM, Guilherme Madeira. *Curso de processo penal.* São Paulo: RT, 2015. p.822-823.

individual e concreta, o ato irregular como inserto no plano da validade, sem acréscimo de conteúdo.

Aurora Tomazini de Carvalho expõe fundamentação que confere justificativa à convalidação como norma jurídica. O fato, para ser jurídico, necessita de transcrição em linguagem competente que tenha relação de subsunção com a hipótese normativa, isto é, deve se enquadrar na classe descrita no antecedente da norma geral e abstrata: "o fato jurídico é aquele traduzido no código do direito positivo, selecionado pelos parâmetros de filtragem do sistema e, por isso, capaz de desencadear efeitos de ordem jurídica"[446].

Veja-se que a irregularidade ou a nulidade relativa se reporta à incidência deficiente de outra norma jurídica, da qual resulta o ato processual viciado que, a sua vez, serve de aspecto-relato à norma jurídica consecutiva. No entanto, se não for explicitada a nulidade no descritor da norma declaratória do defeito, não haverá relevância jurídica para o fato irregular, diante da ausência de incidência normativa revestida em linguagem jurídica[447].

Para ser operado o efeito conservativo do ato irregular, como garantia, deve ser produzido um dizer jurídico. Note-se que não é impossível que um processo se desenvolva e seja finalizado ao arrepio da lei e da Constituição, com trânsito em julgado da sentença. Se não houver objeção das partes, os vícios podem se perpetuar, sem evidenciar relevância jurídica, conquanto tal realidade seja prejudicial à imperatividade e à comunicação da mensagem normativa aos seus destinatários, no nível do sistema (plano da validade do discurso jurídico).

---

446. CARVALHO, Aurora Tomazini. *Curso de teoria geral do direito*: o constructivismo lógico-semântico. 3. ed. São Paulo: Noeses, 2013. p.534.

447. IVO, Gabriel. *Norma jurídica*: produção e controle. São Paulo: Noeses, 2006. p.42.

Deveras, a hipótese de incidência, abstrata e geral (denotação), é uma porta aberta. Necessita da participação humana para ser incidida e transmudar a realidade em fato jurídico por meio da linguagem competente (conotação). Não sem razão, Aurora Tomazini de Carvalho aviva que "o evento é um acontecimento de ordem experimental; o fato é um enunciado linguístico sobre uma situação passada, verificada em certas coordenadas de tempo e espaço, é a descrição do evento". Em arremate, sublinha a jurista que "o fato jurídico é o relato do evento em linguagem jurídica, um enunciado linguístico pertencente ao sistema do direito posto, capaz de nele produzir efeitos"[448].

7.1.2 Efetividade do processo

A reivindicação de adequação às formas poderia despertar dúvidas sobre se a teoria da nulidade no processo penal, com critério linguístico rigoroso, convencional, acabaria por chancelar uma postura autoritária ou que maximizasse o papel seletivo da justiça criminal. No entanto, a tutela das formas, em torno do conceito de nulidade, tem o objetivo de atribuir valor aos direitos fundamentais.

A efetividade do processo penal é auferida, nessa perspectiva, pelo cumprimento das formas representativas dos atos processuais penais. A forma seria a própria substância do processo. Os atos processuais penais devem retratar a documentação das normas processuais que se formam a partir de enunciados legais e constitucionais, ordenados, especialmente, segundo critério hierárquico.

Essa postura metódica deve ter as condições de afastar discricionariedade que exceda a contingência na retórica do reconhecimento das nulidades. Busca-se limitar decisionismo e flexibilização não autorizada das garantias

---

448. CARVALHO, Aurora Tomazini. *Curso de teoria geral do direito*: o constructivismo lógico-semântico. 3. ed. São Paulo: Noeses, 2013. p.534.

fundamentais. Com a previsão de um rito procedimental de produção de normas jurídicas, com atenção às fontes do direito reconhecidas pelo sistema, será viável o respeito aos direitos dos sujeitos processuais envolvidos, às formas que estruturam o rito e aos limites de produção probatória.

Nesse diapasão, Geraldo Prado destaca três aspectos que entende refletirem tendências contemporâneas que a doutrina processual não deve ignorar: "il ruolo dei soggetti processuali; la struttura procedurale corrispondente; e l'espansione delle forme concordate di attribuzione della responsabilità penale, che frequentemente si avvalgono di metodi invasivi di ricerca d'informazioni". Decerto, primeiramente, releva definir o estatuto jurídico dos sujeitos processuais[449]. No ordenamento, os enunciados nem sempre se encontram sistematizados[450]. O sistema jurídico deve ser construído por interpretação atenta aos valores envolvidos, enquanto se organizam melhor as disposições atinentes aos direitos e deveres das partes.

Entrementes, a formação jurídica autoritária, imanente à cultura jurídica brasileira – como se depreende, aliás, da leitura da exposição de motivos ao CPP –, pode ser apontada como um dos maiores óbices à efetividade do princípio acusatório. É necessário, destarte, que o juiz exerça papel de garante dos direitos fundamentais, razão pela qual também é de relevo uma estrutura procedimental que assegure o cumprimento desse mister.

Geraldo Prado, nessa toada, pontifica que "la delicata armonia fra lo statuto giuridico dei principali personaggi del processo e la struttura processuale richiesta dalla dottrina

---

449. PRADO, Geraldo. Il sistema di giustizia criminale brasiliano e le comunità di tradizione giuridica democratica. *Diritto e Giustizia Minorile* [rivista giuridica trimestrale], São Paulo, anno 3, n.1, p.29, gennaio-marzo 2015.

450. CARVALHO, Paulo de Barros. *Direito tributário*: linguagem e método. 5. ed. São Paulo: Noeses, 2013. p.217.

considera la constante pressione per rafforzare i poteri coercitivi a scapito delle garanzie previste dalla Costituzione e nei trattati internazionali sui diritti umani". Dentre os pontos sensíveis para o êxito finalístico desses direitos fundamentais, estão o contraditório e a paridade de armas[451].

A efetividade do processo penal envolve tensões entre o direito de liberdade e a pretensão punitiva estatal. Novas técnicas de investigação são introduzidas e a fase pré-processual ganha importância que não mais se compatibiliza com a ideia de não se submeter a controle de regularidade dos seus atos. A discricionariedade e a dispensabilidade do inquérito policial não podem ser justificativas para autorizar toda forma de investigação[452].

Conferir paridade de armas à defesa e ao Ministério Público é um dos modos de equilibrar procedimentos investigativos que, ao cabo, têm seus efeitos estendidos à prestação jurisdicional, ainda que se entenda que não devem os elementos de informação servir de lastro a juízo de condenação. Na lição de Welton Roberto, "a paridade de armas não se confunde com a igualdade das partes", nem se cuida de "um mecanismo de transformação de partes desiguais sob um plano de igualdade normativa pura e simplesmente". São indispensáveis premissas científicas: "parte do reconhecimento da diferença em todos os ângulos ocupados pelas partes dentro e fora do processo, e da necessária integração reflexa das suas respectivas prerrogativas"[453].

À expansão das técnicas especiais de investigação estatal deve corresponder a oposição de limites constitucionais

---

451. PRADO, Geraldo. Il sistema di giustizia criminale brasiliano e le comunità di tradizione giuridica democratica. *Diritto e Giustizia Minorile* [rivista giuridica trimestrale], São Paulo, anno 3, n.1, p.30, gennaio-marzo 2015.

452. LOPES JR, Aury; GLOECKNER, Ricardo Jacobsen. *Investigação preliminar no processo penal*. 5. ed. São Paulo: Saraiva, 2013. p.344-345.

453. ROBERTO, Welton. *Paridade de armas no processo penal*. 2. ed. Belo Horizonte: Fórum, 2021. p.120.

à produção de provas – não apenas invasivas, mas também não invasivas, a teor do *nemo tenetur se detegere* –, a participação efetiva da defesa e o controle pelo Poder Judiciário. A finalidade dessas cautelares é a prevenção contra abusos, comuns na história, como aponta Geraldo Prado[454].

7.1.2.1 Garantia versus *tempo razoável*

Uma das maiores tensões na atividade de condução do processo pelo juiz é a oposição entre a sua duração razoável e o respeito às garantias fundamentais individuais. O processo penal deve ser célere o suficiente para minimizar seus efeitos negativos. A exposição à persecução penal ofende o *status dignitatis* do imputado. A instauração de investigação preliminar por órgão estatal, mesmo não sendo processo judicial, já é suficiente para colocar o acusado em situação análoga ao *streptus judicii*. Tais aspectos são basilares à necessidade de evitação de delongas injustificadas.

A Constituição de 1988 assegura a todos, em seu art. 5º, inciso LXXVIII, "a razoável duração do processo e os meios que garantam a celeridade de sua tramitação". O sujeito ativo da garantia é tanto o investigado, como o litigante em geral, seja no processo administrativo (inquérito policial, por exemplo), seja no judicial (processo penal). O intento de celeridade e economia, todavia, não pode impor mitigação às formas estatuídas pelo próprio Estado.

Contudo, é possível verificar indiferença indevida às formas processuais, mormente pelo exame de atos praticados por diversos atores jurídicos. Na doutrina, tornou-se comum sustentar, em nome de um instrumentalismo não adequado ao embate entre *jus puniendi* e *jus libertatis*, que o formalismo não é útil, devendo ser examinado, caso

---

454. PRADO, Geraldo. Il sistema di giustizia criminale brasiliano e le comunità di tradizione giuridica democratica. *Diritto e Giustizia Minorile* [rivista giuridica trimestrale], São Paulo, anno 3, n.1, p.31, gennaio-marzo 2015.

a caso, se a nulidade provocou prejuízo ou se o ato atingiu o seu fim. Na jurisprudência, por sua vez, a relativização de nulidades absolutas tornou-se justificativa comum à exigência de demonstração de prejuízo à parte, à possibilidade de seu reconhecimento e à aplicação das correlatas consequências jurídicas[455].

A função pedagógica da nulidade deve ser prestigiada, porquanto fundamental à comunicação normativa e ao fomento da imperatividade do sistema. A exigência de demonstração do prejuízo pela parte é providência de difícil desencargo. No mais das vezes, a parte que tem interesse no reconhecimento do defeito tende a argumentar, em tese, quais os êxitos que poderia ter logrado se tivesse sido respeitada a forma legal. Nem sempre, todavia, o interessado, no patamar desse segundo nível da retórica, obtém sucesso em seu raciocínio por inferência para supor o que seria realizável se, de fato, fosse assegurado o respeito à norma[456]. Deveras, como imaginar o que poderia ser modificado no julgamento se este tivesse ocorrido somente após a juntada do laudo de constatação definitivo da droga? O laudo é a documentação da prova que serve de base para eventuais impugnações, tais como a oposição de dúvida acerca do critério científico para a sua conclusão, a imputação de contradição entre quesitos ou respostas e a arguição de suspeição do perito.

Alguns julgados podem ilustrar a problemática que envolve a juntada extemporânea de laudo pericial nos casos em que a legislação o exige (art. 158, *caput*, CPP). Em certas hipóteses, a superação de alegação da nulidade se deve

---

455. STJ – Sexta Turma – AgRg no AREsp 2.596.014/CE – Rel. Min. Antonio Saldanha Palheiro – DJe 28 abr. 2025.

456. A retórica de segundo nível é estratégica (metodologia): explicita, com linguagem descritiva (mediata), o que é mais imediato. A retórica estratégica fala sobre o que poderia ocorrer se a oportunidade probatória, fundada em um método, tivesse existido no nível da retórica de primeiro nível (ADEODATO, João Maurício. *Uma teoria retórica da norma jurídica e do direito subjetivo*. São Paulo: Noeses, 2011. p.111 et seq).

à invocação dos cânones da instrumentalidade das formas e da celeridade processual contra o réu.

No âmbito do STJ, dois precedentes podem ser cotejados.

O primeiro – relacionado ao delito de furto com rompimento de obstáculo, sem alusão à estrutura normativa nulificadora – tomou, como razões de decidir, a admissibilidade da incidência da qualificadora, "em casos excepcionais", anuindo com sua comprovação por "outros meios de prova, além do laudo pericial, desde que os elementos probatórios sejam robustos e suficientes"[457].

O segundo – evitando se reportar à nulidade-fato (aspecto antecedente) por *error in procedendo*[458] –, aduziu que "o laudo toxicológico definitivo é imprescindível para a comprovação da materialidade dos delitos envolvendo entorpecentes, sem o qual é forçosa a absolvição do acusado"[459]. Complementou, todavia, ser admissível, "em situações excepcionais, que a materialidade do crime de tráfico de drogas possa ser demonstrada por laudo de constatação provisório, desde que ele permita grau de certeza idêntico ao do laudo definitivo e haja sido elaborado por perito oficial, em procedimento e conclusões equivalentes"[460].

O limbo acerca da exigibilidade do laudo pericial coloca em cheque a efetividade normativa. No nível

457. STJ – Quinta Turma – AREsp 2.404.483/MT – Rel. Min. Daniela Teixeira – DJe 27 dez. 2024.

458. Note-se que a absolvição do acusado, em casos como tais, decorreria da impossibilidade de se retroceder para suprir a omissão de prova irrepetível, além da incidência do princípio *favor rei*. Não constituem obstáculos ao édito absolutório – este tendente a coibir *bis in idem* fadado ao insucesso – o reconhecimento da nulidade-fato por vício de procedimento e a invalidação dos atos subsequentes.

459. STJ – Terceira Seção – HC 686.312/MS – Rel. Min. Sebastião Reis Júnior – Red. p/ acórdão Min. Rogerio Schietti Cruz – DJe de 19 abr. 2023.

460. STJ – Terceira Seção – HC 686.312/MS – Rel. Min. Sebastião Reis Júnior – Red. p/ acórdão Min. Rogerio Schietti Cruz – DJe de 19 abr. 2023.

pragmático-comunicativo, a dupla orientação gera déficit de imperatividade, reduzindo a possibilidade de exigência. Aliás, o paradoxo (ou, nos casos extremos, a contradição) revela gênese inquisitória tendente a maximizar a possibilidade de juízos discricionários, sem balizas bem determinadas, resvalando em decisionismo que, não raras vezes, pode ser acusado de retirar a utilidade do dispositivo legal. O texto do art. 564, do CPP, com redação original de 1941, é material bruto que compõe o ordenamento jurídico. Necessita de cuidadosa interpretação, a fim de se conformar ao sistema quando da produção de normas individuais e concretas, bem como para se conferir, aos enunciados abstratos, a utilidade de limite.

Ricardo Jacobsen Gloeckner aponta que "il problema fondamentale è l'inadeguatezza della disciplina a fronte delle norme costituzionali emergenti dallo Stato di Diritto". Há discrepância entre o Código de Processo Penal brasileiro e a Constituição de 1988. Na ótica do autor, "la teoria delle nullità sofre di un anacronismo e di un'adesione alla struttura inquisitoria, concepita qui come quella sistematizzazione di poteri che in livello verticale e orizzontale produce una sorta d'illegalismo congenito"[461].

A referência do processualista à teoria da nulidade tem sentido amplo. As divergências teóricas em torno do tema das nulidades são fortes, indicativo de carência sistemática na escolha de um critério unitário para o enfrentamento do problema, seja sob a ótica dos participantes (jurisprudência), seja sob o ponto de vista dos observadores (doutrina).

O Código não distingue nulidade absoluta e relativa: menciona nulidade, genericamente. Sob esse aspecto, o alvitre doutrinário de somente falar em nulidade

461. GLOECKNER, Ricardo Jacobsen. Una nuova teoria della nullità: costruzione di un nuovo sistema di principi alla luce della strumentalità costituzionale della procedura penale. *Diritto e Giustizia Minorile* [rivista giuridica trimestrale], São Paulo, anno 3, n.1, p.59, gennaio-marzo 2015.

(dispensando as categorias absoluta e relativa), mais se ajusta ao texto do CPP de 1941 do que dele se afasta. Aliás, a aludida indistinção se estreita com a postura discricionária que relativiza, na jurisprudência, as nulidades. Diante de sua natureza pragmática de sistema de controle de garantias, a sugerida indiferença finda por flexionar o direito indisponível que seria tutelado[462].

Sem embargo, tirante a divergência terminológica, Ricardo Jacobsen Gloeckner aviva aspectos que são coincidentes com os objetivos colimados pela estrutura da teoria da nulidade processual penal baseada no constructivismo lógico-semântico[463]. Segundo pondera, o processo penal atual é de ser erigido como forma de controle. Ademais, "la legittimazione per l'applicazione della pena dipende, soprattutto, dal rispetto ai precetti elementari che costituiscono la 'spina dorsale' della procedura penale". O jurista confere à instrumentalidade do processo a função "di garanzia contro l'arbitrarietà del potere punitivo, che si sostanzia, per Ferrajoli, nel principio di *stricta* giuridizionalità"[464].

O procedimento legal deve ser visto como garantia. A forma legal é a suma da previsibilidade. O juiz é o sujeito passivo das formas estipuladas legislativa e constitucionalmente (aspecto-relato). A não aplicação de preceitos normativos deve ser justificada por técnicas reconhecidas pelo próprio sistema, a exemplo da interpretação conforme

---

462. Exemplo de relativização de nulidade decorrente de interpretação restritiva da garantia de inviolabilidade domiciliar seria a inexigibilidade de ordem judicial sob a premissa de que fora "precedida de diligências investigativas, campana policial e flagrante delito, configurando fundadas razões que legitimam a medida" (STF – Segunda Turma – HC 254489 AgR – Rel. Min. Edson Fachin – DJe 19 maio 2025).

463. CARVALHO, Paulo de Barros. *Direito tributário*: linguagem e método. 5. ed. São Paulo: Noeses, 2013. p.215-219.

464. GLOECKNER, Ricardo Jacobsen. Una nuova teoria della nullità: costruzione di un nuovo sistema di principi alla luce della strumentalità costituzionale della procedura penale. *Diritto e Giustizia Minorile* [rivista giuridica trimestrale], São Paulo, anno 3, n.1, p.60, gennaio-marzo 2015.

a Constituição ou da declaração de inconstitucionalidade sem redução de texto, mediante controle difuso de constitucionalidade.

Em linha de síntese, frente à necessidade de um processo sem dilações indevidas, é de ver que, para impor pena, os órgãos da persecução penal devem respeitar os anteparos estruturais de produção normativa. Não condiz com a Constituição de 1988 apenas cumprir a legislação de forma rigorosa contra o réu. É certo que o acusado é o destinatário das disposições penais incriminadoras abstratas e gerais, sujeitando-se, passivamente, às penas individuais e concretas. O juiz, a seu turno, é o sujeito processual que tem o dever legal de prudência e de acatamento às formas que, ao cabo, conferem operatividade às garantias fundamentais. Daí que o texto de direito positivo deve ser aplicado, funcionalmente (pragmática), como limite ao poder punitivo estatal.

Nessa toada, Leonardo Marcondes Machado fundamenta que "o direito processual penal não pode servir à liberação do poder, e sim ao seu controle". O jurista toca no cerne da crise em torno dos fins do processo criminal – objeto do tópico a seguir e que não deve ser, definitivamente, o de "cumprir ou de atender expectativas sociais". Vale dizer, "todo o poder, especialmente o punitivo, deve ser limitado". Aliás, "desconfiança é o que se exige em relação ao exercício do poder estatal, já que não há legitimação *a priori*; deve sempre ser comprovada"[465].

7.1.2.2 Nulidades e finalidade do processo penal: bem jurídico tutelado

A nulidade-fato consiste em vício sobre a persecução penal. Sendo um defeito, com possibilidade de diferentes

---

465. MACHADO, Leonardo Marcondes. Resistência crítica e poder punitivo: diálogos em torno da audiência de custódia, *Revista Síntese Direito Penal e Processo Penal – RDP*, Porto Alegre, v.16, n.93, p. 41, ago-set 2015.

graus, pode repercutir positiva ou negativamente na eficácia dos direitos envolvidos. Está situada no campo de embate entre o *jus puniendi* e o *jus liberdatis*, verso e anverso deste bem jurídico de maior relevo. Como pano de fundo, o processo deve atender aos ditames de regular funcionamento do Estado Democrático de Direito. Isso não deve significar que o sistema visa a proteger direito da sociedade ou da vítima, como, aliás, advertiu Alberto Binder[466].

É a liberdade o valor nuclear envolvido no processo. A infração penal se reporta a fato passado, sendo relação jurídica material descrita na petição inicial. Não há relação direta entre o bem jurídico tutelado pela norma incriminadora e o bem jurídico processual penal. No ato de aplicar a pena, haverá limitação regrada do bem jurídico em jogo. De outra vertente, ao absolver o acusado, o juiz prestará tutela (proteção) da liberdade, em seu grau maior.

Quando se está diante de processo penal sem possibilidade de imposição de pena privativa de liberdade – a exemplo da persecução penal de pessoa jurídica por crime ambiental ou de acusado de crime com pena restritiva de direito –, o bem jurídico tutelado não é a liberdade *stricto sensu*, mas outro, tal como o patrimônio ou outro direito fundamental (liberdade de profissão), também sufragado na Constituição. Igualmente, as prescrições processuais penais asseguram que esses direitos não sejam limitados senão de acordo com as regras de um procedimento justo.

Eis um aspecto pragmático do processo penal: cumprindo as formas, serão respeitadas as garantias. A

466. Como percebeu Binder, "tampoco es función de las nulidades, en tanto protegen al imputado, conciliar los intereses de la sociedade y el imputado. Por eso es incorrecto señalar que el fin inmediato de las nulidades es el buen orden del proceso y el mediato de proteger los derechos de la sociedad y los del imputado" (BINDER, Alberto M. *El incumplimiento de las formas procesales*: elementos para uma crítica a la teoría unitaria de las nulidades en el processo penal. Buenos Aires: Ad-Hoc, 2000. p.70-71).

limitação da liberdade ou de outros direitos fundamentais estará supedaneada nas regras que conformam o Estado Democrático de Direito, toda vez que se compreender que as garantias devem ser interpretadas extensivamente, só podendo haver restrição por lei formal.

Sob a epígrafe dos princípios normativos e seus perfis de efetividade, Luigi Ferrajoli explica que o processo penal é "uma série de atividades realizadas pelo juiz independente, nas formas previstas pela lei, e seguida da formulação em contraditório público entre acusação e defesa de um juízo consistente na verificação ou absolvição de um imputado". Essa definição "inclui, ainda que aproximadamente, todas as garantias processuais", relativas ao ordenamento ou ao procedimento[467].

Se a forma tem o fim precípuo de tutelar a liberdade do imputado, a sua essência de garantia constitui permissivo jurídico para o seu afastamento sob a condição de que esse proceder constitua percurso para maior eficácia de direito fundamental. Por exemplo, admite-se o julgamento antecipado da lide penal condenatória, por meio de absolvição sumária, em momento anterior ao preconizado por lei (art. 397, CPP).

Em outros termos, colocam-se pressupostos exigentes para a certificação da verdade no processo penal. Igualmente, confere-se realce a sua finalidade protetiva de bens jurídicos, máxime o valor da liberdade humana.

A propósito, Alberto Binder pontifica que "establecer los requisitos verificables del acto punible (teoría del delito), fijar las condiciones de verificación (teoría del juicio) y regular el ingreso y utilización de la información (teoría de la prueba) constituyen el trípode conceptual del sistema de garantías y la base de toda explicación del derecho penal y

467. FERRAJOLI, Luigi. *Direito e razão*: teoria do garantismo penal. Tradução: Ana Paula Zomer Sica; Fauzi Hassan Choukr; Juarez Tavares; Luiz Flávio Gomes. São Paulo: RT, 2006. p.675.

procesal penal"[468]. É também ideia sufragada por Luigi Ferrajoli, que alvitra a necessidade de rigidez oposta como condição de funcionamento das instâncias repressivas oficiais[469].

7.2 Utilidade da pragmática das nulidades processuais penais

A pragmática das nulidades é expressão tomada para indicar o caráter possibilista que está presente no ato de produção das normas nulificadoras. É também o campo de abertura à fundamentação da comunicação normativa, tendente a justificar a conduta (ato processual) escolhida, de antemão, pelo ator processual (juiz). A linha que divide o arbitrário do não arbitrário da decisão é a pedra de toque que deve ser avivada no plano dos limites da validade do discurso jurídico.

Há um extenso leque de alternativas na praxe judicial que a teoria da nulidade visa a reduzir. Essas opções

468. Em compasso com essa argumentação, o sistema de garantias funciona sobre a base binomial verificável-verificação, estatuindo condições rigorosas para a aferição da verdade: "de allí nacen las líneas troncales de las garantías procesales vinculadas al principio de imparcialidad, de contradicción igualitaria y publicidad. El principio de centralidad del juicio como momento de verijicacióny sus bases estructurales constituy en la piedra angular de todo el sistema de garantías procesales. Todas ellas forman parte de una teoría del juicio, cuya función es explicar el funcionamento de las garantías y favorecer su desarrollo (BINDER, Alberto M. *El incumplimiento de las formas procesales*: elementos para uma crítica a la teoría unitaria de las nulidades en el processo penal. Buenos Aires: Ad-Hoc, 2000. p. 71).

469. Nas palavras de Ferrajoli, "o que faz do processo uma operação distinta da justiça com as próprias mãos ou de outros métodos bárbaros de justiça sumária é o fato que ele persegue, em coerência com a dúplice função preventiva do direito penal, duas diferentes finalidades: a punição dos culpados juntamente com a tutela dos inocentes. É essa segunda preocupação que está na base de todas as garantias processuais que circundam o processo e que condicionam de vários modos as instâncias repressivas expressas pela primeira. A história do processo penal pode ser lida como a história do conflito entre essas duas finalidades, logicamente complementares, mas na prática contrastantes. Podemos, na verdade, caracterizar o método inquisitório e o método acusatório com base no apoio que um dá ao outro e vice-versa" (FERRAJOLI, Luigi. *Direito e razão*: teoria do garantismo penal. Tradução: Ana Paula Zomer Sica; Fauzi Hassan Choukr; Juarez Tavares; Luiz Flávio Gomes. São Paulo: RT, 2006. p.556).

resultam da característica pragmática, bastante fértil nessa temática. As regras de calibração, que desviam a consequência jurídica que, pelo prisma causal, seria esperada, demonstram esse viés.

A pragmática tem a utilidade de viabilizar a aplicação de consequência convalidadora de vícios processuais. Todavia, as regras de calibragem devem respeitar a condição de não prejudicarem a eficácia de direitos fundamentais. É pressuposto à incidência da pragmática, pela retórica (fundamentação), que os fins do processo penal sejam respeitados. Em outros termos, o controle dos atos processuais penais pode servir ao instrumentalismo se, e somente se, adequar-se às técnicas de controle de constitucionalidade. O manejo da linguagem (convencional) e sua contextualização devem garantir os direitos individuais fundamentais em jogo no processo penal.

Deveras, a linguagem do sistema de nulidades, convencionada a partir de seu uso, colima a blindagem do núcleo de direitos fundamentais processuais penais (Constituição de 1988). A classificação da nulidade-fato tem o propósito de oferecer previsibilidade de produção de normas individuais e concretas para, em seu termo, tutelar aqueles direitos, por intermédio da nulidade-consequência. Daí ser necessária uma justificativa, retórica, toda vez que seja cabível o desvio do efeito esperado, a fim de se evitar incoerências no interior da classificação[470].

---

470. Essa característica pragmática (possibilista) é, de certo modo, objeto de análise de Niklas Luhmann. Segundo pondera, "em contraste com o decurso inevitável do ritual, é característico para o processo legal, que a incerteza do resultado e suas consequências e a sinceridade das alternativas de comportamento no contexto da atuação e da sua estrutura de motivações, entrem em consideração e sejam aí elaboradas. Mas não são a forma concreta já definida, ou o gesto, ou a palavra exata, que impelem o procedimento para diante, mas sim as decisões seletivas dos participantes, que eliminam as alternativas, reduzem a complexidade, absorvem a incerteza ou transformam a complexidade indeterminada de todas as probabilidades numa problemática determinável e compreensível" (LUHMANN, Niklas. *Legitimação pelo procedimento*. Tradução: Maria da Conceição Côrte-Real. Brasília: Universidade de Brasília, 1980. p.38).

Tercio Sampaio Ferraz Júnior, elucidando tal espaço do discurso jurídico, aviva que "a visão pragmática da racionalidade" autoriza afirmar que esta não se situa "nem em 'formas' (invariáveis, essenciais), nem em 'matérias' (variáveis, contingentes), nem na sua manipulação, nem mesmo em 'premissas' que ocorrem sempre, como componentes estruturais do decurso da discussão". Ao contrário, a racionalidade pragmática se localiza "no tratamento correlacional e regrado de questões e soluções de questões"[471]. Da lição do autor se pode arrematar que o aspecto pragmático das nulidades não autoriza discricionariedade desenfreada, nem mesmo o fenômeno da relativização das nulidades absolutas.

As consequências jurídicas impostas normativamente aos vícios processuais decorrem de implicações que somente podem ser evitadas quando possibilitar maior efetividade para o texto constitucional[472]. Sob esse ângulo, aproveita-se do conceito de racionalidade citado por Tercio Sampaio Ferraz Júnior, não para sustentar a legitimidade de um sistema estatal que sufraga desigualdades (inconstitucional) ou que admite desrespeito aos direitos humanos mais caros (dignidade), porém para dar-lhe o contorno apto a esclarecer, nessa vertente, "a 'racionalidade' funcional das contradições do sistema"[473].

---

471. FERRAZ JÚNIOR, Tercio Sampaio. *Teoria da norma jurídica*: ensaio de pragmática da comunicação normativa. 4. ed. Rio de Janeiro: Forense, 2009. p.19.

472. Embora com perspectiva diversa, as conclusões de Ricardo Jacobsen Gloeckner vão ao encontro da exposta neste tópico, especialmente quando assevera que "la strumentalità costituzionale del processo richiede un controllo rigido sulla forma per lo svolgimento del processo. Per questo, nello specifico, il tema delle nullità acquista tale rilevanza. Sembra chiaro che in un contesto generale, la nullità, per essere una garanzia, si fonda nella Costituzione della Repubblica. Tuttavia, la sua radicalizzazione significa che tutta la nullità sarebbe una violazione ala stessa Costituzione e così il problema della nullità diventa di tipo costituzionale" (GLOECKNER, Ricardo Jacobsen. Una nuova teoria della nullità: costruzione di un nuovo sistema di principi alla luce della strumentalità costituzionale della procedura penale. *Diritto e Giustizia Minorile* [rivista giuridica trimestrale], São Paulo, anno 3, n.1, p.71, gennaio-marzo 2015).

473. A expressão é de Alessandro Baratta, ao realçar o papel da criminologia crítica, que se afasta da etiológica (causal) por não se contentar com uma racionalidade como

Em suma, a regra de calibração visa a desconstituir paradoxos passíveis de ocorrência no âmbito do sistema. Toda vez que, da estrutura silogística, o resultado normativo significar rompimento do fio condutor constitucional, será necessário fazer incidir, tecnicamente, o desvio consequencial que seria esperado, pelos modos disponíveis de controle de constitucionalidade.

Como ponderam Paul Watzlawick, Janet Helmick Beavin e Don D. Jackson, "o paradoxo pode ser definido como uma contradição que resulta de uma dedução correta a partir de premissas coerentes". Arrematam que essa definição se constitui em permissivo à exclusão imediata de "todas aquelas formas de 'falsos' paradoxos que se baseiam num erro oculto do raciocínio ou em alguma falácia deliberadamente incluída no argumento"[474].

"norma para a ação", agregando, diversamente, uma racionalidade como "norma do pensamento". Como aduz o autor, "a 'racionalidade', como aproximação para um fundamento teórico da política criminal e da reforma penal, pode significar duas coisas diferentes: pode significar um critério tecnológico e pragmático pelos termos de 'praticabilidade' e de 'eficácia'". Em tal caso, o autor entende que melhor seria "falar de racionalização, isto é, de ajustes no sistema que deixam intacta a estrutura do conjunto, com o fim de um melhor funcionamento. Aqui 'racionalidade' indica o resultado a perseguir. O modelo de ciência social que corresponde a esta concepção de racionalidade é um modelo tecnológico" (BARATTA, Alessandro. Criminologia crítica e crítica do direito penal: introdução à sociologia do direito penal. Tradução: Juarez Cirino dos Santos. 6. ed. Rio de Janeiro: Revan, 2014. p.212). Alessandro Baratta enxerga negativamente a racionalidade tradicional em face do seu uso como meio justificador do aspecto seletivo e desigual do direito penal estatal. Entrementes, na teoria da nulidade, essa mesma racionalidade pode explorar contradições no sistema, tornando possível a efetividade dos direitos processuais fundamentais alçados a garantias constitucionais. Sob essa perspectiva, confere-se, ao instrumental conformador do direito vigente, uma interpretação que tem fins semelhantes ao da criminologia crítica, eis que opõe objeção ao modo como são aplicadas (ou não são aplicadas, inconstitucionalmente) as normas nulificadoras processuais penais.

474. WATZLAWICK, Paul; BEAVIN, Janet Helmick; JACKSON, Don D. *Pragmática da comunicação humana*: um estudo dos padrões, patologias e paradoxos da interação. Tradução: Álvaro Cabral. São Paulo: Cultrix, 1967. p.169.

7.3 Aplicação a caso concreto

O caráter pragmático das nulidades é depreendido, por exemplo, da aplicação do enunciado n.º 160, da Súmula, do STF, a qual evidencia – por derivação do instituto da coisa julgada (progressiva *favor rei* e preclusiva contra a acusação) – o efeito translativo dos recursos criminais, expandindo a revisiblidade das decisões que afetam direitos do acusado. É sob esse fundamento que as garantias do imputado constituem potente refração à preclusão das nulidades absolutas atreladas à tutela do *jus libertatis*.

Ao apreciar embargos declaratórios opostos contra decisão que anulou decisão absolutória do júri, sob o argumento de omissão de quesito obrigatório (art. 564, III, k, parágrafo único, CPP), o STJ justificou que "a ausência de quesito obrigatório, como o relativo à autoria, acarreta nulidade absoluta do julgamento, conforme a Súmula n. 156 do STF, uma vez que impede a deliberação completa do plenário"[475].

Na hipótese, a defesa do réu sustentava que o acórdão recorrido "não teria examinado a tese defensiva sobre o desmembramento do quesito da materialidade em duas perguntas", diante do que não teria ocorrido supressão do questionamento cogente. O cerne da controvérsia consistia em "saber se a ausência de formulação de quesito obrigatório no Tribunal do Júri acarreta nulidade absoluta do julgamento, superando a preclusão".

Dois ingredientes não ditos explicitamente fazem parte do julgado sob exame. O primeiro é que a decisão objeto de invalidação favorecia o réu (natureza absolutória). Vale dizer, a deliberação da Corte Superior satisfez pretensão recursal do órgão da acusação. O segundo é o desmembramento de quesitos que, a seu turno, não se depreende admissível

475. STJ – Quinta Turma – EDcl no AgRg no AREsp 1.668.151/PR – Rel. Min. Messod Azulay Neto – DJe 11 dez. 2024.

a partir do teor do art. 483, do CPP. Inversamente, a menção legal à numeração ordinal das perguntas nos parágrafos deste dispositivo milita em prol da impossibilidade de subdivisão. Na hipótese, teria havido separação do primeiro quesito (materialidade), enquanto a invalidação decretada recaiu sobre a ausência da questão sobre a autoria delitiva.

Nesse contexto, o STJ assentou que "a ausência de quesito obrigatório, como o relativo à autoria, acarreta nulidade absoluta do julgamento, conforme a Súmula n. 156 do STF, uma vez que impede a deliberação completa do plenário". Decerto, se constatada, efetivamente, a omissão do questionamento que conduza a saber se os jurados respondem negativamente à atribuição da conduta delitiva ao imputado, o julgamento poderá ser nulificado se impugnado eficazmente pelo Ministério Público, isto é, a tempo e modo[476].

De outro ângulo, se, hipoteticamente, a impugnação do *Parquet* advier tardiamente, a situação deverá se estabilizar em benefício do acusado. Note-se que o sistema apresenta um paradoxo: da nulidade absoluta, deve ser a invalidação; no entanto, a regra sumular de nº 160, do STF, derivada da garantia da coisa julgada progressiva *favor rei*, constitui regra de calibragem que desvia aquela consequência, para fazer incidir convalidação do julgamento do júri.

7.4 Conclusão e próximo capítulo

A aplicação do construtivismo lógico-semântico ao processo penal tem o fito de oferecer um padrão sintático para a formação da estrutura das normas jurídicas entrelaçadas no procedimento de reconhecimento e de classificação da nulidade-fato, bem como de invalidação, saneamento ou convalidação (nulidade-consequência). O

476. STJ – Quinta Turma – EDcl no AgRg no AREsp 1.668.151/PR – Rel. Min. Messod Azulay Neto – DJe 11 dez. 2024.

revestimento em linguagem formal permite melhor controle dos atos da persecução penal.

O alinhamento hierárquico da gravidade dos vícios processuais penais permite controle racional da imposição de efeitos jurídicos. Parte-se da noção de que o ato jurídico é resultado de uma conduta. Sendo ilícita a conduta processual (ação ou omissão), nascerá a nulidade-fato. Com esse olhar, pode-se dizer que a nulidade *lato sensu* se evidencia como fato e como consequência, sendo imprescindível aquele para a ocorrência da última. A incidência, descrita linguisticamente, tem seu percurso completado com a classificação declinada na proposição consequente da norma jurídica primária.

Essa primeira norma jurídica da estrutura nulificadora é o parâmetro que servirá de fato para a imposição da consequência jurídica da norma jurídica secundária sancionadora. Tal parâmetro serve de limite e deve ser ajustado aos direitos fundamentais que constituem o centro de pedra do processo penal na Constituição de 1988. A hierarquia de gravidade do vício impõe consequência jurídica mais intensa, de forma fundamentada.

Sem embargo, com supedâneo na imposição de efetividade dos direitos e garantias fundamentais, algumas nulidades graves podem ser objeto de incidência de regras que excepcionam a consequência jurídica (regras de calibração). A possibilidade dessa incidência é condicionada pela necessidade de se conferir maior eficácia para a norma constitucional protetiva daqueles direitos. É a hipótese de nulidade absoluta que, se reconhecida, ofenderá o *ne bis in idem*, princípio este que veda que alguém seja sujeito passivo de persecução penal por mais de uma vez, expresso, de certo modo, pela vedação de revisão criminal *pro societate*.

Também casos de modulação de efeitos ou de conservação de atos processuais posteriores à prática do ato objeto de invalidação representam exceção à regra de que a sanção de desfazimento possui efeito retro-operante (*ex tunc*). Nulidade de menor gravidade (irregularidade ou nulidade relativa) geralmente permite a modulação de efeitos, sob a condição de que não constitua ofensa a norma constitucional atinente a direito fundamental do imputado, vale dizer, não pode implicar menor eficácia da finalidade da jurisdição penal. A imposição da pena depende do respeito às disposições que estabelecem o caminho para o *jus puniendi*. Se desrespeitadas as formas, há o risco de ser frustrado aquele objetivo.

Em outros termos, se a invalidação, a ser aplicada à nulidade classificada, puder causar prejuízo maior ao sistema (acusatório), mormente ao direito de liberdade, haverá lugar para incidência de regra de calibração ou para modulação de efeitos da invalidação, com autêntica constituição de efeitos por declaração (*ex tunc* ou *ex nunc*), que dará relevância jurídica ao acontecimento (fato). É possível, inclusive, o isolamento do ato viciado, sem aplicação do princípio da concatenação ou da consequencialidade dos atos posteriores, a fim de que sejam resguardados direitos fundamentais.

As providências antecedentes e consequentes, que devem ser tomadas seguidamente à constatação de um fato, devem se apresentar como normas jurídicas. O controle da atividade de controle da licitude dos atos processuais penais depende do respeito à função nomogenética desempenhada pelo órgão autêntico.

Ao regular as atipicidades de atos processuais penais, o juiz atesta que o ilícito faz parte, enquanto fato, do direito. Sem o ilícito processual, não ocorre a condição necessária à produção de normas nulificadoras. Como regra, o juiz produz normas individuais e concretas que, uma vez viciadas, abrem espaço para nova emissão de normas individuais e concretas. A análise do cabedal de normas jurídicas e de suas características, relacionadas nesse procedimento, será assunto do próximo capítulo.

CAPÍTULO 8
ESPÉCIES DE NORMAS RELACIONADAS ÀS NULIDADES PROCESSUAIS PENAIS

A teoria da nulidade no processo penal destina-se ao controle e à aplicação de normas individuais e concretas. Pressupõe a estruturação de sua produção. O resultado normativo deve ser documentado. Em um primeiro momento, é dotado de abstração e, num instante subsequente, caracterizado pela concreção.

A perspectiva é sistemática, com marcos temporais definidos. O órgão competente para a produção das normas é regido por outras normas. Aquelas, geralmente, normas individuais e concretas. As últimas, via de regra, normas gerais e abstratas. Ao lado dessa distinção, o enunciado, que deve ser direito vigente e fonte cognitiva do direito processual penal, não coincide com a norma.[477] A norma pode ser

477. Na linha convencionalista, opta-se pela escolha da distinção entre norma e enunciado, como forma de melhor otimizar resultados. Trata-se de um dos pontos duvidosos no direito, como adverte Riccardo Guastini: (1) "en primer lugar, es dudoso si el término 'norma' debe ser usado unicamente para hacer referencia a prescripciones generales y/o abstractas o, en cambio, también en referencia a preceptos singulares y concretos"; (2) "en segundo lugar, es dudoso si el término 'norma' debe ser usado sólo para hacer referencia a prescripciones en sentido estricto (es decir, mandatos) o puede ser extendido a todo enunciado del discurso 'legislativo'; e (3) "en tercer lugar, es

produzida com esteio em base empírica constituída por um ou mais enunciados. Também se admite a construção de norma a partir de fragmentos de enunciados.

A norma, ademais, é termo usado como gênero, podendo ser regra ou princípio. A delimitação dessas noções tem por finalidade diminuir os espaços de incerteza[478]. O ponto de maior consistência é a percepção da semiologia aplicada que, nas palavras de Edvaldo Brito, põe ênfase nas "relações da linguagem: a semântica, a sintaxe e a pragmática"[479]. Estrutura-se, semanticamente, a produção normativa, relacionando-a com as regras que informam a sintática retratada nas disposições que disciplinam a competência dos órgãos responsáveis pela emissão de fontes de cognição do direito processual penal.

A visão tradicional da competência de um órgão judicial, como limite da jurisdição, deve receber o influxo da teoria da norma jurídica. Antes de ser aspecto de divisão de tarefas reunidas na incindível função jurisdicional, a competência é um espaço para a criação, modificação ou extinção de normas jurídicas. Tácio Lacerda Gama obtempera, apropriadamente, que "o exercício da jurisdição é ato que tem como resultado a criação de norma jurídica"[480].

Vale realçar: o ponto de vista normativo da competência judicial não é incompatível com o ensinado pela doutrina processual penal. Maria Lúcia Karam, por exemplo,

---

dudoso si el término 'norma' debe ser usado para hacer referencia a enunciados o, en cambio, a significados de enunciados". (GUASTINI, Riccardo. *Distinguiendo*: estUdios de teoría y metateoría del derecho. Barcelona: Gedisa, 1999. p.94).

478. É dificuldade encontrada na aplicação do princípio da duração razoável do processo (NICOLITT, André. *A duração razoável do processo*. 2. ed. São Paulo: RT, 2014. p.135).

479. BRITO, Edvaldo. *Limites da revisão constitucional*. Porto Alegre: Sergio Antonio Fabris, 1993. p.12.

480. GAMA, Tácio Lacerda. *Competência tributária*: fundamentos para uma teoria da nulidade. 2. ed. São Paulo: Noeses, 2011. p.221.

apresenta explicação que demonstra a íntima ligação entre a função jurisdicional e a atividade normativa. Na dicção da autora, "expressa a jurisdição função do Estado cuja finalidade formal é a interpretação e aplicação das leis, para dirimir conflitos, assegurar a defesa dos direitos legalmente protegidos e reprimir sua violação"[481].

A produção de normas pelo órgão judiciário competente deve estar de acordo com a finalidade de tutela da liberdade, em compasso com o princípio *pro homine*, tendente a maximizar a eficácia das garantias. Essa postura, basilar, permite que se dê melhor direção à pragmática das nulidades (limites do discurso jurídico), estatuindo trilhos ao intenso caráter variável da consequência jurídica (nulidade-sanção) derivada da constatação de um vício processual (nulidade-fato). O caminho a seguir tem, como ponto de partida, as disposições textuais, isto é, sempre se inicia por uma base observável, cujo significado depende do intérprete. Para se chegar à norma individual e concreta, o juiz deve construir conceitos fulcrais à subsunção[482].

8.1 Função nomogenética e autorregulação do direito

Tácio Lacerda Gama define nomogênese como o "processo por meio do qual o sujeito competente cria, modifica

---

481. KARAM, Maria Lúcia. *Competência no processo penal*. 3. ed. São Paulo: RT, 2002. p.13.

482. Consoante Hans Kelsen, a subsunção consite em "relação lógica que existe entre o conceito mais geral (abstrato) e o menos geral (abstrato) ou entre o conceito geral (abstrato) e uma representação concreta (conceito individual)". Daí que não há exatamente subsunção entre uma norma inferior e uma norma superior: "a norma superior não é conceito, e sim um objeto concreto do conhecimento ético ou jurídico. Mas, visto que a norma geral se expressa numa proposição, ela pode conter conceitos sob os conceitos contidos em outras normas ou representações concretas de fatos típicos individualmente determinados e podem ser subsumidas certas consequências jurídicas individualmente estatuídas como devidas" (KELSEN, Hans. *Teoria geral das normas*. Tradução: José Florentino Duarte. Porto Alegre: Sergio Antonio Fabris, 1986. p.339-340).

ou extingue uma norma jurídica num sistema de direito positivo qualquer"[483]. Na persecução penal estatal, os atos jurídicos são documentações de normas jurídicas. A incidência deficiente da norma de regência torna o ato processual viciado. Daí tem lugar outra produção normativa, levada a efeito pelo sujeito competente, no sistema processual penal, para reconhecer a nulidade e estabelecer sua categoria.

Nessa direção, a nomogênese do sistema de persecução penal estatal é um procedimento de criação de normas individuais e concretas, conduzido por juiz ou por outro órgão com competência definida. O magistrado realiza a incidência normativa selecionando os elementos a ela necessários. Ao final, a incidência opera um recorte sobre a complexidade dos fatos[484]. Haverá deflagração do funcionamento do sistema de nulidades quando surgir um ilícito nomogenético, isto é, uma atipicidade processual que atesta a incidência imperfeita de norma jurídica individual e concreta, construída a partir de um padrão previsto no ordenamento jurídico. Nomogenética, aliás, é expressão que, como pontificado por Tácio Lacerda Gama, compreende todas as atipicidades, tanto as formais como as materiais.[485]

---

483. GAMA, Tácio Lacerda. *Competência tributária*: fundamentos para uma teoria da nulidade. 2. ed. São Paulo: Noeses, 2011. p.LI.

484. Niklas Luhmann explica que "uma das características importantes dum sistema é uma relação com a complexidade do mundo. Por complexidade deve entender-se a totalidade das possibilidades que se distinguem para a vivência real – quer seja no mundo (complexidade do mundo), quer seja num sistema (complexidade do sistema). Para cada construção dum sistema é significativo que ela apenas abranja um aspecto do mundo, apenas admita um número limitado de possibilidades e as leve a cabo. Os sistemas constituem uma diferença entre interior e exterior, no sentido duma diferenciação em complexidade, ou ordem. O seu ambiente é sempre excessivamente complexo, impossível de abarcar com a vista e incontrolável; em contrapartida, a sua ordem própria é extremamente valiosa na medida em que reduz a complexidade; e como ação inerente ao sistema só admite, comparativamente, algumas possibilidades" (LUHMANN, Niklas. *Legitimação pelo procedimento*. Tradução: Maria da Conceição Côrte-Real. Brasília: Universidade de Brasília, 1980. p.39).

485. GAMA, Tácio Lacerda. *Competência tributária*: fundamentos para uma teoria da nulidade. 2. ed. São Paulo: Noeses, 2011. p.LII.

A definição das linhas divisórias do sistema de nulidades enfatiza que a produção normativa da norma nulificadora se dá no bojo de um procedimento penal ou em outro, porém com emanação de efeitos naquele. Para que seja constatada a nulidade e aplicada a sanção, o procedimento defeituoso deve estar em tramitação.

Todo procedimento criminal, enquanto sistema comunicativo de decisões, tem termo inicial e final[486]. Exaurido o processo penal condenatório, por exemplo, as disposições que autorizam a produção de normas nulificadoras não são aplicáveis. O tempo processual é o aspecto representativo da existência jurídica do processo penal[487].

O controle de eventual ilicitude depois do processo findo, todavia, é possível por meio de revisão criminal, restritamente às hipóteses de sentença condenatória ou absolutória imprópria, impositiva de medida de segurança (decisões de mérito desfavoráveis ao réu). Não obstante, em vez de nulidade e sua correlata invalidação, esses

486. Na senda de Niklas Luhmann, sob a lente de um sistema social, "os procedimentos são, de fato, sistemas sociais que desempenham uma função específica, designadamente a de aprofundar uma única decisão obrigatória e que, por esse motivo, são de antemão limitados na sua direção" (LUHMANN, Niklas. *Legitimação pelo procedimento*. Tradução: Maria da Conceição Côrte-Real. Brasília: Universidade de Brasília, 1980.p.39).

487. A noção de tempo do processo é colocada por Rui Cunha Martins, quando aviva que "processualidade significa movimento e conexão – de elementos e de tempos. Nada mais compreensível. A noção de processo arranca da historicidade, daí resultando uma dimensão de trajecto que, longe de lhe assegurar a preservação de uma eventual estrutura processual nele residente, o sujeita a um sem número de cruzamentos inesperados, tão depressa vertidos em oportunidade de incorporação quanto em hipótese de diferimento, mas, em qualquer dos casos, traduzindo-se numa densidade processual que, sendo incrementada pelos desafios colocados por cada conjuntura histórica concreta, é também, em paralelo, o produto autopoiético forjado no quadro da própria dinâmica intrínseca à condição processual" (MARTINS, Rui Cunha. O mapeamento processual da "verdade". In: *Decisão judicial*: a cultura jurídica brasileira na transição para a democracia. Geraldo Prado; Rui Cunha Martins; Luis Gustavo Grandinetti Castanho de Carvalho (orgs). São Paulo: Marcial Pons, 2012. p.74).

julgados estarão no plano da rescindibilidade, regrada por enunciados específicos.

Como leciona Aroldo Plínio Gonçalves, "nulidade e rescindibilidade são conceitos distintos". Na dicção do jurista, "a nulidade é sanção normativamente prevista para o ato praticado em desconformidade com seu modelo normativo", enquanto "a rescindibilidade é a rescisão potencialmente considerada, é a possibilidade lógica da desconstituição da sentença de mérito".[488]

O sistema de nulidades possui a função de organizar critérios destinados à produção de normas. A criação de normas é designada pelo termo "nomogênese". A função nomogenética do sistema é autorregulada, ou seja, é a estrutura do sistema que possibilita e limita a produção do direito que, inclusive, irá disciplinar o seu próprio funcionamento.

São vários os enunciados que dormitam no ordenamento jurídico e que são pontos de partida para a emanação de normas. Definem os órgãos competentes, a forma de edição, de revogação e de invalidação. A estruturação dessas normas, que vai do abstrato ao concreto, deve obedecer a critérios, a exemplo do cronológico e do hierárquico. Se é exato que o direito se autoproduz e se autorregula, não menos correto é que devem ser seguidas as regras que o próprio Estado introduziu para o desenvolvimento daquela atividade.

O sistema, sob essa ótica, representa uma forma de controle e de autocontrole. No processo penal, o juiz vela pela licitude e validade dos atos processuais que, em noção mais larga, podem ser realizados pela parte, malgrado a consumação de sua aquisição aos autos fique a cargo do mesmo órgão judicial (controle). Antes de iniciar qualquer atividade nulificadora, o juiz deve observar regras de autocontrole, ou seja, necessário que antes seja competente

488. GONÇALVES, Aroldo Plínio. *Nulidades no processo*. 2. ed. Belo Horizonte: Del Rey, 2014. p.66.

para poder pronunciar nulidade (vício) e constituir invalidação (sanção).

Considerando a Constituição de 1988, o Poder Judiciário brasileiro é apto a produzir enunciados normativos, não só individuais e concretos, mas por vezes abstratos, como ocorre com a edição de enunciados de Súmula Vinculante. Isso evidencia uma parte da *autopoiesis* do sistema, inovando o ordenamento jurídico, dando à legislação significado e alcance novos ou regulando um caso individual durante um certo tempo. No entanto, vale frisar que a autoprodução de normas que estabelecem limites à consequencialidade ditada pela estrutura nulificadora, deve ser realizada legislativa e constitucionalmente.

Com efeito, o sistema é refratário à produção de normas sem lastro empírico enunciativo, bem como repele maiores chances do ato processual atípico não ser invalidado. É, portanto, inconstitucional a produção de normas com natureza de regras de calibração judiciais quando inovem o sistema para permitir convalidação de nulidades absolutas. Ainda que se pense em verbete de Súmula Vinculante como exceção, é de ver que se deve adequar ao gizado no art. 103-A, da Constituição.

Daí que só devem ser admitidas regras de calibragem de cariz legislativo e, ainda assim, desde que não incorram em inconstitucionalidade. A hermenêutica não pode chegar ao ponto de restringir direitos individuais fundamentais que constituem o núcleo do processo penal, sem hábil instrumento introdutor de normas jurídicas.

Os limites à produção de normas estatuem as linhas que separam o ambiente do sistema do meio em que se insere. A estruturação de um sistema de nulidades visa a colocar marcos para diminuir a complexidade da infinidade de vícios passíveis de acontecer na persecução penal. A função de autorregulação do sistema jurídico tem o condão de lhe dar coerência, consistência e integração, não se admitindo desconformidade com seus elementos estruturais. Em outras palavras, a positivação do direito deve atentar para critérios precisos, a fim de evitar desequilíbrios do sistema (ilicitudes). Essa cautela tem lugar tanto quando da edição de enunciados gerais e abstratos, como quando de enunciação concreta e individual[489].

Desse procedimento dotado de certo rigor para a obtenção de resultados processuais, nasce a possibilidade de se alcançar uma verdade que confronte sistemas de natureza inquisitiva. A nomogênese bem definida, de um sistema estruturado por elementos consentâneos com a ordem constitucional, deve ser capaz de enfatizar que ao Estado é vedado aplicar o direito criminal sem o respeito ao devido processo legal.

Rui Cunha Martins adverte para o problema da "instalação obsessiva sobre a verdade", optando, ao revés, por arquitetar a questão a partir dos seguintes lastros: "uma determinada noção de processo; uma determinada noção de sistema processual; uma determinada noção de verdade enquanto elemento do sistema processual; e uma determinada noção do modo como esse processo-feito-sistema elege os seus critérios de fundamentação". A verdade, nesse diapasão, é situada "no seio dos dispositivos processuais"[490].

---

489. O ponto de alteração do ordenamento jurídico (plano dos enunciados linguísticos, direito positivo) é objeto de preocupação de Niklas Luhmann: "Numa ordenação jurídica positiva, todo o direito pode mesmo ser alterado, mas não duma só vez. Perante o volume e interdependência das normas jurídicas em funcionamento, cada intervenção tem apertadas restrições por decisão única. Apenas algumas alternativas permanecem em aberto, como sendo convenientes e cada arbitrariedade se faz pagar através de suas consequências. Logo que se devem alterar conjuntos maiores de normas jurídicas, aumentam as exigências do processo de decisão de tal forma que dificilmente se podem dominar e se alguém quiser fazer reformas tem de se arriscar a dar alguns passos no escuro" (LUHMANN, Niklas. *Legitimação pelo procedimento*. Tradução: Maria da Conceição Côrte-Real. Brasília: Universidade de Brasília, 1980. p.124).

490. MARTINS, Rui Cunha. O mapeamento processual da "verdade". In: *Decisão judicial*: a cultura jurídica brasileira na transição para a democracia. Geraldo

8.2 Normas gerais e abstratas

A primeira unidade conceitual da nulidade é a norma geral e abstrata que funciona como parâmetro regulador da tipicidade de ato processual penal. A norma geral e abstrata não é propriamente o dispositivo legal que contém seus elementos mínimos. A norma pode ser produzida a partir daquele ou de vários enunciados relacionados vertical e horizontalmente. Insere-se em círculo que retrata o sistema, construído com fundamento nos dados brutos do ordenamento jurídico.

O ordenamento, por sua vez, pode ser entendido como recorte de uma parcela do sistema social. Sobre a linguagem do direito positivo, incide a interpretação formadora dos contornos do sistema jurídico. O sistema social é o material fático que, reescrito em linguagem jurídica competente, dá ensejo à facticidade jurídica que conforma o sistema jurídico.

O sistema jurídico, em interação com o processo penal concreto, implica relação entre o fato jurídico narrado, os elementos probatórios e a sentença. O fato jurídico é o evento descrito em forma de linguagem reconhecida pelo sistema da ciência do direito ou do direito positivo. Segue-se da forma abstrata e geral para, ao final, constituir a norma individual e concreta, estabelecida em compasso com os enunciados dispostos no ordenamento.

Indispensável, à concreção normativa, a intervenção do juiz (órgão autêntico), enquanto âmbito do juízo sintético do processo de conhecimento. Na esteira kelseniana, "a interpretação cognoscitiva (obtida por uma operação de conhecimento) do Direito a aplicar combina-se com um ato de vontade em que o órgão aplicador do Direito efetua uma escolha entre as possibilidades reveladas através daquela

---

Prado; Rui Cunha Martins; Luis Gustavo Grandinetti Castanho de Carvalho (orgs). São Paulo: Marcial Pons, 2012. p.72.

mesma interpretação cognoscitiva". Valendo-se desse procedimento, com a edição do ato jurídico, "ou é produzida uma norma de escalão inferior, ou é executado um ato de coerção estatuído na norma jurídica aplicanda"[491].

Nessa toada, Flávio Meirelles Medeiros traça os lindes metodológicos à cognição do direito processual penal a partir da diferença semântica entre lei e norma: "objeto da interpretação não é nem a vontade do legislador nem o 'direito justo', mas o conhecimento da norma contida na lei. Objeto da interpretação é a revelação do direito". A concepção do que é justo em direito carece de confiabilidade, pois "se a lei se flexionasse aos ideais subjetivos de justiça do intérprete, faltaria com sua importante função de conceder segurança jurídica ao meio sobre o qual atua". Conforme aduz, "lei e norma são palavras empregadas usualmente como sinônimas". Porém, "em um sentido mais retrito, e que é aquele que empregamos, não se confundem". Nas palavras do ilustre jurista, "lei é a expressão da norma, é o signo que a norma utiliza para se expressar, são as disposições escritas dos Códigos e das leis extravagantes, e norma é a regra, o princípo, a ordem, o direito que está contido na lei". Em suma, "a lei contém e a norma está contida".[492]

A produção de norma geral e abstrata constitui a premissa maior de um silogismo que desaguará, ao cabo, na norma individual e concreta. O feche desse procedimento é retratado em um ato jurídico. O ato processual penal pode ser típico, escorreito, ou atípico, eivado de nulidade. Por sua vez, o reconhecimento concreto da nulidade é um outro ato processual penal, individual e concreto que, a seu turno, deve ser precedido de uma premissa maior, reveladora de relato (geral e abstrato) e derivado da leitura do direito positivo.

---

491. KELSEN, Hans. *Teoria pura do direito.* Tradução: João Baptista Machado. 5. ed. São Paulo: Martins Fontes, 1996. p.394.

492. MEDEIROS, Flávio Meirelles. *Manual do processo penal.* 5. ed. Rio de Janeiro: AIDE, 1987. p.91.

Paulo de Barros Carvalho faz uso da expressão "enunciado protocolar", realçando a necessidade da norma, ainda que geral e abstrata, ser vertida em linguagem jurídica. O autor diferencia que, no plano das normas gerais, tem-se somente "a indicação de classes com as notas que um acontecimento precisa ter para ser considerado fato jurídico (no antecedente)". Àquelas, liga-se outra indicação de classes, preenchida com "as notas que uma relação tem de ter para ser considerada como relação jurídica (no consequente) um enunciado conotativo implicando outro enunciado conotativo"[493]. Veja-se que a descrição da norma geral e abstrata irá vincular, racionalmente, a enunciação da norma individual e concreta (cujo atributo é conotativo[494]).

8.3 Normas gerais e concretas

É possível se produzir uma norma geral (aplicável a todos) e concreta (que desencadeia efeitos no plano da realidade). No direito processual penal, é menos comum norma geral, com efeitos concretos.

No entanto, não é impossível que tal se dê, especialmente mediante a admissibilidade de ações de controle de constitucionalidade contra legislação de natureza processual penal (*verbi gratia*, ação direta de inconstitucionalidade que suprime a validade geral, bem como a eficácia,

493. CARVALHO, Paulo de Barros. *Direito tributário*: fundamentos jurídicos da incidência. 9. ed. São Paulo: Saraiva, 2012. p.201.

494. A conotação é termo que refere o cunho intencional da norma, seu caráter distintivo, via de regra encontrado na consequência jurídica implicada. Tácio Lacerda Gama é preciso ao dizer que a conotação "é o conjunto de atributos de um conceito ou, também, de características que permitem separar um conceito de outro. A conotação de um conceito é também entendida como sua intenção". Por outro lado, a denotação "compreende o conjunto de objetos que se ajustam ao sentido de um termo, também conhecido como extensão de um conceito" (GAMA, Tácio Lacerda. *Competência tributária*: fundamentos para uma teoria da nulidade. 2. ed. São Paulo: Noeses, 2011.p.XLVI-XLVII).

concretamente considerada, de artigo do CPP[495]), e de ações coletivas que veicula matéria penal (por exemplo, *habeas corpus* geral com produção de efeitos imediatos a um grupo de imputados em situação semelhante).

Um exemplo de *habeas corpus* coletivo (*rectius*: geral) – estampando a possibilidade de normas gerais e concretas no processo penal – é a defesa da incidência do princípio *numerus clausus* em sede de execução de pena privativa de liberdade, assentado no fundamento republicano da dignidade humana. Na doutrina de Rodrigo Roig, o princípio dos "números fechados" estatui uma política de redução de danos aos apenados durante a execução da pena. Tal cânone relata que, para cada entrada de um detento no sistema prisional, haja, ao menos, a saída de um outro[496].

A edição de uma norma geral e concreta se torna, de tal modo, possível, mormente pela atribuição que tem a defensoria pública para ajuizar ações coletivas[497], a exemplo da impetração de *habeas corpus* (ação individual) em favor de grupo de pessoas em contexto comum de submissão à pena privativa de liberdade (dimensão coletiva). Ainda que se trate da ação individual, a forma como ajuizada pode ensejar produção de norma geral, porém concreta, de competência do órgão do Poder Judiciário.

495. Por exemplo, o caput, do art. 3º-D, do CPP, foi declarado inconstitucional pelo Supremo Tribunal Federal, evidenciando sua aplicação geral (para todos, indistintamente) e concreta (com supressão da sua operatividade no plano jurídico). Portanto, norma geral e concreta consignada em acórdão (STF – Pleno – STF – ADI 6298/DF – Rel. Min. Luiz Fux – 24 ago. 2023).

496. ROIG, Rodrigo Duque Estrada. *Execução penal*: teoria crítica. São Paulo: Saraiva, 2014. p.89-91.

497. O art. 4º, inciso VII, da Lei Complementar nº 80/1994, com redação dada pela Lei Complementar nº 132/2009, prevê expressamente que é função institucional da Defensoria Pública "promover ação civil pública e todas as espécies de ações capazes de propiciar a adequada tutela dos direitos difusos, coletivos ou individuais homogêneos quando o resultado da demanda puder beneficiar grupo de pessoas hipossuficientes". Possível manejar, com conteúdo penal, uma class action, deduzindo pretensão coletiva criminal, através da qual possa resultar uma norma geral e concreta.

Com espeque na admissibilidade do *writ* geral reconhecida jurisprudencialmente, sufragou-se a aplicação do princípio *numerus clausus* escorado no postulado da dignidade da pessoa humana, para vedar a superlotação carcerária (norma geral), com operatividade imediata (efeito concreto). O STJ, a propósito fixo tese no sentido de que "a intervenção judicial em políticas públicas de gestão carcerária é permitida apenas em casos de flagrante desídia do Poder Público", salientando que "a superlotação carcerária deve ser analisada com base na razoabilidade e proporcionalidade, considerando as condições concretas impostas aos custodiados".

A indigitada questão reprisou tema conhecido, reiterado por meio de "*habeas corpus* coletivo preventivo impetrado pela Defensoria Pública do Estado do Espírito Santo em favor da população carcerária", com o intuito de "proibir o ingresso de novos internos em quantidade superior à capacidade formal da unidade e impedir a transferência de internos excedentes para outras unidades superlotadas" (princípio *numerus clausus* como estratégia de gestão).[498]

O eventual acolhimento de *writ* desse jaez deve conduzir ao desfazimento dos efeitos jurídicos negativos decorrentes das atipias, com a consecutiva emissão de atos concretos, de competência do juiz singular (constrangido dogmática e concretamente pela decisão geral do *habeas corpus*), com a estrita observância dos ditames gerais e abstratos vincados nas fontes jurisprudenciais.

8.4 Normas individuais e abstratas

Mais comum é o contorno abstrato que pode receber uma norma individual e concreta, mediante um procedimento de objetivização ou abstravização, a exemplo do que

---

498. STF – Quinta Turma – HC 899.481/ES, Rel. Min. Ribeiro Dantas – DJe 31 dez. 2024.

pode acontecer com a edição da Súmula Vinculante, eis que vai do concreto (casos particulares, reiterados) ao abstrato (enunciação do enunciado cogente). O art. 103-A, da Constituição de 1988, estatui como deve ocorrer a produção dos verbetes. Técnica que também se acomoda ao conceito é a fixação de teses em temas delimitados por meio de rito de recursos repetitivos.

Cuidado se deve ter com a praxe jurisprudencial de considerar um precedente judicial, individual e concreto, como apto a regular casos futuros. Esse procedimento cria direito abstrato por meio que inova o sistema processual penal, e que vem se inserindo, aos poucos, *a simili* do que se vê no processo civil, com regras sobre fundamentação das decisões (art. 489, CPC; art. 315, § 2º, VI, CPP). A repetição de julgados anteriores, notadamente relativizando nulidades e com restrições a direitos fundamentais, configura atuação inconstitucional do Poder Judiciário. Em outros termos, o efeito abstrato de uma norma individual só é admissível se o procedimento for reconhecido pelo sistema, à luz da Constituição.

8.5 Normas individuais e concretas

O âmbito de predileção da aplicação da teoria da nulidade no processo penal é o das normas individuais e concretas. O objeto de controle é uma norma individual e concreta já emitida e imperfeita. A atipicidade é verificada pela sua forma protocolar, haja vista que estará, como regra, documentada nos autos por meio de um ato processual penal imperfeito.

O meio de controle do defeito é realizado por norma individual e concreta, eis que se reporta ao ato viciado, para, em seguida, permitir a edição de outra norma individual e concreta, tendente a suprimir ou a confirmar os efeitos jurídicos da primeira norma (imperfeita). Isso não significa afirmar que se dispensam as outras categorias de normas jurídicas eventualmente envolvidas. No entanto, indica que o deslinde dos atos viciados acontece com a constatação de algum efeito jurídico concreto e a aplicação de sua consequência[499], por meio de um procedimento produtivo do direito[500].

Para tanto, toma-se como fundamento a ponderação de Paulo de Barros de Carvalho de que, no plano concreto das interações intersubjetivas, haverá, de um lado, a providência de produção de "um enunciado protocolar denotativo", obtido por meio da "redução à unidade de classes de notas (conotação) do antecedente da regra geral e abstrata". Em seguida a essa descrição, surge a implicação de produção de "outro enunciado, também protocolar e denotativo, construído pela redução à unidade das classes de notas (conotação) do consequente da norma geral e abstrata". Estruturando a relação entre o abstrato e o concreto, o jurista distingue, de uma parte, os "enunciados conotativos: antecedente e consequente da norma geral e abstrata"; e, de outra, os "enunciados denotativos: antecedente e consequente da norma individual e concreta"[501].

---

499. Paulo de Barros Carvalho põe ênfase na proposição consequente da norma que instaura a relação jurídica consecutiva. Na sua dicção, "somente com o enunciado do consequente da norma individual e concreta é que aparecerá o fato da relação jurídica, na sua integridade constitutiva, atrelando dois sujeitos (ativo e passivo), em torno de uma prestação submetida ao operador deôntico modalizado" (CARVALHO, Paulo de Barros. *Direito tributário*: fundamentos jurídicos da incidência. 9. ed. São Paulo: Saraiva, 2012. p.202).

500. Adequada, para justificar esse ponto de vista, a perspectiva kelseniana, que evidencia a validade da relação entre a norma geral e a individual por meio de uma conclusão lógica (silogismo). Consoante pondera, sendo "norma jurídica individual que descreve a decisão judicial de um caso concreto, então esta decisão – como mostrou a Teoria Pura do Direito – de modo nenhum é apenas aplicação do Direito, senão simultaneamente também criação do Direito, a continuação do processo de produção do Direito que acontece no processo legislativo (ou do Costume). Ela é um ato de individualização das normas jurídicas gerais que devem ser aplicadas. E essa individualização apresenta-se necessária porque um caso concreto não pode ser decidido somente por uma norma jurídica geral" (KELSEN, Hans. *Teoria geral das normas*. Tradução: José Florentino Duarte. Porto Alegre: Sergio Antonio Fabris, 1986. p.285-286).

501. CARVALHO, Paulo de Barros. *Direito tributário*: fundamentos jurídicos da incidência. 9. ed. São Paulo: Saraiva, 2012. p.201.

8.6 Aplicação a caso concreto

Na jurisprudência dos tribunais, os critérios de produção de normas jurídicas a partir de enunciados poderiam ser mais delimitados. Em consulta a repertórios eletrônicos dos tribunais superiores, nota-se carência de clareza na distinção entre enunciado e norma – termos que, não raras vezes, são tomados por sinônimos. A justificação da construção normativa em fontes materiais e formais é aludida sucintamente em alguns julgamentos. No entanto, é possível verificar enfoque compatível com os ditames da teoria da nulidade no processo penal, especialmente em ações que envolvem controle de constitucionalidade.

Em ação direta de inconstitucionalidade que questionou a constitucionalidade dos arts. 13-A e 13-B, do CPP, foi estampada, no inteiro teor do acórdão, aquela visão dúplice sobre o fenômeno jurídico, com contorno de seus enunciados e das normas deduzidas da interpretação correlata. Tal classificação se evidencia quando se decreta a inconstitucionalidade de uma lei ou de um artigo (no todo ou em parte), com redução integral ou parcial do texto; ou, ainda, quando a inconstitucionalidade firmada declara ou suprime apenas um dos sentidos possíveis do dispositivo legal, recaindo, restritamente, sobre a norma, porém conservando o dispositivo legal (dotado, *a priori*, de presunção de constitucionalidade)[502].

Interessa cotejar a tese fixada no inteiro teor do acórdão *sub examine* com o voto vencido incluso destacando os lindes do percurso que segue do enunciado à norma jurídica. No bojo dessa demanda de controle concentrado, colimava-se saber se a requisição direta de dados cadastrais de vítimas e de suspeitos, formulada pelo *Parquet* ou pela autoridade policial, nos delitos enumerados no art. 13-A, do CPP, bem

502. STF – Pleno – ADI 5642 –Rel. Min. Edson Fachin – DJe 22 ago. 2024.

como a disponibilização de meios técnicos, com autorização judicial, para a localização de vítimas e suspeitos no contexto da prática de tráfico de pessoas (art. 13-B, CPP), constituiriam ofensa à proteção constitucional da privacidade.

O STF compreendeu que "as normas impugnadas não conferem amplo poder de requisição" dos órgãos protagonistas da persecução penal (*rectius*: autoridade policial e Ministério Público), restringindo a faculdade ao "instrumentalmente necessário para reprimir as violações de crimes graves que atentam contra a liberdade pessoal e que se destinam a permitir o resgate das vítimas dessas infrações enquanto elas ainda estão em curso".

De outra banda, a Suprema Corte sublinhou que "a requisição apresentada pela autoridade policial, exclusivamente para os crimes previstos no art. 13-A do Código de Processo Penal, conquanto possível, deve se restringir apenas à finalidade a que foi fixada, qual seja, a de reprimir e impedir a ocorrência dos delitos descritos no *caput*, do citado dispositivo". Aduziu – relativamente à possibilidade de requisição de meios (art. 13-B, CPP) – que não há que se falar em ferimento à cláusula de reserva de jurisdição, "eis que a possibilidade de requisição visa a identificação e localização imediata da vítima", não sendo possível interpretação permissiva da requisição de expedientes técnicos sem decisão judicial[503].

---

503. No julgado, o STF fixou tese no sentido de que "são passíveis de requisição sem controle judicial prévio, mas sempre sujeito ao controle judicial posterior, a localização de terminal ou IMEI de cidadão em tempo real por meio de ERB por um período determinado e desde que necessário para os fins de reprimir os crimes contra a liberdade pessoal descritos no art. 13-A do Código de Processo Penal; o extrato de ERB; os dados cadastrais dos terminais fixos não figurantes em lista telefônica divulgável e de terminais móveis; o extrato de chamadas telefônicas; o extrato de mensagens de texto (SMS ou MMS); e os sinais para localização de vítimas ou suspeitos, após o decurso do prazo de 12 horas constante do § 4º do art. 13-B do Código de Processo Penal" (STF – Pleno – ADI 5642 –Rel. Min. Edson Fachin – DJe 22 ago. 2024).

No inteiro teor do acórdão, o voto dissidente assume maior relevo para a diferenciação entre enunciado e norma, eis que se fundamentou no uso das técnicas de controle de constitucionalidade das leis, conforme sufragado no direito positivo[504], deixando patente que o ordenamento e o sistema jurídico brasileiro prescrevem formas de controle de constitucionalidade, cujo corolário é, por derivação, a incidência da estrutura normativa das nulidades processuais penais. Vale dizer, caso a decisão judicial, em processo penal individual e concreto, descurar dos ditames gerais e abstratos vincados naquele processo objetivo de controle abstrato de constitucionalidade, terá lugar a deflagração de controle de nulidade dos atos afetados pela eiva.

De forma tríplice, a divergência do caso concreto analisado aplicou: (1) intepretação conforme a Constituição (declarando a constitucionalidade da norma, isto é, do sentido depreendido do texto legal); (2) nulidade parcial sem redução de texto (com o decreto de inconstitucionalidade de uma das normas passíveis de dedução a partir do texto, conservando-o); e (3) declaração de inconstitucionalidade de um dos enunciados questionados (com supressão total ou parcial do dispositivo ou da lei)[505].

---

504. De acordo com o parágrafo único, do art. 28, da Lei nº 9.868/1999, "a declaração de constitucionalidade ou de inconstitucionalidade, inclusive a interpretação conforme a Constituição e a declaração parcial de inconstitucionalidade sem redução de texto, têm eficácia contra todos e efeito vinculante em relação aos órgãos do Poder Judiciário e à Administração Pública federal, estadual e municipal".

505. Com efeito, na dissidência consignada no inteiro teor da acórdão, inclinou-se por julgar parcialmente procedente o pedido: "(i) a conferir interpretação conforme a Constituição ao art. 13-A, caput, do Código de Processo Penal, para assentar que a possibilidade de requisição de dados cadastrais se restringe às informações concernentes à qualificação pessoal, filiação e endereço; (ii) a declarar a nulidade parcial sem redução de texto do art. 13-B, II e III, do Código de Processo Penal, para excluir qualquer exegese que permita a implementação da medida prevista no respectivo caput sem prévia autorização judicial; (iii) e a declarar a inconstitucionalidade do art. 13-B, § 4º, do Código de Processo Penal." (STF – Pleno – ADI 5642 –Rel. Min. Edson Fachin – DJe 22 ago. 2024).

Decerto, o reverso da interpretação conforme a Constituição é a incidência de nulidade parcial sem redução de texto. Declara-se inconstitucional o sentido (norma jurídica) decorrente da leitura do enunciado: eis a nulidade parcial (do sentido da norma, mas não do enunciado), porém sem redução do texto (sem subtração, integral ou em parte, do dispositivo legal).

O uso das técnicas de controle de constitucionalidade chancela a distinção entre enunciado e norma, bem como revela sua fecundidade prática. Com efeito, explicita a utilidade da distinção entre fonte de produção (órgão produtor do texto) e fonte de cognição (base para a interpretação) e, em arremate, revela a norma jurídica enquanto produto da incidência e objeto, de um lado, de nulidade parcial sem redução de texto ou, de outro, de interpretação conforme a Constituição.

8.7 Conclusão e próximo capítulo

As normas jurídicas mantêm relações entre si. No sistema processual penal, a incidência constrói pontes entre normas gerais e abstratas e normas individuais e concretas. A teoria da nulidade no processo penal se insere no sistema como estrutura sintática para a produção de normas individuais e concretas. No entanto, o fenômeno nulificador pode reunir normas de naturezas diversas.

A admissão de ação coletiva em matéria penal é um exemplo de que é possível que uma enunciação judicial seja geral, destinado a um grupo, e concreto, ordenando, por exemplo, a soltura por excesso de prazo ou violação da dignidade humana no cumprimento de pena. Eis a possibilidade de uma norma geral e concreta reconhecedora de nulidade (vício) e impositiva de invalidação dos efeitos cerceadores da liberdade (sanção).

Outras normas jurídicas estão presentes no processo de positivação do direito, tais como as que decorrem das Súmulas Vinculantes. De várias normas individuais e concretas surge o enunciado vinculante (art. 103-A, CF/1988). Porém, a interpretação do enunciado da Súmula Vinculante proporciona a construção de norma geral e abstrata que, a seu turno, é apta à produção consecutiva de normas individuais e concretas.

No próximo capítulo, terá lugar o detalhamento do caminho a ser percorrido: desde a certificação da pertença de enunciados ao ordenamento jurídico vigente até a documentação da incidência das normas jurídicas individuais e concretas produzidas pela constatação da imperfeição de uma outra norma jurídica, reguladora do ato jurídico da persecução penal e eivada de atipicidade.

CAPÍTULO 9
PRODUÇÃO DAS NORMAS CONSTITUTIVAS DE DECLARAÇÃO DE NULIDADE E DE INVALIDAÇÃO

9.1 Plano concreto: processo penal condenatório

Embora a disciplina legal das nulidades tenha relação com o processo penal condenatório (arts. 563 a 573, CPP), esse traço não deve significar que outros atos procedimentais (próprios do inquérito policial) e processuais (da execução penal) estejam imunes a controle do Judiciário.

Em um processo penal condenatório, poderá ser reconhecida a atipicidade de ato ou omissão processual, com a sua inserção na classificação respectiva: inexistência, nulidade (absoluta ou relativa) ou irregularidade. A produção normativa tem no seu vértice o juiz, com competência para processar e julgar o processo com ato defeituoso. A norma produzida é individual, porque se refere a ato específico, e concreta, por ser apta à subtração de seus efeitos.

Nulidade é fenômeno dotado de maior plasticidade que a descrita no CPP de 1941. O nome que se queira dar às atipicidades não repercute na natureza do ato jurídico atípico. A relevância da escolha do rótulo tem muito mais a função de conferir consistência ao discurso jurídico, do que de alterar a substância do ato imperfeito.

Explicando o problema da extensão das nulidades, Paulo Tovo e João Batista Marques asseveram que "a nulidade pode ser do processo, do procedimento, de ato processual ou de parte deste", diferenciando que será: (1) do processo em sua totalidade, tal como se dá com vício que o atinge em toda sua extensão, como nas hipóteses do art. 564, incisos I (suspeição ou suborno do juiz), II (ilegitimidade de parte) e III (falta de denúncia ou queixa), do CPP; (2) do procedimento, quando afetada apenas parte da atividade processual (a exemplo da incompetência do juízo que anula somente atos decisórios, a teor do art. 567, CPP); e (3) do ato processual ou de parte dele, no caso de vício que não interfira em outros atos (art. 573, CPP)[506].

As atipicidades podem ter lugar em toda a persecução penal estatal. Vale dizer, os direitos do imputado se sujeitam a violações durante o processo penal condenatório, como também no curso das investigações e da execução penal. De forma similar, a tutela cautelar pode ser aplicada contra a ordem jurídica.

Todos os atos devem ser sindicáveis: mesmo os defeitos do inquérito policial, malgrado conhecido jargão, reafirmando que "eventuais vícios ocorridos na fase do inquérito policial não contaminam a ação penal" (*rectius*: processo penal), "porquanto se trata de peça meramente informativa e, por isso, dispensável à persecução penal"[507].

---

506. TOVO, Paulo Cláudio; TOVO, João Batista Marques. *Nulidades no processo penal brasileiro: novo enfoque e comentário*. Rio de Janeiro: Lumen Juris, 2008. p.13.

507. STF – Primeira Turma – RHC 249334 AgR – Rel. Min. Luiz Fux – Dje 21 fev. 2025.

O STJ, contudo, deu um passo no sentido de reconhecer a comunicação entre vícios da investigação e processo penal que nela se embasa, assentando que "a falta de acesso da defesa aos elementos de prova colhidos na fase inquisitiva, antes do início da instrução criminal, configura nulidade processual por prejuízo à capacidade defensiva do réu"[508].

Note-se que o *grief* (relação do prejuízo), neste caso concreto, recebeu sentido adequado porque se referiu à possibilidade de exercício da ampla defesa (estrutura da garantia). Decerto, o *pas de nullité sans grief*, ao invés de impor um ônus probatório ao imputado, há de significar juiz de fundamentar um encargo argumentativo ao juiz, orientado pelo vetor do direito individual em jogo.

O problema que circunda as atipicidades não está restrito ao direito processual penal brasileiro. Veja-se o que ilustra João Conde Correia, ao analisar a mesma matéria no direito português: "uma visão superficial e sincrética da teoria das nulidades processuais penais, colhida nas imagens simbólicas do quotidiano, revela simplicidade doutrinal, limpidez legal e agilidade jurisprudencial".

Contudo, o jurista pondera que aquela perspectiva, apriorística, não passa "de uma miragem efêmera, que se desvanece numa análise profunda e científica, para dar lugar a um mundo de incertezas, dúvidas e contradições". O que se vê, nas palavras do processualista português, é um lugar comum "onde o direito positivo, a doutrina e a jurisprudência se entrecruzam, de forma anárquica, num caos quase insuperável. A aparente solidez do sistema desfaz-se num ápice, mostrando uma crise profunda e insuspeitada", fato que evidencia a "superficialidade da maioria das reflexões sobre o tema".[509]

---

508. STJ – Quinta Turma – Processo sob sigilo – Rel. Min. Ribeiro Dantas – Dje 27 maio 2025.

509. CORREIA, João Conde. *Contributo para a análise da inexistência e das nulidades processuais penais*. Coimbra: Universidade de Coimbra, 1999. p.13.

9.2 Percurso judicial da fundamentação da decisão de nulificação de ato processual: do plano geral e abstrato ao plano individual e concreto

Da atipicidade do ato processual surge o dever do juiz de fazer incidir a norma jurídica que o constrange, dogmaticamente, a declarar a espécie de vício processual. São duas as operações lógicas relacionadas. A primeira é a subsunção entre conceitos conotativos (norma geral e abstrata) e conceitos denotativos (norma individual e concreta). A segunda operação decorre da implicação que se relaciona, juridicamente, ao fato selecionado pela cognição[510].

Em outros termos, como expõe, analiticamente, Aurora Tomazini de Carvalho, "o aplicador do direito, ao reconhecer que um acontecimento concreto, verificado em determinado ponto do espaço e em específica unidade de tempo, inclui-se na classe delimitada pelos critérios da hipótese geral e abstrata, realiza a subsunção do fato à norma". A partir daí, há a "implicação deôntica causalista",

510. Conotação e denotação têm a ver com as conexões que se estabelecem entre significante e significado, isto é, com a noção despertada no intérprete através do contato com o termo. A conotação é conexão intencional, enquanto a denotação alude à conexão extensional. Explicando a temática, Tácio Lacerda Gama aduz que "a pesquisa pela denotação de um conceito seria aquela que busca perceber que elementos se ajustam às palavras. Já aquela, que põe no centro dos seus interesses as características do conceito, seria o campo da chamada semiótica conotativa" (GAMA, Tácio Lacerda. Sentido, consistência e legitimação. In: Vilém Flusser e juristas: comemoração dos 25 anos do grupo de estudo de Paulo de Barros Carvalho. Florence Haret; Jerson Carneiro [orgs.]. Noeses: São Paulo, 2009. p.232). E, na dicção de Tárek Moysés Moussallem, "o aumento da conotação implica diminuição da extensão" (MOUSSALLEM, Tárek Moysés. *Revogação em matéria tributária*. São Paulo: Noeses, 2005. p.42). A questão envolve, portanto, a precisão do significado das palavras, interessando à temática da subsunção dos conceitos relacionados aos vícios processuais penais. Ainda consoante Tácio Lacerda Gama, "precisar o sentido de um termo mediante a indicação dos seus critérios de uso é o que se chama definição conotativa ou intencional. Já a determinação de sentido feita pela indicação dos objetos significados pela palavra é uma definição do tipo extensional ou denotativa" (GAMA, Tácio Lacerda. Sentido, consistência e legitimação. In: *Vilém Flusser e juristas*: comemoração dos 25 anos do grupo de estudo de Paulo de Barros Carvalho. Florence Haret; Jerson Carneiro (orgs.). Noeses: São Paulo, 2009. p.241).

operada pelo juiz. É o magistrado que "imputa a relação jurídica definida de acordo com os critérios prescritos no consequente da mesma norma geral e abstrata, realizando outro ato de subsunção, agora com relação ao vínculo jurídico, que é o fato relacional"[511].

Por exemplo, o juiz afere que o ato jurídico processual se deu imperfeitamente, enquadrando-o na fórmula geral declaratória de vício (atipicidade) e na específica classe (inexistência, nulidade absoluta, nulidade relativa – ou irregularidade). As proposições dessa norma (antecedente e consequente) pressupõem definição de classes. A cognição que incide sobre ambas tem, como ponto de origem, um determinado fato, delimitado. Dessa construção, nascerá uma nova implicação, por intermédio de relação jurídica consecutiva.

9.3 Pontos de vista relativos à validade de ato processual: observadores *versus* participantes

Para concluir que um ato processual penal é válido, parte-se da noção de forma. Francesco Carnelutti idealiza o conceito de forma nos conceitos de conteúdo (evento) e modo (ação). A ação é compreendida, nesse contexto, como momento formal do ato, e não apenas como o ato em si. Nesse conceito jurídico, "incluem-se tanto a ação positiva quanto a negativa". Quanto ao evento, ele é "não apenas a mudança, mas também a ausência de mudança de um *status*", traduzindo-se como "uma atitude do mundo exterior, qualificada pela diferença, quer com respeito ao que era, quer com respeito ao que teria sido ou podido ser"[512].

---

511. CARVALHO, Aurora Tomazini de. *Interpretação e aplicação do direito*. In: Vilém Flusser e juristas: comemoração dos 25 anos do grupo de estudo de Paulo de Barros Carvalho. Florence Haret; Jerson Carneiro (orgs.). Noeses: São Paulo, 2009. p.269-270.

512. CARNELUTTI, Francesco. *Sistema de direito processual civil*: volume III – da estrutura do processo. Tradução: Hiltomar Martins Oliveira. 2. ed. São Paulo: Lemos e Cruz, 2004. p.243-244.

A ação (modo) deve recair sobre o conteúdo fático (evento). A relação, no pensamento carneluttiano, tem estrutura que, igualmente, segue de antecedente (evento ou conteúdo de um fato mundano) a consequente (ação formal que molda um ato jurídico pela incidência).

Do afastamento da forma decorre a atipicidade.

A documentação processual (fazimento do ato e desfazimento de seus efeitos) é indispensável, como regra, à modificação no mundo jurídico. A declaração da espécie (nulidade-fato) é parte da primeira norma jurídica que desencadeará relação de implicação entre normas (internormatividade). Declarada, por exemplo, a nulidade absoluta de um ato processual penal viciado (conteúdo e modo), referentes a elemento essencial, estará construída situação apta à edição da norma de invalidação do ato processual imperfeito, com a delimitação de sua extensão (nulidade-consequência).

Contrapondo validade e invalidade, tem-se que a primeira, no processo, ocorre com o ato processual emitido pela autoridade judiciária. Ingressando no mundo jurídico, o ato é, *ipso iure*, válido e eficaz. Para ser coartada a validade do ato eivado de vício, necessária a constituição de duas normas jurídicas, ambas dotadas de antecedente e consequente normativos. A primeira norma jurídica reconhece e classifica o vício. A segunda norma jurídica faz implicação normativa a partir da derradeira proposição da norma anterior, para emitir a consequente invalidação.

Essa noção de validade se distancia parcialmente daquela proposta por João Conde Correia, no contexto português. Para o autor, "o conceito de validade exprime, quer ao nível da linguagem corrente, quer ao nível da linguagem técnico-jurídica, um juízo de valor positivo, significando que determinado ato está conforme ao respectivo esquema ou modelo legal"[513].

513. CORREIA, João Conde. *Contributo para a análise da inexistência e das nulidades processuais penais*. Coimbra: Universidade de Coimbra, 1999. p.87.

No direito processual penal, o juiz, por exemplo, profere decisões válidas ou inválidas[514]. Porém, para que seja reconhecida como inválida, não se prescinde de um ato judicial específico que assim a reconheça. Em outros termos, se a validade dos atos processuais é depreendida à míngua de impugnação específica, tal não se pode dizer da invalidade, que carece de pronunciamento claro e preciso. A noção de invalidade alvitrada pelo processualista mais se aproxima da ideia de atipicidade.

Decerto, para João Conde Correia, "a noção de invalidade tem um conteúdo negativo, exprimindo um juízo depreciativo, de não conformidade entre o acto praticado e o seu paradigma normativo". Arremata, ademais, que "os dois conceitos têm em comum uma atividade humana e um critério para a sua apreciação, mas divergem nos resultados dessa avaliação"[515].

Boa parte das divergências terminológicas é refratária à sistematicidade do panorama das nulidades e tem relação com a distinção de pontos de vista, notadamente diante da diferença entre as duas óticas de intérpretes: como participante (juiz) ou como observador (teórico). Embora exista espaço para diálogo entre o sentido do texto conferido pelo participante e o outorgado pelo observador, essa comunicação é muitas vezes obnubilada pelas dificuldades em uniformizar a linguagem de referência em cotejo com fenômenos diversos.

Contudo, conforme adverte Tácio Lacerda Gama, "a diferença essencial entre observadores e participantes advém do resultado da sua atividade de interpretação, pois enquanto o sentido construído pelos participantes é

514. CARVALHO, Paulo de Barros. *Direito tributário*: linguagem e método. 5. ed. São Paulo: Noeses, 2013. p.450-451.

515. CORREIA, João Conde. *Contributo para a análise da inexistência e das nulidades processuais penais*. Coimbra: Universidade de Coimbra, 1999. p.87.

prescritivo, consubstanciado em novos textos de direito positivo, o produzido pelos observadores é descritivo". O que é dito pelo teórico (órgão inautêntico, na terminologia kelseniana) não é elemento apto a se tornar decisão coercitiva e com caráter de coisa julgada[516].

9.4 Bases do sistema para a produção de normas processuais penais

A adoção de uma perspectiva semelhante ao realismo jurídico, na construção do sistema de nulidades processuais penais, é constatada pela produção das normas de nulificação e de invalidação pelo STF e pelo STJ.

As classificações doutrinárias apresentam elementos muito diversos entre si, quando comparadas as correntes apresentadas, mas também evidenciam elementos comuns. De outro lado, a comunicação normativa que forma o discurso jurisprudencial é reconhecida pela doutrina que procura adaptar seus termos àquele, embora a ele apresente críticas[517].

---

516. GAMA, Tácio Lacerda. Sentido, consistência e legitimação. In: *Vilém Flusser e juristas*: comemoração dos 25 anos do grupo de estudo de Paulo de Barros Carvalho. Florence Haret; Jerson Carneiro (orgs.). Noeses: São Paulo, 2009. p.248.

517. Apropriada a reflexão de Tercio Sampaio Ferraz Júnior ao enfocar a função de controle do discurso normativo, entendendo controlar como "neutralizar, fazer com que, embora conservadas como possíveis, certas alternativas não contem, não sejam levadas em consideração". Elucida o autor que "a uniformização do sentido tem a ver com um fator normativo de poder, o poder de violência simbólica [...]. Trata-se do poder capaz de impor significações como legítimas, dissimulando as relações de força que estão no fundamento da própria força". O controle decorre da viabilização de que o receptor conserve suas possibilidades de ação (FERRAZ JÚNIOR, Tercio Sampaio. *Interpretação jurídica*: interpretação que se comunica ou comunicação que se interpreta? In: *Vilém Flusser e juristas*: comemoração dos 25 anos do grupo de estudo de Paulo de Barros Carvalho. Florence Haret; Jerson Carneiro [orgs.]. Noeses: São Paulo, 2009. p.32). Nesse sentido, nota-se um controle exercido pelas cortes superiores em relação aos juízes de primeiro grau de jurisdição, sem que imponha, estritamente, uma coação. Em outros termos, percebe-se o interesse dos juízes de ter suas decisões conservadas, imunizadas contra impugnações, mediante a observância da comunicação normativa enunciada pelo STF e pelo STJ, não sendo indispensável, para tanto, a Súmula Vinculante.

Por outro lado, o sentido conferido pelos tribunais à matéria das nulidades contemplada pelo ordenamento jurídico não extravasa, em regra, os limites do texto do CPP, malgrado a diversidade de fontes em que teria se baseado o legislador. Paulo Cláudio Tovo, todavia, avalia diferentemente o material legislado. Segundo aduz, a lei brasileira lhe parece, "após longa meditação, menos obscura e sem grandes enigmas", pois as dúvidas que teve outrora, "podem ser atribuídas mais à exegética consagrada pelos mestres e nos tribunais que ao texto expresso". E conclui que, "relendo refletidamente o texto puro da lei, parece até que os teoristas fizeram sua construção dogmática em cima de outro diploma legal que não o Código de Processo Penal brasileiro"[518].

O pensamento de Paulo Cláudio Tovo a respeito do texto seria procedente, porém apenas parcialmente. As disposições do CPP são ponto de partida para a construção das normas. Esses enunciados devem ser submetidos a filtro constitucional. Note-se, por exemplo, que pelo elenco do art. 564, do Código, é possível inferir que as nulidades em espécie visavam muito mais ao procedimento do júri, do que a qualquer outra espécie de atipia. Isso sem falar na inspiração processual civilista, não totalmente adequada ao processo cujo objeto veiculado é direito referente à liberdade. Colocando a questão sob essa lente, o que poderia se objetar é a necessidade de técnica de reconhecimento de nulidade e de constituição de declaração de invalidação que se adequem à finalidade maior das formas constitucionais, legais e jurisprudenciais firmadas no campo do direito processual penal.

Isso porque os enunciados desse campo retratam direitos de primeira geração que, ao final, colimam proteger garantias fundamentais que decorrem do valor liberdade. Enrico Tullio Liebman destaca, em reforço, que "le forme

518. TOVO, Paulo Cláudio. *Nulidades no processo penal brasileiro*: novo enfoque e comentário. Porto Alegre: Sergio Antonio Fabris, 1988. p.13.

processuale rispondono a una necessità di ordine, di certezza, di efficienza e la loro scrupolosa osservanza rappresenta una garanzia di regolare e leale svolgimento del processo e di rispetto dei diritti delle parti"[519].

Sem perder de vista essa característica formal protetiva do procedimento previsto em lei, o objeto de estudo das nulidades inclui o espaço situado entre o reconhecimento de uma postura realista e a importância das classificações doutrinárias que visam a dar efetividade aos direitos fundamentais. Para tanto, devem ser consideradas as formas legais que estruturam o sistema e a atividade dos tribunais, cujas decisões declaram, conformam e modificam o sentido das normas que migram da cognição sobre enunciados do ordenamento jurídico.

A classificação das atipicidades, descrita a partir de decisões judiciais, representa indicativo da indigitada postura realista, encontrada no Brasil, malgrado seja o país mais próximo do sistema continental (*civil law*). Na praxe forense, os órgãos do Poder Judiciário tendem a acatar, naturalmente, as decisões judiciais do STF e do STJ. Com efeito, pode-se nominar de "persuasão natural"[520] o reconhecimento pelos juízes e tribunais de súmulas não vinculantes e de precedentes, como guias para julgamento de casos futuros.

A comunicação normativa se torna mais eficiente, dentre outros fatores, em razão do denominado direito da informática e da disponibilização de repertórios eletrônicos de jurisprudência, com consulta viabilizada pela indexação de

---

519. LIEBMAN, Enrico Tullio. *Manuale di diritto processuale civile*: I. 4. ed. Milano: Giuffrè, 1980. p.201.

520. Enquanto a súmula vinculante é cogente tal qual texto de lei, a súmula não vinculante é preponderantemente persuasiva (súmula persuasiva), assim denominada porque os juízes costumam segui-las, uniformizando decisões, conquanto não seja obrigatório esse proceder. (NASCIMENTO, Bruno Dantas. Súmula vinculante. O STF entre a função uniformizadora e o reclamo por legitimação democrática. *Revista de Informação Legis-lativa*, Brasília, a. 45, n. 179, p.181, jul./set. 2008.).

termos, bem como por meio de instrumentos úteis de busca, a exemplo dos informativos semanais de jurisprudência. Para o uso adequado dessas ferramentas, propugna-se que se tome por premissa a assertiva de que o direito processual penal deve atender à finalidade precípua de proteção da liberdade pelas formas processuais. Isso em face de ser ele considerado ramificação dos direitos fundamentais constitucionais de primeira dimensão, sem descurar do seu fito específico tradicional de que deve fazer atuar o direito penal objetivo. Daí que o reconhecimento de fontes diversas da legislação para a classificação de nulidades, mormente de índole jurisprudencial (realismo jurídico), deve obedecer a esses limites funcionais constitucionais.

Certo que, no Brasil, ainda há discrepância em considerar a jurisprudência como fonte de revelação do direito processual penal. Na doutrina, muitos autores não catalogam o Poder Judiciário dentre os órgãos que integram as fontes ditas materiais, de produção do direito processual penal, inserto na competência da União para legislar sobre direito processual penal[521].

Contudo, há indicativo de crescimento do reconhecimento doutrinário e jurisprudencial de que a jurisprudência é fonte formal do direito processual penal, embora parte dessa doutrina ainda a aponte como fonte secundária[522]. Hélio

521. Na doutrina, não reconhecem a jurisprudência como fonte formal, sequer mediata, do direito processual penal: CAPEZ, Fernando. *Curso de direito processual penal*. 6. ed. São Paulo: Saraiva, 2001. p.62; PENTEADO, Jaques de Camargo. *Manual de processo penal*. São Paulo: RT, 2013. p.57; BONFIM, Edilson Mougenot. *Curso de processo penal*. 4. ed. São Paulo: Saraiva, 2009. p.8; LIMA, Marcellus Polastri. *Curso de processo penal*. 8. ed. Brasília: Gazeta Jurídica, 2014. p.55; NUCCI, Guilherme de Souza. *Manual de processo penal e execução penal*. 6. ed. São Paulo: RT, 2010. p.126-127; MARCÃO, Renato. *Curso de processo penal*. São Paulo: Saraiva, 2014. p.88.

522. Sustentando a jurisprudência como fonte do direito processual penal: TOURINHO FILHO, Fernando da Costa. *Manual de processo penal*. 5. ed. São Paulo: Saraiva, 2003. p.57; FEITOZA, Denilson. *Direito processual penal*: teoria, crítica e práxis. 6. ed. Niterói: Impetus, 2009. p.89 (quando inclui o estudo das Súmulas Vinculantes no tópico das fontes); MACHADO, Antônio Alberto. *Curso de processo penal*. 6. ed. São

Tornaghi já atestava essa possibilidade quando ponderou que "a jurisprudência, em princípio, não é fonte do direito. Quando, porém, o juiz, autorizado por lei, preenche as lacunas da ordenação jurídica de um Estado estabelecendo a regra que depois aplica", restará dissipada a dúvida, concluindo-se que "a jurisprudência cria norma Jurídica". No contexto da época, o processualista penal advertia que "não constitui o juiz, neste caso, normas genéricas e abstratas, mas apenas concretas e individualizadas, para o caso pendente"[523].

Benjamin Cardozo, explicando técnicas de decidir, realçou que o método da sociologia é frutífero em todos os ramos do direito e que o foco finalístico determina o seu sentido e crescimento, com o ajuste de suas regras aos deveres do ofício. O representante do Realismo Jurídico e juiz da Suprema Corte norte-americana destaca que "o juiz deve ter sempre em mente a concepção teleológica de sua função. Isso significa, é claro, que a filosofia jurídica da *common law* é, no fundo, a filosofia do pragmatismo. Sua verdade é relativa, não absoluta. A norma que funciona bem gera um direito próprio ao reconhecimento"[524].

Oliver Holmes, pai do Realismo Jurídico e igualmente juiz da Suprema Corte dos Estados Unidos, partindo da premissa de que a consistência de um sistema não se resume ao resultado que esse deve buscar e que a vida do direito decorre da experiência e não do seu aspecto lógico, anota

---

Paulo: Atlas, 2014. p.35; TÁVORA, Nestor; ALENCAR, Rosmar Rodrigues de. *Curso de processo penal e execução penal*. 17. ed. Salvador: Juspodivm, 2022. p.78 et seq; MANZANO, Luís Fernando de Moraes. *Curso de processo penal*. 3. ed. São Paulo: Atlas, 2013. p.129 (embora restringindo expressamente à Súmula Vinculante); REIS, Alexandre Cebrian Araújo; GONÇALVES, Victor Eduardo Rios. *Direito processual penal esquematizado*. 4. ed. São Paulo: Saraiva, 2015. p.46; AVENA, Norberto. *Processo penal*: esquematizado. Rio de Janeiro: Forense; São Paulo: Método, 2009. p.6.

523. TORNAGHI, Hélio. *Instituições de processo penal*: volume I. Rio de Janeiro: Forense, 1959. p.89.

524. CARDOZO, Benjamin N. *A natureza do processo judicial*. Tradução: Silvana Vieira. São Paulo: Martins Fontes, 2004. p.74.

que o direito tem, na legislação, o seu crescimento essencial, eis que, na forma, o seu evolver é de natureza lógica. Porém, na substância, vê-se o paradoxo, haja vista que a história dos precedentes evidencia decisões que se sucedem de forma silogística. Daí sustentar o autor "a falência de todas as teorias que consideram o direito apenas pelo seu lado formal" e que "o direito está sempre se aproximando da uniformidade, jamais a alcançando, porém. Está ele continuamente a deduzir novos princípios da vida, por um lado; e por outro, a manter sempre velhos princípios da História, ainda não absorvidos ou abandonados. Tornar-se-á inteiramente uniforme apenas quando cessar de desenvolver"[525].

Com efeito, a edição de norma concreta que resolve um caso paradigma gera a função de servir de parâmetro para casos futuros. Nesses termos, a norma individual e concreta que deu solução ao caso submetido ao Judiciário se revestirá de forma enunciativa – abstrata – para que seja aplicada a questões semelhantes.

Benjamin Cardozo adverte que, ao determinar como a norma deve funcionar, é recomendável evitar a redução do geral ao particular. Vale dizer, não é correto sacrificar, pura e simplesmente, as evidentes vantagens de uniformidade e consistência, com o fito de se fazer justiça no caso concreto. O julgador deve se manter "dentro dos limites intersticiais que o precedente, o costume e a longa, silenciosa e quase indefinível prática de outros juízes, ao longo de séculos de *common law*, estipularam para as inovações feitas por juízes"[526].

Deveras, o juiz deve acatar os contornos do texto produzido para que, nos limites do sistema, produza norma de nulidade, de invalidação ou de convalidação. É o

525. HOLMES, Oliver Wendell. *O direito comum*: as origens do direito anglo-americano. Tradução: J. L. Melo. Rio de Janeiro: O Cruzeiro, 1967. p.55.

526. CARDOZO, Benjamin N. *A natureza do processo judicial*. Tradução: Silvana Vieira. São Paulo: Martins Fontes, 2004. p.75.

reconhecimento de que a linguagem determina um fechamento e uma abertura, imprimindo direção à atividade judicial. A observância da finalidade do processo penal é vetor à interpretação e produção de normas jurídicas. Nesse contexto, são respeitados os limites do CPP (arts. 563 a 573). O sentido, conferido pelo intérprete autêntico (juiz), deve considerar os lindes impostos pela Constituição, bem como a construção de precedentes judiciais, notadamente os enunciados das súmulas.

Ingressa aqui, com algumas adaptações, alguns fundamentos expendidos por Alf Ross, levando em conta as peculiaridades do sistema de nulidades. Primeiramente, é de ver que Ross rejeita a ideia de que o direito deva estar acima do mundo dos fatos. De tal sorte, opõe-se a noção de uma "validade" *a priori* específica e interpreta a validade de acordo com a forma de fatos sociais. O autor rejeita, assim, o empirismo próprio da concepção realista norte-americana. Aliás, o mesmo Alf Ross não concorda com a noção de um princípio *a priori* de justiça para servir como guia para a política jurídica (produção de legislação), entendendo esta como inserta no relativismo. Identicamente aos demais realistas, Ross não anui que o conhecimento jurídico seja um saber normativo específico, compreendido em proposições de 'dever ser'": o filósofo e jurista segue a interpretação do "pensamento jurídico formalmente em termos da mesma lógica que dá fundamento a outras ciências empíricas (proposições de ser)"[527].

A perspectiva lógica deôntica ordenadora de normas jurídicas nulificadoras, com nitidez de suas relações internormativas e das correlatas proposições de "dever-ser", afasta-se das ideias de Ross. Porém, tal postura teórica não descura da produção de enunciados abstratos a partir de casos concretos julgados pelo Poder Judiciário e que, sem

527. ROSS, Alf. *Direito e justiça*. Tradução: Edson Bini. Bauru: Edipro, 2003. p.20.

desconhecer os fatos da vida, podem ser estruturados normativamente, visando a diminuir o espaço de contingência. Para tanto, coletar os elementos internos do sistema que estabelecem regras mais formais, constitui tarefa fundamental, por estabelecer modelos que servirão à tutela de direitos fundamentais, protetivos da liberdade.

Tal qual pondera Saldanha, a adoção da concepção de nulidade e de invalidade como normas jurídicas não menospreza a sua conexão existencial com a vida social. Reconhece-se o papel realista dos tribunais. Nas palavras do autor, "tomado o direito como mera norma, sua realidade se restringe à de umas tantas palavras e de uns tantos preceitos". Na verdade, deve-se perceber que "é a presença de funções reconhecidas, e de uma autoridade capaz de dar efetividade ao direito, que faz com que ele se sobreponha aos comportamentos particulares"[528].

O direito processual penal expõe, no plano da expressão, os enunciados que regulam a nulidade e que constituem instrumentos comunicativos aos juízes. Destarte, a regulação do tema encontra respaldo na noção de direito vigente defendida por Ross, conquanto deste se afaste quando busca uma estrutura lógico-deôntica para cumprir a função de potencializar o resultado de maior efetividade ao sistema de proteção de liberdade fundamentais. De certo modo, há ponto de contato com a afirmação de Ross de que a teoria não se sobrepõe à prática, notadamente quando se verifica que "somente os fenômenos jurídicos no sentido mais restrito – a aplicação do direito pelos tribunais – são decisivos para determinar a vigência das normas jurídicas"[529].

Um dos exemplos de que as decisões dos tribunais tendem a estipular certos limites de vigência ao direito legislado, é o conteúdo do enunciado nº 523, da Súmula, do STF,

528. SALDANHA, Nelson. *Filosofia do direito*. 2. ed. Rio de Janeiro: Renovar, 2005. p.85.

529. ROSS, Alf. *Direito e justiça*. Tradução: Edson Bini. Bauru: Edipro, 2003. p.60.

quando cotejado com o enunciado do art. 563, do CPP. Nos termos daquela proposição, "no processo penal a falta da defesa constitui nulidade absoluta, mas a sua deficiência só o anulará se houver prova de prejuízo para o réu". Calha a advertência de que tal verbete da Súmula é de 03/12/1969. Com a ordem jurídica instaurada pela Constituição de 1988, não é admissível tolerância com o déficit na defesa do imputado. Se à época da Súmula, os quadros de membros do Ministério Público, da Defensoria e de advogados eram reduzidos, nos dias atuais, não se concebe que acusados sejam processados sem defesa à altura das garantias fundamentais preconizadas pela Constituição, nem muito menos com acusação difusa ou pouco concatenada em uma petição inicial acusatória. Embora aqueles contornos interfiram no conceito de direito, propugna-se que se considere superada a redação sumular nº 523, do STF, em face do seu confronto com a Constituição de 1988.

O STF tem mitigado a distinção entre nulidades absolutas e relativas, sem seguir, rigidamente, uma consequência predefinida. Nesse diapasão, tem reiterado que, "para o reconhecimento de eventual nulidade, seja ela relativa ou absoluta, faz-se necessária a produção, pela defesa, de prova do prejuízo, não sendo a condenação, contudo, elemento válido para essa constatação"[530].

Malgrado se possa criticar essa tendência, por se aproximar bastante do direito processual civil, cuja tutela é direcionada a direitos disponíveis, não se pode descurar da importância do confronto jurisprudencial, doutrinário e legislativo para a elucidação da problemática. Aferir as fontes do direito processual penal é, decerto, relevante para evidenciar os pontos comuns das estruturas normativas do microssistema das nulidades e das invalidades processuais penais.

---

530. STF – Primeira Turma – HC 253764 AgR – Rel. Min. Cristiano Zanin – DJe 30 abr. 2025.

9.5 Limites do direito legislado

Os enunciados formam o ordenamento jurídico. Como pode haver dúvida acerca da hierarquia entre diplomas normativos, bem como antinomias de textos, devem ser submetidos a exame de vigência e de validade. A interpretação, baseada em critérios sufragados pela sua própria base empírica, é a via proposta para a estruturação das normas válidas, que conformam o sistema jurídico. De tal modo, o texto legislado faz parte do alicerce limitador para construção de normas jurídicas.

9.5.1 Confronto da legislação com a interpretação dada pelos tribunais

A questão dos limites da legislação passa pela diferença entre ordenamento jurídico e sistema. O direito legislado, mormente o CPP, do art. 563 ao 573, contém o alicerce inicial para a construção de normas, vale dizer, os conceitos legais (difusos e, por tal razão, pendentes de delimitação). O texto legal é a matéria bruta enunciativa a partir da qual é desenvolvido o sistema, fruto de interpretação. Esse texto legal, enunciado, é a base primeira de trabalho do intérprete, ponto de início para a experimentação do direito. Já o sistema decorre do produto que se obtém a partir do direito aplicado, resultado da interpretação dos enunciados, em um momento específico.

Como as divergências em torno das nulidades são muitas, optou-se por seguir método consistente em tentativas de clarificar limites e possibilidades que decorrem da compreensão do texto bruto (artigos 563 e seguintes, do CPP). Para tanto, interpreta-se essa base empírica (os artigos do Código), em compasso com o contexto concreto (o ato jurídico processual imperfeito), com o objetivo de conferir efetividade ao direito processual albergado na Constituição.

Além desse proceder, é importante confrontar a dicção legislativa com precedentes jurisprudenciais sobre o vício em espécie, notadamente os sumulados. Trata-se de atividade prévia à estruturação das normas jurídicas aptas à decretação constitutiva de nulidade e à imposição de invalidação ou de convalidação, operando a desconstituição dos efeitos jurídicos do ato viciado ou ratificando-os.

A norma jurídica de invalidação do ato viciado (nulidade-consequência) é deveras peculiar, eis que pode retratar efeito maior ou menor relativamente à sua abrangência (modulação), conforme fundamentação judicial. Por outro lado, as exceções à consequencialidade da invalidação (regras de calibração), que dependem de justificativa racional para dirimir um paradoxo[531], devem encontrar respaldo no CPP ou em enunciado reconhecido pelo Estado como direito vigente.

9.5.2 Feição pragmática da aplicação da legislação processual penal

A sustentabilidade do discurso jurídico depende da compatibilidade da relação entre as normas. A correção da estrutura do raciocínio é diretamente proporcional à imunização da comunicação normativa. A feição pragmática é retratada no objetivo de tutela de garantias, justificada pela organização sucessiva das proposições. Colima-se viabilizar o controle da atividade judicial, minimizando o espaço de discricionariedade.

Seguindo o que teoriza Tercio Sampaio Ferraz Júnior acerca da situação comunicativa, sob o ângulo pragmático, nota-se que o seu controle está relacionado à qualidade do discurso enquanto decisão, notadamente quando

531. WATZLAWICK, Paul; BEAVIN, Janet Helmick; JACKSON, Don D. *Pragmática da comunicação humana*: um estudo dos padrões, patologias e paradoxos da interação. Tradução: Álvaro Cabral. São Paulo: Cultrix, 1967. p.169.

entendido pela sua capacidade de pôr fim a conflitos[532]. O autor procura evidenciar que a validade das normas está ligada àquela qualidade, que é aferida pela explicitação dos fundamentos da relação internormativa.

Tácio Lacerda Gama se aproxima dessa concepção de validade, ao considerar que "não é um atributo da norma, mas sim da relação que ela mantém com o sistema jurídico. Quando essa relação é harmônica, existindo compatibilidade com a respectiva norma de competência, temos validade". Ao revés, quando se dá relação entre uma norma e outra que prescreve sanção em virtude do exercício irregular da norma de competência, haverá invalidade. Arremata que "validade e invalidade são, pois, juízos juridicamente relevantes, presentes no sistema de direito positivo". O juridicamente irrelevante é, nessa linha, o inexistente, que fica fora do sistema jurídico. Este, a seu turno, prevê restritamente os efeitos da validade e da invalidade[533].

De certo modo, as decisões dos tribunais se alinham a um perfil pragmático, que é constatado pela ampliação de alternativas com o objetivo de abreviar a solução de processos. Cresce o número de técnicas para resolução de litígios em tempo breve, viabilizando a prestação jurisdicional sem delongas e com o propósito de tornar mais eficiente a estrutura do Judiciário. No entanto, para a tomada de decisões sobre nulidades e invalidades, é indispensável seguir o objetivo de tornar eficaz o direito de liberdade, protegido que é pelo respeito às formas do ordenamento jurídico. Isso porque a condução do processo penal sem atenção à moldura procedimental não é valiosa para o Estado Democrático

---

532. FERRAZ JÚNIOR, Tercio Sampaio. *Teoria da norma jurídica*: ensaio de pragmática da comunicação normativa. 4. ed. Rio de Janeiro: Forense, 2009. p.105.

533. GAMA, Tácio Lacerda. *Competência tributária*: fundamentos para uma teoria da nulidade. 2. ed. São Paulo: Noeses, 2011. p.330-331.

de Direito[534], bem como acaba por se afastar da finalidade que devem cumprir os direitos fundamentais de primeira geração capitulados na Constituição de 1988.

Voltando ao elo entre normas, ainda Tercio Sampaio Ferraz Júnior explica que, quando faz uso da expressão "norma válida", intende se referir à relação entre discursos normativos, seja no seu aspecto-relato (a informação transmitida), seja no seu aspecto-cometimento (uma informação acerca da informação, elucidando como a informação emitida deve ser compreendida), considerando que tais aspectos são níveis separados do objeto do discurso normativo, para a tomada de decisões[535].

A ideia de deixar os aspectos normativos delimitados, de forma estruturada, é a de evitar equívocos, o que pode ser bastante proveitoso à interpretação das nulidades. A partir de tais bases, o autor esclarece que "validade é uma propriedade do discurso normativo que exprime uma conexão de imunização". A imunização é um procedimento racional que possibilita controlar as reações do destinatário, precavendo-se contra eventuais críticas sobre a ação linguística normativo-comunicativa[536].

No direito tributário, Karem Jureidini Dias adota concepção que pode ser assimilada ao processo penal. A autora explica que a validade do fato jurídico tributário consiste em relação que depende de quatro aspectos: (1)

534. JARDIM, Afrânio Silva. Garantismo no processo penal: breve e parcial reflexão. *Revista Eletrônica de Direito Processual – REDP*, Rio de janeiro (UERJ), a.8, n.14, p.10, jul.-dez. 2014.

535. Parte-se do pressuposto de que norma jurídica (individual e concreta) é fruto de decisão fundamentada que, por sua vez, traça as condições para outra decisão que retrata outra norma jurídica (individual e concreta). Normas jurídicas são, sob dado ângulo, focos para a ejeção de outras normas jurídicas. O decisum exarado pelo juiz finda por estabelecer as condições para a imposição de outras normas jurídicas.

536. FERRAZ JÚNIOR, Tercio Sampaio. *Teoria da norma jurídica*: ensaio de pragmática da comunicação normativa. 4. ed. Rio de Janeiro: Forense, 2009. p.106.

primeiramente, "dos vínculos sistêmicos de coordenação e subordinação para a introdução de norma individual e concreta"; (2) em seguida, "da tradução dos suportes fáticos no enunciado do fato jurídico tributário"; (3) também "da subsunção do fato ao conceito da hipótese da norma geral e abstrata"; e (4) por fim, "da coerência intranormativa entre a proposição antecedente e a proposição consequente"[537].

9.5.3 Contornos limitativos do Título I, do Livro III, do Código de Processo Penal brasileiro

9.5.3.1 Base empírica legal e sua função de fonte parcial de produção de norma que reconhece atipicidade

O direito, aqui denominado de legislado, é constituído pelos enunciados, pelas marcas dêiticas, ou seja, pela grafia de letras que, em conjunto, formam artigos, capítulos e títulos de lei. A noção de enunciado é similar à de texto bruto. É, primordialmente, fonte formal, ou seja, fonte de cognição do direito, a partir do qual são construídas as normas jurídicas.

Por outro ângulo, pode o texto legislado ser considerado uma fonte parcial de produção (fonte material parcial), porquanto as normas jurídicas individuais e concretas migram dos enunciados mediante a atividade do intérprete. Nesse espaço, tem cabimento o exame da linguagem utilizada pelo legislador do CPP, no Título I, do seu Livro III.

9.5.3.2 O enunciado do art. 563, do Código de Processo Penal, e os limites da noção de prejuízo para a produção da norma declaratória de atipicidade

Os termos utilizados pelo legislador são revestidos de plasticidade tal que podem ensejar a produção de normas

537. DIAS, Karem Jureidini. *Fato tributário*: revisão e efeitos jurídicos. São Paulo: Noeses, 2013. p.324.

de acordo com concepções jurídicas e filosóficas antagônicas. As disposições do CPP se aproximam do direito processual civil, ramo este destinado a disciplinar o rito de processos que, quase sempre, versam sobre direitos disponíveis. Exemplo de artigo que é inspirado no direito processual civil é o art. 563, do CPP. Seu enunciado aduz que "nenhum ato será declarado nulo, se da nulidade não resultar prejuízo para a acusação ou para a defesa".

A pouca adequação dessa disposição com o direito processual penal é demonstrada pela dificuldade que geralmente tem a defesa de comprovar um prejuízo específico. Aliás, há ampla crítica sobre o significado que lhe dá os tribunais, destacando que o *pas de nullité sans grief* não deve ser aplicado de maneira irrestrita ao processo penal, já que aqui o direito em jogo é o *jus libertatis*. Leonardo Costa de Paula aponta que a criação da cláusula do prejuízo é ligada ao Código Napoleônico, cuja intepretação é, não raras vezes, distorcida. A relação que se faz com o iluminismo é justificada pela legitimidade que procura dar à técnica de convalidação de vícios, "resguardando o processo da nulidade pela finalidade autoritária que o processo penal assumiu no embate das nulidades". Na prática, visava-se a combater a morosidade processual, coibindo-se postergação indefinida do processo[538].

Decerto, no processo penal, o ônus de provar a ocorrência de prejuízo não deve ficar a cargo do acusado. Não há prejuízo maior que ser condenado ou que não ter respeitado algum direito fundamental constitucional, a exemplo do direito ao devido processo legal, com a possibilidade de debate amplo sobre fatos, provas e teses jurídicas. É dever do Ministério Público e, ao cabo, do juiz, expor fundamentadamente que o desatendimento da forma não se classifica

538. PAULA, Leonardo Costa. *As nulidades no processo penal*: sua compreensão por meio da afirmação do direito como controle ao poder de punir. Curitiba: Juruá, 2013. p.52.

em inexistência jurídica (ausência de elemento estrutural) ou em nulidade absoluta (falta de elemento essencial) do ato, eis que aqui incidiria o "princípio do prejuízo evidente"[539] ou da presunção, invencível, de prejuízo sufragada legalmente. Sendo o caso de nulidade relativa ou irregularidade, é igualmente dever do *Parquet* esboçar que o ato em descompasso com o modelo do ordenamento jurídico não causou prejuízo ao direito fundamental protegido pelo texto violado.

André Nicollit, a propósito, expõe que parte da doutrina conclui que é equívoco metodológico se valer, no processo penal, da denominada "teoria unitária das invalidades" ou de "qualquer teoria geral das nulidades que reproduza conceitos e categorias típicas do direito civil e do processo civil". E a justificativa não discrepa da aventada acima: para uma teoria das nulidades no processo penal, "não se pode perder de vista a necessária efetividade dos direitos fundamentais consagrados na Constituição"[540].

Em posicionamento semelhante, Aury Lopes Jr. entende que o rol das nulidades cominadas do art. 564, do CPP, é imprestável e de técnica equivocada e apresenta crítica quanto à categoria nulidade absoluta, porque só assim o será "se o julgador (juiz ou tribunal) quiser (...) e esse tipo de incerteza é absolutamente incompatível com o processo penal contemporâneo)". Acerca da incidência do *pas de nullité sans grief*, aduz que "não é a parte que alega a nulidade que deverá 'demonstrar' que o ato atípico lhe causou prejuízo, senão o juiz, para manter a eficácia do ato, deverá expor as razões pelas quais a atipicidade não impediu que o ato atingisse a sua finalidade ou tenha sido devidamente sanado"[541].

539. MANZANO, Luís Fernando de Moraes. *Curso de processo penal*. 3. ed. São Paulo: Atlas, 2013. p.696.

540. NICOLITT, André. *Manual de processo penal*. 5. ed. São Paulo: RT, 2014. p.864.

541. LOPES JR, Aury. *Direito processual penal e sua conformidade constitucional*: volume II. 3. ed. Rio de Janeiro: Lumen Juris, 2010. p.425-426.

9.5.3.3 Indistinção e insuficiência das nulidades cominadas pelo art. 564, do Código de Processo Penal

O legislador do CPP, ao editar o Título I, do seu Livro III, buscou exarar uma tipicidade fechada das nulidades em espécie, de forma análoga à legalidade estrita de inspiração iluminista. O seu art. 564, sem distinguir as nulidades em categorias como "relativa" ou "absoluta", cataloga um rol de nulidades cominadas, ao dizer, em seu *caput*, que "a nulidade ocorrerá nos seguintes casos". Tal previsão levou parte da doutrina a sustentar a taxatividade das nulidades processuais, de maneira análoga ao "Código de Processo Penal italiano" que, contudo, é mais expresso ao dizer, em seu art. 177, que "L'inosservanza delle disposizioni stabilite per gli atti del procedimento è causa di nullità soltanto nei casi previsti dalla legge"[542].

Antônio Tovo Loureiro associa o elenco das nulidades do art. 564, do CPP brasileiro, ao direito francês, em especial ao "legalismo oitocentista", eis que este se plasmou "no adágio *pas de nullité sans texte*, visando à restrição dos poderes dos juízes e a coibição dos abusos perpetrados durante o absolutismo, encontrando seu apogeu no Código Napoleônico". Em compasso com essa cláusula – elucida o autor –, somente poderiam ser "declarados nulos os atos para os quais houvesse previsão de nulidade". Tal concepção é própria da "presunção de validez da lei e de formas institucionais"[543].

Dos autores que enquadram as espécies de nulidades da legislação processual penal brasileira em um rol fechado, *numerus clausus*, Heráclito Mossin, diante da

---

542. ITÁLIA. Codice de procedura penale. Decreto n. 447, de 22 settembre de 1988, n. 447. Disponível em: <http://it.wikisource.org/wiki/Codice_di_procedura_penale/Libro_II/Titolo_VII>. Acesso em: 23 fev. 2022.

543. LOUREIRO, Antônio Tovo. O descumprimento das formas processuais penais como maximização do poder de punir: por uma nova teoria das nulidades. *Revista da Faculdade de Direito da Universidade Federal do Rio Grande do Sul* (Porto Alegre: UFRGS), n.26, p.13, dez. 2006.

necessidade de estabilidade da relação jurídico-processual e de segurança das partes, pondera que, "não obstante a forma confusa, complexa e imprecisa com que o instituto das nulidades encontra-se disciplinado no Livro III, Título I, do Código de Processo Penal, há de se concluir que o emprego do princípio da legalidade lhe é inerente"[544].

O CPP italiano tem enunciados que muito se distanciam dos consignados no CPP brasileiro. No primeiro, a previsão de legalidade estrita é expressa e há distinção legal entre nulidades absolutas e relativas. No caso brasileiro, não há menção à legalidade estrita, nem se vê distinção de classes de nulidades. Ademais, o art. 564, do CPP, contém uma cláusula de abertura (inciso IV), cominando nulidade toda vez que houver "omissão de formalidade que constitua elemento essencial do ato". Trata-se de chancela da natureza exemplificativa do elenco de atipicidades processuais penais (incisos I ao V).

Por outro lado, na esteira de Antônio Tovo Loureiro, a teoria que sustenta o rol taxativo das nulidades processuais penais deve ser abandonada em face de ser originária de uma perspectiva limitativa, incompatível com o sistema garantista-acusatório[545].

A jurisprudência vem enfrentando questões que extrapolam os termos do aludido art. 564, do Código, diante do desatendimento a outros modelos de atos albergados pelo ordenamento jurídico em geral (textos da Constituição, do CPP, de leis processuais penais especiais e de enunciados jurisprudenciais). Os precedentes judiciais, por outro lado,

544. MOSSIN, Heráclito Antônio. *Nulidades no direito processual penal*. 3. ed. Barueri: Manole, 2005. p.77.

545. LOUREIRO, Antônio Tovo. O descumprimento das formas processuais penais como maximização do poder de punir: por uma nova teoria das nulidades. *Revista da Faculdade de Direito da Universidade Federal do Rio Grande do Sul* (Porto Alegre: UFRGS), n.26, p.14, dez. 2006.

sufragam a distinção entre nulidades absolutas e relativas, malgrado essa não tenha sido contemplada pelo legislador.

Como o texto do CPP é de natureza aberta e encampa correntes de várias origens, há espaço para a produção de normas jurídicas de nulidades e de invalidação de forma mais pormenorizada. Existe, de fato, campo para uma melhor definição, atividade que deve ser desenvolvida com prudência pela doutrina e, sobretudo, pelo Poder Judiciário. Deixando ao largo as discordâncias classificatórias, será seguida exposição que considera o texto legislado e a sua aplicação pelo STF e pelo STJ. Acima, como fonte maior e norteadora da incidência das normas, a Constituição de 1988 conduzirá as conclusões para a necessidade de atribuir efetividade aos diretos individuais fundamentais.

A cominação de nulidade do art. 564, do CPP, relata natureza cogente para o juiz destinatário do seu enunciado, máxime pelo uso do verbo "ocorrerá". A cominação expressa de nulidade (defeito do ato processual) se relaciona com elementos essenciais dos atos processuais elencados ali. O inciso IV, daquele dispositivo, corrobora essa ilação ao se referir à "omissão de formalidade que constitua elemento essencial do ato". De tal modo, plausível concluir que, em regra, os vícios enumerados na lei terão natureza de nulidade absoluta, apesar do texto não ter aderido à subdivisão das nulidades.

9.5.3.4 Limites impostos às partes para a averbação de nulidades pelo art. 565, do Código de Processo Penal, e o dever do juiz de considerar impeditiva de seu reconhecimento

Depois de destacar as nulidades em espécie, o diploma legal processual penal prossegue estatuindo limites, ora às partes, ora ao juiz, muitas vezes inspirado em regras de direito privado, somente amoldáveis ao direito processual penal quando tomadas as cautelas necessárias à efetividade do direito fundamental objeto da proteção. O art. 565, do CPP, opõe limite às partes que, por seu turno, deságua em dever do juiz, em sede de prelibação.

Decerto, ao dizer que "nenhuma das partes poderá arguir nulidade a que haja dado causa, ou para que tenha concorrido, ou referente à formalidade cuja observância só à parte contrária interesse", aquele enunciado legal estabelece um dever de boa-fé objetiva no direito processual penal. É questionável a possibilidade de incidência de norma a partir desse enunciado em desfavor do acusado, especialmente quando se está diante de nulidade classificada como absoluta. Nesse aspecto, a jurisprudência tem se mostrado vacilante, acinzentando a aplicação do direito, em prejuízo à tutela dos postulados do próprio Estado Democrático de Direito.

Por exemplo, o STJ tem feito alusão à expressão "nulidade de algibeira", com o sentido de "carta na manga" ou "nulidade de bolso", para dizer que a jurisprudência dos Tribunais Superiores não anui com a objeção tardia de nulidade, mormente quando poderia ter sido "sanada pela insurgência imediata da defesa após ciência do vício", porém não fora alegada, "como estratégia, numa perspectiva de melhor conveniência futura". Considera que aquela inação não teria "ressonância no sistema jurídico vigente, pautado no princípio da boa-fé processual, que exige lealdade de todos os agentes processuais"[546].

O acusado tem interesse em obter a melhor decisão possível. Para esse mister, pode exercer autodefesa e defesa técnica (realizada por advogado), bem como se valer de estratégia dilatória ou peremptória. Percebendo que, diante do contexto, as suas chances de decisão meritória absolutória são pequenas, é intuitivo que o réu intente os meios possíveis para dilatar o procedimento. É dever do juiz, dos

546. STJ – Quinta Turma – AgRg no HC n. 925.552/RJ – Rel. Min. Ribeiro Dantas – DJe 06 set., 2024 .

funcionários da Justiça, bem como, em certa medida, do Ministério Público, velar pela regularidade dos atos processuais. O art. 251, *caput*, primeira parte, do CPP, aliás, é expresso ao dizer que "ao juiz incumbirá prover à regularidade do processo".

Fazendo raciocínio analógico com o polêmico "direito de fugir do réu"[547], é possível sustentar que o acusado que der causa à nulidade absoluta, ou que silenciar a seu respeito no momento processual considerado oportuno, poderá averbá-la a qualquer tempo. Aliás, uma das características que circundam a nulidade absoluta, reafirmada doutrinariamente, é a possibilidade de seu reconhecimento de ofício pelo juiz até o momento do trânsito em julgado. Cabe frisar que os demais sujeitos processuais penais (juiz e Ministério Público) têm a incumbência de cuidar para que os atos viciados sejam saneados, em respeito à forma processual. Não deve, pois, ser debitada, na conta do acusado, a omissão atribuível aos demais atores jurídicos.

9.5.3.5 A necessidade de conter a relativização das nulidades processuais e a interpretação ampliativa do art. 565, do Código de Processo Penal

O citado art. 565, do CPP, não raras vezes, é aplicado mesmo a casos que se enquadram no rótulo das nulidades absolutas e de forma contrária aos interesses do réu. O STJ tem reiterado o dever de boa-fé objetiva, sem distinções, no processo penal. Na ementa do acórdão, ficou assentado que "a teoria das nulidades deve ser iluminada pelo princípio da boa-fé objetiva que ecoa por todo o ordenamento jurídico"[548].

---

547. MAHON, Eduardo. Presunção de inocência: fuga é direito constitucionalmente reconhecido. Consultor jurídico (Conjur), 25 jan. 2008. Disponível em: <http://www.conjur.com.br/2008-jan-25/fuga_direito_constitucionalmente_reconhecido>. Acesso em: 04 jun. 2025.

548. STJ – Quinta Turma – AgRg no AREsp n. 2.227.404/PR – Rel. Min. Reynaldo Soares da Fonseca – DJe 26 mar. 2025.

Considerando as garantias fundamentais albergadas pelo sistema, alargar a amplitude da incidência do art. 565, do CPP, para o campo das nulidades de natureza absoluta, não é a posição que melhor atende às finalidades de um processo de garantias. Tal postura abre demasiadamente os limites do texto e cria para o acusado um dever que finda por limitar o *jus libertatis*. Não é esperada, do sujeito processual que está no polo passivo de ação penal condenatória, conduta prejudicial ao seu direito de liberdade. Por outro lado, o Estado-juiz e o Estado-acusação, com toda estrutura que os auxilia no exercício de suas funções, têm o dever-jurídico de cuidar para que não ocorram atipicidades processuais.

Para defender essa postura, é preciso considerar que a teoria da nulidade está diretamente ligada à blindagem das garantias processuais penais. Isso quer dizer que a produção das normas que reconheçam vícios processuais não deve constituir convalidação de nulidades classificadas como absolutas, malgrado o senso comum siga na direção da sua relativização. Em defesa dessa tendência, Antonio do Passo Cabral argumenta que a invalidação deve ser excepcional, sublinhando o que denomina de "banalização jurisprudencial das nulidades", diante do que considera "anulações de processos em número exorbitante"[549].

Outrossim, há uma relação próxima entre a necessidade de não se admitir a convalidação de nulidades absolutas a partir de argumentos como o da boa-fé objetiva aplicável ao acusado e o princípio de que nenhum acusado tem o dever de se descortinar (vedação a compelir alguém à autoincriminação, descrita na expressão *nemo tenetur se detegere*). Sobre tal princípio, Maria Elizabeth Queijo destaca que ele se inclui "entre os direitos de primeira geração, que

549. CABRAL, Antonio do Passo. *Nulidades no processo moderno*: contraditório, proteção da confiança e validade 'prima facie' dos atos processuais. 2. ed. Rio de Janeiro: Forense, 2010. p.360.

se traduzem por resistência ou oposição perante o Estado. Além de direito, é garantia da liberdade, em especial aquela de autodeterminação do acusado". Elucida a autora, em seguida, que o direito a não se autoincriminar se insere no rol das liberdades denominadas de negativas, haja vista que se garante, por meio dele, que o indivíduo mantenha sua esfera de liberdade, "para não sofrer vulnerações por parte do Estado". Arremata, nessa linha, que "há interesse público em sua proteção", porquanto está dentro da seara do direito de defesa e do devido processo legal, repercutindo, assim, na legitimação da jurisdição.[550]

A legitimidade da produção normativa das nulidades deve ser fiel aos fundamentos do garantismo, entendido como um modelo de "estrita legalidade", que retrata o Estado de direito. Luigi Ferrajoli discerne apropriadamente: (1) sob o ponto epistemológico, o garantismo é qualificado "como um sistema cognitivo ou de poder mínimo"; (2) sob o aspecto político, ele "se caracteriza como uma técnica de tutela idônea a minimizar a violência e a maximizar a liberdade"; e (3) sob o ângulo jurídico, o garantismo se apresenta "como um sistema de vínculos impostos à função punitiva do Estado em garantia dos direitos dos cidadãos".[551]

Ainda em torno da relativização das nulidades, nota-se ponto de contato com o que José Carlos Barbosa Moreira nomina de "lentidão da máquina judiciária", em confronto com a visão panorâmica da Reforma do Judiciário operada pela Emenda Constitucional nº 45/2004. Criticamente, o processualista faz três observações. (1) A primeira consiste em compreender "que não parece razoável sobrepor

---

550. QUEIJO, Maria Elizabeth. *O direito de não produzir prova contra si mesmo*: o princípio 'nemo tenetur se detegere' e suas decorrências no processo penal. São Paulo: Saraiva, 2012. p.479.

551. FERRAJOLI, Luigi. *Direito e razão*: teoria do garantismo penal. Tradução: Ana Paula Zomer Sica; Fauzi Hassan Choukr; Juarez Tavares; Luiz Flávio Gomes. São Paulo: RT, 2006. p.786.

obsessivamente a tudo mais o açodamento em inventar soluções, às vezes simplistas, para debelar o mal". Isso quer dizer que simplificações de procedimento (tal como a técnica de convalidar atos processuais gravemente viciados, a pretexto de dar ao processo celeridade) carecem de base empírica (mormente a história de violações reiteradas a direitos fundamentais, que determinou a construção de catálogo de direitos humanos). (2) A observação seguinte é a de que não são corrigidas as verdadeiras causas das disfunções processuais, a exemplo das que decorrem da "má gestão administrativa de juízos e tribunais". (3) A última observação do autor é "a de que jamais se logrará construir um sistema de Justiça que concilie de maneira perfeita a rapidez do funcionamento com a preservação de garantias".[552]

9.5.3.6 O art. 566, do Código de Processo Penal, e a imposição de compatibilizar a noção de verdade substancial com as garantias constitucionais fundamentais

Delimitação relevante é a depreendida do texto do art. 566, do CPP. O seu enunciado prescreve que "não será declarada a nulidade de ato processual que não houver influído na apuração da verdade substancial ou na decisão da causa". Cuida-se de relato de um óbice ao reconhecimento do próprio defeito processual, vale dizer, opõe um limite à constituição judicial de nulidade que, ao final, teria o condão de tutelar a efetividade de direitos alcançados pela regra.

O dispositivo referido traz o que Hélio Tornaghi chama de "impeditivas", ou seja, "circunstâncias que obstam a declaração da nulidade ou a anulação", pelo que, "para que o juiz possa dar pela nulidade, portanto, não basta a preterição da forma legal. É necessário ainda que não haja

552. MOREIRA, José Carlos Barbosa. *Temas de direito processual*: nona série. São Paulo: Saraiva, 2007. p.31-32.

impeditiva"[553]. A observação de Tornaghi não significa que ao juiz seria recomendada a prática de um ato ilegal. Atipicidades não devem ser admitidas no processo, ainda que, em tese, possam indicar melhor possibilidade ao alcance da verdade substancial da decisão. Por exemplo, vícios anteriores à audiência de instrução devem ser saneados antes do seu início. Até esse momento, os atos devem ser refeitos, cuidando o juiz para que o processo fique imune a vícios. Se o defeito persistir, a audiência não deve acontecer.

A suposição de que o citado art. 566, do Código, consagra "impeditivas" à declaração de nulidade (ato processual viciado) não encontra sustentação a partir de uma interpretação sistemática. O próprio CPP, em seu art. 251, *caput*, primeira parte, atribui ao juiz o dever de prover a regularidade do processo. Não pode o mesmo texto vedar e fomentar o mesmo objetivo, isto é, vedar o reconhecimento de nulidade e, de outro lado, ordenar o dever de velar pela higidez dos atos processuais.

Daí a necessidade de se precisar o teor do dispositivo à luz da Constituição de 1988. A redação do art. 566, do CPP, faz uso da expressão "nulidade" com o significado de "invalidade". Cuida-se de falta de técnica legislativa, cuja causa pode ser inferida das diversas influências que teve o texto do Título I, do Livro III (direito civil, direito francês, direito processual civil, direito italiano). Sob tal enfoque, compreende-se a diversidade de vertentes que assume o mesmo termo "nulidade", tendo a conotação de "ato processual defeituoso" no art. 564 e de "invalidação" nos artigos 563 e 566, da mesma lei processual penal.

O art. 566, do CPP, positiva o princípio de que "não se declara nulidade de ato irrelevante". Renato Marcão anota que tal cânone atende aos princípios da celeridade e da

553. TORNAGHI, Hélio. *Curso de processo penal*: volume 2. 6. ed. São Paulo: Saraiva, 1989. p.295-296.

economia processual, fincando que "não tem sentido lógico ou jurídico declarar a nulidade e determinar o refazimento de ato processual que tenha se mostrado irrelevante para o julgamento do processo"[554]. Nos termos daquele enunciado, são obstáculos ao reconhecimento de nulidade (*rectius*: invalidade) de ato processual: (1) a ausência de influência na apuração da "verdade substancial"; ou (2) não haver repercutido na decisão da causa.

Algumas indagações se colocam para serem coletados os fatos processuais passíveis de incidência da norma constituída a partir do art. 566, do CPP: 1) qual o significado da expressão "verdade substancial"? 2) o que é influência na decisão da causa? 3) sendo o caso de princípio que impede a declaração de nulidade de ato irrelevante, cabe aplicação do art. 566, do Código, às nulidades absolutas ou seria ele restrito aos vícios de menor relevo (nulidades relativas e irregularidade)?

A primeira questão remete o intérprete ao conteúdo semântico de verdade. É comum a afirmação de que, no processo penal, vigora a verdade real, enquanto, no processo civil, a regra é a da verdade formal. Se o conteúdo da verdade real não for bem elucidado, o processo penal pode se inserir na vala do sistema inquisitório, inconstitucional, dando ensejo ao juiz que busca a verdade substancial a todo custo, inclusive violando garantias fundamentais. Embora a verdade seja uma noção muito rica e ambígua, é possível delimitar seus lindes para melhor caracterizar o processo penal filiado ao acusatório constitucional.

Cabe tomar, como ponto de partida, o que escreve Pierre Souto Maior Coutinho de Amorim sobre a atividade probatória das partes e, supletivamente, do juiz. Para o processualista penal, o juiz deve exercer poder instrutório, "para buscar seu pleno convencimento, e não com base em fórmulas de 'verdade real' ou 'verdade formal'. Essas

---

554. MARCÃO, Renato. *Curso de processo penal*. São Paulo: Saraiva, 2014. p.984.

expressões foram úteis quando cunhadas, para indicar a diferença de grau da atividade probatória suplementar do juiz civil para o juiz penal". Nas palavras do jurista, "o juiz deve, portanto, na medida do possível, buscar absolver o inocente e condenar o culpado", ainda que isso o coduza a produzir prova além das promovidas pelas partes: caso não logre solver sua dúvida, outra opção não terá senão "a absolvição do réu por insuficiência de provas"[555].

A iniciativa probatória do juiz pode significar comprometimento de sua imparcialidade, ainda que assim não perceba. Por outro lado, tem-se que a verdade substancial deve ser explicada em compasso com as regras sobre ônus da prova no processo penal. A distribuição do ônus probatório não é feita da mesma forma que no direito processual civil, baseado este na consagrada expressão de que o ônus da prova cabe a quem alega.

No direito processual penal, o ônus probatório é exclusivo da acusação. É do autor da ação penal condenatória, o ônus de comprovar cabalmente a existência de crime e de sua autoria, bem como evidenciar que não houve, por exemplo, situação excludente de ilicitude. Ao réu não cabe provar causas impeditivas, modificativas ou extintivas do direito do autor. Isso é próprio do processo civil[556]. A ele, simplesmente, incumbe negar a imputação, sem trazer fato novo capaz de ampliar o *thema probandum*. Basta que haja dúvida sobre os termos da acusação para que o ônus probatório recaia sobre o autor da demanda condenatória penal. O juiz parte do postulado da dúvida relativamente a todos os pontos

555. AMORIM, Pierre Souto Maior Coutinho de. *O novo art. 156 do CPP*: um museu com grandes novidades. In: *Comentários pontuais às reformas processuais civil e penal*. Afrânio Silva Jardim; Pierre Souto Maior Coutinho de Amorim (orgs.). Rio de Janeiro: Lumen Juris, 2011. p.141.

556. Nos termos do art. 373, do CPC, o ônus da prova incumbe: "I - ao autor, quanto ao fato constitutivo de seu direito; II - ao réu, quanto à existência de fato impeditivo, modificativo ou extintivo do direito do autor".

da acusação e, de outro giro, o Ministério Público, rigorosamente, não faz prova da inexistência de fato negativo, tal como o álibi, porquanto deve, por pressuposto lógico, provar cabalmente os fatos positivos narrados na exordial[557].

Sem embargo, a verdade real ou verdade substancial no processo penal é, sob certo enfoque, uma verdade formal, adequada às formas processuais. No entanto, tal verdade é mais próxima da realidade, enquanto aspecto veritativo da narrativa da petição inicial, que a do processo civil, em razão de não se admitir no processo penal, por exemplo: (1) que a confissão supra o exame de corpo de delito (art. 158, *caput*, CPP); (2) que o silêncio do acusado importe confissão, ou seja, interpretado em seu prejuízo (art. 186, parágrafo único, CPP); (3) que a confissão seja tomada isoladamente para fins condenatórios (art. 197, CPP); e (4) que o juiz forme sua convicção condenatória exclusivamente nos elementos informativos colhidos na investigação, ressalvadas as provas cautelares, não repetíveis e antecipadas (art. 156, *caput*, CPP).

Essas observações são similares à conclusão a que chegou Afrânio Silva Jardim após reflexão sobre o livro "O mito da verdade real na dogmática do processo penal", de Francisco das Neves Baptista. Afrânio Silva Jardim propõe que não mais seja usada a expressão "princípio da verdade real", porém que seja "substituída por 'princípio da busca do convencimento ou convicção do juiz", porquanto reputa "hipocrisia falar-se em verdade plena no processo penal".

---

557. Afrânio Silva Jardim exemplifica que, "quando o réu apresenta um álibi, dizendo que no dia e hora do crime se encontrava em lugar distante, não está alegando fato positivo diverso, mas apenas negando o que lhe é atribuído na denúncia. Assim, a dúvida sobre se ele estava ou não naquele lugar distante, nada mais é do que a dúvida sobre se ele estava no lugar afirmado na denúncia ou queixa. É intuitivo. Desta maneira, ao sustentar tal álibi, o réu não assume o ônus de provar fato positivo que negue a acusação, permanecendo o autor com o ônus de provar aquilo que originalmente afirmou". (JARDIM, Afrânio Silva. O ônus da prova na ação penal condenatória. *Revista Forense comemorativa – 100 anos*, tomo VII [direito processual penal], Afrânio Silva Jardim (org.), Rio de Janeiro: Forense, p.610, 2006).

A petição acusatória, que fixa o *thema decidendum*, "já é um retrato absolutamente parcial da realidade. Parcial e artificial". O que o juiz deve fazer é "se convencer", "buscar obstinadamente tal convencimento"[558].

A noção de verdade substancial é muito mais próxima das regras processuais garantidoras de direitos fundamentais que daquela verdade real lastreada na ambição sem adequação ao modelo legal e constitucional acusatório[559]. Em dada medida, a verdade substancial que é buscada pelo procedimento judicial criminal retrata a relação que o rito tem com a verdade ou com "a verdadeira justiça como objetivo", ajustada à finalidade de proteção jurídica do procedimento organizado. Luhmann enfrenta a questão da verdade pelo procedimento, diante dos riscos da contingência para alcançá-la[560].

Como lembra Francisco das Neves Baptista, "a busca da verdade real não tem utilidade alguma, relativamente à razão de ser do processo penal, de proteção do indivíduo contra o arbítrio da autoridade, motivadora da desigualdade das partes na relação processual".[561] Não é sem razão que Leonardo Costa de Paula defende a necessidade de produção de conceitos e mecanismos de ordem prática, haja vista a função que esses têm de contribuir para a criação de óbices à tradicional "busca inconsequente da verdade do processo penal". Para tal mister, é preciso "reorientar radicalmente o foco do processo penal no sentido

---

558. JARDIM, Afrânio Silva. Prefácio. In: BAPTISTA, Francisco das Neves. *O mito da verdade real na dogmática do processo penal*. Rio de Janeiro; São Paulo: Renovar, 2001. p.XXI.

559. KHALED JR, Salah H. *Ambição de verdade no processo penal*: desconstrução hermenêutica do mito da verdade real. Salvador: Juspodivm, 2009. p.129.

560. LUHMANN, Niklas. *Legitimação pelo procedimento*. Tradução: Maria da Conceição Côrte-Real. Brasília: Universidade de Brasília, 1980. p.21.

561. BAPTISTA, Francisco das Neves. *O mito da verdade real na dogmática do processo penal*. Rio de Janeiro; São Paulo: Renovar, 2001. p.210.

dos fundamentos do Estado democrático de direitos, que é a efetiva proteção do indiciado/imputado/acusado"[562]. Por outro lado, a imprecisão do que se entende por nulidade no seio dos tribunais é o termômetro do grau de garantias processuais penais descobertas, isto é, sem efetiva proteção.

Como pondera Niklas Luhmann, o pensamento moderno estruturou metodologicamente o conceito de verdade, mediante positivação do direito, conferindo-lhe processos de decisão. É como se o direito buscasse evitar os perigos da verdade de índole subjetiva, estatuindo fortes pressupostos metodológicos, a fim de alijar ideias preconcebidas. O procedimento jurídico organizado tem como objetivo a obtenção da justiça e o conhecimento verdadeiro sobre o fato deduzido em juízo. Seguindo-se essa vertente, "um procedimento constituiria entre os outros papeis sociais, uma estrutura separada, com relativa autonomia, em que seria acionada uma comunicação com o objetivo de decisão certa (orientada para a verdade, legítima, justa)"[563].

Com essas ideias, pode-se concluir que o art. 566, do CPP, não tem incidência sobre os casos que sejam classificados como atos processuais eivados de nulidade absoluta. Em hipóteses de deformidades graves, ofensivas às garantias fundamentais, tem-se que o ferimento ao devido processo legal influencia negativamente na "apuração da verdade substancial ou na decisão da causa". Para os demais defeitos (irregularidade e nulidade relativa), a aplicação do dispositivo será orientada pela aferição da efetividade do direito fundamental protegido pela forma, em razão da espécie de atipicidade constatada.

---

562. PAULA, Leonardo Costa. *As nulidades no processo penal*: sua compreensão por meio da afirmação do direito como controle ao poder de punir. Curitiba: Juruá, 2013. p.167-168.

563. LUHMANN, Niklas. *Legitimação pelo procedimento*. Tradução: Maria da Conceição Côrte-Real. Brasília: Universidade de Brasília, 1980. p.23.

A parte final do art. 566, do CPP, traz a menção à influência na decisão da causa, como motivo que, se ausente, é impeditivo de reconhecimento de nulidade (*rectius*: invalidação). Pela abstração dos elementos concretos, é possível concluir que a atipicidade influenciou ou não os termos finais da decisão. Vale dizer, somente raciocinando em tese, o intérprete terá condições de justificar o grau de influência que a deformidade processual teve para o julgado. Técnicas comparativas, exaradas fundamentadamente, com esteio em princípio da proporcionalidade e com o uso de ponderação podem justificar melhor a decisão pela convalidação do vício verificado. De todo modo, tal procedimento só é adequado às hipóteses de nulidades menos graves, classificadas como relativas ou irregularidades.

9.5.3.7 A natureza da norma que decorre da incompetência inqualificada do art. 567, do Código de Processo Penal, e a nulidade dos atos decisórios

O enunciado do art. 567, do CPP, requer interpretação sistemática, conjugada com a nulidade em espécie gizada no inciso I, do art. 564, do mesmo diploma legal. Dispõe aquele enunciado que a incompetência do juízo determina a anulação apenas dos atos decisórios, devendo o processo, após ser declarada a nulidade, ser enviado ao juiz competente. Para ser esclarecida a forma de aplicação da norma que reconhece a incompetência, devem-se seguir três etapas bem distintas.

A primeira delas é a de que as nulidades cominadas do art. 564, cujo *caput* declara, de forma cogente, que "a nulidade ocorrerá nos seguintes casos", são classificadas, na linha do exposto neste trabalho, como absolutas, conquanto nem sempre se veja essa postura na doutrina e na jurisprudência, que geralmente apontam como relativas aquelas que o art. 572, do CPP, refere como sanáveis.

Quanto aos arts. 564, inciso I, e 567, do Código, há uma peculiaridade: o reconhecimento da nulidade dos atos decisórios deve ser precedido de decisão que incida a norma declaratória de incompetência do juízo. A norma jurídica que decreta a incompetência do juízo servirá de antecedente para a norma seguinte que reconhecerá o defeito processual (nulidade).

De logo, a primeira questão que se coloca é a de saber quem será a autoridade judiciária competente para reconhecer a nulidade (vício) e, a partir daí, aplicar a invalidade (sanção). Por exemplo, a autoridade judiciária que se deu por incompetente não terá mais competência para declarar nulidade e invalidar atos processuais. Esse poder ficará a cargo do juiz recebedor dos autos que, aceitando a competência, assim proceder. Afinal, em compasso com a expressão alemã *Kompetenz-Kompetenz*, todo magistrado é juiz de sua competência.

Isso significa dizer que o juiz declinado, em uma segunda etapa que decorre da incompetência averbada pelo magistrado anterior, reconhecendo que é competente para processar e julgar a causa, deve declarar que tal vício é inserido, por exemplo, na categoria das nulidades absolutas.

O parágrafo único, do art. 419, do CPP, segue essa orientação. Tratando-se de desclassificação de infração penal que importe modificação de competência do juízo do júri (incompetência absoluta), e havendo acusado com liberdade cerceada, o seu enunciado prescreve que, "remetidos os autos do processo a outro juiz, à disposição deste ficará o acusado preso".

Ou seja, quando for o caso de réu preso, o próprio texto legal não ordena a construção de regra de invalidação do ato decisório prisional, porém estatui a necessidade de remessa a outro juiz que deliberará sobre a prisão (o juiz que se afirma incompetente não detém mais a competência para construir a norma de invalidação dos atos processuais decisórios). A competência é o pressuposto para se reconhecer a espécie de nulidade e para aplicar o seu consequente de invalidação.

A terceira etapa consiste na construção da norma jurídica que decorre do reconhecimento da nulidade e que tem como seu antecedente, justamente o consequente da primeira norma. Então, declarada a nulidade absoluta, a consequência lógica, como regra, é a invalidação dos atos praticados pelo juiz incompetente que lhe remeteu os autos, conclusão essa que é corroborada pelo texto constitucional, que giza, no inciso LIII, do art. 5º, que "ninguém será processado nem sentenciado senão pela autoridade competente".

No entanto, o microssistema das nulidades do Título I, do Livro III, do CPP, conduz à solução diversa, instituindo regra de calibração, cuja função é estipular exceção à consequencialidade normal da norma, em face de um paradoxo derivado da combinação de premissas[564]. Quebra-se a consequência natural para viabilizar solução mais pragmática e que atenda as finalidades do processo penal, sem prejudicar os direitos fundamentais em jogo. Note-se que o defeito por violação da regra de competência continua sendo classificado como nulidade absoluta (nulidade-fato), embora o CPP não distinga incompetência absoluta daquela outra de ordem relativa. A interferência da regra de calibração, deduzida do art. 567, do CPP, recai sobre a norma jurídica de invalidação, modulando-lhe os efeitos (nulidade-consequência).

Tal dispositivo declara, literalmente, que "a incompetência do juízo anula somente os atos decisórios, devendo o processo, quando for declarada a nulidade, ser remetido

564. WATZLAWICK, Paul; BEAVIN, Janet Helmick; JACKSON, Don D. *Pragmática da comunicação humana*: um estudo dos padrões, patologias e paradoxos da interação. Tradução: Álvaro Cabral. São Paulo: Cultrix, 1967. p.169.

ao juiz competente". O verbo anular é aí tomado como invalidar. A invalidação que se segue ao reconhecimento da incompetência do juízo (defeito classificado como nulidade absoluta) é que tem regramento específico, limitando-lhe os efeitos. Daí a conclusão de que a norma jurídica construída com arrimo no art. 567, do CPP, tem natureza de regra de calibragem, com a função (pragmática) de equilibrar o âmbito discursivo do sistema.

Como se infere, o sistema jurídico comporta variações do modelo "dado antecedente, tem-se o consequente", ou seja, "dada a norma jurídica de nulidade absoluta (com antecedente e consequente normativo), tem-se a norma jurídica de invalidação (também dotada de antecedente e consequente)". As exceções, por vezes, estão no próprio texto da lei (tal como o art. 567, CPP), com fórmulas que quebram aquela consequencialidade, bem como, por outras vezes, nos precedentes jurisprudenciais, que atribuem interpretação distinta.

Vale dizer, a produção normativa das nulidades processuais penais obedece a essa estrutura: conforme o modelo tradicional antecedente-consequente (direito positivo) e consoante os conceitos classificatórios doutrinários; secundariamente, de acordo com o modelo de regras de calibração[565], que visam a dar racionalidade às decisões jurídicas de invalidação de atos processuais atípicos nas hipóteses que se distanciam do modelo rígido e que se verificam no fenômeno da relativização das nulidades processuais. A quebra da consequencialidade normativa nulificadora encontra seu piso e teto no texto da Constituição que, a sua vez, delineia os limites do processo penal, especialmente diante da ampliação demasiada da contingência[566] (aumento do

565. FERRAZ JÚNIOR, Tercio Sampaio. *Teoria da norma jurídica*: ensaio de pragmática da comunicação normativa. 4. ed. Rio de Janeiro: Forense, 2009. p.133.

566. FALCÃO, Pablo R. de L. Do direito que é, aquele que vem a ser: implicações epistêmicas da relação entre decidibilidade jurídica e raciocínio lógico-dedutivo.

poder discricionário judicial ao desconsiderar a linguagem formal, conceitual, dos elementos identificadores das nulidades processuais).

Com o uso do método pragmático, a partir das regras de calibração, o sistema mantém sua funcionalidade. É redundante a sobreposição dos vocábulos função, pragmática, discurso e comunicação: expressam o núcleo do pensamento sistemático.

Em dada medida, o leque de possibilidades no espaço discursivo se amolda ao que pontifica João Maurício Adeodato: o sistema persiste com sua identidade tanto em virtude de seu repertório ("conjunto de possibilidades escolhidas como desejáveis entre as inúmeras que a complexidade do mundo circundante oferece"), quanto em razão de sua estrutura ("conjunto de regras que garantem o sistema contra a possibilidade de que venham a ocorrer outras alternativas que não aquelas selecionadas no repertório").[567]

Quanto ao teor à extensão do referido art. 567, do CPP, os tribunais tendem à orientação mais restritiva, limitativa da norma jurídica de invalidação. Decerto, a Corte Suprema brasileira vincou posição tendente a relativizar a nulidade por vício de incompetência absoluta, ampliando o espectro pragmático. Destacou então que, em linha de princípio, a sua jurisprudência "entendia que, para os casos de incompetência absoluta, somente os atos decisórios seriam anulados. Sendo possível, portanto, a ratificação de atos não-decisórios". No entanto, "posteriormente, a partir do julgamento do HC nº 83.006-SP, Pleno, por maioria, Rel. Min. Ellen Gracie, DJ 29.08.2003, a jurisprudência do Tribunal evoluiu para admitir a possibilidade de ratificação

In: *XVI Congresso Nacional do Conpedi/PUC Minas*, Belo Horizonte, 15, 16 e 17 de novembro de 2007. Anais. Florianópolis: Fundação Boiteux, 2008. p.3757-3758.

567. ADEODATO, João Maurício. *Ética e retórica*: para uma teoria da dogmática jurídica. 3. ed. São Paulo: Saraiva, 2007. p.89.

pelo juízo competente inclusive quanto aos atos decisórios"[568]. O Supremo Tribunal, quanto ao ponto, faz uso do verbo "anular" com o significado de "invalidar".

Já o STJ adota posição intermediária, limitando, em menor grau, o âmbito de aplicação do art. 567, do CPP. Decerto, a Corte Superior tem reiterado que "devem ser considerados nulos os atos decisórios, nos termos do art. 567 do CPP, ressalvando-se a possibilidade de ratificação dos demais atos pelo Juízo competente"[569].

Os entendimentos citados, do STF e do STJ, são de exegese estrita, de interpretação restritiva, com vistas a minimizar os efeitos da invalidação de atos processuais com nulidade causada por vício de competência. É equivalente a uma regra de calibração, porém criada jurisprudencialmente. Finda por limitar o conteúdo do inciso LIII, da Constituição Federal (que não distingue a natureza da incompetência ao vedar o processamento e o sentenciamento de alguém por juiz que não seja competente), bem como deixa a possibilidade de invalidação de atos decisórios adstrita à incompetência absoluta do juízo (não da relativa).

A criação de regra de calibração de ordem jurisprudencial, afetando a consequencialidade para a constituição da norma jurídica de invalidação, é postura que se aproxima do realismo jurídico, bem como da influência que o direito processual civil exerce sobre o penal. Tal influência do processo civil nem sempre é adequada ao direito de liberdade que está em jogo no direito processual penal. No caso da incompetência, os posicionamentos refratários à constituição de declaração de invalidade de atos processuais em casos de incompetência relativa, e mesmo na hipótese de

568. STF – HC 237280/CE – Decisão Monocrática – Rel. Min. Dias Toffoli – Dje 27 fev. 2024.

569. STJ – RHC 215.022 – Decisão Monocrática – Rel. Min. Messod Azulay Neto – DJe 30 abr. 2025.

incompetência absoluta, podem repercutir negativamente na efetividade dos direitos fundamentais que são tutelados pelas garantias individuais.

Dessa sorte, assimilar o processo civil ao processo penal, sem os cuidados com a diferença do direito material em jogo (liberdade *versus jus puniendi*), pode se revelar prejudicial à proteção dos direitos fundamentais. Antonio Tovo Loureiro faz advertência análoga ao dizer que "num tema complexo como nulidades, a utilização de uma teoria geral unificadora agrava ainda mais a polissemia nesse campo, pois surgem novas expressões, oriundas de outros ramos da ciência processual, e vão sendo assimiladas sem a necessária crítica"[570].

A aplicação do regramento sobre competência do juiz cível ao processo penal flexibiliza, indevidamente, a garantia do imputado de ser processado e julgado somente perante juiz competente. A tendência conservativa de atos emitidos por magistrado incompetente colide com o princípio do juiz natural.

9.5.3.8 A regra de calibração do art. 568, do Código de Processo Penal, e os contornos de sua função sanatória de ilegitimidade do representante da parte

Conjugação necessária de dispositivos do CPP é a do enunciado que prevê a nulidade "por ilegitimidade de parte" (art. 564, II) e aquela que especifica que "a nulidade por ilegitimidade do representante da parte poderá ser a todo tempo sanada, mediante ratificação dos atos processuais" (art. 568).

A redação do art. 564, inciso II, do CPP, não é de melhor técnica legislativa. Nulidade "por ilegitimidade de parte" é termo impreciso. Engloba questões concernentes

570. LOUREIRO, Antônio Tovo. O descumprimento das formas processuais penais como maximização do poder de punir: por uma nova teoria das nulidades. *Revista da Faculdade de Direito da Universidade Federal do Rio Grande do Sul* (Porto Alegre: UFRGS), n.26, p.11, dez. 2006.

à capacidade processual (legitimidade *ad processum*) e à legitimidade para a causa (legitimidade *ad causam*). A primeira é pressuposto processual de existência do processo (elemento estrutural). A segunda é condição ao exercício da ação penal (elemento essencial).

A capacidade processual, por seu turno, é tripartida doutrinariamente em: (1) capacidade de ser parte (como exemplo, tem-se que todo ser humano tem capacidade processual ativa em processo penal; a passiva, somente os que possuem maioridade penal); (2) capacidade de estar em juízo (algumas pessoas necessitam de assistência ou de representação para que possam estar em juízo, não lhes sendo permitido atuarem sozinhas, tais como as pessoas menores de dezoito anos, que não podem ajuizar queixa-crime sem assistência ou representação que completem aquela capacidade); e (3) capacidade postulatória (para os advogados e membros do Ministério Público, que representam juridicamente as partes).

O art. 568, do CPP, é de aplicação restrita à ilegitimidade do representante da parte, ou seja, à questão da capacidade postulatória. Há, identicamente ao caso anterior, um regramento legislativo institutivo de regra de calibração.

Isso porque, ao assegurar a possibilidade de sanatória, por intermédio de ratificação dos atos processuais, o art. 568, do Código, autoriza quebrar a consequencialidade invalidante que decorreria da nulidade absoluta (categoria de atipicidade do ato processual realizado por representante ilegítimo, com potencial de atingir elemento essencial subjetivo dos atos processuais).

Como se depreende, essa restrição é bem limitada, pois alude à "ilegitimidade do representante da parte" e não a qualquer "ilegitimidade de parte". Representante da parte é a pessoa que detém capacidade para postular em juízo, em favor do autor, do réu ou do assistente. Quando o Código refere à ilegitimidade, aponta defeito consistente na ausência ou no vício do mandato judicial outorgado pela parte ao seu advogado. Também pode significar falta de atribuição do membro do Ministério Público.

A lei processual penal aduz que tal ilegitimidade pode ser a todo tempo sanada. Saneamento deve se diferenciar de convalidação. Sanar exige atividade que produza o ato faltante ou reproduza, sem defeito, o ato viciado. A convalidação se contenta com a inércia, para o fim de tornar precluso vício, diante da não alegação oportuna e da falta de demonstração de prejuízo a direito fundamental protegido pela norma ferida. De toda sorte, tanto o saneamento, quanto a convalidação carecem de pronunciamento judicial que expresse seus efeitos jurídicos.

O saneamento gizado no art. 568, do Código, deve esbarrar no anteparo dos direitos do acusado. O vício de representação da parte é grave para ser considerado sanado contra as garantias. Tratando-se, por exemplo, de queixa-crime, a dicção do dispositivo não pode ser declarativa de validade do processo penal iniciado com aquele defeito, para obstar a decadência ou a prescrição. *Mutatis mutandis*, o mesmo raciocínio se aplica à ação penal pública. Tal ilação é decorrência do entendimento doutrinário consolidado na senda de que as formalidades, no processo penal, são constituídas como garantias (*rectius*: as formas constituem repertório do sistema de controle e de proteção de garantias). Primeiramente, garantias da liberdade individual e do direito de defesa. Secundariamente, garantia da segurança social[571].

Corroborando tal posição, Alberto Binder esclarece que "o ordenamento jurídico é um instrumento de controle social e falar em 'eficiência dos sistemas processuais' pressupõe que esta função pode ser canalizada com êxito através

571. AZEVEDO, Vicente de Paulo Vicente de. Nulidades. *Doutrinas essenciais*: processo penal (Revista dos Tribunais), n.5, p.613, jun. 2012.

das normas jurídicas e outras rotinas que compõem estes sistemas". O autor parte da concepção de que o ordenamento jurídico tem a função de proteger a dignidade humana, sendo sua missão principal a de "impedir um uso desmedido ou arbitrário da coerção penal". De um lado, existem as normas que dotam o Estado de maior eficiência no exercício da persecução penal; de outro, há normas que colimam conferir proteção às pessoas contra sanções injustas[572].

9.5.3.9 Saneamento de omissões da acusatória e os limites ao contraditório e à ampla defesa frente ao art. 569, do Código de Processo Penal

Requer cuidado a interpretação da redação do art. 569, do CPP, por se opor, sob lente semântica, aos ditames da Constituição de 1988. Diz o seu enunciado que "as omissões da denúncia ou da queixa, da representação, ou, nos processos das contravenções penais, da portaria ou do auto de prisão em flagrante, poderão ser supridas a todo o tempo, antes da sentença final".

Como se infere, a Constituição de 1988 não recepcionou a parte do dispositivo que estabelece a nulidade por omissões, "nos processos de contravenções penais, da portaria ou do auto de prisão em flagrante". Isso em razão de o art. 129, inciso I, da Lei Maior, dispor que ação penal pública só pode ser iniciada pelo Ministério Público.

O art. 569, do CPP, pode ser classificado, também, como regra de calibração, porquanto estatui exceção à necessária consequência de invalidação para caso de nulidade absoluta (defeito grave), descrita no art. 564, inciso III, alínea "a" (falta das fórmulas ou dos termos relacionados à denúncia, à queixa-crime ou à representação). O suprimento de vícios de tal ordem demanda respeito aos direitos fundamentais

---

572. BINDER, Alberto M. *Introdução ao direito processual penal*. Tradução: Fernando Zani. Rio de Janeiro: Lumen Juris, 2003. p.27.

do acusado, mormente aos direitos da ampla defesa e do contraditório.

Outrossim, o citado dispositivo requer exegese restrita, não se autorizando suprimento de omissão da representação a todo tempo, em prejuízo dos direitos do réu, nos casos de crimes de ação de iniciativa pública condicionada. Considerada a natureza jurídica da representação nos crimes de ação penal pública condicionada, pode-se concluir que o sentido a ser deduzido do artigo deve fazer alusão à própria ausência da representação (apesar da letra do inciso III, do art. 564, "a", CPP), entendida como a vontade do ofendido de ver perseguir o agente apontado como autor do delito. Isso porque a representação é condição de procedibilidade dessa espécie de ação penal, sendo óbice intransponível de seu desenvolvimento válido e regular.

Sem representação, portanto, sequer investigação preliminar se permite instaurar. Não se autorizam recebimento de denúncia e suprimento extemporâneo da omissão daquela expressão do interesse do ofendido, por sua manifestação ulterior, eis que a rejeição da exordial constitui medida cogente, que não pode ser postergada.

De tal sorte, o art. 569, do CPP, refere a omissões menores, tanto na petição inicial, que não impeça o direito de defesa, quanto na representação (nos casos de dúvida sobre a manifestação de vontade ou de validade de seu oferecimento, diante da incerteza sobre a capacidade da vítima que a ofereceu). Tratando-se de omissão que constitua óbice ao ajuizamento da ação ou que se revista de motivo suficiente à rejeição da petição inicial (artigo 395, do CPP), essa regra de calibração, que prevê "suprimento" como similar a "saneamento" (prática do ato faltante), não pode ser invocada, em virtude de não se admitir o elastério da forma com o objetivo de ampliar o direito punitivo estatal, sem respeito aos trilhos das garantias.

9.5.3.10 Substituição do ato citatório pelo comparecimento do réu, disposto no art. 570, do Código de Processo Penal, como hipótese diversa do reconhecimento de atipicidade

O legislador do Código de 1941 não faz uso uniforme das palavras que escolheu para designar os fenômenos jurídicos. Por exemplo, o seu art. 570 se refere a saneamento como hipótese que retrata a prática de conduta processual diversa: não é sanatória ou convalidação, nem tem o sentido de atipicidade ou saneamento. Como há desvio da consequencialidade de invalidação que decorreria da nulidade de citação (atipicidade), pode-se compreender aquele artigo como incluído na classe das regras de calibração.

A dicção da primeira parte do art. 570, do CPP, aviva que "a falta ou a nulidade da citação, da intimação ou notificação estará sanada, desde que o interessado compareça, antes de o ato consumar-se, embora declare que o faz para o único fim de argui-la". Desse modo, estipula exceção à consequência de invalidade para o ato nulo absolutamente por defeito de comunicação de ato processual contrário à ampla defesa e ao contraditório. Daí a natureza jurídica de regra de calibração.

O comparecimento do réu consiste em ato processual que substitui, em seus efeitos, a citação anterior com nulidade absoluta. Rigorosamente, cuida-se de fato processual novo que (re-)equilibra a relação processual, ao desviar a consequência que decorreria da atipicidade citatória. Diante da presença espontânea do acusado, a invalidação consecutiva à incidência do art. 564, inciso III, alínea "e", do Código, seria um pleonasmo. O próprio CPP prevê a regulação (calibragem) para permitir a devolução do prazo à defesa, *incontinenti* ao fato substitutivo da citação, quando se constatar o comparecimento do denunciado (art. 570).

9.5.3.11 Os limites temporais para a arguição de atipicidade e a adequação do art. 571, do Código de Processo Penal, às alterações legislativas supervenientes

O CPP procura disciplinar o momento para a arguição dos vícios. O seu artigo 571 prevê vários momentos para que as nulidades sejam fustigadas. Como o CPP sofreu várias modificações ao longo dos anos, por meios de leis que o reformaram sucessivamente, as remissões dos dispositivos elencados se encontram, parcialmente, defasadas.

De todo modo, o momento da averbação de nulidades pelas partes deve ser o instante seguinte a sua ocorrência ou o primeiro momento que houver oportunidade para que se manifestem nos autos. Há prestigiado setor da doutrina que defende a aplicação do princípio da oportunidade restritamente aos casos de nulidade relativa.

Nesse sentido, Vicente Greco explica que, nas nulidades relativas – reconhecíveis de ofício –, "a parte pode abrir mão da formalidade", isto é, "se a invalidade não for decretada no momento ordinário, depois só se decreta se houver prejuízo", acrescentando que incidem "as exclusões de ausência de prejuízo, falta de interesse e de lealdade", bem como que "não convalesce por falta de alegação"[573].

No entanto, existem entendimentos que inserem outros critérios discricionários que nublam a utilidade da distinção.

Eugênio Pacelli e Douglas Fischer, a propósito, pontuam que "não nos restam dúvidas que a nulidade absoluta pode repercutir sobre o ato processual, pois ele não terá como ser convalidado. Mas nos parece que não se pode fazer afirmativa peremptória e cartesiana de que, necessariamente, sempre deverá haver nulidade do processo". Para os ilustres juristas, "mesmo em se tratando de nulidades

---

573. GRECO FILHO, Vicente. *Manual de processo penal*. 8. ed. São Paulo: Saraiva, 2010. p.293.

absolutas, é fundamental fazer a análise de ponderação se, do modo como praticado o ato (contra a lei), haveria, efetivamente, prejuízo para o processo (para as partes). E, em caso positivo, quais atos subsequentes deveriam ser declarados nulos". Esse ponto de vista considera que "há um 'fetiche da formalidade", vale dizer, "cultua-se o que denominamos de formalidade do instrumento, e não instrumentalidade da forma"[574].

Essa corrente inverte a importância do princípio da hierarquia: a interpretação deve colocar, no ápice axiológico, a Constituição, enquanto as leis lhe devem deferência quando interpretadas concretamente. Em uma expressão: no jogo de direitos fundamentais que tutelam o *jus libertatis*, a instrumentalidade é do direito material, enquanto a forma é substância de histórica e difícil sedimentação, diante de atrocidades que permeiam o evolver da humanidade.[575]

Em suma, diante da lei, há deveres a serem observados pelos sujeitos estatais da persecução penal. Ao réu incumbe resistir (art. 5º, LV, CF), ao *Parquet* cabe a defesa da ordem jurídica (art. 127, CF) e ao juiz compete prover à regularidade processual (art. 251, CPP).

Já a jurisprudência do STF[576] e do STJ[577] tem ampliado a incidência do princípio da oportunidade para casos de nulidades absolutas, com vistas a também imunizá-los contra arguições tardias.

---

574. PACELLI, Eugênio; FISCHER, Douglas. *Comentários ao Código de Processo Penal e sua jurisprudência*. 5. ed. .São Paulo: Atlas, 2013. p.1018.

575. ROSA, Alexandre Morais da; ALENCAR; Rosmar Rodrigues. No processo penal, a instrumentalidade é do direito material. *Conjur*, 23 ago. 2019. Disponível em: https://bit.ly/2Mr77DE Acesso em: 05 jun. 2025.

576. STF – HC 255444/SP – Decisão Monocrática – Rel. Min. André Mendonça – Dje 27 maio 2025.

577. STJ – Quinta Turma – AREsp n. 2.503.468/SP – Rel. Min. Reynaldo Soares da Fonseca – DJe 21 maio 2025.

Essa tendência, aqui nominada de realista, não encontra respaldo na interpretação constitucional das garantias processuais penais. Relativizar nulidades absolutas é uma contradição em seus próprios termos e tende a flexibilizar direitos indisponíveis. A gravidade do vício do ato processual é congênita, notadamente se afeta elemento essencial, cuja configuração objetiva proteger direitos fundamentais. Descurar desse fundamento significa punir sem atendimento às regras, o que não encontra valia para o Estado Democrático de Direito.

9.5.3.12 Regra de calibração do art. 572, do Código de Processo Penal, e necessidade de controle de constitucionalidade

O art. 572, do Código, é regra de calibração tendente a limitar direitos do imputado. Nos termos ora sustentados, as nulidades do art. 564, do CPP, são absolutas. As exceções à consequência de invalidação são calibragens do sistema, inerentes à pragmática das nulidades processuais penais. Todavia, boa parte da doutrina depreende do *caput* do art. 572, do mesmo diploma legal, que as nulidades relativas são aquelas mencionadas ali, ou seja, as do art. 564, inciso III, "d" (falta ou atipicidade relativa à intervenção do Ministério Público em todos os termos da ação por ele intentada e nos da intentada pela parte ofendida, quando se tratar de crime de ação pública) e "e" (segunda parte, isto é, defeito ou ausência de concessão de prazos à acusação e à defesa), "g" (ausência ou defeito de intimação do réu para o julgamento pelo júri) e "h" (ausência de intimação de testemunhas arroladas para o plenário do júri), e inciso IV (omissão de formalidade que constitua elemento essencial de ato processual penal).

De acordo com o art. 572, *caput*, do CPP, pode-se inferir que há regras impeditivas ao sancionamento a defeitos processuais. Vale dizer, caso sejam alegadas nulidades fora do momento oportuno, os respectivos argumentos não serão objeto de conhecimento, de exame, em face da convalidação do defeito processual. O texto sufraga a conservação das atipicidades normativas, declarando que serão sanadas (*rectius*: convalidadas, porque não se requer aqui refazimento), quando "não forem arguidas, em tempo oportuno", a teor do art. 571, do diploma legal processual penal, quando, praticadas por outra forma, o ato tiver atingido a sua finalidade, ou quando "a parte, ainda que tacitamente, tiver aceito os seus efeitos".

Como elucida Antônio Tovo Loureiro, a função da convalidação consiste na "absorção da falha em virtude da supremacia de algum outro princípio envolvido. Nesta hipótese, abdicar-se-á da falha em nome da proteção ao acusado". De igual modo, aduz o articulista que é possível a admissão do "consentimento da vítima com o ato eivado de vício ou até mesmo suprimento da falha pelo representante do Ministério Público como causas que ilidiriam eventual saneamento ou nulidade"[578].

No entanto, a convalidação disposta no supradito art. 572, do Código, é resposta incompatível com o sistema de garantias quando implicar mitigação em desfavor do imputado, haja vista que é princípio maior a tutela de seus direitos, insertos nas garantias constitucionais de primeira geração.

Conquanto essa posição possa ser criticada sob o fundamento de ser ultraliberal, entende-se que a conclusão se acomoda à natureza jurídica das normas processuais penais como ramificações dos direitos fundamentais de primeira dimensão (proteção da liberdade do indivíduo por intermédio de regras).

578. LOUREIRO, Antônio Tovo. O descumprimento das formas processuais penais como maximização do poder de punir: por uma nova teoria das nulidades. *Revista da Faculdade de Direito da Universidade Federal do Rio Grande do Sul* (Porto Alegre: UFRGS), n.26, p.27, dez. 2006.

O fundamento garantista consiste no cumprimento da Constituição. A Súmula nº 160, do STF, aliás, tem texto que assegura o princípio da tutela do imputado, eis que assegura a coisa julgada parcial, vale dizer, em favor do réu, contra a possibilidade de reconhecimento de nulidade absoluta não arguida pela acusação em grau recursal.

9.5.3.13 A aplicação do art. 573, do Código de Processo Penal, a legislação extravagante e a pragmática das atipicidades processuais penais

O cerne da pragmática das atipicidades, prevista no plano da legislação, está no art. 573, do CPP. Seu enunciado reza que "os atos, cuja nulidade não tiver sido sanada, na forma dos artigos anteriores, serão renovados ou retificados". A imprecisão dos termos usados pelo legislador para aludir à consequência normativa que decorre do reconhecimento de nulidade, é aferida quando comparados os vocábulos "sanada" (convalidada: confirmação da validade), "renovados" (saneamento total: indicando refazimento integral do ato) e "retificados" (saneamento parcial: compreendendo o refazimento de parte do ato ou a sua complementação diante da atipicidade, pela produção de outro apto a colmatar o elemento faltante).

De outro lado, os parágrafos 1º e 2º, do artigo epigrafado, expressam a extensão dos efeitos da norma de invalidação, explicando, na senda do princípio da consequencialidade (concatenação ou interdependência), que "a nulidade de um ato, uma vez declarada, causará a dos atos que dele diretamente dependam ou sejam consequência". No entanto, a providência não é automática, sempre carecendo de um atuar humano. É o magistrado que tem o papel de descrever, em norma concretizada, a extensão da atipicidade. Deveras, na forma do texto legal, "o juiz que pronunciar a nulidade declarará os atos a que ela se estende".

De tudo o que foi exposto, a primeira conclusão que se forma com a análise das regras de calibração instituídas legislativamente é a de que são – ao menos via de regra – interpretadas (*rectius*: aplicadas) restritamente às nulidades relativas e de acordo com o princípio protetor das garantias fundamentais do acusado (*favor rei*). A exegese limitada dessas disposições, que constroem a dogmática das nulidades, é condição *sine qua non* para a produção hígida das normas de controle.

Antônio Tovo Loureiro ilustra que o direito processual penal brasileiro padece de uma considerável deficiência, qual seja, "a ausência de codificação suficiente de normas teóricas e sistematizantes que consolidem um sistema com base na teoria das nulidades". Na linha do que pondera o jurista, há cinco artigos na lei processual penal brasileira que cuidam das disposições gerais para regrar a matéria das nulidades (os artigos 563, 565, 566, 572 e 573), ao passo que os demais discorrem sobre hipóteses (em tese) de reconhecimento de nulidade. Daí arrematar o autor que se criou "um espaço demasiado amplo para a construção dogmática, a qual foi sendo feita de maneira completamente caótica e sem princípios informadores bem definidos [...]".[579]

As regras de calibração não estão dispostas só no Título I, do Livro III, do CPP. A título de exemplo, pode-se mencionar as exceções à aplicação do art. 564, inciso III, alínea "b", do CPP, que descreve que ocorrerá nulidade quando faltar fórmulas ou termos relacionados ao exame do corpo de delito nos crimes que deixam vestígios, admitindo, todavia, diante da impossibilidade de sua realização, o seu suprimento pela prova testemunhal. Tal ponto será objeto

579. LOUREIRO, Antônio Tovo. O descumprimento das formas processuais penais como maximização do poder de punir: por uma nova teoria das nulidades. *Revista da Faculdade de Direito da Universidade Federal do Rio Grande do Sul* (Porto Alegre: UFRGS), n.26, p.17, dez. 2006.

de análise específica no último capítulo, no estudo das nulidades em espécie.

9.6 Tratamento do tema na jurisprudência do STF e do STJ

A verificação empírica do processo decisório judicial nulificador conduz à afirmação, feita por grande parte da doutrina, de que, para além da lei, também a jurisprudência seria fonte formal, de cognição, do direito processual penal.

A chegada nesse ponto requereu um percurso histórico paulatino. Flávio Meirelles Medeiros, por exemplo, ao discorrer sobre os princípios de direito processual penal (fonte subsidiária ou supletiva), pondera que "as atividades jurisprudencial e doutrinária podem, sem dúvida, revelar os princípios de direito. Mas daí a dizer que os princípios são os estabelecidos pela jurisprudência ou pela doutrina vai uma grande diferença, pois importa reduzir expressivamente o conteúdo do instituto"[580].

Não raras vezes, a nulidade é construída durante o exame de casos concretos, a partir de normas abstratas (*standards*). Tem-se observado que as decisões sobre o tema podem se revestir, no futuro, de parâmetro para a aplicação do direito. Pode-se reconhecer a existência de regras de calibração de natureza jurisprudencial que, ao cabo, desviam a consequência da norma concreta declaratória de nulidade, evitando, por exemplo, a resposta de invalidação.

Conceber, de tal modo, a jurisprudência como fonte do direito processual penal, é justificar essa assertiva com esteio em critério de validade que assim a reconheça.

---

580. MEDEIROS, Flávio Meirelles. Princípios de direito processual penal. *Revista Forense comemorativa – 100 anos*, tomo VII [direito processual penal], Afrânio Silva Jardim (org.), Rio de Janeiro: Forense, p.499, 2006.

Herbert Hart aviva que "um critério de validade jurídica, ou fonte de direito, é supremo, se as regras identificadas por referência a ele forem ainda reconhecidas como regras do sistema, mesmo que elas estejam em conflito com regras identificadas por referência aos outros critérios". De forma reversa, quando as regras são identificadas por referência aqueles "outros critérios" (diversos do "critério de validade" compreendido como "fonte de direito"), não serão reconhecidas como autênticas regras, caso se constate a existência de conflito com aquelas regras identificadas por alusão ao critério supremo[581].

No caso brasileiro, as normas jurídicas não decorrem de uma única fonte. Norberto Bobbio, distinguindo os ordenamentos jurídicos em simples (normas constituídas de uma só fonte) ou complexos (normas derivadas de mais de uma fonte), explica que "a dificuldade de rastrear todas as normas que constituem um ordenamento depende do fato de geralmente essas normas não derivarem de uma única fonte"[582].

A legislação é fonte primordial das nulidades[583]. Todavia, alguns enunciados emitidos pelo Poder Judiciário podem constituir fonte, base textual também importante para a construção de normas jurídicas nessa temática. Sob certa vertente, essa possibilidade de se valer de precedentes jurisprudenciais, máxime sumulados (além de teses fixadas em temas da repercussão geral e do rito de recursos repetitivos), sugere realismo jurídico. Isso em razão da atividade intensa dos tribunais na intepretação de casos concretos, tomados como parâmetros para a declaração de nulidades de casos futuros.

---

581. HART, Herbert L. A. *O conceito de direito*. Tradução: A. Ribeiro Mendes. 5. ed. Lisboa: Fundação Calouste Gulbenkian, 2007. p.117.

582. BOBBIO, Norberto. *Teoria do ordenamento jurídico*. 10. ed. Tradução: Maria Celeste Cordeiro Leite dos Santos. Brasília: Universidade de Brasília, 1997. p.37.

583. CINTRA, Antonio Carlos de Araújo; GRINOVER, Ada Pellegrini; DINAMARCO, Cândido Rangel. *Teoria geral do processo*. 19. ed. São Paulo: Malheiros, 2003. p.92.

Ainda na linha de Norberto Bobbio, as fontes do direito são compreendidas como fatos ou atos selecionados pelo ordenamento para a produção de normas. O direito positivo se torna conhecido quando são arroladas suas fontes. O ordenamento jurídico, desse modo, é apto a regular não só a conduta das pessoas, porém, sobremodo, preconiza a forma por meio da qual se dá a produção normativa. Ou seja, o ordenamento tem a função de regrar a construção de normas[584].

O sistema de controle dos atos processuais é constituído por enunciados do ordenamento jurídico. Sejam artigos de legislação, sejam fragmentos de textos reconhecidos pelo Estado como direito, as normas jurídicas dependem de base empírica para formarem o sistema. A produção das normas migra da própria experiência interpretativa, pelo que se diz que o sistema é autopoiético (só são produzidas normas de acordo com disciplina traçada pelo Estado) e circular (não há emissão de norma que provenha de fora do sistema).

A estrutura do sistema dita o que pode ser reconhecido como fonte, sendo, por assim dizer, autorreferente. O sistema é dotado de elementos internos que o diferenciam, conformando sua estrutura e fixando as regras para a comunicação normativa. Nesse âmbito, em compasso com a Teoria dos Sistemas, as atipicidades processuais penais seguem um esquema estrutural que é dotado de funcionalidade a partir da causalidade, vista esta como um processo decisório que decorre de observação levada a cabo por um participante, sujeito processual central e imanente à norma (juiz).

Niklas Luhmann elucida que a *autopoiesis* é "determinação do estado posterior do sistema, a partir da limitação anterior à qual a operação chegou". Decerto, apenas por intermédio de uma estruturação limitante é que um sistema

584. BOBBIO, Norberto. *Teoria do ordenamento jurídico*. 10. ed. Tradução: Maria Celeste Cordeiro Leite dos Santos. Brasília: Universidade de Brasília, 1997. p.45.

passa a ter suficiente direção interna viabilizando a autorreprodução[585]. Esse argumento pode ser útil para dar ao sistema a função de limitar o arbítrio judicial, com redução da contingência, considerando que esta se situa no órgão autêntico. Ao cabo, cumpre o papel de elucidar que o direito deve servir à previsibilidade das decisões judiciais.

A produção das normas nulificadoras depende da categoria do elemento afetado. Os atos processuais penais podem ser defeituosos de maneira mais ou menos grave. Essa a importância de precisar o conteúdo dos elementos do ato processual penal, considerando a sua possibilidade de ser estrutural, essencial ou acidental. A classificação das atipicidades processuais penais tem a função de delinear as relações normativas possíveis.

Pode-se, a partir desses argumentos, entender que enunciados emitidos pelo Poder Judiciário são classificados como fonte do direito processual penal. No entanto, é relevante, para não se incorrer em excessos, diferenciar os textos aptos a essa função, no âmbito do STF e do STJ, nominados de precedentes judiciais. Reconhecendo prática tal qual acontece sob o Realismo Jurídico, os textos referidos teriam função inovadora no ordenamento, dando-lhe integridade e coerência, com a possibilidade de caracterizar regras de calibração e de lhe atribuir perfil pragmático e racional.

Eventual objeção ao reconhecimento de verbete de súmula não vinculante como fonte do direito processual penal é refutada tanto em razão do que se observa na praxe forense, quanto pelo exame sistemático da legislação infraconstitucional. Idêntico argumento se aplica às teses fixadas em temas da repercussão geral (recurso extraordinário) ou sob o rito dos recursos repetitivos (recurso especial). O art. 3º, do CPP, informa que "a lei processual penal admitirá interpretação

---

585. LUHMANN, Niklas. *Introdução à teoria dos sistemas*. Tradução: Ana Cristina Arantes Nasser. 2. ed. Petrópolis/RJ: Vozes, 2010. p.113.

extensiva e aplicação analógica, bem como o suplemento dos princípios gerais de direito". A admissão de aplicação analógica no âmbito do direito processual penal autoriza a incidência de leis processuais comuns toda vez que existir disciplina insuficiente na legislação processual penal.

Os tribunais detêm a competência para emitir súmulas (poder normativo). A legislação processual, ademais, reconhecendo expressamente a força de súmula e de precedente de tribunal, reitera duplamente – tanto na órbita cível, quanto na criminal – que não se considera fundamentada decisão judicial que "deixar de seguir enunciado de súmula, jurisprudência ou precedente invocado pela parte, sem demonstrar a existência de distinção no caso em julgamento ou a superação do entendimento" (art. 489, § 1º, VI, CPC; art. 315, § 2º, VI, CPP).

Ao decidir casos concretos, o Poder Judiciário exerce, além das finalidades propriamente jurídica e social, o escopo político, de edição de uma norma. Essa função, concreta, toma, por vezes, foros de abstração (abstrativização ou transindividualização), para, dessa maneira, fixar padrões para casos futuros. Ao dizer o direito acerca do reconhecimento de nulidade e delimitar a respectiva consequência normativa (norma jurídica concreta de invalidação, de convalidação ou de saneamento), o órgão jurisdicional poderá operar efeitos abstratos para: (1) de um lado, fixar o teor e o alcance do enunciado que prevê a ocorrência de nulidade (já posto no ordenamento jurídico, não implicando novidade nas nulidades em espécie); e, (2) de outro, criar *standard*, com vistas a inovar e integrar o ordenamento jurídico, cujo conteúdo pode se apresentar (a) como texto que estipula a cominação expressa de nulidade – absoluta ou relativa – para determinada atipicidade de ato processual penal (deficiência de incidência da norma jurídica que regula o modelo constitucional ou legal constitutivo da forma protetiva das garantias) ou, ainda, (b) como "regra de calibração", com o fito de mitigar consequencialidade normativa de invalidação, decorrente do reconhecimento do vício processual.

A emissão de fontes de cognição do processo penal – realizada primordialmente pela União (Poder Legislativo, a teor do art. 22, I, da Constituição de 1988), mas também complementada pela atuação do Poder Judiciário (mormente quando da edição de Súmulas Vinculantes pelo STF, nos termos do art. 103-A, da Constituição de 1988) – é atividade que retrata a mitigação do sistema jurídico continental (*civil law*) ao qual o Brasil estaria filiado, na origem[586]. Com efeito, existem, cada vez mais, novas características do sistema jurídico da *common law* (*case law*) no direito brasileiro.

Considerando esse espaço cinzento, Alexandre da Maia intenta fixar o conteúdo da ontologia jurídica relacionada ao garantismo jurídico. Para conciliar as perspectivas ontológicas e retóricas, o autor sugere uma ética da tolerância, com o objetivo de demonstrar que o Poder Judiciário – em razão de distinções de enfoques de aplicação do direito (autorreferência jurídica/*autopoiesis* ou heterorreferência/*alopoiesis*) –, "vive numa encruzilhada entre os ditames da lei e as práticas processuais do dia a dia forense, refletindo numa heterorreferência (*alopoiese*) do direito, e, obviamente, quebrando possibilidades ontológicas no direito"[587].

Sob o eixo das nulidades, o direito reconhecido e, por vezes, construído pelos precedentes jurisprudenciais desempenha um papel encartado, em sua maior parte, na *autopoiesis* do sistema jurídico brasileiro. Isso em razão de súmulas (vinculantes, principalmente) e de precedentes judiciais do STF e do STJ exercerem a função de fontes do direito processual penal.

---

586. ALENCAR, Rosmar Rodrigues de. *Efeito vinculante e concretização do direito*. Porto Alegre: Sergio Antonio Fabris, 2009, p.31.

587. MAIA, Alexandre da. *Ontologia jurídica*: o problema de sua fixação teórica (com relação ao garantismo jurídico). Porto Alegre: Livraria do Advogado, 2000. p.64.

A fixação de pontos comuns encontrados na jurisprudência, para a construção de classificação das nulidades processuais comprometida com a efetividade dos direitos, é bastante relevante para se evitar práticas alopoiéticas (elementos hauridos de campos situados fora do sistema). Caso contrário, o resultado indesejável é a construção de enunciados que não se respaldam nas normas que regulam sua produção e, de tal sorte, incompatíveis com a ordem constitucional.

9.6.1 Súmulas que fixam o sentido e o alcance de hipótese de nulidade

Dentre os enunciados que delimitam o teor de texto legal ou constitucional, o verbete nº 156, da Súmula da Suprema Corte, dita que "é absoluta a nulidade do julgamento, pelo júri, por falta de quesito obrigatório". Essa ilação decorre da constatação de que há previsão de nulidade – classificada como absoluta pela doutrina – por falta das fórmulas ou dos termos relativos aos quesitos e às respectivas respostas (art. 564, III, "k", CPP). Em reforço, o parágrafo único, do art. 564, do CPP, é enfático ao asseverar que "ocorrerá ainda a nulidade, por deficiência dos quesitos ou das suas respostas, e contradição entre estas".

A produção sumular conferiu melhor contorno à órbita de incidência das disposições que categorizam aquela atipicidade. Derivadas dos mesmos dispositivos legais, a o enunciado nº 162, da Súmula, do STF, estatui que é absoluta a nulidade do julgamento pelo júri, "quando os quesitos da defesa não precedem aos das circunstâncias agravantes" [588].

Outros verbetes de súmulas delimitam o significado, porém, por vezes, também instituem fragmentos que

588. Verbete então aplicável à quesitação regulada pelo parágrafo único, do art. 484, do CPP, com redação conferida pela Lei nº 263/1948. Após o advento da Lei nº 11.689/2008, os quesitos receberam disciplina distinta, descrita no art. 483, do CPP, sem possibilidade de inclusão de agravantes e atenuantes.

ensejam normas jurídicas distintas. Em outras situações, a súmula, por um lado, fixa a noção e a abrangência de texto legal, bem como, por outro, estabelece regra de calibração, evitando a incidência da disposição legal nos casos que aponta. Hipóteses como essas serão vivificadas nos tópicos seguintes.

9.6.2 Súmulas que criam *standards* com previsão expressa de nulidade

O enunciado nº 155, da Súmula, do STF, cria padrão geral para o caso de falta de intimação da expedição de precatória para a inquirição de testemunha, declarando que "é relativa a nulidade do processo criminal por falta de intimação da expedição de precatória para inquirição de testemunha". O verbete nº 273, da Súmula, do STJ, tem enunciado com linha semelhante, verberando que, uma vez "intimada a defesa da expedição da carta precatória, torna-se desnecessária intimação da data da audiência no juízo deprecado. No rol do art. 564, do CPP, as hipóteses que mais se aproximam do citado vício são as previstas nos seus incisos III, alínea "o", e IV: (1) a primeira ditando que ocorrerá nulidade quando faltar fórmula ou termo concernete à intimação, nas condições estabelecidas pela lei, para ciência de sentenças e despachos de que caiba recurso"; e (2) a segunda prevendo nulidade para caso de omissão de formalidade que constitua elemento essencial do ato. A última hipótese consiste em cláusula de abertura. De todo modo, os referidos enunciados sumulares são fontes para a construção de norma jurídica de nulidade, acompanhada de norma secundária de convalidação, de saneamento ou de invalidação.

O verbete nº 366, da Súmula, do STF, inova o ordenamento jurídico ao criar *standard* específico para servir de base a sua aplicação em casos concretos. Com efeito, declara que "não é nula a citação por edital que indica o dispositivo da lei penal, embora não transcreva a denúncia ou queixa, ou não resuma os fatos em que se baseia".

Mesmo raciocínio é inferido do enunciado nº 351, daquela Súmula, da Suprema Corte, que estatui nulidade da "citação por edital de réu preso na mesma unidade da federação em que o juiz exerce a sua jurisdição". A exemplo do que se vê na relação de nulidades do art. 564, do CPP, o Supremo Tribunal estabelece, por meio da emissão daquele texto, fonte de cognição do direito processual penal tendente a não permitir que se realize citação ficta nos casos em que se tem o dever do Estado de controlar as prisões por ele mesmo aplicadas.

Com o controle eletrônico dos apenados submetidos à prisão estatal, instituído pela Lei nº 12.714/2012, torna-se plausível reconhecer a nulidade da citação por edital de pessoas que estão com a liberdade cerceada em outra unidade federativa do Brasil. Afinal, se a legislação assegura um acompanhamento informatizado do cumprimento da pena, torna-se inconcebível que o Judiciário não diligencie a localização do apenado para citá-lo pessoalmente, ainda que em unidade federativa diversa do juízo processante.

A Súmula nº 206, do STF, insere fonte de congnição no ordenamento jurídico quando declara expressamente que "é nulo o julgamento ulterior pelo júri com a participação de jurado que funcionou em julgamento anterior do mesmo processo". O CPP veda a participação do jurado que já tenha atuado efetivamente no caso penal – hipóteses de novo julgamento do mesmo acusado ou de julgamento de corréu –, cujo enunciado atual reza que não poderá servir o jurado que houver "funcionado em julgamento anterior do mesmo processo, independentemente da causa determinante do julgamento posterior" (art. 449, I, CPP). No entanto, não existia disposição específica, dirigida ao magistrado, para reconhecimento da nulidade do julgamento, tal como disciplina a referida Súmula.

De outro giro, dois enunciados da Súmula, do STF, têm natureza instituidora de *standard* corolário da ampla defesa e do contraditório. O primeiro verbete é o de nº 431, inquinando de nulo o julgamento de recurso criminal realizado, na segunda instância, sem prévia intimação ou publicação da pauta, com ressalva para os casos de *habeas corpus*. O segundo enunciado é o de nº 707, avivando que "constitui nulidade a falta de intimação do denunciado para oferecer contrarrazões ao recurso interposto da rejeição da denúncia, não a suprindo a nomeação de defensor dativo". A persecução penal, mesmo que antes de angularizada a relação processual pela citação, constitui negação ao *status dignitatis* a exigir a participação do denunciado na dialética do recurso que combate decisão que o favoreceu com a rejeição da denúncia.

No primeiro caso, há nulidade absoluta, mormente diante de recurso que se dirigir contra decisão que atinja o direito de liberdade (sentença condenatória ou absolutória). No segundo caso, há, por um lado, espaço para ser sustentada a relatividade da nulidade, eis que não citado o denunciado; e, por outro, afetação do núcleo da liberdade e de direitos em torno da dignidade humana a recomendar que se classifique a falta como nulidade absoluta.

É absoluta a natureza jurídica das nulidades consignadas nos verbetes nos 708 e 712, do STF. O primeiro relata ser "nulo o julgamento da apelação se, após a manifestação nos autos da renúncia do único defensor, o réu não foi previamente intimado para constituir outro". O segundo reza que que "é nula a decisão que determina o desaforamento de processo da competência do júri sem audiência da defesa". Ambos os enunciados asseguram a efetividade do direito à ampla defesa e ao contraditório, com os meios e recursos a ela inerentes (art. 5º, LV, CF/1988).

Porém, há edição de fontes de cognição (formais), modificando o ordenamento jurídico. O primeiro verbete tem disposição análoga ao § 2º, do art. 396-A, do CPP, destinando-se ao processamento recursal. O último, por sua vez, garante a eficácia de regra instituidora da competência territorial para os julgamentos do júri (art. 70, *caput*, CPP), apenas a excepcionando se assegurada a participação dos envolvidos na decisão (bilateralidade da audiência), sob a ameaça de constranger dogmaticamente o juiz a reconhecer a nulidade e, de conseguinte, concretizar a norma jurídica de invalidação do julgamento, caso este ocorra indevidamente, no juízo de origem.

9.6.3 Súmulas que instituem regras de calibração

Regra de calibração é expressão que designa o aspecto pragmático de desvio da consequência normal que se esperaria da concretização da norma jurídica declaratória de nulidade (exceção à regra geral consistente na ideia de que "dado o antecedente, tem-se o consequente"). A calibragem do sistema tem lugar quando a conclusão que decorre das premissas constitui um paradoxo[589]. É o permissivo legal ou jurisprudencial para não se impor invalidação, notadamente nos casos em que haveria nulidade de natureza absoluta. Quebra-se, sob dado ponto de vista, a sequência da relação internormativa, invadindo-se o campo da retórica para, fundamentadamente, justificar solução diversa daquela que seria naturalmente prevista segundo a lógica deôntica (dever-ser).

O art. 564, inciso III, alínea "b", do CPP, descreve que ocorrerá nulidade quando faltar fórmulas ou termos relacionados ao exame de corpo de delito nos crimes que

---

589. WATZLAWICK, Paul; BEAVIN, Janet Helmick; JACKSON, Don D. *Pragmática da comunicação humana*: um estudo dos padrões, patologias e paradoxos da interação. Tradução: Álvaro Cabral. São Paulo: Cultrix, 1967. p.169.

deixam vestígios, admitindo, todavia, diante da impossibilidade de sua realização, o seu suprimento pela prova testemunhal (arts. 158 e 167, CPP). O vício reportado pode ser omissão ou deformidade de todo o exame, de parte dele ou de suas etapas antecedentes (cadeia de custódia do vestígio – arts. 158-A e seguintes, CPP), contemporâneas (cautelas técnicas à perícia – um *expert* oficial ou dois peritos *ad hoc*, por exemplo – art. 159, § 2º, CPP) ou posteriores (confecção do laudo e sua juntada – art. 160, parágrafo único, CPP).

É de ver, por outro lado, que o enunciado nº 352, da Súmula, do STF, tem natureza de regra de calibração apta a limitar a invalidação de ato processual praticado sem que, nos autos, existisse nomeação de curador ao acusado dito menor (idade de dezoito a vinte e um anos). Seu texto aviva que "não é nulo o processo penal por falta de nomeação de curador ao réu menor que teve a assistência de defensor dativo".

O conteúdo desse enunciado quebra a consequencialidade em face do reconhecimento da nulidade tida por absoluta, da qual decorreria a invalidação de todo o processo, porquanto, o art. 564, III, alínea "c", do CPP, prevê nulidade quando faltar fórmula ou termo relativo à "nomeação de defensor ao réu presente, que o não tiver, ou ao ausente, e de curador ao menor de 21 anos". Embora a Súmula esteja superada no tocante ao menor de vinte e um anos, a argumentação permanece válida para hipótese de réu inimputável por doença mental, considerando que o art. 151, do Código, é firme em ordenar o prosseguimento do processo com a presença de curador quando os peritos chegarem à conclusão de que o acusado era, ao tempo da infração penal, irresponsável penalmente.

Tem natureza híbrida, porém mais próxima de regra de calibração do que *standard* novo editado pelo Judiciário, o verbete sumular nº 523, da Corte Suprema. De acordo com seus termos, "no processo penal, a falta da defesa constitui nulidade absoluta, mas a sua deficiência só o anulará se houver prova do prejuízo para o réu". Releva observar que o significado de nulidade absoluta, adotado no enunciado da súmula em tela, é o de defeito processual. Todavia, quando seu texto fala em "só o anulará", o verbo anular indica o mesmo que invalidar.

O art. 564, inciso III, alínea "e", do CPP, exara que ocorrerá nulidade quando faltar fórmula ou termo referente à citação do réu para ver-se processar, ao seu interrogatório, quando presente, e aos prazos concedidos à acusação e à defesa. Faltando prazo para a defesa, haverá ausência desse direito e, portanto, nulidade absoluta, a teor da súmula supradita (neste ponto, há apenas definição de noção e extensão do que já prevê o indicado dispositivo legal). Caso haja deficiência de defesa, o enunciado pede que seja evidenciado o prejuízo, seguindo o que averba o art. 563, do mesmo Código, instituindo regra de calibração, já que tem o objetivo de conservar atos processuais cuja feitura não foi acompanhada por defesa eficiente. Assim o é porque o texto da súmula tem o intuito de evitar a consequência da invalidação que decorreria da defesa existente, porém deficiente[590].

Com a mesma essência é o teor do enunciado nº 564, da Súmula, do STF, esposando que "a ausência de fundamentação do despacho de recebimento de denúncia por crime falimentar enseja nulidade processual, salvo se já houver sentença condenatória". Tal redação mitiga o revogado art. 109, § 2º, do Decreto-Lei nº 7.661/1945 que, em rito especial que constituía exceção no direito processual penal brasileiro, preconizava a que o recebimento da denúncia devia ser dado por "despacho fundamentado". Note-se que a cominação da nulidade era inferida pela conjugação

590. O STJ, examinando caso que indica um minus em relação ao que seria defesa deficiente, afirmou que "o uso pela defesa de apenas fração do tempo disponível nos debates em plenário do Tribunal do Júri, somado à inércia em sustentar a principal tese absolutória que esteve presente nos autos investigativa, configuram defesa deficiente, ensejando a nulidade do julgamento" (STJ – Sexta Turma – HC 947.076/MG – Rel. Min. Rogerio Schietti Cruz – Dje 09 dez. 2024).

daquele dispositivo com o art. 93, inciso IX, da Constituição de 1988, que aviva que todas decisões do Poder Judiciário serão fundamentadas, sob pena de nulidade. A exceção à consequência nulificadora centra-se no momento de seu reconhecimento, vale dizer: depois de proferida a sentença condenatória, vedava-se a declaração de nulidade-consequência (invalidação do processo). Entretanto, a questão perdeu importância com a Lei de Recuperações e Falências, que, em seu art. 185, passou a remeter o processamento dos delitos que prevê para o que dispõe o CPP.

Prevenção é nome que designa um dos critérios de fixação da competência territorial, de foro ou de juízo. Por ser parte do conteúdo dessa espécie de competência, de natureza relativa segundo se afirma tradicionalmente no direito processual penal brasileiro, o STF expediu o verbete sumular nº 706, que estampa a relatividade da nulidade decorrente da não observância da competência penal por prevenção, assimilada à competência territorial, compartilhada por mais de um juiz.

Trata-se de regra de calibração de cariz judicial que comunga do mesmo objetivo da regra de calibração legal contemplada no art. 567, do CPP, que assenta que "a incompetência do juízo anula somente os atos decisórios, devendo o processo, quando for declarada a nulidade, ser remetido ao juiz competente". Observe-se que a incompetência não é objeto de distinção do legislador infraconstitucional, nem tampouco do legislador constituinte (que garante juiz competente para ser processado e julgado, independentemente da natureza da competência). Considerando tal nuança, do aludido enunciado nº 706, do STF, quebra-se a consequência invalidante, quando o vício for atinente à inobservância da competência penal por prevenção.

9.7 Classificação das atipicidades de acordo com a fase da persecução penal

A disciplina legal do CPP é destinada a regular as formas normativas. As nulidades processuais penais em espécie, arroladas no seu art. 564, são alusivas a omissões de fórmulas ou de termos de atos processuais ou à prática de ato processual de modo não autorizado ou proibido pelo ordenamento jurídico. O Título I, do Livro III, do Código, que trata das nulidades, é destinado a regular vícios ocorridos durante o curso do processo, vale dizer, depois de ter sido oferecida ação penal, perante juiz competente.

Daí que o termo nulidade é reservado para qualificar atos processuais atípicos, razão pela qual a doutrina e a jurisprudência evitam assimilar nulidade à fase de investigação preliminar. Esses setores do direito entendem, geralmente, que, no curso de inquérito policial ou procedimento extrapolicial similar, não há propriamente nulidade, tal qual pretendeu o legislador do CPP de 1941. No entanto, tal conclusão não chega a afastar a possibilidade de ilicitudes, de defeitos de atos procedimentais que, ao cabo, podem violar direitos individuais.

Nessa direção, Renato Marcão enfatiza que "não há nulidade em inquérito policial". Conforme aduz, "o que pode ocorrer, e não raras vezes ocorre, é a prática de irregularidade/ilegalidade". O processualista pontifica que tal forma de compreensão é de abordagem tranquila tanto na doutrina, quanto na jurisprudência. Dessa maneira, eventual irregularidade, "qualquer que seja sua natureza", não é apta a contaminar atos do processo penal. Daí que "não cabe ser arguida após a instauração do processo com vistas a pretender a invalidação deste"[591].

591. MARCÃO, Renato. *Curso de processo penal*. São Paulo: Saraiva, 2014. p.999.

No entanto, a nulidade tem aderência ao curso da investigação preliminar. Independentemente do nome que se dê, fato é que pode ocorrer ilicitude na investigação. De tal maneira, haverá estrutura normativa de atipicidade no inquérito policial de forma similar àquela que se dá no correr do processo penal, seja condenatório, seja de execução penal. A nota distintiva, como se verá, reside no relato que é dirigido à construção da norma jurídica nulificadora.

A aproximação de pontos comuns classificatórios é fundamental para assentar as relações entre as estruturas normativas da nulidade e da invalidação. De outro enfoque, a natureza do vício, em cotejo com a espécie de norma jurídica violada com a prática do ato é relevante ao acerto da providência consequente.

Caso se cuide de violação de norma penal incriminadora (tal como a produção de prova tomada com violação de domicílio, tanto por destoar do art. 5º, inciso XI, da Constituição de 1988, quanto por ser conduta criminosa nos termos do art. 150, *caput*, do Código Penal), a norma jurídica consequente não estará inteiramente albergada pela relação entre as normas jurídicas de nulidade e de invalidação. Com efeito, havendo ferimento à regra jurídica desse jaez, a norma jurídica consequente ao reconhecimento da atipicidade não será somente de invalidação do ato inclusivo dos elementos probatórios aos autos da investigação preliminar, porém deverá implicar a incidência da regra de exclusão (*exclusionary rules*), com o desentranhamento da prova ilícita, bem como das derivadas com contaminação (*fruit of the poisonous tree doctrine*)[592], por não ter se adequado à norma substancial, de direito penal.

592. Afastando a incidência da regra da ilicitude probatória por derivação (teoria dos frutos da árvore envenenada, sufragada no § 1º, do art. 157, do CPP), o STJ deliberou que "a informação obtida pela autoridade policial a partir de aparelho celular objeto de busca e apreensão declarada nula em investigação anterior, não causa a nulidade de decisões judiciais supervenientes que determinem a busca e apreensão do mesmo telefone" (STJ – Terceira Seção – Processo sob sigilo – Rel. Min. Reynaldo Soares da Fonseca – Dje 11 out. 2024).

Deveras, a inadmissibilidade da prova ilícita *stricto sensu* requer juízo de prelibação rigoroso do qual decorre a norma jurídica de exclusão da prova dos autos. Entrementes, mesmo quando acontece situação apta ao desentranhamento do material probatório produzido, tal consequência, gizada no § 3º, do art. 157, do CPP, não é automática. Decerto, a ilicitude formal pode ter respaldo normativo (juridicidade), mormente quando seus efeitos favorecerem a liberdade do imputado (*favor rei*). Ademais, um elemento de convicção pode ter aplicação lícita, conforme o contexto de sua interpretação de um dado processo.

Por exemplo, note-se o que acontece quando "um meio de prova veicula informação sobre mais de uma infração e a ilicitude verifica-se somente em relação a determinado acusado", tal como advertem Alexandre Cebrian Reis e Victor Gonçalves[593]. O exame da atipicidade probatória deve ser baseado em raciocínio analítico.

Elucidando o ponto, cumpre invocar o que já expunha Nicola Framarino Dei Malatesta sobre a necessidade de exame intrínseco e extrínseco da prova. Na sua lição, "para a avaliação concreta do testemunho e do documento", é necessário se guiar por "critérios de três espécies: objetivos, subjetivos e formais". Decerto, em toda afirmação pessoal (ou, analogamente, em toda informação que emana de uma fonte de prova), é perfeitamente distinguível "a pessoa afirmante, a forma de afirmação e a coisa afirmada". Quanto à prova material, o autor verbera que "o provado não é o mesmo que a prova", sendo possível tanto sua valoração objetiva (mais comum), quanto sua avaliação subjetiva (mais falseável por constituir obra do homem).[594]

---

593. REIS, Alexandre Cebrian Araújo; GONÇALVES, Victor Eduardo Rios. *Direito processual penal esquematizado*. 4. ed. São Paulo: Saraiva, 2015. p.269.

594. MALATESTA, Nicola Framarino Dei. *A lógica das provas em matéria criminal*. Tradução: Paolo Capitanio. 3. ed. Campinas: Bookseller, 2004. p.616-620.

Quanto ao teor do art. 564, do CPP, calha frisar que não é do cotidiano do ordenamento jurídico brasileiro o uso dos vocábulos "fórmulas" ou "termos" (inciso III). A doutrina procura delimitar o sentido de tais palavras no contexto processual penal, sustentando que "fórmulas" são regras, enquanto "termos" são atos processuais. Considerando a distinção entre enunciado e norma – esta subdividida em princípios e regras –, entender que "fórmulas" são regras não é suficiente para explicar o fenômeno da nulidade do ato processual e de sua invalidação ou convalidação consecutiva[595].

Outrossim, reputar que o vocábulo "termos", tal qual utilizado naquela disposição, são atos processuais, parece não ser suficiente para significar a realidade que objetiva referir. Melhor seria a expressão "ato jurídico processual" para denotar, além dos atos que compõem o processo, o resultado da norma jurídica concretizada, vale dizer, aplicada e documentada, descrita nos autos. De outro enfoque, "termo" dá a ideia de referência a início (*dies a quo*) e término (*dies ad quem*) de prazos processuais, a exemplo do dia em que tem fluência o lapso para ser oferecida denúncia.

Essa visão encontra pontos de contato com as lições clássicas. Embora a ênfase não seja a norma jurídica, os processualistas expõem analiticamente que os atos processuais são regulados pela lei processual. Em outras palavras, afirmar que o ato processual é regrado pela lei processual

595. Humberto Ávila explica, em sentido semelhante, que "a matéria bruta utilizada pelo intérprete – o texto normativo ou dispositivo – constitui mera possibilidade de Direito. A transformação dos textos normativos em normas jurídicas depende da construção de conteúdo de sentido pelo próprio intérprete". O autor, embora critique o sentido tradicional de princípios ou de regras conforme a possibilidade de ponderação que existe em relação à primeira categoria de normas, reconhece a distinção, dando-lhe outra perspectiva. Elucidando que as regras são imediatamente descritivas e os princípios são imediatamente finalísticos, o autor aborda "o fenômeno da interpretação no Direito", com o objetivo de "compreender que a atribuição do qualificativo princípios ou regras a determinadas espécies normativas depende, antes de tudo, de conexões axiológicas que não estão prontas antes do processo de interpretação que as desvela" (ÁVILA, Humberto. *Teoria dos princípios*: da definição à aplicação dos princípios jurídicos. 7. ed. São Paulo: Malheiros, 2006. p.24-27).

evidencia que há necessidade de base legal enunciativa para sua edição, permeada pela incidência de norma jurídica. Daí a conclusão de que ato processual é norma jurídica entificada, mais especificamente, norma jurídica individual e concreta, descrita suficientemente.

Enrico Tullio Liebman assevera que "il processo ha inizio, si svolge e se conclude col compimento di svariati atti dei suoi soggetti, che sono gli atti processuali". Como se depreende, o jurista afasta da noção de ato processual, a omissão processual. Ato é ação, coisa diversa do fato omissivo, embora possa este produzir efeitos processuais relevantes. E continua o autor aventado que os atos processuais "si distinguono dagli atti giuridici in genere per il fato di appartenere al processo, e di esercitare un effetto giuridico diretto ed immediato sul rapporto processuale, in quanto lo costituicono lo solgono o lo concludono. In altre parole, gli atti processual sono atti del processo"[596].

De tal modo, para a aferição do vício processual a ser categorizado como inexistência, nulidade absoluta, nulidade relativa ou irregularidade, não é relevante o uso dos vocábulos "fórmulas" ou "termos", haja vista que o que sempre existirá é o exame de violação à ordem jurídica, isto é, a incidência deficiente da norma. A partir daí, haverá deflagração de uma sucessão de normas que se relacionam entre si para sanear o procedimento ou o processo penal defeituoso, prejudicial a direito protegido por norma proveniente de modelo constitucional, legal ou jurisprudencial.

9.8 Aplicação a caso concreto

A construção de normas constitutivas de declaração de nulidade e de invalidação é encontrada na jurisprudência,

596. LIEBMAN, Enrico Tullio. *Manuale di diritto processuale civile*: I. 4. ed. Milano: Giuffrè, 1980. p.197-198.

ainda que os julgados nem sempre sejam rigorosos quanto ao uso da linguagem.

No STJ, foi apreciado recurso ordinário em *habeas corpus*, cuja ementa retrata exposição da incidência, com a relação entre a norma primária reconhecedora do vício (nulidade absoluta), e a segunda, constitutiva da declaração dos efeitos jurídicos decorrentes (invalidação)[597].

A atipicidade consistiu na efetivação, por conduto de mandado judicial genérico, de medida cautelar probatória real assecuratória de prontuários médicos de pacientes falecidos em hospital. Destacou-se a ausência de delimitação específica dos fatos investigados. Nesse diapasão, a impetração requereu o "trancamento de ações penais alegando nulidade da busca e apreensão", avivando que o contorno indefinido da diligência "caracteriza *fishing expedition*, violando os princípios da razoabilidade e proporcionalidade".

O acórdão vincou três aspectos controvertidos centrais quando frisou que "a questão em discussão consiste em saber se a busca e apreensão genérica de prontuários médicos, sem delimitação específica, caracteriza nulidade", bem como "se as provas derivadas devem ser desentranhadas dos autos" (art. 157, § 1º, CPP), e "se a nulidade da busca e apreensão autoriza o trancamento das ações penais em curso, considerando a possibilidade de existência de outras provas independentes".

Como se depreende da literalidade do julgado, três são os aspectos controvertidos centrais, que podem ser alinhados, à luz dos conceitos estudados. Vale dizer, em outros termos, o julgamento objetivou: (1) assentar se a medida de busca e apreensão por meio de mandado judicial aberto (genérico, *in albis*, decorrente de ato aquisitivo atípico) caracteriza nulidade (*rectius*: nulidade-fato absoluta); (2)

---

597. STJ – Quinta Turma – 195.496/PR – Rel. Min. Ribeiro Dantas – Red. p/ acórdão Min. Joel Ilan Paciornik – DJe 24 abr. 2025.

definir se as provas derivadas devem ser excluídas dos autos a partir da invalidação (nulidade-consequência) do ato aquisitivo; e (3) se a invalidação do ato aquisitivo da busca e apreensão genérica conduz à extinção dos processos criminais em tramitação, considerando a possibilidade de existência de outras provas independentes.

A Corte Superior deliberou pela exclusão da prova ilícita, prescrevendo o seu desentranhamento, "para garantir a higidez do processo penal", pontuando que "a nulidade da busca e apreensão não autoriza o trancamento automático das ações penais, pois cabe aos juízos de primeiro grau avaliar a existência de outras provas independentes que possam sustentar a acusação" (art. 157, § 2º, CPP).

Sob o ponto de vista dos limites da validade do discurso jurídico, carece de sentido deôntico asseverar "a nulidade da busca e apreensão", eis que a conduta material dos responsáveis pela execução do mandado e o resultado do meio probatório não se situam no plano do controle de nulidade. A invalidação recai sobre o ato processual aquisitivo atípico, com incidência das teorias da ilicitude probatória (art. 157, *caput*, CPP).

Na hipótese concreta, os prontuários – tomados isoladamente – não são eivados de nulidade, pois não se situam no plano prescritivo (dever-ser), porém no âmbito fático (estado bruto da matéria). A estrutura nulificadora dúplice (nulidade absoluta-invalidação) tem aplicação sobre o deferimento da prova (ato aquisitivo, de admissibilidade probatória), como também sobre o mandado que lhe integra.

Raciocínio similar é adequado para a expressão "trancamento de ações penais", eis que as ações são simplesmente exercidas (não fazendo sentido lógico "trancar" ação penal) e, consecutivamente, deflagram processos que, por sua vez, podem ser extintos, com ou sem resolução do mérito (expressão que melhor substitui aquele vocábulo).

A seu turno, ao avivar que a nulidade "não autoriza o trancamento automático das ações penais", o julgado é redundante porque, no direito, de natureza eminentemente protocolar, é necessário sempre um dizer do órgão autêntico para que ocorram efeitos no mundo jurídico. Indispensável, portanto, que "os juízos de primeiro grau reavaliem a subsistência da justa causa para as persecuções penais"[598].

A nulidade absoluta poderia ter sido explicitamente articulada, para se referir, enquanto rótulo do vício, ao ato processual que deferiu a busca e apreensão (inclusão judicial da prova). Consecutivamente, a fundamentação ficaria mais consistente com o atrelamento da invalidação sobre o deferimento e demais atos que corroboram a aquisição. Trata-se de implicação de efeitos jurídicos dos quais decorrem a exclusão do resultado probatório produzido e a inutilização da prova inserida nos autos indevidamente (*exclusionary rules*), a teor do § 3º, do art. 157, do CPP.

9.9 Conclusão e próximo capítulo

A nulidade e a invalidação devem se arrimar em fontes de conhecimento do direito processual penal. As fontes se relacionam de um nível a outro. Segue-se das fontes de produção (órgãos com competência enunciativa) às fontes de conhecimento (bases de disposições que servem à cognição judicial para a produção de normas).

Na persecução penal estatal, o juiz é o órgão enunciador de normas jurídicas individuais e concretas. O controle dos atos processuais penais tem natureza de autocontrole.

---

598. Com essa orientação, o STJ estabeleceu a seguinte tese de julgamento: "1. A busca e apreensão genérica, sem delimitação específica, caracteriza nulidade por violar os princípios da razoabilidade e proporcionalidade. 2. As provas obtidas de forma ilícita devem ser desentranhadas dos autos. 3. A nulidade da busca e apreensão não autoriza o trancamento automático das ações penais, devendo ser avaliadas outras provas independentes" (STJ – Quinta Turma – 195.496/PR – Rel. Min. Ribeiro Dantas – Red. p/ acórdão Min. Joel Ilan Paciornik – DJe 24 abr. 2025).

A emissão de norma jurídica com incidência deficiente representa desatendimento à fórmula traçada na redação que compõe o ordenamento jurídico.

Neste tópico, fica mais clara a relação entre ordenamento, sistema e norma jurídica. O ordenamento é objeto de interpretação para a delimitação do sistema. O sistema é constituído por normas que lhe estruturam. As normas regulam a sua *autopoiesis*. A persecução penal estatal é, normativamente, parte do sistema jurídico. A higidez daquele procedimento conta com mecanismo de reação aos vícios. Para conter imprevisibilidade nesse controle e para atender ao núcleo constitucional de processo penal, a atuação do juiz deve se pautar na teoria da nulidade.

No próximo capítulo será necessário avivar a relação desse núcleo constitucional com os enunciados infraconstitucionais. A classificação das nulidades depende da demonstração da autonomia ou da dependência de uma regra infraconstitucional a um princípio constitucional de natureza processual penal. Para esse desiderato, mister fundamentar a questão da ligação de regras a princípios sedimentados na Constituição. É pilar relevante para apartar atos essenciais dos atos acidentais da persecução penal, justificando a natureza absoluta ou relativa da nulidade, ao lado das demais classes (inexistência e irregularidade).

CAPÍTULO 10
NULIDADES PROCESSUAIS PENAIS E ADSCRIÇÃO DE REGRAS A PRINCÍPIOS CONSTITUCIONAIS

A noção de adscrição de regras a princípios é colhida de Robert Alexy[599] por ser útil à interpretação. As nulidades processuais penais estão intimamente ligadas à proteção de direitos fundamentais, individuais, cuja efetividade pode ser alcançada por meio da relação entre princípios constitucionais e regras infraconstitucionais.

Adscrição tem significado de complemento, de acréscimo escrito, expressando imbricação entre normas de graus diversos. Nessa relação, há regras que estão adscritas a princípios, em complemento a estes. Por exemplo, há um liame visível entre o princípio da ampla defesa e as regras de citação do acusado para se defender. Estas estão adscritas àquele.

As normas processuais penais, produzidas a partir dos enunciados e dos fragmentos de enunciados da

599. ALEXY, Robert. *Teoría de los derechos fundamentales*. Madrid: Centro de Estúdios Políticos y Constitucionales, 2002. p.68-72.

Constituição[600], podem ser levadas a efeito de forma direta ou indireta. Diretamente quando o enunciado constitucional é, por si só, suficiente a sua produção. Indiretamente quando a construção da norma depende de complemento por meio de interpretação de enunciados infraconstitucionais.

É importante a delimitação do núcleo processual penal sediado na Constituição, eis que destinado a proteger direitos. Vale gizar, porém, que nem todo enunciado do ordenamento jurídico é complementar à Constituição. Existem regras que preenchem espaços necessários ao funcionamento do processo penal, que estão dentro do âmbito do que a Constituição libera.

Dando suporte a essa fundamentação, Robert Alexy aparta as normas disciplinadas diretamente pela Constituição e as normas que são a ela adscritas. Considera, para tal conclusão, que existem regras infraconstitucionais que concretizam princípios constitucionais, como modo de complementação, tornando-a mais precisa, haja vista a forma difusa como posta pelo texto da Lei Maior[601].

A título de exemplo de disposições que não complementam a Constituição, podem ser citados os enunciados que dispõem sobre: (1) a tomada de compromisso dos jurados no rito do júri; (2) o encerramento do inquérito policial por relatório da autoridade policial; (3) a certificação de atos processuais pelos servidores; e (4) a necessidade de tomada de compromisso pelos *experts* não oficiais, previamente ao exame pericial. Disciplina legal como essas não se caracteriza como extensão do texto constitucional, estando no espaço para a colmatação das disposições processuais pelas chamadas leis de quadro.

---

600. GUASTINI, Riccardo. *Distinguiendo*: estúdios de teoría e metateoría del derecho. Barcelona: Gedisa, 1999. p.99.

601. ALEXY, Robert. *Teoría de los derechos fundamentales*. Madrid: Centro de Estúdios Políticos y Constitucionales, 2002. p.68-72.

A adoção de um esquema-padrão nulificador tem o propósito de conferir previsibilidade e controle, com redução da discricionariedade judicial. No entanto, aquele modelo deve estar afinado com os fundamentos positivistas que reconhecem, no Estado, a fonte material de produção do direito. Esses aspectos têm a aptidão de limitar o arbítrio que, ao cabo, não discrepam da preocupação que externa Lenio Streck[602].

O controle da licitude dos atos processuais se diferencia consoante o seu correlato fundamento empírico para a produção da norma. Eventualmente, poderá existir relação entre Constituição Federal e legislação infraconstitucional: (1) de complementariedade (identificando o texto constitucional que fundamenta direta ou indiretamente a validade da infraconstitucional); ou (2) de preenchimento de espaços que a Constituição não disciplinou[603].

Esse discrímen deve ser observado quando do cálculo normativo da classe de nulidade processual penal e sua

---

602. Criticando certa ótica atribuída ao positivismo, Lenio Luiz Streck reputa que "negar a possibilidade de que possa existir (sempre) – para cada caso – uma resposta conformada a Constituição, portanto, uma resposta correta sob o ponto de vista hermenêutico (porque é impossível cindir o ato interpretativo do ato aplicativo), pode significar uma profissão de fé no positivismo e, portanto, a admissão de discricionariedades interpretativas, o que se mostra antitético ao caráter não relativista da hermenêutica filosófica, incompatível com a existência de múltiplas respostas. Corre-se o risco, assim, de conceder ao juiz uma excessiva discricionariedade (excesso de liberdade na atribuição dos sentidos)", ensejando a ilação de que o direito é tão somente um conjunto de normas/regras (STRECK, Lenio Luiz. As súmulas vinculantes em face da hermenêutica filosófica e da jurisdição constitucional. In: *Acesso à justiça e efetividade do processo*. Geraldo Prado [org.]. Rio de Janeiro: Lumen Juris, 2005. p.169). Apropriado contrapor, todavia, que o efeito negativo da subjetividade judicial não parece ser exclusividade de uma postura específica, seja ela hermenêutica, filosófica ou positivista. Como proposta de enfrentamento e controle, seria possível sugerir a necessidade de exposição fundamentada e detalhada de um critério analítico apto a evidenciar as razões e os passos para tomada de uma decisão jurídica. Para tanto, indispensável avivar os pontos de partida depreendidos das bases empíricas do direito positivo.

603. ALEXY, Robert. Direito constitucional e direito ordinário. Jurisdição constitucional e jurisdição especializada. *Revista dos tribunais*, São Paulo, a.91, n.799, p.41-42, maio 2002.

correspondente consequência jurídica. A incidência de princípios que afastem a invalidação só tem cabimento quando viabilize maior eficácia de direito fundamental. Se, do somatório das premissas, não corresponder logicamente a conclusão[604], aplicável será – em compasso com autorizativo do sistema – regra de calibração, com o objetivo de solver um paradoxo capaz de afetar o escopo do justo processo[605].

A redução do espaço contingente, de dúvidas interpretativas acerca das nulidades, é alcançada por essa estruturação, em conjunto com as definições dos elementos dos atos processuais, convencionadas normativamente. Desse modo, a representação estrutural, que esclarece a implicação entre a norma primária classificatória do vício e a secundária constitutiva da sanção, estreita as possibilidades de múltiplas reações judiciais possíveis ao ato processual atípico.

É de ver que, não sendo o vício do ato processual capaz de afetar, direta ou indiretamente, direito fundamental contemplado constitucionalmente, haverá maior amplitude pragmático-possibilista, tendente à conservação do ato processual penal. Esse o lugar, restrito, da regra do prejuízo do art. 563, do CPP. Para o vício categorizado como nulidade absoluta, a incidência do *pas de nullité sans grief* é incompatível, eis que presumido o gravame pelo ordenamento jurídico, ressalvada a verificação de maior eficácia concreta ao direito fundamental do imputado.

604. WATZLAWICK, Paul; BEAVIN, Janet Helmick; JACKSON, Don D. *Pragmática da comunicação humana*: um estudo dos padrões, patologias e paradoxos da interação. Tradução: Álvaro Cabral. São Paulo: Cultrix, 1967. p.169.

605. ROBERTO, Welton. *Paridade de armas no processo penal*. 2. ed. Belo Horizonte: Fórum, 2021. p.120.

10.1 Núcleo processual penal constitucional protetor dos direitos individuais fundamentais e sistema acusatório

A essencialidade de um elemento de um ato processual penal é atestada, em primeiro lugar, por decorrer de concretização de norma jurídica construída a partir do núcleo processual penal constitucional de proteção aos direitos individuais fundamentais. Em segundo lugar, o relato infraconstitucional, ditando que haverá nulidade, mediante técnica de tipificação direta da norma nulificadora, induz que o elemento essencial afetado deve ser objeto de reconhecimento de nulidade absoluta. De todo modo, tais parâmetros decorrem de imperatividade direta ou indireta do sistema (constitucional).

Há pontos de coincidência entre esse critério objetivo e o descrito por Jorge Coutinho Paschoal. Entrementes, o autor entende que a distinção entre nulidade absoluta e relativa, fundada apenas na vulneração de valores fundamentais, é fadada ao fracasso, a exemplo do que já ocorria com o manejo da noção de ordem pública, malgrado reconheça como adequada a identificação da nulidade com o vitupério àqueles valores. Reputa, contudo, que a imperfeição do ato, isoladamente, com violação ao devido processo legal e à ordem constitucional, sempre implicará prejuízo presumido, notadamente pelo desacato ao padrão legal[606].

O cerne do cânone de que não há nulidade sem prejuízo deve ser definido negativamente. Tem estrutura atrelada ao devido processo legal, com vistas a garantir previsibilidade, eficácia do procedimento e possibilidade de debate efetivo. O *pas de nullité sans grief* somente terá lugar quando não estiver em jogo direito constitutivo do núcleo constitucional fundamental. Sua incidência é restrita às nulidades relativas, salvo

606. PASCHOAL, Jorge Coutinho. *O prejuízo e as nulidades processuais penais*: um estudo à luz da jurisprudência do Supremo Tribunal Federal e do Superior Tribunal de Justiça. Rio de Janeiro: Lumen Juris, 2014. p.533-534.

quando o afastamento não limitar a dialética processual, não reduzir o âmbito de produção da prova e ampliar a eficácia do direito individual em jogo. Por outro lado, a comprovação de ausência do prejuízo deve ficar nas mãos do juiz e não das partes, como induz a dicção do art. 563, do CPP.

A norma que reconhece e classifica a nulidade é documentada em um ato concreto que deve estar de acordo com os fundamentos constitucionais centrais do processo penal. De maneira análoga, a norma jurídica implicada pela primeira deve conduzir à efetividade daquele núcleo processual penal. Vale dizer, o significado e o alcance normativo devem viabilizar a concreção da Constituição.

Geraldo Prado explica que "no cerne da aplicação concreta das normas jurídicas, no momento de sua real constituição, há uma política do direito que se manifesta". Tal política é depreendida da própria Lei Maior: "a validade jurídica do ato de concretização da norma, espelhada na Constituição da República, está condicionada à compatibilidade entre a disposição constitucional e o comportamento em si mesmo"[607].

Alinhar o problema das nulidades com o procedimento para a certificação da verdade é providência que exige postura comprometida com o primado acusatório (art. 3º-A[608], CPP). Os textos refratários à efetividade das garantias fundamentais constitucionais, de cunho inquisitivo, valem-se de formas legais incompatíveis com a Constituição para propiciar negociação ou manipulações extorsivas tendentes à obtenção da verdade a qualquer custo[609].

---

607. PRADO, Geraldo. Limite às interceptações telefônicas e a jurisprudência do Superior Tribunal de Justiça. In: *Acesso à justiça e efetividade do processo*. Geraldo Prado (org.). Rio de Janeiro: Lumen Juris, 2005. p.55.

608. STF – Pleno – STF – ADI 6298/DF – Rel. Min. Luiz Fux – 24 ago. 2023.

609. Alberto Binder obtempera que o limite legal, historicamente, não foi suficiente para opor rédeas aos excessos estatais, mormente quando considerados os artifícios interpretativos. Conforme leciona, "las posibilidades de distorsión y manipulación no fueron evitadas simplemente com su determinación legal. De este modo se

André Nicolitt, relacionando verdade e exercício do poder, pontifica que "o sistema inquisitivo caracterizava-se principalmente pelo fato de o mesmo órgão (juiz) reunir as funções de acusação e julgamento, mantendo-se em uma posição de superioridade frente ao acusado" que, por sua vez, estava "despido de garantias e envolto em um procedimento secreto, escrito e, em regra, sem contraditório"[610].

Todo o arcabouço que oferece os contornos da persecução penal deve se respaldar no "núcleo duro das regras processuais penais". Com essa expressão, Walter Nunes da Silva Júnior aponta que os direitos fundamentais configuram a "estrutura central do processo penal", lastro da "teoria constitucional do processo penal"[611].

O ápice do sistema é a estrutura das garantias constitucionais. O que deve informar a interpretação de todos os enunciados que compõem o ordenamento jurídico é o princípio acusatório, fundamentado, notadamente, na imparcialidade do julgador, no contraditório, na ampla defesa, na motivação das decisões judiciais, na publicidade dos atos processuais, na coisa julgada e na presunção de inocência. A construção da estrutura de um sistema de nulidades

---

construyen otros límites. Así en ciertos casos se necesitará autorización judicial expresa (por ejemplo en los allanamientos) o procedimientos con requisitos especiales (actas con mayores formalidades, testigos de actuación, etc.) u otras formas de imponer límites (horarios, personas que pueden realizar registros, etc.). Este segundo nivel de límites demuestra la desconfianza que existe en un Estado de derecho hacia la actividad de adquisición de información. Por razones históricas, por el concepto de dignidad humana y por la memoria de la arbitrariedad, se han ido construyendo límites de este tipo. Límites que serán más estrictos en tanto la actividad de adquisición de información se vaya acercando al imputado mismo o a sus lugares de vida íntima" (BINDER, Alberto M. *El incumplimiento de las formas procesales*: elementos para uma crítica a la teoría unitaria de las nulidades en el processo penal. Buenos Aires: Ad-Hoc, 2000. p.81).

610. NICOLITT, André Luiz. *As subversões da presunção de inocência*: violência, cidade e processo penal. Rio de Janeiro: Lumen Juris, 2006. p.72.

611. SILVA JÚNIOR, Walter Nunes da. *Curso de direito processual penal*: teoria (constitucional) do processo penal. Rio de Janeiro: Renovar, 2008. p.10-11.

converge para a finalidade de um processo penal comprometido com a proteção dos direitos humanos[612].

Essa percepção foi sublinhada por Alberto Binder, com atenção para as questões em torno da verdade. Na esteira do autor, a função dúplice da verdade repercute, por um lado, sobre o conjunto de garantias e, por outro, afeta o regime probatório, consistente no conjunto de regras processuais que disciplinam o modo como se reúnem informações no bojo do processo. Destarte, salienta que três são os eixos desse sistema de garantias: (1) "los atributos del acto que debe ser juzgado"; (2) "las condiciones bajo las cuales debe ser juzgado"; e (3) "los límites para la recolección y búsqueda de la información que nutrirá el proceso de verificación o proceso cognitivo (régimen de la prueba o legalidad de la prueba)". O jurista argentino elucida, ademais, que "el régimen de la prueba no está al servicio de la búsqueda de la verdad, sino que es un obstáculo para ella"[613].

Nesse diapasão, o sistema de nulidades é o mecanismo de reação às violações da Constituição e das regras que regulamentam o procedimento penal. A verdade obtida não justifica meios ilícitos. Na dicção de André Nicolitt, "a opção constitucional pela verdade não o é por qualquer verdade, senão uma verdade alcançada com respeito às garantias individuais, dentre elas, a dignidade, o contraditório e a ampla defesa". Com efeito, o constituinte não sufragou a ideia de "uma verdade absoluta, alcançada por qualquer

612. André Nicolitt, sob viés crítico, observa que "a caminhada na consolidação e realização dos direitos humanos além de difícil é longa. As mudanças são paulatinas e por vezes quase imperceptíveis. Por tal razão, pode-se pensar que a existência de instrumentos internacionais e de organismos internacionais de promoção de direitos humanos é algo inútil. É possível chegar ao absurdo de se imaginar, em função da baixa efetividade, que as próprias declarações e proclamações de direitos seriam dispensáveis em face da inutilidade" (NICOLITT, André. *A duração razoável do processo*. 2. ed. São Paulo: RT, 2014. p.27).

613. BINDER, Alberto M. *El incumplimiento de las formas procesales*: elementos para uma crítica a la teoría unitaria de las nulidades en el processo penal. Buenos Aires: Ad-Hoc, 2000. p.75.

meio, mas, sim, por uma verdade mínima ou relativa, uma verdade possível e limitada pelos procedimentos e as garantias da defesa"[614].

10.2 Relativização de nulidades processuais penais e seu confronto com as garantias fundamentais

A propagada relativização de nulidades processuais (máxime as tradicionalmente classificadas pela doutrina como absolutas), verificada na prática dos tribunais, não se afina com a proteção de garantias fundamentais, máxime porque tende a flexioná-las. A reação do sistema de nulidades ao ferimento do procedimento é um mecanismo de controle da sua juridicidade, colimando a tutela da liberdade. De tal modo, quando aquele sistema deixa de cumprir a função para o qual foi destinado, a eficácia da garantia fundamental resta comprometida.

A partir da constatação de vício, documentado em ato processual desvestido de tipicidade, surge, para o órgão autêntico (juiz), o dever jurídico de fazer incidir normas jurídicas, a fim de restaurar o devido processo legal. Tratar como relativo o defeito ofensivo à garantia constitucional ou o vício cuja correção é enunciada de forma cogente, é descalçar o sistema do controle da validade dos atos processuais.

A justeza do processo, em vez de ocorrer por meio da verificação de verdade real, deve se dar por meio das regras procedimentais previamente estatuídas no interior do sistema. Sob essa ótica, o justo processo se subordina ao entendimento do fato narrado na acusatória, por meio da verificação de compatibilidade fato-valor-norma, trinômio traduzido pela adequação entre o fato (simbiose entre a abstração e os elementos empíricos), o procedimento

614. NICOLITT, André Luiz. *As subversões da presunção de inocência*: violência, cidade e processo penal. Rio de Janeiro: Lumen Juris, 2006. p.75-76.

(cristalização do valor da liberdade) e norma (nexo esquemático-impletivo descrito em forma de ato processual)[615]. Quando violado esse ritual, deve o órgão competente iniciar a atividade epistêmica que lhe é relatada enquanto controle. Se o órgão é de grau de jurisdição superior, essa função é, inclusive, de natureza pedagógica (comunicativa). A busca pela verdade a todo custo, como se depreende, ofende os fundamentos do Estado Democrático de Direito.

Ainda uma vez, a conclusão que aqui se chega, relativa aos limites do poder punitivo, guarda compatibilidade com as colocações de Alberto Binder. Segundo assenta, as regras sobre a produção probatória devem ser "limites a la búsqueda de la verdady como tal cumplen exclusivamente una función de garantía, es decir, protegen al ciudadano del eventual abuso de poder en la recolección de información".[616]

Ricardo Jacobsen Gloeckner toca em importante ponto da questão. Decerto, "um modelo que opta por restringir o alcance da busca pela verdade encontrará regras mais rigorosas no tratamento da produção da prova assim como na condução e averiguação dos requisitos de validade dos atos judiciais". A relativização de regras processuais não é adequada à Constituição de 1988, sendo, ao contrário, "característica central do modelo inquisitorial".[617]

10.2.1 Tendência jurisprudencial

Na jurisprudência dos tribunais, é vista tendência de se admitir a flexibilização das nulidades. Na Suprema Corte,

615. COSSIO, Carlos. *La teoría egológica del derecho y el concepto jurídico de libertad*. 2. ed. Buenos Aires: Abeledo-Perrot, 1964. p.58 *et seq.*

616. BINDER, Alberto M. *El incumplimiento de las formas procesales*: elementos para uma crítica a la teoría unitaria de las nulidades en el processo penal. Buenos Aires: Ad-Hoc, 2000. p.77.

617. GLOECKNER, Ricardo Jacobsen. *Nulidades no processo penal*: introdução principiológica à teoria do ato processual irregular. Salvador: Juspodivm, 2013. p.214.

aliás, é reiterada a assertiva de que o reconhecimento de qualquer nulidade, como regra, depende da demonstração de prejuízo[618] (art. 563, CPP[619]). No STJ, por seu turno, segue-se orientação semelhante, havendo decisões declarando a admissibilidade do instituto contratual civil denominado *the duty to mitigate the loss* e outras mencionando a vedação de nulidade de bolso (algibeira). A quase totalidade dos acórdãos faz coro em torno da necessidade do réu demonstrar o prejuízo, sob pena de preclusão.[620]

Essa situação jurisprudencial dá azo a paradoxos. Primeiramente, ambos os tribunais fazem uso da distinção entre nulidade absoluta e nulidade relativa. Seguidamente, os mesmos órgãos desconsideram as diferenças de gravidade dos vícios para incluir, na vala comum das nulidades relativas, as nulidades absolutas. Com esse proceder, desconstrói-se o arcabouço que pretendeu classificar as nulidades com um regime previsível de controle das atipicidades. Ao

618. STF – Primeira Turma – HC 253671 AgR – Rel. Min. Flávio Dino – 23 abr. 2025.

619. Segundo Jorge Coutinho Paschoal, a afirmação de que inexistiu prejuízo equivale a, quase sempre, proceder a "suposição calcada em dado fluído, ainda mais quando se conjectura a ausência de prejuízo com base em um ato que não foi praticado, que não existiu, fazendo-se a análise por meio de prognóstico. A ausência de prejuízo é que deve ficar comprovada". Daí, se alegado o defeito, incumbe ao julgado dirimir a questão assumindo a carga da argumentação: "a parte não precisa comprovar nada, não tendo o ônus de demonstrar o prejuízo". Com efeito, "em alguns casos, o prejuízo mostra-se evidente, sobretudo nas hipóteses em que são cominadas", na legislação, os casos específicos de nulidade: "de todo modo, a imperfeição do ato sujeito ao regime das nulidades, como regra, sempre acarretará um prejuízo, que comprometerá a boa solução da causa" (PASCHOAL, Jorge Coutinho. *O prejuízo e as nulidades processuais penais*: um estudo à luz da jurisprudência do Supremo Tribunal Federal e do Superior Tribunal de Justiça. Rio de Janeiro: Lumen Juris, 2014. p.533-534).

620. Para o STJ, tem cabimento a aplicação do dever de mitigar a perda ou o prejuízo, com a pressuposição, não amparada no direito positivo, de que a parte beneficiada com o vício, tenha de alegá-lo sem demora. O atraso na arguição, se proposital, pode ensejar convalidação de nulidades absolutas, ajuntando, para essa conclusão, o princípio da boa-fé objetiva (STJ – Quinta Turma – AREsp n. 2.503.468/SP – Rel. Min. Reynaldo Soares da Fonseca – DJe 21 maio 2025). Esse posicionamento da Corte Superior minimiza a eficácia de direitos fundamentais. Os órgãos de persecução penal devem tomar as cautelas para que os atos sejam editados de forma correta, não sendo exigível que o acusado auxilie o Estado a cooperar com sua própria condenação.

cabo, cai-se no espaço da discricionariedade judicial extremada, peculiaridade que se pretende combater com um estabelecimento de um padrão para reconhecimento, classificação e sancionamento da nulidade.

10.2.2 Mitigação das distinções classificatórias e a interpretação do direito positivo

A relativização das nulidades processuais diminui a nitidez das distinções classificatórias da nulidade. A redução de limites entre as categorias de vícios amplia as possibilidades de atribuição de significado aos textos de direito positivo, desaguando em sistema assimilável ao inquisitivo. Como consequência final, a dispensa da qualificação diferenciada dos atos processuais penais atípicos abre espaço à ineficácia das garantias que deveriam ser objeto de custódia judicial.

Havendo menor âmbito de critérios para a atuação judicial nulificadora, argumentos de toda ordem podem ingressar para evitar o desfazimento de atos viciados, restringindo-se os direitos fundamentais do imputado, por via transversa não reconhecida pelo sistema. De tal sorte, olvida-se que o processo penal é disciplinado por regras que se incluem entre aqueles direitos de primeira geração, destinadas à proteção do indivíduo contra o arbítrio. Como aviva Geraldo Prado, as políticas adotadas pelo Judiciário, que podem ser entendidas como válidas "no campo da restrição e/ou suspensão do exercício de direitos, liberdades e garantias fundamentais" estão previamente ditadas pela Constituição de 1988, ainda quando ela mesma "reclame reserva de lei para regular a aplicação dos mecanismos de limitação a direitos". A política que faz o Poder Judiciário é, assim, "a política da própria Constituição, expressa na defesa intransigente dos direitos fundamentais e dos princípios republicanos e democráticos"[621].

621. PRADO, Geraldo. *Limite às interceptações telefônicas e a jurisprudência do Superior Tribunal de Justiça*. 2. ed. Rio de Janeiro: Lumen Juris, 2006. p.11.

O sistema é construído a partir da interpretação do ordenamento, do direito positivo. A incidência da norma é realizada sem que perca a base empírica textual. Pode-se dizer que a interpretação é um vai-e-vem. No entanto, a senda desse vai-e-vem deve encontrar seu nascedouro e seu ponto de chegada nos textos ou nos fragmentos dos textos que compõem o ordenamento jurídico vigente. Não se resume no texto, porém nada pode ir além do limite elástico do mesmo texto. E deve se considerar que os enunciados se relacionam horizontal e verticalmente, a exemplo do fundamento de validade das leis encontrado na Lei Maior.

A classificação produzida e reproduzida é, de tal maneira, fruto de interpretação das fontes de cognição do direito processual penal. Nada além ou fora dos dispositivos reconhecidos como direito vigente. Sob esse prisma, a linguagem jurídica é apresentada em graus diversos: de um lado, a linguagem prescritiva do direito positivo, sob filtro constitucional, substancial[622]; de outro, a metalinguagem da ciência do direito. De todo modo, o direito existe onde há linguagem, a exemplo do que observou Gregorio Robles, considerando que a afirmação de que direito é texto pode significar muitas coisas[623].

---

622. A advertência comunga com o sustentado por Alberto Binder. Para interpretar adequadamente o direito positivo, é devido reconhecer "la necesidad de llamar la atención sobre la importancia de analizar la dimensión sustancial del sistema de garantías que se expresa a través de las formas y no su dimensión externa, afincada en el puro formalismo o en la consideración superficial del quebrantamiento de ellas" (BINDER, Alberto M. *El incumplimiento de las formas procesales*: elementos para uma crítica a la teoría unitaria de las nulidades en el processo penal. Buenos Aires: Ad-Hoc, 2000. p.84).

623. Consoante expõe, ao afirmar que direito é texto, "podemos querer decir, en primer lugar, que el derecho se manifiesta o aparece como texto. También podemos querer decir que la esencia del derecho es el ser texto. También, que el derecho existe como texto, y si no es así no existe" (ROBLES, Gregorio. *El derecho como texto*: cuatro estudios de teoria comunicacional del derecho. Madrid: Civitas, 1998. p.42).

10.3 Aplicação a caso concreto

Acórdão do STJ ilustra a aplicabilidade do critério relacional entre princípios e regras, agregado à teoria da nulidade no processo penal. Em recurso especial, a Corte Superior deflagrou controle de nulidade por suposta inobservância da regra para o reconhecimento de pessoas[624].

Decerto, em agravo em recurso especial, fora alegada "nulidade por suposto descumprimento das regras previstas no art. 226 do CPP" (tipicidade do reconhecimento de pessoas e coisas). O STJ entendeu "não ser a revisão criminal o meio para irresignação quanto às razões de convencimento do magistrado *a quo*", máxime quando não são acostadas provas novas. Essa carência de elementos essenciais probatórios não permite enquadramento nas hipóteses taxativas previstas no artigo 621, do CPP.

Quanto à aferição de atipicidade, a Corte Superior pontificou que "a suposta nulidade fica suplantada pela confirmação segura do reconhecimento em juízo pela vítima e a testemunha, devidamente respeitados os princípios do contraditório e da ampla defesa, este, ainda, corroborado por outros elementos de prova constante nos autos".

Veja-se que o acórdão encerra contradição quando reconhece que a disposição do art. 621, do Código é regra (cogente) e, no entanto, autoriza sua aplicação alternativa (faculatativa) para afastá-la pelo reconhecimento seguro, levado a efeito, pelo ofendido, perante o órgão autêntico.

O STJ concluiu que, se fosse admitida a posse da droga na decisão que inadmitiu o recurso especial, "eventual análise a esse respeito, implicaria necessariamente, no reexame fático-probatório da matéria", inviável, na instância

624. STJ – Terceira Seção – REsp n. 1.933.759/PR – Rel. Min. Messod Azulay Neto – DJe 25 set. 2023.

superior, "enquanto óbice imposto pela Súmula 7 do Superior Tribunal de Justiça (STJ)".

Não foi descrita expressamente, no julgado examinado, a relação entre normas de graus distintos, cabe dizer, não foi avivado o enlace entre princípios e regras àqueles adscritas, apto a justificar, consistentemente, a fundamentação da decisão. Contudo, a menção à regra enquanto categoria normativa deduzida do art. 226, do CPP, evidencia que a Corte Superior contempla a distinção[625].

Mais adiante no acórdão, ao invocar princípios constitucionais – a exemplo das diretrizes do contraditório e da ampla defesa, que derivam do postulado da presunção de inocência –, o STJ põe relevo na diferenciação entre as espécies normativas (princípios e regras), fator indispensável à ordenação daqueles vetores interpretativos.

Embora não tenha feito uso do vocábulo "adscrição", o liame entre princípios e regras tem lugar no conceito de relação. O julgado é compatível com a ideia de que os princípios de camada valorativa mais elevada consagrem o teor das normas individuais e concretas documentadas nos atos processuais.

Sob eixo técnico, a decisão analisada deveria conter, expressamente: (1) nulidade em sentido amplo (nulidade-fato: antecedente normativo da primeira norma jurídica da estrutura nulificadora), capitulada como nulidade absoluta (proposição normativa consecutiva da nulidade-fato); e, a partir dessa constatação, (2) proposição antecedente da segunda norma (implicada pela primeira), com a possibilidade de aposição de invalidação – do ato ou do processo penal condenatório – em sua integralidade (nulidade-consequência).

625. STJ – Terceira Seção – REsp n. 1.933.759/PR – Rel. Min. Messod Azulay Neto – DJe 25 set. 2023.

10.4 Conclusão e próximo capítulo

A Constituição é o parâmetro, sintático e semântico, de ordenação dos enunciados infraconstitucionais. Há regras que consistem em extensão dos princípios, concretizando mandamentos da Lei Maior. A legislação, que atua como *longa manus* da Constituição, deve se circunscrever ao que foi por esta prescrito. Há enunciados processuais penais que não se relacionam, semanticamente, com o texto constitucional, situando-se no campo liberado ao legislador.

Esse critério, que visa a fechar os espaços estruturais do sistema, possibilita classificar melhor o fato processual penal atípico (nulidade-fato). O caráter complementar à Constituição, relacionado às garantias constitucionais fundamentais, aponta para a essencialidade do ato jurídico objeto de controle de juridicidade, fazendo nascer uma implicação mais previsível de que a norma jurídica que se segue à categorização do vício como nulidade absoluta é a de invalidação.

A fim de testar a cientificidade da teoria da nulidade no processo penal, completada com seu fundamento nas garantias individuais fundamentais, serão enfrentadas diversas espécies de nulidades no próximo capítulo. O objetivo é explicitar como é fértil a estruturação das normas jurídicas que devem ser emitidas quando da constatação da atipicidade, unindo os aspectos sintáticos, semânticos e pragmáticos. No que toca a esse último plano, as possibilidades de desvios tendentes à manutenção de ato viciado encontram seu ponto extremo na vedação ao flexionamento dos direitos do imputado.

CAPÍTULO 11
CLASSIFICAÇÃO APLICADA ÀS NULIDADES PROCESSUAIS PENAIS

11.1 Classificação das nulidades da investigação preliminar

Os atos procedimentais emitidos em investigação pré-processual podem destoar de seu modelo jurídico. Essa nuança indica o dever de fazer incidir o sistema de controle de nulidade.

Cuidando-se de encadeamento que constitui a persecução penal estatal, a investigação deve ser conduzida por linhas rigorosas. Afinal, haverá interferência intersubjetiva[626] que tem como objeto a possibilidade de lesão ou ameaça de lesão à liberdade de alguém.

Aliás, o regramento dos procedimentos, não raras vezes, inclui atos do inquérito policial, malgrado não seja incomum distinguir procedimento, enquanto aspecto objetivo do processo penal, e relação processual, como seu âmbito subjetivo. O rito legal, que insere distinções entre procedimentos

---

626. COSSIO, Carlos. *La teoría egológica del derecho y el concepto jurídico de libertad*. 2. ed. Buenos Aires: Abeledo-Perrot, 1964. p. 62 *et seq.*

especiais, que envolve atos prévios ao processo, deve delimitar idêntico controle, na tutela do valor liberdade.

O inquérito policial é espécie do gênero investigação preliminar. O controle sobre os atos daquele deve ter incidência nas demais formas investigativas, no interesse das garantias individuais (*ubi eadem ratio ibi eadem dispositio* ou onde existe a mesma razão fundamental, deve ser aplicada a mesma regra de direito). A relação entre normas de ilicitude e de invalidação do ato reconhecido como defeituoso na fase pré-processual tem estrutura similar às normas do processo penal inseridas no sistema de nulidades processuais penais.

Doutrinária e jurisprudencialmente, contudo, prevalece o entendimento de que não há nulidade no inquérito policial, bem como que os vícios deste instrumento de investigação preliminar não são capazes de macular o processo penal.

O sistema de preclusões não deve incidir com o objetivo de imunizar a investigação contra exame de sua higidez legal e constitucional. Essa assertiva vai ao encontro do princípio da inafastabilidade do controle do judiciário (art. 5º, XXXV, CF/1988).

Na dicção de Aury Lopes Jr. e Ricardo Gloeckner, a regularidade da fase investigativa cristaliza imperativo de tutela dos interesses do investigado, razão pela qual o magistrado deve tomar o cuidado de conduzir o processo para também aferir se, no curso do inquérito policial, não houve cometimento de "nulidade absoluta ou relativa (quando alegada)". Sendo constatada a nulidade, o ato viciado da investigação "deverá ser repetido e excluída a respectiva peça que o materializa, sob pena de contaminação dos atos que dele derivem". Não sendo o ato inquisitorial repetido, "ainda que por impossibilidade, sua valoração na sentença ensejará a nulidade do processo"[627].

---

627. LOPES JR, Aury; GLOECKNER, Ricardo Jacobsen. *Investigação preliminar no processo penal*. 5. ed. São Paulo: Saraiva, 2013. p.351-352.

As consequências da atipicidade procedimental no curso das investigações são, em regra, de espectro menor. A natureza jurídica da investigação preliminar e, notadamente, a definição do inquérito policial a partir de suas características delineadas doutrinariamente são os pilares que determinam uma limitação maior de efeitos jurídicos diante de vício.

Melhor seria que a doutrina alijasse características do inquérito policial que não se acomodam à sua natureza de procedimento estatal administrativo, vinculado à legalidade. Logo, entender o inquérito como dispensável e discricionário é um contributo ao parco controle de sua licitude e nulidade.

Vale dizer, o fato de ser o inquérito policial uma etapa da persecução penal menos ofensiva ao *status dignitatis* do investigado não deve significar ausência de tutela invalidadora sobre irritualidades prejudiciais aos direitos individuais fundamentais da pessoa indiciada.

Não há justificativa lógica em tornar o inquérito policial refratário à declaração de nulidades, nem de negar contaminação da ação e do processo penal que naquele tenham supedâneo.

Daí que, conquanto o sistema de nulidades disciplinado no CPP não se destine ao reconhecimento de nulidades no inquérito policial, fato é que é possível, uma vez presentes os pressupostos legais, construir tanto norma que declare a ilicitude (nulidade) de procedimento investigativo (cuja instauração constitua ilegalidade e ameaça indevidas ao direito de liberdade), como a norma consequente de supressão de efeitos, de saneamento ou de declaração de convalidação do ato procedimental ou do próprio procedimento administrativo de investigação.

Aliás, é nesses casos que se costuma usar a expressão "trancar" o inquérito policial que, impropriamente, retrata o seu encerramento precoce, com seu arquivamento, diante de constrangimento ilegal.[628] A rigor, a expressão correta é "arquivar". Nas palavras de Afrânio Silva Jardim, "o principal efeito do arquivamento é o de cessar as investigações", ainda que *rebus sic stantibus*[629].

Não é demais realçar que a disciplina das nulidades tem dispositivo que se refere a ato que constitui parte do inquérito policial, apesar de ter sido editado quando o processo penal condenatório poderia ser inaugurado por peça diversa da petição inicial acusatória.

Com efeito, nos termos do art. 564, inciso III, alínea "a", a nulidade ocorrerá "por falta das fórmulas ou dos termos" referentes "a denúncia ou a queixa e a representação e, nos processos de contravenções penais, a portaria ou o auto de prisão em flagrante". A sua vez, o art. 569, do CPP, prevê que "as omissões da denúncia ou da queixa, da representação, ou, nos processos das contravenções penais, da portaria ou do auto de prisão em flagrante, poderão ser supridas a todo o tempo, antes da sentença final".

De todo modo, essas e as demais atipicidades passíveis de acontecer no curso de investigação preliminar não devem ficar imunes a controle. Seus elementos contribuem para a conformação da comunicação do sistema, delimitando a qualidade e a extensão das respectivas consequências.

---

628. Nada obstante, a Lei nº 13.964/2019 previu o substantivo "trancamento", ao enumerar as competências do juiz das garantias no art. 3º-B, do CPP, verbis: "o juiz das garantias é responsável pelo controle da legalidade da investigação criminal e pela salvaguarda dos direitos individuais cuja franquia tenha sido reservada à autorização prévia do Poder Judiciário, competindo-lhe especialmente: [...] IX - determinar o trancamento do inquérito policial quando não houver fundamento razoável para sua instauração ou prosseguimento" (STF – Pleno – STF – ADI 6298/DF – Rel. Min. Luiz Fux – 24 ago. 2023).

629. JARDIM, Afrânio Silva. Arquivamento e desarquivamento do inquérito policial. In: *Temas atuais de direito. Associação do Ministério Público do Rio de janeiro* (org.). Rio de janeiro: Liber Juris, 1986. p.21.

11.1.1 Atipicidades decorrentes de omissão ou de vício sobre elemento estrutural de ato procedimental e suas consequências

Sob o ponto de vista do CPP, as atipicidades (ilicitudes) da investigação preliminar não seriam nulidades. O auto de prisão em flagrante, mencionado nos arts. 564, inciso III, alínea "a", e 569, era parâmetro de nulificação enquanto peça pórtico do processo de conhecimento condenatório. A declaração de nulidade em sentido estrito teria, nesse prisma, a pressuposição de um processo penal instaurado. O desatendimento de modelos legais na fase investigativa, quando relevante, desaguam em ilicitudes (em sentido amplo).

No que toca às provas do procedimento inquisitivo (elementos de informação do inquérito), a imperfeição do ato pode assumir consequências diversas. Tratando-se de ferimento de regra material para a produção probatória, haverá ilicitude em sentido estrito, com a conseguinte inadmissibilidade da prova ou seu desentranhamento derivado da invalidação do ato aquisitivo. Cuidando-se de violação de regra procedimental, afeta ao colhimento de elemento de informação, o vício se classifica como ilegitimidade, combatido com a decretação de invalidação de todo o ato. De toda maneira, o resultado produzido em forma de ato processual probatório será atípico, ilícito *lato sensu*.

O controle da nulidade do inquérito deve ser submetido ao juiz, enquanto garante dos direitos fundamentais, antes ou depois do início do processo penal. Destarte, se a autoridade policial constatar ilicitude, deve representar o fato ao Poder Judiciário para aplicação da regra de exclusão (*exclusionary rules*). Essa conclusão deriva da vedação contida no art. 17, do CPP, de que "a autoridade policial não poderá mandar arquivar autos de inquérito". Sob a lente pragmática (função), a invalidação, no todo ou em parte, do inquérito policial, tem efeitos similares ao seu arquivamento.

Importa trazer ao debate o que Franco Cordero realça sobre o exame da validade da prova pelo juiz. Como nota o processualista italiano, a questão da validade da prova deve recair sobre o que denomina "atto acquisitivo", distinguindo as noções de "ammissione" e "acquisizione". No dizer do jurista, "se è stata acquisita una prova inammissibile o una prova in sè ammissibile resulta acquisita in modo invalido, il giudice – salva l'eventuale sanatoria, quando l'accaduto configuri una nulittà sanabile – deve astenersi del valutarla". Em outros termos, "la previsione di nullità entra in gioco nell'instante in cui il giudice decida sulla base di una prova inammissible o ammissibile ma invalidamente acquisita: la sentenza, per definizione legislativa, è insanabilmente nulla"[630].

Como se depreende, elementos de informação ilícitos são vedados, inadmissíveis, devendo ser obstado o deferimento ou ordenado o desentranhamento (inutilização). Se mantida nos autos base empírica ilegítima – com sua aquisição aos autos do processo e valoração pelo juiz na sentença –, a atipicidade recairá sobre esta, com efeito que retrocederá ao ato aquisitivo da prova, mercê do elemento essencial maculado. A solução de conservar a prova ilegítima nos autos (do inquérito ou do processo), sem a consequência do desentranhamento, é discutível teoricamente, sendo passível de crítica.

Há autores que não distinguem prova ilícita de prova ilegítima, incluindo-as em um único rótulo, de ilícita. Afinal, a Constituição de 1988 não difere a atipicidade em função da qualidade material ou processual da norma de regência. Maria Elizabeth Queijo, discorrendo sobre o tema, aponta que a doutrina, mesmo antes da atual ordem constitucional, considerava que não havia previsão expressa de nulidade de provas produzidas em violação a proibições legais.

630. CORDERO, Franco. *Procedura penale*. 7. ed. Milano: Giuffrè, 1983. p.915.

De conformidade com o ordenamento jurídico em vigor, "a sanção processual cominada para a ilicitude da prova é a sua inadmissibilidade. Não se cuida de nulidade da prova[631], mas de sua não aceitação no bojo do processo[632]. A rigor, a prova ilícita não pode integrar o processo"[633].

Comparando os argumentos de Franco Cordero com os de Maria Elizabeth Queijo, plausível é concluir que não há incorreção entre eles, mas tão somente ilações distintas que foram inferidas com supedâneo em perspectivas diferentes. A prova, além de ser termo de sentido múltiplo (semântica), passa por etapas probatórias (sintaxe). Há a fonte da prova (de onde emana a informação), há o meio de prova (a espécie e o seu procedimento de elaboração) e há a prova propriamente dita (produzida e vertida em linguagem nos autos). Por outro lado, existem as etapas probatória: postulação (legitimidade), admissão (aquisição comunicativa), produção (confronto contraditório) e valoração (argumento sentencial). A atipicidade probatória, se houver, redundará em uma de suas categorias representativas de defeitos (inexistência, nulidade absoluta, nulidade relativa ou irregularidade). A consequência, inadmissibilidade (exclusão ou desentranhamento), invalidação ou convalidação, variará consoante a intensidade do vício.

---

631. A imprecisão terminológica é perceptível na dicção do STF, quando entendeu que "são nulas as provas obtidas a partir de dados preservados em contas da internet (com o congelamento e a consequente perda da disponibilidade), mediante requerimento do Ministério Público, sem a prévia autorização judicial de quebra de sigilo e fora das hipóteses legais" (STF – Segunda Turma – HC 222141 AgR – Rel. Min. Ricardo Lewandowski – Red. p/ acórdão Min. Gilmar Mendes – Dje 06 fev. 2024).

632. Referindo-se, apropriadamente, à nulidade do ato processual aquisitivo (não da prova!), o STJ destacou que "a colidência entre versões sobre a existência de situação permissiva de abordagem e busca pessoal do suspeito deve conduzir à nulidade da aquisição probatória e à absolvição do imputado quando ausentes câmeras corporais em contexto restrito à palavra dos policiais" (STJ – Sexta Turma – REsp 2.101.494/SP – Rel. Min. Sebastião Reis Junior – Dje 23 maio 2024).

633. QUEIJO, Maria Elizabeth. *O direito de não produzir prova contra si mesmo*: o princípio 'nemo tenetur se detegere' e suas decorrências no processo penal. 2. ed. São Paulo: Saraiva, 2012. p.440.

Para a investigação preliminar, pode-se argumentar que raciocínio análogo é possível, afinal, as ilegalidades por ventura existentes não devem ficar imunes à apreciação do Poder Judiciário (inafastabilidade da jurisdição). No entanto, cabe frisar que a investigação preliminar, mormente o inquérito policial, é informado, segundo entendimento tradicionalmente reconhecido, pela característica da discricionariedade. Diante dessa nota (discricionariedade), a relevância da forma dos atos procedimentais de inquérito policial é mais restrita, verificando-se deformidades relevantes de seus atos apenas naqueles casos de imposição cogente de garantias ou de determinada forma legal, a exemplo da necessidade de exame de corpo de delito direto nos crimes que deixam vestígios (art. 158-A, § 3º, CPP) que, contudo, pode ser suprido pelo exame indireto ou prova testemunhal, mas não pela confissão (arts. 158; 167, CPP).

Os tópicos a seguir considerarão hipóteses concretas de defeitos passíveis de ocorrência no curso de inquérito policial ou de outra investigação preliminar. O controle de suas nulidades será objeto de descrição analítica.

11.1.1.1 Condução de investigação preliminar oficial por pessoa sem investidura para o exercício da norma de atribuição

A investidura do funcionário público com atribuição para condução da investigação preliminar oficial é classificada como elemento estrutural para o fim do sistema reconhecer o instrumento de persecução penal como tal. Dentre os exemplos possíveis, a instauração e condução de inquérito policial por pessoa diversa do delegado de polícia é o melhor para ilustrar a hipótese. Em tal caso, tanto o inquérito policial presidido por particular ou delegado de polícia aposentado, quanto o inquérito policial dirigido por membro do Ministério Público não devem ser reconhecidos pelo sistema, ainda que na sua capa conste o nome “inquérito policial”.

Mais especificamente, Rogério Lauria Tucci adverte sobre "irrealizabilidade do 'promotor-investigador'", dando destaque à "falta de infraestrutura do Ministério Público" para concretizar a investigação. Nas suas palavras, "não se a pode considerar como efetivamente existente, pelo simples fato de alguns membros do Ministério Público, ávidos de promoção pessoal e de publicidade, e até mesmo desprezando inafastáveis valores éticos, assumirem a condição de inquisidores, travestindo-se de 'investigadores'". Ao cabo, aquela atuação constitui "grave ofensa às garantias constitucionais asseguradas ao imputado", diante de ser "atuação afrontosa do *due process of law*" que afeta a assecuração da "paridade de armas, entre as partes" e o objetivo de igualdade substancial.[634]

De outro prisma, a investidura do delegado de polícia é compreendida como elemento estrutural para que se tenha, juridicamente, a instauração de inquérito policial reconhecida pelo sistema. Trata-se de pressuposto, inicial, que deve vir antes da validação de seus efeitos jurídicos. O vício sobre a indigitada investitura deve ser classificado como inexistência jurídica. Não há, a rigor, inquérito policial. No entanto, o poder de investigar infrações penais não é exclusivo da polícia civil. De tal modo, o reconhecimento do vício pode não suprimir todos os efeitos jurídicos dos elementos de informação coligidos, conforme a relação entre dispositivos que permitam sobreposição de atuação de órgãos policiais distintos.

A inexistência jurídica não pede instrumento específico para ser fustigada. Conquanto as peças de informação possam, subsidiariamente, lastrear ação penal, revestindo-se de suporte probatório mínimo, a ilegalidade na condução das investigações não deve ser tolerada pelo ordenamento jurídico.

---

634. TUCCI, Rogério Lauria. *Ministério Público e investigação criminal*. São Paulo: RT, 2004. p.78-80.

O juiz pode declarar a atipicidade estrutural de investigação preliminar conduzida por órgão não oficial quando, por exemplo, tiver sido intitulada de inquérito policial. Se assim deliberar, o órgão autêntico produzirá norma declaratória de atipicidade. Não há necessidade de provocação para que o juiz decida questão que requeira tutela de garantia fundamental do investigado, ainda que na fase do inquérito policial, ante o dever do Judiciário de fazer cessar constrangimento que afete indevidamente o *status dignitatis* do acusado.

O reconhecimento do vício pelo juiz deve se fazer acompanhar de indicação de sua respectiva classificação (norma pressuposta declaratória de inexistência jurídica do inquérito policial) e norma aplicadora dos efeitos eventualmente existentes, com sua delimitação (norma posta que determina o desfazimento de ato, convalidação e/ou refazimento do ato procedimental).

Para tanto, o juiz deve considerar que os atos privativos de delegado de polícia não podem ser substituídos por órgãos diversos ou por outros entes não oficiais, *ex vi* do § 1º, do art. 1º, da Lei 12.830/2013. É importante que seja definida a extensão da inexistência jurídica do inquérito policial, notadamente porque a investigação preliminar não é exclusiva da polícia, podendo existir outras espécies de inquéritos, assim como não é improvável se ter ação penal fundada em peças de informação diversas.

Em suma, não existirá juridicamente inquérito policial, porém elementos informativos que, por seu turno, podem constituir suporte probatório mínimo para supedanear futura ação penal, se obedecidos os ditames da ordem jurídica vigente[635]. Isso significa dizer que a inexistência jurídica do

635. Em compasso com Fauzi Hassan Choukr, "das posições que contemporaneamente se sobressaem na tentativa de conceituar justa causa, pode-se esquematizar o cenário em: (i) justa causa como suporte probatório mínimo para lastrear a acusação; (ii) possibilidade (e não mera probabilidade) da ocorrência da condenação" (CHOUKR, Fauzi Hassan. Justa causa – reflexões em torno da obra de Afrânio Silva Jardim. In: *Tributo a*

inquérito policial não é, por si só, suficiente para alijar por completo o que se reuniu de elementos de informação acerca de uma suposta infração penal. Em outras palavras, se não é inquérito policial, certo é que os elementos de informação poderão lastrear ação penal ou mesmo ensejar a instauração de procedimento investigativo criminal, caso não firam outras regras específicas impeditivas de tal finalidade.

Ao lidar com essas alternativas, que carecem de precisa delimitação para a produção de efeitos futuros, o papel do juiz assume papel pragmático. Seria melhor que os lindes investigativos fossem mais demarcados, considerando que a restrição ou ameaça de restrição estatal à liberdade deve se arrimar em lei em sentido formal[636].

Entrementes, o pragmatismo que envolve o tema das atipicidades de atos jurídicos da persecução penal situa-se em permeio a essa questão.

Richard Rorty, a propósito, ponderou que, "para os pragmatistas, o padrão de toda a investigação – científica, bem como moral – é a deliberação a respeito dos atractivos relativos de várias alternativas concretas". O autor reconhece, todavia, que pragmatismo é palavra ambígua e vaga[637]. Sem embargo, o leque de opções que o juiz pode tomar, seguidamente à declaração da ilicitude, é situação eminentemente pragmática[638]. A noção de atipicidade é

Afrânio Silva Jardim: escritos e estudos. Marcelo Lessa Bastos; Pierre Souto Maior Coutinho de Amorim [orgs]. 2. ed. Rio de Janeiro: Lumen Juris, 2014. p.288).

636. Adaptando a questão ao problema das nulidades processuais penais, pode-se dizer que não é valioso para o Estado punir sem observar as formas que tutelam as garantias do imputado (JARDIM, Afrânio Silva. Garantismo no processo penal: breve e parcial reflexão. *Revista Eletrônica de Direito Processual – REDP*, Rio de janeiro [UERJ], a.8, n.14, p.10, jul.-dez. 2014).

637. RORTY, Richard. *Consequências do pragmatismo*: ensaios: 1972-1980. Tradução: João Duarte. Lisboa: Instituto Piaget, 1982. p.235.

638. O pragmatismo é corrente filosófica que foi explorada por Kant (ética da prática, adaptação do conhecimento aos objetivos da vida prática) e, a partir de suas ideias, desenvolvidas por Charles Sanders Peirce. Trata-se de reflexão sobre como o saber

fértil a essa postura, que se alicerça na retórica de fundamentação das ações e decisões[639].

Diante da elevada contingência, necessário critério normativo para limitar sua amplitude. Richard Rorty contribui para essa compreensão. Prefere o autor caracterizar o pragmatismo de maneira a focar numa "escolha fundamental com que se confronta a mente reflexiva: a escolha entre aceitar o carácter contingente dos pontos de partida, e tentar evitar essa contingência"[640]. Essa contingência recai, no percurso nulificador, no poder do juiz: a contenção da discricionariedade pode ser viável pelo procedimento decisório de controle da nulidade.

O tema não passou despercebido de Ada Pellegrini Grinover, Antonio Magalhães Gomes Filho e Antonio Scarance Fernandes. Os juristas ponderam que a falta de atribuição da autoridade policial não se insere no art. 564, inciso I, do CPP. Realmente, as nulidades arroladas no Código de 1941 são atinentes ao processo-crime. Não há referência a inquérito policial[641].

---

racional está vinculado à ação humana, conferindo-lhe uma finalidade eminentemente prática (NASCIMENTO, Edna Maria Magalhães do. Pragmatismo: uma filosofia da ação. *Revista Redescrições – Revista on line do GT de Pragmatismo*, a.3, n.1, p.43, 2011).

639.Conforme aduz Charles Sanders Peirce, "o problema da ética é simplesmente definir aquilo que todo homem está deliberadamente preparado para aceitar como o objeto dos seus esforços. Agora ele pode desejar realizar isto ou aquilo por uma razão; quer dizer, porque isso seria alguma espécie de resultado especial. Mas então a questão que surge é por que ele desejaria tal resultado. Logo, no geral, ele deve chegar a alguma espécie de estado de coisas ideal, seja estático ou cinético, que ele deseja realizar como um fim último e sem nenhuma razão ulterior. Agora, aquilo que eu estou deliberadamente preparado para tentar realizar sem nenhuma razão ulterior, quer dizer, sem nenhuma razão, sob qualquer condição, deve ser algo como isso aparenta ser, decididamente esteticamente bom; e, além de ser esteticamente bom, é necessário que deva aparentar ser bom para que eu me esforce por ele" (PEIRCE, Charles Sanders. *Manuscrito 310*: 1-14: conferências sobre o pragmatismo. Cognitio: Revista de Filosofia, v.4, n.2, p.230, 2003).

640. RORTY, Richard. *Consequências do pragmatismo*: ensaios: 1972-1980. Tradução: João Duarte. Lisboa: Instituto Piaget, 1982. p.237.

641. GRINOVER, Ada Pellegrini; GOMES FILHO, Antonio Magalhães; FERNANDES, Antonio Scarance. *As nulidades no processo penal*. 12. ed. São Paulo: RT, 2011. p.268.

Também Sérgio Demoro Hamilton conclui que "é necessário registrar que a falta de atribuição na fase do inquérito policial não importa em qualquer nulidade. Reveste-se de caráter de mera irregularidade que não deve projetar-se sobre o processo". Exemplifica o jurista, inclusive, com a designação de promotor de justiça para acompanhar inquérito policial, enquanto um outro membro do Ministério Público, sem se dar conta, "vem a oficiar no procedimento, através da requisição de diligências". Explica ser "evidente que os atos realizados em função da requisição do promotor despido de atribuição são válidos, podendo, inclusive, servir de base para o oferecimento da denúncia[642]".

Na linha de raciocínio do citado processualista penal, não haverá, sob o aspecto processual, qualquer vício capaz de contaminar a instância penal, eis que se trata de mera irregularidade, sem repercussão na relação processual penal. Sob certo prisma, as conclusões do autor se assemelham aos fundamentos da instrumentalidade do processo que, quando levada às últimas consequências, justificam o alcance dos resultados meritórios, sem o correlato acatamento ao rito. De outro giro, o processo pode ser visualizado como aspecto principal, enquanto o direito material, como seu instrumento, na medida em que o último (disciplina jurídica substancial, *verbi gratia* o direito penal) é o meio que, para ser juridicizado concretamente, depende de decisões emanadas no âmbito do primeiro (*rectius*: por deliberações processuais).[643]

---

642. HAMILTON, Sérgio Demoro. Reflexos da falta de atribuição na instância penal. *Revista Forense comemorativa – 100 anos*, tomo VII [direito processual penal], Afrânio Silva Jardim (org.), Rio de Janeiro: Forense, p.423, 2006.

643. Tal visão é tomada da concepção de processo como instituição jurídica, de Jaime Guasp. O processo é entendido como relação jurídica disciplinada normativamente, isto é, essa corrente inclui as teorias da norma jurídica e da relação jurídica. Em compasso com o jurista espanhol, o processo não é instrumento do direito material, mas o inverso: é o direito material que viabiliza os instrumentos necessários ao processo, apesar de não significar que o direito material não exista por si próprio. Jaime Guasp entende que a preponderância do direito material ou processual relativamente ao

Na concepção de Sérgio Demoro Hamilton, não havendo ainda processo instaurado, "seria destituído de sentido pretender arguir nulidade com base em irregularidade praticada em simples peça de informação de natureza administrativa e inquisitória". O autor, porém, reconhece que "a atribuição, no processo penal, não tem recebido da doutrina a devida atenção, talvez por ser assunto de interesse específico do Ministério Público".[644]

Sobre ponto específico da investigação preliminar oficial, Ada Pellegrini Grinover, Antonio Magalhães Gomes Filho e Antonio Scarance Fernandes apontam a imprecisão do art. 304, do CPP, que contém a expressão "autoridade competente" para aludir ao encarregado do auto de prisão em flagrante, uma das peças inaugurais do inquérito policial. E concluem que a função de presidência do auto de prisão em flagrante é de natureza administrativa, tal qual a de condução do inquérito policial. Dessa forma, arrematam que "a infringência das normas administrativas que disciplinam a divisão de atribuições entre as diversas autoridades policiais não pode conduzir ao reconhecimento de nulidade". Decerto, delegado de polícia não é detentor de jurisdição, mas de simples atribuição.[645]

É possível inferir duas situações em torno da lavratura do auto de prisão em flagrante com ferimento à regra de atribuição. A primeira, por delegado de polícia sem atribuição legal em razão da matéria. A segunda, por por

---

processo fica na dependência do ponto de vista escolhido. Para que ocorra o enlace entre eles, é preciso o acatamento às regras de competência, de imputação, dentre outras, que têm lugar no campo da instituição de conexões entre as diversas disciplinas, consubstanciando, de tal sorte, o processo (GUASP, Jaime. *Derecho procesal civil: tomo primeiro* [introduccion y parte general]. Madrid: IEP, 1968. p.34).

644. HAMILTON, Sérgio Demoro. Reflexos da falta de atribuição na instância penal. *Revista Forense comemorativa – 100 anos*, tomo VII [direito processual penal], Afrânio Silva Jardim (org.), Rio de Janeiro: Forense, p.423, 2006.

645. GRINOVER, Ada Pellegrini; GOMES FILHO, Antonio Magalhães; FERNANDES, Antonio Scarance. *As nulidades no processo penal*. 12. ed. São Paulo: RT, 2011. p.268.

pessoa que não tenha sequer a mínima função atributiva de autoridade policial, a exemplo de sujeito não investido no cargo de delegado de polícia. Em ambas as hipóteses haverá nulidade-fato[646]. A atipicidade da segunda, no entanto, constitui caso de inexistência jurídica, por afetar elemento estrutural à autuação.

Para ilustrar, no confronto entre atribuições de autoridades distintas na apuração fato delituoso (a exemplo da que se estabelece entre delegado de polícia e encarregado de inquérito policial militar; ou, entre autoridade policial e o Ministério Público), o STJ tem se posicionado pela convalidação dos elementos investigativos embasadores da denúncia correlata, ainda que, posteriormente, tenha sido reconhecida a carência de atribuição do órgão que conduziu a fase inquisitiva. Aliás, quanto à órbita de atribuições do *Parquet*, a Corte Superior vincou que, "na esteira do decidido pelo Pleno do STF, em sede de repercussão geral", ao Ministério Público incumbe "promover, por autoridade própria, e por prazo razoável, investigações de natureza penal (Tema 184)"[647].

11.1.1.2 Tomada de declarações sob tortura

A tomada de declarações sob tortura é conduta que se amolda aos tipos penais gizados no art. 1º, da Lei nº 9.455/1997. O debate vai além da sanção de invalidade do ato processual probatório. Isso porque, ao lado da supressão de seus efeitos, determina-se o desentranhamento das

646. A título de exemplo de falta de atribuição da autoridade investigativa, o STJ decidiu que "a Receita Federal não pode, a pretexto de examinar incidentes tributários e aduaneiros, investigar delitos sem repercussão direta na relação jurídica tributária – que se afastem de sua atribuição de órgão fiscal –, sendo nulos os elementos de prova por ela produzidos" (STJ – Quinta Turma – Processo sob sigilo – Rel. Min. Messod Azulay Neto – DJe 15 dez. 2023).

647. STJ – Corte Especial – APn 989/DF – Rel. Min. Nancy Andrighi – DJe 04 abr. 2025.

declarações colhidas sob tortura. Ademais, tratando-se de infração penal de iniciativa pública incondicionada, a consequência jurídica natural é a deflagração de persecução penal para apurar e processar tal delito.

A tortura de testemunha torna a prova ilícita, em sentido estrito, porque se cuida de conduta que fere dispositivo de natureza material (é proibido submeter alguém a intenso sofrimento físico ou moral, com o fito da autoridade responsável tomar suas declarações). A ilicitude probatória *stricto sensu* impõe a expurgação da prova. Diferentemente, a ilegitimidade, ofensiva à norma de direito estritamente processual, determinaria a sua invalidação. Como se depreende, caso se cuide de prova ilegítima, a resolução deve ocorrer nos autos do processo, com a aplicação das regras sobre nulidade, a exemplo do que sugere Luiz Avolio[648].

No entanto, para aferir a consequência jurídica cabível, é indispensável passar pelo exame do elemento do ato processual viciado em razão da prática de tortura ou de técnica equivalente, tal qual a denominada narcoanálise[649]. O foco é na forma e no conteúdo do ato processual ou procedimental (nome jurídico convencionado para os atos da investigação preliminar), notadamente na sua documentação.

A prova e os elementos de informação se revestem de vários aspectos, notadamente quando se considera a existência de sua fonte (pessoa ou coisa da qual emana a informação), de seu procedimento (meio e rito) e de seu resultado (documentação, por meio de ato sob forma linguística).

---

648. AVOLIO, Luiz Francisco Torquato. *Provas ilícitas*: interceptações telefônicas, ambientais e gravações clandestinas. 4. ed. São Paulo: RT, 2010. p.51.

649. Nelson Hungria informa que nos Estados Unidos, Dr. House, médico-ginecologista, havia dito ter proclamado a descoberta do "soro da verdade", mediante emprego de "espolamina". O método ficou conhecido como "narcoanálise", aplicável a testemunhas, tirando-lhes a vontade livre e a consciência íntegra (HUNGRIA, Nelson. A prova penal. *Revista Forense comemorativa – 100 anos*, tomo VII [direito processual penal], Afrânio Silva Jardim (org.), Rio de Janeiro: Forense, p.231, 2006).

De tal modo, a fonte e o rito probatório defeituoso estarão encampados na documentação da prova. A atipicidade conduz à invalidação e, se for o caso de ferimento de norma substancial por ato aquisitivo nulo absolutamente, devido será o desentranhamento da prova.

Corroborando esse posicionamento, Walter Nunes da Silva Júnior sustenta "a nulidade das provas obtidas por meio ilícito como consequência do devido processo legal". Obtempera o jurista que o direito de provar não é irrestrito e que o processo penal deve encontrar plausibilidade no respeito aos direitos fundamentais. Dessa forma, não se admitem provas que, malgrado representativas de verdade, sejam resultado de produção em violação a regras de proteção àquelas garantias. Essa conclusão está de acordo com "a mesma ordem de ideias que comandou a virada jurídica no sentido de não conferir validade à confissão tomada sob tortura"[650].

O foco para o controle da perfeição da prova (processo) ou dos elementos de informação (investigação preliminar) deve se volver para o ato (processual ou procedimental). As categorias de atipicidade da prova devem se relacionar com o seu correspondente ato de aquisição, cuja moldura deve atender os requisitos gerais dos atos processuais ou procedimentais.

No direito italiano, Franco Cordero analisa a questão de se a produção da prova em violação à lei impõe a "nulidade do ato aquisitivo". Para tanto, considera o contexto das nulidades do processo italiano não serem previstas taxativamente, bem como o fato de nenhuma disposição estabelecer expressamente a nulidade da aquisição probatória de um documento obtido ilicitamente. Diante do caráter não exaustivo da legislação italiana, o processualista observa que "meglio stare ala constatazione che il paradigma

650. SILVA JÚNIOR, Walter Nunes da. *Curso de direito processual penal*: teoria (constitucional) do processo penal. Rio de Janeiro: Renovar, 2008. p.477.

dela nullità non esaurisce tutte le possibili imperfezioni degli atti probatori. In alcuni casi l'atto è invalido, perchè la legge non accorda al giudice il potere di compierlo, sebbene non commini al resguardo alcuna nullità".[651]

Parafraseando o autor, e pondo ênfase na questão das declarações obtidas por meio de tortura, o ato que documenta as informações emanadas da fonte probatória, inserindo-se nos autos, é eivado de imperfeição (atipicidade). Aquela prova (ilícita) deveria ser inadmitida liminarmente. Porém, sendo produzida com sua versão em linguagem, há necessidade de atividade judicial declaratória do vício, para a aplicação das consequências jurídicas adequadas. A luz deve ser, destarte, direcionada para a análise do ato processual ou procedimental para aferir se há incidência defeituosa de normas jurídicas.

O ato com formação imperfeita tem somente aparência de ato jurídico processual, mormente quando lhe faltar pressuposto criador de sua juridicidade. Ademar Raimundo da Silva, em escorço sobre essa temática, realça que o processo consiste em um complexo de atos que, representando manifestação da atividade processual de certos sujeitos, classificam-se como processuais, máxime por autorizar nascimento, desenvolvimento, modificação ou extinção da relação jurídico-processual. O sujeito do ato processual é o seu primeiro requisito, sendo estendida a noção aos auxiliares de um dos sujeitos processuais. Na linha do autor, autorizada por processualistas clássicos, nem todo ato do processo deve ser considerado ato processual[652].

Sem embargo, ato processual (ou procedimental, para o inquérito) é tomado segundo acepção mais ampla, isto é, sem sua restrição ao aspecto da qualidade do sujeito que

---

651. CORDERO, Franco. *Procedura penale*. 7. ed. Milano: Giuffrè, 1983. p.911.

652. SILVA, Ademar Raimundo da. Atos processuais penais. *Revista Forense comemorativa – 100 anos*, tomo VII [direito processual penal], Afrânio Silva Jardim (org.), Rio de Janeiro: Forense, p.239-240, 2006.

o pratica. Isso porque, malgrado se possa sustentar que a testemunha, de per si, não pratica atos processuais (procedimentais), o fato é que o depoimento prestado perante a autoridade judiciária (ou autoridade policial) finda por conferir, à documentação da inquirição, contornos típicos de atos processuais (ou procedimentais).

Francesco Carnelutti, quando classifica as condicionantes dos atos processuais, pondera que "os requisitos dos atos jurídicos distinguem-se em três categorias: pressupostos, elementos e circunstâncias"[653]. Note-se que o vício de vontade ocasionado pela tortura, pela narcoanálise ou por procedimento semelhante, afeta a constituição do ato jurídico processual, impedindo sua existência jurídica.

Como o elemento afetado é a ação do ato processual, isto é, o seu aspecto volitivo, o defeito recai sobre requisito classificado como elemento estrutural do ato. O vício é de vontade, aspecto substancial do ato processual. Partindo dessas premissas, tem-se que o depoimento tomado sob tortura se enquadra em atipicidade sob o rótulo da inexistência jurídica.

A inexistência jurídica do ato produzido sob tortura afeta seu elemento estrutural, qual seja, a capacidade do declarante ou do depoente para se manifestar livre e conscientemente. Além de ser um inexistente jurídico (no âmbito do direito processual penal), o ato tem repercussões penais, por se tratar de conduta típica, antijurídica e culpável atribuível ao agente público que conduziu a oitiva. Como fere, a um só tempo, enunciados de ordem processual e material, a norma jurídica consequente à que reconhece a atipicidade (inexistência jurídica do ato processual, ou seja, das declarações), deve decretar não só sua incapacidade de produção de efeitos jurídicos, mas também ajuntar o relato de inadmissibilidade de prova obtida por meio ilícito, com

---

653. CARNELUTTI, Francesco. *Instituições do processo civil*: volume I. Tradução: Adrián Sotero de Witt Batista. Campinas: Servanda, 1999. p.510.

o seu conseguinte desentranhamento e inutilização conforme o procedimento devido.

Essa conclusão é reforçada pelo que pontifica Nelson Hungria relativamente à narcoanálise. Como frisa, tal meio representa "a perda parcial da resistência psíquica", podendo implicar revelação de "intimidades que nada tenham a ver com o caso criminal de que se trata". Mesmo que o investigado "se mostre ligado de qualquer modo ao crime, suas declarações, eventualmente verazes, não podem deixar de ser consideradas como extorquidas e, portanto, sem valor jurídico, a não ser que o direito renuncie ao seu fim precípuo de assegurar a valorização da personalidade humana"[654].

11.1.2 Atipicidades decorrentes de omissão ou vício sobre elemento essencial de ato procedimental e suas consequências

A ausência de elemento essencial, no âmbito processual penal, possibilita, como regra, a declaração de nulidade absoluta. No inquérito policial, é possível reconhecer a ilicitude (nulidade) absoluta de ato procedimental, quando o seu elemento for definido como essencial. É essencial o elemento que, se ausente, deixa a descoberto direito individual fundamental.

Por outro lado, a ilicitude será de ordem relativa, quando o elemento puder ser definido como acidental. É acidental aquele que não guardar relação direta com direito fundamental individual constitucional processual penal e, especialmente, quando sua ausência ou o cometimento de ato que o confronte, não implicar necessariamente ferimento àquele direito.

---

654. HUNGRIA, Nelson. A prova penal. *Revista Forense comemorativa – 100 anos*, tomo VII [direito processual penal], Afrânio Silva Jardim (org.), Rio de Janeiro: Forense, p.231, 2006.

Seguindo pontos comuns encontrados na doutrina, na legislação e na jurisprudência, é viável inserir, metodologicamente, os defeitos em espécie na classificação assim formatada, a começar pelas ilicitudes que ocorrem na fase de investigação preliminar, adotando-se eixos aptos à sistematização.

11.1.2.1 Falta de ciência do indiciado sobre o seu direito ao silêncio para a tomada de suas declarações

A atipicidade decorre de incidência imperfeita documentada em ato jurídico. Mais espeficamente, a atipicidade processual é norma jurídica com aplicação deficiente, considerando parâmetro que deve ter a natureza de enunciado reconhecido como direito vigente (estatal).

Assegurar o direito de ficar calado ao preso é ato processual típico. A falta dessa ciência resvala em atipicidade. O direito de ciência do preso, investigado ou indiciado migra da Constituição, em compasso com seu art. 5º, inciso LXIII, que prescreve que "o preso será informado de seus direitos, entre os quais o de permanecer calado, sendo-lhe assegurada a assistência da família e de advogado".

Na fase do inquérito policial, a produção de elementos de informação com o desacatamento desse modelo legal enseja atipicidade que não é classificada, à luz do enunciado ortodoxo, como nulidade, em virtude de não se ter, ainda, sob tal ponto de vista, processo penal. Há investigação preliminar e, segundo reiterada jurisprudência, não se tem, nessa fase da persecução penal, vício capaz de contaminar a ação penal. No entanto, a estrutura normativa que conduz ao reconhecimento do defeito procedimental, é apta a produzir efeitos jurídicos.

A falta de ciência do indiciado acerca do seu direito de permanecer em silêncio deve ser reconhecida por norma jurídica declaratória de nulidade-fato ou ilicitude em sentido amplo (ilegitimidade em sentido estrito), em virtude de se tratar de elemento essencial estipulado constitucionalmente e por tratado internacional. Decerto, o direito de ficar calado se respalda na alínea "g", do item "2", do artigo 8º, do Pacto de São José da Costa Rica.

A norma jurídica derivada da atipicidade atrelada à violação do direito ao silêncio no curso da investigação preliminar tem estrutura similar à norma jurídica reconhecedora de nulidade no curso do processo penal. A formatação lógica da documentação normativa é explicitada em duas normas jurídicas, ambas com antecedente e consequente, encadeadas por relação de implicação.

11.1.2.2 Omissão em se assegurar o acompanhamento de advogado ao indiciado preso e a audiência de custódia

A audiência de custódia é providência de cautela apta a cercar de cuidados a prisão. É condição à perfeição do ato prisional. O predicado acautelador já era referido por Hélio Tornaghi, ao pontificar que "a custódia não é necessariamente a prisão"[655]. A ausência do interrogatório de garantia macula, essencialmente, a prisão efetivada, diante da insuficiência da incidência da norma jurídica que a completa (nulidade absoluta).

A noção de cautelaridade pode ser inferida da tese de Rogério Lauria Tucci. No processo penal, "há de cogitar-se, inúmeras vezes, de determinadas providências de natureza acautelatória e coercitiva", com o fito de constatar e documentar "o apossamento de elementos instrutórios, quer relacionados com objetos, quer com as pessoas do culpado e da vítima, quer, ainda, com a prática criminosa que tenha deixado vestígios"[656].

---

655. TORNAGHI, Hélio. *Compêndio de processo penal*: tomo III. Rio de Janeiro: José Konfino, 1967. p.1137.

656. TUCCI, Rogério Lauria. *Do corpo de delito no direito processual penal brasileiro*. São Paulo: Saraiva, 1978. p.144-146.

A audiência de custódia (*rectius*: audiência de apresentação) é medida de registro da situação de fato prisional e demais condições do imputado. Não visa a corroborar o *thema probandum*: não é prova positiva ou direta. Objetiva documentar os elementos que possam justificar ou refutar o cerceamento da liberdade de alguém. Sob essa ótica, pode constituir prova contrária ou com sentido negador da atual ou futura acusação.

O arrimo textual para a produção de normas jurídicas de declaração de atipicidade procedimental e eventual invalidação está positivado no CPP. Nos termos do *caput* do seu art. 310, "após receber o auto de prisão em flagrante, no prazo máximo de até 24 (vinte e quatro) horas após a realização da prisão, o juiz deverá promover audiência de custódia com a presença do acusado, seu advogado constituído ou membro da Defensoria Pública e o membro do Ministério Público".

Cuida-se de garantia à pessoa presa em flagrante, situação típica da fase de investigação preliminar. A garantia tem seu conteúdo formado pelos direitos à comunicação da prisão em flagrante ao juiz competente (de forma imediata), a um advogado ou defensor público e ao relaxamento imediato da prisão ilegal. Com efeito, aquelas regras buscam possibilitar a concreção de direitos fundamentais capitulados como direitos individuais no art. 5º, da Constituição de 1988, especialmente: (1) a comunicação imediata da prisão de qualquer pessoa e do local onde se encontre, ao juiz competente e à família do preso ou à pessoa por ele indicada (inciso LXII); (2) a informação ao preso sobre os seus direitos, entre os quais o de permanecer calado, sendo-lhe assegurada a assistência da família e de advogado (inciso LXIII); e (3) o direito do preso e o correlato dever do juiz de relaxar imediatamente a prisão ilegal (inciso LXV).

O prazo global máximo para a realização da audiência de custódia deve ser o de 48 (quarenta e oito) horas da efetivação da prisão. Considera-se que em até 24 (vinte e quatro) horas da realização do ato prisional, o juiz deve receber o auto de prisão em flagrante (art. 310, *caput*, CPP); e, em até 24 horas desse prazo, o órgão autêntico deve promover a audiência de custódia (art. 310, § 4º, do CPP). Apesar da ambiguidade do *caput*, do art. 310, quando cotejado com os demais dispositivos, deve ser afastada a possibilidade de "prisão ilegal tolerada", consistente na fixação de lapso de 72 (setenta e duas) horas a contar da realização da prisão para, somente a partir de então, autorizar (obrigar) o seu relaxamento (aspecto consequente – art. 310, inciso II, do CPP). O teor do § 4º, do art. 310, do CPP, aliás, indica permissivo discricionário não recomendável (por mitigar o modal obrigatório da norma), ao descrever que, "transcorridas 24 (vinte e quatro) horas após o decurso do prazo estabelecido no *caput* deste artigo, a não realização de audiência de custódia sem motivação idônea ensejará também a ilegalidade da prisão, a ser relaxada pela autoridade competente, sem prejuízo da possibilidade de imediata decretação de prisão preventiva".

Justamente o elemento normativo e discricionário embutido na expressão "sem motivação idônea" constitui possibilidade de ampliação da contingência que deriva do poder judicial. Se o juiz se esmerar na escrita, poderá justificar, aparentemente, uma prisão abusiva, com excesso prazal.

O acompanhamento de advogado e a ciência do juiz competente a respeito da efetivação de prisão do indivíduo em território nacional servem de supedâneo à produção das normas jurídicas que reconheçam a aplicação deficiente do relato consignado no direito positivo. Além dos enunciados legais e constitucionais, a primeira parte do item 5, do artigo 7º, do Pacto de São José da Costa Rica, contemplou expressamente o direito à audiência imediata do preso com o juiz, ao assentar que "toda pessoa detida ou retida deve ser conduzida, sem demora, à presença de um juiz ou outra autoridade autorizada por lei a exercer funções judiciais".

Note-se que consoante o entendimento do Supremo Tribunal Federal, esse Pacto intitulado “Convenção Americana sobre Direitos Humanos” tem *status* de instrumento supralegal (termo este tomado no sentido de referir-se a diploma cujo grau é inferior à Constituição, porém superior à legislação infraconstitucional). Os enunciados do Pacto de São José da Costa Rica prevalecem sobre os do CPP, notadamente nos pontos mais favoráveis à proteção da liberdade.[657]

O acompanhamento de advogado e a audiência de custódia, alusivos à prisão em flagrante (fase inquisitorial), são elementos essenciais que compõem o ato complexo prisional. O momento desse ato cerceador da liberdade é contemporâneo à investigação preliminar. Haverá nulidade absoluta do flagrante formalizado e convertido em preventiva em descompasso com essas formalidades.

A falta de advogado ao indiciado preso ou a omissão da audiência de custódia, durante o curso de investigação preliminar, implica desacordo com o modelo descrito no ordenamento jurídico. Constitui incidência deficiente do enunciado que reza que, havendo prisão, deve ser o paciente assistido por advogado, bem como do dispositivo que ordena apresentação, sem demora, do preso ao juiz competente, no prazo devido, a teor do art. 310, *caput* e § 4º, do CPP. São vícios da investigação preliminar. Estão inseridos na classe da ilicitude em sentido amplo, constituindo, porém, ilegitimidade em sentido estrito, por ferir norma processual/procedimental integrativa da validade da prisão) que autorizam a invalidação da prisão efetivada sem aquelas cautelas legais.

Hélio Tornaghi, abordando a necessidade de comunicação ao juiz competente que, de qualquer modo, deve ser feita, assevera, como possíveis efeitos que podem ser

657. STF –Rcl 76426/PA – Decisão Monocrática – Rel. Min. Gilmar Mendes – DJe 14 mar. 2025.

agregados à consequência normativa da norma jurídica de invalidação: "já tendo sido relaxada a prisão pela autoridade policial, o juiz não mais precisará fazê-lo", podendo decorrer, da ilegalidade verificada, "a responsabilidade da autoridade coatora nos casos previstos em lei". A própria polícia, aliás, pode tomar providências para apurar crime praticado pelo executor da prisão[658].

Deveras, o desfazimento dos efeitos do ato prisional ilegal não constitui óbice à aplicação de outras normas jurídicas. É, inclusive, possível, a teor do art. 312, do CPP, a decretação, a pedido do Ministério Público, de prisão preventiva do agente que teve, em seu favor, a decisão de relaxamento da prisão carente de atendimento de garantias fundamentais.

11.1.2.3 Omissão ou defeito do exame de corpo de delito na fase investigativa

A imposição de realização de exames periciais no curso do inquérito policial é exceção ao seu caráter discricionário. Cumpre sublinhar: à prova técnica, inversamente, aplica-se o princípio da legalidade estrita. O art. 7º, inciso VII, do CPP, estatui, dentre as providências da autoridade policial, o seu dever de ordenar, se for o caso, o exame de corpo de delito, bem como outras perícias. Embora não se constitua prova em sentido estrito (sendo, a rigor, elemento de informação, em face da sua produção sem a observância do contraditório), o exame pericial é reconhecido pelo texto da lei processual penal como apto a fundamentar sentença penal condenatória.

Decerto, o art. 155, *caput*, do Código, é expresso ao rezar que "o juiz formará sua convicção pela livre apreciação da prova produzida em contraditório judicial, não podendo fundamentar sua decisão exclusivamente nos elementos

---

658. TORNAGHI, Hélio. *Compêndio de processo penal*: tomo III. Rio de Janeiro: José Konfino, 1967. p.1220-1221.

informativos colhidos na investigação, ressalvadas as provas cautelares, não repetíveis e antecipadas". Vale dizer, o CPP autoriza, em tese, a fundamentação da condenação exclusivamente no laudo pericial acostado durante a fase investigativa, para justificar a materialidade da infração penal, compreendido, na maior parte das vezes, no conceito de prova não repetível.

Decerto, o art. 158, *caput*, do CPP, estabelece que, quando o delito deixar vestígios, torna-se indispensável o exame de corpo de delito, não podendo supri-lo a confissão do acusado. O exame pode ser tanto direto quanto indireto. A sua vez, o § 3º, do art. 158-A, do CPP, preconiza que "vestígio é todo objeto ou material bruto, visível ou latente, constatado ou recolhido, que se relaciona à infração penal".

A prova eletrônica, distintamente, é representativa de extensão da realidade. Está situada em permeio aos objetos materiais (físicos) e intelectivos (inteligíveis). A definição de prova digital envolve arquivos eletrônicos de dados (textos ou imagens). Não deriva, nem se acomoda ao conceito de vestígio conforme a prescrição legal (art. 158-A, § 3º, CPP). Sem embargo, é possível replicá-los para fins de exame técnico, diante da indispensabilidade de sua conservação e do risco de ser modificada com sua manipulação. Em compasso com o decidido pelo STJ, se corrompidos os arquivos digitais, haverá obstáculo ao seu uso como prova no processo penal[659]. Perde-se a integridade dos elementos virtuais ou computacionais, comprometendo as conclusões periciais.

O laudo deve ser subscrito por um perito oficial ou por dois peritos não oficiais (art. 159, CPP). Essas formalidades seriam, em regra, essenciais. Se faltantes na confecção do laudo na fase processual, ensejariam nulidade relativa,

659. STJ – Quinta Turma – Processo sob sigilo – Rel. Min. Ribeiro Dantas – DJe 08 jan. 2025.

considerado o teor do inciso IV, do art. 564, do CPP. Nos termos dessa disposição, ocorrerá nulidade quando houver omissão de formalidade que constitua elemento essencial do ato. Cuida-se de hipótese de "nulidade genérica", que não é cominada especificadamente pela lei, razão pela qual admite convalidação, nos termos do art. 572, do mesmo Código.

Todavia, o inciso III, do art. 564, do CPP, contempla, em sua alínea 'b", a ocorrência de nulidade (absoluta, cominada) por falta das fórmulas e dos termos do "exame do corpo de delito nos crimes que deixam vestígios, ressalvado o disposto no art. 167". Sob o prisma pragmático que toma a tutela da liberdade como principal fim do direito processual penal, o significante "falta" tem como significado tanto a ausência (omissão) da perícia, do laudo ou de seus elementos essenciais (cadeia de custódia – arts. 158-A ao 158-F, CPP), quanto a falha (vício, defeito ou atipicidade) sobre aquele, no todo ou em parte.

Rogério Lauria Tucci se debruçou sobre a exigência legal em torno do número de peritos, em cotejo com o verbete nº 361, da Súmula, do STF. À luz da sistemática probatória original do CPP, o exame de corpo de delito deveria "ser efetuado por dois peritos". Não seria relevante, com efeito, conforme aduz o jurista, que funcionassem, "em lugar de peritos oficiais, especialistas que desenvolvam sua atividade profissional privadamente". De toda sorte, arremata ser "imprescindível, isto sim, sejam, sempre, dois, encarregados da realização de qualquer prova pericial, especialmente a de constatação e documentação do *corpus criminis*". A fixação do número de *experts* para a realização da perícia não deve ficar "ao alvedrio da autoridade que a determina". O desacatamento da regra legal e sumulada "traduz-se em nulidade do exame de corpo de delito, como se tem, amiúde, proclamado em julgados dos Tribunais nacionais". Entrementes, essa solução foi abrandada pelo Judiciário, para reputar que a falha reportada no teor do inciso III, do art. 564, referentemente à alínea 'b', do CPP, diria respeito "à falta absoluta, à inexistência do exame de corpo de delito, nos crimes que deixam vestígios", sem considerar a possibilidade de significar "a deficiência ou a imprestabilidade do mesmo, passíveis de sanação ulterior, com a sua complementação ou reprodução, no transcorrer do procedimento criminal"[660].

Em consonância com a estrutura de controle das nulidades, tanto haverá nulidade absoluta se ausente o próprio exame de corpo de delito nos crimes que deixam vestígios, como se a perícia estiver viciada em um de seus elementos constitutivos. A letra 'b', do inciso III, do art. 564, do CPP, ressalva a possibilidade de suprimento da ausência da perícia pelo exame de corpo de delito indireto ou pela prova testemunhal (arts. 158; 167, CPP).

Cabe, ademais, avivar o que preleciona Paulo Cláudio Tovo, ao dizer que a ausência de exame de corpo de delito ou de seus instrumentos supletivos "não permite sequer o recebimento da denúncia ou queixa, por falta de um dos pressupostos de persecução penal em juízo"[661].

A Lei nº 11.343/2006 prevê a feitura de dois laudos sobre a substância entorpecente (art. 50 e parágrafos). O primeiro é o laudo de sua constatação provisória (natureza e quantidade), firmado por perito oficial ou, na sua ausência, por pessoa idônea. O segundo é o laudo de constatação definitivo, com autorizativo de subscrição pelo mesmo perito que lavrou o primeiro. Este derradeiro exame sobre a droga (definitivo) deve ser assinado por dois peritos, com o permissivo de um deles poder ter funcionado quando da validação

---

660. TUCCI, Rogério Lauria. *Do corpo de delito no direito processual penal brasileiro*. São Paulo: Saraiva, 1978. p.214-217.

661. TOVO, Paulo Cláudio. *Nulidades no processo penal brasileiro*: novo enfoque e comentário. Porto Alegre: Sergio Antonio Fabris, 1988. p.35.

do laudo provisório. O desatendimento dessa formalidade é motivo de nulidade absoluta (art. 564, III, “b”, CPP).

Conferindo maior informalidade, a Lei nº 9.099/1995 faculta que a materialidade das infrações penais de menor potencial ofensivo possa ser demonstrada por boletim médico ou prova equivalente, tornando prescindível o exame de corpo de delito (art. 77, § 1º).

Direcionando a atenção para a sede das investigações preliminares, a ausência do exame e o defeito sobre seu elemento essencial serão hipóteses deflagradoras do dever jurídico do juiz de reconhecer a atipicidade procedimental. Como se trata de forma relativa à prova (pericial), notadamente quanto ao seu procedimento, recairá, em regra, o dever de emitir norma jurídica de invalidação.

A produção das normas jurídicas será concretizada, conforme o binômio ilicitude-invalidade (por se tratar de ato geralmente realizado na fase inquisitorial). A declaração de atipicidade por falta ou deficiência de incidência da norma jurídica referente ao exame pericial, vai retratar o desacordo com o modelo descrito no ordenamento jurídico (incidência deficiente dos enunciados que servem de base à incidência das normas sobre os exames periciais). O teor do defeito e o comprometimento do direito à prova (consectário da ampla defesa e do contraditório) podem determinar a invalidação da perícia ou a sua convalidação.

É comum a assertiva de que os vícios da investigação preliminar não teriam o condão de contaminar o processo penal instaurado, eis que cada etapa da persecução penal constituiria antonomásia da anterior, sem, contudo, restabelecer eventual atipia, devido ao efeito (jurídico) de sua superação. Porém, a pragmática nessa seara é rica em alternativas, sendo possível conceber invalidação do processo penal se, tão somente, sustentar-se na prova pericial com atipicidade grave. A invalidação de tal prova (elemento de informação, inserido na investigação) descalça a ação penal da necessária materialidade para ver-se admitida e, se recebida – indevidamente – a petição inicial de referência, aquela nulidade impingirá contaminação irremissível do processo penal correlato.

Sem embargo, pondera Paulo Cláudio Tovo que o exame de corpo de delito, que acompanha a peça vestibular acusatória, cuja formação se dá, via de regra, durante a investigação preliminar, deveria ser realizado sob a chancela do contraditório e da ampla defesa. Inadequada, portanto, a sua elaboração na fase inquisitorial, como geralmente ocorre. Isso por se revestir, em essência, da qualidade de meio de prova, malgrado produzido antes da instrução criminal (meio antecipado de prova, sem respeito à garantia da dialeticidade)[662]. Diante da perplexidade, necessário distinguir o procedimento antecipado de prova pericial, daquele realizado depois de iniciado o processo penal, como adiante será enfrentado.

11.1.2.4 Ato de indiciamento emitido em descompasso com os ditames do ordenamento jurídico

O indiciamento é ato técnico, administrativo, de atribuição privativa da autoridade policial. O enunciado que autoriza sua produção normativa concreta é o do § 6º, do art. 2º, da Lei nº 12.830/2013. Na sua dicção, "o indiciamento, privativo do delegado de polícia, dar-se-á por ato fundamentado, mediante análise técnico-jurídica do fato, que deverá indicar a autoria, materialidade e suas circunstâncias".

É ato relevante que determina consequências jurídicas. O indiciamento garante ao investigado, com maior chance de êxito, o controle da investigação, mediante a impetração de *habeas corpus* de índole trancativa. Além disso, algumas

662. TOVO, Paulo Cláudio. *Nulidades no processo penal brasileiro*: novo enfoque e comentário. Porto Alegre: Sergio Antonio Fabris, 1988. p.35-36.

medidas restritivas pressupõem, em tese, a condição de indiciado da pessoa suspeita de ter cometido o delito, para que sejam deferidas, a exemplo do arresto preparatório à hipoteca legal (arts. 134 a 136, CPP).

Haverá ilícito (nulidade) quando a incidência das normas que compõem a produção do ato de indiciamento for decifiente. Cuida-se de atipicidade sujeita à invalidação.

Por exemplo, se o juiz, ao receber a denúncia, determinar à autoridade policial, a requerimento do Ministério Público, que indicie o denunciado, haverá desatendimento aos aspectos temporal e espacial contidos na estrutura normativa do ato correlato que, por seu turno, deve estar adstrito aos limites do inquérito policial. Atento ao tema, o STJ se posiciona pela inadmissibilidade tanto do indiciamento prematuro (logo que instaurado inquérito policial), quanto da ordem judicial de indiciamento formal do acusado (depois de findo o inquérito policial e deflagrado o processo penal). Decerto, é vedado o indiciamento arbitrário e, uma vez formalizado à luz da legislação, "sua anulação não é automática com o arquivamento do inquérito, salvo em casos de abuso de poder ou ilegalidade"[663].

Classificado como ato essencial do inquérito policial, em virtude dos graves efeitos e correlatas garantias que dele decorrem, o vício que recai sobre o ato de indiciamento, notadamente com ferimento a regras de atribuição, momento e fundamentação, dá ensejo à produção de norma descritiva do distanciamento dos ditames da Lei nº 12.830/2013.

As consequências do ato de indiciamento não são automáticas como, aliás, não deve ser a operatividade de quaiquer efeitos jurídicos na esfera criminal. O dizer judicial é fundamental.

---

663. STJ – Quinta Turma – AgRg no RMS 72.801/SP – Rel. Min. Messod Azulay Neto – DJe 19 mar. 2025.

Nessa toada, o STF sublinhou haver inconstitucionalidade na "determinação do afastamento automático do servidor investigado, por consequência única e direta do indiciamento pela autoridade policial" (art. 17-D, Lei nº 9.613/1998). Cuida-se de previsão legal desproporcional, que não se coaduna com a Lei Maior. Com esse entendimento, a Corte Suprema tem reiterado que o afastamento do funcionário público, "em caso de necessidade para a investigação ou instrução processual, somente se justifica quando demonstrado nos autos o risco da continuidade do desempenho de suas funções e a medida ser eficaz e proporcional à tutela da investigação e da própria administração pública", cujo exame é reservado à apreciação do Poder Judiciário"[664].

O indiciamento é vício próprio da investigação preliminar: é ilicitude em sentido amplo, mas ilegitimidade *stricto sensu*, por contrariar norma procedimental para a constituição válida do indiciamento. Como regra, não tem a força de contaminar o processo penal. Invalidado o indiciamento, o juiz poderá especificar a extensão dos efeitos da declaração da condição de não indiciado, como a cessação de medidas cautelares e mesmo o arquivamento de inquérito policial. Tendo sido ajuizada a ação penal, com a deflagração do processo penal, haverá a suplantação da qualidade de indiciado pelo predicativo de acusado. É de ver, contudo, que, a depender do motivo da desconstituição dos efeitos do indiciamento, pode o Judiciário estender os efeitos de tal decisão para também alcançar a ação penal (*habeas corpus* de ofício).

Ada Pellegrini Grinover, Antonio Scarance Fernandes e Antonio Magalhães Gomes Filho, a propósito, elucidam que "o reconhecimento da nulidade do auto de prisão em flagrante atinge unicamente o seu valor como instrumento

664. STF – Rcl 78865/MG – Decisão Monocrática – Rel. Min. Cristiano Zanin – DJe 20 maio 2025.

da coação cautelar, não tendo repercussão no processo crime"[665]. Apesar de se referir à prisão em flagrante, os argumentos dos autores são adequados para se chegar à mesma conclusão, diante do indiciamento defeituoso.

11.1.2.5 Instauração de investigação preliminar a partir de delação anônima sem verificação de procedências das informações

A instauração de investigação preliminar oficial deve observar os preceitos do CPP acerca do regramento do inquérito policial. Além de respeitar esses ditames, é necessário que a abertura da investigação seja fundada em elemento admissível pelo ordenamento jurídico.

É defeituoso o inquérito policial baseado exclusivamente em *notitia criminis* inqualificada, delação anônima ou apócrifa. O STJ, a propósito, tem entendimento firme de que haverá ilegalidade na instauração de inquérito policial que não tenha sido precedida de qualquer diligência preliminar para subsidiar a narrativa fática da delação apócrifa[666].

A portaria, que é o ato de instauração do inquérito policial, deve justificar a deflagração da persecução penal, indicando seu esteio. É vedado que se arrime em prova ilícita, a exemplo de transcrição de interceptação telefônica sem ordem judicial. Do mesmo modo, não pode se alicerçar em documento que contrarie o relato depreendido da parte final do inciso IV, do art. 5º, da Constituição Federal de 1988, que preconiza que "é livre a manifestação do pensamento, sendo vedado o anonimato".

Como se trata de vedação abstrata de *status* constitucional, seu desatendimento constitui atipicidade que recai

665. GRINOVER, Ada Pellegrini; GOMES FILHO, Antonio Magalhães; FERNANDES, Antonio Scarance. *As nulidades no processo penal*. 12. ed. São Paulo: RT, 2011. p.268.

666. STJ – Sexta Turma – AgRg no AREsp n. 1.001.919/MG – Rel. Min. Antonio Saldanha Palheiro – DJe 08 nov. 2024.

sobre elemento essencial do ato de instauração da investigação. É equivalente à nulidade absoluta. Para afastar tal imperfeição, tem-se admitido que a polícia proceda, antes da deflagração da persecução penal, a verificação de procedência de informações (VPI).

A base legal, no entanto, é precária. O CPP, em seu art. 7º, dispõe que, "para verificar a possibilidade de haver a infração sido praticada de determinado modo, a autoridade policial poderá proceder à reprodução simulada dos fatos, desde que esta não contrarie a moralidade ou a ordem pública". O enunciado, como se infere, é específico para o meio de prova intitulado "reprodução simulada dos fatos". Porém, diante do suposto caráter discricionário do inquérito, tende-se a permitir a construção de norma jurídica autorizadora da verificação de procedência de informações a partir de delação anônima, para o fim de, seguidamente, emitir portaria de abertura de inquérito policial, quando positiva a diligência preliminar.

11.1.2.6 Obtenção de elementos de informação em violação às regras decorrentes do direito à intimidade e ao sigilo

O direito à intimidade e o direito ao sigilo são garantias constitucionais fundamentais que encontram sua validade no art. 5º, da Constituição de 1988. A legislação infraconstitucional, a exemplo da Lei nº 9.296/1996, estatui as condições para limitação daqueles direitos, no que concerne às captações telefônicas (art. 2º), telemáticas (art. 1º, parágrafo único) e ambientais (art. 8º-A). Há um leque de enunciados constitucionais que servem de base à produção de norma jurídica individual e concreta para conferir respeito a esses direitos fundamentais.

O inciso X, do art. 5º, da Lei Maior, prescreve que "são invioláveis a intimidade, a vida privada, a honra e a imagem das pessoas, assegurado o direito a indenização pelo dano material ou moral decorrente de sua violação". A inviolabilidade da intimidade e da vida privada só pode ser restringida se houver atendimento aos pressupostos impostos pelos enunciados vigentes, com aplicação de critério de proporcionalidade. Daí que, por exemplo, o deferimento cautelar de busca e apreensão de bens depende de autorizativo legal e, como regra, corroborado por judicial.

A deliberação do Poder Judiciário deve ser fundamentada analiticamente, a fim de se evitar ocultação posterior dos modos utilizados para a obtenção de prova deferida sob segredo. Como aponta Geraldo Prado, exige-se precaução quanto à conservação dos suportes técnicos resultantes da operação ordenada sob sigilo, em virtude de, somente assim, ser possível "assegurar à defesa, oportunamente, o conhecimento das fontes de prova". Deveras, "o rastreamento das fontes de prova será uma tarefa impossível se parcela dos elementos probatórios colhidos de forma encadeada vier a ser destruída", pois poderá ser apagada a relação entre um elemento probatório lícito com outro ilícito ocultado[667].

Caso sejam descumpridos os mandamentos abstratos e gerais para a efetivação da medida, os elementos de informação apreendidos *in concreto* estarão eivados de ilicitude em sentido estrito (em face de violação à regra de direito material). Terá ocorrido, na hipótese, construção deficiente de norma jurídica que permitiu a apreensão à míngua de elemento essencial que visava a proteger a intimidade. A persecução penal, nessa linha, encontra trilhos que devem ser seguidos, indeclináveis à validade de restrições a direitos fundamentais.

Para classificar vício desse jaez, cabível examinar se afeta a elemento de natureza essencial. Se identificado este liame, a atipicidade procedimental da investigação será

667. PRADO, Geraldo. *Prova penal e sistema de controles epistêmicos*: a quebra da cadeia de custódia das provas obtidas por métodos ocultos. São Paulo: Marcial Pons, 2014. p.79.

correspondente à nulidade absoluta. A consequência jurídica, no entanto, deve ir além da invalidação do ato processual penal representado pela sua documentação (auto de busca e apreensão, que descreve seu resultado frutífero ou não, retratando a incidência deficiente de norma jurídica). Isso porque, em virtude do ferimento de norma geral e abstrata de direito material, deve o juiz ordenar seu desentranhamento, expurgando-o do procedimento.

A par do inciso X, o inciso XI, do art. 5º, da Lei Maior, é específico ao gizar que "a casa é asilo inviolável do indivíduo, ninguém nela podendo penetrar sem consentimento do morador, salvo em caso de flagrante delito ou desastre, ou para prestar socorro, ou, durante o dia, por determinação judicial". Os textos dos dois dispositivos são aptos àquela conclusão. O Código Penal, aliás, tipifica como crime, em seu art. 150, a conduta de violação de domicílio, enquanto a Lei nº 13.869/2019 (abuso de autoridade), prevê a conduta típica de quem "cumpre mandado de busca e apreensão domiciliar após as 21h (vinte e uma horas) ou antes das 5h (cinco horas)". São enunciados que conferem lastro a emissão de normas individuais e concretas, resultados que são do percurso que se inicia da abstração da norma geral deles deduzida.

Com teor protetivo ao sigilo, o inciso XII, do art. 5º, da Constituição de 1988, dispõe que "é inviolável o sigilo da correspondência e das comunicações telegráficas, de dados e das comunicações telefônicas, salvo, no último caso, por ordem judicial, nas hipóteses e na forma que a lei estabelecer para fins de investigação criminal ou instrução processual penal". O afastamento de sigilo deve observar regras rígidas. O destinatário do dispositivo será a pessoa com o dever jurídico de guardar segredo relativamente ao objeto jurídico protegido pela redação daquele inciso: (1) correspondência; (2) comunicações telegráficas; (3) dados; e (4) comunicações telefônicas.

Caso se cuide de dados digitais, o sujeito obrigado àquela proteção será, por exemplo, o provedor de *internet*, plataforma responsável ou quem estiver situado no polo passivo da relação material formada com o Estado: quem tiver disponibilidade sobre os dados pessoais. O regime jurídico do tratamento dos dados pessoais é objeto de legislação da União (art. 21, XXVI, CF), ente federativo responsável para, dentro daqueles limites, traçar sua organização e fiscalização[668]. De acordo com o inciso LXXIX, do art. 5º, da Constituição, será "assegurado, nos termos da lei, o direito à proteção dos dados pessoais, inclusive nos meios digitais".

Para afastar o dever de sigilo é necessário o preenchimento de condições legais específicas, de acordo com o diploma de regência. Caso não sejam observados esses ditames, a consequência jurídica da norma antecedente será análoga à nulidade absoluta, por falta de elemento essencial ao ato que constituiu os elementos de informação. A norma jurídica consequente deve ser tendente não apenas a invalidar o ato procedimental, mas também a expurgar dos autos os elementos ilícitos de informação.

A conclusão a que se chega encontra respaldo doutrinário em Ada Pellegrini Grinover. Como pondera, "as defesas postas pela Constituição aos direitos fundamentais, as quais consistem no sistema de proteção organizado em prol da segurança da pessoa, da vida e da liberdade humana, assumem dimensão maior exatamente no processo penal". Deveras, não pode o processo penal ser compreendido, tão somente, "como instrumento de persecução do réu. Ele funciona também (e até primacialmente) para a garantia do acusado"[669].

---

668. Lei Geral de Proteção de Dados – LGPD (Lei nº 13.709/2018).

669. GRINOVER, Ada Pellegrini. *Provas ilícitas, interceptações e escutas*. Brasília: Gazeta Jurídica, 2013. p.39.

De outra vertente, é de ver os direitos fundamentais constitucionais admitem restrições. Todavia, deve-se frisar que a validade das limitações subordina-se à observância da forma estipulada pela própria Constituição de 1988, a exemplo da motivação suficiente das decisões judiciais (art. 93, IX). Em outros termos, não se autorizam mitigações a direitos fundamentais baseadas em conclusões que não decorreram de base empírica enunciativa reconhecida como fonte do direito processual penal. Interpretações exclusivamente voluntaristas tendem a desprezar esses direitos, resvalando em decisionismo vedado pelo sistema.

Nessa senda, também adequada a colocação de Geraldo Prado sobre o grave problema da "supressão indevida de elementos informativos", cujo efeito "impeditivo de emprego das informações remanescentes" é apto a ocasionar a "carência de 'suficiência probatória'". Com efeito, elementos probatórios remanescentes estarão afetados pela quebra da sua cadeia de custódia, o que "configura prova ilícita, pois não há como sujeitá-lo, adequadamente, aos procedimentos de comprovação e refutação"[670].

Parte da doutrina tenta conciliar a índole protetiva dos direitos fundamentais com a possibilidade de restrições interpretativas. Fausto De Sanctis, discorrendo sobre as suas características, defende a possibilidade de restrições de direitos fundamentais "quando em confronto com outros direitos constitucionais, afastando-se assim, a assertiva de que seriam plenamente absolutos"[671].

O STF, tocando sobre o ponto da afirmada relatividade das garantias constitucionais, tem enfatizado que a

670. PRADO, Geraldo. *Prova penal e sistema de controles epistêmicos*: a quebra da cadeia de custódia das provas obtidas por métodos ocultos. São Paulo: Marcial Pons, 2014. p.86-87.

671. SANCTIS, Fausto Martin De. Interceptações telefônicas e direitos fundamentais. In: *Tributo a Afrânio Silva Jardim*: escritos e estudos. Marcelo Lessa Bastos; Pierre Souto Maior Coutinho de Amorim (orgs). 2. ed. Rio de Janeiro: Lumen Juris, 2014. p.263.

liberdade de expressão não é um direito absoluto e, em casos de grave abuso, faz-se apropriada a utilização do direito penal para a tutela de outros interesses e direitos relevantes[672].

É sutil a filigrana que permite distinguir.

Diferentemente dessa perspectiva, compreende-se que os direitos fundamentais são absolutos, cada qual em sua órbita de incidência. Entre eles, há relação horizontal e, entre os de nível infraconstitucional, existe relação de verticalidade ou de obliquidade. O que tem lugar é a relatividade (não a relativização, no sentido de flexibilidade discricionária!) entre os respectivos centros de imputação. As interseções entre os enunciados do direito positivo permitem identificar, mais nitidamente, os campos de imponibilidade das garantias individuais.

Trata-se de ponto sensível. Não deve se admitir relativização (flexionamento) sem que haja critério rígido no tocante à aplicação das fontes de conhecimento do direito constitucional e processual penal. A afirmação, meramente retórica, de que não há direitos fundamentais absolutos perde a plausibilidade jurídico-sistemática quando é caracterizada pelo desejo do intérprete de tão somente dar seguimento à investigação sem explicitação dos critérios formais.

A restrição ao direito ao sigilo, a rigor, só é de ser feita por lei em sentido formal. Há, contudo, espaços que podem não ser abrangidos pelo teor da legislação. É comum à linguagem não ser suficiente para dirimir todas as dúvidas. Quando a Constituição é mais precisa, maior adequação deve ter a decisão às suas diretrizes. Incide maior controle constitucional relativamente a ela. Havendo conflito entre valores ou princípios, tem lugar a fixação de critérios, especialmente quando não há, no texto constitucional, escalação

672. STF – Primeira Turma – RE 1523404 AgR – Rel. Min. Alexandre de Moraes – DJe 25 fev.2025.

fina dos princípios. Com efeito, a matéria bruta do art. 5º, da Constituição de 1988, não é organizada para apontar hierarquia entre direitos aparentemente opostos, a exemplo da tensão entre o direito à intimidade e o direito à informação.

Robert Alexy nomina de espaço epistemológico o âmbito que pode retratar a atividade de interpretação da Constituição pelo Judiciário. Tal espaço de cognição nasce a partir de um regramento de um direito, de modo mais ou menos indeterminado, pela Constituição. É a esfera que precisa de esclarecimento, onde há dúvida sobre limites constitucionais. No que toca ao sigilo telefônico, é de ver que ele foi regulado genericamente e remeteu, obrigatoriamente, a imposição de balizas à legislação específica.

Nas palavras de Geraldo Prado, “garantir que não haja deturpação do conhecimento produzido ao longo do processo penal a que uma pessoa está sendo submetida transcende o caso concreto e cuida de legitimar o exercício do poder de punir no marco do Estado de Direito, coibindo o abuso de poder”[673]. A cognição judicial deve ser regrada, desde os elementos empíricos (probatórios e do direito positivo) até o ponto de chegada normativo (pensamento) e de documentação (atos processuais ou procedimentais).

O objeto da cognição judicial é o que a Constituição não teve êxito para bem precisar. Isto é, não advém do que a Constituição ordena ou proíbe expressamente, mas “dos limites da capacidade de cognição que a Constituição, por um lado, ordena e proíbe e, por outro, nem ordena nem proíbe”. Em outros termos, o espaço epistemológico nasce dos limites de possibilidade do conhecimento do que a Constituição não regulou de maneira clara[674].

---

673. PRADO, Geraldo. *A cadeia de custódia da prova penal*. São Paulo: Marcial Pons, 2019. p.134.

674. ALEXY, Robert. *Direito constitucional e direito ordinário*. Jurisdição constitucional e jurisdição especializada. Revista dos tribunais, São Paulo, a.91, n.799, p.40, maio 2002.

Como se depreende, o texto constitucional funciona como ponto de partida e como limite. A interpretação das regras afetas ao sigilo não autoriza voluntarismo ou discricionariedade exacerbada. Havendo espaço vago apto à atividade linguística criativa do juiz, é indispensável a adoção de procedimento formal para a aplicação do princípio da proporcionalidade, máxime a sua terceira etapa (ponderação de valores em jogo ou proporcionalidade em sentido estrito), reduzindo a possiblidade de estreitamento dos direitos fundamentais.

Fazem parte dos valores em jogo, igualmente, os dos incisos XIV, XXXIII e LX, do art. 5º, da Constituição. O primeiro reza que "é assegurado a todos o acesso à informação e resguardado o sigilo da fonte, quando necessário ao exercício profissional". Por seu turno, o seguinte expressa que "todos têm direito a receber dos órgãos públicos informações de seu interesse particular, ou de interesse coletivo ou geral, que serão prestadas no prazo da lei, sob pena de responsabilidade, ressalvadas aquelas cujo sigilo seja imprescindível à segurança da sociedade e do Estado". O último estatui que "a lei só poderá restringir a publicidade dos atos processuais quando a defesa da intimidade ou o interesse social o exigirem".

O direito à informação (art. 5º, XIV, CF) e o direito à publicidade (art. 93, IX, CF) encontram limites na intimidade que deve ser assegurada à pessoa do imputado (art. 5º, X, LX, CF). Tratando-se de inquérito policial, a regra é que vigore o sigilo, não a publicidade. O sigilo é direito cujo sujeito ativo é o investigado. É que a Constituição refere à publicidade de atos processuais, não dos atos do inquérito. Enquanto garantia fundamental, a publicidade não pode ser desvirtuada para ser incidida opressivamente, contra os direitos do investigado ou acusado, consoante pontua Simone Schreiber[675].

675. SCHREIBER, Simone. A publicidade opressiva de julgamentos criminais: uma investigação sobre as consequências e formas de superação da colisão entre a liberdade de expressão e informação e o direito ao julgamento criminal justo, sob a perspectiva da Constituição brasileira de 1988. Rio de Janeiro: Renovar, 2008. p.408.

O sigilo, por outro viés, não pode ser usado em prejuízo do imputado. O enunciado nº 14, da Súmula Vinculante do STF, conduz a essa constatação ao vincar que "é direito do defensor, no interesse do representado, ter acesso amplo aos elementos de prova que, já documentados em procedimento investigatório realizado por órgão com competência de polícia judiciária, digam respeito ao exercício do direito de defesa".

A propósito, o Estatuto da Ordem dos Advogados do Brasil prescreve, no inciso XIV, do seu art. 7º, que o advogado tem o direito de "examinar, em qualquer instituição responsável por conduzir investigação, mesmo sem procuração, autos de flagrante e de investigações de qualquer natureza, findos ou em andamento, ainda que conclusos à autoridade, podendo copiar peças e tomar apontamentos, em meio físico ou digital". Para ter acesso aos autos de investigação criminal, basta ao advogado apresentar-se como tal, esclarecendo estar agindo no interesse do representado (investigado ou indiciado).

O mesmo Estatuto da OAB, aliás, garante ao advogado a prerrogativa de "inviolabilidade de seu escritório ou local de trabalho, bem como de seus instrumentos de trabalho, de sua correspondência escrita, eletrônica, telefônica e telemática, desde que relativas ao exercício da advocacia" (art. 7º, II); bem como assegura a possibilidade de "examinar, em qualquer órgão dos Poderes Judiciário e Legislativo, ou da Administração Pública em geral, autos de processos findos ou em andamento, mesmo sem procuração, quando não estiverem sujeitos a sigilo ou segredo de justiça, assegurada a obtenção de cópias, com possibilidade de tomar apontamentos" (art. 7º, XIII).

Ao defensor público não se aplica o Estatuto da OAB, mas o regime jurídico que lhe é próprio. Sem embargo, as prerrogativas do advogado, inerente à atuação em defesa do imputado, estão na órbita de incidência das atribuições do defensor público, a teor do art. 44, da Lei Complementar nº 80/1994[676].

A incidência imperfeita dessa teia normativa, que conforma a composição essencial de atos jurídicos procedimentais ou processuais, deve ensejar nulidade absoluta.

As regras de exclusão das provas ilícitas aplicam-se no momento do deferimento ou indeferimento da prova (nulidade do ato aquisitivo dos elementos probatórios). Os cânones das *exclusionary rules*, oriundos da *common law* americana, têm caráter pragmático, de forma contraposta à estrutura legislativa do direito brasileiro.

Nessa senda, Geraldo Prado externa a preocupação com o controle da licitude da prova, diante da necessidade de "estabelecer o mecanismo de prospecção e preservação das provas que deverão estar disponíveis para as partes". Se o sigilo privar a parte de controlar a perfectibilidade da prova, esse vitupério deve impor "a aplicação da sanção processual mencionada".[677]

11.1.2.7 Instauração de investigação preliminar fundamentada em fato atípico ou com punibilidade extinta

A investigação pode ser objeto de arquivamento por diversas razões. O procedimento de arquivamento difere em função de variados fatores: (1) peças de informação e procedimentos criminais instaurados pelo Ministério Público tem promoção de arquivamento por ele próprio , mas se submetem a controle do Poder judiciário e, seguidamente,

676. STF – RE 609517/RO – Decisão Monocrática – Rel. Min. Cristiano Zanin - DJe 30 abr. 2024.

677. Decerto, ainda na esteira de Geraldo Prado, a forma de utilizar o carried in the dark consistia na "introdução de meios de provas desconhecidos da parte contrária (unfair surprise), que ignorava seu modo de aquisição (a fonte de provas)" (PRADO, Geraldo. *Prova penal e sistema de controles epistêmicos*: a quebra da cadeia de custódia das provas obtidas por métodos ocultos. São Paulo: Marcial Pons, 2014. p.53).

da instância revisional ministerial[678]; e (2) inquérito policial tem trâmite de arquivamento no âmbito do Judiciário (art. 28, CPP), com procedimento que se distingue em face do órgão competente para deliberação homologatória (juiz de primeiro grau, tribunal, esfera comum federal e estadual, bem como justiça especializada).

A Lei nº 13.964/2019 inseriu modificação na sistemática de arquivamento do inquérito policial, com a redação do art. 28, *caput*, do CPP, que preconiza que o promotor público ordenará o seu arquivamento para fins de homogação na esfera do próprio *Parquet*. Para tanto, "o órgão do Ministério Público comunicará à vítima, ao investigado e à autoridade policial e encaminhará os autos para a instância de revisão ministerial"[679].

Para o tópico em tela, o objeto de estudo é a tramitação do inquérito policial instaurado indevidamente e o seu arquivamento, a partir de manifestação do Ministério Público. A instauração do inquérito policial baseada em fato atípico é ato que viola o art. 5º, do CPP. Deveras, para ser iniciado o inquérito policial, é indispensável notícia de fato típico. Também é necessário que não tenha ocorrido a extinção de sua punibilidade (existência de infração penal punível). Caso seja instaurado em ferimento a essas disposições, admite-se a propositura de *habeas corpus* para forçar o seu arquivamento, por intermédio de decisão impropriamente chamada de trancativa.

O vício incide sobre elemento essencial para a abertura de inquérito policial. Caso seja instaurado, a ilicitude determina o desfazimento dos efeitos do ato constrangedor

678. STF – Pleno – STF – ADI 6298/DF – Rel. Min. Luiz Fux – 24 ago. 2023.

679. A interpretação conforme a Constituição, que deu o STF à redação vigente do art. 28, caput e parágrafos, do CPP, compele o trâmite do arquivamento das investigações criminais a múltiplo controle (STF – Pleno – STF – ADI 6298/DF – Rel. Min. Luiz Fux – 24 ago. 2023).

à liberdade de locomoção, através do trancamento que, tecnicamente, é autêntico arquivamento. Tal arquivamento tem efeito retro-operante, isto é, deve ser sustada a operatividade dos atos que tenham, eventualmente, afetado o *status dignitatis* do agente, a exemplo do indiciamento.

A rigor, não deveria o arquivamento do inquérito produzir coisa julgada material, porquanto a lei já constitui óbice a qualquer tentativa do Estado de perseguir o agente por fato atípico ou por fato com punibilidade extinta. Significa dizer que abrir inquérito policial com fundamento em fato atípico ou que já esteja com punibilidade extinta, é vício de gravidade equiparável à sua instauração em violação a coisa julgada material (*ne bis in idem*).

Tecnicamente, portanto, falar em coisa julgada material de decisão de arquivamento de inquérito policial é incompatível com a sua construção que há de ser baseada em estrutura processual. A cognição, nessa sede, é superficial e, portanto, insuficiente para que seja considerada coisa julgada. Como o inquérito não é processo, há contradição em considerar formada coisa julgada material com seu arquivamento fundado em atipicidade, em excludente de ilicitude ou em declaração judicial equivalente.

Os fundamentos de James Goldschmidt acerca da natureza jurídica do processo servem de auxílio a tal conclusão. Segundo o processualista alemão, "el proceso es el procedimiento cuyo fin es la constitución de la cosa juzgada, es decir, del efecto de que la pretensión del actor valga en el porvenir ante los tribunales como jurídicamente fundada o no fundada"[680]. O autor vê o processo como situação jurídica necessária à constituição do trânsito em julgado, o que, cotejando com a fase investigativa, soa incongruente fazer incidir aquele instituto no inquérito policial.

680. GOLDSCHMIDT, James. *Principios generales del proceso*: teoria general del proceso. 2. ed. Buenos Aires: EJEA, 1961. p.37.

Corrobora a tese de que a coisa julgada material é instituto incompatível com o inquérito policial, o exame de sua natureza jurídica, no confronto com a pretensão processual como categoria essencial do processo penal, no dizer de Afrânio Silva Jardim. Como pontua o processualista, "o inquérito policial, ainda que estruturado sob a égide do inquisitorialismo, não faz parte do nosso processo penal, mas é um mero procedimento administrativo-investigatório prévio, destinado tão somente a dar lastro probatório mínimo à acusação penal". Ademais, o inquérito policial é regido pela dispensabilidade, mormente quando aquela finalidade seja obtida por meio das denominadas peças de informação[681].

De todo modo, instaurar inquérito policial por fato com punibilidade extinta ou por fato atípico, ainda que não haja declaração judicial prévia nesse sentido em outra peça investigativa arquivada, retrata ferimento de elemento essencial à perfeição da persecução penal estatal. Daí que é desnecessário e atécnico recorrer às categorias "declaração de extinção de punibilidade", "declaração de atipicidade do fato" ou "coisa julgada material" no bojo de inquérito policial, porquanto já existe relato normativo que veda essa possibilidade, bem como porque pressuposto para que se fale em coisa julgada material é a existência e validade de processo, o que o inquérito policial não é.

O STF se distanciou dessa orientação. Em reiterados julgados, a Corte Maior declarou ter firmado jurisprudência no sentido de que, fundando-se o pedido de arquivamento na atipicidade do fato, exige-se decisão jurisdicional a respeito, dada a eficácia de coisa julgada material que, nesse caso, reveste a decisão de arquivamento[682]. A definição de coisa julgada material (imutável) assume dimen-

681. JARDIM, Afrânio Silva. *Reflexão teórica sobre o processo*. Justitia, São Paulo, a.46, n.127, p.121-122, out.-dez. 1984.

682. "Caso o arquivamento se dê em razão da atipicidade do fato, a eficácia é de coisa julgada material" (STF – Pleno – ADI 2943 – Rel. Min. Edson Fachin – 10 set. 2024).

são demasiadamente ampla para qualificar a decisão de arquivamento do inquérito como jurisdicional. Afinal, sua natureza é de procedimento administrativo.

Afrânio Silva Jardim aborda a questão para assentar que "descabe julgar extinta a punibilidade em inquérito policial". Nas palavras do jurista, "não pode existir uma sentença de mérito onde não há ação, processo e jurisdição". Decerto, o que se tem, no inquérito policial, não é uma sentença (incompatível com o procedimento inquisitorial), porém uma decisão de arquivamento, fundada em requerimento do Ministério Público. A prescrição, em verdade, funciona "como causa de decidir e não como objeto da decisão". A atividade do juiz se limita a "examinar se houve prescrição tendo como base a imputação feita pela parte autora, como é próprio do sistema acusatório", não sendo correto que o Judiciário diga qual o delito que teria sido cometido pelo indiciado[683].

11.1.2.8 Inquérito policial instaurado por fato atribuído a menor de dezoito anos

Para se instaurar inquérito policial, não é imprescindível o conhecimento da autoria do fato definido como delito. Não raras vezes, a investigação policial tem por objeto elucidá-la. O art. 5º, *caput*, do CPP, aponta que o inquérito policial será iniciado "nos crimes de ação pública", de ofício ou mediante provocação. A sua vez, o § 1º, alínea "b", desse dispositivo, preconiza que, quando iniciado por requerimento do ofendido, deverá indicar, sempre que possível, "a individualização do indiciado ou seus sinais característicos e as razões de convicção ou de presunção de ser ele o autor da infração, ou os motivos de impossibilidade de o fazer".

683. JARDIM, Afrânio Silva; AMORIM, Pierre Souto Maior Coutinho de. *Direito processual penal*: Estudos e pareceres. 13. ed. Rio de Janeiro: Lumen Juris, 2014. p.560-561.

De tal previsão decorre que o inquérito deve ser deflagrado mesmo se não conhecida a autoria do fato, o que pode ensejar o descobrimento de que o agente não tem a idade mínima para ser considerado imputável penalmente. A esse vício não é cominada nulidade, o que poderia induzir que seria caso de nulidade relativa. Todavia, a hipótese deve ser construída também com espeque no artigo 228, da Constituição de 1988, que dita a inimputabilidade penal dos menores de dezoito anos. Eles se sujeitam a normas da legislação especial (Estatuto da Criança e do Adolescente).

A investigação preliminar instaurada por infração tipificada na legislação penal que, de seu turno, só tem como autor pessoa com menos de dezoito anos, restará eivada de vício concernente a elemento essencial, eis que dotado de *status* constitucional. Haverá, na hipótese, violação do procedimento previsto em lei para a apuração de ato infracional. Eventualmente, nos casos de divisão de atribuições entre autoridades policiais com esteio na natureza da infração ou no critério da qualidade do sujeito ativo do delito, pode também ser o caso de descumprimento da regra de atribuição para a condução da investigação.

Atipicidade desse porte é equiparável à nulidade absoluta. Como regra, a norma jurídica consequente, em hipótese como essa, deve impor a invalidação da investigação (desfazimento dos efeitos jurídicos do inquérito policial). Conquanto se afirme que o inquérito policial seja peça meramente inquisitiva, tem sido baixo o controle nos casos em que seus elementos findam por instrumentalizar procedimento para a apuração de ato infracional, forte na ideia de que haverá contraditório e ampla defesa na fase judicial[684]. A consequência jurídica nem sempre tem levado à desconstituição dos efeitos da base empírica inquisitiva

684. STJ – HC 844.980/RS – Decisão Monocrática – Min. Reynaldo Soares da Fonseca – DJe de 31 jan. 2024.

colhida contra o adolescente. A justificativa seria a criação de uma regra de calibração (jurisprudencial) tendente a evitar a consequencialidade normativa.

Apesar de se vislumbrar essa solução, é de ver que o inquérito policial não pode ser utilizado na investigação de atos infracionais atribuídos a adolescentes. A apuração que tem como sujeito passivo o menor de dezoito anos deve ser objeto de maiores cautelas, mormente aquelas dispostas nos art. 171 ao 179, da Lei nº 8.069/1990.

Significa dizer que não se deve admitir que a elucidação de delito atribuído exclusivamente a adolescente seja realizada por inquérito policial quando, de início, já se tenha conhecimento de sua autoria. Caso assim aconteça, a norma sucessiva há de decretar a supressão de efeitos dos atos procedimentais (invalidação) e, de conseguinte, o arquivamento dos autos da investigação, sem prejuízo da apuração do fato com respeito às regras do Estatuto da Criança e do Adolescente.

Em outros termos, deve ser garantida a sindicabilidade dos atos praticados em descompasso com a legislação. Isso porque pode haver, relativamente aos elementos colhidos na fase pré-processual, o que se denomina de extensibilidade jurisdicional dos atos do inquérito policial. Essa expressão consiste na admissão de valoração de elementos da investigação preliminar na sentença judicial.

Nesse diapasão, Ricardo Gloeckner expõe crítica ao posicionamento dos tribunais e da doutrina tradicional, embora afirme ser esta "formalista por essência", referentemente ao entendimento de não ser possível a contaminação da ação penal derivada do inquérito policial viciado, sem que com isso haja "custo adicional algum". A cisão absoluta entre o inquérito policial e o processo, para o fim de se negar o controle da validade dos atos correspondentes, deve ser revista, conforme sustenta o processualista[685].

Malgrado a conclusão do autor seja análoga à que chega com a aplicação da teoria da nulidade, a justificativa pode ser dada sob outra perspectiva. O formalismo não parece ser o motivo do equívoco doutrinário e jurisprudencial. Haverá nulidade absoluta do processo, não propriamente em face da contaminação inferida do vício da investigação preliminar, mas porque a incidência normativa processual será deficiente quando o seu pressuposto de fato não se adequar às condicionantes do direito positivo. Se a investigação deve ser a base para a elaboração da petição inicial, advirá nulidade-fato (absoluta) toda vez que a providência consecutiva não encontrar lastro nas propriedades seletoras do ordenamento jurídico. Dessa verificação, decorrerá o constrangimento dogmático ao juiz para emitir invalidação (nulidade-consequência).

No que tange à consequência final de arquivamento dos autos do inquérito policial, esta é aferida a *contrario sensu* dos pressupostos processuais (de existência do processo, como a maioridade penal) e das condições para o exercício da ação penal, mencionadas pelo art. 395, do CPP. Destaque-se, mais uma vez, que a maioridade do acusado, malgrado seja pressuposto de existência do processo penal (capacidade de ser parte passiva), não o é para a existência do inquérito policial, haja vista que este existe juridicamente mesmo que não se tenha conhecimento do autor da infração penal.

A propósito, Afrânio Silva Jardim pontifica que, para o regular exercício da demanda penal, é necessário que a acusação não seja temerária ou leviana, devendo ser lastreada em um mínimo de prova para se fazer presente o

---

685. GLOECKNER, Ricardo Jacobsen. *Nulidades no processo penal*: introdução principiológica à teoria do ato processual irregular. Salvador: Juspodivm, 2013. p.557-558.

princípio da obrigatoriedade: "este suporte probatório se relaciona com os indícios da autoria, existência material de um fato penalmente típico e alguma prova de sua antijuridicidade e culpabilidade". Daí que, "faltando uma condição para o regular exercício da ação penal, deve o Ministério Público postular o arquivamento sem que esteja violando o tal princípio da obrigatoriedade".[686]

11.1.2.9 Prisão temporária executada com base em decisão "com força de mandado"

A decisão que decreta a prisão temporária não é executável por si só. O mandado, além de formalidade legal, é garantia contra equívocos e supre o fato de não ser do magistrado a função de dar fé aos atos judiciais. Trata-se de elemento essencial, razão pela qual a prisão cumprida sem sua expedição é ato fissurado por nulidade absoluta, porquanto não tem o juiz a intitulada "fé de ofício". Não é sem razão que o mandado prisional é subscrito não só pelo juiz, mas também autenticado por quem o lavrou e pelo escrivão ou diretor de secretaria.

O § 5º, do art. 2º, da Lei nº 7.960/1989, aviva que "a prisão somente poderá ser executada depois da expedição de mandado judicial". Note-se que a prisão pode ser cumprida sem que o mandado esteja em mãos do executor, mas não o pode se não tiver sido ele emitido. Decisão judicial prisional com cláusula de "força de mandado" é burla à formalidade essencial estabelecida em lei. Falta-lhe autenticidade consistente na fé pública que é outorgada pelos funcionários que fazem cumprir, por intermédio de seu ofício, as ordens judiciais.

Caso seja a prisão ordenada e cumprida dessa maneira, surgirá a possibilidade de ser emitida norma

686. JARDIM, Afrânio Silva; AMORIM, Pierre Souto Maior Coutinho de. *Direito processual penal*: Estudos e pareceres. 13. ed. Rio de Janeiro: Lumen Juris, 2014. p.488.

reconhecedora de nulidade absoluta, com o enlace da invalidação do ato prisional. Se a prisão já tiver sido efetivada sem mandado, deve-se seguir seu relaxamento, por ilegalidade. Haverá o desfazimento dos seus efeitos, declarado na nulidade-consequência.

O STF não tem efetuado controle de nulidade absoluta de decisões que se afirmam com força de mandado. A Constituição prevê que "ninguém será preso senão em flagrante delito ou por ordem escrita e fundamentada da autoridade judiciária competente, salvo nos casos de transgressão militar ou crime propriamente militar, definidos em lei" (art. 5º, LI). Note-se que o texto da Lei Maior não comporta hibridismo prisional, em ofensa ao princípio do terceiro excluso (a exemplo do uso de ordem escrita para se efetivar prisão em flagrante ou de decisão de prisão preventiva ou temporária para ser cumprida sem a emissão do correlato mandado). No âmbito da Suprema Corte, todavia, tem sido consignado, no corpo da decisão, que esta "servirá como mandado de prisão"[687].

11.1.2.10 Busca e apreensão com base em decisão judicial, porém desacompanhada de mandado

A busca e apreensão, com natureza cautelar probatória, tem sua tipicidade disposta nos arts. 240 *usque* 250, do CPP. Além da prescrição do seu art. 242, que confronta o princípio acusatório quando estabelece o poder de ofício do juiz para determiná-la, causa espécie o enunciado que lhe antecede, ao preconizar que, "quando a própria autoridade policial ou judiciária não a realizar pessoalmente, a busca domiciliar deverá ser precedida da expedição de mandado" (art. 241, CPP).

Sob a ótica constitucional vigente, soa impensável que o próprio órgão autêntico efetue, diretamente, busca

687. STF – PPE 1232/DF – Decisão Monocrática – Rel. Min. Edson Fachin – DJe 15 abr. 2025.

e apreensão, diante dos riscos à eficácia do princípio da imparcialidade. Por outro lado, a parte final do enunciado impõe que o mandado seja emitido anteriormente à busca. O art. 245, do Código, em acréscimo, estatui que o mandado seja objeto de leitura e apresentação ao morador, providência constitutiva essencial diretamente relacionada à inviolabilidade de domicílio, norma de *status* constitucional (art. 5º, XI, CF).

Omissa essa formalidade, essencial, haverá nulidade absoluta. O STJ, com essa orientação, assentou que "a ausência de mandado físico compromete a legalidade da diligência, mesmo com autorização judicial prévia" e, se omitido, restará comprometida a legalidade da busca e apreensão, com a ilicitude das provas obtidas.[688]

11.1.2.11 Vício (total ou parcial) de acordo de colaboração premiada (confissão ou delação premiada)

Dentre os vários diplomas legislativos que dispõem sobre a denominada colaboração premiada, a Lei nº 12.850/2013 é a que tem regulamentação mais detalhada. Constam elementos que devem compor o antecedente normativo, bem como as consequências admitidas pela norma jurídica que incide no acordo de delação premiada.

O primeiro esclarecimento sobre o assunto é relativo à distinção entre colaboração e delação. A legislação fala unicamente em colaboração, apesar de tal termo não ser o mais preciso para o que se pretende com o instituto. Enquanto a colaboração é mais ampla – admitindo que alguém que não seja coautor do delito aponte os seus verdadeiros autores, tal qual uma testemunha o faz –, a delação, mais restritamente, pressupõe colaboração de coautor do crime. Logo se vê que as disposições da Lei nº 12.850/2013 sufragam

688. STJ – Quinta Turma – AgRg no HC 965.224/MG – Rel. Min. Ribeiro Dantas – DJe 22 abr. 2025.

delação premiada (embora fale em colaboração premiada), porquanto aquele que colabora deve estar sendo apontado como autor da infração penal apurada.

Delação pressupõe confissão. O termo de delação premiada é prova ou elemento de informação que se submete, inicialmente, às regras da confissão. Delação consiste na confissão e no chamamento de corréu ou coautor de delito. O delator atribui a si mesmo a prática do delito, tal qual um testemunho duplamente qualificado, eis que, de um lado, é autêntico quanto ao fato de ser prestado por um dos protagonistas da infração penal e, de outro, é elemento desfavorável ao próprio confitente.

A delação deve apresentar seus requisitos para que seja existente juridicamente e válida a confissão que lhe constitui. São seus pressupostos aqueles atinentes ao componente volitivo livre e à forma estatuída pelo ordenamento jurídico. Daí que deve ser dotada de espontaneidade, não podendo ser tomada em situação de fragilidade psicológica do imputado, eis que deve ser isenta de coações. Essa exigência é imposta como condição à homologação judicial da colaboração premiada, no inciso IV, do § 7º, do art. 4º, da Lei nº 12.850/2013. Para tanto, o juiz deverá ouvir sigilosamente o colaborador, para aferir a "voluntariedade da manifestação de vontade, especialmente nos casos em que o colaborador está ou esteve sob efeito de medidas cautelares", além dos demais requisitos relacionados com a regularidade, legalidade e aspectos de adequação.

Além desses requisitos centrais, outros são necessários à perfeição do ato, mormente a verossimilhança, a clareza, a coincidência e a persistência da narrativa. Ademais, também deve ser expressa (não pode ser ficta ou tácita no direito processual penal), pessoal (sem prestação de declarações por interposta pessoa, ainda que munida de procuração), realizada perante órgão competente e tomada de agente capaz (com saúde mental preservada). Permeando aqueles critérios, entende-se inadmissível colaboração premiada do advogado contra o seu representado, cujas informações foram obtidas sob a tutela do sigilo profissional.[689]

A perfeição do ato de delação premiada está subordinada à incidência suficiente das normas jurídicas sobre confissão. Havendo vício desse ato processual, a sua espécie indicará se todo o termo de delação premiada restará nulo absolutamente, impondo-se sua invalidação. A regra é que os vícios nessa seara sejam classificados como nulidade absoluta, por ferir elemento essencial. No entanto, não é impossível caso de inexistência jurídica (delação tomada sob tortura física, subtraindo a própria conduta de confessar), de nulidade relativa ou de irregularidade.

Caso a nulidade decorra de supressão do próprio ato volitivo espontâneo, porque submetido o delator à coação física irresistível, recairá mácula sobre o termo de delação premiada, implicando a invalidação total do ato jurídico. Por outro lado, tratando-se de defeito sobre cláusula não prevista em lei (a exemplo da previsão de renúncia a prazo recursal por parte do delator, a teor do § 7º-B, do art. 4º, da Lei nº 12.850/2013), incidirá nulidade parcial do termo, com a invalidação da cláusula atípica. As consequências jurídicas passíveis de previsão no termo de delação premiada devem estar sufragadas na legislação de regência.

11.1.2.12 Vício sobre o acordo de não persecução penal (art. 28-A, CPP)

O acordo de não persecução penal (ANPP) se situa no campo consensual anterior ao oferecimento de denúncia (aspecto espaço-temporal[690]), em casos de delitos diversos

689. STJ – Quinta Turma – AgRg no RHC n. 203.874/RJ – Rel. Min. Reynaldo Soares da Fonseca – DJe 05 dez. 2024.

690. A partir do julgamento do HC Nº 185.913/SP, o STF vincou o entendimento de que “a natureza híbrida (material e processual) do instituto do ANPP impõe sua aplicação

dos de menor potencial ofensivo (art. 76, Lei nº 9.099/1995; art. 28-A, § 2º, I, CPP). Para estes, a Constituição prevê a possibilidade de transação penal (art. 98I). Para aqueles, não.

Decerto, o legislador foi além dos limites constitucionais e fez consignar a possibilidade do negócio jurídico de não oferecimento da denúncia (ANPP) para infrações penais com pena mínima abstrata inferior a quatro anos[691]. Inseriu alternativa de pacto sobre garantias individuais indisponíves, não permitida pela Lei Maior, instituindo regra de duvidosa constitucionalidade, eis que admite a aplicação antecipada de pena, sem petição inicial e sob a condição de confissão formal e pormenorizada.

O ANPP não se confunde com o não oferecimento de denúncia permitido pelo § 4º, do art. 4º, da Lei nº 12.850/2013 (controle do crime organizado). O primeiro se assemelha à transação penal, mas com ela não se confunde: apesar da

---

retroativa em benefício de réu ainda não condenado definitivamente" (STF – Segunda Turma – ARE 1443607 AgR – Rel. Min. André Mendonça – DJe 19 maio 2025).

691. Considerando variáveis de ordem prática – a exemplo da possibilidade de *emendatio libelli* e de *mutatio libelli* –, o STJ fixou, no contexto do Tema 1098, a seguinte tese jurídica: "1 – O ANPP constitui um negócio jurídico processual penal instituído por norma que possui natureza processual, no que diz respeito à possibilidade de composição entre as partes com o fim de evitar a instauração da ação penal, e, de outro lado, natureza material em razão da previsão de extinção da punibilidade de quem cumpre os deveres estabelecidos no acordo (art. 28-A, § 13, CPP). 2 – Diante da natureza híbrida da norma, a ela deve se aplicar o princípio da retroatividade da norma pena benéfica (art. 5º, XL, da CF), pelo que é cabível a celebração de ANPP em casos de processos em andamento quando da entrada em vigor da Lei n. 13.964/2019, mesmo se ausente confissão do réu até aquele momento, desde que o pedido tenha sido feito antes do trânsito em julgado da condenação. 3 – Nos processos penais em andamento em 18/09/2024 (data do julgamento do HC 185.913/DF, pelo STF), nos quais seria cabível em tese o ANPP, mas ele não chegou a ser oferecido pelo MP ou não houve justificativa idônea para o seu não oferecimento, o MP, agindo de ofício, a pedido da defesa ou mediante provocação do magistrado da causa, deverá, na primeira oportunidade em que falar nos autos, manifestar-se motivadamente acerca do cabimento ou não do acordo no caso concreto. 4 – Nas investigações ou ações penais iniciadas a partir de 18/09/2024, será admissível a celebração de ANPP antes do recebimento da denúncia, ressalvada a possibilidade de propositura do acordo, no curso da ação penal, se for o caso" (STJ – Terceira Seção – REsp 1.890.343/SC – Rel. Min. Reynaldo Soares da Fonseca – DJe 28 out. 2024).

necessidade de anuência do imputado[692], retrata reconhecimento de culpa, aplicação de penas restritivas de direitos e não oferecimento de denúncia. O segundo é espécie do gênero colaboração premiada: é necessário termo, com submissão à homologação do juiz e arquivamento do inquérito policial quanto ao delator que, a seu turno, não deve ter obtido prévio conhecimento do fato, não deve ser líder da organização criminosa e deve ser o primeiro a prestar efetiva colaboração.

O art. 28-A, do CPP, estabelece as condicionantes do ANPP, avivando que "não sendo caso de arquivamento e tendo o investigado confessado formal e circunstancialmente[693] a prática de infração penal sem violência ou grave ameaça e com pena mínima inferior a 4 (quatro) anos, o Ministério Público poderá propor acordo de não persecução penal, desde que necessário e suficiente para reprovação e prevenção do crime", sob as condições estipuladas nos incisos I ao V, do seu *caput*, ajustadas cumulativa e alternativamente.

Os requisitos legais devem ser atendidos rigorosamente. Como se cuida de instituto que amplia a possibilidade punitiva, ainda que restritiva de direitos, o critério deve ser a de exegese estrita. Haverá nulidade absoluta (por vitupério a elemento essencial que afeta o direito de liberdade

692. Ato bilateral, a proposta de acordo de não persecução penal deve ser objeto de aceitação por parte do imputado. Sobre essa anuência, o Superior Tribunal de Justiça compreendeu que aquela manifestação sobre a proposta do Parquet "deve ocorrer após o seu oferecimento, não cabendo ao réu ou ao investigado decidir quando se manifestará" (STJ – Quinta Turma – Processo sob sigilo – Rel. Min. Ribeiro Dantas – DJe 19 maio 2025).

693. Tomando por base os influxos práticos concernentes ao momento da tomada da confissão circunstanciada do imputado, nos termos da exigência legal, o STJ assentou, em torno do Tema 1303, tese com o seguinte teor: "1. A confissão pelo investigado na fase de inquérito policial não constitui exigência do art. 28-A do CPP para o cabimento de ANPP, sendo inválida a negativa de formulação da respectiva proposta baseada em sua ausência. 2. A formalização da confissão para fins do ANPP pode se dar no momento da assinatura do acordo, perante o próprio órgão ministerial, após a ciência, avaliação e aceitação da proposta pelo beneficiado, devidamente assistido por defesa técnica, dado o caráter negocial do instituto" (STJ – Terceira Seção – REsp 2.161.548/BA – Rel. Min. Otávio de Almeida Toledo – Des. Conv. TJSP – DJe 25 mar. 2025).

do indiciado), se for alijado o modelo legal do ANPP ou se desproporcional a fixação de reparação de dano, a renúncia a bens, direitos, instrumentos, produto ou proveito legal, a prestação de serviços à comunidade, a prestação pecuniária ou o estabelecimento de condição pelo Ministério Público.

Outrossim, o ANPP estará eivado de nulidade-fato absoluta toda vez que for celebrado contra os casos de proibição arrolados no § 2º, do art. 28-A. A decisão homologatória que for proferida sem o acatamento aos limites legais encampa, para si, por antonomásia, os vícios do termo de ANPP. A recusa à homologação, por sua vez, desafia recurso em sentido estrito (art. 581, XXV, CPP).

Apesar da dicção legal (art. 28-A, §§ 5º e 7º, CPP), o juiz não deve atuar de ofício para propor adequação do acordo, em auxílio ao *Parquet*, considerando os lindes do princípio acusatório. Vale dizer, *ne procedat judex ex officio*, devendo incidir controle de constitucionalidade por meio de nulidade parcial sem redução de texto. Em outras palavras, se o juiz agir de ofício, haverá nulidade absoluta, em razão dessa conduta implicar, nas palavras de Amilton Bueno de Carvalho, invasão da "função reservada ao Ministério Público"[694].

11.1.2.13 Inobservância das regras de arquivamento de investigação preliminar

O art. 28, *caput*, do CPP, ampliou o leque de sujeitos envolvidos no controle do arquivamento do inquérito policial ou de quaisquer elementos informativos da mesma natureza. Após sua promoção pelo membro do *Parquet*, este deve comunicar à vítima, ao investigado e à autoridade policial, bem como encaminhar à instância revisional do Ministério Público. Conferindo legitimidade concorrente à provocação do órgão revisional da instituição ministerial,

---

694. CARVALHO, Amilton Bueno. *Garantismo penal aplicado*. Rio de Janeiro: Lumen Juris, 2003. p.153.

os parágrafos daquele enunciado preveem que idêntico proceder será admitido aos demais interessados.

Apesar de ter omitido o controle judicial, em sede de controle de constitucionalidade, o STF aplicou a técnica de interpretação conforme a Constituição para, de um lado, facultar, ao órgão do *Parquet*, enviar a questão, após sua manifestação pelo arquivamento do inquérito policial (inclusive termo circunstanciado de ocorrência – TCO e demais procedimentos investigativos criminais – PIC), ao órgão revisional do Ministério Público; e, de outro, assentar que o membro ministerial tem o dever de submetê-la ao juiz competente – que também poderá remeter a matéria à revisão de instância –, seguindo-se de comunicação à vítima, ao investigado e à autoridade policial.[695]

O controle sobre o arquivamento das investigações preliminares é elemento essencial ao desenvolvimento válido e regular da persecução penal, com revestimento de tipicidade processual-constitucional. Cuida-se de derivação da legitimidade outorgada a outros sujeitos, seja para apurar delitos, seja para conduzir ação penal privada subsidiária da pública (art. 5º, LIX, CF). O vício epigrafado se insere na classe das nulidades absolutas.

11.1.3 Atipicidades decorrentes de omissão ou de vício sobre elemento acidental de ato procedimental e suas consequências

A ausência de ato acidental, bem como a falta e o defeito de elemento da mesma natureza têm, em regra, consequências jurídicas menos graves que aqueles classificados como essenciais. Fala-se, "em regra", porque a pragmática das invalidades é propícia à ocorrência de variáveis que podem influenciar o conteúdo da decisão jurídica.

695. STF – Pleno – STF – ADI 6298/DF – Rel. Min. Luiz Fux – 24 ago. 2023.

Com o estabelecimento de critérios, pretende-se limitar a contingência. Não incidindo vício sobre elemento nuclear do ato formador da investigação, tende-se a classificar a atipicidade como irregularidade, incapaz de determinar consequência inclinada à invalidação do ato viciado.

Isso porque se considera elemento acidental de um ato jurídico aquele requisito que não repercute negativamente nas garantias fundamentais cuja forma do ato procedimental visa a conferir proteção. Sob certo prisma, pode-se afirmar que o elemento acidental é, geralmente, regido pela ideia de fungibilidade (substitutividade). A declaração de invalidação ou a necessidade de saneamento exige que, da nulidade, resulte prejuízo ao direito fundamental tutelado pelo modelo legal.

O *pas de nullité sans grief*, afinal estipulado no art. 563, do CPP, inspira a interpretação do que seja elemento acidental. A ausência ou o vício sobre elemento acidental, ao menos em linha de princípio, não ofende direito fundamental. Traduzindo literalmente aquele preceito, verifica-se um sem sentido deôntico, qual seja: não há atipicidade sem lesão processual ou não há defeito sem mitigação de interesses processuais.

O acatamento das formas decorre da incidência de normas jurídicas depreendidas do padrão consignado no direito positivo. O cumprimento de modelos legais (constitucionais) envolve, por exemplo, juiz, como sujeito passivo do dever, e partes, titulares de direitos e deveres (endonorma-noética: o que é devido enquanto prestação de um sujeito obrigado; e perinorma-noemática: a sanção cabível a partir do indevido, surgindo daí a obrigação do juiz de cumprir seu dever, na terminologia de Carlos Cossio[696]). Caso haja afastamento do modelo legal (constitucional), haverá, em

---

696. COSSIO, Carlos. *La teoría egológica del derecho y el concepto jurídico de libertad*. 2. ed. Buenos Aires: Abeledo-Perrot, 1964. p.194 *et seq.*

tese, direito processual afetado e, notadamente, risco à ineficácia de direito fundamental.

A acidentalidade do elemento afetado, para fazer incidir o art. 563, do CPP, deve ser cotejada com o argumento da relevância, que pode ser expresso pela máxima citada por Vicente de Azevedo: "*utile per inutile non vitiatur*. Por simples irregularidade, por uma inobservância que não atinge a substância do ato, é injustificável que se utilize o processo, com desperdício de tempo, de trabalho e, por conseguinte, de dinheiro"[697].

Afrânio Silva Jardim explica que o processo penal é instrumento indispensável à aplicação do direito penal que, por sua vez, deve ser democrático. Havendo desatendimento dos ditames legais, haverá prejuízo para a ordem jurídica como um todo, isto é, lesão à jurisdição. Nas palavras do processualista penal, "a aplicação do direito material deve tutelar valores outros diversos, frutos do processo civilizatório. Não é valioso punir a qualquer preço. Por outro lado, a falta de eficácia do processo penal e a ineficiência das instituições do Estado de Direito só levam à desmoralização da democracia"[698].

A ampla diversidade de formas para se chegar a um resultado útil exige cautela na aplicação da classificação das nulidades. Existem elementos acidentais que podem ferir direitos fundamentais que não estão previstos diretamente no art. 5º, da Constituição de 1988, mas em outras disposições constitucionais e até mesmo em diplomas infraconstitucionais. De outra parte, há vícios e omissões referentes a elementos acidentais que não impõem, de forma alguma, a invalidação do ato processual.

---

697. AZEVEDO, Vicente de Paulo Vicente de. *Nulidades no processo penal*. Revista Forense comemorativa – 100 anos, tomo VII [direito processual penal], Afrânio Silva Jardim (org.), Rio de Janeiro: Forense, p.114-115, 2006.

698. JARDIM, Afrânio Silva. Garantismo no processo penal: breve e parcial reflexão. *Revista Eletrônica de Direito Processual – REDP*, Rio de janeiro (UERJ), a.8, n.14, p.10, jul.-dez. 2014.

Exemplo de ato desse teor é o que resulta do art. 472, *caput*, do CPP. Seu enunciado ordena que o juiz-presidente do tribunal do júri, levantando-se, e, com ele, todos os presentes, exortará os jurados a examinarem a causa com imparcialidade e de conformidade com os ditames da justiça. Os jurados, a partir daí, deverão responder: "assim o prometo". Caso falte essa formalidade, de natureza muito acidental, a irregularidade não será capaz de viciar qualquer ato, máxime porque tal dever dos jurados não decorre do compromisso declarado, mas dos próprios termos do ordenamento jurídico.

11.1.3.1 Ausência de entrega de nota de culpa ao preso em flagrante

A nota de culpa é ato procedimental que compõe a prisão em flagrante, como seu elemento acidental. É assim tratada em virtude de não estar disposta na Constituição de 1988 – mas no CPP de 1941 –, aliando-se tal aspecto ao fato de que a prisão em flagrante é cercada por outras cautelas que, em conjunto, conferem efetividade às providências participativas, viabilizando o exercício de direitos do autuado.

É direito do autuado em flagrante que o cerceio de sua liberdade seja comunicado imediatamente ao juiz competente, bem como a sua família ou a pessoa por ele indicada. Também lhe é assegurada informação sobre seus direitos, a exemplo do direito ao silêncio, garantindo-lhe completa assistência, tanto afetiva (família), quanto jurídica (defensor). Ademais, os responsáveis pela prisão ou pelo interrogatório, na fase investigativa, devem ser identificados à pessoa presa. Tais direitos, expressos nos incisos LXII, LXIII e LXIV, do art. 5º, da Constituição de 1988, são integrados pelo Pacto de são José da Costa Rica que, em seu art. 7º, item 5, assegura o direito da pessoa presa a ser apresentada, sem demora, a um juiz. Em arremate, a audiência de custódia está positivada nos arts. 287, 310, *caput*, §§ 3º e 4º, do CPP.

Como se depreende, diante do leque de garantias que visam, em esforço conjunto, a coibir abusos quando da efetivação de prisões, plausível classificar o ato de nota de culpa, afeto à prisão em flagrante, como acidental, cuja consequência invalidadora da prisão só terá lugar quando da omissão decorrer prejuízo para o direito às comunicações constitucionais, às quais faz *jus* a defesa. Sem embargo, importante destacar que nem sempre a nota de culpa foi tida como ato procedimental acidental da prisão em flagrante.

Deveras, o art. 141, § 25, da Constituição de 1946, previa a necessidade de entrega da nota de culpa, como inerente à garantia da plena defesa do acusado. Seu texto era expresso ao assegurar a todos os imputados a "plena defesa, com todos os meios e recursos essenciais a ela, desde a nota de culpa, que, assinada pela autoridade competente, com os nomes do acusador e das testemunhas", deveria ser entregue ao preso dentro em vinte e quatro horas.

Sendo acidental a atipicidade consistente na falta de entrega da nota de culpa ou no vício sobre ela, a nulidade decorrente do desacordo com o § 2º, do art. 306, do CPP, será classificada como relativa, devendo o juiz especificar o elemento acidental afetado e, se o caso, fundamentar a existência de prejuízo ao direito, que tem o conduzido em flagrante, às comunicações fundamentais sobre sua prisão.

É por tal razão que "o auto de prisão em flagrante deve ser lavrado em tempo de poder ser dada a nota de culpa, ao preso, dentro de vinte e quatro horas contadas da prisão", como frisam Luiz Orlando e Cyrdemia Botto. Ademais, quanto à verificação de deficiência da nota de culpa, prevalece a posição de que interessa ao imputado defender-se "em função das irrogações contidas na peça flagratória, que não é integrada pela nota de culpa". Ademais, os vícios do flagrante, de um modo geral, são tidos como incapazes de macular o processo penal, regido que é pela sistemática das nulidades.[699]

Conclusão semelhante foi dada por Ada Pellegrini Grinover, Antonio Scarance Fernandes e Antonio Magalhães Gomes Filho. Explicam que a nota de culpa é o documento que noticia as razões da custódia, o nome da autoridade que a ordenou, bem como os nomes do condutor e das testemunhas. Tem o fito de possibilitar a constatação da legalidade da restrição à liberdade. A exigência da nota de culpa opõe óbice aos abusos que eventualmente possam ser perpetrados pelos órgãos policiais. Entrementes, "sua inexistência ou irregularidade (como, por exemplo, a falta de menção do motivo da prisão) não acarreta nulidade absoluta do auto de flagrante, dependendo a invalidação de demonstração do prejuízo"[700].

Para esclarecer a noção de prejuízo, colhe-se em Vicente de Azevedo a ponderação de que, "em rigor, não haveria necessidade de declarar na lei que, onde não há prejuízo não há nulidade. Está implícito, é da lógica e do bom senso, que se nenhum dano causou a omissão ou a irregularidade, não há razão para declarar nulo o ato". Aliás, sendo a nulidade sempre um mal, cabe ao juiz evitá-lo[701].

Sem embargo, as cautelas de comunicação da prisão em flagrante são aplicáveis, *mutatis mutandis*, às demais espécies de prisão. No que toca à prisão temporária, a Lei nº 7.960/1989, faz alusão expressa à necessidade de entrega ao preso de uma das vias do mandado de prisão que, a seu turno, terá o valor de nota de culpa. Vale frisar, que a prisão temporária é medida decretada judicialmente, porém

---

699. ORLANDO, Luiz Antonio; BOTTO, Cyrdemia da Gama. *Das nulidades no processo penal*. São Paulo: APMP, 1992. p.371-372.

700. GRINOVER, Ada Pellegrini; GOMES FILHO, Antonio Magalhães; FERNANDES, Antonio Scarance. *As nulidades no processo penal*. 12. ed. São Paulo: RT, 2011. p.271.

701. AZEVEDO, Vicente de Paulo Vicente de. *Nulidades no processo penal*. Revista Forense comemorativa – 100 anos, tomo VII [direito processual penal], Afrânio Silva Jardim (org.), Rio de Janeiro: Forense, p.114, 2006.

durante o curso do inquérito policial, em procedimento apartado, em compasso com interpretação sistemática legal-constitucional[702].

Nos termos do § 4°, do art. 2º, da Lei da Prisão Temporária, uma vez "decretada a prisão temporária, expedir-se-á mandado de prisão, em duas vias, uma das quais será entregue ao indiciado e servirá como nota de culpa". Como não há aqui um processo penal condenatório formalmente instaurado, a falta ou vício do mandado que tem o valor jurídico de nota de culpa é, *a priori*, classificado como ato ou elemento acidental, com a aplicação dos mesmos argumentos relativos à ausência ou defeito da nota de culpa que deve ser entregue ao preso em flagrante.

Note-se, no entanto, que a emissão do mandado não pode faltar quando da efetivação da prisão temporária decretada. No entanto, de compasso com a Lei nº 7.960/1989, para o seu cumprimento, não é indispensável que o responsável pela constrição da liberdade do imputado esteja com o mandado em mãos, embora deva providenciar, com urgência, a sua entrega (art. 2º, § 4º), cujo conteúdo deve conter, necessariamente, o período de duração da prisão temporária (*dies ad quem*), com o dia em que o preso deve ser libertado (art. 2º, § 4º-A).

11.1.3.2 Qualificação e identificação deficiente do investigado

A individualização imprecisa do imputado classifica-se como vício procedimental. O elemento afetado é de ordem acidental, afinal o conhecimento acerca da sua identidade não é relevante à instauração e ao trâmite da investigação preliminar. Esta, aliás, pode existir com o fito precípuo de apurar a autoria da infração penal. Daí que

702. Consoante requisitos cumulativos fixados no julgamento das ADI 3.360/DF e 4.109/DF, reiterados pela jurisprudência da Suprema Corte (STF – Primeira Turma – HC 249595 AgR – Rel. Flávio Dino – Dje 28 fev. 2025).

o defeito concernente a essa identidade se classifica como irregularidade.

No entanto, é de se salientar que o defeito sobre a identificação ou sobre a qualificação pode assumir contornos que extrapolam os limites do elemento acidental. É a hipótese de dados que direcionam a investigado diverso daquele que é efetivamente a pessoa apontada como autora do delito. Em casos como esse, há prejuízo para terceira pessoa estranha às investigações, recaindo sobre elemento essencial para a edição de ato de indiciamento (nulidade absoluta).

Como se depreende, tratando-se de defeito de identificação ou de qualificação do agente que não afete terceira pessoa, o vício deve ser classificado como mera irregularidade (norma jurídica antecedente). A norma jurídica consequente, de seu turno, será de convalidação do ato. Caso persista dúvida sobre a identidade do autor da infração penal, mantém-se a validade do inquérito, mas pode ser requerido e, de conseguinte, ordenado, pelo juiz, o seu arquivamento.

11.2 Classificação das nulidades do processo penal condenatório

As disposições sobre nulidades gizadas no CPP são cominações que representam tipificações diretas de vícios processuais, embora sempre se refiram a incidências imperfeitas de outras normas jurídicas. Essa vocação dos artigos do Código constitui uma das fontes da resistência à admissão de nulidades no inquérito policial.

O CPP de 1941 foi produzido, especialmente, para disciplinar o processo perante o juiz singular, de primeira instância, com predileção para previsão de nulidades no procedimento (especial) do júri (art. 564, III, "f" a "l"), na senda de considerá-lo inserto no "processo comum" (Capítulo II, do Título I, do Livro II), expressão com o sentido de processamento de fato inserto na cotidianidade da sociedade.

A seu turno, o inciso IV, do art. 564, do CPP, possibilita o reconhecimento de outras deformidades, por tipificação indireta, a partir da constatação de vício ou omissão de elemento essencial de ato processual, afastando a tese que confere, ao rol de nulidades, o contorno de *numerus clausus*.

11.2.1 Atipicidades decorrentes de omissão ou vício sobre elemento estrutural de ato processual e suas consequências

O elemento estrutural de um ato processual é indispensável a sua leitura pelo sistema, a sua configuração mínima e a sua existência jurídica. Omisso aquele que compõe o seu núcleo estrutural, o ato será aparente, existente no plano fático, mas que não ingressa na facticidade jurídica. A operatividade de efeitos jurídicos, não raras vezes, fica obstada, conquanto seja de rara ocorrência no sistema processual.

11.2.1.1 Ausência de pressuposto processual (de existência)

A doutrina costuma distinguir os pressupostos processuais em duas espécies. Os primeiros, pressupostos processuais de existência. Os últimos, pressupostos processuais de validade. A rigor, somente são pressupostos processuais os de existência. Os pressupostos processuais de validade, tais como a ausência de litispendência e a ausência de coisa julgada são mais próximas da categoria "condição para o exercício da ação penal" (art. 395, II, CPP). A propositura de demanda em ofensa aos pressupostos de validade implica formação de processo (existência), porém com o dever do magistrado de encerrá-lo, sem resolução do seu mérito.

Afrânio Silva Jardim considera inadequada e contraditória do ponto de vista lógico, a expressão "pressupostos de validade do processo": os pressupostos são sempre de existência. Acrescenta que é ainda mais confusa a ideia de "pressuposto negativo" para qualificar a ausência de litispendência como critério de validade do processo penal.

Para classificar o fenômeno, o jurista pondera que a "originalidade" seria o melhor termo para designar sua a natureza de condição para o exercício da ação penal. Em outros termos, a ação não pode ser reprodução de outra já proposta ou julgada. Caso seja ajuizada, não se pode negar a existência de processo ou mesmo a sua validade, diante de sua formação pelos elementos estruturais evidentemente presentes. O que falta é condição da ação para que ele se desenvolva validamente. A renovação da ação já movida "tem a ver com o direito de ação e não com o processo", caracterizando-se autêntico exercício abusivo de demandar que, por outro lado, também pode acontecer quando estiver carente de prova mínima[703].

Os vícios a seguir retratam falta de elemento estrutural, notadamente a ausência de pressupostos processuais em sentido estrito (de existência), que deve impor a inexistência jurídica como consequente normativo posterior ao reconhecimento da atipicidade (nulidade-fato).

11.2.1.2 Sentença penal sem parte dispositiva

Clássico exemplo doutrinário de inexistência jurídica é o ato processual intitulado de sentença que omite a sua prescrição definidora de sua qualidade estrutural. É o caso do juiz que fundamenta a condenação e, ao final, não registra a conclusão do julgado: não aplica os dispositivos penais apropriados à espécie e não dosa a pena. Nesse caso, ausente estará a composição necessária para o ato operar sua finalidade.

---

703. JARDIM, Afrânio Silva. A originalidade como regular condição para o exercício do direito de ação. In: *Reflexões críticas sobre direito e sociedade*. Pierre Souto Maior Coutinho de Amorim (org.). Belo Horizonte: Dialética, 2021. p.62.

Apesar da intensa gravidade desse vício, é preciso exarar, nos autos, providência corretiva judicial, ainda que, para tal, não haja necessidade de instrumento específico de impugnação, nem incida possibilidade de preclusão temporal. Haverá, destarte, atividade normativa nulificadora, declaratória da nulidade-fato (inexistência jurídica) para, em seguida, construir a norma secundária, desconstitutiva dos efeitos do ato viciado (nulidade-consequência: invalidação) e ordenadora de providências tendentes a retificar o defeito (saneamento). Tal pode ser feito no corpo da nova sentença, proferida pelo mesmo juiz.

11.2.1.3 Prática de ato privativo de advogado por pessoa não inscrita na OAB (art. 3º, caput, Lei nº 8.906/1994)

No direito processual penal, existem atos que podem ser praticados por pessoa não habilitada juridicamente. Os exemplos dessa possibilidade são a impetração de ação de *habeas corpus*, o ajuizamento de revisão criminal (art. 623, CPP) e a interposição de determinados recursos perante o juiz singular (primeira instância), quais sejam: o recurso em sentido estrito (art. 581, CPP), o agravo em execução penal (art. 197, LEP) e a apelação (art. 593, CPP), a teor do art. 577, do CPP. Eis a justificativa da intimação pessoal do acusado, ainda que não esteja preso (interpretação conforme a Constituição ao art. 392, I, do CPP), ao lado da comunicação processual ao seu advogado. A posterior apresentação de razões recursais, de todo modo, deve ser assinada por quem detenha capacidade postulatória (causídico).

Os demais atos da defesa (ou do assistente do Ministério Público) exigem a subscrição por advogado. Não sendo sujeito processual com essa habilitação, faltará pressuposto subjetivo para a existência jurídica do ato praticado.

Como é da índole do pressuposto de existência a viabilidade de suprimento, deve-se oportunizar ou mesmo adotar as providências necessárias à retificação do defeito e à renovação do ato (*verbi gratia*, com a aplicação do art. 396-A, do CPP, por analogia).

A possibilidade de saneamento, na hipótese de atipicidade sobre pressuposto processual, segue a senda de conferir maior eficácia ao direito fundamental de ampla defesa. No caso de falta de condição para o exercício da ação penal (art. 395, II, CPP), o suprimento não deve ser admtido.

11.2.1.4 Processo ou sentença condenatória ignorando a situação de óbito do acusado

A ignorância sobre a ocorrência de suporte fático para a incidência de norma jurídica é causa de inexistência jurídica. A emissão de norma concreta com base em situação de fato que não aconteceu é carente de elemento estrutural. A gravidade máxima dispensa o manejo de recurso, bastando simples petição e, até mesmo, a comunicação informal do defeito ao juízo responsável, independentemente de momento apropriado. É reconhecível de ofício, a qualquer tempo, sem obstáculo de coisa julgada material.

Vicenzo Manzini trata do assunto sob o título "Nulidad del procedimento contumacial". Não adota a categoria inexistência jurídica. Sem embargo, sua lição faz menção à classe equivalente que denomina de nulidade de pleno direito ("nulidad ipso iure"), caracterizada quando não se tem ciência da "muerte del imputado, ocurrida antes o durante el procedimento penal". Conforme o autor, em tal caso, procedendo-se em contumácia, "todos los actos del processo, como también la eventual sentencia contumacial sobre el mérito de la acción, son nulos ipso iure, y el magistrado, regularmente o irregularmente requerido, debe limitarse de una manera exclusiva a declarar la extinción del delito ocurrido"[704].

---

704. MANZINI, Vicenzo. *Tratado de derecho penal*: tomo 5 (primeira parte: teorias generales: volumen V). Traducción: Santiago Sentis Melendo. Buenos Aires: Ediar, 1950. p.15.

Considerando a inexistência jurídica amoldável ao processo penal condenatório movido contra acusado falecido ou da sentença penal contra este proferida, não sabendo o juízo de tal circunstância, o que será considerada é ausência da situação de fato necessária à constituição de estrutura normativa.

Vale frisar que o vício é de tal nível que é possível objetar que a sua declaração é dispensável, argumento este reforçado pela desnecessidade de instrumento específico para impugnar a deformidade processual. A inexistência jurídica, do processo penal ou da sentença penal condenatória, por falta de elemento estrutural, determina a constituição de ato consecutivo, podendo, se preciso for, ser realizado saneamento, mediante a prévia invalidação e a produção de novo ato que substitui aquele considerado inexistente juridicamente, com a desconstituição de eventual efeito produzido indevidamente.

11.2.1.5 Sentença extintiva de punibilidade com base em certidão de óbito falsa

A certidão de óbito falsa que conduz à declaração de extinção de punibilidade, descalça o aspecto de fato necessário à incidência da norma jurídica que teria o condão de constituir coisa julgada criminal. É vício que recai sobre elemento estrutural do ato, causador de inexistência jurídica. Para haver aplicação da norma jurídica, necessário o suporte fático.

O art. 107, inciso I, do Código Penal, estabelece que o que extingue a punibilidade é a morte do agente. O art. 61, *caput*, do CPP, em arremate, estatui que, em qualquer fase do processo, se o juiz reconhecer extinta a punibilidade deverá declará-la de ofício. Se a atividade do magistrado incorre em erro sobre a existência do pressuposto de fato, haverá defeito gravíssimo, constitutivo de óbice à inserção da norma produzida no sistema.

Os tribunais superiores já tiveram oportunidade de apreciar o tema, malgrado não tenham uniformizado a classe de nulidade-fato adotada. A articulação entre antecedente normativo que refere a situação de fato inexistente (falsidade de certidão de óbito) e o consequente jurídico adequado (supressão da validade da decisão extintiva de punibilidade) parece nublada por termos que seriam aplicáveis a contextos de juridicidade.

Não há sentido deôntico em revogar decisão que, com base em certidão de óbito falsa, julga extinta a punibilidade do réu, diante de sua incapacidade de gerar coisa julgada em sentido estrito (melhor seria invalidar). Igualmente, sem contorno nítido, quando se menciona a admissibilidade de desfazimento de decisão que declarou extinta a punibilidade, por não constituir ofensa à coisa julgada (mais apropriado seria a invalidação, com desconstituição de seus efeitos jurídicos).[705]

De todo modo, a conclusão da aludida jurisprudência está correta, haja vista a inexistência do alicerce de fato à norma (premissa maior). No entanto, não se trata de possibilidade de revogação da decisão que declarou extinta a punibilidade. Revogação é instituto que pressupõe licitude da decisão sobre a qual incide o controle, bem como requer identidade de competência do órgão prolator e revogador. O regime aplicável é o da nulidade.

Cuida-se de vício estrutural. Tais justificativas autorizam a incidência de normas nulificadoras após o aparente trânsito em julgado. Fosse vício sobre elemento essencial, a categoria cabível seria a nulidade absoluta, que permite a cobertura da decisão pelo instituto da coisa julgada,

705. STJ – CC. 205.045 – Decisão Monocrática – Rel. Min. Antonio Saldanha Palheiro – DJe 03 jun. 2024.

momento em que as partes seriam remetidas ao plano da rescindibilidade, mediante revisão criminal, manejada exclusivamente em favor da defesa.

11.2.2 Atipicidades decorrentes de omissão ou vício sobre elemento essencial de ato processual e suas consequências

11.2.2.1 Falta de condição para o exercício da ação penal e o sentido da expressão "ilegitimidade de parte" (art. 564, II, CPP)

As condições para o exercício da ação penal constituem requisitos ao reconhecimento da validade e do desenvolvimento regular do processo. São elementos essenciais à sua perfectibilidade. Diferem dos pressupostos processuais: estes se dirigem à existência jurídica do processo, embora a falta de qualquer delas se situe como razão de não recebimento da petição acusatória (art. 395, II, CPP). Nessa ótica, com base no que leciona Afrânio Silva Jardim, a ausência de coisa julgada e a ausência de litispendência devem ser classificadas como condições para o exercício da ação penal (originalidade): têm função peremptória de obstar o seguimento regular de demanda superveniente idêntica[706].

Há controvérsias sobre se as condições da ação, geralmente invocadas no processo civil, são aplicáveis ao processo penal condenatório. O interesse processual, interesse legítimo ou interesse de agir é uma das condições do direito processual civil que mais enseja esse debate, notadamente porque, sob o aspecto interesse-necessidade, ele sempre se verificará nas ações penais condenatórias, eis que não há imposição de restrição penal que não se dê

706. JARDIM, Afrânio Silva. A originalidade como regular condição para o exercício do direito de ação. In: *Reflexões críticas sobre direito e sociedade*. Pierre Souto Maior Coutinho de Amorim (org.). Belo Horizonte: Dialética, 2021. p.59-63.

por procedimento penal com a intervenção do juiz. O interesse-adequação padece do mesmo problema, enquanto o interesse-utilidade tem parca exemplificação, qual seja: a proximidade da prescrição que fatalmente acontecerá, revelando a inocuidade da prestação jurisdicional criminal.

A possibilidade jurídica do pedido não mais é contemplada no CPC. Difícil exemplificar hipótese de pedido juridicamente impossível no direito processual penal, haja vista que se admite, como regra, pedido genérico de condenação e, ademais, quando formulado pedido condenatório por fato que não é infração penal, não é necessária aquela condição para justificar a rejeição da demanda. Por outro lado, o fato atípico conduz à improcedência do pedido, bastando o julgamento antecipado do processo penal quando iniciado processo com esse vício (art. 397, III; art. 415, III, CPP).

A ilegitimidade para a causa, ativa e passiva, é referida como ilegitimidade de parte pelo art. 564, inciso II, do CPP. Note-se que ela pode se apresentar como ilegitimidade para o processo (pressuposto processual de existência), cujas modalidades são ilegitimidade para ser parte no processo penal, para estar em juízo (sem necessidade de representante legal) e para postular tecnicamente (advogado, defensor e membro do Ministério Público).

Já a justa causa não vem alinhada no inciso II, do art. 395, do CPP, porém no seu inciso III. Ou seja, o legislador considerou que a justa causa para a ação penal é instituto diverso das conhecidas "condições para o exercício da ação penal". Na verdade, a justa causa pode funcionar, concretamente, como condição da ação ou como pressuposto processual. O critério para tal constatação é a admissibilidade ou não de suprimento ulterior do vício mediante a renovação da demanda.

Afrânio Silva Jardim considera a justa causa uma quarta condição da ação penal condenatória. A sua ausência pode derivar da "falta de suporte probatório mínimo (da infração penal imputada na denúncia)" ou da "falta de narrativa (imputação) de uma infração penal (em tese), na denúncia ou queixa": são motivos de "extinção do processo sem resolução do mérito, via rejeição da denúncia ou queixa". Já a inépcia da inicial "ocorreria por outros aspectos secundários em relação à imputação", quando não se descreve, por exemplo, a participação do denunciado: se não corrigido o vício no momento oportuno, haverá "nulidade da peça acusatória e, por consequência, de todo o processo".[707]

Nesse âmbito, as condições da ação são distintas dos pressupostos processuais. Na lição de Francesco Carnelutti, "os pressupostos referem-se ao que deve existir antes do ato, na pessoa que atua ou na coisa sobre a qual se atua, com o fim de que o ato seja jurídico, isto é, de que derivem dele efeitos jurídicos"[708].

Vale dizer, se a falta de justa causa é juízo de valor (normativo) que se forma, dentre outros motivos, a partir da verificação de carência de suporte probatório mínimo para a propositura da ação penal, deve se classificar como pressuposto processual. Por outro lado, se ela for entendida como juízo de proporção (identicamente, questão de direito), similar à insignificância da infração penal reveladora do excesso no ajuizamento da ação penal, melhor se adequa à condição da ação.

---

707. JARDIM, Afrânio Silva. Justa causa para instauração do processo penal condenatório. In: *Reflexões críticas sobre direito e sociedade*. Pierre Souto Maior Coutinho de Amorim (org.). Belo Horizonte: Dialética, 2021. p.29.

708. Ainda nos termos do que leciona o clássico autor, os elementos de um ato processual são os requisitos que aludem "ao que deve existir no ato com o fim de que este desenvolva sua juridicidade". De outro lado, difere que "as circunstâncias referem-se ao que deve existir fora do ato, isto é, da pessoa que atua ou da coisa que atua, com o fim de que possam derivar efeitos jurídicos". Por fim, "os pressupostos distinguem-se por sua vez em três espécies: capacidade, legitimação e idoneidade do objeto", valendo acentuar que a "capacidade do ato" consiste "na existência no agente das qualidades necessárias para o exercício do poder ou para o cumprimento do dever, em que o ato se resolva" (CARNELUTTI, Francesco. *Instituições do processo civil*: volume I. Tradução: Adrián Sotero de Witt Batista. Campinas: Servanda, 1999. p.510).

O vício sobre condição da ação é defeito sobre elemento essencial de ato processual. Trata-se de tipificação direta de nulidade-fato (absoluta), de cuja constatação surge a implicação relacional de nulidade-sanção sobre o ato viciado (rejeição da inicial) ou sobre o processo instaurado (invalidação).

Mesmo raciocínio tem lugar nas hipóteses de falta ou vício de condições especiais para o exercício da ação penal, a exemplo das ausências de condição de procedibilidade (representação do ofendido ou requisição do Ministro da Justiça, nas ações penais públicas condicionadas, e o encerramento da constituição do crédito tributário na esfera administrativa[709], nos termos da Súmula Vinculante nº 24, STF), de condição de prosseguibilidade (necessidade de sanidade mental para hipótese de doença mental superveniente – art. 152, CPP, e o cumprimento de carta rogatória – art. 368, CPP[710]) ou de causa objetiva de punibilidade (necessidade de ingresso no território nacional para fazer valer condenação penal, a teor do art. 6º, II, § 2º, "a", do Código Penal).

11.2.2.2 Falta de publicidade dos julgamentos do Poder Judiciário, fora das exceções legais

A publicidade dos julgamentos está alçada à categoria de princípio (art. 93, IX, CF). Além de *status* constitucional,

709. De compasso com a Corte Suprema, "embora não condicionada a denúncia à representação da autoridade fiscal (ADInMC 1571), falta justa causa para a ação penal pela prática do crime tipificado no art. 1º da L. 8137/90 - que é material ou de resultado -, enquanto não haja decisão definitiva do processo administrativo de lançamento, quer se considere o lançamento definitivo uma condição objetiva de punibilidade ou um elemento normativo de tipo" (STF – RE 1541043/RJ – Decisão Monocrática – Rel. Min. Alexandre de Moraes - DJe 28 maio 2025).

710. Geralmente, o ordenamento jurídico prevê, como contrapartida à suspensão do processo (inaugurando crise de instância), a suspensão da prescrição. Mas nem sempre. Por exemplo, a suspensão por doença mental superveniente à infração penal não suspende a prescrição por falta de previsão (art. 152, CPP). Diferentemente, o art. 368, do Código, preconiza que "estando o acusado no estrangeiro, em lugar sabido, será citado mediante carta rogatória, suspendendo-se o curso do prazo de prescrição até o seu cumprimento".

o texto da Lei Maior cominou nulidade, de forma expressa. A publicidade é elemento essencial à emanação de efeitos jurídicos válidos do ato processual de julgamento.

Perante o juiz singular, a publicidade se dá com a "entrega em mão do escrivão" ou, nos processos eletrônicos, com a inserção do ato nos autos virtuais, com a lavratura do respectivo termo e registros necessários. Nos tribunais, os julgamentos devem ser, como regra, abertos ao público. Veja-se que a intimação é ato subsequente à publicação, não se confundindo com esta.

A nulidade-fato incide sobre eventual efeito produzido pelo julgamento ofensivo à publicidade. Terá lugar, correlatamente, na hipótese de publicidade opressiva – expressão de Simone Schreiber –, caso de garantia desvirtuada, porque manejada contra o destinatário da proteção[711].

A publicidade pode ser mitigada em maior ou menor grau. Nos tribunais, a publicidade integra o próprio julgamento, eis que as sessões devem ser abertas, sem incidência de sigilo, ressalvadas as exceções legais.

Isso significa dizer que o julgamento por um tribunal de justiça, realizado a portas fechadas, restará inteiramente maculado, com nulidade absoluta, a ser declarada na norma jurídica primária. Na norma jurídica secundária, deve o órgão descrever a classe relatada na primeira norma e ajuntar, na sua proposição consequente, a constituição da declaração de invalidação do julgamento e de seus efeitos.

Por outro lado, se o julgamento se der pelo juiz singular, a nulidade recairá não sobre a sentença em si, haja vista que esta é proferida, muitas das vezes, solitariamente. Se houver violação à publicidade da sentença, tal como

711. SCHREIBER, Simone. *A publicidade opressiva de julgamentos criminais*: uma investigação sobre as consequências e formas de superação da colisão entre a liberdade de expressão e informação e o direito ao julgamento criminal justo, sob a perspectiva da Constituição brasileira de 1988. Rio de Janeiro: Renovar, 2008. p.408.

o seu cumprimento sem que antes tenha sido entregue ao escrivão ou diretor de secretaria, ou mesmo sem que tenha sido inserida nos autos eletrônicos, a sentença pode não ser classificada como nula absolutamente, porém os seus efeitos, produzidos antes da sua publicação, serão eivados de nulidade absoluta, devendo decorrer a invalidação.

No júri, as decisões dos jurados são tomadas em sala especial, sem a presença do público (art. 485, § 1º, CPP). A sentença do juiz-presidente, todavia, malgrado prolatada individualmente, deve ser lida em plenário para que produza seus efeitos jurídicos, antes de encerrada a sessão de instrução e julgamento (art. 493, CPP). Outro exemplo de limitação ao princípio da publicidade é a tomada de decisão ou o julgamento realizado por colegiado de primeiro grau, instaurado como precaução contra riscos à integridade de magistrado, em processos que apuram crimes imputados a organizações criminosas, nos termos do art. 1º e parágrafos, da Lei 12.694/2012.

11.2.2.3 Omissão ou vício de fundamentação das decisões judiciais (art. 564, V, CPP)

A omissão ou vício de motivação de decisão judicial é nulidade que afeta elemento essencial do ato processual penal. Haurida à condição de princípio constitucional (art. 93, IX, CF/1988), a deficiência de fundamentação é categoria de defeito cuja cominação de nulidade é expressa constitucionalmente.

No CPP, a decisão carente de fundamentação é nulidade cominada (absoluta), capitulada no seu art. 564, inciso V. Com o advento do § 2º, inserido ao art. 315, do CPP, pela Lei nº 13.964/2019, detalhando o que não se deve reputar motivação judicial, o legislador reforçou esse elemento essencial, acrescentando mais uma hipótese ao rol que capitula espécies de nulidade-fato.

Seguindo-se os passos de Rogério Lauria Tucci, é plausível anuir que a motivação da sentença tem quatro funções (pragmática). A uma, subjetivamente, tem o fito de explicitar as razões de decidir, ao próprio órgão judicial que a emitiu. A duas, sob a ótica objetiva, tem o escopo de persuadir as partes, notadamente "aquela desfavorecida pelo ato decisório, de que este se ateve à realidade fática e jurídica retratada nos autos do processo", mediante a correta incidência da lei aos aspectos fáticos, "devidamente comprovados, de sua perfeita especificação ao caso concreto". A três, na esfera da hierarquia funcional, tem o propósito de "permitir o controle crítico do decidido", com o detalhamento dos "limites objetivos do julgado", destinado à "rigorosa análise" pelo órgão *ad quem*. A quatro, deve ter a finalidade de aperfeiçoar o direito e as instituições jurídicas[712].

A nulidade sobre a fundamentação das decisões é violação grave a um dos pilares do princípio acusatório, notadamente porque dificulta a efetividade de outros princípios constitucionais protetivos de garantias individuais, máxime as do contraditório e da ampla defesa, com os meios e recursos a ela inerentes (art. 5º, LV, CF).

11.2.2.4 Omissões ou vícios sobre elementos essenciais da denúncia, da queixa ou da representação

A petição inicial acusatória é peça técnica de relevo para o exercício efetivo do contraditório e da ampla defesa no processo penal condenatório. A sua falta implica evidente ausência fática da própria peça pórtico e, por conseguinte, inexistência jurídica do processo penal que tenha sido deflagrado sem a descrição da imputação.

As omissões na denúncia ou na queixa devem ser examinadas mediante o cotejo entre o art. 564, inciso III,

712. TUCCI, Rogério Lauria. *Direitos e garantias individuais no processo penal brasileiro*. 2. ed. São Paulo: RT, 2004. p.227-228.

alínea "a", e o art. 569, do CPP. Este último não se enquadra perfeitamente na noção de regra de calibração, malgrado quebre a consequencialidade de invalidação relativamente ao vício. Isso porque finda por autorizar o suprimento da omissão (*rectius*: retificação por complementação), com a prática do complemento faltante na exordial.

Dos elementos indicados no Código, podem ser deduzidos, de forma direta (art. 41 – essência noética) ou indireta (art. 395 – essência noemática[713]), aqueles que consubstanciam a essência (próxima e remota, respectivamente), da peça preambular, a fim de que proporcionem eficácia ao direito fundamental visado pela norma (pensamento). Os casos do art. 397, do CPP, não são hipóteses de reconhecimento de nulidade, mormente porque conduzem ao julgamento do mérito favorável ao imputado: são hipóteses de absolvição sumária.

O enunciado do art. 41, do CPP, dispõe, diretamente, acerca dos elementos da denúncia ou da queixa, ditando que deve ela conter: (1) a exposição do fato criminoso, com todas as suas circunstâncias; (2) a qualificação do acusado ou esclarecimentos pelos quais se possa identificá-lo; (3) a classificação do crime; e, quando necessário, (4) o rol das testemunhas.

De modo indireto, são inferidos elementos da petição vestibular da dicção do art. 395, do mesmo diploma legal, que preconiza sua rejeição quando inepta, faltar pressuposto processual ou condição para o exercício da ação penal, bem como

713. O ato de pensar (noeses) pode ser mais ou menos direto, isto é, as camadas do pensamento podem ser sucessivas, conforme a maior ou menor intencionalidade do sujeito. Edmund Husserl explica que "aos múltiplos dados do conteúdo real, noético, corresponde uma multiplicidade de dados, mostráveis em intuição pura efetiva, num 'conteúdo noemático' correlativo ou, resumidamente, no 'noema'" (HUSSERL, Edmund. *Ideias para uma fenomenologia pura e para uma filosofia fenomenológica*: introdução geral à fenomenologia. Tradução: Márcio Suzuki. 2. ed. Aparecida: Ideias Letras, 2006). Relacionando com a endonoma (monovalente) e a perinorma (bivalente), Carlos Cossio associa a primeira à essência noética e, a segunda, à essência noemática (COSSIO, Carlos. *La teoría egológica del derecho y el concepto jurídico de libertad*. 2. ed. Buenos Aires: Abeledo-Perrot, 1964. p.194 et seq).

quando ausente justa causa. Isso quer dizer que também são elementos da denúncia: (5) a aptidão para deflagrar processo penal válido; (6) a presença de pressupostos processuais e de condições para o exercício da ação penal; e (7) a justa causa consistente em ser acompanhada por suporte probatório mínimo e evidenciar plausibilidade de condenação em tese.

Não deve ser invocado o *in dubio pro societate*, nem suplantado o estado de inocência. Como pontifica Afrânio Silva Jardim, "o equívoco decorre de se tomar como parâmetro o mérito do processo, que não cabe ainda valorar": na fase preliminar do processo, "não é tempestivo examinar se a pretensão do autor procede ou não, ou mesmo se temos dúvida sobre tal procedência. Neste momento, o juiz tem de se ater a constatar se estão presentes os requisitos para admitir a peça acusatória" (art. 395, CPP). Em outros termos, "havendo dúvida sobre um dos requisitos para o recebimento da denúncia ou queixa", o julgador "não deve admitir a acusação. Isto vale para a decisão de pronúncia, nos crimes da competência do Tribunal do Júri".[714]

Desses elementos, pode-se dizer que são, em regra, essenciais, porquanto a falta torna deficiente ou inexistente irremediavelmente o direito ao contraditório e à ampla defesa do acusado. No entanto, como é tradição no direito brasileiro a afirmação de que o réu se defende dos fatos e não da capitulação legal dada a eles pelo autor da ação penal condenatória, a classificação do crime tende a ser considerada elemento acidental. Também de natureza acidental, pela sua natureza regida pelas regras sobre ônus da prova, é o rol de testemunhas, até porque a lei explicita que tal elemento se subordina a critério da necessidade (art. 396-A, CPP).

714. JARDIM, Afrânio Silva. *Um grande equívoco*: o princípio 'in dubio pro societate'. In: Reflexões críticas sobre direito e sociedade. Pierre Souto Maior Coutinho de Amorim (org.). Belo Horizonte: Dialética, 2021. p.65.

Sem embargo, uma diversidade de situações pode se acomodar à cláusula que dita que a denúncia ou a queixa-crime deve conter a exposição do fato criminoso, com todas as suas circunstâncias. Deveras, é cediço que o fato deve se ajustar ao conceito de crime, respeitando sua tipicidade. Ademais, existem circunstâncias da infração que podem se revelar essenciais ao direito de defesa.

Afrânio Silva Jardim, com o foco na questão do ônus probatório, pontua que a dicção do art. 41, do CPP, "impõe ao autor da ação penal condenatória uma imputação ao réu de conduta típica, ilícita e culpável, com suporte mínimo na prova do inquérito ou peças de informação". No processo penal acusatório, contenta-se com a oposição simples do réu à pretensão ministerial, mediante "pura negativa dos fatos da acusação ou através de negativa qualificada por afirmação de fatos excludentes daqueles que lhe são imputados na peça acusatória"[715].

Sob outro prisma, Luiz Antonio Orlando e Cyrdemia da Gama Botto ilustram que "um dos requisitos primordiais da peça acusatória é a indicação do 'lugar da infração'. A lacuna a respeito constitui imperdoável omissão pois a denúncia deve ser clara e precisa (art. 41 do CPP)" [716]. Situação como esta é caso de rejeição da própria petição inicial. Caso seja ela recebida, por lapso, há autorizativo de suprimento (*rectius*: retificação mediante complentação), por aditamento, consoante preconiza o art. 569, do CPP.

---

715. JARDIM, Afrânio Silva. O ônus da prova na ação penal condenatória. *Revista Forense comemorativa – 100 anos*, tomo VII [direito processual penal], Afrânio Silva Jardim (org.), Rio de Janeiro: Forense, p.612, 2006.

716. ORLANDO, Luiz Antonio; BOTTO, Cyrdemia da Gama. *Das nulidades no processo penal*. São Paulo: APMP, 1992. p.384.

Como pondera José do Espírito Santo Ribeiro, "suprir é complementar. Ratificar significa confirmar um ato já existente"[717]. É pressuposto lógico ao suprimento, desse modo, a existência jurídica da peça processual referida. Caso se trate de falta da própria inicial acusatória, com o início equivocado do processo penal (hipótese de rara ocorrência), inexistirá juridicamente processo.

Por outro lado, vícios que não comprometem o direito fundamental ao contraditório e à ampla defesa, bem como que não afetam a autenticidade da petição inicial não induzem atipicidade relevante, capaz de determinar a invalidação do ato, estando sujeita à convalidação (confirmação da validade). É o caso da falta de assinatura do membro do Ministério Público, taxada de mera irregularidade, quando for induvidosa a apresentação da denúncia por ele, a partir do fato de que lançou nos autos cota ou petição apartada, consignando ter oferecido denúncia.

11.2.2.5 Omissões ou vícios sobre elementos essenciais do exame do corpo de delito nos crimes que deixam vestígios, ressalvadas as exceções legais

Os crimes que deixam vestígios são aqueles que produzem modificação no plano naturalístico, seja de forma permanente, seja de forma transitória. Existem várias disposições enunciativas no ordenamento jurídico, que visam a orientar a forma de realização do exame pericial e do respectivo laudo.

O conceito de vestígio vem definido no § 3º, do art. 158-A, integrando a disciplina da sua cadeia de custódia, inserida no Capítulo II (do exame de corpo de delito, da cadeia de custódia e das perícias em geral), do Título VII (da prova), do Livro I (do processo em geral), do CPP.

---

717. RIBEIRO, José do Espírito Santo Domingues. *A denúncia e suas nulidades*: teoria, prática e jurisprudência. Rio de Janeiro: Aide, 1992. p.39.

Pode-se discernir, de um lado, uma disciplina legislativa geral, aplicável, no que couber, a todos os exames e, de outro, uma especial, que tem lugar para determinadas perícias nominadas pela lei. A perícia passa, primeiramente, pela constatação de sua exigência para, em seguida, submeter-se aos critérios legais e técnicos necessários à sua conformidade. A ausência do próprio exame técnico, em violação ao relato legal, consiste em atipicidade que incide sobre elemento essencial do ato correspondente à aferição da materialidade do delito.

Nesse diapasão, o *caput*, do art. 158, do CPP, preconiza que "quando a infração deixar vestígios, será indispensável o exame de corpo de delito, direto ou indireto, não podendo supri-lo a confissão do acusado". A vedação de confissão do acusado como forma de colmatação da falta é uma limitação legal, tarifada, isto é, uma dicção supressora de determinada espécie de prova (prova legal negativa).

Entrementes, a lei admite o exame pericial indireto, bem como o suprimento por prova testemunhal (art. 167, CPP). A admissão de prova pericial que não seja direta deve ser justificada com base em critério de excepcionalidade, com fundamentação suficiente. Cabe dizer, só quando impossível a realização do exame direto, pode ser admitido o exame indireto ou a suplantação por meio de testemunhas. Não havendo a declinação de seus motivos, a substituição da omissão por exame indireto ou por testemunhas conterá a eiva de nulidade absoluta, impondo-se a subtração de seus efeitos jurídicos (invalidação), com a consequência absolutória caso já ultrapassado o momento de realização da perícia direta.

Do desatendimento da forma pericial, deriva o vício sobre elemento essencial ou acidental. Será essencial o elemento inerente à perícia ou ao laudo que decorrer da necessidade de justificativa à submissão de alguém à persecução penal estatal (art. 129, I, e art. 93, IX, CF), eis que não pode haver ação penal temerária, sem lastro material da infração criminal que deixar vestígios. Será acidental o elemento que não compuser aquela motivação, sem aptidão para reduzir o âmbito da garantia do contraditório e da ampla defesa.

O art. 159, do CPP, reza que "o exame de corpo de delito e outras perícias serão realizados por perito oficial, portador de diploma de curso superior". Basta um *expert* oficial (concursado) à perfeição de tal aspecto do ato.

Na ausência de peritos oficiais, a lei exige duas pessoas idôneas, portadoras de diploma de curso superior, preferencialmente na área específica, observada a habilitação relacionada com a natureza do exame. Os peritos não oficiais devem prestar compromisso. No entanto, a formalização do termo não é elemento essencial, porém acidental, haja vista que o dever de bem e fielmente desempenhar o encargo decorre da cogência da incriminação da conduta de falsa perícia gizada no art. 342, do Código Penal.

Um ponto sensível quanto aos exames periciais é o tempo de sua realização, ou seja, o momento da persecução penal. Em regra, o exame pericial é procedido durante a investigação, o que torna rara a verificação de contraditório. O inconveniente do contraditório postergado se evidencia pelo fato de constituir, antecipadamente, o aspecto da materialidade do delito que, ao final, poderá sustentar a decisão condenatória.

De acordo com o art. 156, do CPP, o juiz deve formar seu convencimento "pela livre apreciação da prova produzida em contraditório judicial, não podendo fundamentar sua decisão exclusivamente nos elementos informativos colhidos na investigação, ressalvadas as provas cautelares, não repetíveis e antecipadas". Como geralmente, o exame pericial é irrepetível, a extensibilidade da investigação inquisitiva até uma condenação penal é uma realidade de difícil compatibilidade com o princípio acusatório[718].

Aury Lopes Júnior e Ricardo Gloeckner ponderam que a ideia de que o inquérito policial não se subsome a controle de legalidade equipara-se "a uma declaração de presunção absoluta de sua regularidade, o que não é confirmado pela teoria processual muito menos pela sua prática". Justificam os autores que o fato de ser o inquérito objeto de aquisição pelo processo penal não afasta a possibilidade de "rígido exame de validade", notadamente porque aquelas peças são utilizadas como "fundamento decisório" (extensibilidade jurisdicional).[719]

Daí que algumas disposições do CPP, tendentes a assegurar o contraditório, encontram baixa aplicação na prática forense. Exemplo é o § 3º, do art. 159, que faculta "ao Ministério Público, ao assistente de acusação, ao ofendido, ao querelante e ao acusado a formulação de quesitos e indicação de assistente técnico".

Como no inquérito policial não há, de fato, a atuação de partes, prejudicado estará o contraditório. A produção de prova ocorre de forma unilateral pelo Estado. O contraditório posterior, no curso do processo, dificilmente terá efetivas condições de restituir integralmente a garantia de participação defensiva, temporânea à realização da prova técnica.

---

718. André Nicolitt, explicando que os jurados não devem ser destinatários, sequer indiretos, dos elementos de informação da investigação preliminar, observa a necessidade de isolar aquelas peças, a fim de que o conselho de sentença não tenha contato com elas, a não ser de forma limitada às provas periciais não repetíveis. Na dicção do autor, "no procedimento do júri, muito embora vigore o princípio da íntima convicção e não seja exigida fundamentação na decisão do júri, o julgamento deste órgão não está dispensado de observar o princípio do contraditório. Desta forma, a decisão dos jurados não pode ser influenciada pelo inquérito policial". Para evitar esse risco, o juiz deve ordenar que os autos da investigação preliminar sejam retirados do processo, mantendo-se, tão somente, as provas técnicas não passíveis de reprodução em juízo (NICOLITT, André. *Manual de processo penal*. 5. ed. São Paulo: RT, 2014. p.181).

719. LOPES JR, Aury; GLOECKNER, Ricardo Jacobsen. *Investigação preliminar no processo penal*. 5. ed. São Paulo: Saraiva, 2013. p.344-345.

No entanto, o Estatuto da Ordem dos Advogados do Brasil assegura a prerrogativa do advogado de assistir o imputado que o houver constituído. O inquérito policial ou qualquer outra investigação preliminar não deixará de ostentar sua natureza inquisitiva em face dessa possibilidade.

Porém, o causídico tem nas mãos, explicitamente, o direito de apresentar razões e quesitos (inciso XXI, "a", do art. 7º, do Estatuto da OAB). De outro lado, de acordo com esse diploma legal, o ordenamento jurídico reconhece a aplicação do regime das nulidades processuais penais às investigações preliminares, averbando ser absoluta a consistente no óbice ao exercício da advocacia oposto pela autoridade encarregada das investigações.[720]

Volvendo às disposições que tratam de exames periciais específicos, o § 2º, do art. 306, da Lei nº 9.503/1997, estatui que a verificação da embriaguez "poderá ser obtida mediante teste de alcoolemia ou toxicológico, exame clínico, perícia, vídeo, prova testemunhal ou outros meios de prova em direito admitidos, observado o direito à contraprova".

Para que tal constatação se constitua como prova admissível, necessário assegurar eficácia ao princípio de que ninguém pode ser compelido a se autoincriminar (*nemo tenetur se detegere*). Ademais, exames clínicos devem ser acompanhados pelo advogado do autuado ou, na falta, pela defensoria pública, evitando-se improvisos para se formar, a todo custo, elemento constitutivo da materialidade do crime, sem a observância das regras de produção probatória.

A Lei de Drogas contém disposições próprias com a disciplina do exame de substância entorpecente. Os

---

720. Dispõe a redação atual do inciso XXI, do art. 7º, do Estatuto da Ordem dos Advogados do Brasil, ser prerrogativa do advogado "assistir a seus clientes investigados durante a apuração de infrações, sob pena de nulidade absoluta do respectivo interrogatório ou depoimento e, subsequentemente, de todos os elementos investigatórios e probatórios dele decorrentes ou derivados, direta ou indiretamente, podendo, inclusive, no curso da respectiva apuração: a) apresentar razões e quesitos".

parágrafos, do seu art. 50, estabelecem dois laudos. O primeiro, provisório, lavrado seguidamente à constatação da natureza e quantidade da droga, firmado por perito oficial ou, na falta deste, por pessoa idônea. Em compasso com o § 1º, daquele dispositivo legal, esse laudo é suficiente à materialidade do delito.

Nos termos da Lei nº 11.343/2006, não se exige habilitação da pessoa idônea aludida no texto. Por outro lado, o § 2º, do art. 50, dispõe que o *expert* que subscrever o laudo provisório, não ficará obstado de participar da elaboração do segundo laudo. Por fim, o juiz deve certificar a regularidade formal do laudo de constatação provisório, determinando a destruição da droga e a guarda de amostra necessária à confecção do laudo de constatação definitivo.

Nesse cenário, pode-se entender que a Lei de Drogas opôs regra de calibração, por quebrar a consequencialidade de nulidade absoluta que deveria decorrer da elaboração do laudo por pessoa sem habilitação específica, considerando as disposições gerais dos exames periciais. Dessa legislação se depreende não ser necessário que o laudo provisório siga assinado por dois peritos *ad hoc*: não está impedido de subscrever o laudo definitivo, o *expert* que lavrou o laudo provisório, em dissonância com o enunciado nº 361, da Súmula, do STF. Para o laudo definitivo, de outra vertente, infere-se que deva ser assinado por dois peritos, *ad hoc* ou oficiais

Os elementos dos atos processuais ou procedimentais constitutivos dos laudos são essenciais. Aliás, a realização de cada um dos laudos é indispensável. A falta de qualquer deles, especialmente o definitivo, é defeito classificado como nulidade absoluta, implicando a necessária invalidação. Não é possível ignorar o mandamento legal sem que se apoie em técnica de controle de constitucionalidade.

No âmbito do STJ, decisões mais remotas já autorizaram condenações por tráfico de drogas sem apreensão da droga. Julgados mais recentes, contudo, indicam a necessidade do laudo definitivo e, excepcionalmente, a possibilidade de condenação com a presença de outro meio probatório idôneo, reportando-se ao laudo de constatação provisório. Essa admissibilidade – ainda que reduzindo a contingência do posicionamento primitivo – persiste destoando do preconizado pelo rito legal, de observância indispensável à submissão do acusado à sanção penal pela suposta prática dessa espécie de infração penal.

Sem embargo, nos termos do que proclamado pela Corte Superior, uniformizou-se "o posicionamento de que o laudo toxicológico definitivo é imprescindível para a comprovação da materialidade do delito de tráfico de entorpecentes, sob pena de acarretar a absolvição do acusado". Entrementes, foi ressalvada "a possibilidade de se manter o édito condenatório quando a materialidade delitiva estiver amparada em laudo preliminar, dotado de certeza idêntica ao do definitivo, certificado por perito oficial, em procedimento equivalente". Como se depreende, o STJ considera que o laudo definitivo sobre o entorpecente não é condição isolada para lastrear a condenação se outros elementos forem suficientes, desde que estes tenham o mesmo efeito jurídico daquele para configurar a materialidade do delito[721].

Decisões que dessa natureza – que admitem exceções ao rito – causam ruído na comunicação normativa, induzindo aos demais órgãos do Poder Judiciário a proferirem condenações em processos por tráfico de drogas com procedimento atípico, bem como sem esgrimir todas as dúvidas, com amplo debate sobre o laudo (definitivo). No STF, afirmou-se – com remissão ao art. 167, do CPP, relativamente a "entorpecentes não apreendidos na posse direta" – que "a falta de laudo pericial não conduz, necessariamente, à inexistência de prova da

---

721. STJ – Sexta Turma – AgRg no HC 916.012/SP – Rel. Min. Otávio de Almeida Toledo (Des. Conv. TJSP) – DJe 28 out. 2024.

materialidade de crime que deixa vestígios, a qual pode ser demonstrada, em casos excepcionais, por outros elementos probatórios constante dos autos da ação penal".[722]

Na doutrina, Renato Brasileiro de Lima pontua que "nos casos de não apreensão da droga, é perfeitamente possível a prolação de um decreto condenatório pelos crimes da Lei nº 11.343/06, desde que a ausência do exame direto seja suprida por um conjunto probatório robusto extraído da prova documental e testemunhal produzida durante o curso da instrução probatória"[723].

Note-se que, com esse posicionamento, a contingência do poder do juiz é ampliada pela inserção de elemento discricionário concernente à definição dos contornos dos "casos excepcionais", bem como pela escolha do modo de saber o que se deve considerar como "dados probatórios de solidez inafastável". Nesse permeio, a subjetividade tende a suplantar a objetividade. Ademais, que seria "um conjunto probatório robusto"?

A punição não deve ser aplicada a todo custo, sem respeito a regras do jogo, ou de maneira incompatível com os fundamentos do princípio acusatório e do Estado Democrático de Direito. Também a condenação por tráfico baseada somente em laudo de constatação provisório é ofensiva a elemento substancial da persecução penal estatal (omissão de ato essencial), sendo vício capitulado como nulidade absoluta.

Outrossim, soa incompatível com a ordem constitucional, decisão da Suprema Corte que negou seguimento a *habeas corpus* apesar do caso descrever questão de ordem pública que culminou no restabelecimento, pelo STJ, de condenação que, antes, fora objeto de invalidação *ex officio* pelo tribunal *a*

722. STF – Primeira Turma – AgR – Rel. Min. Roberto Barroso – DJe 28 fev. 2023.

723. LIMA, Renato Brasileiro de. *Legislação criminal especial comentada*: volume único. 9. Ed. Salvador: Juspodivm, 2021. p.1142.

quo, em razão da juntada tardia do laudo toxicológico definitivo (vale dizer, em momento posterior à sentença de mérito). No caso, foi dito que "o órgão colegiado do Superior Tribunal de Justiça não apreciou a questão suscitada" e, por tal razão, seu conhecimento – entendido como originário – "configuraria inadmissível supressão de instância."[724].

Sublinhe-se que, na deliberação em tela, a defesa do acusado findou impedida de debater, no momento apropriado (sem supressão de instância) e exaustivamente (dialética em torno dos critérios científicos), o laudo de constatação definitivo. Na hipótese, a quebra da sequência do rito indica ferimento às garantias do contraditório e da ampla defesa. Pensar em sentido contrário equivale a negar eficácia ao sentido desses princípios.

11.2.2.6 Perícia realizada por um só perito não oficial (Súmula nº 361, STF)

O enunciado nº 361, da Súmula, do STF, giza que, "no processo penal, é nulo o exame realizado por um só perito, considerando-se impedido o que tiver funcionado, anteriormente, na diligência de apreensão". Essa redação é antiga, sendo importante precisar seu alcance, de âmbito restrito.

Deveras, o CPP foi alterado para se contentar com um só perito oficial ou com dois não oficiais para a elaboração dos laudos. Isso significa dizer que o verbete tem aplicação restrita às perícias realizadas por um só perito não oficial (*ad hoc*), considerando-o nulo absolutamente.

O enunciado sumular em tela carece de contextualização em virtude de alterações legislativas supervenientes (art. 159, § 1º, CPP).

Por outro lado, não tem lugar a incidência da Súmula para os casos de apreensão de droga (art. 50, Lei nº

---

724. STF – HC 253873/MA – Decisão Monocrática –Rel. Min. Dias Toffoli – DJe 26 mar. 2025.

11.343/2006), quando do exame das nulidades no curso da investigação preliminar. A Lei de Drogas foi expressa ao autorizar a participação do perito que subscreveu o laudo de constatação provisória, na confecção do definitivo, inferindo-se a exigência de dois peritos, indiferentemente de se qualificarem como oficiais ou não oficiais.

De todo modo, a depender do momento de reconhecimento da atipicidade sobre a perícia, melhor seria que o legislador tivesse agregado ao vício, uma hipótese específica de absolvição por insuficiência de prova por deficiência ou falta do exame de corpo de delito. Isso em virtude de ausência de atendimento ao quanto estatuído por lei, colocando óbice ao retorno do processamento do fato a um estágio anterior (*ne bis in idem*).

Deveras, quem prova mal deve suportar o insucesso da demanda. Não se desincumbido o Estado do dever de elaborar exame pericial com os requisitos estipulados por lei, melhor solução seria a improcedência do pedido condenatório, sem retorno do processo ao *status quo ante*. Essa consequência deve incidir, inclusive, quanto ao desatendimento estatal ao seu dever de cumprir as regras sobre a cadeia de custódia do vestígio, por ele próprio instituídas (arts. 158-A a 158-F, CPP), apesar da resistência judicial em exercer o controle de sua nulidade.[725]

Essa crítica tem lugar, ao menos parcialmente, *ad legem ferenda*, haja vista que se a acusação, nos termos do Código vigente, fustigar o vício, terá direito à declaração de nulidade da inclusão do laudo e a respectiva constituição de invalidação de seu ato aquisitivo, para que se dê o saneamento do vício, com sua conseguinte reprodução. Também, na forma do CPP, sendo a alegação de nulidade

725. Em reprise a julgamento anterior, tem sido dito que "a quebra da cadeia de custódia não gera nulidade automática, devendo ser avaliada a confiabilidade da prova e a existência de prejuízo à defesa" (STJ – Quinta Turma – AgRg no HC n. 996.795/SP – Rel. Min. Reynaldo Soares da Fonseca – DJe 21 maio 2025).

arguida pela defesa, o êxito de seu argumento determinará, de igual modo, o desfazimento dos efeitos do exame pericial defeituoso e o seu consecutivo refazimento.

11.2.2.7 Falta de justificação suficiente, dada por escrito, acerca da excepcionalidade do uso de algemas, quando da prisão ou do ato processual correspondente (Súmula Vinculante nº 11, STF)

A regra epigrafada decorre da base enunciativa da Súmula Vinculante nº 11, do STF. Cuida-se do resultado formal (fonte de cognição de direito processual penal[726]) que decorre da competência da União para legislar sobre processo (art. 22, I, CF/1988), enquanto fonte material (de produção) do processo penal.

Porém, a competência legislativa da Suprema Corte não coincide com a do Poder Legislativo. A Constituição Federal delimita esse poder em seu art. 103-A, *caput*, com a correlata competência para efetivar revisão ou cancelamento do teor de verbete da Súmula Vinculante.

O referido *caput*, do art. 103-A, da CF/1988, dispõe que o STF, de ofício ou mediante provocação, poderá, "mediante decisão de dois terços dos seus membros, após reiteradas decisões sobre matéria constitucional, aprovar súmula que, a partir de sua publicação na imprensa oficial, terá efeito vinculante". A parte final desse enunciado aponta os entes sujeitos à vinculação normativa, não restringindo seus efeitos ao próprio Poder Judiciário, mas também

726. O ordenamento jurídico brasileiro segue a tendência de adotar a jurisprudência como fonte formal imediata do direito. Embora seja matéria ainda controvertida, na doutrina são encontrados adeptos desse posicionamento. Nesse sentido, Antonio Alberto Machado observa que "a jurisprudência reforçou ainda mais o seu status de fonte formal do direito com a adoção das súmulas vinculantes, cujos enunciados são obrigatórios e, portanto, vinculam formalmente o Poder Judiciário, a administração pública direta e indireta em todos os níveis, bem como os administrados em geral (art. 103-A, CF) (MACHADO, Antônio Alberto. *Curso de processo penal*. 6. ed. São Paulo: Atlas, 2014. p.35).

incluindo os órgãos da administração pública direta e indireta, nas esferas federal, estadual e municipal.

Nos parágrafos da mesma disposição constitucional, há previsão do objetivo da Súmula, da legitimidade para proposta de revisão ou cancelamento (dos mesmos órgãos com incumbência para ingressar com ação direta de inconstitucionalidade), bem como do instrumento cabível para fins de controle do atendimento ao seu relato (reclamação constitucional). Para editar Súmula Vinculante, deve ser observada imprecisão na aplicação de normas, evidenciada pela controvérsia atual entre os órgãos do Judiciário ou entre esses e a administração pública.

A justificativa deve revelar grave insegurança jurídica e relevante multiplicação de processos sobre questão idêntica. O enunciado sumular tem o propósito de dirimir problemas sobre a validade, a interpretação e a eficácia de normas determinadas. Quanto a esse requisito, muitas críticas foram dirigidas à edição do enunciado nº 11, da Súmula Vinculante, mormente porque ausente "multiplicação de processos" a respeito do uso de algemas, para justificar a edição da Súmula.

De tal modo, as circunstâncias de sua edição, malgrado possam ter base de ordem material, evidenciam descumprimento do procedimento constitucional, com a correlata inconstitucionalidade formal do verbete. Todavia, fato é que, na atualidade, a jurisprudência do STF constitui, máxime pelas disposições de sua Súmula Vinculante, fonte de cognição de direito processual penal.

O enunciado nº 11, da Súmula Vinculante do STF, é esteio para mais de uma norma jurídica. Sua primeira parte prescreve o ato procedimental relativo ao uso de algemas. Esse ato deve, depois de realizado, ser documentado, fundamentadamente. Preconiza, portanto, que "só é lícito o uso de algemas em casos de resistência e de fundado receio de fuga ou de perigo à integridade física própria ou alheia, por parte do preso ou de terceiros, justificada a excepcionalidade por escrito".

A parte inicial do enunciado é a norma jurídica antecedente, relativa aos elementos que revestem a tipicidade do ato limitativo da liberdade. O segundo trecho da Súmula impõe ameaça de sanção ao gizar "sob pena de responsabilidade disciplinar, civil e penal do agente ou da autoridade e de nulidade da prisão ou do ato processual a que se refere, sem prejuízo da responsabilidade civil do Estado".

Ao declarar, diretamente, a nulidade-consequência, o verbete deve ser lido de modo relacional: usada a algemas em desconformidade com o estatuído na Súmula Vinculante, será aplicada a sanção cabível pelo funcionário dotado desse dever jurídico. É um tipo híbrido, eis que prevê, de um lado, a conduta devida (prótase antecedente) e, de outro, estabelece a apódose consecutiva (reação jurídica). O controle do ato procedimental é de ser feito a partir da descrição da motivação para o uso das algemas, a fim de se certificar que não houve excesso ou violação à proporcionalidade.

A norma jurídica permissiva do uso de algemas tem base enunciativa fragmentária. Isso porque, ao lado de disposições regulamentares de natureza não legislativa, textos legais e regulamentares são de referência obrigatória.

A Lei nº 13.060/2014 traça as disposições sobre instrumentos de menor potencial ofensivo (não letais). No seu artigo 2º, estabelece o dever dos órgãos de segurança pública de cuidar para que o uso desses instrumentos obedeçam aos princípios da legalidade, da necessidade, da razoabilidade e da proporcionalidade.

O Código de Processo Penal Militar giza expressamente, na primeira parte do § 1º, do seu art. 234, que "o emprego de algemas deve ser evitado, desde que não haja perigo de fuga ou de agressão da parte do preso". Essa disposição guarda compatibilidade com o enunciado nº 11, da Súmula Vinculante, da Corte Maior. Os textos servirão como ponto de partida para a norma jurídica individual e concreta do uso de algemas.

Por fim, o Decreto nº 8.858/2016 explicita os limites convencionais de direitos humanos, na linha do Pacto de São José da Costa Rica, ao prever que a permissão do emprego de algemas está restrita a "casos de resistência e de fundado receio de fuga ou de perigo à integridade física própria ou alheia, causado pelo preso ou por terceiros, justificada a sua excepcionalidade por escrito" (art, 2º). É, ademais, vedado o emprego em mulher presa durante o trabalho de parto, no percurso até a unidade hospitalar ou mesmo após o parto enquanto estiver hospitalizada (art. 3º).

Havendo vício quanto ao uso de algemas, retratado na sua justificativa ou mesmo no seu aspecto volitivo, isto é, seja quanto ao conteúdo, seja quanto à ação, haverá nulidade absoluta, a ser classificada na norma jurídica primária. A norma jurídica secundária terá contorno que dependerá do momento e da circunstância de sua aplicação.

Para exemplificar, se o uso de algemas for realizado em descompasso com o verbete da Súmula Vinculante, a norma jurídica consequente será, por exemplo: (1) de decretação de invalidação de julgamento do júri, caso a nulidade absoluta tenha ocorrido em plenário (uso de algemas desnecessário de forma a prejudicar a imparcialidade do júri[727]); e (2) de remessa de cópias ao Ministério Público para responsabilizar o agente público que impôs o uso abusivo das algemas.

O texto da Súmula, ao falar em "nulidade da prisão ou do ato processual ao qual se refere" passa a cominar

727. Mesma ordem de razões para o STJ entender possível a "anulação de julgamento realizado pelo Tribunal do Júri", no caso do réu permanecer "sentado de costas para os jurados durante a sessão de julgamento" (STJ – Quinta Turma – AgRg no HC 768.422/SP – Rel. Min. Daniela Teixeira – Dje 13 set. 2024).

expressamente o vício. O reconhecimento da nulidade é cogente, os efeitos decorrem do contexto. Haverá invalidação do ato processual. A prisão em si, com formalização, por exemplo, de auto de prisão em flagrante, pode não estar, isoladamente, viciada. O uso de algemas não a macula, sob essa ótica. Mas o flagrante conterá vitupério em seu procedimento (sintaxe), o qual compreende o todo de providências envolvidas até a ultimação da audiência de custódia. Caberá ao julgador relaxá-lo, a teor do art. 310, inciso II, do CPP. Se presentes as condicionantes legais, terá incidência a possibilidade de imposição de prisão preventiva ou de medidas alternativas à prisão, se instado o juiz pelo legitimado (arts. 310, II; 312; 319, CPP).

Beclaute Oliveira Silva descreve o que denomina de "subsistema das normas jurídicas *stricto sensu*", cuja utilidade se aproveita à questão do uso de algemas. O autor destaca a atividade de escolha de enunciados proposicionais pelo órgão autêntico. Primeiramente, as "significações que constituem notas sobre o evento ou relatos linguísticos", isto é, com referência ao fato: "antecedente da norma primária". Em segundo lugar, deve selecionar as "significações que constituem notas sobre a relação entre alguém perante outrem (ambos distintos), implicando uma conduta devida: consequente da norma primária". Depois, "as significações que indicam o descumprimento da conduta devida: antecedente da norma secundária". E, por último, faz a escolha das "significações que indicam a atuação do Estado impondo uma sanção ao descumprimento da conduta prevista: consequente da norma secundária".[728]

---

728. SILVA, Beclaute Oliveira. *A garantia fundamental à motivação da decisão judicial*. Salvador: Juspodivm, 2007. p.96.

11.2.2.8 Ausência de nomeação de defensor dativo ou de intimação da defensoria pública, ao réu presente que não tiver constituído advogado, ou ao réu ausente

A ampla defesa e o contraditório são princípios constitucionais que são concretizados, especialmente, pela obrigatoriedade da defesa técnica. Enquanto a autodefesa é faculdade a ser exercida a critério do imputado, a defesa levada a cabo por advogado é de exercício indispensável. Ambas devem ser oportunizadas. Trazendo à ribalta o escólio de Amilton Bueno de Carvalho, "nulo é o processo em que o acusado é interrogado sem a presença de advogado defensor"[729]. É elemento essencial à perfeição dos atos probatórios e dos atos que dependem de argumentação jurídica. Toda vez que da falta decorrer limitação àqueles direitos fundamentais, deve ter aplicação a atividade normativa de controle de nulidade (absoluta) dos atos processuais pelo Judiciário.

11.2.2.9 Omissão de comunicação à Ordem dos Advogados do Brasil para oportunizar a presença de seu representante quando da prisão em flagrante de advogado, por motivo ligado ao exercício da advocacia, para a lavratura do auto respectivo (art. 7º, IV, principio, Lei nº 8.906/1994)

A prisão em flagrante é cercada de cautelas comunicativas que objetivam custodiar as garantias individuais do autuado. Ao lado do interrogatório de garantia (audiência de custódia ou audiência de justificação), direito expressamente reconhecido pelo ordenamento jurídico (arts. 287, 310, *caput*, §§ 3º e 4º, CPP), a depender da qualidade da atividade funcional da pessoa autuada, outras providências são indeclináveis para que a prisão não seja considerada ilegal.

---

729. CARVALHO, Amilton Bueno. *Garantismo penal aplicado*. Rio de Janeiro: Lumen Juris, 2003. p.89.

É o que se dá com a prisão de advogado por motivo ligado ao exercício do seu mister. A sua prisão em flagrante deve ser comunicada expressamente à OAB, elemento essencial do ato processual cerceador da liberdade. Não é necessária a efetiva presença do representante do órgão, mas esta deve ser oportunizada, fazendo constar a documentação comprobatória do atendimento da dicção legal.

Desatendido esse relato normativo, haverá nulidade absoluta da prisão em flagrante, sendo imprescindível o desfazimento de seus efeitos (relaxamento, na forma do art. 310, I, CPP). A incidência normativa deve ser estruturada com a descrição da norma primária que reconhece o vício e declara sua categoria de nulidade, bem como com a formulação da norma secundária implicada, que prescreve a constituição da invalidação dos efeitos prisionais, sob a forma de relaxamento.

11.2.2.10 Omissões ou vícios sobre elementos essenciais da sentença penal condenatória

Nem sempre as imperfeições da sentença são aferíveis *ictu oculi*, ou seja, constatáveis pelo exame de sua estrutura descrita nos arts. 381 e 387, do CPP. Uma vez proferida sentença, os vícios eventualmente ocorridos no curso do procedimento são por ela absorvidas, por antonomásia. Há encampação das nulidades da persecução penal pela sentença e, por essa razão, as impugnações contra aquelas devem ser dirigidas contra a sentença, por intermédio do recurso específico.

A atipicidade da sentença pode ser de ordem intrínseca ou extrínseca[730]. Haverá nulidade intrínseca quando sua percepção se situar em seu corpo, decorrente de falha na incidência de alguma norma jurídica que conforma sua

730. GRINOVER, Ada Pellegrini; GOMES FILHO, Antonio Magalhães; FERNANDES, Antonio Scarance. *As nulidades no processo penal*. 12. ed. São Paulo: RT, 2011. p.197.

estrutura. Será extrínseco o defeito quando a atipicidade tiver origem no procedimento que, ao cabo, desaguou na sentença a ser combatida. Como, nessa sentença, não há declaração ou descrição de elemento com atipicidade para fins de declaração de nulidade e de produção da norma jurídica consequente, a conclusão, que dessa omissão decorre, é que a sentença ofende, implicitamente, relatos normativos, sendo, portanto, eivada de nulidade por decorrência.

Esse método para o reconhecimento de nulidades depois de proferida a sentença é, de certo modo, reportado por José Luis Sales. Escorando-se em abalizada doutrina, tais como Luís Osório, Delgado de Carvalho e Carlos Cossio[731], aquele articulista realça ser comum distinguir as nulidades do processo das nulidades da sentença que, a sua vez, é composta pelos requisitos da estrutura legal, das circunstâncias do caso e da valorização jurídica[732]. O ato atributivo de desvalor jurídico (nulidade-fato) deve ser, consoante pontua Edvaldo Brito, expresso por proposições prescritivas na intelecção do sujeito cognoscente: nessa, "a fonte normativa afirma ou nega algo ao pensar a conduta humana em sua interferência intersubjetiva"[733].

A atipia verificada na sentença penal condenatória é, em regra, classificada como nulidade absoluta. Isso porque, os enunciados legais que ditam os seus requisitos são os relatos destinados à formação de sua estrutura. Essa estrutura é preenchida com elementos essenciais do ato processual.

---

731. COSSIO, Carlos. *La teoría egológica del derecho y el concepto jurídico de libertad*. 2. ed. Buenos Aires: Abeledo-Perrot, 1964. p.58 *et seq.*

732. SALES, José Luis. O problema das nulidades no processo penal. *Revista Forense comemorativa – 100 anos*, tomo VII [direito processual penal], Afrânio Silva Jardim (org.), Rio de Janeiro: Forense, p.203, 2006.

733. BRITO, Edvaldo. *Limites da revisão constitucional*. Porto Alegre: Sergio Antonio Fabris, 1993. p.16.

A sentença penal condenatória é ato processual que pode ser constituído mediante a incidência de múltiplas normas jurídicas que, isoladamente, são aptas a constituir atos processuais autônomos. A depender do delito objeto de julgamento, diplomas legais especiais podem ter aplicação, sem olvidar que o Código Penal prevê, na parte geral, a forma como deve ser fixada a pena, com procedimento trifásico de sua aplicação, disposto a partir de seu art. 59.

Nesse diapasão, Ada Pelegrini Grinover, Antonio Magalhães Gomes Filho e Antonio Scarance Fernandes lecionam que os requisitos essenciais da sentença estão arrolados no art. 381, do CPP: (1) os incisos I e II exigem o relatório; (2) o inciso III impõe motivação jurídica; (4) o inciso IV constrange dogmaticamente o juiz a indicar os artigos de lei aplicados; (4) o inciso V, mencionando o dispositivo, abrange a parte decisória; e (5) o inciso VI prevê a data e a autenticação do ato. Entrementes, "pequenas omissões da sentença, que não causam dúvida sobre ponto relevante, não implicam nulidade do ato; assim, a não menção à data do crime"[734].

Como argumenta José Luis Sales, a diferença de tratamento dado à sentença é justificável por trazer consigo "um destino que extravasa do mero conteúdo processual, para se afirmar, no mundo jurídico, como a expressão definitiva da vontade da lei no caso concreto". Empresta-se à sentença, destarte, "o máximo de prestígio, exigindo-se para a validade, no entanto, um conjunto de fatores cuja inobservância lhe acarretará, em regra, a nulidade".[735]

---

734. GRINOVER, Ada Pellegrini; GOMES FILHO, Antonio Magalhães; FERNANDES, Antonio Scarance. *As nulidades no processo penal*. 12. ed. São Paulo: RT, 2011. p.197.

735. SALES, José Luis. O problema das nulidades no processo penal. *Revista Forense comemorativa – 100 anos*, tomo VII [direito processual penal], Afrânio Silva Jardim (org.), Rio de Janeiro: Forense, p.203, 2006.

11.2.2.11 Duplicidade de sentenças

A questão da duplicidade de sentenças sobre idêntica *res deducta in judicio*, envolve a noção de coisa julgada material. Uma "coisa" (fato delituoso imputável a alguém), objeto de persecução penal, não pode incorrer em *bis in idem*. Em outros termos, é vedada a instauração de persecução penal por mais de uma vez em razão do mesmo fato, como também não é possível dois julgamentos válidos de uma conduta delituosa, sejam eles proferidos em um único processo ou em processos diferentes.

Conforme anotou Ivonete Bernardes Lopes, "ocorrendo duplicidade de sentenças condenatórias, isto é, duas condenações proferidas com base no mesmo fato, deve prevalecer a que primeiro transitou em julgado". A sentença que passou em julgado em primeiro lugar é isenta de vício, enquanto a seguinte, pendente de transito em julgado ou que tenha operado esse fenômeno seguidamente, é inquinada de "nulidade por ferir a coisa julgada"[736].

Nesse sentido, o STJ sedimentou o entendimento, na esteira de precedentes do Supremo Tribunal Federal, de que, "diante da duplicidade de sentenças a respeito de um mesmo fato, deve prevalecer a sentença que transitou em julgado em primeiro lugar." Como razões de decidir, a Corte Superior considera que a imutabilidade da primeira decisão é robustecida pela verificação de ofensa do dever de lealdade processual da parte e pela ausência de menção ao vício em momento tardio.[737]

736. LOPES, Ivonete Bernardes Oliveira. *Sentenças, nulidades e recursos no processo penal*: uma abordagem doutrinária sobre a complexidade dos temas. Leme: LED, 2004. p.67.

737. STJ – HC n. 873.636/SC – Decisão Monocrática – Rel. Min. Rogerio Schietti Cruz – DJe 06 mar. 2025.

Haverá nulidade absoluta, por violação à originalidade, condição necessária ao exercício da ação penal (art. 395, II, CPP)[738].

A sentença encampa todas as nulidades eventualmente ocorridas no curso da persecução penal (por antonomásia). Isso significa dizer que a prolação da sentença e a coisa julgada que a imuniza constituem referências à verificação da ilicitude superveniente. Caso se tratasse de litispendência, sem julgamento de quaisquer dos processos, a declaração da invalidação teria como orientação a data da propositura da primeira demanda.

O princípio do *favor rei*, no entanto, deve ser reconhecido como diretriz à escolha da sentença que se revelar menos lesiva à liberdade do sentenciado, na senda do princípio *pro homine* ou *pro persona*, apto a conferir maior eficácia às garantias do imputado. Entende-se que esse deve ser o critério a preponderar nos casos de equívoco estatal na certificação de único ou de duplo trânsito em julgado, mormente diante da premissa de que as formas têm supedâneo na proteção do *jus libertatis*[739].

11.2.2.12 Falta de intimação para intervenção do Ministério Público ou falta de sua intervenção em todos os termos da ação por ele intentada e nos da intentada pela parte ofendida, quando se tratar de crime de ação pública

O CPP estatui que a nulidade terá lugar quando faltar fórmulas ou termos relacionados à "intervenção do Ministério Público em todos os termos da ação por ele intentada e nos da intentada pela parte ofendida, quando se tratar de

---

738. JARDIM, Afrânio Silva. A originalidade como regular condição para o exercício do direito de ação. In: *Reflexões críticas sobre direito e sociedade*. Pierre Souto Maior Coutinho de Amorim (org.). Belo Horizonte: Dialética, 2021. p.62.

739. ALENCAR, Rosmar Rodrigues. *Curso de direito processual penal*: em conformidade com a teoria do direito. 2. ed. São Paulo: Noeses, 2022. p.970.

crime de ação pública" (art. 564, III, "d"). Antes de classificar essa atipicidade, cabe distinguir duas espécies possíveis: (a) falta de intimação do Ministério Público para intervir na demanda penal; ou (b) ausência de intervenção do Ministério Público, malgrado intimado.

A intimação pessoal do *Parquet* é indispensável. Tal comunicação se perfaz com a entrega dos autos ao seu membro ou com o seu ingresso na repartição ministerial. A intimação é elemento essencial que precede o ato de intervenção. Trata-se de nulidade absoluta. Caso o membro intervenha na ação, independentemente do defeito ou falta de intimação, haverá substituição da atipicidade por ato processual equivalente, perdendo relevo a necessidade de declaração de nulidade e, consequentemente, a invalidação que poderia ter cabimento.

A intervenção do Ministério Público que tenha sido regularmente intimado é que suscita maiores dificuldades. Necessário conjugar o dispositivo que prevê diretamente o defeito (art. 564, III, "d", descrito acima), cominando expressamente a nulidade, e outras disposições do mesmo CPP, cujo afastamento da forma legal, implica, por construção indireta da norma sancionadora, a declaração de nulidade e, preenchidos os elementos da norma consequente, a invalidação do ato viciado.

O art. 29, do CPP, prevê a intervenção obrigatória adesiva do Ministério Público na ação penal privada subsidiária da pública (art. 5º, LIX, CF/1988). Diz a segunda parte daquele enunciado que caberá ao *Parquet* "aditar a queixa, repudiá-la e oferecer denúncia substitutiva, intervir em todos os termos do processo, fornecer elementos de prova, interpor recurso e, a todo tempo, no caso de negligência do querelante, retomar a ação como parte principal".

Como a ação penal privada subsidiária da pública tem por objeto crime que deveria ser processado por iniciativa pública, a intervenção Ministerial é elemento essencial de sua validez. Também, por razão maior, a intervenção do Ministério Público é assim classificada referentemente à ação penal intentada por ele próprio.

A indeclinabilidade da intervenção do Ministério Público na ação penal pública é constatada pelo enunciado do § 3º, do art. 93, do CPP, que estabelece relação de prejudicialidade entre demandas penal e civil, diante de questão cível de difícil solução, cuja prova a lei material não limite e seja diversa do estado civil das pessoas. De compasso com o teor daquele dispositivo, uma vez suspenso o processo penal, e cuidando-se de crime de ação de iniciativa pública, "incumbirá ao Ministério Público intervir imediatamente na causa cível, para o fim de promover-lhe o rápido andamento".

O legislador adotou, como critério, a espécie de iniciativa para a promoção da ação penal (crime cuja persecução penal em juízo é de promoção pública), equiparando aquela efetivamente movida pelo Ministério Público com a outra movida pelo particular de modo supletivo. A intervenção é necessária, inclusive para garantir que o juiz não tenha sua imparcialidade comprometida com a produção probatória eventualmente determinada de ofício.[740] Ademais, relevante para tutelar a própria ordem jurídica, diante de seu dever constitucional (art. 127, *caput*, CF).

Nesse sentido, Afrânio Silva Jardim, a partir de exame histórico do ordenamento jurídico, asseverou que se pode constatar que "a intervenção do Ministério Público sempre esteve fortemente ligada à natureza da *res deducta in judicio*". Com efeito, "a natureza pública do conflito de interesses

---

740. Apesar da constitucionalidade duvidosa do art. 209, do CPP, o STF tem reiterado que "não configura nulidade a oitiva de testemunha indicada extemporaneamente pela acusação, como testemunha do Juízo", não havendo previsão legal de "momento próprio para inquirição das testemunhas indicada pelo Juízo na forma dos arts. 156 e 209 do CPP" (STF – Primeira Turma – HC 243717 AgR – Rel. Min. Alexandre de Moraes – 02 set. 2024).

e a indisponibilidade da relação material são os dados de que se serve o legislador para outorgar legitimação ao Ministério Público, inserindo-o como sujeito na relação processual".[741]

Ada Pellegrini Grinover, Antonio Magalhães Gomes Filho e Antonio Scarance Fernandes seguem semelhante conclusão, declarando que é inválida "a prova produzida sem a presença das partes". O debate probatório com a interveniência dos sujeitos processuais envolvidos é "garantia do processo em geral, extraindo-se de sua inobservância a proibição de utilização das provas produzidas". A presença das partes é condição de validade das provas: não se resume ao exercício do direito de se defender das provas apresentadas contra uma delas. Mais do que isso, "tudo quanto for utilizado sem prévia intervenção e participação das partes acaba sendo conduzido a conhecimento privado do juiz".[742]

Contudo, as duas hipóteses de falta de intervenção do Ministério Público têm recebido distinção jurisprudencial: (a) tratando-se de ação penal intentada pelo *Parquet* (ação penal pública), a ausência de intervenção é causa de nulidade absoluta (posicionamento mitigado, na jurisprudência da Supremo Tribunal Federal[743]); (b) cuidando-se de ação penal privada subsidiária da pública, a hipótese é de nulidade relativa. A justificativa para tal posicionamento é a disposição do art. 572, do CPP, denominada de sanatória por setor doutrinário. Seu enunciado estatui que as nulida-

741. JARDIM, Afrânio Silva. *Da publicização do processo civil.* Rio de Janeiro: Liber Juris, 1982. p.114-116.

742. GRINOVER, Ada Pellegrini; GOMES FILHO, Antonio Magalhães; FERNANDES, Antonio Scarance. *As nulidades no processo penal.* 12. ed. São Paulo: RT, 2011. p.118.

743. Tomando a evidência de prejuízo como vetor decisório, o STF tem denegado a nulificação de processo movido por ação penal pública, em que tenha faltado intevenção ministerial, aduzindo, por exemplo, que "o impetrante nem sequer indicou de que modo a renovação do referido ato processual com a presença do Ministério Público poderia beneficiar o acusado, limitando-se a apontar, mediante considerações genéricas, violação ao devido processo legal" (STF – HC 255522/PA – Rel. Min. Cristiano Zanin – DJe 29 abr. 2025).

des previstas no art. 564, inciso III, alíneas "d" e "e", segunda parte, "g" e "h", e IV, serão consideradas sandadas: "I - se não forem arguidas, em tempo oportuno, de acordo com o disposto no artigo anterior; II - se, praticado por outra forma, o ato tiver atingido o seu fim; III - se a parte, ainda que tacitamente, tiver aceito os seus efeitos".

Paulo Cláudio Tovo fundamenta esse entendimento, discernindo: (1) a primeira parte, da alínea "d", do inciso III, do art. 564, do CPP, não é atingida pela sanatória regrada no aludido art. 572, eis que "a intervenção do Ministério Público em todos os termos da ação por ele intentada, é igualmente essencial à validade do processo, aliás, por decorrência do próprio princípio do contraditório"; e (2) tal raciocínio já não se aplica à ação proposta pelo ofendido, nos casos de crimes de ação pública, pois "na hipótese não há quebra do dogma do contraditório".[744]

Paulo Tovo se distancia da concepção de Afrânio Silva Jardim, que compreende a intervenção do *Parquet* como necessariamente enlaçada à natureza da coisa deduzida em juízo, diante da essência pública e indisponível da relação jurídica material veiculada por intermédio do processo.[745]

O texto descrito, do art. 572, do CPP, é amoldável à categoria "regra de calibração". Ele quebra a consequencialidade da lógica normativa gizada no art. 564. É um enunciado à parte que enseja a construção de uma terceira norma jurídica, distinta do antecedente-consequente cominado pelo legislador. Em outras palavras, a rigor, o defeito, por ferir elemento essencial do ato de intervenção do *Parquet*, é classificado como nulidade absoluta. A criação de uma terceira norma jurídica (regra de calibração do supradito

744. TOVO, Paulo Cláudio. *Nulidades no processo penal brasileiro*: novo enfoque e comentário. Porto Alegre: Sergio Antonio Fabris, 1988.p.41.

745. JARDIM, Afrânio Silva. *Da publicização do processo civil*. Rio de Janeiro: Liber Juris, 1982. p.114-116.

art. 572) amplia a pragmática do consequente alternativo (invalidação ou convalidação).

Diante do teor do art. 127, da Constituição, é plausível questionar a incompatibilidade da aplicação do art. 572, do CPP, no ponto que visa a sanar nulidade por falta de intervenção do Ministério Público na ação penal pública ou naquela privada subsidiária da pública.

Vale notar que aquele dispositivo constitucional preconiza que "o Ministério Público é instituição permanente, essencial à função jurisdicional do Estado, incumbindo-lhe a defesa da ordem jurídica, do regime democrático e dos interesses sociais e individuais indisponíveis". A essencialidade da intervenção, mesmo nos casos de ação penal privada subsidiária da pública, é depreendida até mesmo do art. 129, inciso I, da Lei Maior, que estatui ser função institucional do *Parquet*, "promover, privativamente, a ação penal pública, na forma da lei".

De tal modo, a aplicação de norma jurídica com supedâneo no art. 572, do CPP, para afastar a consequencialidade da nulidade absoluta por falta de intervenção do Ministério Público nas ações penais referidas na alínea "d", do inciso III, do art. 564, do CPP, não se compatibiliza com a Constituição, devendo ser declarada nulidade parcial sem redução de texto (mantém-se o enunciado, porém se afasta a norma construída a partir dele, por não ter sido recepcionada).

11.2.2.13 Falta ou vício de citação do réu para responder à acusação, bem como o seu interrogatório, quando presente

A citação é providência formal que dá ciência ao acusado sobre os termos da imputação, a fim de que exerça seu direito à ampla defesa. Os elementos do ato da comunicação processual ao imputado são essenciais. É substancial, naturalmente, o próprio ato citatório[746]. A forma legal é o trilho pelo qual se deve concretizar o princípio constitucional da defesa ampla e do contraditório.

No procedimento comum ordinário, o acusado é citado para responder preliminarmente à acusação, no modo previsto no art. 396-A, do CPP. Não é mais citado para ser interrogado, ato postergado para o fim do rito, sendo indispensável ser oferecida oportunidade para tanto, bem como que sejam respeitadas as formalidades e a sequência legal tendentes a garantir a vedação à autoincriminação.

Ofendida a forma jurídica, com incidência deficiente de normas jurídicas, que são documentadas por meio de atos essenciais, com elementos de igual natureza, haverá nulidade absoluta. O vício é de ser reconhecido como nulidade-fato, com a descrição normativa primária. Após, a construção da norma jurídica secundária consignará a constituição de declaração de invalidação.

O CPP não é expresso sobre os limites à efetivação da citação, pelo oficial de justiça. Não estatui a indicação de hora, dia ou local para essa comunicação processual. O art. 797, do CPP, *verbi gratia*, permite que atos processuais, a exceção das sessões de julgamento, sejam realizados em férias, domingos, feriados ou dias não úteis, sem demarcar aspectos de tempo (momento) e de espaço (lugar). O CPC, diferentemente, traça balizas à citação, vedando-a em cultos, luto, núpcias e enfermidade, na forma dos arts. 243 a 245, do CPP. Apesar da admissão de analogia (art. 3º, CPP),

746. O aspecto finalístico-funcional da citação tem orientado o seu controle pelos tribunais, malgrado deva sempre se respaldar em texto legal (art. 570, CPP). O STJ, exempli gratia, avivou que "não há como reconhecer a nulidade por cerceamento de defesa no caso de acusado que – embora ausente por ter empreendido fuga e frustradas as diligências comunicativas – tenha sido devidamente assistido por advogado constituído, com a obtenção do fito citatório" (STJ – Sexta Turma – AgRg no HC 823.208-RJ – Rel. Min. Antonio Saldanha Palheiro – 03 maio 2024).

a citação do réu, acerca da imputação penal, envolve maior constrangimento, afetando gravemente o *status dignitatis*.

Todas as disposições submetem-se a filtro constitucional.

A realização da citação deve se lastrear em juízo de proporcionalidade, optando-se pela sua citação durante o dia, em sua residência ou no lugar em que a lei indicar, evitando-se que esse ato seja levado a cabo pela noite, em local de trabalho, sensível ou nos momentos em que a intimidade deva ser preservada, a exemplo daqueles indicados no CPC, ressalvada sua absoluta indispensabilidade, devidamente justificada.

De outra vertente, relevante a observância da disciplina do interrogatório no Capítulo III, do Título VII, do Livro I, do CPP, inserido, positivamente, como meio de prova nominado.

Todavia, ele tem recebido contornos de meio de defesa, mormente por ter se tornado o ato derradeiro do procedimento comum. Dessa percepção decorre que não deve ser o acusado encaminhado coercitivamente para ser interrogado. Mesma razão deve ter lugar para obstar a condução coercitiva do investigado na fase preliminar. Nesse sentido, o entendimento do STF, destacando a inconstitucionalidade da expressão "para o interrogatório", constante do art. 260, do CPP.[747]

Aliás, é cediço que a Constituição de 1988 assegura o silêncio ao imputado (art. 5º, LXIII), bem como que, no rito do júri, o acusado, se preso, tem direito a dispensa de comparecimento à sessão plenária de julgamento (por requerimento assinado por ele e seu defensor); se solto o réu, ele pode ser julgado pelo tribunal popular sem sua presença (art. 457, *caput* e § 2º, CPP)[748]. Lição de Amilton Bueno de

747. STF – Primeira Turma – Rcl 77195 AgR, Rel. Min. Luiz Fux – DJe 23 abr. 2025.

748. Na senda de proporcionar a presença adequada do acusado na sessão de seu julgamento, o STJ firmou que "é nula a decisão que, genericamente, indefere o

Carvalho ilustra, a propósito, que "nulo é o processo em que o acusado foi advertido, quando do interrogatório, sobre ônus que seu silêncio poderia implicar"[749].

Atenção especial deve se dar ao art. 570, do CPP, eis que prevê que o comparecimento do acusado supre o vício de citação. Não se cuida de hipótese de relativização da nulidade absoluta, nem exatamente é caso de saneamento (não há desfazimento dos efeitos da citação irregular e refazimento do ato).

O comparecimento do acusado é fato processual que substitui a citação ausente ou irregular. Trata-se de incidência de outra norma jurídica, que a legislação processual penal prevê como alternativa àquele ato formal. Note-se que o juiz não manda refazer o ato (saneamento): ele apenas reconhece a incidência da norma que aufere o mesmo objetivo daquela que preconiza a citação.

Sem embargo, a segunda parte do art. 570, do Código, estatui a possibilidade de modulação dos efeitos a serem delimitados pelo magistrado, ao verberar que "o juiz ordenará, todavia, a suspensão ou o adiamento do ato, quando reconhecer que a irregularidade poderá prejudicar direito da parte". Trata-se de característica pragmática do tema, criando o dever jurídico do juiz de velar para que direitos fundamentais não sejam preteridos pelo reconhecimento da substituição da citação ausente ou viciada, pelo comparecimento do acusado.

11.2.2.14 Citação por edital de réu preso na mesma unidade federativa do juízo processante (Súmula nº 351, STF)

Trata-se de enunciado sumular não vinculante da Suprema Corte, cuja aplicação é reiterada. Como a citação

---

pedido de apresentação do réu em plenário do júri com roupas civis" (STJ – Quinta Turma – HC 778.503-MG – Rel. Min. Daniela Teixeira – DJe 19 mar. 2024).

749. CARVALHO, Amilton Bueno. *Garantismo penal aplicado*. Rio de Janeiro: Lumen Juris, 2003. p.105.

por edital é ficta, a presunção de prejuízo para o exercício de defesa do acusado que poderia ter sido citado pessoalmente é absoluta.

Transportando o verbete em epígrafe para os dias atuais, é plausível construir norma jurídica tendente a exigir citação pessoal para todo e qualquer réu preso no território nacional, independentemente do Estado do juízo processante ou do lugar onde esteja cumprindo a pena.

Deveras, a tramitação dos processos tem-se tornado digital e linear, caracterizada pela simultaneidade do controle eletrônico e instantaneidade do acesso aos dados das pessoas.

O direito ao contraditório e à ampla defesa, ao lado de outras disposições que enfatizam a excepcionalidade da citação ficta, são conducentes a essa conclusão. A citação por edital de réu preso é, portanto, vício que afeta elemento essencial do ato de comunicação processual da imputação formulada contra o acusado presente (nulidade absoluta).

11.2.2.15 Citação do réu por aplicativos de mensagens (WhatsApp e quejandos)

A citação do réu consiste no seu chamamento formal para responder, em juízo, a uma acusação de prática de infração penal. É essencial à aferição da contumácia do imputado, que essa comunicação processual atenda às condicionantes do direito positivo. Se o imputado, deliberadamente, não comparece ao chamado da Justiça, somente haverá juridicidade no sequenciamento dos atos previstos na legislação se – e somente se – o ato citatório se revestir dos requisitos gizados no programa normativo derivado da lei.

Nessa toada, não se admite que a citação seja realizada por carta registrada com aviso de recebimento, a exemplo de ser veiculada por missiva entregue pelos serviços dos Correios ou similares. É da essência da comunicação processual em matéria criminal a obediência restrita ao padrão legal descrito nos dispositivos do CPP.

Muito menos se deve anuir com a citação por aplicativos similares ao *WhatsApp*, *Telegram* e *Signal*. Cuida-se de nulidade-fato que ofende elemento essencial ao ato. Além de cominada no art. 564, inciso III, alínea "e", do CPP, essa atipicidade viola, diretamente, a garantia ao contraditório e à ampla defesa (art. 5º, LV, CF).

Sob essa luz, constata-se que se equivoca o STJ ao ratificar, ainda que ponderando sua excepcionalidade, citação por *WhatsApp*, à míngua de previsão legal. Na dicção da Corte Superior, a citação pelo aplicativo *WhatsApp* é válida quando contém elementos indutivos da autenticidade do destinatário – a exemplo do número do telefone, confirmação escrita e foto individual –, pelo que a nulidade só há de ser reconhecida quando constatado prejuízo concreto ao imputado.[750]

Ainda que o CPP contemplasse esse modo de comunicação processual, caberia ponderar sobre os riscos de um permissivo desse jaez, máxime diante do aumento do fluxo de mensagens e da insegurança que tem se revelado no plano digital, incompatível com a esfera criminal.

11.2.2.16 Omissão ou vício na concessão de prazos para o exercício da acusação ou da defesa

É hipótese de nulidade absoluta, mediante o uso da técnica de tipificação direta do vício processual, a falta de obediência à fórmula ou ao termo prazal aventada na parte final da alínea "e", do inciso III, do art. 564, do CPP. Cuida-se de defeito sobre os "prazos concedidos à acusação e à defesa", expressão da garantia constitucional ao contraditório e à

---

750. STJ – Sexta Turma – RHC 182.374/DF – Rel. Min. Sebastião Reis Júnior – DJe 31 mar. 2025.

ampla defesa. Para tanto, necessário que o ato seja produzido no lapso legal, essencial à defesa ou à acusação.

Em outras palavras, os prazos que devem ser concedidos para que seja efetivado o princípio constitucional que assegura um procedimento participativo, bilateral, não podem ser objeto de mitigação, salvo se a supressão implicar maior eficácia à garantia fundamental, em favor do imputado. De todo modo, haverá nulidade-fato (absoluta) na modificação do aspecto temporal prazal, pelas partes ou pelo órgão autêntico. O que pode ser objeto de desvio é a qualidade da norma jurídica secundária que, como regra, será a de invalidação. Porém, dependendo do aspecto pragmático de utilidade à efetividade de direito fundamental, cabível a convalidação.

Para exemplificar, a não concessão de prazo ao réu para apresentar resposta preliminar à acusação ou alegações finais é justificada quando seguida de sentença absolutória (arts. 397 e 486, CPP) ou de prescrição da pretensão punitiva (art. 61, CPP). A antecipação desses atos acaba por otimizar a irradiação dos efeitos do núcleo constitucional do direito processual penal.

As regras da preclusão, da finalidade e da anuência, descritas nos incisos do art. 572, do CPP, representam traços de variabilidade aplicada à norma jurídica secundária. São regras de calibração. Tercio Sampaio Ferraz Júnior explica que regra de calibração é um enunciado que admite possibilidades de variações ao nível da relação, em um certo setor (regulagem, calibragem). De outra banda, o autor chama de imperatividade o fenômeno de estabilização da definição dos aspectos-cometimento de normas diversas. Para o jurista, sufragando posicionamento pragmático, "uma norma é vinculante no sentido de que estão reguladas as variações de sua possibilidade de imposição dentro de um âmbito determinado".[751]

---

751. FERRAZ JÚNIOR, Tercio Sampaio. *Teoria da norma jurídica*: ensaio de pragmática da comunicação normativa. 4. ed. Rio de Janeiro: Forense, 2009. p.133.

Volvendo para o caso dos princípios citados no art. 572, do CPP, eles só devem ser aplicados se a interpretação, no nível do aspecto-cometimento da norma, não equivaler à diminuição de eficácia dos direitos do contraditório e da ampla defesa. Se não atendido esse pressuposto, necessário realizar controle de constitucionalidade da incidência do desvio de consequência pretendido pela supradita regra de calibração, não se admitindo menoscabo às garantias fundamentais processuais penais endereçadas à proteção da liberdade do imputado.

A aferição da essencialidade do ato de concessão de prazos é de ser procedida pelo cotejo com o ato produzido ou que o deveria ser. Se o ato a ser exarado no lapso outorgado por lei é essencial ao direito de defesa, a sua falta causará nulidade absoluta, para se seguir com a providência normativa de invalidação ou de saneamento (desfazimento dos efeitos e refazimento do ato defeituoso).

Porém, se o ato objeto de intimação e de concessão de prazos é acidental, a mitigação do direito ao deferimento do lapso é atipia que recai sobre elemento acidental, classificando-se como nulidade relativa. Veja-se, como exemplo, a falta de intimação do acusado ausente (citado por edital) acerca da sentença absolutória ou extintiva de punibilidade, contra a qual não se insurgiu o Ministério Público. A providência consequente, neste último caso, será de invalidação se, e somente se, demonstrado prejuízo a direito e observado o art. 572, do CPP. Não se verificando redução de eficácia de garantia fundamental, adequada a implicação de convalidação.

11.2.2.17 Vícios ou falta de elementos essenciais à decisão de pronúncia

A decisão de pronúncia é decisão interlocutória mista (art. 800, I, CPP), de natureza não terminativa (encerrando fase, mas não o processo, sem definir-lhe o mérito), da qual emana juízo de admissibilidade para submissão do acusado a júri. A motivação nela constante deve ser suficiente o bastante à certificação do convencimento do juiz sobre a materialidade do fato e a respeito de indícios de autoria ou de participação. Entretanto, essa fundamentação encontra limites, nesses mesmos parâmetros, não podendo adentrar em reconhecimento de culpa do acusado.

A parte dispositiva do julgado deve declarar o dispositivo legal que reputar incurso o réu, assim como delimitar as circunstâncias qualificadoras e as causas de aumento de pena (art. 413, e parágrafos, CPP). Pronuncia-se o acusado pelo crime doloso contra vida. Eventual infração penal não dolosa contra a vida é remetida ao júri, por força de regra de conexão (art. 76, CPP).

A pronúncia, enquanto decisão, é ato processual penal do juiz que pode reunir, em seu corpo, outros atos processuais. A nulidade da pronúncia pode ser total ou parcial. Nela pode constar decretação de prisão preventiva que se afaste do modelo legal do art. 312, do CPP. A nulidade absoluta pode recair, portanto, somente sobre este capítulo da decisão de pronúncia, sendo, sob este prisma, parcial.

A pronúncia é constituída pela descrição de incidência de várias normas jurídicas. A imperfeição pode ser grave (sobre elementos essenciais) ou leve (sobre elementos acidentais). Sendo grave o vício que decorre da incidência deficiente da norma, pode ele ser classificado como hipótese de nulidade absoluta parcial ou total.

Será parcial a nulidade absoluta da pronúncia quando for possível isolar o vício em um dado capítulo, de forma que não contamine todo o decisório. Será total quando o defeito macular todos os capítulos da decisão ou quando, embora afetando só um deles, finde por tornar inaproveitável toda a deliberação que constituir a pronúncia do acusado.

Dentre os vícios que contaminam gravemente a pronúncia de forma total, recaindo sobre elemento essencial desse ato processual (nulidade absoluta), estão: (1) a fundamentação ausente ou deficiente, tal como a que adentra no mérito absolutório ou condenatório (com afirmação de existência insofismável de tipicidade, antijuridicidade ou culpabilidade relativamente ao crime contra a vida ou a infração penal conexa), ou que se apresente de forma eloquente (afirmando ser o acusado evidentemente culpado); (2) o não enfrentamento das teses da defesa tendentes à absolvição sumária ou o seu enfrentamento sem a indispensável neutralidade, a fim de evitar possível influência sobre o ânimo dos jurados, seja no sentido condenatório, seja no absolutório; (3) a declaração de condenação do acusado; e (4) a apreciação e a inclusão de matérias próprias da fixação da pena, cuja menção é vedada no bojo dessa decisão, a exemplo da inserção de causas especiais de diminuição de pena (cláusulas de privilégio vedadas pelo art. 7º, do Decreto-Lei nº 3.931/1941 – Lei de Introdução ao CPP –, ressalvada a tentativa, a teor do art. 14, II, Código Penal), de agravantes, de atenuantes, de continuação delitiva e de concurso de crimes (formal ou material).

Essas questões, se examinadas e descritas pelo juiz na fundamentação da decisão de pronúncia, ensejam inclinação tendente a reconhecer a culpa do acusado, violando o princípio da presunção de não culpabilidade (estado de inocência), bem como desrespeitando a competência constitucional do júri para julgar crimes dolosos contra a vida.[752]

---

752. Rubens Casara ensina que “mais do que uma opção legislativa em prol do indivíduo, o princípio da presunção de inocência representa uma proposta de segurança para o corpo social, visto que o arbítrio estatal, corporificado na condenação de inocentes representa uma forma de violência igual, ou até pior (por se tratar de violência estatal), que a cometida pelos criminosos” (CASARA, Rubens. *Estado pós-democrático*: neo-obscurantismo e gestão dos indesejáveis. Rio de Janeiro: Civilização Brasileira, 2017. p.152).

Como decorrência, a decisão de pronúncia não estará caracterizada pelo equilíbrio necessário a alijar riscos de interferência no veredicto, bem como resvalará em ferimento à disposição constitucional de competência do órgão do Poder Judiciário. Ademais, como os jurados são pessoas leigas, a pronúncia que serve de parâmetro à acusação na sessão de julgamento plenário deve ser tecnicamente neutra. Do contrário, violado estará o princípio da imparcialidade, depreendido do sistema acusatório constitucional.

Outros vícios da pronúncia podem atingir elementos acidentais, caracterizando nulidade relativa ou irregularidade. Sendo nulidade relativa, indispensável será a objeção oportuna da nulidade e a demonstração de prejuízo. A pronúncia tem elevada carga eficacial preclusiva, tanto intrínseca (isto é, após exauridos os recursos contra ela, imunizam-se nulidades em si mesma), quanto extrínseca (nulidades anteriores são, como regra, consolidadas, *ex vi* do art. 593, III, "a", CPP). A título ilustrativo, calha fazer remissão a julgado do STJ, reiterando que posterior condenação torna prelusa a possibilidade de nulidades na pronúncia[753].

À decisão de pronúncia é aplicável o art. 381, do CPP, que expõe os elementos basilares da sentença.

Os incisos I e II, daquele dispositivo legal, falam da necessidade de descrição dos nomes das partes e de exposição sucinta da acusação e da defesa. O primeiro requisito se satisfaz com a identificação física do pronunciado. O segundo é preenchido com a lavratura de relatório com a narrativa dos incidentes relevantes do processo.

Faltando o relatório, mas depreendido o histórico da causa pela exposição detalhada na fundamentação, haverá vício, porém sobre elemento acidental, classificado como nulidade relativa. Dessa nulidade decorrerá constituição de invalidação

753. STJ - Quinta Turma - HC 784.263/ES - Rel. Min. Daniela Teixeira - Red. p/ acórdão Min. Messod Azulay Neto - DJe 2 set. 2024.

total da pronúncia, por norma individual e concreta produzida pelo órgão competente do Poder Judiciário, se a ausência do relatório implicar prejuízo à garantia do contraditório, da ampla defesa e da fundamentação suficiente do julgado. Por outro lado, embora ausente o relatório, se elementos constitutivos deste puderem ser extraídos da fundamentação da pronúncia, evidenciando que o juiz apreciou a questão de forma bastante, sem possibilidade de prejuízo para a eficácia de direito fundamental do acusado, a consequência normativa da nulidade relativa deverá ser a de convalidação.

Deveras, da nulidade relativa, seguir-se-á a invalidação se evidenciado o prejuízo e levantado o vício oportunamente. Por outro prisma, se o relatório existir, mas localizado na segunda parte da sentença ou de forma mais sucinta do que a esperada, a deformidade será classificada como simples irregularidade, com a emanação necessária de norma jurídica individual e concreta de convalidação. Também é mera irregularidade a ausência de data da pronúncia ou a falta de rubrica em uma de suas folhas.

11.2.2.18 Não oportunização à apresentação de rol de testemunhas, nos processos perante o Tribunal do Júri

Na alínea "f", do inciso III, do art. 564, do CPP, é inferida a hipótese de falta de concessão de prazo para a produção de prova testemunhal em sessão plenária. No texto original de 1941, consta a ocorrência expressa de nulidade quando a falta ou vício recair sobre o libelo (e respectiva cópia), acompanhado do rol de testemunhas, no rito do júri.

Com a proscrição do libelo, a formalidade que sobejou foi o direito de cada parte entregar, em cinco dias, o rol de cinco testemunhas e requerimento de juntada de documentos e de outras diligências necessárias ao julgamento plenário (art. 422, CPP). É faculdade que integra o direito constitucional ao contraditório e à ampla defesa, de natureza essencial.

A falta ou o vício sobre essa fase deve ser classificada, por norma individual e concreta exarada pelo juiz, como nulidade absoluta. Verificado o vício de ofício (dever também preconizado pelo art. 251, CPP) ou mediante provocação do interessado, deve-se se seguir a constituição de declaração de invalidação dos atos subsequentes à omissão ou do ato defeituoso (incompleto), com o conseguinte saneamento, oportunizando-se a produção probatória.

11.2.2.19 Omissão ou vício de intimação do réu para a sessão de julgamento, pelo Tribunal do Júri

Nulidade cominada, de tipificação direta, expressa, é a consignada no art. 564, inciso III, alínea "g", do CPP: a nulidade por descumprimento da fórmula que preconiza a intimação do réu para julgamento, pelo tribunal do júri, quando a lei não admite o seu julgamento à revelia-fato (eis que não devem incidir efeitos jurídicos negativos da revelia do imputado em processo penal – revelia-consequência).

Aquele enunciado, da redação original do CPP, deve ser lido em consonância com as disposições vigentes sobre a possibilidade de julgamento do acusado, pelo júri, sem sua presença, nos termos da atual redação de seu art. 457.

O que é indispensável, em outros termos, é a intimação regular do acusado, pessoalmente ou por edital (quando ausente, a teor do parágrafo único, do art. 420), acerca da decisão de pronúncia e, antes de ultimado o *judicium causae*, da data da sessão plenária. Por outro lado, o direito que o acusado tem de não se fazer presente é impeditivo ao reconhecimento de revelia ou, ao menos, de seus efeitos (revelia-consequência), incompatíveis que são com o princípio do estado de inocência do direito processual penal constitucional.

É o que se infere, dentre outros dispositivos, do art. 457 e § 2º, do CPP. Decerto, o julgamento pelo júri popular "não será adiado pelo não comparecimento do acusado solto, do assistente ou do advogado do querelante, que tiver sido regularmente intimado". Caso o réu preso não seja conduzido à sessão, será ela adiada "para o primeiro dia desimpedido da mesma reunião, salvo se houver pedido de dispensa de comparecimento subscrito por ele e seu defensor".

A hipótese de falta de intimação do acusado para a sessão não torna a nulidade relativa em face da possibilidade de incidência do art. 572, do CPP, que alude à alínea "g", do inciso III, do art. 564, do CPP. Os princípios da preclusão, da finalidade e da anuência têm operatividade sobre a nulidade-consequência (não sobre a nulidade-fato), para evitar a consequência normal, desde que de acordo com os parâmetros constitucionais.

Sem embargo, pode também ocorrer a substituição dos efeitos do ato ou da omissão com nulidade absoluta por conduta processual (fato), autorizada por lei, qual seja, o comparecimento espontâneo do acusado, *a simili* do art. 570, do CPP.

Não tendo sido intimado para o julgamento, as seguintes situações são possíveis: (1) o advogado, na sessão, apresenta manifestação escrita ou oral, solicitando a dispensa do comparecimento do seu constituinte àquele ato; ou (2) o acusado comparece voluntariamente à sessão de julgamento solicitando sua realização ou seu adiamento.

Nesse último caso, a nulidade absoluta implicará, diante da existência de conduta processual que otimiza os direitos fundamentais sob debate, a declaração de substituição do ato faltante ou viciado (não intimação da data de julgamento) por outro (ato-fato de comparecimento do acusado ou requerimento).

Frise-se que se a sessão se seguir sem esses cuidados, ignorando a ausência de intimação do acusado para o julgamento, não acompanhado de manifestação específica da defesa ou de comparecimento voluntário do réu e acréscimo de prazo indispensável à sua defesa, a nulidade absoluta, declarada e categorizada, determinará a produção de norma jurídica de invalidação.

11.2.2.20 Falta ou vício de intimação das testemunhas arroladas após a pronúncia para comparecimento ao júri

As testemunhas arroladas para a sessão do júri são provas cuja essencialidade é determinada pelo requerimento da parte interessada (art. 422, CPP), que deve apor ao pleito a imprescindibilidade da produção da prova oral em plenário. É o ditado pelo art. 461, do CPP: embora prescreva a não procrastinação do julgamento pelo não comparecimento da testemunha, ressalva que haverá adiamento se uma das partes tiver requerido a sua intimação por mandado, declarando não prescindir do depoimento e indicando a sua localização.

A base para a inferência da tipificação direta da nulidade é a letra "h", do inciso III, do art. 564, do Código, enfatizando o vício sobre "a intimação das testemunhas arroladas no libelo e na contrariedade, nos termos estabelecidos pela lei". Como o libelo e contrariedade não mais compõem o rito do júri, a oportunidade de apresentação do rol de testemunhas é o do art. 422, do mesmo diploma legal.

Como se depreende, nulidade absoluta só ocorrerá quando o júri acontecer sem aquela oitiva, malgrado a cláusula de imprescindibilidade, fazendo-se acompanhar de indicação do local onde possa ser encontrado no território sob jurisdição, para fins de condução coercitiva.

11.2.2.21 Falta do quorum de pelo menos quinze jurados para a constituição do júri

O tribunal do júri é formado pela composição de um juiz togado (presidente) e de vinte e cinco jurados (art. 433, CPP). O *quorum* mínimo para abertura dos trabalhos é previsto no art. 463, *caput*, do CPP, que frisa ser necessário o comparecimento de, pelo menos, quinze jurados, para que o juiz presidente declare instalada a sessão, anunciando o processo a ser julgado.

Além daquela previsão, o Código, em seu art. 564, inciso III, alínea "i", dispõe que ocorrerá nulidade se desatendida essa fórmula legal, ou seja, quando não se verificar a presença de pelo menos de quinze jurados para a constituição do júri. Essa regra é basilar à lisura da investidura do conselho de sentença. Número menor de jurados implica espaço mais estreito para a escolha de seus membros, prejudicando a garantia do imputado a um órgão judiciário imparcial.

A nulidade cominada por lei evidencia a essencialidade do elemento concernente ao *quorum* mínimo de jurados para a instalação da sessão. É uma etapa que é antecedida pela publicação de lista geral anual (art. 426, CPP) e pelo sorteio de jurados que devem integrar a composição do júri para uma determinada reunião de processos prontos para julgamento (art. 432, CPP).

O *quorum* mínimo de quinze jurados coroa a publicidade da escolha de membros da comunidade para a formação do tribunal do júri. A ciência prévia de quem serão as pessoas que participarão de algum julgamento é, a um só tempo, forma de garantir a imparcialidade e a eficácia do princípio da publicidade dos atos do processo (art. 93, IX, CF/1988).

De outra lente, o "empréstimo de jurados" de uma vara de júri a outra (salas paralelas) não deve ser admitido, porquanto não é apto a superar a violação ao princípio da publicidade que deve cercar a feitura do alistamento e do sorteio dos jurados aptos à reunião periódica, para cada um dos órgãos do Poder Judiciário com competência para julgar crimes dolosos contra a vida.

São hipóteses que afetam elementos essenciais ao julgamento pelo corpo de jurados (conselho de sentença), responsável por traçar os parâmetros à elaboração da decisão técnica do juiz presidente, por meio das respostas aos quesitos que lhe são apresentados. O vitupério a esses parâmetros constitui nulidade absoluta[754].

11.2.2.22 Vícios no sorteio dos jurados do conselho de sentença e sua incomunicabilidade

O defeito que recai sobre incomunicabilidade, se efetivamente violada, enseja o reconhecimento de nulidade absoluta, com a dissolução do conselho de sentença ou invalidação da sessão. Nesses casos, deve-se seguir a marcação de nova data para o julgamento.

Se a quebra da incomunicabilidade dos jurados for levada ao conhecimento do tribunal de segunda instância, suas razões devem indicar consignação em ata com prova sobre o fato. Constatada a veracidade da alegação, o órgão autêntico incidirá norma jurídica classificatória de nulidade e declaração da desconstituição do julgamento, para o fim de ser renovado.

O direito fundamental ferido é a garantia de imparcialidade dos julgadores. Sufragando esse cariz, conquanto sem nominar a atipicidade de nulidade absoluta, o STJ declarou inexigível a aplicação do *pas de nullité sans grief*, vincando tese jurídica dividida em dupla proposição. A primeira na senda de que "a quebra da incomunicabilidade dos jurados durante o julgamento pelo Tribunal do Júri presume prejuízo à defesa". A segunda, sublinhando que "o uso prolongado de aparelho celular por jurado durante os debates orais

754. O STJ, apesar da dicção legal em sentido contrário (art. 593, III, "i", CPP), tem admitido o empréstimo de jurados para complementar o quorum de abertura da sessão do júri, aduzindo que "não há qualquer nulidade absoluta no empréstimo de jurados do mesmo juízo para que se complete o número mínimo exigido em lei" (STJ – AREsp 2.204.108 – Decisão Monocrática – Rel. Min. Reynaldo Soares da Fonseca – DJe 13 jan. 2025).

compromete a imparcialidade e a independência dos julgadores leigos, configurando nulidade do julgamento"[755].

O defeito sobre o sorteio de jurados e sobre a tomada de assento no conselho de sentença também afeta a higidez do julgamento. É indeclinável que a escolha obedeça aos critérios legais, sem burla ou violação de ditames que regulam o sorteio (art. 467, CPP).

As regras que ditam a forma e o número das recusas, justificadas (sem número máximo) ou injustificadas (até o número de três para acusação e para defesa, nos termos do art. 469, do CPP), são cogentes. O afastamento desse modelo impõe a deflagração de controle de nulidade, com o devido cálculo normativo.

11.2.2.23 Omissões, vícios ou contradições relativamente aos quesitos e às respectivas respostas do júri

No julgamento pelos jurados, são absolutas as nulidades decorrentes da omissão de quesitos, das respostas ou, ainda, a existência de contradição entre quesitos ou entre respostas (art. 564, III, "k", parágrafo único, CPP). Havendo vício dessa monta, não corrigido de pronto, a nulidade do julgamento é absoluta e total. Não é possível reconhecimento de nulidade parcial do julgamento, com devolução da matéria decotada ao júri.

Os quesitos devem ser elaborados consoante os parâmetros dos arts. 482 e 483, do CPP. As proposições devem ser simples, de acordo com a ordem legal e compreensíveis pelos jurados. O objetivo é que o conselho de sentença compreenda o fato a ser julgado, por intermédio da quesitação.

Galdino Siquêira define quesito como "a forma extrínseca e interrogativa das questões de fato, que têm de ser

755. STJ – Quinta Turma – AgRg no AREsp 2.704.728/MG – Rel. Min. Messod Azulay Neto – DJe 28 maio 2025.

propostas pelo presidente do tribunal ao conselho dos jurados"[756]. O objeto dos quesitos é o conteúdo fático. A sua fonte de elaboração é a decisão de pronúncia, com os atos que lhe sucedem, notadamente os debates.

Nas causas apreciadas pelos jurados, ou se invalida totalmente o julgamento ou se convalida por inteiro. Tal providência é de competência do tribunal *ad quem*. Constatada a atipicidade, deverá ser renovado o julgamento, com sua inserção em reunião periódica do júri[757].

11.2.2.24 Omissões ou vícios relativos à acusação e à defesa, na sessão de julgamento do júri

Na sessão plenária do júri, as nulidades devem ser alegadas logo que ocorrerem, com descrição circunstanciada em ata (art. 571, VIII, CPP). A prescrição de alegação oportuna de vícios tem cabimento, como regra, para casos de nulidades relativas, inaptas a atingirem o direito à ampla defesa (plenitude de defesa, a teor do art. 5º, XXXVIII, "a", CF/1988) e ao contraditório. No entanto, omissões ou defeitos alusivos à concessão de tempo ao exercício da defesa do réu ou da acusação no plenário do júri são classificados como nulidades absolutas.

É o caso de redução de prazo regulamentar para sustentação oral (art. 476, CPP) ou impedimento indevido para o Ministério Público replicar e para a defesa treplicar (art. 477, CPP). Tais vícios são insanáveis pelo decurso do tempo durante a vida do processo.[758] O art. 564, inciso III, alínea

756. SIQUÊIRA, Galdino. *Curso de processo criminal*: com referência especial à legislação brasileira. São Paulo: Centro de Propaganda Católica, 1910. p.323.

757. STJ – Sexta Turma – AgRg no AgRg no AREsp 2.687.040/MG – Rel. Min. Sebastião Reis Júnior – DJe 14 fev. 2025.

758. O STJ entende possível o ajuste de tempo entre as partes, para sustentação oral durante sessão do júri, seguindo-se de homologação judicial. Note-se que tal proceder conflita com o art. 477, do CPP, fazendo incidir nulidade absoluta, a teor do art. 564, inciso III, do mesmo Código. Entrementes, a admissibilidade daquele

"l", do CPP, contempla hipótese de nulidade cominada (absoluta), tipificando diretamente a nulidade pela falta (omissão ou falha) de fórmula tocante à acusação e à defesa, na sessão de julgamento.

11.2.2.25 Omissão de reexame necessário de decisão, nos casos em que a lei o tenha estabelecido

Quando exigido por lei, o reexame necessário constitui requisito ao trânsito em julgado da sentença ou à preclusão da decisão. O art. 574, do CPP, refere-se à remessa obrigatória, prescrevendo as hipóteses de recurso de ofício, tido por interposto independentemente de manifestação do interessado. A denominação de recurso *ex officio* deriva da ausência de voluntariedade das partes à provocação de atuação judicial. De todo modo, sem essa providência, opera-se efeito dilatório-procedimental do processo, obstando o seu encerramento regular.

O art. 564, inciso III, alínea "n", preconiza nulidade por falta da fórmula ou do termo referente ao "recurso de ofício, nos casos em que a lei o tenha estabelecido". Conquanto existam críticas acerca do instituto, dada a sua similaridade com o viés fascista haurido do Código *Rocco* italiano[759], ainda permanecem em vigor, no plano textual, hipóteses que exigem a remessa necessária.

No CPP, o art. 574, dita dois casos de reexame necessário: (1) da sentença que conceder *habeas corpus*; e (2) da que absolver desde logo o réu com fundamento na existência de circunstância que exclua o crime ou isente o réu de

---

proceder é inferida, inclusive, quando a Corte Superior assevera inexistir nulidade na decisão que indefere "alargamento de tempo para a defesa realizar a sua sustentação oral", eis que pleiteado depois do encerramento da sustentação oral do Parquet que, a seu turno, "não teve concessão de tempo extra" (STJ – AREsp 2.585.544 – Rel. Min. Antonio Saldanha Palheiro – DJe 14 fev. 2025).

759. A semântica conferida ao termo fascista se refere ao posicionamento dos poderes e direitos do Estado em patamar superior às garantias individuais fundamentais.

pena (absolvição sumária no rito do júri[760]). De seu turno, há previsão de "recurso para as câmaras reunidas ou para o tribunal", a ser procedido pelo relator contra sua decisão de indeferimento liminar de revisão criminal (art. 625, § 3º, CPP). E o art. 746, do mesmo Código, prevê recurso de ofício da decisão que conceder a reabilitação.

Na legislação especial, a Lei nº 12.016/2009, disciplinando o mandado de segurança (ação cível que pode ser manejada em matéria criminal), preconiza, no § 1º, do seu art. 14, que uma vez concedida a segurança, a sentença estará sujeita, obrigatoriamente, ao duplo grau de jurisdição.

O desacatamento desse modelo estabelecido enseja vício grave, configurador de nulidade absoluta. A produção de norma jurídica constitutiva da declaração de invalidação deve recair sobre eventual certidão de trânsito em julgado, diante da dilação do procedimento decorrente do seu encerramento anormal.

11.2.2.26 Ausência ou defeito de intimação para ciência de sentenças e decisões contra as quais caiba recurso

Há uma diferença de formas de intimações a depender do órgão prolator da decisão e da parte destinatária da comunicação do ato processual.

Perante o juiz singular, de primeiro grau, a intimação da defesa, acerca de decisão ou de sentença recorrível, é realizada de forma dúplice, isto é, ao réu pessoalmente e ao

760. Há controvérsias sobre a ocorrência de revogação tácita desse dispositivo, na parte que prevê recurso de ofício contra a sentença de absolvição sumária prolatada ao final do juízo da instrução preliminar (judicium accusationis), do rito do júri. A divergência surgiu depois de entrar em vigor a reforma de 2008, que alterou o CPP, ampliando os casos de absolvição sumária para além do procedimento do júri (arts. 397; 415, CPP), de forma a alcançar os demais, sem reprisar a previsão antes também contida no art. 411, do CPP. No sentido de de que foi revogada tacitamente a previsão de remessa ex officio contra absolvição sumária no rito do júri: STJ – AgRg no RHC 166.336 – Decisão Monocrática – Rel. Min. Jesuíno Rissato (Des. Conv. TJDFT) – DJe 09 fev. 2023.

advogado, pela imprensa (art. 392, CPP). Essa regra não se aplica quando o processo se encontra em segundo grau de jurisdição ou tribunal, porquanto não tem o acusado, nessas hipóteses, capacidade postulatória.

Em face da inexistência de postulação leiga pelo réu perante os tribunais, a intimação dos acórdãos e decisões tomadas no âmbito de órgãos colegiados de segunda instância é procedida apenas na pessoa do defensor público, na pessoa do defensor dativo ou, pela imprensa, quando o réu tiver advogado constituído nos autos (§ 1º, do art. 370, CPP).

Independentemente da instância onde se encontrem os autos, a intimação do defensor dativo deve ser feita pessoalmente, por mandado (§ 5º, do art. 5º, Lei nº 1.060/1950). Tratando-se de defensor público, a intimação é pessoal, por mandado e, quando necessário, também com a carga dos autos (art. 44, I, Lei Complementar nº 80/1994)[761]. Já a intimação do Ministério Público, por seu turno, é sempre pessoal mediante vista dos autos (art. 41, IV, Lei nº 8.625/1993).

O vício ou a falta de intimação de sentenças e de decisões recorríveis é hipótese de nulidade cominada, absoluta, nos termos da alínea "o", do inciso III, do art. 564, do CPP. A dicção desse enunciado explicita que ocorrerá nulidade quando houver descumprimento de fórmula atinente à "intimação, nas condições estabelecidas pela lei, para ciência de sentenças e despachos de que caiba recurso".

Sublinhe-se que a gravidade do defeito é estampada por essa tipificação direta. As garantias que são objeto de proteção são a ampla defesa e o contraditório, com os meios e recurso a ela inerentes. A título de exemplo, veja-se a sentença que absolve o réu. O Ministério Público tem interesse

761. De acordo com o STJ, "a intimação por aplicativo de mensagens viola a prerrogativa da Defensoria Pública de intimação pessoal, uma vez que impossibilita a análise dos autos e o controle dos prazos processuais" (STJ – Sexta Turma – EDcl no AgRg no AREsp 2.300.987/PR – Rel. Min. Rogerio Schietti Cruz – DJe 11 abr. 2024).

recursal porque sucumbente. A falta de intimação do *Parquet* é, no caso, vício classificado como nulidade absoluta.

No que toca ao acusado, ele não tem interesse recursal diante de sentença que lhe é favorável, eis que não lhe impingirá desvantagem. Nesse caso, a omissão da intimação do réu constitui nulidade-fato, de natureza relativa. A providência consequente nesta última situação, para ser de invalidação, depende de demonstração de prejuízo e de alegação oportuna pelo réu. Caso contrário, a emissão de norma jurídica declaratória de convalidação será a adequada.

Outrossim, verificando-se a nulidade absoluta por falta de intimação da parte que poderia recorrer da sentença ou da decisão, o juiz deve reconhecê-la, apontando a essencialidade do elemento afetado e apondo-lhe aquela classificação. Em seguida, deve descrever a norma jurídica implicada. Caso haja certidão de trânsito em julgado, órgão autêntico constituirá declaração de sua invalidação, com o conseguinte saneamento consistente na ordem de intimação e devolução do prazo recursal à parte prejudicada.

11.2.2.27 Falta de oitiva prévia da defesa ao desaforamento de processo de júri (Súmula nº 712, STF)

O desaforamento é decisão modificativa de competência territorial, tradicionalmente entendida como de natureza relativa. Nessa linha, a relatividade da competência ensejaria, se viciado algum ato de sua fixação, nulidade relativa, diante da acidentalidade do ato e da natureza acidental da interferência na competência territorial.

Malgrado o desaforamento vise a assegurar a imparcialidade do júri, elemento por si só essencial à validade do julgamento, essa questão não integra o desaforamento em si. Ademais, a questão não fica preclusa, podendo haver, inclusive, reaforamento ao foro de origem quando desaparecerem os motivos que autorizaram o desaforamento e, em acréscimo, surgirem situações implicadoras de novo desaforamento na comarca de destino do primeiro desaforamento.

O verbete nº 712, da Súmula, do STF, dita que "é nula a decisão que determina o desaforamento de processo da competência do júri sem audiência da defesa". Embora se reporte ao contraditório – intrínseco ao conceito de procedimento –, a questão da relatividade da competência territorial, inerente à modificação de juízo para garantir a imparcialidade do julgamento, indica ser acidental a bilateralidade de audiência. Isso significa afirmar que, da classificação da nulidade relativa, só se seguirá a produção de norma jurídica de invalidação se for demonstrado prejuízo à eficácia de direito fundamental a um juízo imparcial e, de outro lado, se realizada a impugnação oportuna.

O STJ indeferiu liminarmente *habeas corpus* em que se combatia "nulidade no acórdão que deferiu o desaforamento do julgamento para a Comarca da Capital, sem a intimação da Defensoria Pública, violando o contraditório e as Súmulas n. 523 e n. 712 do STF". O *writ* se lastreou, outrossim, na carência de fundamentação da decisão de desaforamento para a Comarca da Capital, o que teria desobedecido o art. 427, do CPP, "pois não foram indicados os motivos para a exclusão de comarcas mais próximas". Nesse caso concreto, a Corte Superior conferiu maior valor ao decurso de tempo para a impetração do *habeas corpus*, invocando o conceito de nulidade de albigeira e elementos atinentes ao mérito que justificariam a condenação do paciente, reiterando que "as nulidades, ainda quando denominada absolutas, devem ser arguidas em momento oportuno, bem como qualquer outra falha ocorrida no julgamento, sob pena de preclusão temporal"[762].

762. STJ – HC 990.336/RJ – Decisão Monocrática – Rel. Min. Reynaldo Soares da Fonseca – DJe 26 mar. 2025.

Como se depreende, é possível aferir um padrão no parco reconhecimento de nulidades que vem se construindo, com três eixos refratários à eficácia de garantias: (1) a predileção pelas decisões monocráticas que obstam o debate próprio do colegiado (esse é mitigado, inclusive, no denominado julgamento virtual) e consolidam jurisprudência restritiva; (2) a redução da nitidez entre as nulidades de natureza aboluta e relativa, arrefecendo o controle das atipicidades com prejuízo inato; e (3) a fundamentação tendende a não usar o instituto da nulidade (sem explicitar a vigência e validade dos dispositivos legais), substituindo-o por termos genéricos, como a ilicitude.

11.2.2.28 Inobservância do quorum *legal para julgamento nos tribunais*

O julgamento, nos órgãos colegiados, deve observar o *quorum* legal ou regimental. A ausência do número mínimo de membros é óbice à realização lícita do julgamento. Enquanto se admite deliberação monocrática de um recurso, desafiando agravo regimental no órgão colegiado ou fracionário, a atuação judicial não prescinde da presença da quantidade de membros prevista na norma geral e abstrata.

Violado o *quorum*, fica prejudicado o debate que confere respaldo jurídico às decisões colegiadas. Em outros termos, o julgamento por um órgão desfalcado do número mínimo para funcionamento é viciado por não possibilitar o contraste necessário para que os votos sejam tomados a partir da comparação de argumentos. Não raras vezes, algum membro de tribunal retifica voto porque tomou conhecimento do teor do voto de outro integrante do colegiado durante a sessão.

Essa possibilidade de retificação, de argumentação, de revisão e de debate fica seriamente prejudicada se o julgamento for realizado sem a presença de um número mínimo de membros, conforme previsão no ordenamento jurídico. Tratando-se de vício que repercute na tomada de decisão fundamentada de decisão do Poder Judiciário, a teor do art. 93, inciso IX, da Constituição de 1988, a nulidade deve ser classificada como absoluta, com a necessária produção de norma jurídica de invalidação.

Idêntico raciocínio deve se aplicar ao denominado julgamento virtual, que não se confunde com o julgamento digital por videoconferência (*rectius*: telepresencial). Este último é compreendido, por ficção jurídica (plano normativo), como presencial[763], em razão da simultaneidade do debate entre os membros presentes na reunião via sistema computacional. Já o julgamento virtual pressupõe confronto sucessivo, a exemplo do que descrito nos arts. 184-D a 184-H, do Regimento Interno, do STJ: os dados do processo são inseridos na plataforma eletrônica com a indicação do Órgão Julgador, acompanhados do relatório e do voto do processo, com a previsão de possibilidades de intervenção das partes, bem como de cômputo de votos expressos e, na inércia, automáticos.

A previsão regimental de julgamento virtual mitiga o debate e estreita a via destinada ao contraditório próprio do ambiente simultâneo. Está em dissonância com o conceito de *quorum*, nada obstante o art. 184-H, do RISTJ, dispor que "os julgamentos em ambiente virtual assíncrono poderão ocorrer por unanimidade ou por maioria, desde que observado o quórum regimental mínimo".

---

763. STF – HC 253072/SP – Decisão Monocrática – Rel. Min. Dias Toffoli - DJe 12 mar. 2025.

11.2.2.29 Falta de intimação do réu para constituir novo defensor antes da nomeação de dativo, quando de renúncia prévia a julgamento de recurso criminal (Súmula nº 708, STF)

O teor do enunciado nº 708, da Súmula, do STF, retrata concretização da obrigatoriedade da defesa técnica, inerente ao princípio da ampla defesa. Sua razão, aliás, encontra similar na legislação processual penal que regula a apresentação da resposta preliminar à acusação (art. 396-A, § 2º, CPP). Nos termos da redação sumular epigrafada, "é nulo o julgamento da apelação se, após a manifestação nos autos da renúncia do único defensor, o réu não foi previamente intimado para constituir outro".

Sua aplicação é restrita aos casos de cabimento de apelação contra sentença condenatória ou absolutória (art. 593, I, CPP). A ciência do advogado do réu a respeito do dia do julgamento é providência indeclinável. Caso ele renuncie ao mandato, de conformidade com o § 3º, do art. 5º, da Lei nº 8.906/1994, continuará, durante os dez dias seguintes à notificação da renúncia, a representar o mandante (acusado), salvo se for substituído antes do término desse prazo.

Se a renúncia formulada pelo defensor do acusado é capaz de produzir efeitos antes da data do julgamento da apelação, é indispensável a intimação do réu para constituir outro. Não se desincumbindo o réu, deve o órgão do Poder Judiciário nomear defensor dativo ou intimar a defensoria pública.

Note-se que, na sessão de julgamento do recurso criminal, deve ser oportunizada sustentação oral ao defensor, o que restaria prejudicado com a ausência de defensor técnico depois de operada a eficácia da renúncia pelo advogado constituído, sem obediência ao estatuído pelo supracitado enunciado sumular. Realizado o julgamento sem essa cautela, o vício será catalogado como nulidade absoluta, descrita normativamente e seguida da imposição de norma jurídica de invalidação.

11.2.2.30 Incompetência, suspeição (impedimento ou incompatibilidade) ou suborno do juiz (art. 564, I, CPP)

O inciso I, do art. 564, do CPP, comina com nulidade hipóteses que afetam gravemente a função jurisdicional. Ao expressá-la, o legislador já apõe o rótulo de gravidade máxima (nulidade absoluta). A incompetência absoluta, conforme jurisprudência que interpreta o art. 567, do mesmo diploma legal, determina a invalidação dos atos decisórios. Esse posicionamento tem recebido interferência tendente a reduzir, ainda mais, o espectro do controle da nulidade dos atos expedidos por juiz incompetente absolutamente, com inclinação de sua restrição aos atos meritórios (decisões de condenação, absolvição e extinção de punibilidade), com esteio na teoria do juízo aparente[764], conjugada com a noção genérica de que não há nulidade sem prejuízo (art. 563, CPP). Cuida-se de proceder que conduz a uma ampliação, indevida, da contingência[765]. De forma inversa, propõe-se sustentar a nulidade absoluta e a invalidação de todos os atos (não só dos decisórios *lato sensu*), haja vista que ninguém deve ser processado nem sentenciado senão pela autoridade competente (art. 5º, LIII, CF).

---

764. O controle limitado aos atos meritórios é inferido, a contrario sensu, da ressalva de que "a consequência legal do reconhecimento da incompetência do Juízo, nos termos do art. 564, inciso I, do Código de Processo Penal – CPP, é a nulidade das decisões por ele proferidas e, não sendo possível excepcionar a regra por aplicação da Teoria do Juízo aparente, se torna inviável o aproveitamento de tais atos após a remessa dos autos ao Juízo competente" (STJ – Quinta Turma – RHC 168797/PI – Rel. Min. Joel Ilan Paciornik – DJe 10 mar. 2023).

765. FALCÃO, Pablo R. de L. Do direito que é, aquele que vem a ser: implicações epistêmicas da relação entre decidibilidade jurídica e raciocínio lógico-dedutivo. In: *XVI Congresso Nacional do Conpedi/PUC Minas*, Belo Horizonte, 15, 16 e 17 de novembro de 2007. Anais. Florianópolis: Fundação Boiteux, 2008. p.3757 *et seq.*

De outro lado, o caso de suspeição do juiz é causa de nulidade de todos os atos do processo, como se depreende do art. 101, do Código[766]. Com maior razão, o impedimento e a incompatibilidade devem ter a mesma sorte de efeitos jurídicos (invalidação, seja ela decorrente, respectivamente, de inexistência jurídica ou de nulidade absoluta). O suborno (*rectius*: corrupção), aliás, é o degrau mais alto de ferimento à imprescindível imparcialidade do julgador.

Entende-se que suspeição do magistrado tem dimensão de efeitos jurídicos mais severa que àquela que pode recair sobre os demais sujeitos processuais, notadamente pelo grau de afetação dos atos processuais que, ao cabo, são validados pelo órgão autêntico, ainda que deflagrados, por exemplo, pelo membro do Ministério Público. Na prática forense, no entanto, essa demarcação não se evidencia nitidamente. O STJ, por exemplo, entendeu suficiente a designação de novo membro do Ministério Público para prosseguir no processo com o de nominou de "ratificação integraldos termos da denúncia", sem aludir, todavia, à retificação da atribuição do promotor de justiça anterior, que lhe faltava por suspeição[767].

766. Em caso de oitiva informal de depoentes em rito de apuração de ato infracional atribuído a adolescente, o STJ alinhou que, "uma vez verificada a atuação extra autos do magistrado que influencia no depoimento do acusado, não se pode cogitar da validade do ato, nem sequer a pretexto de ausência de prejuízo, visto que a quebra de imparcialidade do juiz gera nulidade absoluta" (STJ – Quinta Turma – Processo sob sigilo – Rel. Min. Daniela Teixeira – DJe 15 out. 2024).

767. A Corte Superior asseverou – sem referência ao binômio nulidade-invalidação – que, "com a declaração da suspeição pelo magistrado e posterior declinação da competência, os atos decisórios foram ratificados pelo juízo competente", com o prosseguimento regular do processo, acrescentando que "o reconhecimento da suspeição do promotor ou do magistrado não tem efeitos retroativos e não importa, por si só, em nulidade dos atos processuais anteriores à declaração, sendo necessária a devida demonstração do prejuízo" (STJ – Quinta Turma – AgRg no AREsp n. 2.204.108/SC – Rel. Min. Reynaldo Soares da Fonseca – DJe 26 fev. 2025).

11.2.2.31 Prática de ato por advogado impedido, suspenso, licenciado ou que passar a exercer atividade incompatível com a advocacia (art. 3º, parágrafo único, Estatuto da OAB)

O impedimento do advogado é hipótese de proibição ao desempenho de seu mister. Igualmente vedada está a advocacia para os casos de suspensão, licenciamento ou exercício de atividade incompatível. A violação à regra ofende elemento essencial à certificação da validade do ato processual, diante da submissão do causídico a uma cominação, de essência transitória.

Em outros termos, não se cuida de ato inexistente juridicamente. Entrementes, haverá nulidade absoluta e, consequentemente, a imposição de norma jurídica de invalidação dos atos afetados. Se a nulificação, em instância *ad quem*, puder prejudicar direito do imputado, necessária será a provocação, tempestiva e expressa, da parte autora da ação penal (Súmula nº 160, STF).

11.2.2.32 Reconhecimento de nulidade contra o réu quando não arguida no recurso da acusação, ressalvados os casos de reexame necessário (Súmula nº 160, STF)

Jungido ao direito constitucional à ampla defesa e ao contraditório (art. 5º, LV, Constituição de 1988), o enunciado nº 160, da Súmula do STF, estatui que "é nula a decisão do tribunal que acolhe, contra o réu, nulidade não arguida no recurso da acusação, ressalvados os casos de recurso de ofício". Há, no ponto, inovação no ordenamento jurídico, embora se cuide de interpretação consentânea com a outorga de maior eficácia a direito fundamental constitucional, mormente ao postulado do *ne bis in idem*.

O indigitado verbete, ao cabo, tem enlace na garantia da coisa julgada que se forma, em matéria penal, progressivamente em favor do réu. Em outros termos, a inércia da defesa do acusado não torna preclusa a matéria para a defesa quando há recurso do Ministério Público. Porém, o inverso não é verdadeiro, vale dizer, se o *Parquet* deixa passar *in albis* o prazo recursal, a sentença transitará em julgado para a acusação.

O STF editou enunciado que conferiu maior precisão à nulificação de decisões prejudiciais aos direitos individuais fundamentais do imputado. Note-se que a redação sumular, do Pretório Excelso, é mais específica que a alínea "e", do inciso III, do art. 564, do CPP, que preconiza a ocorrência de nulidade quando houver falta de fórmula ou de termo relacionado à "citação do réu para ver-se processar, o seu interrogatório, quando presente, e os prazos concedidos à acusação e à defesa".

Com efeito, se o Ministério Público recorrer contra sentença absolutória e não levantar nulidade absoluta pela falta de interrogatório ou pela falta de concessão de prazos, não poderá o tribunal reconhecê-las de ofício. Indispensável a fustigação. Não havendo, aplica-se o óbice preclusivo disposto no verbete epigrafado, ressalvadas as hipóteses de reexame necessário.

Se for decretada nulidade-consequência em afronta ao enunciado em tela, haverá vício sobre elemento essencial do ato de julgamento, notadamente quanto à necessidade de provocação para a prestação jurisdicional específica. Dessa sorte, deverá ser invalidado o julgado do tribunal que tenha reconhecido, contra direito do réu, a nulidade absoluta não arguida pelo Ministério Público.

11.2.2.33 Prisão preventiva efetivada com base em decisão com força de mandado

O mandado de prisão é providência indispensável à perfeição da imposição de preventiva, tal como se dá com a prisão temporária, que é imposta exclusivamente no curso do inquérito policial. Embora a prisão por ordem escrita da autoridade judiciária possa ser efetivada sem que o mandado esteja em mãos do agente público, é viciada em elemento essencial quando realizada com base apenas na decisão do juiz. A declaração de que a decisão tem força de mandado não supre a necessidade de expedição prévia do mandado e de seu registro na forma do art. 289-A, do CPP.

O mandado de prisão é, portanto, o ato de certificação necessário à licitude da prisão preventiva, com requisitos que, além de atenderem a pretensões formais, visam a conferir segurança e autenticidade a um ato que implica grave restrição a direito fundamental. Como consiste em elemento essencial da prisão preventiva, a atipia se classifica como nulidade absoluta, devendo lhe corresponder a invalidação, com o seu conseguinte relaxamento.

Se for expedido o mandado no interregno entre a deliberação que dispensa a sua emissão e o momento do seu cumprimento, a nulidade absoluta recairá exclusivamente sobre o capítulo que lhe atribuiu efeito constritivo imediato da liberdade do imputado. Nesse contexto, a cláusula ilícita de força de mandado não terá o condão de contaminar prisão efetivada em momento sucessivo à lavratura e subscrição do ato consecutivo (mandado de prisão), na forma preconizada pelo Código (art. 285, CPP). Decerto, há autorizativo ao cumprimento de ordem de prisão externalizada em compasso com as formalidades legais sem que o mandado físico original esteja nas mãos do seu responsável (art. 297 CPP). O que se impõe, sem embargo, é que aquele exista, fática e juridicamente (para comprovar sua autenticidade, *ex vi* do art. 299, CPP), em instante anterior à limitação cautelar do *jus libertatis*.

Não encontra aderência ao ordenamento jurídico a prisão em flagrante que, para ser cumprida, é precedida de ordem escrita judicial, eis que se trata de composição híbrida que fere a dicção do inciso LXI, do art. 5º, da CF. Constitui exemplo de nulidade aboluta, destarte, a decisão do STF que determinou, por escrito, a efetivação de prisão em flagrante, com a advertência de que a decisão serviria como mandado.[768]

11.2.2.34 Prisão cautelar processual em descompasso com o subprincípio da necessidade por ausência de situação cautelar concreta

O princípio da presunção de não culpabilidade não é incompatível com a prisão de natureza cautelar. No entanto, quando a prisão processual assume contornos exclusivos de antecipação de pena (art. 313, § 2º, CPP), sem acatamento ao princípio da proporcionalidade, notadamente ao subprincípio da necessidade (exigibilidade), o decreto prisional será ilegal. Sob esse ponto de vista, é vedada a denominada antecipação ficta do trânsito em julgado. Todavia, o STF, ao preconizar ser devido o imediato recolhimento do acusado condenado pelo Tribunal do Júri, inverteu aquela premissa e nublou o conteúdo semântico da soberania dos veredictos (protetivo do conteúdo do mérito afetado aos jurados), restaurando a figura da execução provisória de pena, independentemente do *quantum* aplicado.[769]

De outro giro, a relação da previsão normativa abstrata de prisão com situação concreta de fato é indispensável. Não se admite cerceio de liberdade com esteio em meras conjecturas, nem tampouco para fins de averiguação ou por suspeita.[770]

Ainda que fundamentado, o mascaramento da suposta necessidade da prisão cria, para o próprio Judiciário, o

---

768. STF – PPE 1232/DF – Decisão Monocrática – Rel. Min. Edson Fachin – DJe 15 abr. 2025.

769. STF – Segunda Turma – HC 248207 AgR – Rel. Min. Edson Fachin – DJe 18 dez. 2024 [Tema 1008 – RG].

770. STF – Primeira Turma – HC 250436 AgR – Rel. Min. Cristiano Zanin – DJ 04 abr. 2025.

dever de emitir norma jurídica reconhecedora de nulidade absoluta (art. 251, CPP – perinorma[771]), bem como de outra tendente ao desfazimento dos efeitos da decisão. Concretamente, haverá nova decisão, com dois aspectos distintos. O primeiro consistente na declaração do vício (nulidade absoluta por violar elemento essencial do ato processual). O segundo decretando a invalidação da decisão prisional.

A prisão cautelar não deve subsistir sem os seus alicerces próprios, subsumidos nas expressões *periculum libertatis* (urgência) e *fumus comissi delicti* (plausibilidade). É ilegal a prisão preventiva mantida mesmo após decisão de absolvição, eis que esta descalça aquela de seus pressupostos. No contexto do direito argentino, não discrepa Julio Maier, ao assentar conclusão análoga. Consoante justifica, tanto a custódia preventiva, quanto as medidas de coerção impostas ao imputado, "en general, sólo podem tener como objeto assegurar o hacer posibles los fines del proceso penal – averiguar la verdade y actuar la ley penal – y ser aplicadas en la medida de la más estricta necesidad".[772]

11.2.2.35 Falta de intimação do denunciado para oferecer contrarrazões ao recurso interposto da decisão de rejeição da denúncia (Súmula nº 707, STF)

O STF fixou em sua Súmula o entendimento de que "constitui nulidade a falta de intimação do denunciado para oferecer contrarrazões ao recurso interposto da rejeição da denúncia, não a suprindo a nomeação de defensor dativo". A razão de ser da necessidade de intimação do imputado que não foi citado, sem integrar formalmente a relação jurídica processual, é de três ordens.

---

771. COSSIO, Carlos. *La teoría egológica del derecho y el concepto jurídico de libertad.* 2. ed. Buenos Aires: Abeledo-Perrot, 1964. p.56-69.

772. MAIER, Julio B. J. *Cuestiones fundamentales sobre la liberdad del imputado y su situación en el proceso penal*: análisis doctrinario y jurisprudencial. Buenos Aires: LEA, 1980. p.25

A primeira consiste na possibilidade de estar o denunciado ciente previamente da investigação preliminar, eis que ouvido durante o inquérito policial, pretendendo, portanto, ver encerrada a persecução penal estatal. A segunda decorre da constatação de que esta, independentemente da fase em que se encontre, representa séria ameaça à liberdade do imputado, ferindo sua dignidade e expondo-o ao *streptus judicii*. A terceira considera existir processo a partir do ajuizamento da ação penal, isto é, com o direcionamento do pedido condenatório ao juiz competente, sendo o recebimento da inicial um exaurimento e, a citação, o aspecto que se refere ao aperfeiçoamento da relação jurídica processual penal (art. 363, CPP).

É expressão da ampla defesa e do contraditório assegurar a apresentação de contrarrazões ao recurso aviado pelo Ministério Público contra a rejeição da denúncia. Dessa relação direta com a Constituição de 1988, pode decorrer sua classificação como nulidade absoluta. Entretanto, há uma zona cinzenta relativamente à necessidade de intimação dúplice para que o denunciado apresente contrarrazões ao recurso.

A súmula preconiza a necessidade de sua intimação pessoal, não bastando a do defensor dativo. Nem sempre o imputado será localizado, podendo ser necessária intimação por edital. Ademais, a defesa técnica é sempre necessária para a oferta de contrarrazões. A postulação leiga do acusado é aplicada aos casos de interposição de petição recursal de apelação, recurso em sentido estrito e agravo em execução penal. Também a poderá exercer por meio de *habeas corpus* ou revisão criminal. Lado outro, a peça de resposta ao recurso não tem a natureza essencial como a das razões.

Sob essa lente, a falta de intimação pessoal do denunciado poderia ser entendida como nulidade relativa, eis que se trata de exigência anterior ao ato citatório e à formação da relação processual triangular.

A decisão de rejeição da denúncia ocorre, como regra, antes do denunciado constituir advogado. O verbete sumular de nº 707, do STF, aliás, frisa a não ocorrência de suprimento do vício por meio de resposta ao recurso interpostoa por advogado dativo.

De todo modo, certo é que, formalmente, não haverá, ainda, litigantes em sentido estrito (litígio, lide, pretensão resistida), quando obstaculizada a denúncia em seu nascedouro pelo juiz singular. Eis a acidentalidade da peça de contrarrazões e da intimação pessoal do denunciado para este fim quando o ato vergastado pelo *Parquet* é a decisão de rejeição da petição inicial. Sendo nulidade relativa, indispensável será, para a invalidação, demonstração de prejuízo e alegação oportuna.

Em certa medida, o critério utilizado para se aplicar a disposição, de nulidade relativa, é assimilável à noção de "relevância típica" informada por Giovanni Conso, dentro da perspectiva do direito italiano, similar à hipótese brasileira. Os casos de nulidade processual penal (imperfeição do ato em sentido amplo) se distinguem uns dos outros em face das diferenças de seus requisitos elementares. O processualista ajunta a esse aspecto, que denomina de "composição do regime do ato", também as peculiaridades dos efeitos que lhe são ligados.[773]

11.2.2.36 Falta ou vício relativo a elemento essencial de ato processual (cláusula de abertura do art. 564, IV, CPP)

O inciso IV, do art. 564, do CPP, contém cláusula de abertura. Dispõe que ocorrerá nulidade em razão de omissão de formalidade que constitua elemento essencial do ato. O enunciado é o argumento central de que o rol de

773. CONSO, Giovanni. *I fatti giuridici processual penali*: perfezione ed eficácia. Milano: Giuffrè, 1955. p.150.

nulidades cominadas não é taxativo. Aplica-se aos casos de nulidades não cominadas.

Necessário, contudo, que o defeito sobre elemento essencial não macule, direta ou indiretamente, garantia fundamental constitucional. Essa é ressalva para contextualizar a lição de José do Espírito Santo Domingues Ribeiro, no sentido de que "a omissão de formalidade que constitua elemento essencial do ato pode ser suprida a todo tempo desde que renovados os atos porventura já praticados de modo que não traga prejuízo às partes"[774].

Em outros termos, se o vício sobre elemento essencial do ato processual significar violação à Constituição de 1988, a nulidade será absoluta. Sob outro prisma, se o defeito se restringir a elemento essencial de ato disciplinado por norma jurídica que não colime a concretização do núcleo processual penal constitucional, a nulidade será relativa.

A produção normativa será encerrada por meio de invalidação (quando a classe da nulidade for absoluta ou, se relativa, desde que evidenciado o prejuízo e averbada oportunamente) ou de convalidação. Esta última é aplicável à nulidade relativa, podendo ser invocada a dicção do art. 572, do CPP, com a incidência dos princípios da oportunidade, da finalidade do ato processual penal e da anuência da parte prejudicada.

O inciso IV, do art. 564, do CPP, evidencia que existem nulidades não cominadas, construídas, *a contrario sensu*, dos tipos que descrevem os atos processuais penais, toda vez que a imperfeição recair sobre elemento essencial. A previsão chancela casos de nulidade relativa, diante da ausência de cominação legal.

---

774. RIBEIRO, José do Espírito Santo Domingues. *A denúncia e suas nulidades: teoria, prática e jurisprudência*. Rio de Janeiro: Aide, 1992. p.40.

Segundo aduz Giovanni Conso, cada caso tem sua eficiência típica, dependendo de sua diferenciação ser mais ou menos completa, ou seja, planejada legalmente ou depreendida por similitude.[775] Na hipótese do art. 564, inciso IV, do Código, a diferenciação é indireta, isto é, inferida pelo equivalente consistente na "falta de elemento essencial do ato", onde há lugar para o conceito de relevância jurídica.

11.2.3 Atipicidades decorrentes de omissão ou vício de elemento acidental de ato processual e suas consequências

No curso do processo penal, são praticados atos essenciais e atos não essenciais. Exemplo de ato essencial é a citação do acusado para se ver processar e responder à acusação. Espécie de ato acidental é o termo de compromisso formal do perito *ad hoc*. Os elementos dos atos essenciais podem ser essenciais e acidentais. Já os elementos dos atos acidentais, para atender a propósitos convencionais, são classificados como somente acidentais.

Elementos acidentais de atos essenciais ou de atos acidentais não dizem respeito, direta ou indiretamente, a direito fundamental constitutivo do núcleo do direito processual penal disposto na Constituição de 1988. Daí a exigência de que, do ato atípico, resulte prejuízo a direito da parte ou a eficácia de direito fundamental do imputado para que, sendo reconhecida a nulidade, seja imposta

775. No dizer do autor italiano, "ogni fattispecie si distingue dalle altre per la composizione del suo schema e per la particularità degli effetti che le sono ricollegati. Anche se sotto il secondo aspetto la differenziazione non è sempre completa, potendo il legislatore ricollegare le stesse conseguenze anche a due o più fattispecie (fattispecie alternativamente previste o equivalenti [...], si può dire che, come ciascun fatto giuridico ha la sua rilevanza tipica, ciascuna fattispecie ha la sua efficacia tipica. Dato che non ci può essere fattispecie senza effetti e che tutti gli effetti relativi le sono immediatamente ricollegati, il concetto di rilevanza giuridica non ha qui ragione di porsi" (CONSO, Giovanni. *I fatti giuridici processual penali*: perfezione ed eficácia. Milano: Giuffrè, 1955. p.150).

consequência de invalidação. Além desse aspecto, mister a arguição em momento oportuno, sem postergações indevidas. Não atendidos esses pressupostos, a consequência jurídica que deve se ligar ao reconhecimento da nulidade relativa é a de convalidação.

Alguns casos, comumente tratados como hipóteses de nulidade relativa, carecem de melhor análise, notadamente para contrastar se representa diminuição de eficácia ao direito da ampla defesa ou do contraditório. Isso quer dizer que se, em tese, o vício indicar menor espectro ao exercício da bilateralidade essencial ao processo penal, a sua categorização não deve ser de nulidade relativa, porém de nulidade absoluta.

11.2.3.1 Falta de intimação da expedição de precatória para inquirição de testemunha (Súmula nº 155, STF; Súmula nº 273, STJ)

O STF averba que "é relativa a nulidade do processo penal por falta de intimação da expedição de precatória para inquirição de testemunha". A data de aprovação dessa redação, referente ao enunciado nº 155, da sua Súmula, é de 13/12/1963. De outro lado, o STJ, no verbete nº 273, de sua Súmula, aprovado em 11/09/2002, complementa o procedimento, sob a ótica do juízo de destino, ao dizer que uma vez "intimada a defesa da expedição da carta precatória, torna-se desnecessária intimação da data da audiência no juízo deprecado".

A atipicidade consignada na apontada redação sumular de nº 155, do STF, não se inclui nas hipóteses cominadas pelo art. 564, do CPP. Com efeito, a falta de fórmulas ou de termos concernentes à intimação, nas condições estatuídas em lei, reporta-se à "ciência de sentenças e despachos de que caiba recurso" (art. 564, III, "o", CPP). Sem embargo, a ausência de intimação da defesa do acusado, quando da emissão de carta precatória para a oitiva de testemunha, é defeito apto a ferir o direito ao contraditório e à ampla defesa, cuja sede é constitucional. Em outras palavras, esse defeito é atinente a ato essencial ao direito de defesa.

A justificativa da existência dos indigitados enunciados pode ser depreendida a partir dos seguintes fundamentos: (1) a intimação do Ministério Público da expedição da carta precatória para oitiva de testemunha é de menor importância porque o *Parquet* se faz presente também no juízo de destino, local onde será intimado da própria audiência, sendo, ademais, instituição regida pelos princípios da unidade, indivisibilidade e independência funcional (art. 127, § 1º, CF); (2) efetivada a intimação da defesa do acusado da emissão de carta precatória para depoimento de testemunha, nasce o dever, para aquela, de acompanhar a tramitação da carta no juízo de destino, para assim tomar ciência da designação da audiência; (3) não comparecendo a defesa na audiência designada no juízo deprecado, só haverá nulidade se não tiver sido efetivada a intimação da expedição da carta precatória, bem como se, em razão da falta, tiver sido evidenciado prejuízo à defesa, aliado ao dever de reclamar no primeiro momento para falar nos autos; e (4) se a defesa, ciente da emissão da carta por ter sido intimada no juízo deprecante, não comparecer à audiência designada no juízo deprecado, será nomeado defensor dativo para o ato processual ou intimada a defensoria pública local para esse fim, sendo irrelevante ter havido intimação daquela designação.

Malgrado seja este o tratamento dado pelos tribunais, um óbice à perfeição do ato de produção da prova testemunhal por carta precatória, a respeito da qual não foi a defesa do réu intimada, é intransponível. A ausência da intimação da expedição da carta limita o exercício do contraditório e da ampla defesa. A essencialidade do ato não condiz com a possibilidade de convalidação da prova produzida ao alvedrio do conhecimento da parte, ainda que perante outro juízo, presumindo a sua ciência. Flexionar essa nulidade-fato equivale a olvidar a sua finalidade pragmática (função de controle das garantias).

Flávio Meireles Medeiros adverte que as nulidades são um dos institutos mais importantes do processo penal, porquanto, por intermédio delas, os princípios fundamentais do processo (constitucionais e infraconstitucionais) são tutelados: "este é o instituto que efetivamente assegura a ampla defesa, o contraditório, a imparcialidade do juiz, enfim, a legalidade do processo"[776]. Em face dessa atipicidade lesar princípio constitucional que assegura o contraditório e a ampla defesa, mais adequado ao sistema seria classificá-la como nulidade absoluta.

Ada Pellegrini Grinover, Antonio Magalhães Gomes Filho e Antonio Scarance Fernandes, explicando o citado entendimento jurisprudencial consubstanciado no verbete sumular nº 155, do STF, ponderam que quando a testemunha deve ser ouvida por carta precatória, "a regularidade de sua inquirição está condicionada à anterior e regular intimação do réu e defensor a respeito da expedição da carta (art. 222 do CPP)". Conquanto não seja "exigência legal, melhor atende ao direito de defesa que o réu e defensor sejam cientificados sobre a data designada para a audiência na comarca deprecada. Havendo réu preso, deve ser requisitado".[777]

De tudo que foi dito, a proposta é a de rever o teor enunciativo das súmulas epigrafadas, especialmente quando o ato deprecado visar à produção de prova. Como o contraditório e a ampla defesa fazem parte da essência do ato, a ausência de intimação configura nulidade absoluta, cuja

776. MEDEIROS, Flavio Meireles. *Nulidades do processo penal*: doutrina, jurisprudência, sistemática. Porto Alegre: Síntese, 1982. p.32.

777. GRINOVER, Ada Pellegrini; GOMES FILHO, Antonio Magalhães; FERNANDES, Antonio Scarance. *As nulidades no processo penal*. 12. ed. São Paulo: RT, 2011. p.152.

providência consecutiva será a invalidação do ato. Note-se que se a defesa do acusado se fizer presente à feitura da prova no juízo de destino da carta precatória, tal conduta equivale à substituição do ato de intimação viciado ou omisso pelo comparecimento (fato processual), não sendo o caso de convalidação.

11.2.3.2 Vícios ou falta de comunicação processual sobre atos (não) essenciais face à (im) possibilidade de controle de nulidades alegadas tardiamente

A expressão *the duty to mitigate the loss* significa o dever das partes de mitigar a perda, sem que se aproveitem da omissão em alegar nulidade para, em instância adiantada, pleitear a invalidação do processo a partir do vício que tinham ciência. Cuida-se de princípio do direito contratual (civil) que vem sendo transportado ao direito processual penal. Pela natureza tendente a autorizar a convalidação de nulidade-fato, deve-se restringir sua aplicação às nulidades relativas.

Como regra, a falta ou vício de intimações a respeito de atos processuais é causa de nulidade absoluta. Porém não se pode descurar da possibilidade de intimações de atos que se apresentam como não essenciais relativamente à parte. Veja-se o caso de designação de audiência que, antes de intimadas as partes, é revogado pelo juiz para que seja remarcada após a realização da inspeção ordinária do órgão judicial. Cuida-se de ato acidental, cujos elementos são, convencionalmente, igualmente acidentais. A ausência dessa intimação é defeito inserto na classe das nulidades relativas. A invalidação só terá lugar se aventada oportunamente e verificado o prejuízo. Do contrário, a consequência jurídica será a de convalidação.

Não se revela útil invocar o "dever de mitigar o prejuízo" para aplicar convalidação a essa espécie de nulidade (relativa). Quanto à nulidade absoluta, a incidência desse cânone (*the duty to mitigate the loss*) esbarra na interpretação de que se deve conferir maior eficácia a direito fundamental. Afastando-se dessa orientação, o STJ seguiu fontes privatistas para proclamar o dever do acusado de colaborar, de agir com boa-fé e de aduzir nulidade absoluta no primeiro momento que tiver para falar nos autos, sem postergações. A Corte Superior levou em conta que a impetração de *habeas corpus* em favor do réu aconteceu tardiamente, eis que "aviada apenas um ano após o acórdão tido por coator", o que permitiu que fossem realizados atos por juiz tido por parcial[778].

Esse precedente da Corte Superior é de nítida influência processual civil. Apesar da expressão *the duty to mitigate the loss* não ser mencionada com frequência, ele subsiste, *verbi gratia*, em decisões monocráticas[779], sendo, ademais, acrescentada outra locução, com função similar, no repertório das nulidades processuais penais dos tribunais. Com efeito, tem sido dito, como justificativa à rejeição de pretensões da defesa, que não se aceita a alegação extemporânea de nulidade, posterior ao trâmite processual, sob o rótulo nulidade de algibeira (nulidade de bolso), para designar uma espécie de carta na manga, supostamente ocultada pelo réu, com o objetivo de fustigá-la supervenientemente[780]. Não está expresso, porém, na fundamentação dessas decisões, o dever descrito no direito positivo aos órgãos estatais (perinorma, essência noemática[781]), consistente no

778. STJ – RHC 200.527/SP – Decisão Monocrática – Rel. Min. Reynaldo Soares da Fonseca – DJe 11 jul. 2024.

779. STJ – PET no HC 825.753/PR – Decisão Monocrática – Rel. Min. João Batista Moreira (Des. Conv. TRF1) – DJe 09 out. 2023.

780. STF – Segunda Turma – HC 246142 AgR-segundo – Rel. Min. André Mendonça – DJe 15 abr. 2025.

781. COSSIO, Carlos. *La teoría egológica del derecho y el concepto jurídico de libertad*. 2. ed. Buenos Aires: Abeledo-Perrot, 1964. p.56-69.

controle da higidez dos atos processuais (art. 251, CPP; art. 127, *caput*, CF).

Antonio do Passo Cabral considera ser "triste constatar que o processo penal vem se transformando, nas últimas décadas, num jogo desleal em que a defesa tenta de qualquer maneira anular o processo ou algum ato específico, ávida para que o trâmite do procedimento retorne a fases anteriores". Daí explicar o autor que, no campo da boa-fé, cooperação e relativização das nulidades, não haveria como anuir com "este caos de má-fé, em que se vê diariamente o silêncio proposital para aguardar fases posteriores e, p. ex., arguir a nulidade por meio de *habeas corpus* no Supremo Tribunal Federal muitos anos depois do ato viciado ter sido praticado"[782].

Data maxima vennia, o posicionamento do jurista deixa de colorir outros aspectos de repercussão do defeito processual. Primeiramente, a nulidade absoluta, a exemplo da que viola a regra de imparcialidade do julgador, prejudica a eficácia de direito individual fundamental do imputado (não se imuniza a controle enquanto não transitada em julgado a sentença definitiva; e, mesmo depois da formação de coisa julgada condenatória, poderá constituir elemento revisível criminalmente, ou seja, rescindível)[783].

---

782. CABRAL, Antonio do Passo. *Nulidades no processo moderno*: contraditório, proteção da confiança e validade prima facie dos atos processuais. 2. ed. Rio de Janeiro: Forense, 2010. p.361.

783. Enquanto a nulidade absoluta tem seu óbito com o trânsito em julgado do processo penal, a inexistência jurídica não preclui com a certificação de coisa julgada, porque incapaz de ser lida pelo sistema. A revisão criminal será manejável contra a sentença do primeiro caso, eis que a nulidade se convola, após a res iudicata, em rescindibilidade. O processo revisional, todavia, não será necessário à segunda hipótese, bastando simples petição para que se constate que o processo penal condenatório não se encerrou juridicamente. Nas palavras de Rogério Lauria Tucci, a utilização da revisão criminal é "restrita às situações em que tenha sido proferido julgamento desfavorável ao acusado num processo eivado de nulidade, ou mais especificamente, mediante ato decisório contemplativo do mérito da causa penal, errado, e formalmente transitado em julgado; apenas, portanto, pro reo" (TUCCI, Rogério Lauria. *Direitos e garantias individuais no processo penal brasileiro*. 2. ed. São Paulo: RT, 2004. p.433-444).

Em segundo lugar, o entendimento reduz a importância de que os órgãos da persecução penal estatal cumpram com seus deveres, mormente o de fiscalizar a licitude do procedimento, velando pela regularidade dos atos e atuando corretivamente.

11.2.3.3 Julgamento de recurso criminal em segunda instância sem a publicação prévia da pauta, ressalvado habeas corpus (Súmula nº 431, STF)

O vício processual concernente à ausência de publicação para fins de intimação do advogado do paciente, para o julgamento de ação de *habeas corpus* por tribunal, atinge ato acidental. Como o *writ* constitucional deve ter prioridade relativamente a qualquer outra ação, em face da urgência da pretensão atinente ao direito de liberdade restringido ou ameaçado, não se deve perder tempo com a publicação da pauta quando se avizinha a próxima sessão de julgamento do órgão colegiado para fins de inclusão daquele processo.

Se houver demora, indevida de todo modo, deve ser publicada a pauta com inserção dos processos de *habeas corpus*. A falta ou o vício de elemento desse ato é, contudo, de ordem acidental. Daí ser a nulidade relativa, restrita ao caso de *habeas corpus*. Em outras palavras, a falta de intimação para o julgamento do *writ* só deve ser permitida se ocorrer no interesse exclusivo da defesa. Do contrário, deve ser afastada a ressalva sumular, para a invalidação do julgamento da demanda, sem a cautela comunicativa, mercê do evidente prejuízo.

Sob outra lente, tratando-se de tentativa de reversão da condenação do acusado, com o uso do *writ* com a função de sucedâneo recursal (pragmática), a falta de intimação da pauta de julgamento ofende gravemente a garantia do contraditório e da defesa ampla, "com os meios e recursos a ela inerentes". Nesta espécie, o vício deve ser classificado como nulidade absoluta, similarmente ao caso de ausência de intimação para a sessão de julgamento da apelação[784]. Vale notar, contudo que, a depender da decisão objeto da impugnação, a omissão da intimação pode ser classificada como nulidade relativa. Veja-se que não se trata de nulidade cominada pelo rol do art. 564, inciso I, II ou III, do CPP, malgrado consignada aquela menção no verbete nº 431, da Súmula, do STF, na esteira de que "é nulo o julgamento de recurso criminal, na segunda instância, sem prévia intimação, ou publicação da pauta, salvo em *habeas corpus*".

É o caso da omissão da publicação da inclusão de julgamento de recurso em sentido estrito contra decisão que não recebeu denúncia (art. 581, CPP). Pode-se ponderar, dentro do âmbito argumentativo de penumbra já aludido acima, que não há relação jurídica processual formada ou lide em sentido estrito, pelo que se pode classificar aquela intimação como ato acidental ou, se essencial, que não esbarra direta ou indiretamente com o núcleo de direitos fundamentais processuais penais constitucionais.

Exemplo de ato acidental é a intimação da inserção, na pauta de julgamento, de recurso em sentido estrito interposto contra a decisão de inclusão ou de exclusão de jurado na lista geral anual definitiva (art. 581, XIV, CPP), eis que não fere direito fundamental do acusado, a não ser de maneira incerta, notadamente porque manejado contra ato administrativo da vara do júri. Cuida-se de recurso não jurisdicional – com possibilidade de efeitos processuais remotos –, cuja competência para apreciação é, monocraticamente, do presidente do tribunal *ad quem*. Aquela relação

784. De compasso com o STJ, "a intimação deve ser realizada em nome de todos os advogados indicados pela parte, conforme requerimento expresso, sob pena de nulidade processual". A possibilidade de se tratar de "uso abusivo da prerrogativa de intimação de diversos advogados deve ser tratado como exceção, cabendo a sua análise caso a caso" (STJ – Quinta Turma – AgRg no HC 880.361/BA – Rel. Min. Ribeiro Dantas – Red. p/ acórdão Min. Joel Ilan Paciornik – Dje 17 set. 2024).

de nomes, aliás, se provisória, pode ser arguída com a reclamação de qualquer do povo contra a inclusão ou exclusão de nome de jurado da lista geral anual (art. 426, § 1º, CPP).

O caso de falta de inserção na pauta e publicação de dia da sessão para julgamento de carta testemunhável contra denegação de recurso manifestamente inadmissível (art. 639, I, CPP) classifica-se, de igual modo, como nulidade relativa, por não violar direito fundamental do imputado.

A título de exemplo, imagine-se o recurso de apelação interposto depois de seis meses da intimação válida do réu e do seu defensor. Além da intempestividade, a inadequação da carta testemunhável se evidencia pelo cabimento do recurso em sentido estrito, consoante reza o art. 581, inciso XV, do Código. Não há, pois, violação, sequer distante, ao direito à defesa ampla ou ao contraditório. Porém, essa situação pode ser posta em dúvida, a exigir definição do órgão autêntico.

Esses aspectos que devem ser considerados para a interpretação do relato sumular de nº 431, do STF. Sua redação não discerne se o vício referido é nulidade que deve ser capitulada como relativa ou absoluta. Esse exame deve ser realizado tomando-se em conta a natureza essencial ou acidental da decisão vergastada. Concluindo se cuidar de nulidade relativa, a invalidação da decisão que omitiu aquele processo na pauta de intimação, dependerá da invencibilidade concreta de prejuízo à eficácia de direito da parte interessada e alegação no primeiro momento possível. Caso contrário, a convalidação é o efeito jurídico que deve ser constituído pela declaração do juiz. Se couber a invalidação do julgamento que tivera se consumado apesar da atipia, a nulificação com desfazimento de seus efeitos deve se seguir à primeira norma jurídica. De todo modo, deve ser ordenada a inclusão na lista de julgamento e publicação de sua nova data em pauta, decorrente do reconhecimento da nulidade por omissão da comunicação processual, ou do adiamento de seu julgamento.

11.2.3.4 Excesso de prazo para apresentação de peça acusatória, resposta preliminar à acusação, réplica, alegações finais, razões e contrarrazões de recursos

No direito processual penal, o excesso de prazo, pela defesa, para apresentar petições essenciais é classificado como termo acidental apto a ensejar mera irregularidade. Isso porque aquelas peças são essenciais, de imprescindível apresentação nos autos. O próprio Código prevê, no caso de falta de resposta preliminar à acusação, que o juiz ordene a intimação do réu para constituir novo defensor ou, na falta ou na inércia do acusado, que lhe seja dado defensor dativo ou intimada a defensoria pública (art. 396-A, § 2º, CPP).

Quanto ao recurso, a petição recursal deve ser interposta impreterivelmente no prazo assinalado por lei. No entanto, na hipótese de extrapolação do lapso de apresentação de razões ou de contrarrazões recursais, não devem estas ser desentranhadas dos autos. Essa manutenção atende ao princípio constitucional da defesa ampla e do contraditório, que compõem a noção de postulado eterno, conforme sublinha Rogério Lauria Tucci.[785]

Por outro lado, também as razões do Ministério Público apresentadas fora do tempo legal devem ser mantidas nos autos, afinal, não pode ele desistir do recurso (art. 576, CPP), não sendo lícita a perpetuação da omissão para apresentá-las, pelo que o atraso dessa providência é irregularidade (nulidade-fato), seguindo-se, normativamente, a convalidação, descrita em consonância com a estrutura representativa do fenômeno nulificador.

785. Na lição do jurista, "a concepção moderna do denominado rechtliches Gehör (garantia de ampla defesa), reclama, induvidosamente, para sua verificação, seja qual for o objeto do processo, a conjugação de três realidades procedimentais, a saber: a) o direito à informação (nemo inauditus damnari potest); b) a bilateralidade da audiência (contraditoriedade); e, c) o direito à prova legitimamente obtida ou produzida (comprovação da inculpabilidade)" (TUCCI, Rogério Lauria. *Direitos e garantias individuais no processo penal brasileiro*. 2. ed. São Paulo: RT, 2004. p.174-176).

11.2.3.5 Excesso de prazo para prolação de despachos, decisões e sentenças, bem como para realização de audiência e conclusão do procedimento (violação à razoável duração do processo)

Melhor seria a existência de parâmetros firmes quanto ao ferimento do princípio constitucional da razoável duração do processo (art. 5º, LXXVIII, CF). O excesso prazal, geralmente, determina o relaxamento da prisão do acusado. No entanto, para o acusado solto o mecanismo protetivo explícito que existe resume-se ao instituto da prescrição (art. 109, do Código Penal). Como a ocorrência da prescrição depende de decurso de longo prazo, prejudicada fica a consolidação do direito a um tempo razoável para o encerramento do processo penal.

Ao estudar o princípio da duração razoável do processo, André Nicolitt externa preocupação com a natureza difusa dessa garantia, enfatizando a necessidade de atribuir maior efetividade a essa norma (princípio construído a partir de enunciados constitucional e de convenção internacional). O autor pondera que "a duração do processo é um conceito vago e indeterminado que não se confunde com o mero descumprimento de prazo processual. Em que pese tal fato, cabe ao Judiciário interpretar o conceito e dar efetividade ao mandamento constitucional"[786]. A produção de tal norma-princípio, para cumprir o escopo do ordenamento jurídico, é atribuição do Poder Judiciário.

Como advertiu o jurista, nem todo excesso de prazo produz contraste com o princípio da duração razoável do processo. Havendo violação a tal princípio, o vício é de ser catalogado como nulidade absoluta. Por outro lado, não sendo o caso do elastério se subsumir àquele cânone, a falta é hipótese de nulidade relativa ou de regularidade, mormente

---

786. NICOLITT, André. *A duração razoável do processo*. 2. ed. São Paulo: RT, 2014. p.135

quando o termo for alusivo a prazo dito impróprio e quando o acusado não estiver preso. Consiste no que Galdino Siquêira nomina de "preterição de formalidade acidental ou não solene", a qual "constitui uma irregularidade de forma, podendo ser sanada por autoridade do juiz".[787] Do contrário, tratando-se de formalidade essencial porque preso o réu, do excesso de prazo derivará nulidade absoluta (vício grave), que deve dar azo à produção normativa consequente de invalidação, com o imperioso dever de se relaxar a prisão.

11.2.3.6 Inobservância de regra de competência penal segundo o critério da prevenção (Súmula nº 706, STF)

A competência fixada pela prevenção é de natureza relativa. A prevenção se dá quando o juiz exerce cognição sobre a matéria objeto da causa principal, ainda que lhe toque superficialmente, em sede de juízo cautelar. Prevenir é vir primeiro, delibar a matéria, fazer incursão sobre a existência do fato caracterizador de infração penal. Decisões como a de decretação de prisão preventiva ou ordenadora de sequestro de bens para superveniente decretação de sua perda na sentença, geralmente, fixam a competência do juiz pela prevenção, naqueles casos de concorrência de competência territorial.

O teor do enunciado nº 706, da Súmula, do STF, é explícito em taxar de "relativa a nulidade decorrente da inobservância da competência penal por prevenção". Como o ato fixador da competência é mais próximo de acidental que essencial, a nulidade é relativa. Nesse diapasão, igualmente o STJ fixou tese de julgamento – conquanto agregando o reforço retórico, contra o réu, do *pas de nullité sans grief* –, vincando que "a nulidade por inobservância da

787. SIQUÊIRA, Galdino. *Curso de processo criminal*: com referência especial à legislação brasileira. São Paulo: Centro de Propaganda Católica, 1910. p.278.

competência por prevenção é relativa e depende de comprovação de prejuízo"[788].

Com efeito, quando todos os juízes envolvidos no espaço de penumbra territorial são igualmente competentes quanto à matéria, a violação ulterior da prevenção é vício que não macula inexoravelmente o fundamento nuclear constitucional do direito processual penal. Daí depender do prejuízo a direito da parte e de alegação oportuna, muito embora possa o magistrado velar, de ofício, pela regularidade dos atos, aplicando o art. 251, do CPP.

A esse raciocínio é possível objetar que a prevenção deve ser considerada motivo de impedimento do juiz para julgar o processo, mormente quando alguma porção do mérito do processo condenatório for submetida, antecipadamente, à sua cognição. As disposições sobre o juiz das garantias reforçam essa conclusão (art. 3º-B[789], CPP). Partindo-se desse pressuposto, os atos praticados por juiz impedido são inquinados de inexistência jurídica (nulidade-fato).

De compasso com Afrânio Silva Jardim, o instituto da prevenção (art. 83, CPP), deve ser banido do sistema de processo penal do tipo acusatório, "seja por revogação expressa de uma nova lei processual específica, seja pelo entendimento de que a prevenção é incompatível com o sistema democrático delineado na Constituição da República, tudo isto tendo por base o indispensável princípio da imparcialidade dos órgãos jurisdicionais". A conclusão é reforçada pela importância de ser o juiz preservado em posição de "um salutar distanciamento das investigações policiais".[790]

---

788. STJ – Quinta Turma – AgRg no HC 987.779/MS – Rel. Min. Messod Azulay Neto – DJe 28 abr. 2025.

789. STF – Pleno – STF – ADI 6298/DF – Rel. Min. Luiz Fux – 24 ago. 2023.

790. JARDIM, Afrânio Silva. A fixação da competência em razão da prevenção é incompatível com o sistema processual penal acusatório e com o estado democrático de direito. In: *Reflexões críticas sobre direito e sociedade*. Pierre Souto Maior Coutinho de Amorim (org.). Belo Horizonte: Dialética, 2021. p.264.

11.3 Classificação das nulidades da execução penal

A Lei de Execução Penal não contempla o vocábulo nulidade. Não obstante, é possível, fática e juridicamente, a produção de atos atípicos. Aliás, atos processuais praticados na fase de execução penal são capazes de causar prejuízo a direitos. O controle dos vícios, no período de cumprimento da sentença penal, deve ser conduzido pelo juiz das execuções penais, *a simili* do que é exercido sobre a nulidade que incide no processo penal condenatório.

A natureza jurídica da execução penal suscita controvérsias doutrinárias, o que pode colocar dúvida acerca da possibilidade de se aplicar o regime das nulidades do processo penal a essa atividade do judiciário, encartada no direito penitenciário. Ademar Raimundo da Silva, depois de ampla pesquisa, sintetiza, primeiramente, que "a execução penal é de natureza administrativa". Porém, essa atividade é de ordem "processual, uma vez que a negação de jurisdicionalidade não importa exclusão de processualidade"[791].

Ada Pelegrini Grinover, Antonio Magalhães Gomes Filho e Antonio Scarance Fernandes admitem nulidade no processo de execução penal, reconhecendo-lhe natureza jurisdicional. Em outras palavras, definem a execução penal como "atividade complexa, que se desenvolve, entrosadamente, nos planos jurisdicional e administrativo", bem como sublinham que "não há como negar que o juiz da execução é chamado frequentemente a exercer, em sua plenitude e pureza, a função jurisdicional". Ademais, no processo de execução penal, o juiz também exerce função garantidora, assegurando ao condenado os direitos fundamentais "do 'devido processo legal': o direito de defesa (compreendendo a defesa técnica), o contraditório, o duplo

791. SILVA, Ademar Raimundo da. Execução penal. *Revista Forense comemorativa – 100 anos*, tomo VII [direito processual penal], Afrânio Silva Jardim (org.), Rio de Janeiro: Forense, p.257, 2006.

grau de jurisdição, a publicidade e, evidentemente, a igualdade processual e a *par condicio*"[792].

Assentado que os atos processuais da execução penal são, porque jurisdicionais, sindicáveis, cabe elucidar que a produção da norma jurídica declaratória e classificatória do vício se enquadra na modalidade de tipificação indireta. Vale dizer, não fala a Lei nº 7.210/1984 quais tipos de defeitos devem ser declarados nulos, porém não exclui a ilação de que os atos processuais perpetrados em desconformidade com o modelo por ela estipulado devem ser considerados atípicos, com as providências que decorrem do dever funcional do juiz competente. Visa-se, ao cabo, a resguardar direitos fundamentais do apenado, sujeitando os atos do processo de execução penal à declaração de atipicidade, bem como a decreto de invalidação, mediante produção das normas jurídicas próprias.

A crítica de Luís Carlos Valois indica a possibilidade (e necessidade) de controle. Na sua percepção, "o campo da execução penal acaba sendo um espaço de relativização, onde alguns podem ser realizados e outros não". Nessa sede, as autoridades são inclinadas a "escolher que lei ou que parte da lei deve ser cumprida, fato que ordinariamente ocorre em detrimento dos presos"[793].

Veja-se que a relativização de direitos, aludida pelo ilustre autor, tem seu correspondente normativo no flexionamento das nulidades. O pano de fundo é a ampliação da acidentalidade (contingência) no ato de decidir (discricionariedade).

A teoria da nulidade colima oferecer condições à redução desse espaço de arbítrio.

---

792. GRINOVER, Ada Pellegrini; GOMES FILHO, Antonio Magalhães; FERNANDES, Antonio Scarance. *As nulidades no processo penal*. 12. ed. São Paulo: RT, 2011. p.282-285.

793. VALOIS, Luís Carlos. *Processo de execução penal e o estado de coisas inconstitucional*. 2. ed. Belo Horizonte: D'Plácido, 2021. p.16.

A estrutura da norma jurídica nulificadora deve incidir, em sua inteireza, na etapa de cumprimento da pena e da medida de segurança. Vale dizer, a sintaxe é idêntica. A distinção é somente de sentido (semântica), considerando-se que as decisões do processo de execução penal têm conteúdo afeto ao direito penitenciário. Trata-se de atuação híbrida que reúne função administrativa e jurisdicional, com o preenchimento do conteúdo dos elementos acidentais e essenciais dos atos que lhe conformam, com lastro no seu aspecto teleológico.

11.3.1 Atipicidades decorrentes de omissão de elemento estrutural de ato processual e suas consequências

A falta de elemento estrutural do ato processual penal integrante da execução penal conduz à inexistência jurídica. A regra que constitui a competência do juiz ou do diretor do estabelecimento prisional dita a natureza de elemento estrutural do ato processual ou administrativo, objeto de controle.

De compasso com Ademar Raimundo da Silva, não há propriamente "relação processual executiva, mas relação jurídico-material entre o Estado que exerce o seu poder punitivo (sentença condenatória) e o condenado que a ele tem de se submeter". A sentença penal condenatória definitiva constitui uma relação processual capaz de "ressurgir na fase executiva, determinando o exercício de atividades processuais, tendentes à obtenção de outra decisão", a exemplo do que ocorre com a imposição de medida de segurança por doença mental superveniente ao início da execução penal.[794]

794. SILVA, Ademar Raimundo da. Execução penal. *Revista Forense comemorativa – 100 anos*, tomo VII [direito processual penal], Afrânio Silva Jardim (org.), Rio de Janeiro: Forense, p.257, 2006.

11.3.1.1 Imposição de restrição ao apenado por agente público não investido em função judicante

A execução penal deve obedecer aos estritos ditames da Lei nº 7.210/1984 (Lei de Execução Penal). O regime de cumprimento da pena se submete ao crivo judicial. Atos restritivos ao direito do apenado são objeto de controle jurisdicional, a exemplo da revogação do livramento condicional (art. 145, LEP) e da inclusão em regime disciplinar diferenciado.

Caso a revogação ou a negativa de concessão de livramento condicional ocorra por ato de diretor de estabelecimento penitenciário, faltará elemento estrutural, sendo tal nulidade em sentido amplo classificada como inexistência jurídica, impondo-se o seu desfazimento *ex tunc*, sem prejuízo de aplicação de sanções à autoridade usurpadora da função judicial.

Para nortear a sua concessão, pelo juiz competente, calha trazer à baila a palavra de Luís Carlos Valois. O livramento condicional é regrado de forma diferente do sistema progressivo de pena e deve se arrimar no postulado da dignidade da pessoa humana, termo menos obtuso que ressocialização, apto a permear a aplicação do art, 83, do Código Penal.[795] A dignidade da pessoa humana, sob viés crítico radical descrito em Amilton Bueno de Carvalho, seria uma forma de "convite para a destruição do sistema prisional", considerando a distância abissal entre a realidade concreta e a abstração do direito positivo.[796]

11.3.1.2 Concessão de progressão de regime ou de benefício penal baseado em documentação falsa

A exemplo do caso de apresentação de certidão de óbito falsa para obtenção de extinção de punibilidade, a

795. VALOIS, Luís Carlos. *Conflito entre ressocialização e o princípio da legalidade penal*. Belo Horizonte: D'Plácido, 2021. p.207-210.

796. CARVALHO, Amilton Bueno. *Abolicionismo penal e(m) Nietzsche*. Rio de Janeiro: Lumen Juris, 2021. p.178.

apresentação de documentos falsos, a alteração de dados da condenação e a juntada de base falsa para a construção de norma jurídica benéfica ao apenado, são hipóteses de inexistência jurídica. Falta, à decisão favorável, o necessário alicerce fático para a incidência da norma. De tal modo, deve-se classificar a nulidade-fato (inexistência jurídica), enlaçando-a à norma jurídica secundária (nulidade-consequência: invalidação).

11.3.2 Atipicidades decorrentes de omissão de elemento essencial de ato processual e suas consequências

De forma análoga ao processo de conhecimento, a deformidade de elemento essencial ao processo de execução penal constituirá nulidade absoluta ou relativa, a depender da natureza do dispositivo violado.

11.3.2.1 Indeferimento de progressão de regime com inobservância da inexigibilidade de exame criminológico ou de oportunização do contraditório sobre o laudo respectivo eventualmente apresentado

A redação vigente do art. 112, da LEP, não mais prevê exame criminológico, tal como previa, a título facultativo, o texto orginal de seu então parágrafo único. A menção àquela perícia, no entanto, subsistiu no art. 8º, do mesmo diploma legal, restrita aos condenados em regime fechado, com objetivos específicos de classificação e de individualização da sanção.

Do cotejo entre os dispositivos, a dedução plausível é a de que não é lícito exigir que o exame criminológico tenha sido apresentado para, por só esse motivo, denegar o benefício de progressão do regime. É de ver que o indeferimento da progressão pode ocorrer por não ostentar o apenado bom comportamento (boa conduta carcerária) ou por motivo gizado em lei (condições subjetivas e objetivas), a exemplo do que se depreende do art. 112, §§ 1º e 3º, inciso IV, da LEP. No entanto, a simples negativa da progressão sob o argumento de que não foi providenciado o exame criminológico macula elemento essencial do ato processual, qual seja, a fundamentação da decisão de indeferimento que restou lastreada em norma jurídica sem base enunciativa, ferindo direito fundamental do apenado (art. 564, V, CPP).

Trata-se de defeito do ato processual consistente na motivação deficiente da decisão de indeferimento da progressão, porque respaldada em argumento estranho ao ordenamento jurídico. A fundamentação eficiente das decisões do poder judiciário é elemento essencial, mormente porque imposta pelo inciso IX, do art. 93, da Constituição de 1988.

Daí ser o indeferimento baseado em ausência de exame criminológico atipicidade a ser classificada como nulidade absoluta, pela norma jurídica primária, por resvalar em fundamentação inidônea. Por conseguinte, deve ser produzida, pelo mesmo juiz da execução penal ou pelo tribunal que reapreciar a matéria em sede de *habeas corpus* ou por via recursal, a norma jurídica secundária, decretando a invalidação da decisão e ordenando que o juiz aprecie o pedido de progressão sem que considere a ausência do aludido exame, porque não exigida pela legislação.

A tipicidade difusa da nulidade suscita questão diversa da simples ausência do exame criminológico, qual seja, a existência de exame criminológico com conclusão desfavorável ao interesse do apenado. O § 1º, do art. 112, da Lei de Execução Penal, determina que a decisão depende de ostentação de boa conduta carcerária pelo apenado, bem como de respeito às demais normas que vedam a progressão. O seu § 2º, por outra vertente, exige motivação da decisão, bem como manifestação prévia do Ministério Público.

A imprecisão legal torna o sistema vulnerável à penetração do conceito de periculosidade do apenado no ordenamento (art. 175, LEP), malgrado as tentativas de proscrevê-lo do sistema. Aliás, as reformas sobre o CPP também já tinham evitado o uso do termo periculosidade[797], conquanto contemplem expressões que conduzem a situações semelhantes, a exemplo das "condições pessoais do indiciado ou do acusado", para o fim de imposição de medidas cautelares (art. 282, II, CPP). Na própria LEP, é constatada menção com conteúdo semântico equivalente, produto de alterações legislativas, *verbi gratia* a condição de primariedade para o deferimento da progressão descrita no seu art. 112, inciso I.

Sem embargo, subsiste menção à periculosidade em algumas disposições, mormente quando se está diante da imposição ou da cessação de medidas de segurança (art. 176, LEP). A jurisprudência do STF[798] e do STJ[799] faz uso do termo, para reconhecer a possibilidade de ser exigido o exame criminológico, inclusive para justificar a denegação de direitos pleiteados pelo apenado. Entende-se, contudo, haver colidência, nesse proceder, com princípios reitores das garantias constitucionais.

Eugênio Raúl Zaffaroni e José Henrique Pierangeli tecem objeções à noção de "condições pessoais que façam presumir que o liberado não voltará a delinquir" (art. 83, do Código Penal brasileiro), eis que abre o flanco para parte da doutrina sustentar a ampliação do âmbito de incidência

797. Consoante aduz Rodrigo Ferro, "quando se trata de infratores tidos como inimputáveis, por uma moléstia mental, a adoção do atual sistema penal brasileiro ainda se encontra intimamente entrelaçado ao espírito antropológico da Escola Positiva" (FERRO, Rodrigo Cavalcante Ferro. Medida de segurança: considerações críticas acerca da internação sob o pretexto da perigosidade. In: *Temas atuais do direito*. Carla Priscilla Barbosa Santos Cordeiro; Rodrigo Cavalcante Ferro (Coords.). Recife: Nossa Livraria, 2016. p.146).

798. STF – Segunda Turma – HC 252191 AgR – Rel. Min. Gilmar Mendes – DJe 01 abr. 2025.

799. STJ – Quinta Turma – AgRg no HC 960.836/AP – Rel. Min. Messod Azulay Neto – DJe 28 abr. 2025.

da periculosidade. Para os penalistas, não se deve entender aquela expressão como necessidade de ausência de periculosidade, sendo mais recomendável inferir que essa imposição é "direcionada para a constatação de circunstâncias, que formam a personalidade do condenado, e, atentar para o meio em que se o vai reinserir e do qual não se pode abstraí-lo e cujo conjunto não seja particularmente condicionante para a prática de novos delitos". De tal sorte, frisam que não se cuida "de uma constatação que deva ser realizada mediante perícia criminológica, de duvidosa valia ou qualidade, mas de uma informação sócio ambiental do apenado, e do meio ao qual será ele destinado, após a sua liberação"[800].

Melhor seria que o legislador do art. 112, da Lei de Execução Penal tivesse sido expresso, vedando a possibilidade do exame criminológico servir de base para a denegação de progressão de regime. Como não o fez, a jurisprudência dos tribunais passou a interpretar pela sua admissibilidade. Nesse sentido, o STJ assentou ser cabível o indeferimento de progressão de regime por falta do requisito subjetivo, bem como ser exigível o exame criminológico, mormente pelo histórico de cometimento de faltas graves[801].

O enunciado nº 26, da Súmula Vinculante, do STF, encampando a exigência de exame criminológico, expressa que, "para efeito de progressão de regime no cumprimento de pena por crime hediondo, ou equiparado, o juízo da execução observará a inconstitucionalidade do art. 2º da Lei nº 8.072, de 25 de julho de 1990". Tal providência – completa a Súmula Vinculante – deve ser adotada "sem prejuízo de avaliar se o

800. ZAFFARONI, Eugênio Raúl; PIERANGELI, José Henrique. *Manual de direito penal brasileiro*: parte geral. 4. ed. São Paulo: RT, 2002. p.805.

801. A exigência é depreendida, inclusive, nos casos de aferição do requisito subjetivo em momento anterior à juntada do exame criminológico, embora com efeito retrooperante, para fins de certificação do marco temporal à incidência das regras de progressão de regime de pena (STJ – Terceira Seção – REsp 1.972.187/SP – Rel. Min. Jesuíno Rissato – Des. Conv. TJDFT – DJe 2 dez. 2024).

condenado preenche, ou não, os requisitos objetivos e subjetivos do benefício, podendo determinar, para tal fim, de modo fundamentado, a realização de exame criminológico".

Reiterados precedentes da Suprema Corte admitem o exame criminológico, como faculdade do juiz, para justificar o deferimento ou o indeferimento da progressão de regime.[802]

Diante desse quadro, duas possibilidades se apresentam.

A primeira é o indeferimento da progressão de regime quando, embora presentes os requisitos objetivos e subjetivos do apenado, não tiver sido realizado o exame criminológico. Nesse caso, a norma individual e concreta antecedente, que deve ser editada, é a de declaração de atipicidade, classificada como nulidade absoluta, da decisão denegatória respectiva. A norma jurídica que lhe segue, também individual e concreta, mas secundária, é a de saneamento da decisão, com os efeitos de invalidação (desfazimento) e deferimento da progressão de regime (refazimento). Essa solução tem adequação constitucional.

A segunda hipótese é a de indeferimento da progressão sob o fundamento de ter sido o exame criminológico contrário à progressão de regime pretendida. No caso, nos termos da Súmula Vinculante nº 26, segunda parte, do STF, o juiz competente tem o poder de ordenar o exame criminológico. O STJ, aliás, já previa essa possibilidade anteriormente. Decerto, no verbete nº 439, de sua Súmula, a Corte Superior assenta a admissibilidade de exame criminológico de acordo com as idiossincrasias do caso, desde que haja decisão motivada. Essa possibilidade é passível de crítica, conforme os termos acima, conquanto encontre tipicidade no enunciado da Súmula Vinculante.

802. STF – Segunda Turma – Rcl 74548 AgR – Rel. Min. Gilmar Mendes – DJe 05 mar. 2025.

11.3.2.2 Ato de delegação do juiz à autoridade administrativa para fins de concessão de saída temporária do apenado (Súmula nº 520, STJ)

A saída temporária é benefício cujo deferimento é de competência do juiz, sendo vedada a delegação ao diretor do estabelecimento penitenciário, diante da ausência de previsão legal. Tal como reza o enunciado nº 520, da Súmula, do STJ, no âmbito da execução penal, aquele ato tem natureza jurisdicional, sendo insuscetível sua delegação à autoridade administrativa do estabelecimento prisional.

De tal modo, a delegação à autoridade administrativa e o deferimento da saída temporária pelo diretor do estabelecimento prisional a partir do ato delegatório firmado pelo juiz da execução penal ofende elemento essencial daquele ato. Daí a nulidade-fato.

Note-se, contudo, que o ato não é objeto de nulidade cominada por lei, nem a competência do juiz decorre de enunciado constitucional. Daí que, havendo ato de delegação do juiz ao diretor do presídio ou o deferimento pela autoridade administrativa fundado naquele, o vício deve ser classificado, normativamente, como nulidade relativa, com base em norma jurídica construída a partir da redação do art. 564, inciso IV, combinado com as regras dos artigos 563 (não há nulidade sem prejuízo) e 572 (princípios da preclusão temporal, da finalidade e da anuência dos efeitos do ato viciado).

Depois de efetivada a saída temporária com base em ato de delegação do juiz, destoando da Súmula e do art. 123, da Lei nº 7.210/1984, haverá, no procedimento de execução penal, vício que atinge elemento essencial do ato (regra de competência).

Não ofendendo, o princípio constitucional de que ninguém será processado nem sentenciado senão por autoridade judiciária competente, a nulidade reconhecida será relativa, seguindo-se, na norma jurídica secundária, a consequência jurídica de convalidação. Se o ato de delegação ainda não tiver sido objeto de cumprimento, a consequência deve ser a sua invalidação, tanto daquele ato do juiz, quanto do deferimento concreto da saída temporária do apenado pelo diretor, ainda pendente de cumprimento.

STF[803] e STJ[804] admitem a concessão de saída temporária automática, com base em calendário definido previamente pelo juiz das execuções penais, no interesse exclusivo do apenado, a fim de não retardar a fruição do seu direito. Há nulidade-fato que, para solver o paradoxo, não implica invalidação da planilha, conferindo maior eficácia ao direito do apenado (incidência de regra de calibragem).

11.3.2.3 Reconhecimento de falta grave imputada ao apenado sem procedimento administrativo e em ofensa ao direito defesa (Súmula nº 533, STJ)

A imposição de sanção disciplinar ao preso ou de imposição de regime mais gravoso por motivo de falta disciplinar deve ser precedida de defesa. A ampla defesa é assegurada, eis que a garantia constitucional tem como destinatários os litigantes em geral, inclusive em procedimentos administrativos (art. 5º, LV, CF/1988).

A propósito, o enunciado nº 533, da Súmula, do STJ, elucida que "para o reconhecimento da prática de falta disciplinar no âmbito da execução penal, é imprescindível a instauração de procedimento administrativo pelo diretor do estabelecimento prisional". Além dessa formalidade, deve ser garantido ao apenado o direito de defesa, a ser procedido por advogado constituído ou defensor (público ou dativo).

---

803. STF – RHC 227576/SC – Decisão Monocrática – Rel. Min. Edson Fachin – DJe 02 ago. 2023.

804. STJ – HC 997.229/SC – Decisão Monocrática – Rel. Min. Og Fernandes – DJe 30 abr. 2025.

Embora não se trate de nulidade cominada, a defesa ampla é essencial ao ato punitivo disciplinar do apenado. Como esse direito tem sede constitucional, a sua violação determina produção de norma jurídica que deve reconhecer a nulidade e classificá-la como absoluta. Na sequência, deve o órgão competente do Poder Judiciário emitir norma jurídica de invalidação, desfazendo os efeitos produzidos pela aplicação de sanção disciplinar de forma ilícita.

O STJ[805] flexibilizou a aplicação de sua própria Súmula, considerando entendimento do STF. De acordo com a posição adotada no âmbito da Suprema Corte, "a apuração de falta grave, no âmbito da execução da pena, consistente em fato definido como crime doloso dispensa o trânsito em julgado da condenação relativa ao novo crime (Tema n. 758/RG) e a instauração de processo administrativo disciplinar (Tema n. 941/RG), assim como pode ser realizada mediante audiência de justificação, com a devida observância do contraditório e da ampla defesa".[806]

11.3.3 Atipicidades decorrentes de omissão de elemento acidental de ato processual e suas consequências

11.3.3.1 Ausência de data na sentença que decreta a prescrição da pretensão executória

A data da sentença do juiz deixou de ser elemento essencial a este ato, para se tornar elemento acidental. Mais relevante que a data da lavratura da sentença é a data de sua publicação com sua validação no sistema (assinatura digital), eis que demarca a produção de seus efeitos. De

805. STJ – Sexta Turma – AgRg no HC 816.813/SP – Rel. Min. Rogerio Schietti Cruz – DJe 29 ago. 2023.

806. STF – Segunda Turma – RHC 222315 AgR – Rel. Min. Nunes Marques – DJe 03 maio 2023.

tal modo, o vício quanto à data do próprio ato é nulidade em sentido amplo a ser classificada como irregularidade. A norma jurídica secundária que deve ser produzida nesta hipótese é a de convalidação.

11.3.3.2 Falta de rubrica em folha de guia de internamento ou de tratamento ambulatorial

O art. 173, da Lei de Execução Penal, preconiza que "a guia de internamento ou de tratamento ambulatorial, extraída pelo escrivão, que a rubricará em todas as folhas e a subscreverá com o juiz, será remetida à autoridade administrativa incumbida da execução". A ausência de alguma rubrica em alguma folha da guia de execução penal é vício que afeta elemento acidental deste ato, especialmente quando não há dúvida quanto à sua autenticidade, em virtude de ter sido subscrito ao final pelo escrivão e pelo juiz competente.

Como se trata de elemento bastante acidental, o defeito do ato processual deve ser classificado, normativamente, como irregularidade. A partir dessa primeira norma jurídica, abre-se a edição da segunda, cujo consequente deve constituir a declaração de convalidação. A incidência de ambas, como em todas as nulidades em espécie, deve ser realizada por órgão jurisdicional, seja o juiz das execuções penais, seja o tribunal com competência para apreciação de eventual recurso.

11.4 Aplicação a caso concreto

No presente capítulo, foram explicadas teoricamente as nulidades em espécie. A ênfase dada a cada hipótese de nulidade-fato foi direcionada aos elementos que compõem o ato jurídico processual e à sua descrição, com documentação de incidência de normas jurídicas. A natureza do elemento afetado e a sede constitucional do direito protegido pela forma orientam a categoria de nulidade.

A providência consequente decorre da classe declarada na primeira norma jurídica da estrutura normativa nulificadora (programa)[807]. A análise de caso concreto comprova a viabilidade da aplicação do constructivismo lógico-semântico à nulidade no processo penal. Dentre os vários vícios possíveis, tome-se o da decisão de pronúncia que ofende regra legal, cogente.

O STJ reputou não haver nulidade na admissilidade da acusação firmada na pronúncia do imputado por crime doloso contra a vida, sem que tenham sido apresentadas alegações finais no momento que antecede aquela decisão (primeira fase do rito do júri). Na impugnação, a defesa do acusado aduziu que sequer intimação para a prática do ato ocorrera[808].

De compasso com o acórdão, a questão consistira em "saber se a ausência de oferecimento das alegações finais em processos de competência do Tribunal do Júri acarreta nulidade da decisão de pronúncia". Com sucinto relato, que não teceu maiores considerações sobre a categoria do vício vergastado (que opõe limite à ampla defesa), tomou-se como razões de decidir "o entendimento consolidado do Superior Tribunal de Justiça", na esteira de que "a ausência de alegações finais em processos de competência do Tribunal do Júri não acarreta nulidade, pois a decisão de

807. Cálculo normativo exposto no capítulo 2: S { p : ⇔ r . e → o . f ↓ q :⇔ t . a → i v n v b . m. Onde: s: estrutura dúplice nulificadora ou nulidade lato sensu; p: nulidade-fato ou primeira norma jurídica da estrutura; q: nulidade-consequênia ou segunda norma jurídica da estrutura; r: atipicidade em sentido amplo; e: especificação do ato viciado e do elemento afetado; o: espécie da nulidade (inexistência, nulidade absoluta, nulidade relativa ou irregularidade); f: descrição do dever imponível (programa) de produzir a norma seguinte q t: descrição da nulidade reconhecida na norma anterior p; a: aspecto pragmático-possibilista (pode ser princípio ou regra de calibração); i: invalidação; n: saneamento; b: convalidação; m: modulação; :⇔ : significa, é verdade ou se somente se; . : conjunção lógica aditiva "e" (conjuntor); v : disjunção lógica "ou" (disjuntor); →: dever-ser neutro, intranormativo ou interproposicional; ↓: dever-ser modalizado (obrigatório) ou internormativo.

808. STJ – Quinta Turma – AgRg no HC 863.314/GO – Rel. Min. Messod Azulay Neto – DJe 11 abr. 2025.

pronúncia constitui mero juízo provisório quanto à autoria e à materialidade".

Mutila-se o *due process of law*.

A fundamentação do julgado põe na penumbra o caráter essencial do contraditório e da ampla defesa (art. 5º, LV, CF/1988), elementos aptos a categorizar o ato eivado de nulidade absoluta. Decerto, às decisões desfavoráveis ao réu, deve anteceder sua palavra. Não somente a intimação é indispensável ao procedimento, por compor a substância da comunicação dos atos processuais. A própria manifestação do réu é indeclinável, como igualmente o é a efetiva intervenção do Ministério Público em todos os atos processuais das ações penais públicas (art. 564, III, "d", CPP), a evidenciar que também suas alegações finais, na fase do *judicium accusationis* (juízo da instrução preliminar), não podem faltar ao devido processo legal.

Entretanto, o STJ se apegou à premissa que conduziu o desfecho do julgado, verberando, de uma banda, que "a decisão de pronúncia é limitada à análise de admissibilidade do caso para a fixação da competência do Tribunal do Júri, sem importar em condenação ou juízo de responsabilidade penal"; e, de outra, que "não foi demonstrado qualquer prejuízo à defesa, que foi devidamente intimada para o ato, conforme consta dos autos".

Fixando tese de julgamento, a Corte Superior entendeu, para assim deliberar, que "a ausência de oferecimento das alegações finais em processos de competência do Tribunal do Júri não acarreta nulidade, pois a decisão de pronúncia é mero juízo provisório quanto à autoria e à materialidade". Em arremate, assentou que "a decisão de pronúncia é limitada à análise de admissibilidade do caso para a fixação da competência do Tribunal do Júri, sem importar em condenação ou juízo de responsabilidade penal"[809].

---

809. STJ – Quinta Turma – AgRg no HC 863.314/GO – Rel. Min. Messod Azulay Neto – DJe 11 abr. 2025.

Calha ponderar que a decisão de pronúncia é apta a causar severos danos ao acusado. Só esse motivo já deixaria esgrime de dúvida o equívoco do entendimento esboçado no acórdão sob análise. A pronúncia é muito mais que decisão certificadora da competência dos jurados. Basta lembrar que, na esteira da legislação (art. 593, III, "a", CPP) e da jurisprudência[810], a decisão de pronúncia torna preclusas as nulidades da primeira fase do rito escalonado, bem como demarca os limites da acusação no *judicium causae* (fase da preparação ao julgamento de mérito). Por mais de uma razão, as alegações finais são indispensáveis à cognição de admissibilidade da imputação ao julgamento popular.

Não incide o *in dubio pro societate*, afirmação que, inclusive, não tem respaldo no direito positivo. Destarte, se ausentes as alegações finais do imputado, o juiz deve aplicar alternativa analógica (art. 3º, CPP), assegurando a manifestação do acusado. A norma jurídica a ser incidida deve ser construída a partir do art. 396-A, § 2º, do CPP. De tal modo, faltando as derradeiras razões que lhe antecedem, a decisão de pronúncia estará eivada de nulidade absoluta, por ofensa à ampla defesa e ao contraditório.

11.5 Conclusão do capítulo

O enfrentamento das nulidades em espécie evidencia a utilidade do cálculo normativo encontrado para justificar a fundamentação do controle dos atos da persecução penal. Não só os atos do processo penal condenatório são sindicáveis pelo sistema de nulidades processuais penais, mas também atos da investigação preliminar (inquérito policial) e da execução penal.

810. STF – ARE 1549034/RS – Decisão Monocrática – Rel. Min. Luís Roberto Barroso – DJe 19 maio 2025.

A representação sintática da produção normativa se aplica a todos os vícios, de acordo com a gravidade da nulidade, tomando o núcleo constitucional do direito processual penal como parâmetro de redução da contingência. Sem embargo, o aspecto possibilista – pragmático e discursivo-comunicativo –, não é olvidado, eis que se considera, na estrutura de produção normativa, o embate entre as fontes do direito processual penal, buscando arrimá-las em base enunciativa integrante do ordenamento jurídico.

CONCLUSÕES

A teoria da nulidade no processo penal, com fulcro em um padrão unitário, tem por objetivo controlar a juridicidade dos atos da persecução penal, com a redução da imprevisibilidade de imposição de efeitos jurídicos. O desenvolvimento do livro buscou dar justificativa ao procedimento proposto para a aplicação de classes previamente convencionadas pelo órgão com competência para ditar as normas jurídicas envolvidas em torno do fenômeno da nulidade. Para a sua finalização, as conclusões a seguir representam esforço de síntese.

a) No direito processual penal, o termo nulidade deve significar vício de ato jurídico da persecução penal como um todo. A nulidade-fato, necessita de classificação conforme os graus de defeitos e de importância dos atos afetados. Centrando a nulidade na incidência da norma jurídica, infere-se que seu uso, por meio de linguagem formal, envolve prismas sintáticos, semânticos e pragmáticos.

b) Com esteio em pontos comuns na doutrina, jurisprudência e legislação, a nulidade-fato pode ser dividida em quatro classes: inexistência jurídica, nulidade absoluta, nulidade relativa e irregularidade. O preenchimento semântico dessas categorias parte da relação sintática que há entre as normas jurídicas infraconstitucionais e constitucionais.

Além desse aspecto, relatos legais de nulidade, em linguagem prescritiva e com modal obrigatório, são critérios indicativos de vícios de maior gravidade.

c) A norma jurídica é o instrumento central para a identificação dos vícios dos atos e classificação de seus elementos. Aos elementos estruturais, essenciais e acidentais, correspondem classe de nulidade-fato de maior ou de menor gravidade. A espécie de norma jurídica controlada é de índole individual e concreta. A nulidade-fato, isto é, o ato jurídico viciado, fruto de incidência imperfeita e objeto de controle, servirá de suporte fático à construção de outra norma jurídica, também individual e concreta, apta a produzir nulidade-consequência.

d) A produção de normas jurídicas individuais e concretas ocorre no interior do sistema da persecução penal estatal. Essa concepção de sistema se distingue da de ordenamento jurídico. Este é compreendido como o conjunto de enunciados vigentes. O ordenamento constitui a matéria sobre a qual deve se valer o juiz para produzir normas jurídicas.

e) O sistema jurídico de persecução penal é composto por normas jurídicas, depuradas pela subsunção e pela documentação da incidência. A linguagem do sistema, no processo penal estatal, é prescritiva. A teoria da nulidade no processo penal é sistema com linguagem descritiva, por estar inserta no campo doutrinário. Vertida no processo, sua estrutura será documentada por linguagem prescritiva, própria da perspectiva dos participantes do sistema que, no caso, é o Poder Judiciário.

f) A nulidade se perfaz nos autos com a incidência da norma jurídica primária, realizada pelo juiz. Antes da constatação judicial, o vício do ato jurídico da persecução penal permanece como fato. Verificada a incidência deficiente do ato ou da omissão processual sindicada, abre-se o procedimento de reação estatal àquela violação aos enunciados do direito positivo, com o início da atividade de produção normativa nulificadora.

g) Os limites da atuação judicial são encontrados no próprio sistema, respeitadas as relações sintáticas (estrutura das normas implicadas e competência), semânticas (valor da liberdade e imunização contra violações a direitos fundamentais) e função (lindes da pragmática possibilista e documentação dos efeitos jurídicos de forma normativa, por meio de declaração constitutiva ou desconstitutiva).

h) A possibilidade de manutenção de atos viciados encontra seu teto intransponível na vedação à mitigação do conteúdo nuclear do direito processual penal assentado na Constituição e em instrumentos com *status* equivalente. A declaração de constituição de efeitos jurídicos retro-operantes (*ex tunc* ou *ex nunc*, com base no parâmetro do ato eivado de nulidade) exige que o cânone de que não há nulidade sem prejuízo seja aplicado em favor da eficácia dos direitos fundamentais do imputado. Não deve ser admitida modulação de efeitos da invalidação do ato viciado para autorizar punição em afronta às formas jurídicas ou para limitar a eficácia de direitos constitucionais de primeira geração, em face da prevalência do valor da liberdade.

i) A teoria da nulidade no processo penal descreve um padrão sintático para o preenchimento semântico de sua estrutura, tomando por supedâneo o entrelaçamento hierarquizado do ordenamento e do sistema. Esse formalismo no processo penal, ao invés de sonegar direitos ou inviabilizar o funcionamento do sistema, proporciona sua efetividade. Ao cabo, procura fechar espaços de discricionariedade, de imprevisibilidade e de contingência.

j) Para tal desiderato, foi descrita representação lógica do fenômeno da nulidade em estrutura dúplice: norma jurídica primária e norma jurídica secundária, ambas individuais e concretas. Cada uma dessas compreende uma proposição-antecedente e uma proposição-consequente.

k) A norma jurídica primária deve descrever, em sua prótase, a nulidade-fato, isto é, o ato jurídico viciado, suposto de fato que deve ser classificado. Na apódose ou proposição-consequente, implicada por dever ser neutro, o juiz deve declarar a constituição da classe de nulidade (inexistência jurídica, nulidade absoluta, nulidade relativa ou irregularidade), de acordo com os critérios estabelecidos na fundamentação da teoria.

l) Classificado o vício na primeira norma jurídica, surge para o órgão com competência designada pelo sistema, o dever-ser, modalizado, para editar uma segunda norma jurídica (secundária), cujo cunho final será alternativo (invalidação, saneamento ou convalidação). Na proposição-antecedente (prótase) dessa norma jurídica, o juiz descreverá a classificação realizada, tornando-a, para essa norma, um suposto de fato. Vale dizer, o que é consequência na primeira norma, passa a ser fato para a norma jurídica seguinte.

m) A classe escolhida e descrita tem a virtude de apontar a conduta padrão que o juiz deve tomar, haja vista que a gravidade da nulidade indica a providência sancionatória cabível. Os desvios das consequências jurídicas esperadas, possíveis pragmaticamente quando aplicáveis regras de calibração, devem respeitar os limites do texto constitucional. Com esse norte e por implicação deôntica neutra, o órgão competente do Poder Judiciário deve emitir a proposição-consequente (apódose), declarando a constituição ou a desconstituição de efeitos jurídicos (invalidação, saneamento, convalidação, inadmissibilidade, desentranhamento ou modulação de efeitos – nulidade-consequência).

REFERÊNCIAS

ADEODATO, João Maurício. *Ética e retórica*: para uma teoria da dogmática jurídica. 3. ed. São Paulo: Saraiva, 2007.

______. *Uma teoria retórica da norma jurídica e do direito subjetivo*. São Paulo: Noeses, 2011.

AFTALIÓN, Enrique R.; VILANOVA, José. *Introducción al derecho*: conocimiento y conocimiento científico; historia de las ideas jurídicas; teoría general del derecho; teoría general aplicada. 2. ed. Buenos Aires: Abeledo-Perrot, 1988.

ALENCAR, Rosmar Rodrigues. *Curso de direito processual penal*: em conformidade com a teoria do direito. 2. ed. São Paulo: Noeses, 2022.

______. *Efeito vinculante e concretização do direito*. Porto Alegre: Sergio Antonio Fabris, 2009.

ALEXY, Robert. *Teoría de los derechos fundamentales*. Madrid: Centro de Estúdios Políticos y Constitucionales, 2002.

______. Direito constitucional e direito ordinário. Jurisdição constitucional e jurisdição especializada. *Revista dos tribunais*, São Paulo, a.91, n.799, p.33-51, maio 2002.

ALMEIDA JUNIOR, João Mendes de. O processo criminal brasileiro: volume I. 2. ed. Rio de Janeiro/Belo Horizonte/Lisboa: Francisco Alves & Cia; Paris/São Paulo: Aillaud, Alves & Cia, 1911.

ALVES, Alaôr Caffé. Fundamentos dos atos de vontade e práxis linguístico-social no direito. Kelsen e Wittgenstein II. In: *Vilém Flusser e juristas*: comemoração dos 25 anos do grupo de estudos de Paulo de Barros Carvalho. Florence Haret; Jerson Carneiro (orgs.). São Paulo: Noeses, 2009. p.79-122.

AMORIM, Pierre Souto Maior Coutinho de. O novo art. 156 do CPP: um museu com grandes novidades. In: *Comentários pontuais às reformas processuais civil e penal*. Afrânio Silva Jardim; Pierre Souto Maior Coutinho de Amorim (orgs.). Rio de Janeiro: Lumen Juris, 2011. p.131-150.

______. Nulidades no processo penal. *Revista Forense comemorativa – 100 anos*, tomo VII [direito processual penal], Afrânio Silva Jardim (org.), Rio de Janeiro: Forense, p.109-150, 2006.

AVENA, Norberto. *Processo penal*: esquematizado. Rio de Janeiro: Forense; São Paulo: Método, 2009.

ÁVILA, Humberto. *Teoria dos princípios*: da definição à aplicação dos princípios jurídicos. 7. ed. São Paulo: Malheiros, 2006.

AVOLIO, Luiz Francisco Torquato. *Provas ilícitas*: interceptações telefônicas, ambientais e gravações clandestinas. 4. ed. São Paulo: RT, 2010.

AZEVEDO, Antônio Junqueira de. *Negócio jurídico*: existência, validade e eficácia. 4. ed. São Paulo: Saraiva, 2014.

AZEVEDO, Vicente de Paulo Vicente de. Nulidades. *Doutrinas essenciais*: processo penal (Revista dos Tribunais), n.5, p.613-635, jun. 2012.

BADARÓ, Gustavo Henrique. *Direito processual penal*: tomo II. 2. ed. Rio de Janeiro: Elsevier, 2009.

______. *Processo penal*. 3. ed. São Paulo: RT, 2015.

BAPTISTA, Francisco das Neves. *O mito da verdade real na dogmática do processo penal*. Rio de Janeiro; São Paulo: Renovar, 2001.

BARATTA, Alessandro. *Criminologia crítica e crítica do direito penal*: introdução à sociologia do direito penal. Tradução: Juarez Cirino dos Santos. 6. ed. Rio de Janeiro: Revan, 2014.

BARROS, Romeu Pires de Campos. Do fato típico no direito processual penal. *Revista Forense comemorativa – 100 anos*, tomo VII [direito processual penal], Afrânio Silva Jardim (org.), Rio de Janeiro: Forense, p.343-355, 2006.

BECKER, Alfredo Augusto. Teoria geral do direito tributário. 5. ed. São Paulo: Noeses, 2010.

BINDER, Alberto M. *Introdução ao direito processual penal*. Tradução: Fernando Zani. Rio de Janeiro: Lumen Juris, 2003.

______. *El incumplimiento de las formas procesales*: elementos para uma crítica a la teoría unitaria de las nulidades en el processo penal. Buenos Aires: Ad-Hoc, 2000.

______. Tensiones político-criminales en el proceso penal. In: *Comentários pontuais às reformas processuais civil e penal*. Afrânio Silva Jardim; Pierre Souto Maior Coutinho de Amorim (orgs.). Rio de Janeiro: Lumen Juris, 2011. p.1-24.

BOBBIO, Norberto. *O positivismo jurídico*: lições de filosofia do direito. Tradução: Márcio Pugliesi; Edson Bini; Carlos E. Rodrigues. São Paulo: Ícone, 2006.

______. *Teoria do ordenamento jurídico*. 10. ed. Tradução: Maria Celeste Cordeiro Leite dos Santos. Brasília: Universidade de Brasília, 1997.

BOBBIO, Norberto. *Teoria do ordenamento jurídico*. 10. ed. Tradução: Maria Celeste Cordeiro Leite dos Santos. Brasília: Universidade de Brasília, 1997. p.37.

BONFIM, Edilson Mougenot. *Curso de processo penal*. 4. ed. São Paulo: Saraiva, 2009.

BRITO, Edvaldo. *Limites da revisão constitucional*. Porto Alegre: Sergio Antonio Fabris, 1993.

______. *Direito tributário e constituição*: estudos e pareceres. São Paulo: Atlas, 2016.

BÜLOW, Oscar Von. *Teoria das exceções e dos pressupostos processuais*. Tradução: Ricardo Rodrigues Gama. 2. ed. Campinas: LZN, 2005.

CABRAL, Antonio do Passo. *Nulidades no processo moderno*: contraditório, proteção da confiança e validade 'prima facie' dos atos processuais. 2. ed. Rio de Janeiro: Forense, 2010.

CAMBULE, Gil. *O realismo jurídico escandinavo*: breves notas. Disponível em: <http://direitopensado.blogspot.com.br/2014/05/o-realismo-juridico-escandinavo-breves.html>. Acesso em: 07 maio 2025.

CANARIS, Claus-Wilhelm. *Pensamento sistemático e conceito de sistema na ciência do direito*. Tradução: Antonio Menezes Cordeiro. 3. ed. Lisboa: Fundação Calouste Gulbenkian, 2002.

CANOTILHO, J. J. Gomes. *Direito constitucional e teoria da constituição*. 3. ed. Coimbra: Almedina, 1998.

CAPEZ, Fernando. *Curso de direito processual penal*. 6. ed. São Paulo: Saraiva, 2001.

CARDOZO, Benjamin N. *A natureza do processo judicial*. Tradução: Silvana Vieira. São Paulo: Martins Fontes, 2004.

CARNELUTTI, Francesco. *Lições sobre o processo penal*: volume 3. Tradução: Francisco José Galvão Bruno. Campinas: Bookseller, 2004.

______. *A prova civil*: parte geral: o conceito jurídico da prova. Tradução: Amilcare Carletti. São Paulo: Universitária de Direito, 2002.

______. *Instituições do processo civil*: volume I. Tradução: Adrián Sotero de Witt Batista. Campinas: Servanda, 1999.

CARVALHO, Amilton Bueno. *Abolicionismo penal e(m) Nietzsche*. Rio de Janeiro: Lumen Juris, 2021.

______. *Garantismo penal aplicado*. Rio de Janeiro: Lumen Juris, 2003.

CARVALHO, Aurora Tomazini de. *Curso de teoria geral do direito*: o construtivismo lógico-semântico. 3. ed. São Paulo: Noeses, 2013.

______. Interpretação e aplicação do direito. In: *Vilém Flusser e juristas*: comemoração dos 25 anos do grupo de estudo de Paulo de Barros Carvalho. Florence Haret; Jerson Carneiro (orgs.). Noeses: São Paulo, 2009. p.257-281.

CARVALHO, Paulo de Barros. *Direito tributário, linguagem e método*. 5. ed. São Paulo: Noeses, 2013.

______. *Direito tributário*: fundamentos jurídicos da incidência. 9. ed. São Paulo: Saraiva, 2012.

CASARA, Rubens. *Estado pós-democrático*: neo-obscurantismo e gestão dos indesejáveis. Rio de Janeiro: Civilização Brasileira, 2017.

CASTRO JÚNIOR, Torquato da Silva. *A pragmática das nulidades e a teoria do ato jurídico inexistente*: reflexões sobre metáforas e paradoxos da dogmática privatista. São Paulo: Noeses, 2009.

CATÃO, Adrualdo de Lima. *Teoria do fato jurídico*: uma abordagem lógica da decisão judicial. Curitiba: Juruá, 2013.

CHOUKR, Fauzi Hassan. Justa causa – reflexões em torno da obra de Afrânio Silva Jardim. In: *Tributo a Afrânio Silva Jardim*: escritos e estudos. Marcelo Lessa Bastos; Pierre Souto Maior Coutinho de Amorim (orgs). 2. ed. Rio de Janeiro: Lumen Juris, 2014. p.285-302.

CINTRA, Antonio Carlos de Araújo; GRINOVER, Ada Pellegrini; DINAMARCO, Cândido Rangel. *Teoria geral do processo*. 19. ed. São Paulo: Malheiros, 2003.

COMPARATO, Fábio Konder. *A afirmação histórica dos direitos humanos*. 4. ed. São Paulo: Saraiva, 2006.

CONSTANTINO, Lúcio Santoro de. *Nulidades no processo penal*. 3. ed. Porto Alegre: Verbo Jurídico, 2008.

CONSO, Giovanni. *I fatti giuridici processual penali*: perfezione ed eficácia. Milano: Giuffrè, 1955.

CORDERO, Franco. *Procedura penale*. 7. ed. Milano: Giuffrè, 1983.

CORREIA, João Conde. *Contributo para a análise da inexistência e das nulidades processuais penais*. Coimbra: Universidade de Coimbra, 1999.

COSSIO, Carlos. *La teoría egológica del derecho y el concepto jurídico de libertad*. 2. ed. Buenos Aires: Abeledo-Perrot, 1964.

DERMECIAN, Pedro Henrique; MALULY, Jorge Assaf. *Curso de processo penal*. 9. ed. Rio de Janeiro: Forense, 2014.

DESIMONI, Luis María; TARANTINI, Ricardo Santiago. *La nulidad en el proceso criminal*: doctrina y jurisprudência. Problemática del Mercosur. Internacionalización del delito. Buenos Aires: Depalma, 1998.

DEZEM, Guilherme Madeira. *Curso de processo penal*. São Paulo: RT, 2015.

DIAS, Ana Carolina Carvalho. Os limites à interpretação das normas tributárias: transformação do texto em norma. In: *Vilém Flusser e juristas*: comemoração dos 25 anos do grupo de estudos de Paulo de Barros Carvalho. Florence Haret; Jerson Carneiro (orgs.). São Paulo: Noeses, 2009. p.697-731.

DIAS, Jorge de Figueiredo; ANDRADE, Manuel da Costa. Criminologia: o homem delinquente e a sociedade criminógena. Coimbra: Coimbra, 1984.

DIAS, Karem Jureidini. *Fato tributário*: revisão e efeitos jurídicos. São Paulo: Noeses, 2013.

DINAMARCO, Cândido Rangel. *Capítulos de sentença*. 4. ed. Malheiros: São Paulo, 2009.

______. *A instrumentalidade do processo*. 4. ed. São Paulo: Malheiros, 1994.

DULCLERC, Elmir. *Direito processual penal*. Rio de Janeiro: Lumen Juris, 2008.

EL HIRECHE, Gamil Föppel. *Análise criminológica das organizações criminosas*. Rio de Janeiro: Lumen Juris, 2005.

FALCÃO, Pablo R. de L. Do direito que é, aquele que vem a ser: implicações epistêmicas da relação entre decidibilidade jurídica e raciocínio lógico-dedutivo. In: *XVI Congresso Nacional do Conpedi/PUC Minas, Belo Horizonte, 15, 16 e 17 de novembro de 2007*. Anais. Florianópolis: Fundação Boiteux, 2008. p.3754-3769.

FEITOZA, Denilson. *Direito processual penal*: teoria, crítica e práxis. 6. ed. Niterói: Impetus, 2009.

FERNANDES, Paulo Sérgio Leite; FERNANDES, Geórgia Bajer. *Nulidades no processo penal*. 5. ed. São Paulo: Malheiros, 2002.

FERRAJOLI, Luigi. *Direito e razão*: teoria do garantismo penal. Tradução: Ana Paula Zomer Sica; Fauzi Hassan Choukr; Juarez Tavares; Luiz Flávio Gomes. São Paulo: RT, 2006.

FERRAZ JÚNIOR, Tercio Sampaio. *Teoria da norma jurídica*: ensaio de pragmática da comunicação normativa. 4. ed. Rio de Janeiro: Forense, 2009.

______. *Conceito de sistema no direito*: uma investigação histórica a partir da obra jusfilosófica de Emil Lask. São Paulo: RT, 1976.

______. Interpretação jurídica: interpretação que se comunica ou comunicação que se interpreta? In: *Vilém Flusser e juristas*: comemoração dos 25 anos do grupo de estudo de Paulo de Barros Carvalho. Florence Haret; Jerson Carneiro (orgs.). Noeses: São Paulo, 2009. p.15-49.

______. Tercio Sampaio. *O direito, entre o futuro e o passado*. São Paulo: Noeses: 2014.

FERRO, Rodrigo Cavalcante Ferro. Medida de segurança: considerações críticas acerca da internação sob o pretexto da perigosidade.

In: *Temas atuais do direito*. Carla Priscilla Barbosa Santos Cordeiro; Rodrigo Cavalcante Ferro (Coords.). Recife: Nossa Livraria, 2016.p.129-151.

FLUSSER, Vilém. *Língua e realidade*. São Paulo: Herder, 1963.

FREITAS, Juarez. *A interpretação sistemática do direito*. São Paulo: Malheiros, 1995.

GALATI, Antonino. *Il comportamento delle parti nel regime delle nullità processuali penali*. Milano: Giufrè, 1970.

GAMA, Tácio Lacerda. *Competência tributária*: fundamentos para uma teoria da nulidade. 2. ed. São Paulo: Noeses, 2011.

_______. Sentido, consistência e legitimação. In: *Vilém Flusser e juristas*: comemoração dos 25 anos do grupo de estudo de Paulo de Barros Carvalho. Florence Haret; Jerson Carneiro (orgs.). Noeses: São Paulo, 2009. p.231-256.

GIOVANNONI, Adrio. Los vicios formales en la realización del acto procesal. In: *Estudios de nulidades procesales*. Adolfo Alvarado Velloso (org.). Buenos Aires: Hammurabi, 1980. p.71-86.

GIOVANNI, Biagio de. *La nullità nella logica del diritto*. Napoli: Morano, 1964.

GIULIO, Gabriel H. Di. *Nulidades procesales*. Buenos Aires: Hammurabi, 2005.

GLOECKNER, Ricardo Jacobsen. *Nulidades no processo penal*: introdução principiológica à teoria do ato processual irregular. Salvador: Juspodivm, 2013.

_______. Una nuova teoria della nullità: costruzione di un nuovo sistema di principi alla luce della strumentalità costituzionale della procedura penale. *Diritto e Giustizia Minorile* [rivista giuridica trimestrale], São Paulo, anno 3, n.1, p.59-71, gennaio-marzo 2015.

GODOY, Arnaldo Sampaio de Moraes. *Introdução ao realismo jurídico norte-americano*. Brasília: Edição do Autor, 2013.

GOLDSCHMIDT, James. *Principios generales del proceso*: teoria general del proceso. 2. ed. Buenos Aires: EJEA, 1961.

GONÇALVES, Aroldo Plínio. *Nulidades no processo*. 2. ed. Belo Horizonte: Del Rey, 2014.

GÖSSEL, Karl Heinz. *El derecho procesal penal en el estado de derecho*: obras completas [tomo I]. [dirigido por Edgardo Alberto Donna]. Santa Fe: Rubinzal-Culsoni, 2007.

GRECO FILHO, Vicente. *Manual de processo penal*. 8. ed. São Paulo: Saraiva, 2010.

GRINOVER, Ada Pellegrini. *Provas ilícitas, interceptações e escutas*. Brasília: Gazeta Jurídica, 2013.

GRINOVER, Ada Pellegrini; GOMES FILHO, Antonio Magalhães; FERNANDES, Antonio Scarance. *As nulidades no processo penal*. 12. ed. São Paulo: RT, 2011.

GUASTINI, Riccardo. *Distinguiendo*: estudios de teoría y metateoría del derecho. Barcelona: Gedisa, 1999.

______. *Das fontes às normas*. Tradução: Edson Bini. São Paulo: Quartier Latin, 2005.

GUASP, Jaime. *Derecho procesal civil*: tomo primeiro [introducción y parte general]. Madrid: IEP, 1968.

HAMILTON, Sergio Demoro. *Estudos de processo penal*: 3ª série. Rio de Janeiro: Lumen Juris, 2007.

______. Reflexos da falta de atribuição na instância penal. *Revista Forense comemorativa – 100 anos*, tomo VII [direito processual penal], Afrânio Silva Jardim (org.), Rio de Janeiro: Forense, p.413-423, 2006.

HART, Herbert L. A. *O conceito de direito*. Tradução: A. Ribeiro Mendes. 5. ed. Lisboa: Fundação Calouste Gulbenkian, 2007.

HOLMES, Oliver Wendell. *O direito comum*: as origens do direito anglo-americano. Tradução: J. L. Melo. Rio de Janeiro: O Cruzeiro, 1967.

HUNGRIA, Nelson. A prova penal. *Revista Forense comemorativa – 100 anos*, tomo VII [direito processual penal], Afrânio Silva Jardim (org.), Rio de Janeiro: Forense, p.227-236, 2006.

HUSSERL, Edmund. *Ideias para uma fenomenologia pura e para uma filosofia fenomenológica*: introdução geral à fenomenologia. Tradução: Márcio Suzuki. 2. ed. Aparecida: Ideias Letras, 2006.

ITÁLIA. Codice de procedura penale. Decreto n. 447, de 22 settembre de 1988, n. 447. Disponível em: <http://it.wikisource.org/wiki/Codice_di_procedura_penale/Libro_II/Titolo_VII>. Acesso em: 23 fev. 2022.

IVO, Gabriel. *Norma jurídica*: produção e controle. São Paulo: Noeses, 2006.

______. *Constituição estadual*: competência para a elaboração da Constituição do estado-membro. São Paulo: Max Limonad, 1997.

JARDIM, Afrânio Silva. *Direito processual penal*. 11. ed. Rio de Janeiro: Forense, 2002.

______. A fixação da competência em razão da prevenção é incompatível com o sistema processual penal acusatório e com o estado democrático de direito. In: *Reflexões críticas sobre direito e sociedade*. Pierre Souto Maior Coutinho de Amorim (org.). Belo Horizonte: Dialética, 2021. p.261-264.

______. Justa causa para instauração do processo penal condenatório. In: *Reflexões críticas sobre direito e sociedade*. Pierre Souto Maior Coutinho de Amorim (org.). Belo Horizonte: Dialética, 2021. p.27-29.

______. A originalidade como regular condição para o exercício do direito de ação. In: *Reflexões críticas sobre direito e sociedade*. Pierre Souto Maior Coutinho de Amorim (org.). Belo Horizonte: Dialética, 2021. p.59-63.

______. Um grande equívoco: o princípio in dubio pro societate. In: *Reflexões críticas sobre direito e sociedade*. Pierre Souto Maior Coutinho de Amorim (org.). Belo Horizonte: Dialética, 2021. p.65-66.

______. *Da publicização do processo civil*. Rio de Janeiro: Liber Juris, 1982.

______. O ônus da prova na ação penal condenatória. *Revista Forense comemorativa – 100 anos*, tomo VII [direito processual penal], Afrânio Silva Jardim (org.), Rio de Janeiro: Forense, p.593-614, 2006.

______. Garantismo no processo penal: breve e parcial reflexão. *Revista Eletrônica de Direito Processual – REDP*, Rio de janeiro (UERJ), a.8, n.14, p.1-10, jul.-dez. 2014.

______. Reflexão teórica sobre o processo. *Justitia*, São Paulo, a.46, n.127, p.91-125, out.-dez. 1984.

______. Arquivamento e desarquivamento do inquérito policial. In: *Temas atuais de direito*. Associação do Ministério Público do Rio de janeiro (org.). Rio de janeiro: Liber Juris, 1986. p.5-23.

______. Prefácio. In: BAPTISTA, Francisco das Neves. *O mito da verdade real na dogmática do processo penal*. Rio de Janeiro; São Paulo: Renovar, 2001. p.XIX-XXI.

______. Prefácio. In: MASSON, Cleber; MARÇAL, Vinicius. *Crime organizado*. Rio de Janeiro: Forense, 2015. p.8-10.

JARDIM, Afrânio Silva; AMORIM, Pierre Souto Maior Coutinho de. *Direito processual penal*: Estudos e pareceres. 13. ed. Rio de Janeiro: Lumen Juris, 2014.

KARAM, Maria Lúcia. *Competência no processo penal*. 3. ed. São Paulo: RT, 2002.

KELSEN, Hans. *Teoria geral das normas*. Tradução: José Florentino Duarte. Porto Alegre: Sergio Antonio Fabris, 1986.

______. *Teoria geral do direito e do Estado*. Tradução: Luís Carlos Borges. 4. ed. São Paulo: Martins Fontes, 2005.

______. *Teoria pura do direito*. Tradução: João Baptista Machado. 5. ed. São Paulo: Martins Fontes, 1997.

KHALED JR, Salah H. *Ambição de verdade no processo penal*: desconstrução hermenêutica do mito da verdade real. Salvador: Juspodivm, 2009.

LACERDA, Galeno. *Despacho saneador*. Canoa: La Salle; Porto Alegre: Livraria Sulina, 1953.

LARENZ, Karl. *Metodologia da ciência do direito*. Tradução: José Lamego. 5. ed. Lisboa: Fundação Calouste Gulbenkian, 2009.

LIEBMAN, Enrico Tullio. *Manuale di diritto processuale civile*: I. 4. ed. Milano: Giuffrè, 1980.

LIMA, Alberto Jorge Correia de Barros. *Direito penal constitucional*: a imposição dos princípios constitucionais penais. São Paulo: Saraiva, 2012.

LIMA, Marcellus Polastri. *Curso de processo penal*. 8. ed. Brasília: Gazeta Jurídica, 2014.

LIMA, Renato Brasileiro de. *Curso de processo penal*. Niterói: Impetus, 2013.

______. *Legislação criminal especial comentada*: volume único. 9. Ed. Salvador: Juspodivm, 2021.

LIMA, Ruy Cirne. Preparação à dogmática jurídica. 2. ed. Porto Alegre: Sulina, 1958.

LINS, Robson Maia. La mora en el derecho tributario. Tradução: Juan Carlos Panez Solórzano. São Paulo: Noeses; Lima: Grijley, 2018.

______. *Controle de constitucionalidade da norma tributária: decadência e prescrição*. São Paulo: Quartier Latin, 2005.

______. *Direito tributário brasileiro*. São Paulo: Noeses, 2019.

LISI, Gaetano Contursi. *Le nullità nel codice di procedura penale*. Milano: SEL, 1937.

LOPES JR, Aury. *Direito processual penal e sua conformidade constitucional*: volume II. 3. ed. Rio de Janeiro: Lumen Juris, 2010.

______. *Direito processual penal*. 16. ed. São Paulo: Saraiva, 2019.

LOPES JR, Aury; GLOECKNER, Ricardo Jacobsen. *Investigação preliminar no processo penal*. 5. ed. São Paulo: Saraiva, 2013.

LOPES, Ivonete Bernardes Oliveira. *Sentenças, nulidades e recursos no processo penal*: uma abordagem doutrinária sobre a complexidade dos temas. Leme: LED, 2004.

LOUREIRO, Antônio Tovo. O descumprimento das formas processuais penais como maximização do poder de punir: por uma nova teoria das nulidades. *Revista da Faculdade de Direito da Universidade Federal do Rio Grande do Sul* (Porto Alegre: UFRGS), n.26, p.7-29, dez. 2006.

LOUREIRO, Osman. *Modificativos da pena no direito brasileiro*. Rio de Janeiro: Paulo, Pongetti & Cia, 1927.

LUCHETE, Felipe. Visões do direito: embate entre Lenio Streck e Moro aborda resistência sobre delações. *Consultor jurídico*, 28 ago. 2015. Disponível em: <http://www.conjur.com.br/2015-ago-28/embate-entre-lenio-streck-moro-aborda-resistencia-delacoes>. Acesso em: 24 abr. 2022.

LUHMANN, Niklas. *Introdução à teoria dos sistemas*. Tradução: Ana Cristina Arantes Nasser. 2. ed. Petrópolis/RJ: Vozes, 2010.

______. *Legitimação pelo procedimento*. Tradução: Maria da Conceição Côrte-Real. Brasília: Universidade de Brasília, 1980.

MACHADO, Antônio Alberto. *Curso de processo penal*. 6. ed. São Paulo: Atlas, 2014.

MACHADO, Leonardo Marcondes. Resistência crítica e poder punitivo: diálogos em torno da audiência de custódia, *Revista Síntese Direito Penal e Processo Penal – RDP*, Porto Alegre, v.16, n.93, p. 40-53, ago-set 2015.

MAHON, Eduardo. Presunção de inocência: fuga é direito constitucionalmente reconhecido. *Consultor jurídico (Conjur)*, 25 jan. 2008. Disponível em: <http://www.conjur.com.br/2008-jan-25/fuga_direito_constitucionalmente_reconhecido>. Acesso em: 04 jun. 2025.

MAIA, Alexandre da. *Ontologia jurídica*: o problema de sua fixação teórica (com relação ao garantismo jurídico). Porto Alegre: Livraria do Advogado, 2000.

MAIER, Julio B. J. *Cuestiones fundamentales sobre la liberdad del imputado y su situación en el proceso penal*: análisis doctrinario y jurisprudencial. Buenos Aires: LEA, 1980.

______. *Derecho procesal penal argentino*: 1a fundamentos. Buenos Aires: Hammurabi, 1989.

______. *Derecho procesal penal argentino*: 1b fundamentos. Buenos Aires: Hammurabi, 1989.

______. *Función normativa de la nulidad*. Buenos Aires: Depalma, 1980.

MALATESTA, Nicola Framarino Dei. *A lógica das provas em matéria criminal*. Tradução: Paolo Capitanio. 3. ed. Campinas: Bookseller, 2004.

MANZANO, Luís Fernando de Moraes. *Curso de processo penal*. 3. ed. São Paulo: Atlas, 2013.

MANZINI, Vicenzo. *Tratado de derecho penal*: tomo 5 (primeira parte: teorias generales: volumen V). Traducción: Santiago Sentis Melendo. Buenos Aires: Ediar, 1950.

MARCÃO, Renato. *Curso de processo penal*. São Paulo: Saraiva, 2014.

MARQUES, José Frederico. *Elementos de direito processual penal*: volume II. 2. ed. Campinas: Millennium, 2000.

MARTINS, Rui Cunha. *O ponto cego do direito*: "the brazilian lessons". 3. ed. São Paulo: Atlas, 2013.

______. O mapeamento processual da "verdade". In: *Decisão judicial*: a cultura jurídica brasileira na transição para a democracia. Geraldo Prado; Rui Cunha Martins; Luis Gustavo Grandinetti Castanho de Carvalho (orgs). São Paulo: Marcial Pons, 2012. p.71-86.

MATIDA, Janaína; CECCONELLO, William Weber. Reconhecimento fotográfico e presunção de inocência. *Revista brasileira de direito Processual Penal*, Porto Alegre, v. 7, n. 1, p. 409-440, jan.-abr. 2021.

MEDEIROS, Flavio Meireles. *Nulidades do processo penal*: doutrina, jurisprudência, sistemática. Porto Alegre: Síntese, 1982.

______. Princípios de direito processual penal. *Revista Forense comemorativa – 100 anos*, tomo VII [direito processual penal], Afrânio Silva Jardim (org.), Rio de Janeiro: Forense, p.497-547, 2006.

______. *Manual do processo penal*. 5. ed. Rio de Janeiro: AIDE, 1987.

MELLO, Marcos Bernardes. *Teoria do fato jurídico*: plano da existência. 7. ed. São Paulo: Saraiva, 1995.

______. *Teoria do fato jurídico*: plano da validade. 2. ed. São Paulo: Saraiva, 1997.

MESA, Marcelo López. *Ineficacia y nulidade de los actos jurídicos*: procesales y administrativos. 2. ed. Buenos Aires: BF, 2015.

MIRABETE, Julio Fabbrini. *Processo penal*. 14. ed. São Paulo: Atlas, 2003.

MOREIRA, José Carlos Barbosa. *Temas de direito processual*: nona série. São Paulo: Saraiva, 2007.

MOREIRA, Rômulo Andrade. Apontar nulidades é buscar ganho fácil, disse o juiz. *Empório do direito*, 31 maio 2015. Disponível em: <https://emporiododireito.com.br/leitura/apontar-nulidades-e-buscar-ganho-facil-disse-o-juiz>. Acesso em: 24 jan. 2022.

MOORE, Michael S. Interpretando a interpretação. In: *Direito e interpretação*. Andrei Marmor (org.). Tradução: Luís Carlos Borges. São Paulo: Martins Fontes, 2004. p.3-46.

MORELLO, Augusto Mario. Las nulidades procesales. Hacia una interpretación dinámica funcional. In: *Estudios de nulidades procesales*. Adolfo Alvarado Velloso (org.). Buenos Aires: Hammurabi, 1980. p.148-168.

MOSSIN, Heráclito Antônio. *Nulidades no direito processual penal*. 3. ed. Barueri: Manole, 2005.

MOUSSALLEM, Tárek Moysés. *Revogação em matéria tributária*. São Paulo: Noeses, 2005.

NASCIMENTO, Bruno Dantas. Súmula vinculante. O STF entre a função uniformizadora e o reclamo por legitimação democrática. *Revista de Informação Legislativa*, Brasília, a. 45, n. 179, p.179-190, jul./set. 2008.

NASCIMENTO, Edna Maria Magalhães do. Pragmatismo: uma filosofia da ação. *Revista Redescrições – Revista on line do GT de Pragmatismo*, a.3, n.1, p.42-57, 2011.

NASSIF, Aramis; NASSIF, Samir Hofmeister. *Considerações sobre nulidades no processo penal*. 2. ed. Porto Alegre: Livraria do Advogado, 2012.

NICOLITT, André. *Manual de processo penal*. 5. ed. São Paulo: RT, 2014.

_______. *A duração razoável do processo*. 2. ed. São Paulo: RT, 2014.

_______. *As subversões da presunção de inocência*: violência, cidade e processo penal. Rio de Janeiro: Lumen Juris, 2006.

NUCCI, Guilherme de Souza. *Manual de processo penal e execução penal*. 6. ed. São Paulo: RT, 2010.

_______. *Princípios constitucionais penais e processuais penais*. 2. ed. São Paulo: RT, 2012.

OLIVEIRA, Carlos Alberto Alvaro de. *Do formalismo no processo civil*. 2. ed. São Paulo: Saraiva, 2003.

ORLANDO, Luiz Antonio; BOTTO, Cyrdemia da Gama. *Das nulidades no processo penal*. São Paulo: APMP, 1992.

PACELLI, Eugênio. *Curso de processo penal*. 18. ed. São Paulo: Atlas, 2014.

PACELLI, Eugênio; FISCHER, Douglas. *Comentários ao Código de Processo Penal e sua jurisprudência*. 5. ed. .São Paulo: Atlas, 2013.

PALMER, Richard E. *Hermenêutica*. Tradução: Maria Luísa Ribeiro Ferreira. 13. ed. Lisboa: Edições 70, 2006.

PANNAIN, Remo. 'Nullità e inesistenza in generale'. In: *Instituições de processo penal*: volume IV. Hélio Tornaghi (org.). Rio de Janeiro: Forense, 1959. p.74-113.

PASCHOAL, Jorge Coutinho. *O prejuízo e as nulidades processuais penais*: um estudo à luz da jurisprudência do Supremo Tribunal Federal e do Superior Tribunal de Justiça. Rio de Janeiro: Lumen Juris, 2014.

PASSOS, José Joaquim Calmon de. *Esboço de uma teoria das nulidades aplicadas às nulidades processuais*. Rio de Janeiro: Forense, 2005.

PAULA, Leonardo Costa. *As nulidades no processo penal*: sua compreensão por meio da afirmação do direito como controle ao poder de punir. Curitiba: Juruá, 2013.

PEIRCE, Charles Sanders. *Semiótica*. Tradução: José Teixeira Coelho Neto. 4. ed. São Paulo: Perspectiva, 2008.

______. Manuscrito 310: 1-14: conferências sobre o pragmatismo. *Cognitio*: Revista de Filosofia, São Paulo: PUC, v.4, n.2, p.227-231, 2003.

PENTEADO, Jaques de Camargo. *Manual de processo penal*. São Paulo: RT, 2013.

PESSOA, Nelson R. *La nulidad en el proceso penal*: estudio de los "silencios normativos aparentes". 3. ed. Santa Fe: Rubinzal-Culzoni, 2013.

PLATÃO. *Crátilo*. Tradução: Maria José Figueiredo. Lisboa: Instituto Piaget, 2001.

PRADO, Geraldo. *A cadeia de custódia da prova penal*. São Paulo: Marcial Pons, 2019.

______. *Limite às interceptações telefônicas e a jurisprudência do Superior Tribunal de Justiça*. 2. ed. Rio de Janeiro: Lumen Juris, 2006.

______. *Prova penal e sistema de controles epistêmicos*: a quebra da cadeia de custódia das provas obtidas por métodos ocultos. São Paulo: Marcial Pons, 2014.

______. Il sistema di giustizia criminale brasiliano e le comunità di tradizione giuridica democratica. *Diritto e Giustizia Minorile* [rivista giuridica trimestrale], São Paulo, anno 3, n.1, p.23-32, gennaio-marzo 2015.

______. Limite às interceptações telefônicas e a jurisprudência do Superior Tribunal de Justiça. In: *Acesso à justiça e efetividade do processo*. Geraldo Prado (org.). Rio de Janeiro: Lumen Juris, 2005. p.49-104.

______. *Curso de processo penal*: tomo I: fundamentos e sistema. São Paulo: Marcial Pons, 2024.

PRESUTTI, Adonella. *La declaratória delle nullità nel regime delle impugnazioni penali*. Milano: Giufrè, 1982.

PONTES DE MIRANDA, Francisco Cavalcanti. *Tratado de direito privado*: parte geral: tomo IV: validade, nulidade, anulabilidade. Campinas: Bookseller, 2000.

PUCCINI, Lapo. *Studi sulla nullità relativa*. Milano: Giuffrè, 1967.

QUEIJO, Maria Elizabeth. *O direito de não produzir prova contra si mesmo*: o princípio 'nemo tenetur se detegere' e suas decorrências no processo penal. 2. ed. São Paulo: Saraiva, 2012.

RANGEL, Paulo. *Direito processual penal*. 22. ed. São Paulo: Atlas, 2014.

REALE, Miguel. *Fundamentos do direito*: contribuição ao estudo da formação, da natureza e da validade da ordem jurídica positiva. São Paulo: RT, 1940.

______. Filosofia do direito. São Paulo: Saraiva, 1990.

REIS, Alexandre Cebrian Araújo; GONÇALVES, Victor Eduardo Rios. *Direito processual penal esquematizado*. 4. ed. São Paulo: Saraiva, 2015.

RIBEIRO, José do Espírito Santo Domingues. *A denúncia e suas nulidades*: teoria, prática e jurisprudência. Rio de Janeiro: Aide, 1992.

ROBERTO, Welton. *Paridade de armas no processo penal*. Belo Horizonte: Fórum, 2011.

______. *Paridade de armas no processo penal*. 2. ed. Belo Horizonte: Fórum, 2021.

ROBLES, Gregorio. *As regras do direito e as regras dos jogos*: ensaio sobre a teoria analítica do direito. Tradução: Pollyana Mayer. São Paulo: Noeses, 2011.

______. *El derecho como texto*: cuatro estudios de teoría comunicacional del derecho. Madrid: Civitas, 1998.

ROIG, Rodrigo Duque Estrada. *Execução penal*: teoria crítica. São Paulo: Saraiva, 2014.

RORTY, Richard. *Consequências do pragmatismo*: ensaios: 1972-1980. Tradução: João Duarte. Lisboa: Instituto Piaget, 1982.

ROSA, Alexandre Morais da. *Guia do processo penal conforme a teoria dos jogos*. 6. ed. Florianópolis: EMais, 2020.

ROSA, Alexandre Morais da; ALENCAR; Rosmar Rodrigues. No processo penal, a instrumentalidade é do direito material. *Conjur*, 23 ago. 2019. Disponível em: https://bit.ly/2Mr77DE Acesso em: 05 jun. 2025.

ROSS, Alf. *Direito e justiça*. Tradução: Edson Bini. Bauru: Edipro, 2003.

______. *Teoría de las fuentes del Derecho*: una contribución a la teoría del derecho positivo sobre la base de investigaciones histórico-dogmáticas. Tradução: José Luis Muñoz de Baena Simón; Aurelio de Prada García; Pablo López Pietsch. Madrid: CEPC, 2007.

ROXIN, Claus; ARZT, Gunther; TIEDEMANN, Klaus. *Introdução ao direito penal e ao direito processual penal*. Tradução: Gercélia Batista de Oliveira Mendes. Belo Horizonte: Del Rey, 2007.

RUSSO, Nicola. L'inutilizzabilità. Il perimetro della partita processuale: orizzonti o limiti? Riflessioni a bordo campo. *Diritto e Giustizia Minorile* [rivista giuridica trimestrale], São Paulo, anno 3, n.1, p.83-88, gennaio-marzo 2015.

SABOYA, Keity. *Ne bis in idem*: história, teoria e perspectivas. Rio de Janeiro: Lumen Juris, 2014.

SACCONE, Antonio. *Nulittà e decadenze nella procedura penale e con particolare riguardo al ricorso per cassazione*. [Collezione di opere giuriche ed economiche]. Roma: Athenaeum, 1918.

SALDANHA, Nelson. *Filosofia do direito*. 2. ed. Rio de Janeiro: Renovar, 2005.

SALES, José Luis. O problema das nulidades no processo penal. *Revista Forense comemorativa – 100 anos*, tomo VII [direito processual penal], Afrânio Silva Jardim (org.), Rio de Janeiro: Forense, p.189-210, 2006.

SANCTIS, Fausto Martin De. Interceptações telefônicas e direitos fundamentais. In: *Tributo a Afrânio Silva Jardim*: escritos e estudos. Marcelo Lessa Bastos; Pierre Souto Maior Coutinho de Amorim (orgs). 2. ed. Rio de Janeiro: Lumen Juris, 2014. p.255-284.

SANTOS, Juliana Pinheiro Damasceno e. *Limites constitucionais à iniciativa do juiz no processo penal democrático*. Rio de Janeiro: Câmara Brasileira de Jovens Escritores, 2011.

SAUSSURE, Ferdinand de. *Curso de linguística geral*. Tradução: Antônio Chelini; José Paulo Paes; Isidoro Blikstein. 27. ed. São Paulo: Cultrix, 2006.

SCHREIBER, Simone. *A publicidade opressiva de julgamentos criminais*: uma investigação sobre as consequências e formas de superação da colisão entre a liberdade de expressão e informação e o direito ao julgamento criminal justo, sob a perspectiva da Constituição brasileira de 1988. Rio de Janeiro: Renovar, 2008.

SILVA, Ademar Raimundo da. Atos processuais penais. *Revista Forense comemorativa – 100 anos*, tomo VII [direito processual penal], Afrânio Silva Jardim (org.), Rio de Janeiro: Forense, p.237-246, 2006.

_______. Execução penal. *Revista Forense comemorativa – 100 anos*, tomo VII [direito processual penal], Afrânio Silva Jardim (org.), Rio de Janeiro: Forense, p.247-257, 2006.

SILVA, Beclaute Oliveira. *A garantia fundamental à motivação da decisão judicial*. Salvador: Juspodivm, 2007.

SILVA, Ricardo Perlingeiro Mendes da. *Teoria da inexistência no direito processual civil*. Porto Alegre: Sergio Antonio Fabris, 1998.

SILVA JÚNIOR, Walter Nunes da. *Curso de direito processual penal*: teoria (constitucional) do processo penal. Rio de Janeiro: Renovar, 2008.

SIQUÊIRA, Galdino. *Curso de processo criminal*: com referência especial à legislação brasileira. São Paulo: Centro de Propaganda Católica, 1910.

STRECK, Lenio Luiz. As súmulas vinculantes em face da hermenêutica filosófica e da jurisdição constitucional. In: *Acesso à justiça e efetividade do processo*. Geraldo Prado (org.). Rio de Janeiro: Lumen Juris, 2005. p.125-177.

TAPOROSKY, Paulo Silas; Edson Luiz, FACCHI JUNIOR. Superando a nulidade relativa no processo penal. *Empório do direito*, 12 jul. 2015. Disponível em: <https://emporiododireito.com.br/leitura/superando-a-nulidade-relativa-no-processo-penal>. Acesso em: 13 maio 2025.

TAVARES, André Ramos. *Manual do Poder Judiciário brasileiro*. São Paulo: Saraiva, 2012.

TÁVORA, Nestor; ALENCAR, Rosmar Rodrigues de. *Curso de direito processual penal*. 11. ed. Salvador: Juspodivm, 2016.

______. *Curso de processo penal e execução penal*. 17. ed. Salvador: Juspodivm, 2022.

TOMÉ, Fabiana Del Padre. *A prova no direito tributário*. 3. ed. São Paulo: Noeses, 2011.

TORNAGHI, Hélio. *Curso de processo penal*: volume 2. 6. ed. São Paulo: Saraiva, 1989.

______. *Compêndio de processo penal*: tomo III. Rio de Janeiro: José Konfino, 1967.

______. *Instituições de processo penal*: volume I. Rio de Janeiro: Forense, 1959.

______. *Instituições de processo penal*: volume IV. Rio de Janeiro: Forense, 1959.

TOURINHO FILHO, Fernando da Costa. *Processo penal*: volume 3. 33. ed. São Paulo: Saraiva, 2011.

______. *Manual de processo penal*. 5. ed. São Paulo: Saraiva, 2003.

TOVO, Paulo Cláudio. *Nulidades no processo penal brasileiro*: novo enfoque e comentário. Porto Alegre: Sergio Antonio Fabris, 1988.

TOVO, Paulo Cláudio; TOVO, João Batista Marques. *Nulidades no processo penal brasileiro*: novo enfoque e comentário. Rio de Janeiro: Lumen Juris, 2008.

TUCCI, Rogério Lauria. *Do corpo de delito no direito processual penal brasileiro*. São Paulo: Saraiva, 1978.

______. *Direitos e garantias individuais no processo penal brasileiro*. 2. ed. São Paulo: RT, 2004.

______. *Ministério Público e investigação criminal*. São Paulo: RT, 2004.

UBERTIS, Giulio. *Elementos de epistemologia del processo judicial*. Tradução: Perfecto Andrés Ibãnez. Milano: Trotta, 2017. p.38-39.

VALOIS, Luís Carlos. *Processo de execução penal e o estado de coisas inconstitucional*. 2. ed. Belo Horizonte: D'Plácido, 2021.

______. *Conflito entre ressocialização e o princípio da legalidade penal*. Belo Horizonte: D'Plácido, 2021.

VALVERDE, Gustavo Sampaio. *Coisa julgada em matéria tributária*. São Paulo: Quartier Latin, 2004.

VESTING, Thomas. *Gentleman, gestor, homo digitalis*: a transformação da subjetividade jurídica da modernidade. Tradução: Ricardo Campos; Gercélia Mendes. São Paulo: Contracorrente, 2022.

VILANOVA, Lourival. *Causalidade e relação no direito*. 2. ed. São Paulo: Saraiva, 1989.

______. *Estruturas lógicas e o sistema de direito positivo*. São Paulo: Noeses, 2005.

VIVALDI, Julio E. Salas. *Los incidentes y en especial el de nulidad procesal*. 2. ed. Santiago: EJC, 1981.

WAMBIER, Teresa Arruda Alvim. *Nulidades do processo e da sentença*. 6. ed. São Paulo: RT, 2007.

WATZLAWICK, Paul; BEAVIN, Janet Helmick; JACKSON, Don D. *Pragmática da comunicação humana*: um estudo dos padrões, patologias e paradoxos da interação. Tradução: Álvaro Cabral. São Paulo: Cultrix, 1967.

WITTGENSTEIN, Ludwig. *Investigações filosóficas*. 5. ed. Tradução: Marcos G. Nontagnoli. Bragança Paulista: Universitária São Francisco; Petrópolis: Vozes, 2008.

______. *Tratado lógico-filosófico. Investigações filosóficas*. 4. ed. Lisboa: Fundação Calouste Gulbenkian, 2008.

ZAFFARONI, Eugênio Raúl; PIERANGELI, José Henrique. *Manual de direito penal brasileiro*: parte geral. 4. ed. São Paulo: RT, 2002.